Reiner Keller · Andreas Hirseland · Werner Schneider
Willy Viehöver (Hrsg.)

Handbuch Sozialwissenschaftliche Diskursanalyse 1

Interdisziplinäre Diskursforschung

Herausgegeben von
Reiner Keller, Achim Landwehr, Wolf-Andreas Liebert, Martin Nonhoff

Seit Mitte der 1990er Jahre hat sich im deutschsprachigen Raum in den Geschichts-, Sprach- und Politikwissenschaften, in der Soziologie und in angrenzenden Disziplinen eine lebendige und vielfach vernetzte Szene der diskurstheoretisch begründeten empirischen Diskurs- und Dispositivforschung entwickelt. Die interdisziplinäre Reihe trägt dieser neuen interdisziplinären Aufmerksamkeit Rechnung. Sie bietet ein disziplinenübergreifendes Forum für die Entwicklung der Diskurstheorien sowie der empirischen Diskurs- und Dispositivforschung und stärkt dadurch deren Institutionalisierung. Veröffentlicht werden

- thematisch zusammenhängende inter- und transdisziplinäre Bände, die sich mit ausgewählten Theorien, Methodologien und Themen der Diskurstheorie sowie der empirischen Diskurs- und Dispositivforschung beschäftigen;
- disziplinspezifische Monographien und Diskussionsbeiträge, die theoretische, methodologische und methodische Reflexionen sowie Forschungsergebnisse aus einzelnen Disziplinen bündeln; und
- herausragende Theorie- und Forschungsmonographien.

Reiner Keller · Andreas Hirseland
Werner Schneider · Willy Viehöver (Hrsg.)

Handbuch Sozialwissenschaftliche Diskursanalyse

Band 1: Theorien und Methoden

3., erweiterte Auflage

VS VERLAG

Bibliografische Information der Deutschen Nationalbibliothek
Die Deutsche Nationalbibliothek verzeichnet diese Publikation in der Deutschen Nationalbibliografie; detaillierte bibliografische Daten sind im Internet über <http://dnb.d-nb.de> abrufbar.

3., erweiterte Auflage 2011

Lektorat: Katrin Emmerich

VS Verlag für Sozialwissenschaften ist eine Marke von Springer Fachmedien.
Springer Fachmedien ist Teil der Fachverlagsgruppe Springer Science+Business Media.
www.vs-verlag.de

Umschlaggestaltung: KünkelLopka Medienentwicklung, Heidelberg
Druck und buchbinderische Verarbeitung: Ten Brink, Meppel
Gedruckt auf säurefreiem und chlorfrei gebleichtem Papier
Printed in the Netherlands

ISBN 978-3-531-17351-1

Inhalt

Zur Aktualität sozialwissenschaftlicher Diskursanalyse – Eine Einführung

Reiner Keller, Andreas Hirseland, Werner Schneider, Willy Viehöver

1 Zur Aktualität sozialwissenschaftlicher Diskursanalyse

1.1 Die Bedeutung von Diskursen für die Sozialwissenschaften

Seit einiger Zeit ist in der gesellschaftlichen und politischen Öffentlichkeit von ‚Diskursen' die Rede. Damit werden meist (mehr oder weniger) öffentliche, geplante und organisierte Diskussionsprozesse bezeichnet, die sich auf je spezifische Themen von allgemeinem gesellschaftlichen Belang beziehen. In der Verwendung dieses Begriffs kommt eine gesteigerte Aufmerksamkeit für die gesellschaftliche Bedeutung von Kommunikations- und Argumentationsprozessen sowie der *sprachvermittelten* Wahrnehmung bzw. Konstruktion von Wirklichkeit zum Ausdruck. Auch in den Sozial- und Geisteswissenschaften nimmt der Begriff des Diskurses seit einigen Jahren einen prominenten Platz ein, womöglich speist sich sein popularisierter öffentlicher Gebrauch sogar von daher. Interdisziplinär ausgerichtete wissenschaftliche Zeitschriften wie ‚Discourse & Society' und Buchreihen wie die seit Mitte der 90er Jahre erscheinenden ‚SAGE Studies in Discourse', die von Teun van Dijk herausgegeben werden, oder die von Norman Fairclough bei der Edinburgh University Press editierte *Critical Discourse Analysis Series*, mehrere Einführungsbücher, aber auch eine Vielzahl eigenständiger Monographien mit diskurstheoretischem und diskursanalytischem Hintergrund u. a. m. sind in diesem Zusammenhang deutliche Indikatoren, ebenso deutschsprachige Buchreihen oder die Webseite www.diskursanalyse.org. Dieser Befund, der zunächst für die erste Auflage des vorliegenden Handbuches im Jahre 2001 formuliert worden war, hat sich in den letzten Jahren quer durch die Sozial- und Geisteswissenschaften eindrucksvoll bestätigt.[1] Auch zahlreiche Tagungen, Workshops, Diskurs-Werkstätten und universitäre Lehrveranstaltungen sowie nicht zuletzt die Gründung eines Arbeitskreises Diskursforschung in der Sektion Wissenssoziologie der Deutschen Gesellschaft für Soziologie unterstreichen das gegenwärtige Interesse an theoretischen Grundlegungen, methodologischen Reflexionen und methodischen Umsetzungen der Diskursforschung. Dies findet mittlerweile seinen Niederschlag auch in bspw. soziologischen und politikwissenschaftlichen Lexika. Insoweit hat die Diskussion über die Diskursforschung in den letzten Jahren im deutschsprachigen Raum eine beträchtliche Stabilisierung und Institutionalisierung erlebt.

Welche Gründe gibt es für dieses zunehmende (sozial)wissenschaftliche Interesse am Diskursbegriff, an Diskurstheorie und Diskursanalyse? Warum scheint die Analyse des *Sozialen* eine Analyse von *Diskursen* zu erfordern? Diese Fragen lassen sich sicherlich in komplexer Weise und nach Maßgabe unterschiedlicher Diskurskonzeptionen entfalten und beantworten. Es ist nicht zuletzt Aufgabe der Beiträge des vorliegenden Buches, Antworten darauf zu geben. An dieser Stelle sollen deswegen einige kurze Hinweise auf sozialwissenschaftliche und gesellschaftliche Ursachen genügen:

- In dem Maße, wie die Sozialwissenschaften in eine postpositivistische Phase eingetreten sind und – wenn auch in sehr unterschiedlicher Art und Weise, etwa als linguistic, interpretative oder cultural turn[2] – die Bedeutung symbolischer Ordnungen für die Vermittlung gesellschaftlicher Weltverhältnisse einschließlich der sozialen Beziehungen und der gesellschaftlichen Naturverhältnisse hervorheben, wird die Analyse der sozialen Produktion, Fixierung und Transformation dieser Wissensverhältnisse zu einem zentralen, unausweichlichen Gegenstand der wissenschaftlichen Betrachtung.
- Zweitens legt die zunehmende gesellschaftliche Bedeutung der bewußten Gestaltung von Kommunikationsprozessen und -inhalten in den verschiedensten gesellschaftlichen Bereichen der ‚Wissensgesellschaft' es nahe, sich aus sozialwissenschaftlicher Perspektive mit dem sozialen Gebrauch von Sprache bzw. anderen Symbolsystemen und der Erzeugung gesellschaftlicher Wissensordnungen zu beschäftigen. Dies gilt um so mehr, als Expertenwis-

[1] Vgl. dazu bspw. Keller/Hirseland/Schneider/Viehöver (2005, 2010), Keller (2010, 2005), Keller/Truschkat (2011) sowie – ohne Anspruch auf Vollständigkeit – Angermüller/Bunzmann/Nonhoff (2001), Wetherell/Taylor/Yates (2001a, b), Diaz-Bone (2002), Diaz-Bone/Krell (2009), Charaudeau/Maingueneau (2002), Jørgensen/Philipps (2002), Fairclough (2003), Mazière (2005), Nonhoff (2006), Schultze/Meyer/Fricke/Krause (2005), Eder (2006), Gerhards/Schäfer (2006), Bührmann u. a. (2007) und die Interviews von Rainer Diaz-Bone (2006a, b) mit Jürgen Link und Siegfried Jäger.
[2] Vgl. Rorty (1967), Rabinow/Sullivan (1979), Alexander (1988) und Robertson (1992).

sen immer weitere Praxisbereiche bis in die Detailfragen privater Lebensführung hinein systematischen Reflexionsprozessen unterzieht und daraus ‚reflexives' Handlungswissen gewinnt.[3]

– Ein dritter Grund für die sozialwissenschaftliche Analyse von Diskursen liegt schließlich in dem Umstand begründet, daß soziale Kontrolle und Macht immer häufiger diskursiv, d. h. über symbolische Praktiken und Kommunikation – also Texte im weitesten Sinne – vermittelt werden. So ist z. B. der Kampf um politische Macht und staatliches Handeln in immer stärkerem Maße auch ein Kampf um Deutungsmacht und um die politische, institutionelle und handlungspraktische Durchsetzung dieser Deutungsmacht. In ähnlicher Weise kann auch die Auseinandersetzung um die lebensweltliche Bedeutung von (wissenschaftlichem) Expertenwissen als diskursiver Machtkonflikt verstanden und analysiert werden.

Nun ist das Interesse an der sprachförmigen Konstitution der (sozialen) Welt an sich kein ganz neues Phänomen. Schon etwa seit Mitte der sechziger Jahre – und dies ist im wesentlichen die Zeit, in der Diskursbegriffe in den Sozial- und Geisteswissenschaften an relativ prominenten Stellen erstmals auftauchen – hat sowohl in der internationalen als auch in der deutschsprachigen sozialwissenschaftlichen Theoriediskussion und Forschungspraxis das Erkenntnisinteresse an der sprachförmigen Konstitution der Welt zugenommen. Diese in sich sehr heterogene Entwicklung speist sich aus unterschiedlichen Wissenschafts- und Forschungstraditionen, bspw. der Erkenntnis- und Wissenschaftstheorie, der Sprachphilosophie, der (kognitiven) Anthropologie, der Semiotik, der (Sozio-)Linguistik, der Forschung über künstliche Intelligenz, dem Strukturalismus, Post-Strukturalismus und -Modernismus, der marxistischen Ideologiekritik, der historischen Mentalitätenforschung und Begriffsgeschichte, der Text- bzw. literaturwissenschaftlichen Hermeneutik, der verstehenden und interpretativen Soziologie und dem amerikanischen Pragmatismus – um nur einige zu nennen. Trotz dieser breiten Streuung der Verwendung von Diskursbegriffen bzw. vergleichbaren Konzepten und theoretischen Überlegungen vollzog sich der von Rorty ausgerufene *linguistic turn* nur langsam. Es hat einige Zeit gedauert bis – zumindest in den Sozialwissenschaften – eine gewisse Schwelle des ‚Insiderjargons' überschritten wurde, wenn von Diskursen die Rede war.

[3] Am deutlichsten hat dies vielleicht Anthony Giddens betont (vgl. Giddens 1991, 1996).

1.2 Unterschiedliche Verwendungstraditionen des Diskursbegriffs

Auf die wissenschaftliche Ausarbeitung und Präzisierung dessen, was unter ‚Diskurs' zu verstehen sei, wurden in den verschiedenen Sozial- und Geisteswissenschaften nach Maßgabe der jeweiligen innerdisziplinären Spielregeln und Forschungsinteressen sicherlich unterschiedliche, insgesamt aber eher geringe Anstrengungen gerichtet. Die Begriffsverwendung richtet sich immer auf die Analyse von Sprachgebrauch bzw. von mündlichen oder schriftlichen Texten und untersucht diese im Hinblick auf (formale) Regelstrukturen oder inhaltliche Strukturierungen. Sie pendelt durch alle Disziplinen hindurch zwischen einer eher ‚konkretistischen' Perspektive auf die Analyse realer Kommunikationsprozesse oder Sprechereignisse bzw. sprachlicher Interaktionen einerseits, und der von einzelnen Äußerungen abstrahierenden Analyse großer, durch die ForscherInnen zusammengestellter Textkorpora andererseits. Dies gilt für die Linguistik (etwa in Form der linguistischen Pragmatik und Gesprächsanalyse einerseits, der Korpuslinguistik oder linguistischen Diskursgeschichte andererseits) ebenso wie für die Geschichts- oder Sozialwissenschaften. Während der Diskursbegriff im disziplinären Kontext linguistischer Fragestellungen zwar unterschiedlich gefaßt, aber doch relativ unstrittig zu sein scheint, haftete seiner heterogenen und vergleichsweise marginalisierten Verwendung in den übrigen Sozial- und Geisteswissenschaften lange Zeit ein gewisser Makel der ‚Fragwürdigkeit' an, der vor allem von Vertretern der Kritischen Theorie und insbesondere auch von Jürgen Habermas selbst dem ‚postmodernistischen französischen Denken' verliehen wurde (Habermas 1985). Während die Geschichtswissenschaften in Frankreich und vor allem den USA ein größeres Interesse für die Bedeutung von Diskursen zeigten, nahm die geschichtswissenschaftliche Forschung in der Bundesrepublik diesen Faden kaum oder nur zögerlich auf.[4] In der Politikwissenschaft, die nach wie vor große Probleme mit dem ‚Gegensatz' zwischen Ideen und Interessen zu haben scheint, gibt es erst seit den neunziger Jahren spärliche Ansätze einer systematischen Ausarbeitung des Diskursbegriffs.[5] In der Soziologie gilt ähnliches; erst im letzten Jahrzehnt ist ein zunehmendes Interesse an der Diskursanalyse und der Präzisierung eines (allgemeinen) Diskurskonzepts festzustellen.[6] Eher

[4] Vgl. dazu Eder (2006), Martschukat (2002) sowie Schöttler (1988, 1989, 1997), Guilhaumou (2005), Mainguenau (1994), Sarasin (1996), Landwehr (2001, 2010) und den Beitrag von Sarasin in diesem Band.

[5] Vgl. dazu die Beiträge in Fischer/Forester (1993), Nullmeier (1993, 1997), Hajer (1995, 2002, 2005), Brand (1998), Braun (1998), Diez (1999), Mottier (2002), Nonhoff (2006) und den Beitrag von Nullmeier in diesem Band.

[6] Vgl. dazu Gusfield (1981), Wuthnow (1987, 1990), Gamson (1988a, 1988b), Gamson/Modigliani (1989), Keller (1997, 2004, 2005), Bublitz/Bührmann/Hanke/Seier (1999), im Grenzbereich zwischen Sprach- und Sozialforschung Jäger (1999) und Fairclough (1995), Chouliaraki/Fairclough (1999);

schon wird schließlich im postmarxistischen, poststrukturalistischen, postkolonialen und feministischen Kontext oder in den cultural studies eine umfassende Diskurstheorie entwickelt.[7]

Die Karriere des Diskursbegriffs verlief also wechselhaft und unübersichtlich. Dennoch lassen sich heute im groben Überblick sicherlich vier inhaltliche Fokussierungen seiner Verwendung als *discourse analysis*, *Diskursethik*, *Diskurstheorie und kulturalistische Diskursanalyse* unterscheiden. Zumindest einige der erwähnten Rezeptionsverzögerungen von diskursorientierten Perspektiven in den Sozialwissenschaften entstanden aus den Mißverständnissen und Verwirrungen heraus, die durch die unterschiedlichen Gebrauchsweisen des Diskursbegriffs in den genannten Verwendungszusammenhängen hervorgerufen wurden. Es ist deshalb von großer Bedeutung, zu wissen, von wo aus gesprochen wird und was gemeint ist, wenn von ‚Diskursen' die Rede ist:

- Erstens entwickelten sich als *discourse analysis* insbesondere im angelsächsischen Raum in (sozio-)linguistischen, linguistisch-pragmatischen und ethnomethodologisch-konversationsanalytischen Kontexten Ansätze zur Analyse des konkreten Sprachgebrauchs vor allem in mündlicher Rede bzw. in Gesprächen. Discourse analysis ist dabei nicht unbedingt mit ‚Diskursanalyse', sondern eher mit ‚Gesprächs-' oder ‚Konversationsanalyse' zu übersetzen und zielt meist auf die Analyse unmittelbarer Kommunikationsprozesse. Diskurse werden hier sehr allgemein als geschriebene (text) oder gesprochene (talk) Kommunikationssequenzen verstanden. Bei der Analyse geht es etwa um die Untersuchung der Organisation von Sprecher- und Themenwechseln, um die Nutzung impliziten Referenzwissens, um Aushandlungsprozesse über Situationsdefinitionen zwischen Ärzten und Patienten, um die sozialstrukturelle Prägung des Sprachgebrauchs u. a. m. Zunehmend entwickeln sich daraus anwendungsbezogene Perspektiven der gezielten Gestaltung von Kommunikationsprozessen.[8]
- Zweitens arbeitet der deutsche Sozialphilosoph Jürgen Habermas seit Anfang der 70er Jahre seine *Diskursethik* im Anschluß an neuere sprachtheoretische und sprachphilosophische Diskussionen (Sprechakttheorie) im Rahmen einer umfassenden ‚Theorie des kommunikativen Handelns' aus.

---

vgl. auch die Beiträge von Bublitz, Donati, Fairclough, Jäger, Keller, Knoblauch, Schwab-Trapp und Viehöver in diesem Band.

[7] Vgl. dazu Laclau/Mouffe (1995), Barker (1999), Torfing (1999), Howarth (2000), Howarth/Norval/Stavrakakis (2000) und die Beiträge von Hark, Hirseland/Schneider und Sarasin in diesem Band.

[8] Vgl. dazu Brown/Yule (1983), Bergmann (1994), Ehlich (1994), Schiffrin (1994), Eberle (1997), Titscher/Wodak/Meyer/Vetter (1998: 121 ff), Brünner/Fiehler/Kindt (1999), Deppermann (1999), Jaworski/Coupland (1999) und den Beitrag von Potter in diesem Band.

Dort findet der Begriff des ‚Diskurses' in eigener Weise Eingang, nämlich als Bezeichnung für argumentative Auseinandersetzungen, die spezifischen Verfahrensprinzipien folgen, und in denen die Beteiligten ihre Positionen mit begründungspflichtigen Argumenten rechtfertigen (müssen). Habermas begreift damit ‚Diskurse' als kommunikative Verfahren, die an besonderen Regeln der Argumentation orientiert sind; in diesem Sinne formuliert er eine Diskursethik, d. h. normative Verfahrens- und Orientierungsprinzipien für Diskussionsprozesse, die größtmögliche Verfahrensgerechtigkeit bei der Klärung strittiger kognitiver, moralischer und ästhetischer Fragen erlauben sollen. Der ‚herrschaftsfreie Diskurs' ist dabei eine (kontrafaktische) Idealvorstellung, die für reale Diskussionsprozesse in unterschiedlicher Form handlungsrelevant werden kann; als Leitbild bzw. Organisationsmodell für argumentative Konfliktlösungsprozesse etwa im Bereich der Umwelt- und Technologieproteste (z. B. Mediationsverfahren) hat er mittlerweile große praktische Bedeutung gewonnen.[9]

– Ein dritter – und im Zusammenhang des vorliegenden Handbuches wohl wichtigster – *diskurstheoretischer* Strang der *Analyse* von ‚Diskursen' entwickelte sich in den 60er Jahren in Frankreich, wesentlich im Anschluß an die strukturale Linguistik Saussures und seiner Nachfolger, deren sozialwissenschaftlicher Adaption und späteren (poststrukturalistischen) Kritik, der Semiotik, der Linguistik und der neueren Sprachphilosophie. In sehr unterschiedlicher Art und Weise, mit äußerst verschiedenen konzeptionellen Vorschlägen und inhaltlichen Intentionen, haben etwa Louis Althusser, Michel Pêcheux, Roland Barthes, Algirdas Greimas, Jacques Derrida, Jacques Lacan und viele andere sich mit der Bedeutung der Zeichen, der Sprache und der konkreten Sprechpraxis für die Entstehung von Ideologien und Wissensordnungen beschäftigt, um sich dann der Analyse ihrer Strukturen bzw. Eigenheiten zu widmen. An einige der genannten Autoren schließen etwa die Politikwissenschaftler Ernesto Laclau und Chantal Mouffe an, die eine der wichtigsten aktuellen Diskurstheorien vertreten. Aber vor allem Michel Foucault hat mit seinen beiden einflußreichen und eigenwilligen Schriften ‚Archäologie des Wissens' (1981) und ‚Die Ordnung des Diskurses' (1974) den Diskursbegriff in einer allgemeineren Diskurstheorie verortet und ihm einen prominenten sozialwissenschaftlichen Stellenwert eingeräumt. Im Vordergrund steht dabei der Zusammenhang von übersubjektiven Wissensordnungen und diskursiven Praktiken. Foucaults vagabundierendes Interesse richtet sich auf die formalen Bedingungen der Produktion von Wissenscodes

[9] Grundlegend Habermas (1981) und Nennen (2000); kritisch in Bezug auf die diskurspraktische Umsetzung Keller/Poferl (2000).

(Aussagenkorpi), die Regeln der Produktion und Kontrolle von Diskursen, der Erzeugung, Aufrechterhaltung und Transformation von gesellschaftlichen Wissensbeständen, den Zusammenhang von Wissen und Macht sowie die institutionellen und diskursiven Formen der Subjektkonstitution. Die Wissensordnung – und dies ist eine entscheidende Neuorientierung – wird dabei nicht länger als Abbildung von Wirklichkeit verstanden oder in alter idealistischer Tradition dem ‚Geist' zugeschrieben, sondern der Materialität der Diskurse selbst, also den Aussage- und Zeichensequenzen, die in diskursiven Praktiken entstehen und durch deren Wiederholung die Wirklichkeit der Welt konstituiert wird. Das Erkenntnisinteresse richtet sich demnach auf die symbolische und strukturelle Dimension von Diskursen, auf die Praxis der Diskursproduktion und auf diskursive Machtkämpfe, die keineswegs nur der sozialen Integration und Konsensfindung dient, sondern vielmehr auch der Mobilisierung kollektiven Handelns, der Definition von Normalität und Abweichung, der Transformation bestehender Wissens- und Moralsysteme. Freilich hat der Foucaultsche Diskursbegriff selbst seit den 60er Jahren vielfache Kritik, Modifizierungen und Weiterentwicklungen erfahren.[10]

– Es gibt schließlich noch einen vierten Strang, den man als *kulturalistische Diskursanalyse* bezeichnen kann und der die jüngeren Entwicklungen von Diskursanalysen geprägt hat, wenn auch bei weitem nicht in gleichem Maße wie die Autoren aus dem Kontext der Diskurstheorie. Diese Perspektive eines „Kulturwissenschaftlichen Textualismus" (Reckwitz 2000: 173), für die in den Sozialwissenschaften die Begriffe des *cultural turn* (Jeffrey Alexander, Roland Robertson) oder des *interpretative turn* (Paul Rabinow, William Sullivan) geprägt wurden und die sich bis in den amerikanischen Pragmatismus am Anfang des 20. Jahrhunderts bzw. die verstehende Soziologie Max Webers zurückverfolgen läßt, ist allerdings bislang nur in wenigen Fällen explizit mit einem Diskursbegriff gekoppelt worden. Auch hier werden gesellschaftliche Wissensordnungen nicht dem Wirken eines ‚Geistes' zugeschrieben, sondern – wie etwa bei Clifford Geertz – den öffentlichen Symbolen und sozialen Handlungen und Praktiken zugerechnet, als kollektiv-interaktive Herstellungen begriffen und als symbolische Ordnungen analysiert. Diese Perspektive unterscheidet sich von den Foucaultschen Vorschlägen durch ihre stärkere handlungstheoretische und hermeneutisch-

[10] Vgl. als Überblicke etwa die Arbeiten von Macdonnell (1986), Dreyfus/Rabinow (1987), Fairclough (1989, 1992, 1995), Keller (1997), Mills (1997), Bublitz/Bührmann/Hanke/Seier (1999), Jäger (1999), Kendall/Wickham (1999), Torfing (1999), Williams (1999), Howarth (2000) und die Beiträge von Bublitz, Fairclough, Hirseland/Schneider, Jäger, Keller und Sarasin in diesem Band.

interpretative Grundlegung und betont den Prozeß der sozialen Konstruktion und Typik sowie die relative Autonomie kultureller Sinnzusammenhänge.[11]

1.3 Diskursanalyse heute: Der Trend zu Vermittlungen

Diskurstheorien und Diskursanalysen bilden heute sehr lebendige und heterogene wissenschaftliche Denk- und Forschungsperspektiven bis hin zu Bemühungen, *discourse studies* als eigenständige interdisziplinäre Wissenschaftsdisziplin zu etablieren. Ein kurzer Blick auf neuere Einführungsbücher und Überblicksdarstellungen verdeutlicht dabei, daß die vorangehend vorgenommene Unterscheidung von vier Traditionslinien des Diskursbegriffs durch Hinweise auf zunehmende Vermittlungsversuche zwischen den verschiedenen Paradigmen ergänzt werden muß. Erwähnt werden können in diesem Zusammenhang sicherlich die seit den 80er Jahren verfolgten Bemühungen von *Teun van Dijk* (Universität Amsterdam), eine breite Palette unterschiedlicher Disziplinen unter dem Dach der *discourse studies* zu versammeln.[12] In Frankreich schlägt etwa *Jacques Guilhaumou* (Universität Marseille) einen Bogen von quantifizierend-linguistischen Zugängen zu stärker ethnomethodologisch bzw. konversationsanalytisch geprägten Diskursanalysen (Guilhaumou 2005). Weitere wichtige und präzisierende Arbeiten zu einem disziplinübergreifenden Verständnis von ‚discourse' zwischen Soziolinguistik, Soziologie (Bourdieu, Giddens) und (post-)marxistischen Hegemonietheorien (Althusser, Laclau, Mouffe) finden sich bei *Norman Fairclough* (Universität Lancaster) in seiner Ausarbeitung einer ‚critical discourse analysis' in ideologiekritischer Absicht.[13] Eine ähnliche Perspektive findet sich auch bei *Ruth Wodak* (Universität Wien), die sich unlängst auch um eine Vermittlung des Diskursverständnisses der ‚critical discourse analysis' mit demjenigen von Jürgen Habermas bemüht, indem sie letzteres als Meßlatte für Verzerrungen realer Kommunikationsprozesse heranzieht.[14] *Margaret Wetherell* (Open University, Milton Keynes) bindet demgegenüber den Diskursbegriff an die Konversationsanalyse einerseits, die Foucaultsche Diskurstheorie andererseits an; ihr Kollege *Jonathan Potter* (Universität Laughborough) arbeitet an der Verbindung von

---

[11] Siehe Geertz (1973), Ricoeur (1977, 1978), Gusfield (1981), Gamson (1988a, 1988b), Wuthnow (1990) und die Beiträge von Donati, Keller, Schwab-Trapp und Viehöver in diesem Band.
[12] Vgl. dazu Van Dijk (1985, 1997a, 1997b).
[13] Vgl. dazu Fairclough (1989, 1992, 1995, 2003), Titscher/Wodak/Meyer/Vetter (1998: 178 ff), Chouliaraki/Fairclough (1999), Wodak/Ludwig (1999) und die Beiträge von Fairclough sowie Reisigl in diesem Band. Vgl. zur Verbindung von Diskurstheorie und sprachwissenschaftlich-kritisch orientierter Datenanalyse auch Jørgensen/Philipps (2002).
[14] Vgl. Wodak (1996).

Konversationsanalyse und Sozialpsychologie.[15] Seit längerem entwickelt auch der Sozial- und Sprachwissenschaftler *Siegfried Jäger* (Universität Duisburg) mit seinen MitarbeiterInnen am *Duisburger Institut für Sprach- und Sozialforschung* (DISS) eine Vermittlung Foucaultscher Positionen mit einer psychologisch-marxistischen Tätigkeitstheorie und soziolinguistischen Positionen hin zu einer ‚Kritischen Diskursanalyse'. Er stützt sich dabei vor allem auf Vorarbeiten des Literaturwissenschaftlers *Jürgen Link* (Universität Dortmund) und der *Bochumer Diskurswerkstatt*.[16] Im anglo-amerikanischen Kontext hat *Adele Clarke* in jüngerer Zeit sehr entschieden eine Erweiterung der *Grounded Theory* um diskursanalytische Perspektiven eingefordert und entsprechende Handreichungen skizziert (Clarke 2011). Dabei sind insbesondere die Anschlussmöglichkeiten an die *Wissensoziologische Diskursanalyse* (vgl. den Beitrag von Keller in diesem Band sowie Keller 2005) im deutschsprachigen Raum augenfällig. Die im vorliegenden Band vertretenen AutorInnen legen ihrerseits spezifische Vorschläge zur Vermittlung unterschiedlicher diskurstheoretischer und diskursanalytischer Positionen vor.

Auf entsprechenden Austausch zwischen unterschiedlichen Zugangsweisen zur Diskurstheorie und Diskursanalyse zielten schließlich auch mehrere interdisziplinäre Tagungen zu den „Perspektiven der Diskursanalyse" sowie einige Diskurswerkstätten, die der *Arbeitskreis Diskursanalyse* seit 1999 an der Universität Augsburg und auch an anderen Universitäten veranstaltete und auch künftig durchführen wird.[17] Das primäre Ziel der Tagungen war und ist die Verständigung über den Gebrauch und Stellenwert von Diskursbegriffen in den verschiedenen Disziplinen sowie über die jeweilige methodische bzw. forschungspraktische Umsetzung von Diskursanalysen. Die TeilnehmerInnen kamen aus einem weiten Spektrum wissenschaftlicher Disziplinen, aus Linguistik und Sprachforschung, aus Pädagogik, Psychologie und Soziologie, aus Philosophie, Geschichts- und Politikwissenschaften. Die bisherigen Tagungen haben große Resonanz gefunden und den Bedarf an Klärungen und forschungspraktisch handhabbaren Konzeptualisierungen des Diskursbegriffes jenseits etablierter Disziplingrenzen verdeutlicht. Die ebenfalls interdisziplinären Diskurswerkstätten dien(t)en der Diskussion von konkreten Problemen des empirischen Vorgehens in diskursorientierten Forschungsprojekten und Qualifikationsarbeiten.

---

[15] Vgl. dazu Wetherell (1998), Wetherell/Taylor/Yates (2001a, b) und den Beitrag von Potter in diesem Band.

[16] Vgl. dazu die Beiträge von Siegfried Jäger und Jürgen Link in diesem Band sowie Link/Link-Herr (1990), Jäger (1999), die Arbeiten der Bochumer ‚Diskurswerkstatt' in der Zeitschrift ‚kultuRRevolution' und die Forschungen des Duisburger Instituts für Sprach- und Sozialforschung.

[17] Informationen zu Tagungen, zum Arbeitskreis sowie zur Diskursanalyse finden sich auf der Homepage http://www.diskursforschung.de.

2 Konzeption des Handbuches

Der mittlerweile relativ weit verbreitete Gebrauch des Diskursbegriffs darf nicht über ein Grundproblem hinwegtäuschen, das weniger mit der diskurstheoretischen Konzeption als vielmehr mit dem darauf bezogenen diskursanalytischen Vorgehen in konkreten Forschungsprozessen zusammenhängt. So gibt es bislang zwar vor allem in der ‚discourse analysis' profilierte Beiträge zur Analyse von sprachvermittelten Interaktionen bzw. von Kommunikationsprozessen, aber gerade in der Soziologie, den Geschichts- und Politikwissenschaften finden sich nur wenige systematische Versuche, eine an sozialwissenschaftliche Traditionen anschlußfähige konsistente empirische Umsetzung diskurstheoretischer Überlegungen vorzunehmen. Einführungsbücher wie etwa diejenigen von Macdonnell (1986), Mills (1997), Torfing (1999), Williams (1999) oder Howarth (2000) sind meist als Überblicke über die Entwicklung des Diskursbegriffs konzipiert; konkrete und bezüglich der jeweiligen theoretischen Grundlegung konsistente Anleitungen zur empirischen Durchführung von Diskursanalysen finden sich eher selten.[18]

Nicht zufällig trägt deswegen das vorliegende Handbuch im Titel die Bezeichnung ‚sozialwissenschaftliche Diskurs*analyse*'. Während ‚Diskurs*theorie*' eher wissenschaftliche Unternehmungen bezeichnet, denen es um die systematische Ausarbeitung des Stellenwertes von Diskursen im Prozeß der gesellschaftlichen Wirklichkeitskonstitution geht – exemplarisch etwa in der bereits erwähnten Diskurstheorie von Chantal Mouffe und Ernesto Laclau[19] –, zielt das Projekt der Diskurs*analyse* auf forschungspraktische methodische Umsetzungen, auf die empirische Untersuchung von Diskursen. Tatsächlich scheint uns aus sozialwissenschaftlicher Perspektive – bei aller ausdrücklichen Wertschätzung für wissenschaftliche Theoriebildung – der größte derzeitige Klärungsbedarf bezüglich des Diskursbegriffs im Hinblick auf die forschungspraktische Umsetzung von Diskursanalysen zu bestehen. Ungeachtet der fachlichen Zugehörigkeit und der jeweiligen Fragestellungen lassen sich dabei eine Vielzahl von Problemen ausmachen, die gelöst werden müssen. Diese betreffen etwa Fragen nach den Bestimmungen der Textkorpora, die der Diskursanalyse zugrunde liegen, nach den Verfahren und der methodischen Kontrolle von Datenerhebung und -analyse und schließlich diejenigen nach der Interpretation bzw. dem Stellenwert der jeweiligen Ergebnisse. Dafür finden sich in den verschiedenen Disziplinen sehr unterschiedliche, mehr oder weniger systematisierte Vorschläge. Unbenommen ist dabei, daß jede Diskursanalyse einer explizierten Diskurstheorie bedarf, d. h.

[18] Z. B. Fairclough (1995), Jäger (1999), Landwehr (2001), Keller (2010).
[19] Vgl. Laclau/Mouffe (1995), Torfing (1999), Howarth (2000), Nonhoff (2010) und die Beiträge von Hirseland/Schneider sowie Sarasin in diesem Band.

eines mehr oder weniger elaborierten Verständnisses davon, was überhaupt ihr Untersuchungsgegenstand ist oder sein kann, und welcher Stellenwert ihm im gesellschaftlichen Kontext zugesprochen wird. Wichtig ist in diesem Zusammenhang auch die Reflexion darauf, daß jede Diskursanalyse – bis zu einem gewissen Grad – an der Konstruktion ihres Gegenstandes teilhat, insofern sie selbst als spezifischer (wissenschaftlicher) Diskurs Deutungen zur ‚Wirklichkeit' dieses Gegenstandes produziert.

Das zweibändige ‚Handbuch Sozialwissenschaftliche Diskursanalyse'[20] konzentriert sich auf Fragen der Verknüpfung von diskurstheoretischen Grundlegungen mit der diskursanalytischen, methodisch-praktischen Umsetzung. Den gemeinsamen Bezugspunkt der Beiträge bildet das im Rahmen der erwähnten Traditionslinien der *discourse analysis*, der *Diskurstheorie* und der *kulturalistischen Diskursanalyse* unterschiedlich ausbuchstabierte Interesse an der wirklichkeitskonstituierenden Rolle von Diskursen und die theoretische sowie methodische Umsetzung dieses Interesses als Forschungsprogramm. Umgekehrt ist damit ein Ausschlußkriterium formuliert: es geht nicht um eine Diskussion der Habermasschen *Diskursethik*.

Das Diskussionsfeld ‚Diskursanalyse' sperrt sich in seiner theoretisch-methodischen und interdisziplinären Vielfalt gegen einen Zugang in der Form eines ‚Wörterbuches', das entlang verschiedener zentraler Begriffe den Zusammenhang theoretisch und methodisch erschließt. Es erscheint uns weder sinnvoll noch praktikabel, ein einheitliches diskurstheoretisches und diskursanalytisches Basisvokabular als Lexikon formulieren zu wollen, in dem dann z. B. ‚Grundbegriffe' präzise, konsistent und kohärent beschrieben und ‚Klassiker' mit biographischen Erläuterungen eingereiht werden. Ebenso wenig hilfreich für das Vorhaben forschungspraktischer Hilfestellungen ist aus unserer Sicht die Zusammenstellung unterschiedlicher Überblicke über die Rezeption des Diskursbegriffs im jeweiligen disziplinären Kontext.[21] Diskussionen der Ergebnisse diskursanalytischer Untersuchungen wiederum haben ihren systematischen Platz in ihren Disziplinen und den dort verfolgten Fragestellungen. Auch die bei der Vorstellung wissenschaftlicher Forschungsprogramme geläufige Aufteilung in Theorie- und Methodenabhandlungen halten wir für wenig sinnvoll, wenn es um die Anleitung zur Forschungspraxis geht. Sie beruht auf einer künstlichen Trennung zwischen theoretisch-begrifflichen Fundamenten und methodisch-empirischen Anwendungen, die deren gegenseitige Verweisungen und Bedingtheiten verdeckt. Und

[20] Band 2 zur Forschungspraxis erschien erstmals 2003 und liegt gegenwärtig in der 4. Auflage vor (Keller/Hirseland/Schneider/Viehöver 2010).

[21] Selbstverständlich bieten solche Überblicke sehr nützliche Orientierungen; vgl. etwa Schöttler (1988, 1989, 1997), Nullmeier (1993, 1997), Jung/Böke/Wengeler (1997), Keller (1997), Mills (1997), Howarth (2000).

sie löst gerade nicht das für viele Forschende und Studierende schwerwiegende Problem, sich bei eigenen Forschungsvorhaben (z. B. bei Diplomarbeiten, Dissertationen, Forschungsprojekten) anhand mühevoller, weitgehend eklektizistischer Literaturanalyse einen begrifflich-methodischen Werkzeugkasten zusammenstellen zu müssen, ohne dabei auf ‚exemplarische' Grundlagen-Argumentationen und Anwendungsbeispiele zurückgreifen zu können, die eine theoretische und methodische Fundierung ‚aus einem Guß' ermöglichen würden. Das vorliegende ‚Handbuch Sozialwissenschaftliche Diskursanalyse' nimmt auf die damit angesprochenen Defizite in zweierlei Weise Bezug:

1. Band 1 enthält unter dem Titel *‚Sozialwissenschaftliche Diskursanalyse: Theorien und Methoden'* Beiträge aus verschiedenen Wissenschaftsdisziplinen, die je für sich und nach Maßgabe unterschiedlicher Forschungsinteressen der Frage nachgehen, wie sich diskursanalytische Fragestellungen, Diskurstheorien und Methoden der empirischen Analyse in einen sinnvollen Zusammenhang stellen lassen. Die Beiträge zielen auf eine – auch für Neuankömmlinge im Feld der Diskursanalyse zugängliche – systematische Vorstellung eines je besonderen Diskursbegriffs, seiner theoretischen Verortung und methodischen Umsetzung. Dem Titel entsprechend geht es darum, eine fundierte interdisziplinäre Zusammenstellung aktueller theoretisch-methodologischer und – quantitativer wie qualitativer – methodischer Grundlagen im Feld der Diskursanalyse zu liefern. So stellen die verschiedenen Beiträge unterschiedliche Konzeptualisierungsvorschläge für ‚Diskursanalyse als Forschungsprogramm' vor und geben Hilfestellungen für das einzuschlagende forschungspraktische Vorgehen.
2. Band 2 versammelt unter dem Titel *‚Sozialwissenschaftliche Diskursanalyse: Forschungspraxis'* exemplarische Darstellungen quantitativer und qualitativer diskursanalytischer Vorgehensweisen, die an verschiedenen Forschungsfragestellungen die Bandbreite und Erträge von Diskursanalysen nachvollziehbar präsentieren. Vorgelegt wird ein jeweils kompakter Überblick über den Zusammenhang von Fragestellung, diskursanalytischen Vorgehensweisen und erzielten Ergebnissen, aber auch eine Diskussion von Problemen der empirischen Durchführung und der Grenzen des Ansatzes. Ergebnisse werden dabei nur insoweit präsentiert, wie sie den Ertrag der jeweiligen Konzeption verdeutlichen. Mit anderen Worten: Die Beiträge des zweiten Bandes fokussieren die theoretische, methodische und forschungspraktische Umsetzung auf konkrete Forschungs-Fragestellungen.

Beide Teilbände zusammen präsentieren systematische Vorschläge für die Grundlegung und Durchführung von Diskursanalysen, die je nach eigenen Forschungsinteressen herangezogen werden können, um empirische Untersuchungen – sei es in Forschungsprojekten und/oder in wissenschaftlichen Qualifikationsarbeiten, aber auch in Methodenseminaren – vorzubereiten und durchzuführen. Zusätzlich soll nicht nur der intradisziplinäre, sondern auch der interdisziplinäre Austausch über Diskursforschung weiter angeregt werden.[22] Die verschiedenen Einzelbeiträge wurden von Protagonisten der präsentierten Ansätze verfaßt, die neben theoretischer Kompetenz vor allem auch forschungspraktische Erfahrung mit dem jeweiligen Konzept einbringen und es in den entsprechenden Fachdiskussionen verorten.

Uns ist bewußt, daß Lektüre- und Rezeptionsweisen glücklicherweise vielfältig und unberechenbar sind. Dennoch möchten wir, bevor wir die Beiträge im einzelnen vorstellen, kurz auf die Frage eingehen, wie eine ‚Gebrauchsanweisung' oder ‚Leseanleitung' für den vorliegenden ersten Band aussehen könnte. Die in der erweiterten dritten Auflage nunmehr siebzehn Einzelbeiträge enthalten diskurstheoretische und diskursanalytische Zugänge zur sozialwissenschaftlichen Diskursanalyse aus Soziologie, Geschichtswissenschaft, Linguistik und Sprachforschung, Politikwissenschaft und Psychologie. Im Vordergrund steht jedoch nicht die jeweilige Ausgangsdisziplin; vielmehr lassen sich die Beiträge, je für sich genommen, als Versuche verstehen, die etablierten Disziplingrenzen zu durchstoßen; mitunter zeigen sich deswegen größere disziplinübergreifende als disziplininterne Gemeinsamkeiten im Hinblick auf das jeweilige diskursanalytische Programm. Es ist durchaus beabsichtigt, daß sich einzelne Beiträge in der diskurstheoretischen Konzeption, den Begriffsverwendungen und der forschungspraktischen Umsetzung, und damit meist auch in den anvisierten Fragestellungen von Diskursanalysen widersprechen; andere Beiträge wiederum formulieren Schnittmengen, Überschneidungen, um von ähnlichen theoretischen Fundamenten aus sehr unterschiedliche methodische Wege zu gehen. Das Arrangement der versammelten Texte folgt eher dem Ziel der Kontrastierung als dem Bemühen, disziplinäre ‚Gruppenbildungen' nahezulegen. Dies alles erfordert von den LeserInnen Neugier und die Bereitschaft, sich auf unterschiedliche Denkwelten, auf Irritationen und auch auf den jeweils mehr oder weniger komplexen Vermittlungsprozeß zwischen den je eigenen Forschungsinteressen und Fragestellungen und den hier vorgeschlagenen theoretisch-methodischen Ansätzen einzulassen. Wer demgegenüber einfach nur ‚die'(!) Definition des Diskursbegriffs inklusive der ultimativen ‚how-to-do'-Liste sucht, der sei schon jetzt auf Enttäuschungen vorbereitet.

[22] Dabei war aus verschiedenen Gründen eine Auswahl unerläßlich. Der Schwerpunkt des vorliegenden Handbuches liegt auf der sozialwissenschaftlichen Diskussion. Ergänzend möchten wir ausdrücklich auf die bereits erwähnten Einführungen und Überblicksdarstellungen verweisen.

3 Überblick über den vorliegenden Band

Der vorliegende Band enthält zunächst elf Beiträge, die jeweils einen diskurstheoretischen bzw. diskursanalytischen Zugang zur Untersuchung von Diskursen vorschlagen. Daran schließen drei Beiträge an, die sich mit allgemeineren Fragen der gesellschaftlichen und wissenschaftlichen Bedeutung von Diskurstheorien und Diskursanalysen beschäftigen. Darauf folgen wieder drei Beiträge, in denen einzelne Ansätze erläutert werden. Neben dem in der zweiten Auflage aufgenommenen Text von Jürgen Link, in dem die Vorstellung seiner diskurstheoretischen und diskursanalytischen Grundbegriffe mit der Anwendung an einem Beispiel verknüpft wird, stellt Stefan Meier in seinem neu hinzu gekommenen Text die sozialsemiotisch geprägte „multimodale Diskursanalyse" vor; Martin Reisigl gibt in einem ebenfalls neuen Beitrag einen Überblick über die Wiener Kritische Diskursanalyse.[23]

Die in den Beiträgen formulierten Vorschläge zu *theoretisch-methodischen Orientierungen diskursanalytischen Forschens* ließen sich sicherlich auf unterschiedlichste Weise klassifizieren. Dies hieße aber, das Mobile der Interdisziplinarität, das wir in Bewegung halten möchten, um der reinen Ordnungslust willen anzuhalten. Denn die meisten Beiträge versuchen, Brücken zwischen den Schulen und Disziplinen zu schlagen und gewinnen gerade dadurch ihre Originalität und Einheit. Wir haben deswegen als ‚Ordnungsprinzip' eine Form der Kontrastierung ausgewählt, die die Unterschiedlichkeit der Zugänge in eine Anregung zur Auseinandersetzung transformiert. Neben den Sprachwissenschaften hat insbesondere die Geschichtswissenschaft sich vergleichsweise früh mit dem Diskursbegriff und der Bedeutung der Sprache beschäftigt und dabei versucht, über ein rein linguistisches Verständnis von Diskursen hinauszugehen. Deswegen stellt der erste nachfolgende Beitrag den Ansatz der *Linguistischen Diskursgeschichte* vor, der sich auf der Basis großer Textkorpora mit der Veränderung von Aussagenetzen im Zeitverlauf beschäftigt; daran schließt ein Vorschlag *geschichtswissenschaftlicher Diskurstheorie und -analyse* an, der die nicht-linguistischen Elemente von Diskursen hervorhebt.

– Der Linguist *Matthias Jung* präsentiert in seinem Beitrag ‚Diskurshistorische Analyse – eine linguistische Perspektive' einen in der Linguistik entwickelten Vorschlag zur Diskursanalyse, der auf die Analyse der zeitlichen Veränderungen von Aussagenetzen und innerhalb großer Textmengen (etwa der Massenmedien) zielt. Dieses ‚Würfelmodell' von Diskursen, das die

[23] In den bereits vorhandenen Beiträgen wurden gegenbüer der zweiten Auflage keine Veränderungen vorgenommen.

drei Dimensionen der Kommunikationsbereiche, der Teildiskurse und der Textsorten umfaßt, bestimmt Diskurse nach ihrem thematischen Bezug. Als Grundeinheiten eines Diskurses gelten Aussagegeflechte; dabei wird von den Prozessen der Diskursproduktion abstrahiert und Diskurse als eigenständige Wirklichkeitsebene untersucht. Der linguistischen Diskursgeschichte geht es dann vor allem um die Karriere bestimmter Metaphern, lexikalischer Inventare oder Aussagenetze im Zeitverlauf sowie um ihre Situierung im synchronen Kontext konkurrierender Diskurse.

– Im zweiten Beitrag beschäftigt sich der Historiker *Philipp Sarasin* mit dem schwierigen Verhältnis von ‚Diskurstheorie und Geschichtswissenschaft'. Gleichzeitig skizziert er einen Überblick über die Entwicklung diskurstheoretischer Positionen von Michel Foucault über Jacques Derrida und Jacques Lacan bis hin zu den neueren Ansätzen von Chantal Mouffe und Ernesto Laclau, die man als Übergang von einer eher struktural-abstrakten hin zu einer dynamisierten Diskurskonzeption beschreiben könnte. Das von Sarasin im Anschluß an die genannten Autoren entwickelte diskurstheoretische und diskursanalytische Programm untersucht die konkreten Praktiken und Medien der Verbreitung eines Diskurses ebenso wie die Prozesse und Strategien der Fixierung oder Stabilisierung von Bedeutungen in und durch Diskurse.
– Der Sprach- und Sozialwissenschaftler *Siegfried Jäger* stellt unter dem Titel ‚Diskurs und Wissen' sein Konzept einer ‚Kritischen Diskursanalyse' vor. Er geht dabei im Unterschied zur linguistischen Diskursgeschichte zunächst von einem sprachwissenschaftlichen Interesse am konkreten Sprachgebrauch im Sprechen und Schreiben aus, das aber in einem interdisziplinären Brückenschlag diskurstheoretisch gewendet wird. Dazu zieht Jäger die diskursbegrifflichen Vorschläge Michel Foucaults heran, deren konstatierte Defizite er durch psychologisch-tätigkeitstheoretische Überlegungen (Leontjew) korrigiert. Diskurse werden im Anschluß an Jürgen Link als institutionell verfestigte Redeweisen begriffen, die Handeln bestimmen. Diskurse wiederum bilden selbst die Voraussetzung und die Elemente von Dispositiven, d. h. eines in Sprechen/Denken, Tun und Vergegenständlichungen eingeschlossenen Wissenszusammenhangs. Im Zentrum der ‚Kritischen Diskurs- und Dispositivanalyse' stehen die Fragen nach dem Zustandekommen und den Kriterien für gültiges Wissen, nach seiner Weitergabe und seiner welt- und subjektkonstituierenden Bedeutung sowie nach dem Zusammenspiel von diskursiven und nicht-diskursiven Praxen mit materialen Vergegenständlichungen der Diskurse.
– Einen anderen Brückenschlag nimmt der Soziologe *Reiner Keller* in seinem Beitrag zur ‚Wissenssoziologischen Diskursanalyse' vor. Er verknüpft eine wissenssoziologische Lesart der diskurstheoretischen Arbeiten Foucaults mit dem handlungstheoretischen wissenssoziologischen Ansatz von Peter Berger

und Thomas Luckmann, der die Tradition der kulturalistischen Diskursanalyse inspiriert hat. Aus dieser Zusammenführung von Diskurstheorie und kulturalistischer Diskursanalyse wird die wissenssoziologische Diskursanalyse als ein Forschungsprogramm entfaltet, das gesellschaftliche Prozesse der Konstruktion, Objektivation, Legitimation und Kommunikation von Wissens- und damit Handlungsordnungen untersucht. Neben der Diskussion theoretisch-konzeptioneller Anschlußmöglichkeiten einer solchen diskursanalytischen Perspektive in der Soziologie und der Vorstellung zentraler Analysebegriffe geht es dabei vor allem auch um die Erschließung des methodischen Know Hows der qualitativ-interpretativen Sozialforschung für diskursanalytische Zwecke.

- Der Aufsatz des Sozial- und Politikwissenschaftlers *Paolo Donati* zur ‚Rahmenanalyse politischer Diskurse' stellt einen in der kulturalistischen Tradition der Diskursanalyse entwickelten Ansatz vor, der insbesondere in der Forschung über politische bzw. öffentliche Diskurse und Mobilisierungsprozesse sozialer Bewegungen entwickelt wurde. Für Donati ist der Begriff Diskurs einerseits eine Metapher, die die Prozesse der Aushandlung und Konstruktion sozialer Realität durch ‚kulturelle Werkzeuge' erhellt, zugleich bezeichnet er aber auch die Orte, an denen Kämpfe zwischen gesellschaftlichen Akteuren um die legitime Definition der Realität stattfinden. ‚Rahmen' (frames) gelten dabei als zentrale Ressourcen dieser Definitionskonflikte; sie verleihen den wahrgenommenen Ereignissen und Daten Struktur und Bedeutung. Diskursanalyse wird genau aus diesem Grund als Analyse von Rahmen und Rahmungsprozessen konzipiert und von Donati in ihrer methodischen Umsetzung vorgestellt.
- Die Betrachtung von ‚Diskursen als Narrationen', die der Soziologe *Willy Viehöver* zur Analyse insbesondere öffentlicher Diskurse vorschlägt, entstammt ebenfalls dem vorangehend erwähnten Kontext einer kulturalistischen Diskursanalyse. Allerdings plädiert er im Unterschied zu Donati für den Einbezug theoretischer und methodischer Vorschläge der narrativen Semiotik (Ricoeur, Greimas) und insbesondere für das Konzept der Narration, um die Analyse von Diskursen zu präzisieren. Narrationen sind einerseits Ergebnisse von Diskursen, andererseits läßt sich aber auch der Prozeß, in dem soziale Akteure Realität konstruieren, als Narrativisierung beschreiben. Der Bezugsrahmen einer soziologischen Analyse narrativer Diskurse wird mit dem Konzept der Diskurskoalitionen verknüpft, die in oder zwischen institutionellen Feldern um die angemessene Definition gesellschaftlicher Probleme und deren Lösung konkurrieren. Daran anschließend werden die Umrisse einer entsprechenden Methodologie und Methode dargestellt.

- Der vor dem Hintergrund einer phänomenologisch fundierten wissenssoziologischen Tradition argumentierende Soziologe *Hubert Knoblauch* beschäftigt sich in seinem Beitrag mit dem Zusammenhang von ‚Diskurs, Kommunikation und Wissenssoziologie'. Er formuliert darin einen Vorschlag zur Diskursanalyse, der sich als Ergänzung zu dem von Thomas Luckmann entworfenen Konzept des ‚kommunikativen Haushaltes' einer Gesellschaft und der darauf bezogenen Analyse ‚kommunikativer Gattungen' versteht. So begreift er Diskurse als kommunikative Prozesse der Aufrechterhaltung und Veränderung gesellschaftlich relevanter Themen und Kommunikationsformen. Diskurse lassen sich demnach durch typische Inhalte und konventionalisierte kommunikative Formen beschreiben, die von Diskursgemeinschaften getragen werden. Von zentraler Bedeutung ist die Konstellation und Dynamik von Diskursformen, -inhalten und -trägern. Als inhaltliche Kerne von Diskursen werden Themen und – im Anschluß an die literatur- und sozialwissenschaftliche Tradition der Topikanalyse – Topiken bezeichnet.
- Der an Knoblauch anschließende Beitrag der Soziologin *Hannelore Bublitz* mit dem Titel ‚Differenz und Integration. Zur diskursanalytischen Rekonstruktion der Regelstrukturen sozialer Wirklichkeit' unterscheidet sich grundlegend von den vorangegangenen, moderat handlungs- bzw. akteurstheoretisch ansetzenden Vorschlägen. Sie entwirft ein sozialwissenschaftliches Verständnis von Diskursen als objektivierten (Wissens-) Strukturen, die im sozialen Leben als objektive Wahrheiten und Tatsache fungieren. Dabei knüpft Bublitz an theoretische und methodische Vorschläge von Michel Foucault an und systematisiert diese hin zu einer zugleich gesellschafts- und diskurstheoretischen Perspektive. Darin werden Diskurse als ‚regelgeleitete Praktiken' und Wirklichkeit sui generis betrachtet, die sich – und das gilt auch für die Sozialwissenschaften selbst – in ihrer Eigendynamik jeder Kontrolle durch sprechende Subjekte entziehen und durch ihre Klassifikationsangebote die Wirklichkeit der Welt konstituieren.
- Nach dem vorangehenden, entschiedenen Plädoyer für die Diskursanalyse als Analyse objektivierter und eigendynamischer Regelstrukturen entwickelt der Soziologe *Michael Schwab-Trapp* aus einem Interesse an Fragestellungen der politischen Soziologie heraus in seinem Beitrag ‚Diskurs als soziologisches Konzept' Instrumente für eine akteursorientierte empirische Analyse diskursiver Prozesse. Demnach produzieren Diskursakteure in konflikthaften Auseinandersetzungen verbindliche Deutungen für soziale und politische Ereigniszusammenhänge, deren Verbreitung und Institutionalisierung im Rahmen einer politischen Soziologie untersucht werden können. Von zentraler Bedeutung sind dabei die Analysebegriffe der ‚diskursiven Formationen', der

‚Diskursfelder' und der ‚diskursiven Gemeinschaften'. Erläutert wird der Ansatz am empirischen Beispiel des ‚grünen Diskurses über den Jugoslawienkrieg'.

- Der Politikwissenschaftler *Frank Nullmeier* beschäftigt sich im nachfolgenden Beitrag mit der Frage, welche Strecke ‚Politikwissenschaft auf dem Weg zur Diskursanalyse?' zurückgelegt hat. Tatsächlich scheint die Neigung der Politikwissenschaften zur Analyse interessegeleiteten Handelns und Entscheidens der Formulierung einer politikwissenschaftlichen Diskursanalyse einige Hindernisse entgegenzusetzen. Zwar wird zunehmend die Rolle von Ideen im politischen Prozeß diskutiert und vereinzelt diskurstheoretisch bzw. -analytisch ausgearbeitet, aber insgesamt überwiegt die diesbezügliche Skepsis. Nullmeier plädiert deswegen für eine begrenzte Verwendung des Diskursbegriffs zur Bezeichnung gemeinsamer inhaltlicher Strukturen öffentlicher Rede und Schrift über eine Vielzahl von Texten und Äußerungen hinweg. Diskursanalyse setzt dann in dreifacher Hinsicht an: als textanalytische Methodik der Untersuchung großer Textkorpora, als multimediale Symbolanalytik und als Diskurspraxisanalyse, die das Zusammenspiel von Text/Schrift und diskursiven Praktiken im Politikprozeß untersucht.
- Der Sozialpsychologe *Jonathan Potter* zeigt schließlich in seinem Beitrag zum Verhältnis von ‚Diskursiver Psychologie und Diskursanalyse', daß auch die Grenzen zwischen Psychologie und Konversationsanalyse fließend sein können. Der Ansatz der Diskursiven Psychologie steht in der Tradition der angelsächsischen ‚discourse analysis' und insbesondere der ethnomethodologischen Konversationsanalyse. Deren Grundannahmen und Verfahrensweisen – etwa die konstruktivistische Perspektive, die Annahme der Situiertheit von sprachlichen Äußerungen, der radikale Empirismus und die Bevorzugung natürlicher Daten – werden zur Fundierung einer diskursorientierten psychologischen Perspektive eingesetzt, die sich grundlegend von allen kognitionsorientierten Ansätzen der traditionellen Psychologie absetzt. Während die kognitive Psychologie eine äußere Realität als Input-Generator für kognitive Operationen unterstellt, fokussiert die Diskursive Psychologie auf die begrifflich-sprachliche Konstruktion der Realität (einschließlich innerer psychischer Zustände) in Sprechhandlungen. Diskurse werden als situierte soziale Praktiken des Sprechens und Schreibens gefaßt und als reale Prozeßabläufe analysiert.

Nach dieser Vorstellung unterschiedlicher diskurstheoretischer und diskursanalytischer Vorgehensweisen – zu der, genau genommen, auch der neu hinzu gekommene, aber aus publikationstechnischen Gründen erst am Ende stehende Beitrag von Jürgen Link zu zählen wäre – nehmen die drei nächsten Beiträge eine allgemeinere oder Querschnittsperspektive ein. Sie setzen Grundkenntnisse diskursorientierter Perspektiven voraus und verdeutlichen an drei unterschiedlichen Themenbereichen abschließend die *Bedeutung des Diskursbegriffs*. Es geht dabei (1) um die gesellschaftliche Relevanz von Diskursen und ihrer Analyse, (2) um die Rolle, die Diskursperspektiven für die wissenschaftliche Selbstreflexion der feministischen Diskussion spielen, und (3) um die Frage, in welchem Verhältnis Diskursansätze zu sozialphilosophischen und sozialwissenschaftlichen Traditionen der Ideologiekritik stehen.

- Der Sprachwissenschaftler *Norman Fairclough* hat seit Mitte der 80er Jahre sein Konzept einer ‚Critical Discourse Analysis' entwickelt,[24] in dem er linguistische Sprachforschung zunehmend mit den diskurstheoretischen Überlegungen von Althusser, Gramsci, Mouffe und Laclau und in jüngerer Zeit vor allem auch mit sozialwissenschaftlichen Zeitdiagnosen und den theoretischen Ansätzen von Pierre Bourdieu und Anthony Giddens in Verbindung bringt. Er diskutiert in seinem Beitrag ‚Globaler Kapitalismus und Kritisches Diskursbewußtsein' den Stellenwert und das Erkenntnisinteresse diskursanalytischer Forschungsansätze im Kontext der Wissens- und Informationsgesellschaft. Am Beispiel der ökonomischen und politischen Diskurse über Flexibilitäts-Anforderungen, die bis in Alltagsdiskussionen hinein reichen und das Selbstverständnis der Handelnden prägen, verdeutlicht er, wie Diskursanalysen in ideologiekritischer Absicht den Prozeß der Homogenisierung gesellschaftlicher Weltwahrnehmungen rekonstruieren und in seiner Kontingenz deutlich machen können. Sie tragen damit zur Möglichkeit eines ‚kritischen Diskursbewußtseins' bei, d. h. zum mündigen Umgang der Zivilgesellschaft mit öffentlichen Diskursen und strategischer Symbolnutzung.
- Im Unterschied zu Fairclough richtet die Soziologin *Sabine Hark* ihren Blick nicht auf die gesellschaftliche Bedeutung von Diskursen, sondern rekonstruiert unter dem Titel ‚Feministische Theorie – Diskurs – Dekonstruktion. Produktive Verknüpfungen' die Bedeutung des Diskurskonzepts für die Selbstreflexion und Weiterentwicklung der feministischen Theoriebildung und Forschung. Innerhalb der Sozialwissenschaften haben sich feministische Perspektiven intensiv mit der Bedeutung des Diskurskonzepts insbesondere von Michel Foucault, aber auch mit den Positionen Jacques Derridas auseinandergesetzt. Die Betonung der gegenstandskonstitutiven Wirkung von

[24] Vgl. Fairclough (1989, 1992, 1995, 2003), Fairclough/Wodak (1997), Titscher/Wodak/Meyer/Vetter (1998: 178 ff), Chouliaraki/Fairclough (1999). Die von Fairclough und – mit leichten Unterschieden – von Ruth Wodak vertretene ‚Critical Discourse Analysis' unterscheidet sich vor allem in ihrer theoretischen Grundlegung von der ‚Kritischen Diskursanalyse' Siegfried Jägers und des Duisburger Instituts für Sprach- und Sozialforschung (Jäger 1999).

Diskursen etwa in den Arbeiten von Judith Butler und Theresa de Lauretis hat die Ambivalenzen der Verwendung des Geschlechterbegriffs und der sex/gender-Unterscheidung in der Frauen- und Geschlechterforschung verdeutlicht, die aus der doppelten Setzung der Geschlechterdifferenz als Erkenntnismittel und Erkenntnisgegenstand bzw. Ergebnis soziokultureller Praxis resultieren. Geschlecht wird so als ein diskursiver, durch Repräsentationsstrukturen erzeugter Sinneffekt begriffen, der durch ‚exzentrisches Wissen', d. h. durch die dekonstruktivistische Analyse und die daran anschließende Formulierung alternativer Repräsentationen in kritischer Absicht in Frage gestellt werden kann und muß.

– In ihrem Beitrag gehen die Soziologen *Andreas Hirseland* und *Werner Schneider* dem Verhältnis von Ideologiekritik und Diskursanalyse nach. Wenngleich (insbesondere eine sich ‚kritisch' etikettierende) Diskursanalyse durchaus als neue, moderne Form der seit Marx recht kontrovers diskutierten ‚Ideologieanalyse/-kritik' verstanden werden kann, bleibt zu klären, worin die Kon- und Divergenzen zwischen einerseits dem ‚Ideologieproblem' und andererseits dem diskursanalytischen Blick auf den Zusammenhang von Wissen, Wahrheit und gesellschaftlicher Praxis unter Macht- und Herrschaftsaspekten liegen. Entlang einer kursorischen Rekonstruktion des Ideologiekonzeptes (insbesondere in der Marxschen Tradition und seiner wissenssoziologischen Diskussion) zeigen sich die erkenntnistheoretischen Probleme und analytischen Beschränkungen, die einerseits eine einfache Bezugnahme auf den Ideologiebegriff im Kontext von Diskursanalyse verhindern. Andererseits ermöglicht gerade eine konsequent diskurstheoretische Perspektivierung (z. B. von Ernesto Laclau und Chantal Mouffe), das Ideologische als soziale Praxis zu identifizieren und zu analysieren und dabei die eigene Position des Diskursanalytikers (als Kritik der herkömmlichen Ideologiekritik) markieren zu können.

Nach diesen Beiträgen, die zwischenzeitlich den Status von Intermezzi erworben haben, kehren die folgenden Kapitel wieder zum Ausgangsmuster einer in sich möglichst konsistenten Vorstellung spezifischer theoretischer Ansätze und damit verknüpfter methodologisch-methodischer Reflexionen zurück.

– *Jürgen Link*, einer der Pioniere der deutschen Foucaultrezeption und Diskursdebatte, stellt seine für die Entwicklung der Diskursdebatten im deutschen Sprachraum grundlegende Position in einem systematischen Überblick vor. Genau genommen handelt es sich hier um einen Beitrag, der an den Anfang des Bandes gehören würde, denn mit Links Arbeiten und der Zeitschrift *kulturRevolution* hatte die Diskursdebatte in Deutschland in wesentlichen

Teilen ihren Ausgang genommen. Andererseits endet der Beitrag mit einem Analysebeispiel. Insoweit baut er eine Brücke zum weiter oben erwähnten zweiten Band. Link gibt zunächst eine knappe Übersicht über das Foucaultsche Diskurskonzept. Im Anschluss daran und in Auseinandersetzung mit jüngeren Entwicklungen der Diskursforschung erläutert er seine Anschlüsse und Weiterentwicklungen dieses Diskursmodells, insbesondere die Begriffe Spezialdiskurs, Interdiskurs, Kollektivsymbolik, Elementardiskurs u. a. Mit der Unterscheidung von ‚Wissensteilung' und ‚Machtteilung' schlägt er dann eine soziologische Situierung des Diskursbegriffs vor, die mit einer genaueren Bestimmung der Konzepte des ‚Dispositivs' und der ‚diskursiven Position' verknüpft wird. Schließlich wird die Technik bzw. das methodische Vorgehen der Interdiskursanalyse an einem kurzen Textbeispiel exemplarisch vorgestellt. Ein Ausblick auf Desiderate künftiger Diskursforschung beschließt den Text.

- Der neu aufgenommene Beitrag von *Martin Reisigl* schließt eine Lücke, die wir von Beginn des Handbuchunternehmens an gerne hätten füllen wollen, aber aus verschiedenen Widrigkeiten heraus nicht füllen konnten. Er führt in die Grundzüge der Wiener Kritischen Diskursanalyse ein, die seit Mitte der 1980er Jahre fortwährend weiterentwickelt wird, vor allem, aber bei weitem nicht nur, mit den Untersuchungen von Ruth Wodak verbunden ist und inzwischen entlang der räumlichen Achse Wien/Lancaster zum Einsatz kommt (und natürlich nicht nur da). Reisigl, der maßgeblich an dieser Entwicklung beteiligt ist, zeichnet zunächst die Geschichte des kritischen diskursanalytischen Ansatzes Wiener Prägung nach und umreißt dabei wichtige Forschungsschwerpunkte. Sodann wird der „Wiener" Zugang zur Kritischen Diskursforschung in theoretischer, methodischer und forschungspraktischer Hinsicht charakterisiert. Dabei wird er zuerst im Feld der Kritischen Diskursforschung verortet, bevor zentrale Kennzeichen und Grundbegriffe – allen voran das Verständnis von Diskurs und Kritik – erläutert und wichtige forschungspraktische Schritte konturiert werden. Den Schluss bildet ein kurzer Ausblick auf künftige Herausforderungen an die (Wiener Kritische) Diskursanalyse.
- Der ebenfalls neu aufgenommene Beitrag des Medienwissenschaftlers *Stefan Meier* stellt die multimodale Diskursanalyse als einen methodologischen Ansatz vor, der die diskursive Praxis in ihrer besonderen Zeichenhaftigkeit und Medialisierung betrachtet. Dabei wird diskursive Praxis als eine regulierende und regulierte multimodale Zeichenverwendung konzeptualisiert, die im Zusammenspiel unterschiedlicher Zeichenmodalitäten wie Sprache und Bild und deren medialen Materialisierung und Distribution analysiert werden kann. Zeichenmodalitäten werden demgemäß als konventionalisierte

und medienbedingte Gestaltungen von semiotischen Ressourcen wie Farbe, Form, Fläche, Geräusche etc. verstanden. Hinzu tritt deren spezifische mediale Umsetzung auf Plakaten, in Zeitungen, auf Websites etc., denen weitere Konventionalisierungsprozesse durch technische, ökonomische, institutionelle, publizistische Kontexte zugrundeliegen. Multimodale Diskursanalyse untersucht diese Koventionalisierungsprozesse im themen-, gegenstands- bzw. wissensspezifischen Diskurszusammenhang. Sie ermittelt diese vergleichend und interpretativ anhand multimodaler Kommunikationsmuster und bestimmt sie als Akteurs- und/oder diskursive Positionen. Der Beitrag schließt dazu mit einem kurzen illustrierenden Beispiel.

Abschließend möchten wir all jenen danken, die den vorliegenden Band ermöglicht haben. Dies sind zunächst sicherlich die AutorInnen, die sich der Mühe der Schreibarbeit unterzogen haben; dann unseren studentischen Mitarbeiterinnen Adelheid Adam, Susanne Schnabel und Steffi Bär für die umfangreichen Recherche- und Formatierungsarbeiten, Christoph Lau und Horst Jürgen Helle für ihre großzügige Unterstützung des Buchprojektes und insbesondere Alexandra Obermeier, die, obwohl sie nicht als Herausgeberin in Erscheinung tritt, doch durch ihre umfangreichen Kommentierungen den vorliegenden Band wesentlich mitgeprägt hat. Schließlich wollen wir unmehr auch die Leserinnen und Leser erwähnen, die durch ihr Interesse dazu beitragen, die sozialwissenschaftliche Diskursforschung im deutschsprachigen Raum weiter voranzutreiben, und die diese dritte Auflage möglich machten. Gerne werden wir gegebenenfalls das Projekt in einer vierten Auflage weiterschreiben und weitertreiben. Aus gegebenem traurigen Anlaß widmen wir diesen Band ebenfalls dem Andenken von Paolo Donati und Michael Schwab-Trapp.

Literatur

Alexander, J.C. (1988): The New Theoretical Movement. In: Smelser, N.J. (Hrsg.): Handbook of Sociology. Newsbury Park: Sage, S. 77–101

Angermüller, J./Bunzmann, K./Nonhoff, M. (Hrsg.) (2001): Diskursanalyse: Theorien, Methoden, Anwendungen. Hamburg

Barker, C. (2000): Cultural Studies. London: Sage

Bergmann, J.R. (1994): Ethnomethodologische Konversationsanalyse. In: Fritz, G./Hundsnurscher, F. (Hrsg.): Handbuch der Dialoganalyse. Tübingen: Niemeyer, S. 3–16

Brand, K.W. (1998): Diskursanalyse. In: Kriz, J./Nohlen, D./Schultze, R.-O. (Hrsg.): Politikwissenschaftliche Methoden. Lexikon der Politik Bd. 2. München: Beck, S. 85–87

Braun, D. (1998): Der Einfluß von Ideen und Überzeugungssystemen auf die politische Problemlösung. In: PVS 39, 4, S. 797–818
Brown, G./Yule, G. (1983): Discourse Analysis. Cambridge: University Press
Brünner, G./Fiehler, R./Kindt, W. (Hrsg.) (1999): Angewandte Diskursforschung. 2 Bde. Opladen: Westdeutscher Verlag
Bublitz, H./Bührmann, A. D./Hanke, C./Seier, A. (Hrsg.) (1999): Das Wuchern der Diskurse. Perspektiven der Diskursanalyse Foucaults. Frankfurt/Main: Campus
Bührmann, A. u. a. (Hrsg.) (2007): Entwicklungen im Feld der Foucaultschen Diskursanalyse. Schwerpunktheft des (Online-)Forum qualitative Sozialforschung. Mai 2007
Charaudeau, P./Maingueneau, D. (Hrsg.) (2002): Dictionnaire d'Analyse du Discours. Paris: Seuil
Chouliaraki, L./Fairclough, N. (1999): Discourse in Late Modernity. Rethinking Critical Discourse Analysis. Edinburgh: University Press
Clarke, A. (2011): Situationsanalyse. Hg. von R. Keller. Wiesbaden: VS-Verlag
Deppermann, A. (1999): Gespräche analysieren. Opladen: Leske + Budrich
Diaz-Bone, R. (2002): Kulturwelt, Diskurs und Lebensstil. Opladen: Leske + Budrich
Diaz-Bone, R. (2006a): Operative Anschlüsse: Zur Enstehung der Foucaultschen Diskursanalyse in der Bundesrepublik. Jürgen Link im Gespräch mit Rainer Diaz-Bone [38 Absätze]. In: Forum Qualitative Sozialforschung [Online Journal], 7 (3), Art. 20. Verfügbar über www.qualitative-research.net/fqs-texte/3-06/06-3-20-d.htm [Zugriff 15.5.2006]
Diaz-Bone, R. (2006b): Kritische Diskursanalyse: Zur Ausarbeitung einer problembezogenen Diskursanalyse im Anschluss an Foucault. Siegfried Jäger im Gespräch mit Rainer Diaz-Bone [89 Ansätze]. In: Forum Qualitative Sozialforschung [Online Journal], 7 (3), Art. 21. Verfügbar über www.qualitative-research.net/fqs-texte/3-06/06-3-20-d.htm [Zugriff 15.5.2006]
Diaz-Bone, R./Krell, G. (Hrsg.) (2009): Diskurs und Ökonomie. Wiesbaden: VS-Verlag
Diez, Th. (1999): Die EU lesen. Diskursive Knotenpunkte in der britischen Europadebatte. Opladen: Leske + Budrich
Dreyfus, H. L./Rabinow, P. (1987): Michel Foucault. Jenseits von Strukturalismus und Hermeneutik. Frankfurt/Main: athenäum
Eberle, T. S. (1997): Ethnomethodologische Konversationsanalyse. In: Hitzler, R./Honer, A. (Hrsg.): Sozialwissenschaftliche Hermeneutik. Opladen: Leske + Budrich, S. 245–280
Eder, F. (Hrsg.) (2006): Historische Diskursanalyse. Wiesbaden: VS-Verlag
Ehlich, K. (Hrsg.) (1994): Diskursanalyse in Europa. Frankfurt/Main: Lang
Fairclough, N. (1989): Language and Power. London: Longman
Fairclough, N. (1992): Discourse and Social Change. Cambridge: Polity Press
Fairclough, N. (1995): Critical Discourse Analysis. Papers in the Critical Study of Language. London: Longman
Fairclough, N. (2003): Analyzing Discourse. Textual Analysis for Social Research. London: Sage

Fairclough, N./Wodak, R. (1997): Critical Discourse Analysis. In: van Dijk, T.A. (Hrsg.), Discourse as Social Interaction. Discourse Studies: a Multidisciplinary Introduction Bd. 2. London: Sage, S. 258–284

Fischer, F./Forester, J. (Hrsg.) (1993): The Argumentative Turn in Policy Analysis and Planning. Durham & London: Duke University Press

Foucault, M. (1981): Archäologie des Wissens. Frankfurt/Main: Suhrkamp

Foucault, M. (1974): Die Ordnung des Diskurses. München: Hanser

Gamson, W.A. (1988a): Political Discourse and Collective Action. In: International Social Movement Research Bd. 1. London: Jai Press, S. 219–244

Gamson, W.A. (1988b): The 1987 Distinguished Lecture: A Constructionist Approach to Mass Media and Public Opinion. In: Symbolic Interaction, 2, S. 161–174

Gamson, W.A./Modigliani, A. (1989): Media discourse and public opinion on nuclear power: a constructionist approach. In: American Journal of Sociology, 95, S. 1–37

Geertz, C. (1973): The Interpretation of Cultures. New York: Basic Books

Gerhards, J./Schäfer, M.S. (2006): Die Herstellung einer öffentlichen Hegemonie. Humangenomforschung in der deutschen und der US-amerikanischen Presse. Wiesbaden: VS-Verlag

Giddens, A. (1991): Modernity and Self-Identity. Stanford, CA: Stanford University Press

Giddens, A. (1996): Die Konsequenzen der Moderne. Frankfurt/Main: Suhrkamp

Guilhaumou, J. (2005): Geschichte und Sprachwissenschaft. Wege und Stationen (in) der analyse du discours. In: Keller, R./Hirseland, A./Schneider W./Viehöver, W. (Hrsg.) (2005a), S. 19–66

Gusfield, J.R. (1981): The Culture of Public Problems: Drinking-Driving and the Symbolic Order. Chicago: University of Chicago Press

Habermas, J. (1981): Theorie des kommunikativen Handelns. 2 Bde. Frankfurt/Main: Suhrkamp

Habermas, J. (1985): Der philosophische Diskurs der Moderne. Zwölf Vorlesungen. Frankfurt/Main: Suhrkamp

Hajer, M.A. (1995): The Politics of Environmental Discourse. Ecological Modernization and the Policy Process. Oxford: University Press

Hajer, M.A. (2002): Discourse Analysis and the Study of Policy Making. In: European Political Science Vol. 2, Nr. 1 [Online-Journal: www.essex.ac.uk/ecpr/publications/eps/onlineisssues/autumn2002; Zugriff v. 29.7.2003]

Hajer, M.A. (2005): Argumentative Diskursanalyse. Auf der Suche nach Koalitionen, Praktiken und Bedeutungen. In: Keller/Hirseland/Schneider/Viehöver (Hrsg.) (2005a), S. 271–298

Howarth, D. (2000): Discourse. Buckingham: Open University Press

Howarth, D./Norval, A. J./Stavrakakis, Y. (Hrsg.) (2000): Discourse Theory and Political Analysis. Identities, Hegemonies and Social Change. Manchester: University Press

Jäger, S. (1999): Kritische Diskursanalyse. Eine Einführung. Duisburg: DISS-Studien

Jaworski, A./Coupland (Hrsg.) (1999): The Discourse Reader. London: Routledge

Jørgensen, M.W./Philipps, L.J. (2002): Discourse Analysis as Theory and Method. London: Sage

Jung, M./Böke, K./Wengeler, M. (Hrsg.) (1997): Die Sprache des Migrationsdiskurses. Opladen: Westdeutscher Verlag

Kallmeyer, W. (1988): Konversationsanalytische Beschreibung. In: Ammon, U./Dittmar, N./Mattheier, K. (Hrsg.): Soziolinguistik. Ein internationales Handbuch zur Wissenschaft von Sprache und Gesellschaft. Bd. 2. Berlin: De Gruyter, S. 1095–1108

Keller, R. (1997): Diskursanalyse. In: Hitzler, R./Honer, A. (Hrsg.): Sozialwissenschaftliche Hermeneutik. Opladen: Leske + Budrich, S. 309–334

Keller, R. (2010): Diskursforschung. Eine Einführung für SozialwissenschaftlerInnen. 4. erweiterte Aufl. Wiesbaden: VS-Verlag [2003]

Keller, R. (2005) Wissenssoziologische Diskursanalyse. Grundlegung eines Forschungsprogramms. Wiesbaden: VS-Verlag [3. Aufl. 2011]

Keller, R./Hirseland, A./Schneider, W./Viehöver, W. (Hrsg.) (2005): Die diskursive Konstruktion von Wirklichkeit. Konstanz: UVK

Keller, R./Hirseland, A./Schneider, W./Viehöver, W. (Hrsg.) (2010): Handbuch Sozialwissenschaftliche Diskursforschung. Bd. 2: Forschungspraxis. 4. Aufl. Wiesbaden: VS-Verlag [2003]

Keller, R./Poferl, A. (2000): Habermas Fightin' Waste. Problems of Alternative Dispute Resolution in the Risk Society. In: Journal of Environmental Policy & Planning 2, 1, S. 55–67

Keller, R./Truschkat, I. (Hrsg.) (2011): Wissenssoziologische Diskursanalyse: Exemplarische Anwendungen Bd. 1. Wiesbaden: VS-Verlag

Kendall, G./Wickham, G. (1999): Using Foucault's Methods. London: Sage

Laclau, E./Mouffe, Ch. (1995): Hegemonie und radikale Demokratie. Zur Dekonstruktion des Marxismus. Wien: Passagen

Landwehr, A. (2001): Geschichte des Sagbaren. Einführung in die historische Diskursanalyse. Tübingen: edition discord [2. Aufl. 2009]

Landwehr, A. (Hrsg.) (2010): Diskursiver Wandel. Wiesbaden: VS-Verlag

Link, J./Link-Herr, U. (1990): Diskurs/Interdiskurs und Literaturanalyse. In: Lili 77, S. 88–99

Macdonnell, D. (1986): Theories of Discourse: An Introduction. Oxford: Blackwell

Maingueneau, D. (1994): Die ‚französische' Schule der Diskursanalyse. In: Ehlich, K. (Hrsg.): Diskursanalyse in Europa. Frankfurt/Main: Lang, S. 187–195

Martschukat, J. (Hrsg.) (2002): Geschichte schreiben mit Foucault. Frankfurt/Main: Campus

Mazière, F. (2005): L'analyse du discours. Paris: Puf

Mills, S. (1997): Discourse. London: Routledge

Mottier, V. (2002): Discourse Analysis and the Politics of Identity/Difference. In:: European Political Science Vol. 2, Nr. 1 [Online-Journal: www.essex.ac.uk/ecpr/publications/eps/onlineisssues/autumn2002; Zugriff v. 29.7.2003]

Nennen, H.-U. (Hrsg.) (2000): Diskurs. Begriff und Realisierung. Würzburg: Königshausen & Neumann

Nonhoff, M. (2006): Politischer Diskurs und Hegemonie. Das Projekt Soziale Marktwirtschaft. Bielefeld: Transcript

Nonhoff, M. (2010): Hegemonieanalyse: Theorie, Methode undForschungspraxis. In: Keller, R./Hirseland, A./Schneider, W./Viehöver, W. (Hrsg.): 299–332

Nullmeier, F. (1993): Wissen und Policy Forschung. Wissenspolitologie und rhetorisch-dialektisches Handlungsmodell. In: Héritier, A. (Hrsg.): Policy-Analyse. Kritik und Neuorientierung. Opladen: Westdeutscher Verlag, S. 175–196

Nullmeier, F. (1997): Interpretative Ansätze in der Politikwissenschaft. In: Benz, A./Seibel, W. (Hrsg.): Theorieentwicklung in der Politikwissenschaft – eine Zwischenbilanz. Baden-Baden: Nomos, S. 101–144

Rabinow, P./Sullivan, W. M. (1979): Interpretive Social Science. Berkeley: University of California Press

Reckwitz, A. (2000): Der Status des ‚Mentalen' in kulturtheoretischen Handlungserklärungen. In: Zeitschrift für Soziologie 29, 3, S. 167–185

Ricoeur, P. (1977): Diskurs und Kommunikation. In: Neue Hefte für Philosophie Bd. 11, S. 1–25

Ricoeur, P. (1978): Der Text als Modell: hermeneutisches Verstehen. In: Gadamer, H. G./Boehm, G. (Hrsg.): Seminar: Die Hermeneutik und die Wissenschaften. Frankfurt/Main: Suhrkamp, S. 83–117

Robertson, R. (1992): Globalization. Social Theory and Global Culture. London: Sage

Rorty, R. (1967): The Linguistic Turn. Recent Essays in Philosophical Method. Chicago: University of Chicago Press

Sarasin, Ph. (1996): Subjekte, Diskurse, Körper. Überlegungen zu einer diskursanalytischen Kulturgeschichte. In: Hardtwig, W./Wehler, U. (Hrsg.): Kulturgeschichte Heute. Geschichte und Gesellschaft Sonderheft 16. Göttingen: Vandenhoeck & Ruprecht, S. 131–164

Schiffrin, D. (1994): Approaches to Discourse. Oxford: Blackwell

Schöttler, P. (1988): Sozialgeschichtliches Paradigma und historische Diskursanalyse. In: Fohrmann, J./Müller, H. (Hrsg.), Diskurstheorien und Literaturwissenschaft. Frankfurt/Main: Suhrkamp, S. 159–199

Schöttler, P. (1989): Mentalitäten, Ideologien, Diskurse. Zur sozialgeschichtlichen Thematisierung der ‚dritten Ebene'. In: Lüdtke, A. (Hrsg.): Alltagsgeschichte. Diskussionen und Perspektiven. Zur Rekonstruktion historischer Erfahrungen und Redeweisen. Frankfurt/Main: Campus, S. 85–136

Schöttler, P. (1997): Wer hat Angst vor dem ‚linguistic turn'? In: Geschichte und Gesellschaft 23, 1, S. 134–151

Schultze, M./Meyer, J./Fricke, D./Krause, B. (Hrsg.) (2005): Diskurse der Gewalt – Gewalt der Diskurse. Frankfurt/Main: Suhrkamp

Titscher, S./Wodak, R./Meyer, M./Vetter, E. (1998): Methoden der Textanalyse. Leitfaden und Überblick. Wiesbaden: Opladen

Torfing, J. (1999): New Theories of Discourse. Laclau, Mouffe and Zizek. Oxford: Blackwell

Van Dijk, T. A. (Hrsg.) (1985): Handbook of Discourse Analysis. 4 Bde. London: Academic Press

Van Dijk, T. A. (Hrsg.) (1997a): Discourse as Structure and Process. Discourse Studies Bd. 1. London: Sage

Van Dijk, T. A. (Hrsg.) (1997b): Discourse as Social Interaction. Discourse Studies Bd. 2. London: Sage

Wetherell, M. (1998): Positioning and interpretative repertoires: conversation analysis and post-structuralism in dialogue. In: Discourse & Society, 9, 3, S. 387–412

Wetherell, M./Taylor, S./Yates, S. J. (Hrsg.) (2001a): Discourse Theory and Practice. A Reader. London: Sage

Wetherell, M./Taylor, S./Yates, S. J. (Hrsg.) (2001b): Discourse as Data. A Guide for Analysis. London: Sage

Williams, G. (1999): French Discourse Analysis. The Method of Post-Structuralism. London: Routledge

Wodak, R. (1996): Disorders of discourse. London: Longman

Wodak, R./Ludwig, C. (Hrsg.) (1999): Challenges in a Changing World. Issues in Critical Discourse Analysis. Wien: Passagen

Wuthnow, R. (1987): Meaning and Moral Order: Explorations in Cultural Analysis. Berkeley: University of California Press

Wuthnow, R. (1990): Communities of Discourse. Ideology and Social Structure in the Reformation, Enlightenment, and European Socialism. Cambridge, MA: Harvard University Press

Diskurshistorische Analyse – eine linguistische Perspektive

Matthias Jung

1 Vorbemerkung

Der hier im Folgenden vorgestellte Diskursansatz ist nicht aus einer Theorie entstanden bzw. stringent abgeleitet, darauf aufbauend in eine damit konsistente Methodik umgesetzt und schließlich auf breiter empirischer Basis verifiziert worden. Dieser wissenschaftstheoretisch möglicherweise als ideal angesehene deduktive Weg scheint mir in der Praxis höchst suspekt, denn es handelt sich entweder um eine nachträglich konstruierte Fiktion oder um einen ‚Studierstubenansatz', bei dem Methodik und Empirie – oft lediglich exemplarisch angedeutet und als Desiderat formuliert – nur Anhängsel sind, aber nicht auf die Theoriebildung zurückwirken. Abweichend davon präferiere ich Vorgehensweisen, bei denen die drei unterschiedlichen Komponenten unter dem Druck einer ergebnis- und relevanzorientierten Praxis sozusagen ‚gleichberechtigt' zusammenwachsen, jedenfalls keine eindeutige Abhängigkeitsrichtung besteht. Entscheidend ist in dieser Perspektive weniger, wer mehr oder neuere Sekundärliteratur im Theorieteil verarbeitet, sondern vielmehr, daß die Ergebnisse nachvollziehbar bzw. nachprüfbar sind und gesellschaftliche Relevanz haben. Daran orientieren sich sowohl die Auswahl der untersuchten Diskurse als auch die Definition der Untersuchungsperspektiven (vgl. Jung/Wengeler 1999).

Auf dieser ‚mittleren', stark forschungspraktisch orientierten Ebene bewegen sich denn auch meine Überlegungen, die durch eine Reihe von Düsseldorfer Projekten und Publikationen zum öffentlichen Sprachgebrauch in Deutschland stark geprägt wurden.[1] Zu einem bestimmten Zeitpunkt unserer theoretisch-methodischen Überlegungen und konkreten Untersuchungen zu großen Themen der öffentlichen Diskussion – etwa ‚Frauenpolitik/Gleichberechtigung', ‚Militärpolitik', ‚Umweltdiskussion', ‚Einwanderungsdebatte' (vgl. die Themenkapitel in Stötzel/Wengeler 1995) schälte sich eine Vorgehensweise heraus, die sich an Diskurskonzepte anschließen läßt und von ihnen ab 1994 zusätzliche Anstöße erhielt. Vor diesem Hintergrund ist die Genese des hier vorgestellten Ansatzes zu sehen.

Ich möchte im Folgenden für einen über die klassischen Fächergrenzen operationalisierbaren, eher aus der Praxis tatsächlicher Diskursanalysen als aus vorgängigen theoretischen Positionen abgeleiteten und keineswegs beliebigen Begriff von Diskursanalyse plädieren, der nicht einfach die Summe aller Selbstzuschreibungen ist. Dabei konzentriere ich mich einerseits insbesondere auf die diskurs*geschichtliche* Analyse, d. h. eine Diskursanalyse, die sich über einen Zeitraum erstreckt, der den Produktionskontext eines Textes überschreitet, und für die dieser Zeitfaktor konstitutiv ist. Mit diskurs*geschichtlicher* Analyse ist also die Längsschnittperspektive der Diskursentwicklung im Unterschied zur Querschnittsperspektive der Momentaufnahme gemeint. Andererseits möchte ich eine spezielle sprachwissenschaftliche Perspektive einbringen, die sich besonders auf die sprachliche Form und die Abhängigkeiten von Form und Inhalt des Diskurses konzentriert, die bei der Wortebene ansetzt, aber auch deutlich darüber hinaus geht und beispielsweise Metaphorik oder Argumentationsmuster analysiert. Diese Perspektivierung soll durch den Zusatz ‚linguistisch' deutlich gemacht werden, wobei die Betonung mehr auf das verbindende Element des gemeinsamen Grundbegriffes ‚Diskursanalyse' oder ‚Diskursgeschichte' als auf den Differenzierungen durch beschreibende disziplinäre Adjektive wie ‚linguistisch', ‚politikwissenschaftlich', ‚soziologisch' etc. liegt.

2 Diskurs und Korpus

Eine Wurzel der heutigen Verwendung von *Diskurs* und *Diskursanalyse* ist unbestritten linguistisch, geht sie doch auf die englische Form *discourse* im Sinne von ‚Rede' zurück (ähnlich auch frz. *discours*). Die in den 50er und 60er Jahre vom amerikanischen Strukturalismus geprägte *‚discourse analysis'*[2] wird in dem

---

[1] Initiator der Düsseldorfer Untersuchungen war Georg Stötzel, als Mitglieder der Forschungsgruppe sind vor allem Karin Böke, Thomas Niehr und Martin Wengeler zu nennen, die zwischen 1989 und 1999 mehrere, öffentliche geförderte Projekte zu diesem Thema realisiert haben (s. Literaturverzeichnis).

[2] Der amerikanische Strukturalismus, wesentlich begründet von Zelig S. Harris, bemühte sich ursprünglich, die vielen, rein mündlich existierenden Indianersprachen Amerikas strukturell-gram-

Augenblick interdisziplinär interessant, als explizit soziologische Komponenten hinzutreten, individuelle Gespräche ‚ethnographisch' bzw. als ‚Sprache in Institutionen' untersucht werden. Diese Form der Diskursanalyse führt auf der Suche nach einem diskurs*historisch* brauchbaren Begriffsverständnis insofern in die Irre, als wir es mit speziellen, an die Mündlichkeit des Untersuchungsgegenstandes gebundenen Techniken zu tun haben.[3]

Beim traditionellen philosophischen Verständnis von Diskurs steht im Vordergrund der rationale Charakter einer wahrheitssuchenden Für- und Widerrede. Nach der bekannten Habermasschen Formulierung beispielsweise ist *der* Diskurs „die durch Argumentation gekennzeichnete Form der Kommunikation, in der problematisch gewordene Geltungsansprüche zum Thema gemacht und auf ihre Gültigkeit hin untersucht werden" (Habermas 1973: 214). Der Singular zeigt an, daß nur eine erkenntnistheoretische Idealsituation und nicht historisch bzw. gesellschaftlich konkrete Diskurse, denen man kaum einen durchgängig rational-argumentativen Charakter unterstellen mag, gemeint sein können. Geeigneter als Bezugspunkt für eine diskurs*historische* Analyse ist deshalb der sozialphilosophische Diskursbegriff Foucaults, so wie er ihn in seinen Schriften immer wieder theoretisch und empirisch umkreist hat. Ähnlich scheint mir die französische Tradition der *analyse du discours*, die eine originäre und vielschichtige Sonderentwicklung darstellt (vgl. Maingueneau 1991), aus linguistischer Sicht diskursgeschichtlich besonders interessant, auch wenn sie international nur wenig rezipiert wurde.

Foucault hat keine ‚Schule' begründet und wird zur theoretischen Legitimation sehr unterschiedlicher Ausgangspositionen in Anspruch genommen. Denn sein Ansatz, in dem Diskurs „eine bestimmte sprachliche Materialität" darstellt, „die als gesellschaftliche Redeweise mit gleichsam eingebauten Macht- und Widerstandseffekten in der einen oder anderen Form institutionalisiert ist" (Schöttler 1989: 102), kann kaum unmittelbar sprachwissenschaftlich vereinnahmt werden, zumal sein Diskursbegriff im Laufe der Zeit evolviert und auch innerhalb desselben Werkes viele Facetten hat. Foucault-Verweise und -Zitate alleine haben mit der stringenten Ableitung eines linguistischen Untersuchungsdesigns erst einmal herzlich wenig zu tun. Wenn den divergenten Berufungen auf Foucault hiermit

matisch zu analysieren und entwickelte dazu eine Reihe von operationalisierbaren Verfahren, die ‚objektiv', d. h. frei von inhaltlichen Klassifikationskriterien und dem bis dato üblichen ‚Mentalismus' der Sprachforscher sein sollten. Gerade die französische Diskursanalyse wurde ursprünglich durch Harris angeregt (vgl. Maingueneau 1994: 189).

[3] Über die verschiedenen Spielarten der linguistischen Diskursanalyse in Europa informiert im Überblick Ehlich (1994).

eine weitere – zugegeben oberflächliche – hinzugefügt sei,[4] so begründet sie sich lediglich dadurch, daß es bei Foucault – etwa in ‚Surveiller et punir. La naissance de la prison' (1975) – auch um sehr konkrete Diskurse geht, anders gesagt, daß für seinen Diskursbegriff der Plural charakteristisch ist.

Ein vielversprechender Ansatz zu einer linguistischen Operationalisierung dieses pluralen Diskursbegriffes findet sich bei Dietrich Busse und Wolfgang Teubert. Diskurs definieren sie ‚im forschungspraktischen Sinn' als die Menge aller Texte, die

1. „sich mit einem als Forschungsgegenstand gewählten Thema, Gegenstand, Wissenskomplex oder Konzept befassen"
2. „untereinander semantische Beziehungen aufweisen und/oder in einem gemeinsamen Aussage-, Kommunikations-, Funktions- oder Zweckzusammenhang stehen"
3. „den als Forschungsprogramm vorgegebenen Eingrenzungen in Hinblick auf bestimmte Parameter wie Zeitraum/Zeitschnitte, Areal, Gesellschaftsausschnitt, Kommunikationsbereich oder Texttypik genügen"
4. „durch explizite oder implizite, text- oder kontextsemantisch erschließbare Verweisungen aufeinander Bezug nehmen bzw. einen intertextuellen Zusammenhang bilden".

Von dem so definierten ‚virtuellen Textkorpus' als Gesamtheit aller thematisch verknüpften Texte ist die durch den Untersuchenden konstituierte, interpretativ zu bewältigende Teilmenge, das ‚konkrete Untersuchungskorpus', zu unterscheiden (Busse/Teubert 1994: 14).

Diese Definition, insbesondere die Bedingung (3), ist nicht sehr weit von dem Korpusbegriff entfernt, wie er in der Linguistik ansonsten verwendet wird, etwa wenn Sammlungen von Zeitungstexten dazu dienen, die Passivverwendung in der deutschen Gegenwartssprache zu untersuchen oder ein Korpus von Leserbriefen in Bravo & Co die objektive Basis für eine Beschreibung aktueller Jugendsprache bilden soll. Charakteristisch für ein Diskurskorpus ist aber die ausdrückliche Betonung des gemeinsamen Themas (1) und der semantischen Beziehungen (2) bzw. des gegenseitigen Verweises der Texte (4) aufeinander. Im Unterschied zu üblichen linguistischen Korpora geht es nicht um die Repräsentation einer bestimmten Sprache oder Sprachvarietät (‚das Deutsche', ‚die Gegenwartssprache', ‚die Pressesprache', ‚die Sprache Goethes') bzw. um ein Belegkorpus für einzelne Wortverwendungen oder grammatische Phänomene, sondern um ein ‚Konzept'.

---

[4] Am gründlichsten mit Foucault aus sprachtheoretischer Sicht setzt sich Busse (1987) auseinander. Zur Frage ‚Theorie vs. Empirie' vgl. in diesem Zusammenhang Dieckmann (1989).

Die Busse/Teubertsche Definition reiht sich in die Tendenz zu einem stärker inhaltlichen und qualitativen Korpusverständnis innerhalb der Linguistik ein, bei dem der historisch-politische Kontext der untersuchten Texte in die sprachwissenschaftliche Analyse miteinbezogen wird. Sie bringt allerdings auch spezifische Probleme mit sich: Von einem bestimmten Diskurs ausgeschlossen blieben nach der obigen Definition laut der Bedingung (2) bzw. (4) Texte, die keine semantischen Beziehungen aufweisen bzw. nicht durch implizite oder explizite Verweisungen aufeinander Bezug nehmen.[5] Gibt es aber überhaupt Texte zu einem Thema, die nicht auf anderen Texten zum gleichen Thema beruhen? Im Bereich öffentlichen Sprachgebrauchs wohl kaum. Wie eng wird hier also ‚gegenseitige Bezugnahme' bzw. ‚intertextueller Zusammenhang' verstanden? Der Nachweis einer ‚impliziten' Bezugnahme ist im Einzelfall nicht zu führen und würde die Korpuszusammenstellung, die normalerweise lediglich ein methodisch notwendiges Vorgeplänkel zu der eigentlichen Untersuchung ist, enorm verkomplizieren.

Die Beschränkung auf ausdrückliche gegenseitige Text-Referenzen dagegen brächte eine Korpusbeschränkung mit sich, die man im Interesse der Sache nur ungern hinnehmen wollte. Sie erscheint schon deshalb wenig sinnvoll, weil im ‚Zeitgespräch' (Hermanns 1994: 50) zumindest prominente Vorgänger-Texte den Diskursakteuren so präsent sind, daß explizite Verweise unnötig sind oder pedantisch wirken würden. De facto ist das Verweiskriterium für die Zugehörigkeit von Texten zu einem Diskurs äquivalent mit dem Kriterium ‚gemeinsames Thema'. Das gilt insbesondere im Sprachgebrauch der Printmedien, in denen Texte in einem weitgehend identischen ‚Funktions- und Zweckzusammenhang' stehen und durch deren öffentlichen Charakter die Vernetzung mit anderen Texten auch unausgesprochen garantiert ist.

Offen bleibt weiterhin, ob es sinnvoll ist, den Diskursbegriff, wie Busse/Teubert (1994) dies tun, grundsätzlich auf einen ‚Kommunikationsbereich', einen ‚Gesellschaftsausschnitt', einen Zeitraum einzugrenzen, wenn doch gerade heutzutage die Interpenetration verschiedener Kommunikationsbereiche – beispielsweise Fachdiskurs, Gruppendiskurs und öffentlich-politischer Diskurs – von besonderer gesellschaftlicher Relevanz und großem sprachwissenschaftlichem bzw. sprachgeschichtlichem Interesse ist. Die in (2) und (3) der obigen Definition enthaltenen Einschränkungen des Diskursbegriffes erscheinen mir zwar methodisch im Einzelfall gerechtfertigt, verengen aber m. E. den Blick zu früh. Das liegt vermutlich daran, daß Busse/Teubert nur erklären, was sie unter Diskurs ‚im forschungspraktischen Sinn' verstehen, nicht aber was für sie ein Diskurs ‚an sich' ist.

[5] Der Unterschied dieser beiden Kriterien ist mir nicht ganz klar. Ähnlich überschneiden sich auch die Bestimmungen unter (2), gemeinsamer Kommunikations-, Funktions- oder Zweckzusammenhang, und (3), gemeinsamer Kommunikationsbereich.

Deswegen ist es wohl sinnvoller, die Spezifizierungen des Busse/Teubertschen Diskursbegriffes auf einer methodisch niedrigeren Ebene anzusiedeln. Die verschiedenen, bisher diskutierten Parameter, die vor allem aus sprachwissenschaftlicher Sicht in die Analyse von Diskurskorpora einfließen sollten, lassen sich in Form eines Würfels modellieren (vgl. Abb. 1):[6] Einzelne, thematisch definierte Diskurse D_1, D_2 … D_n – z. B. *der* frauen-, wirtschafts-, umweltpolitische Diskurs –, für deren Abgrenzung der Untersuchende seine Kriterien offenzulegen hat, bilden einen konkreten ‚Diskurswürfel', dessen drei Ebenen zu Untersuchungszwecken differenziert werden und so den Gesamtwürfel aus einer Menge kleiner Teilwürfel/Teiluntersuchungen aufbauen. Auf einer ersten Ebene A wäre nach ‚Kommunikationsbereichen' A_1, A_2 … A_n (politische Gruppen, Fachwissenschaften …) zu spezifizieren. Diese – sagen wir einmal ‚horizontale' – Gliederung könnte durch eine ‚vertikale' Gliederung nach inhaltlich abgrenzbaren Teildiskursen B_1, B_2 … B_n – für den frauenpolitischen Diskurs etwa der Abtreibungsdiskurs, der Gleichberechtigungsdiskurs etc. – ergänzt werden. Als dritte Ebene C wird der Parameter ‚Redekonstellation' bzw. ‚Textsorte' C_1, C_2 … C_n mit einbezogen. Die sprachliche Realisierung innerhalb eines Kommunikationsbereiches fällt nämlich sehr unterschiedlich aus und gehorcht anderen ‚Gesetzen', je nachdem ob wir es mit schriftlichen oder mündlichen Texten, einem Vortrag oder mit Small Talk unter Fachkollegen zu tun haben usw.

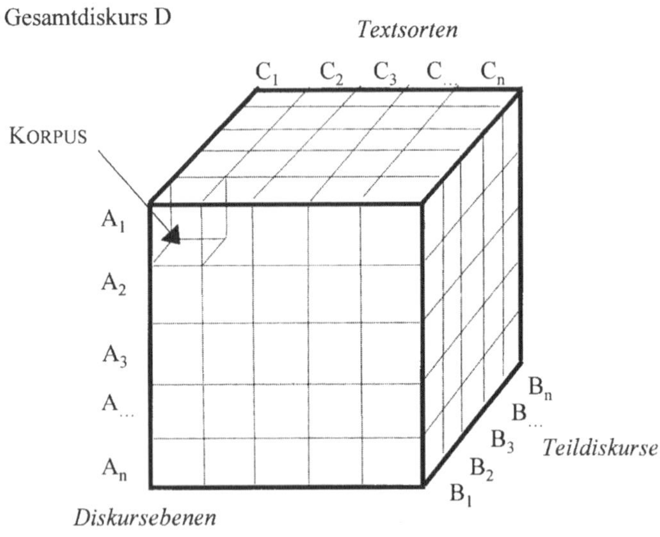

[6] Ein ähnliches Würfelmodell findet sich, bezogen auf Fachsprachengliederungen, bei von Hahn (1983: 76).

So lassen sich inhalts- und korpusbezogene linguistische Untersuchungen durch die Koordinaten $A_n/B_n/C_n$ klassifizieren. Beschäftigt sich beispielsweise eine Autorin (Haß-Zumkehr 1996) aus linguistischer Sicht mit den Kurztexten auf Mahnmalen nach 1945, dann trägt sie gleichzeitig ein Würfelchen zur Erforschung des Gesamtdiskurses ‚Vergangenheitsbewältigung' bei, charakterisiert durch a) die Textsorte ‚Inschrift', b) den Teildiskurs ‚Gedenken an NS-Opfer' und c) den Kommunikationsbereich ‚Allgemeinheit/Öffentlichkeit'.

Nicht explizit erfaßt sind in diesem Würfelmodell die Parameter ‚Zeit', ‚Sprachgemeinschaft' sowie weitere inhaltlich und methodisch bedingte Einschränkungen des Untersuchungsgegenstandes, die individuell sehr verschieden sein können. Was den Faktor Zeit angeht, so ist festzuhalten, daß Diskurse zwangsläufig eine prozessuale Komponente haben, da sie aus chronologisch gestaffelten, aufeinander verweisenden Texten bzw. Aussagegefügen bestehen. Die Trennung von Längsschnitt- und Querschnittsperspektive (Diachronie und Synchronie in der traditionellen linguistischen Diskussion) ist im Diskurs prinzipiell aufgehoben. Methodisch entscheidend ist allerdings die Frage, ob man nur eine ‚Mikrohistorie' schreibt – im Extremfall wie in der gesprächsorientierten Diskursanalyse sogar nur die eines einzigen Textes – oder größere Zeiträume untersuchen will.

Das Modell läßt sich weiterspinnen, worauf ich hier aber verzichten muß. Die Zahl der Würfelchen kann – das ist das Los der Wissenschaft – durch fortschreitende Parametrisierung bzw. Präzisierung beliebig multipliziert werden. Je kleiner das Würfelchen wird, um so weniger trägt es zur ‚Auffüllung' des großen Würfels, des Diskurses in seiner Totalität, bei. Allgemein – ganz besonders aber, was diskursgeschichtliche Analysen angeht – steht als ‚empirische Unschärferelation' die Objektivität und Präzision der Ergebnisse in umgekehrtem Verhältnis zu ihrer Aussagekraft. Dies ist keine mathematische Gesetzmäßigkeit, sondern eine gerichtete Tendenz. Man kann sie zwar nicht außer Kraft setzen, durch geschickte Untersuchungsdesigns aber günstig beeinflussen. Wer am Gesamtdiskurs interessiert ist, wird nicht umhin können, die Zahl der Klötzchen nicht allzu groß werden bzw. manche Stellen leer zu lassen, da man nicht warten kann, bis Lücken geschlossen sind. Der dafür notwendige Untersuchungsaufwand ließe sich für einzelne Diskurse kaum rechtfertigen.

Auch werden die einzelnen Bausteinchen – die Gesamtzahl der linguistischen Untersuchungen, die mit einem bestimmten Diskurs in Zusammenhang gebracht werden können – aufgrund unterschiedlicher Ansätze und Untersuchungsinteressen nie ganz zusammenpassen, so daß Diskursgeschichte, wie die ‚Kontroverse(n) Begriffe' (Stötzel/Wengeler 1995) für den öffentlichen Sprachgebrauch seit 1945 zeigen, in besonderem Maße die ‚Kunst des Möglichen' sein muß. Es ist oft – mit Blick auf die gesellschaftliche Relevanz und Verwertbarkeit der Ergebnisse – dringlicher, nicht an den kleinen Würfelchen zu arbeiten, sondern zu versuchen, die Umrisse des großen Würfels zu skizzieren. Andererseits ist der große Würfel nur dann stabil, wenn ein Minimum an ‚kleinen' Würfeln ihm Halt geben.

Aus solchen korpusmethodischen bzw. forschungspraktischen Überlegungen heraus ziehe ich das ‚Würfelmodell' dem ‚Diskursstrangmodell' zur Verdeutlichung des ‚Diskursgewimmels' vor (vgl. Jäger 1993, Jäger in diesem Band). Es ist unbestritten, daß in der Realität die verschiedenen Diskurse sich ständig überlappen und keineswegs so klar abgrenzbar und strukturiert sind, wie die symmetrische Würfelform dies suggeriert. Für konkrete Untersuchungsdesigns scheint mir aber das ‚Würfel'-Modell das größere heuristische Potential zu bieten.

3 Die Einheiten des Diskurses

Für Busse/Teubert (1994) und Hermanns (1994, 1995) ist – wie erwähnt – ein Diskurs ein Textkorpus. Für Texte als konstitutive Elemente von Diskursen sprechen vor allem die sprachwissenschaftliche Etabliertheit des Textbegriffes und eine reichhaltige texthermeneutische bzw. textlinguistische Tradition. Dafür spricht auch die Logik der Reihung *Laut – Wort – Satz – Text – Diskurs*, bei der sich die größeren Einheiten jeweils aus der nächstkleineren Einheit zusammensetzen. Allerdings wird die Sukzessivität, d. h. das unmittelbare raum-zeitliche Kontinuum der Bausteine einer Einheit beim Übergang von *Text* zu *Diskurs* durchbrochen, zumindest erheblich ‚zerdehnt'. *Diskurs* stellt außerdem keine Einheit mehr dar, die durch materiell eindeutige ‚tokens' repräsentiert wird: Diskurse sind ständig im Fluß bzw. werden permanent weitergesponnen. Die Abgrenzung eines Diskurses stellt deshalb in ungleich höherem Maße eine subjektive Konstitutionsleistung des Untersuchenden dar (vgl. Busse/Teubert 1994: 16–18) als die Identifikation von Lauten, Wörtern, Sätzen, Texten, bei denen es zumindest lautliche und sprechrhythmische Indikatoren bzw. sichtbare Satzzeichen und Leerstellen als Grenzsignale gibt (wobei keineswegs behauptet wird, die dahinterstehenden ‚types' seien objektiv gegeben). Aus dem Verhältnis von virtuellem zu realem Textkorpus, d. h. aus konkreten Fragen der Textzusammenstellung, der Repräsentativität des Untersuchungskorpus bzw. ganz allgemein gesprochen aus dem Verhältnis von Subjektivität und Objektivität, ergeben sich daher bei einem diskursgeschichtlichen Ansatz besondere methodische Anforderungen.

Die Auffassung von Diskursen als Textkorpora gerät allerdings mit dem definitorischen Element des ‚gemeinsamen Themas' bzw. ‚Konzeptes' in Widerspruch. Kein Text läßt sich durch seine Zugehörigkeit zu *einem* Diskurs vollständig erfassen. Auch in thematisch einschlägigen Texten kommen Inhalte vor, die man nicht zum gleichen Diskurs rechnen möchte, weil offensichtlich zwischenzeitlich das Thema wechselt, d. h. an anderen Diskursen weitergesponnen wird.

Solche Passagen werden bei einer Gleichsetzung von Diskurs und thematischem Textkorpus aber in der Regel übersehen oder ausgeblendet.

Umgekehrt gibt es zahlreiche Äußerungen zu einem bestimmten Gegenstand außerhalb thematisch einschlägiger Texte. Diese nicht vorhersehbaren Aussagen haben eine eigene Signifikanz: Zum einen machen sie die ‚interdiskursiven' Bezüge, d. h. die Querverbindungen verschiedener Diskurse im kollektiven Bewußtsein ihrer Zeit deutlich, zum anderen zeigt die Häufigkeit ihres Auftauchens, wie gesellschaftlich dominant ein bestimmter Diskurs ist. Hinzu kommen prominente Textsorten wie Regierungserklärungen, die verschiedene Themen in klar voneinander abgrenzbaren Passagen abspulen. Zählt man nun trotzdem den ganzen Text zu einem Diskurs oder berücksichtigt man ihn überhaupt nicht, obwohl darin ein sehr prominentes Textstück vorkommt, auf dem viele spätere Texte beruhen?

Diskurs als in Texten realisiertes Aussagenkorpus $A_1 - A_n$

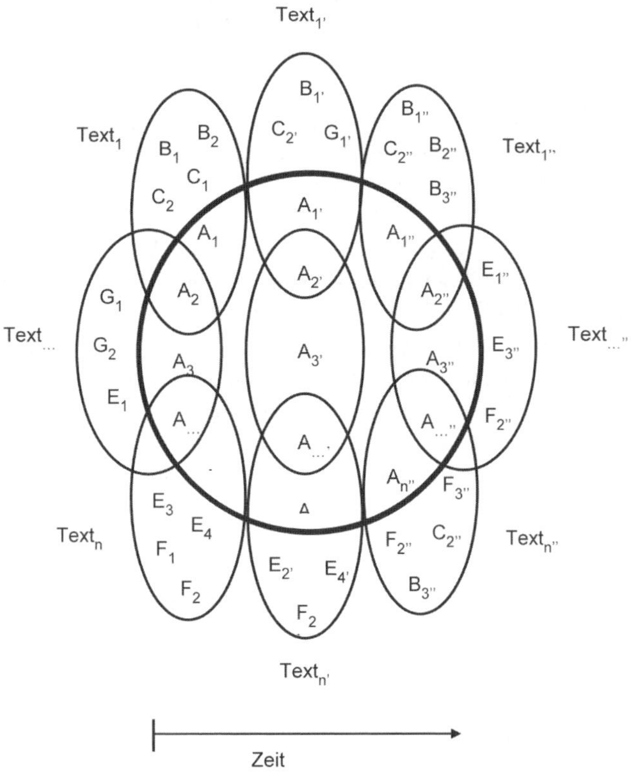

Meines Erachtens beziehen sich „direkt oder indirekt (…), quasi-dialogisch oder quasi-responsorisch“ nicht ganze Texte (Hermanns 1994: 52) aufeinander, sondern Aussagen, Behauptungen, Topoi.[7] Es ist für einen einigermaßen offenen, aber nicht beliebigen Diskursbegriff gar nicht erforderlich oder wünschenswert, einem dieser Begriffe aus theoretischen Gründen den Vorzug zu geben, so lange man anerkennt, daß die Untersuchenden notwendigerweise – auch wenn sie das nicht eingestehen – mit abstrakten Inhaltseinheiten operieren, denen man eine gewisse Konstanz zubilligen kann, ohne ihnen eine außer- oder gar vorsprachliche, invariable Existenz zuschreiben zu müssen. Wie sonst will man in einem Text Passagen als zu einem Diskurs gehörig oder nicht auswählen bzw. aussortieren? Wie sonst sind Aussagen wie: „Eine bestimmte Argumentation/Idee/Gedanke breitet sich aus/wird aufgegriffen/abgeändert“ möglich? Letztendlich wird man immer zu einem, zumindest über einen gewissen Zeitraum, einigermaßen stabilen Set solcher Einheiten als Abstraktion aus einer großen Menge singulärer Sprechakte gelangen.

Modellhaft sähe das z. B. so aus:[8] Ein Diskurs D_1 besteht aus der Menge aller Aussagen A_1 bis A_n. Realisiert werden sie im Rahmen von Texten T_1 bis T_n, die allerdings teilweise auch anderen Diskursen D_2 bis D_n, bestehend aus den Aussagen B_1 bis B_n, C_1 bis C_n etc., angehören. Diese Aussagen werden in den zeitlich späteren Texten T_1“ bis T_n’ bzw. T_1” bis T_n” etc. als A_1’ bis A_2’ etc. wiederaufgenommen.

Was wäre mit einer so veränderten Diskursdefinition gewonnen? Ist sie nicht noch vager als die Vorstellung aufeinander bezogener Texte, die wenigstens materiell unmittelbar greifbar sind? Schließlich hätten wir es bei *Aussagen* mit einem Zugriffsobjekt zu tun, das irgendwo zwischen der Wort-, Satz- und Textebene anzusiedeln wäre: Eine Aussage, Behauptung, Meinung, Position, ‚Idee‘ kann in einem ganzen Text ausführlich erläutert werden, das Resümee eines Textabschnitts bilden (vor allem, wenn argumentiert wird) oder aber in einzelnen Wörtern (insbesondere Komposita und/oder Metaphern) lediglich impliziert sein.

So stellte *Nachrüstung* im zeitgeschichtlichen Kontext offensichtlich eine komprimierte Form der Aussage: „Die eigenen Rüstungsmaßnahmen sind eine Reaktion auf die Vorrüstung der anderen Seite“ dar[9] – eine Position, die im entsprechenden Diskurs auch sehr explizit vertreten wurde. Mit *Aussage* ist hier

---

[7] Diese Definition scheint im übrigen besser dem Foucaultschen Diskursverständnis zu entsprechen (vgl. Busse/Teubert 1994: 15). Zum Teil beziehen sich auch spezifische Aussagen*formulierungen* aufeinander, wie Steyer (1994) an einem – geschlossenen – Pressekorpus nachzeichnet.

[8] Die Symmetrie der Zeichnung hat layouttechnische bzw. ästhetische Gründe und darf nicht ‚wörtlich‘ genommen werden.

[9] Ich vernachlässige an dieser Stelle die Frage, inwieweit diese ursprüngliche semantische Benennungsmotivation im öffentlichen Sprachgebrauch im Laufe der Zeit gegenüber der reinen Referenzfunktion zurücktritt.

natürlich nicht die ‚Satzaussage' (Proposition) gemeint, sondern vielmehr eine bestimmte thematisch definierte Behauptung. Vielleicht ist deshalb der Begriff *Aussagengeflecht* vorzuziehen, weil er keine logische Präzision vorspiegelt, sondern darauf hinweist, daß der Nachweis der völligen Synonymität zweier Aussagen, die in sehr unterschiedlicher sprachlicher Gestalt realisiert sein können, schwer zu führen ist – eine aus der Onomasiologie gut bekannte Problematik.

Die Verschiebung der diskursgeschichtlichen Blickrichtung von Texten zu Aussagen hat durchaus methodische Konsequenzen und ist mehr als ein Gedankenspiel. In einer text(linguistisch) fixierten Perspektive zielt die Untersuchung auf Textaufbau, -strategien, -intention – ein Verfahren, das sich wegen seiner Aufwendigkeit nicht auf große Textmengen übertragen läßt. Dieser Ansatz wird beispielsweise von Wiener (Wodak/Tischer/Meyer/Vetter 1999, Matouschek/Wodak/Januschek 1995) und Amsterdamer Forschungsgruppen (z. B. van Dijk 1987) vertreten. Als Konsequenz können deshalb nur sehr kurze Zeitspannen oder nur sehr wenige, als exemplarisch postulierte Texte in die Untersuchung einbezogen werden.[10] Bei ‚Aussagen-' oder ‚Argumentations-' oder ‚Topos'-Korpora dagegen sind größere Textmengen zu bewältigen, da der Text nur wegen seiner Kontextualisierungsfunktion für die Interpretation von Aussagen interessiert; er ist lediglich eine notwendige Zwischenetappe der Diskursanalyse, nicht aber eigentlicher Untersuchungsgegenstand.

Virtuelle Aussagenkorpora mögen noch weniger greifbar sein als virtuelle Textkorpora, sie lenken aber gerade dadurch, daß sie nicht schon im Ansatz aus praktischen Überlegungen den Gegenstand verkürzen, den Blick auf die Differenz zwischen dem theoretisch Wünschenswerten und dem empirisch Machbaren – eine Differenz, die es methodisch zu reflektieren, möglichst klein zu halten, vor allem aber offenzulegen gilt. Eine relativ strenge Korpusbasiertheit ist deshalb von größter Wichtigkeit. So kann angesichts der Vagheit und der starken inhaltlich-gesellschaftlichen Orientierung des Konzeptes ‚Diskurs' dennoch eine gewisse Objektivität gesichert werden. Es ist nicht nur notwendig, die besondere, prinzipielle Subjektivität diskursgeschichtlicher Vorgehensweisen zu reflektieren (vgl. Busse/Teubert 1994: 14 ff), sondern sie ist durch die verwendete Methodik im Einzelfall zu reduzieren bzw. auszubalancieren.

Diskursgeschichtliche Korpora sollten deshalb nicht prinzipiell als offene Korpora postuliert werden, bei denen der Untersuchende entscheidet, welche Texte ‚Redundanzen' darstellen und „die Struktur und den Verlauf des Diskurses maßgeblich beeinflußt haben", wie dies Busse/Teubert tun (ebd.: 14 f). Auch geschlossene Korpora, bei denen eine formal definierte Textmenge vollständig er-

---

[10] Das ist typisch für die stark textlinguistisch orientierte ‚Kritische Diskursanalyse' (vgl. etwa die Darstellung des Einwanderungsdiskurses in Österreich bei Matouschek/Wodak/Januschek 1995).

fasst und berücksichtigt wird, können eine wichtige Funktion einnehmen. Nur auf Basis eines solchen Korpus sind beispielsweise verläßliche quantitative Aussagen möglich. Auch in diesem Punkt ist der Diskursbegriff von Busse/Teubert enger, da dort nur offene Korpora bei der Diskursanalyse vorgesehen sind.

Ich plädiere also für ein weiteres Korpusverständnis, das nicht nur verschiedene Texttypen und Kommunikationsbereiche, sondern auch differente Korpusarten einschließt. Allerdings nicht in beliebiger Mischung, sondern als Kombination in sich homogener Korpora, wobei geschlossene Korpora als Korrektiv für offene Korpora fungieren.[11]

Die konkrete Korpuszusammenstellung kann nicht theoretisch vorentschieden werden, sondern ist vor allem eine Frage der jeweiligen praktischen Möglichkeiten (Quellenlage, Zeitbudget sowie Verhältnis von Aufwand und erwarteten Ergebnissen). Die folgenden allgemeinen Überlegungen werden deshalb durch den Bezug auf Düsseldorfer Untersuchungen zum öffentlichen Sprachgebrauch konkretisiert.

4 ‚Diskurs' forschungspraktisch gesehen

Wenn ein Diskurs nicht nur durch thematisch einschlägige Texte konstituiert und weitergesponnen wird, müßten im Prinzip alle Äußerungen in einem bestimmten Zeitabschnitt auf entsprechende Aussagen hin untersucht werden, was man als hypothetischen Korpus zwar postulieren, aber nicht erfassen kann.[12] Texte haben den Vorteil, nicht nur formal gesehen leichter abgrenzbar zu sein, sondern sich in ihrer thematischen Verflechtung einigermaßen systematisch aufspüren zu lassen – für den Bereich des öffentlichen Sprachgebrauchs etwa über Rubriken in Zeitungen, Inhaltsverzeichnisse und Presseausschnittssammlungen. Vor allem geht Texten in der Regel eine Überschrift voraus, die im Zusammenhang mit Zwischentiteln aussichtsreiche Hypothesen zum Textinhalt erlaubt. Besonders gut erfassen kann man so die großen Debatten aus klassischen Ressorts wie Wirtschafts-, Innen-, Außen-, Umweltpolitik sowie – über Feuilletonseiten und einschlägige Sammelpublikationen – gesellschaftlich-kulturelle Kontroversen mit hohem Aktualitätswert wie den Historikerstreit oder die Stasi-Debatte.[13]

[11] Dieses Vorgehen versuche ich in Jung (1994b) durchzuexerzieren (die diesbezüglichen methodischen Überlegungen sind in Jung (1994a) zusammengefaßt).

[12] Vgl. Hermanns (1995: 89), der hier – bezogen auf Textkorpora – vom ‚imaginären Korpus' spricht.

[13] Als Beispiele aus Jung/Böke/Wengeler (1997) kann man hier die Diskussion über Botho Strauß' Essay „Anschwellender Bocksgesang" (A. Bremerich-Vos) oder über die ‚innere Emigration' (G. Kurz) anführen.

Je unspezifischer ein Diskurs dagegen ist, d.h. je mehr deutliche chronologische und institutionelle Bezugspunkte sowie gegenseitige Verweise fehlen, um so schwieriger wird die Zusammenstellung eines Korpus, etwa wenn es um ‚Zeitgeist'-Themen und Wandel von Sozialverhalten geht. Die Debatte in den jeweiligen *Fach*disziplinen ist dagegen aufgrund des Quellennachweisgebots sehr viel leichter zu verfolgen.

Themenbezogene Aussagen können systematisch also nur insofern aufgefunden werden, als ihr Auftreten in bestimmten Texten erwartbar ist. Außerhalb eines textthematischen Rahmens ist die Erfassung solcher Äußerungen zufällig, und ihre Repräsentativität[14] läßt sich nur selten sichern. Die Durchsicht des hypothetischen Korpus aller Aussagen in dem untersuchten Zeitabschnitt ist nicht zu bewältigen, selbst wenn man sich auf den schriftlich fixierten öffentlichen Sprachgebrauch in den Medien beschränkt. Es gibt allerdings durchaus Fälle, in denen die Textgrenze methodisch einigermaßen sauber überschritten werden kann: Bei Bundestagsdebatten etwa lassen sich durch das Stichwortregister ohne unverhältnismäßig großen Aufwand Redepassagen zu einem bestimmten Diskurs außerhalb eines eindeutigen Debattenkontextes aufspüren.

Die Rekurrenz auf *Texte* ist aber nicht nur forschungspraktisch unumgänglich, sondern beruht auf einer simplen Überlegung: Aussagen existieren nicht an sich, sondern nur als zeichenhaft-materielle Manifestation. Folglich stehen sie notwendigerweise in einem Äußerungszusammenhang, durch den Sprechsituation und Sprecherintention, auf deren Kenntnis eine angemessene Interpretation von Äußerungen nicht verzichten kann, faßbar werden. Das gilt selbstverständlich auch dann, wenn nur ein minimaler sprachlicher Kontext vorhanden ist.

Obwohl ich es abstrakt gesehen für sinnvoller halte, einen ‚Diskurs' als die Gesamtheit der Beziehungen zwischen thematisch verknüpften Aussagenkomplexen zu definieren, kommt man dennoch in der Praxis nicht an Texten oder besser ‚Textstücken' vorbei. Die Erfassung von thematisch einschlägigen und chronologisch geordneten Texten ist zwangsläufig der erste Schritt bei der Zusammenstellung von Diskurskorpora. Anschließend folgt die Auswertung nach Aussagen bzw. daran gekoppelten sprachlichen Phänomenen unter dem spezifischen linguistischen Forschungsinteresse und erst dann ihre Interpretation im Verweis- und Textzusammenhang.

Am Beispiel: Bei der Untersuchung des Diskurses über die Atomenergie (Jung 1994), aber auch beim Düsseldorfer Projekt ‚Migrationsdiskurs'[15] wurden u.a. in einem ersten Schritt mit Hilfe des Registers Korpora aller einschlägigen

---

[14] Ich möchte hier im Unterschied zu Busse/Teubert (1994) an einem quantitativen Verständnis von Repräsentativität festhalten.

[15] Vgl. Jung/Wengeler/Böke (1997), Niehr/Böke (2000) und Jung/Niehr/Böke (2000).

Bundestagsdebatten zusammengestellt und maschinenlesbar aufbereitet. In diesen Korpora haben wir dann in einem zweiten Schritt Belege im Kontext gesucht. Dies geschieht bei der Untersuchung der Wortebene (‚*Asylant vs. Asylbewerber*', vgl. Jung 1997) oder bestimmter Bildfelder (‚Flutmetaphorik im Migrationsdiskurs', vgl. Böke 1997) etwa per Software mit Hilfe einer vorher definierten Suchwortliste oder erfolgt beim Interesse an Argumentationstopoi (vgl. Wengeler 1997, Niehr 1997) durch traditionelles Lesen und Klassifizieren, was per Computer erfaßt ebenfalls in Quantifizierungen einmünden kann, aber nicht muß. Spätestens im dritten Schritt sind dann die Belege, für die sich ggf. statistische Verteilungen erstellen lassen, im Satz-, Text- oder Gesamtdiskurskontext zu interpretieren.

Das ist allein deswegen schon notwendig, um manche Absurdität, die sich aus einer isolierten Belegsichtung ergibt, zu eliminieren (vgl. Niehr 1999), aber auch um nicht ahistorisch aus der Verwendung gleicher Vokabeln oder Metaphern auf identische ‚Bedeutung' zu schließen. Der Gebrauch des Ausdrucks *Asylant* etwa ist historisch im einzelnen sehr differenziert zu bewerten. Durch das reflektierte Verhältnis von Bedeutung und Sprachgebrauch unterscheidet sich die linguistische Diskursgeschichte auch deutlich von der Inhaltsanalyse, die ebenfalls thematisch definierte Aussagenkorpora erfaßt.[16]

Der Vorteil dieses aussage- und textorientierten Vorgehens besteht darin, daß einerseits nicht die – vor allem lexikographisch üblichen – ‚Zettelkästen' (Hermanns 1994: 50) zufälliger Belegsätze und Textfragmente entstehen, sondern der Textzusammenhang und sogar der darüber hinausgehende Diskurszusammenhang gewahrt bleiben. Andererseits ermöglicht dieses Verfahren empirische Untersuchungen bestimmter sprachlicher Phänomene quer durch große Textmengen, bei denen sich aufwendige textlinguistische Analysen verbieten, bei denen die Textstruktur im Vordergrund steht (vgl. Wodak/Titscher/Meyer/Vetter 1999). Die relative Vernachlässigung des Textrahmens läßt sich im übrigen bei der Auswertung von Korpora, die aus gleichartigen Textsorten wie z. B. Bundestagsdebatten oder Presseartikeln bestehen, gut rechtfertigen: Im ersten Fall erlaubt die Zuordnung zu Parteien, im zweiten zu bestimmten Texttypen und politischen Positionen einzelner Presseorgane dennoch eine differenzierte Betrachtung.

5 Aussagenkorpora als Forschungsgegenstand

Kommen wir zu der eingangs angesprochenen Inhalts- bzw. Gegenstandsproblematik linguistischer Untersuchungen zurück. Sie wird bei der Diskursanalyse

---

[16] Eine genauere Abgrenzung kann hier nicht vorgenommen werden. Es sei aber in diesem Zusammenhang nachdrücklich auf die Diskussion der Inhaltsanalyse durch Bucher/Fritz (1989) verwiesen.

besonders virulent, da hier die traditionellen und unbestrittenen Untersuchungsobjekte der Sprachwissenschaft wie Grammatik, Semantik (Wortschatz und seine Bedeutungen) oder Pragmatik (Sprache in Situation) durch den Bezug auf konkrete Prozesse gesellschaftlicher Meinungsbildung und -durchsetzung auf das Terrain der Sozialwissenschaften geraten (zu denen sich keineswegs alle linguistischen Schulen rechnen würden).

Der Mentalismus, d. h. die linguistische Introspektion und Reflexion über konzeptionelle Pendants materiell realisierter sprachlicher Einheiten, war in der Sprachwissenschaft höchstens vorübergehend tabu: Nur im strengen strukturalistischen Deskriptivismus meinte man durch operationalisierbare Verfahren zur Aufdeckung sprachlicher Strukturen auf die Explikation des Sprach- und Bedeutungswissens von kompetenten Sprechern verzichten zu müssen. Inhalte werden also durchaus in die linguistische Analyse einbezogen: In der Analyserichtung Form – Inhalt (semasiologisch) als Bedeutung (von Wörtern) oder als Umschreibung der Aussage von Sätzen, in der Analyserichtung Inhalt – Form (onomasiologisch) als Untersuchung der Bezeichnungen für gleiche oder verwandte Begriffe. Praktisch bleibt die immaterielle Seite der linguistischen Analyse jedoch immer der sprachlichen Materialität nachgeordnet. Und selbst wenn der Faktor Zeit explizit miteinbezogen wird, geschieht das insofern auf ahistorische Weise, als kaum konkrete gesellschaftliche Verhältnisse und politische Ereignisse zur Sprache kommen, sondern die Formengeschichte bzw. ein kontextfreies, ‚aseptisches' semantisches System und der Bedeutungswandel im Vordergrund stehen. Für diese Selbstbeschränkung der Linguistik gibt es gute Gründe: Eine Wissenschaft wird durch einen eigenen Gegenstandsbereich konstituiert und gesellschaftlich-politische Ereignisse an sich gehören nun einmal für die Sprach-Wissenschaft nicht dazu.

Die faktische Priorität materiell-sprachlicher Einheiten vor immateriell-gedanklichen kehrt sich bei der Untersuchung von thematisch definierten Diskursen um, da hier Inhalte als solche in den Vordergrund rücken, auch wenn sie immer nur über Texte, Sätze, Wörter zugänglich bleiben. Diskursgeschichtliche Untersuchungen sind, wenn man sie nur sehr allgemein als Nachzeichnung und Analyse öffentlicher, gruppenbezogener oder individueller Ideenentwicklung versteht, in allen hermeneutischen Wissenschaften gang und gäbe. Bei diskursgeschichtlichen Ansätzen wird die vergleichsweise problemlose Abgrenzung der Linguistik zu anderen Disziplinen hinfällig. Fragen der Definition ihres spezifischen Gegenstandsbereichs und des wissenschaftlichen Selbstverständnisses erlangen folglich Virulenz. Hiermit sollen keineswegs einer fachbezogenen Reinheitsideologie und engstirnigem Revierdenken das Wort geredet werden. Aber gerade dann, wenn man einen ausdrücklich interdisziplinären Ansatz vertritt, bleibt nach den spezifischen linguistischen Erkenntnismöglichkeiten bei der Analyse von Diskursen zu fragen, und zwar über die Aspekte hinaus, die für die Sprachwissenschaft unabhängig vom konkreten Einzeldiskurs interessant sind und die ich hier vernachlässige.[17]

Außerdem muß – anders als etwa in korpusbasierten Syntaxuntersuchungen – dargestellt werden, in welchem Verhältnis linguistische Analyse und Meinung des Forschenden zum gesellschaftlichen Phänomen stehen, das im untersuchten Diskurs definiert und verhandelt wird. Diese Offenlegung enthebt allerdings keineswegs einer sorgfältigen Trennung zwischen Meinung und Analyse.

Wenn der Gegenstand der diskursgeschichtlichen Analyse kein per definitionem linguistischer mehr ist, verlagert sich der sprachwissenschaftliche Charakter auf die spezielle Untersuchungsperspektive bzw. die angewandte Methodik. Angesichts der Problematik des Inhaltsbezuges ist zu fragen, wie eine *linguistische* Diskursgeschichte aussehen kann, d. h. *welche* sprachlichen Phänomene von entsprechenden Untersuchungen *wie* in die Dynamik des Aufkommens, Entfaltens und Durchsetzens bestimmter Denkmuster im Diskurs integriert werden. Welche Zusammenhänge bestehen zwischen spezifischen sprachlichen Phänomenen und politischem Zeitpunkt, thematischen Teildiskursen oder einzelnen Gruppen von Diskursträgern? Hier drängen sich m. E. vier große Bereiche auf:

– Naheliegend und von Diskursgeschichtlern bisher am häufigsten praktiziert ist die Konzentration auf Wörter, nicht zuletzt deswegen, weil sie es sind, die Aussagen am greifbarsten zu Diskursen vernetzen. Die ‚Diskurssemantik' zeichnet dabei eine bessere Korpusverankerung und Texteinbettung als in der Begriffsgeschichte üblich aus. Wegen der diesbezüglich vergleichsweise umfangreichen Diskussion (Böke 1996, Busse 1987, Busse/Teubert 1994, Hermanns 1994, 1995) verzichte ich hier auf eine Erörterung. Zu bedenken geben möchte ich an dieser Stelle lediglich, ob die Fixierung auf Schlag-, Schlüssel-, Zeitwörter, Leitvokabeln o. ä. nicht besser durch eine allgemeine Untersuchung des diskursgebundenen lexikalischen Inventars ersetzt werden sollte. So vermeidet man zum einen die schwierige Abgrenzung zentraler von nicht-zentralen Diskurswörtern (vgl. dazu Jung 1994b), zum anderen gerät dadurch im Sinne einer ‚Linguistisierung' diskursgeschichtlicher Ansätze auch die Vielfalt lexikbezogener Untersuchungsverfahren besser in den Blick. Konkrete Fragen können etwa sein: Wessen Begrifflichkeit setzt sich durch (was nicht gleichzusetzen ist mit der Frage nach der Ausbreitung der Worthülle)? Welche Konzeptualisierungen lassen sich den zentralen Vokabeln zuordnen?

[17] Beispiele wären etwa die Sprachwandeltheorie, die Sprachgeschichtsschreibung, die Korpuslinguistik u.a. (vgl. Jung 1994: 189 ff, 1996: 470 f).

- Ein weiterer, gerade für Diskursanalysen naheliegender Aspekt (vgl. Böke 2000) ist die Untersuchung von Metaphern bzw. Bildfeldern, für die ebenfalls zahlreiche Anwendungsbeispiele vorliegen. Obwohl Metaphern im Unterschied zu Aussagen noch vergleichsweise eindeutig an bestimmte Wörter bzw. Wortfelder gekoppelt sind, ist ihre physische Greifbarkeit bereits deutlich geringer als auf der lexikalisch-begrifflichen Analyseebene, da die immaterielle, konzeptuelle Seite der Sprachverwendung stärker in den Vordergrund rückt. Mit der Analyse der Bildlichkeit werden nicht zuletzt sozialpsychologische Aspekte deutlich (etwa die Dominanz einer Bedrohungsmetaphorik), wobei auch hier sehr viele unterschiedliche Ansätze vertreten sind.
- Einen großen diskursgeschichtlichen Forschungsbereich bildet schließlich die Argumentationsanalyse. Diese Untersuchungsebene ist deswegen besonders interessant, weil sie nahe an der Bestimmung von Diskursen als Aussagenkorpora liegt. Gleichzeitig stellt sie sich aber auch als besonders heikel dar, weil es einerseits gilt, abstrakte, vorwiegend logisch orientierte Argumentationsmodelle für die konkrete diskursgeschichtliche Untersuchung wenig formalisierten Sprachgebrauchs zu adaptieren, andererseits den Unterschied zu Argumentationsanalysen benachbarter sozialwissenschaftlicher Disziplinen deutlich zu machen.[18]
- In jedem Diskurs, speziell, wenn er in der öffentlichen Arena geführt wird, wird Sprache im Rahmen und als Faktor der öffentlichen Meinungsbildung thematisiert, wird um einzelne Wörter gestritten oder mit sprachbezogenen Argumenten versucht, eine bestimmte Position durchzusetzen. Da sowohl Wörter wie Metaphern und Argumente kommentiert werden können, liegt die Sprachreflexivität quer zu den drei oben genannten Bereichen. Der Streit um Worte ist immer ein wichtiger sozialer Indikator, da er durch seinen prinzipiellen Ausnahmecharakter in der Kommunikation – die ja nur deswegen funktioniert, weil wir die große Menge der sprachlichen Ausdrucksmittel als gemeinsam gegeben fraglos anwenden – Polarisierungslinien und diskursive Umbruchzonen deutlich werden läßt. Jeder Ausdruck sprachreflexiven Bewußtseins ist zunächst ein wichtiges diskursives Datum; selbstverständlich ist jeder ‚Sprachteilhaber' in der Lage und berechtigt, sein Sprachgefühl zu explizieren. Gerade hier läßt sich aber auch die Notwendigkeit linguistischer Schulung besonders gut demonstrieren, will man nicht die Metaebene der Sprachmeinungen mit der Objektebene des Sprachgebrauchs verwechseln. Interpretativ bedeutsam ist gerade das Auseinanderklaffen zwischen diesen beiden Ebenen.

[18] Aus diskursgeschichtlicher Perspektive sei hier auf Wengeler (1997) und Klein (1995) verwiesen.

Prinzipiell läßt sich diese Liste um alle linguistischen Analysemethoden – insbesondere wort-, satz-, textsemantischer Provenienz – erweitern, deren Ergebnisse einen Bezug zu dem spezifischen Thema eines Diskurses bewahren und insofern nicht beliebig sind. Wie groß das methodische Spektrum dabei sein kann, zeigen Sammelbände wie Busse/Hermanns/Teubert (1994), Böke/Jung/Wengeler (1996) oder Jung/Böke/Wengeler (1997). Der letzte Band enthält ausschließlich Untersuchungen zu einem bestimmten, thematisch definierten Diskurs, dem ‚Migrationsdiskurs' (vgl. Jung 1997), und demonstriert deshalb besonders gut die Bandbreite möglicher Ansätze. Damit möchte ich andeuten, daß das hier vertretene Konzept linguistischer Diskursgeschichte sich als offen bezüglich angewandter Methoden versteht und lediglich einen Rahmen abstecken möchte, auch wenn die gegebenen Beispiele und zitierte Literatur hauptsächlich aus dem Düsseldorfer Umfeld stammen.

6 Linguistische Diskursgeschichte und Sozialwissenschaften

Linguistische Diskursgeschichte bleibt auch insofern im sprachwissenschaftlichen Paradigma verortet, als sie zwar am konkreten Diskurs ein starkes inhaltliches Interesse hat, aber gleichzeitig der Fallanalyse über das Einzelbeispiel hinaus möglichst exemplarischen Charakter für genuin linguistische Forschungsgebiete beimißt. So können diskurshistorische Analysen wichtiges Material zur Untersuchung allgemeiner Trends der Sprachentwicklung wie Einfluß des Englischen, oder die Verwissenschaftlichung des öffentlichen Sprachgebrauchs bereitstellen. Hier scheinen mir außerdem Unterschiede zu soziologischen Analysen zu bestehen, die explizit auf Sprachliches im Diskurs eingehen. Damit meine ich weniger mögliche Kompetenzunterschiede im Bezug auf das Forschungsobjekt ‚Sprache' – das Spektrum reicht bei ‚Nicht-Linguisten' von der Wiedergabe unreflektierter Sprachmeinungen bis hin etwa zur kenntnisreichen Erstellung und Interpretation konversationsanalytischer Transkripte – als vielmehr genau dieses weitergehende Interesse. Und ganz gewiß nicht gemeint ist, daß der linguistische Anspruch einer Diskursgeschichte aus der formalen Qualifikation des Untersuchenden folgt. Letztendlich kommt es immer auf die Art und die Qualität der Analyse selber an; dabei werden sich die Linguisten mit soziologischem Interesse und die Soziologen mit linguistischem Interesse nicht immer auseinanderhalten lassen – warum auch?

Dieser linguistische Mehrwert mag auf den ersten Blick für andere Sozialwissenschaftler irrelevant erscheinen, er bietet aber andererseits gerade die Gewähr dafür, daß der linguistische Ansatz nicht mechanistisch als Methodeninstrumentarium mit Hilfsfunktion für sozialwissenschaftliche Analysen mißverstanden wird (‚Werkzeugkiste'), sondern durch die permanente Rückbindung an den allgemeinen Kenntnisstand und das Forschungsinteresse der Sprachwissenschaft immer wieder neue Aspekte einbringen kann. Das oben skizzierte Diskursverständnis bietet den großen Vorteil, daß es sich gut für eine interdisziplinäre, oder sagen wir besser: multidisziplinäre Zusammenarbeit eignet. Eine über die Fächer hinweg definierbare Textmenge, die z. B. den Gegenstand ‚Migrationsdiskurs' abbildet, stellt den gemeinsamen Ausgangspunkt für unterschiedliche Untersuchungsdesigns dar, die damit verbundenen disziplinenübergreifenden Forschungsfragen geben das Ziel für die multiperspektivische, idealerweise gesamtsozialwissenschaftliche Synthese der Ergebnisse vor.

Die obige Auffassung von Diskursen als Aussagenetzen ist von einer sozialwissenschaftlichen Definition, die Diskurse als „inhaltlich und formal strukturierte Ensembles von sinnstiftenden Einheiten" versteht, zunächst einmal nicht sehr weit entfernt. Gewiß, dieses Verständnis ergänzt Keller um die Bestimmung, daß diese Ensembles „in einem spezifischen Set von Praktiken produziert werden", auf die sich das Erkenntnisinteresse zu richten habe. Auch bemängelt er, daß soziolinguistische Diskursansätze „Diskurse als sozial strukturierte Sprach- und Textpraktiken nur im aktuellen Vollzug" analysieren (Keller 1999: 4). Doch sind es genau solche Unterschiede, die die interdisziplinäre Zusammenarbeit erst fruchtbar und sinnvoll machen. Die linguistische Diskursanalyse ist ebenso wenig eine bessere sozialwissenschaftliche Diskursanalyse, wie letztere der ersten methodisch überlegen ist. Weder sollen linguistisch verortete Forscher sich genötigt fühlen, ständig über die Genealogie sozialer Praktiken zu reden, noch sozialwissenschaftliche Diskursanalytiker nur auf Schlüsselwörter, Metaphorik, Argumentation etc. achten. Vielmehr macht es doch gerade dann Sinn zusammenzuarbeiten, wenn es zwar eine Schnittmenge gemeinsamer Begrifflichkeiten gibt, aber auch ausreichend viele Differenzen.

Grundsätzlich ist natürlich zu fragen: Was wird einerseits für die Sprachwissenschaft durch die diskurshistorische Analyse, d. h. durch die Verschiebung hin zu den Inhalten im Vergleich zur klassischen Sprachgeschichtsschreibung und herkömmlichen linguistischen Interessen gewonnen? Und: Welche originären Erkenntnisse ergeben sich andererseits durch eine linguistische Akzentuierung für sozialwissenschaftliche Disziplinen?

Eine Antwort auf die zweite Frage, die hier im Zentrum stehen soll, geben vielleicht am besten die Studien und Untersuchungsergebnisse, die im Literaturverzeichnis erwähnt, aber hier nicht im einzelnen vorgestellt worden sind. Sammelbände wie Busse/Hermanns/Teubert (1994), Böke/Jung/Wengeler (1996), Jung/Wengeler/Böke (1997), Niehr/Böke (2000) enthalten eine Fülle großer und kleiner ‚Würfel', deren Ansätze, Ansprüche und Reichweiten recht unterschiedlich sind, die sich aber doch ‚großen' thematischen Diskursen zuordnen lassen.[19] Dabei werden beispielsweise ebenso mündliche wie schriftliche Äußerungen, Fach- wie Medientexte, Schlüsselwörter, Metaphorik oder Topoi analysiert und die diskurshistorische Perspektive etwa auf die spezielle Problematik des Experten-Laien-Diskurses (Jung 1999) oder auf den internationalen Vergleich ausgeweitet (Böke/Jung/Niehr/Wengeler 2000, dazu auch schon Jung 1996c).

Bezogen auf den Diskurs über die Atomenergie seit 1900 (Jung 1994) wird hier beispielsweise deutlich, wie sehr durch die verwendete, noch vom Beginn des Jahrhundert stammende Begrifflichkeit falsche Vorstellungen über den Nutzen der Kernspaltungsenergie den öffentlichen Diskurs bestimmten, wie der Wertewandelprozeß sich auf der sprachlichen Ebene ankündigt, inwiefern der relative Erfolg der Anti-Nuklear-Bewegung mit einer neuen Qualität ihres Vokabulars zusammenhing und Teil eines allgemeinen Emanzipationsprozesses der Laienöffentlichkeit war oder wie sehr ihre Protagonisten ein neues differenziertes Sprachbewußtsein entwickelt haben (Jung 1998). International vergleichende Wort-, Bildfeld- und Argumentationsanalysen des Migrationsdiskurses (Niehr/Böke 2000) lassen Spezifika nationaler Diskurse hervortreten, die selbstverständlich mit den politischen Ereignissen in Zusammenhang stehen, aber besser deren kollektive Auswirkungen und Voraussetzungen auf der Bewußtseinsebene zugänglich werden lassen.

Folgende Thesen sollen den hier vertretenen Ansatz noch einmal abschließend auf den Punkt bringen:

1. ‚Diskurs' ist eine verknüpfte Menge von Aussage-Einheiten mehrerer Sprecher zum gleichen Thema, die eine erkennbare zeitgeschichtliche Entwicklung aufweisen und die in der Regel über Text- oder Textstückkorpora zugänglich werden.
2. Die diskursgeschichtliche Analyse erweitert die Untersuchungseinheiten der Linguistik über den Text hinaus und ist insofern ein erkenntnistheoretischer Fortschritt in der Bestimmung des sprachwissenschaftlichen Gegenstandsbereichs.
3. Die faktischen Ursprünge des hier vertretenen Ansatzes liegen in der Analyse politischen und öffentlichen Sprachgebrauchs bzw. der Korpuslinguistik. Konvergenzen mit sozialtheoretischen Arbeiten (etwa Foucault) sind erkennbar, aber nicht als Filiation mißzuverstehen.

---

[19] Die Beiträge in Böke/Jung/Wengeler (1996) und Jung/Wengeler/Böke versucht Jung (1996b bzw. 1997a) entsprechend zu sortieren.

4. Von der traditionellen Korpuslinguistik unterscheidet sich die linguistische Diskursgeschichte dadurch, daß die thematische Verbundenheit der Textstücke konstitutiven Charakter besitzt und der Untersuchende sich auf die Inhalte einläßt.
5. Linguistische Diskursgeschichte ist mehrfach interdisziplinär: a) Andere Fächer können sich dem selben Untersuchungsgegenstand (einem bestimmten Diskurs) mit anderen Methoden nähern; b) vom Untersuchenden werden präzise Sachkenntnisse zum Diskursthema verlangt werden, zu denen nicht zuletzt der sozialwissenschaftliche Forschungsstand gehört.
6. Sie ist dann noch ‚linguistisch' zu nennen, wenn sie Ansätze und Methoden einbringt bzw. zu Ergebnissen gelangt, die andere Disziplinen nicht gewinnen könnten, auch wenn sie ausdrücklich auf ‚die Sprache' eingehen. Dazu zählen beispielsweise: Präzisere Wort-, Satz-, Text- oder Metaphernanalysen, bessere Berücksichtigung des Zusammenhangs zwischen Produktionskontext und sprachlicher Form, stärkere Konzentration auf die Form der Inhaltsvermittlung bzw. die gegenseitige Beeinflussung von Form und Inhalt.
7. Der Übergang zwischen linguistischer und sozialwissenschaftlicher Diskursgeschichte ist fließend, beide Formen sind durchaus als sinnvolle gegenseitige Ergänzungen anzusehen. Die hier verwendeten Etiketten sollen lediglich der disziplinären Konturierung dienen.
8. Ein linguistisch-diskursgeschichtlicher Ansatz ist infolge der Inhaltsbezogenheit grundsätzlich Teil des qualitativ-interpretierenden Paradigmas, sollte aber auf quantitative Verfahren und strenge Kriterien bei der Korpuszusammenstellung zurückgreifen, um interpretativer Beliebigkeit zu entgehen.
9. Die nicht zuletzt unter dem Gesichtspunkt gesellschaftlicher Relevanz zu treffende Auswahl des zu analysierenden Diskurses und das eigene Engagement des Untersuchenden sollen zwar die Auswahl der untersuchten Diskurse bestimmen, müssen aus der eigentlichen Analyse jedoch soweit wie möglich herausgehalten werden und erst bei praktischen Schlußfolgerungen aus den Ergebnissen zum Tragen kommen.
10. Der linguistisch-diskursgeschichtliche Ansatz kann nicht nur gesellschaftlich wichtige Erkenntnisse zum betreffenden Diskurs gewinnen, sondern auch exemplarisch neue Zugänge zu allgemeinen sprachwissenschaftlichen Forschungsfragen (z. B. Sprachwandeltheorie, Sprachgeschichte, Wortgeschichte, Pressesprache, Experten-Laien-Kommunikation u. a.) eröffnen.

Zu einzelnen Diskursen gibt es mittlerweile zahlreiche Einzelstudien, die sich unter verschiedenen Disziplinen und Etiketten fassen lassen. Was vor allem noch fehlt, sind – im Sinne der in diesem Aufsatz propagierten multidisziplinären Zusammenarbeit mit dem gemeinsamen Bezugspunkt eines thematisch bestimmten

Diskurses – die Synthesen, die die vielen Einzelergebnisse aus unterschiedlichen Forschungsparadigmen zu einem facettenreichen Gesamtbild eines konkreten Diskursverlaufs zusammensetzen. Das hier vertretene Konzept versteht sich dabei als Beitrag zur Erforschung der ‚subjektiven' Ebene einer umfassenden Sozialgeschichte, die sich durch die Beschränkung auf die beiden ‚objektiven' Ebenen der Institutionen, Wirtschafts- und Sozialdaten einerseits sowie der ereignisgeschichtlichen Fakten andererseits nicht adäquat erfassen läßt (vgl. Schöttler 1989).

Literatur

Böke, K. (1996): Politische Leitvokabeln in der Adenauer-Ära. Zu Theorie und Methodik. In: Böke, K./Liedtke, F./Wengeler, M. (Hrsg.): Politische Leitvokabeln in der Adenauer-Ära. Berlin/New York: De Gruyter, S. 19–47

Böke, K. (1997): Die ‚Invasion' aus den ‚Armenhäusern Europas'. Metaphern im Einwanderungsdiskurs. In: Jung, M./Böke, K./Wengeler, M. (Hrsg.): Die Sprache des Migrationsdiskurses. Das Reden über ‚Ausländer' in Medien, Politik und Alltag. Opladen: Westdeutscher Verlag

Böke, K. (2000): ‚Gastarbeiter' auf deutsch und österreichisch. Methodik und Empirie eines diskurslinguistischen Vergleichs. In: Niehr, T./Böke, K. (Hrsg.): Einwanderungsdiskurse. Vergleichende diskurslinguistische Studien. Opladen: Westdeutscher Verlag, S. 158–194

Böke, K./Jung, M./Niehr, T./Wengeler, M. (2000): Vergleichende Diskurslinguistik. Überlegungen zur Analyse national heterogener Korpora. In: Niehr, T./Böke, K. (Hrsg.): Einwanderungsdiskurse. Vergleichende diskurslinguistische Studien. Opladen: Westdeutscher Verlag, S. 11–36

Böke K./Jung, M./Wengeler, M. (Hrsg.) (1996): Öffentlicher Sprachgebrauch. Praktische, theoretische und historische Perspektiven. Georg Stötzel zum 60. Geburtstag gewidmet. Opladen: Westdeutscher Verlag.

Bucher, H.-J./Fritz, G. (1989): Sprachtheorie, Kommunikationsanalyse, Inhaltsanalyse. In: Baacke, D./Kübler, H. D. (Hrsg.): Qualitative Medienforschung. Tübingen, S. 135–160

Busse, D. (1987): Historische Semantik. Analyse eines Programms. Stuttgart

Busse, D./Hermanns, F./Teubert, W. (Hrsg.) (1994): Begriffsgeschichte und Diskursgeschichte. Opladen: Westdeutscher Verlag

Busse, D./Teubert, W. (1994): Ist Diskurs ein sprachwissenschaftliches Objekt? Zur Methodenfrage der Historischen Semantik. In: Busse, D./Hermanns, F./Teubert, W. (Hrsg.): Begriffsgeschichte und Diskursgeschichte. Opladen: Westdeutscher Verlag, S. 10–28

Dieckmann, W. (1989): Vielleicht ist Wortsemantik noch erlaubt? Rezension zu Dietrich Busse: Historische Semantik. In: Zeitschrift für Germanistische Linguistik, 17, S. 221–225

Dijk, T.A. van (1987): Communicating Racism. Ethnic Prejudice in Thought and Talk. Newbury Park: Sage

Ehlich, K. (1994): Diskursanalyse in Europa. Frankfurt/Main: Lang

Foucault, M. (1975): Surveiller et punir. La naissance de la prison. Paris: Gallimard

Habermas, J. (1973): Wahrheitstheorien. In: Fahrenbach, H. (Hrsg.): Wirklichkeit und Reflexion. Walter Schulz zum 60. Geburtstag. Pfullingen: Neske, S. 211–265

Hahn, W. von (1983): Fachkommunikation. Entwicklung, linguistische Konzepte, betriebliche Beispiele. Berlin/New York: De Gruyter

Haß-Zumkehr, U. (1996): 50 Jahre Mahnmaltexte. Eine satzsemantische Analyse. In: Böke K./Jung, M./Wengeler, M. (Hrsg.): Öffentlicher Sprachgebrauch. Praktische, theoretische und historische Perspektiven. Georg Stötzel zum 60. Geburtstag gewidmet. Opladen: Westdeutscher Verlag, S. 301–314.

Hermanns, F. (1994): Schlüssel-, Schlag- und Fahnenwörter. Zu Begrifflichkeit und Theorie der lexikalischen ‚politischen Semantik' (Arbeiten aus dem Sonderforschungsbereich 245, Bd. 81), Forschungsbericht (unveröff.). Heidelberg/Mannheim

Hermanns, F. (1995): Sprachgeschichte als Mentalitätsgeschichte. Überlegungen zu Sinn und Form und Gegenstand historischer Semantik. In: Gardt, A./Mattheier, K./Reichmann, O. (Hrsg.): Sprachgeschichte des Neuhochdeutschen. Tübingen: Niemeyer S. 69–101

Jäger, S. (1993): Kritische Diskursanalyse. Eine Einführung. Duisburg: DISS

Jung, M. (1994a): Zählen oder Deuten? Das Methodenproblem der Diskursgeschichte am Beispiel der Atomenergiedebatte. In: Busse, D./Hermanns , F./Teubert, W. (Hrsg.): Begriffsgeschichte und Diskursgeschichte. Opladen: Westdeutscher Verlag, S. 60–81

Jung, M. (1994b): Öffentlichkeit und Sprachwandel. Zur Geschichte des Diskurses über die Atomenergie. Opladen: Westdeutscher Verlag

Jung, M. (1996a): Migration im europäischen Diskursvergleich. In: Wierlacher, A. (Hrsg.): Blickwinkel. Konstruktionen und Konstellationen interkultureller Germanistik im Zeitalter der Internationalisierung. München: Iudicium, S. 593–606

Jung, M. (1996b): Linguistische Diskursgeschichte. In: Böke K./Jung, M./Wengeler, M. (Hrsg.): Öffentlicher Sprachgebrauch. Praktische, theoretische und historische Perspektiven. Georg Stötzel zum 60. Geburtstag gewidmet. Opladen: Westdeutscher Verlag, S. 453–472

Jung, M. (1996c): Migration im europäischen Diskursvergleich. In: Wierlacher, A./Stötzel, G. (Hrsg.): Blickwinkel. Kulturelle Optik und interkulturelle Gegenstandskonstitution. Akten des III. Internationalen Kongresses für Interkulturelle Germanistik (Düsseldorf 1994), S. 593–606

Jung, M. (1997a): Die Sprache des Migrationsdiskurses – ein Überblick. In: Jung, M./Böke, K./Wengeler, M. (Hrsg.): Die Sprache des Migrationsdiskurses. Das Reden über ‚Ausländer' in Medien, Politik und Alltag. Opladen: Westdeutscher Verlag, S. 9–16.

Jung, M. (1997b): Lexik und Sprachbewußtsein im Migrationsdiskurs. Methode und Ergebnisse wortbezogener Untersuchungen. In: Jung, M./Böke, K./Wengeler, M. (Hrsg.): Die Sprache des Migrationsdiskurses. Das Reden über ‚Ausländer' in Medien, Politik und Alltag. Opladen: Westdeutscher Verlag, S. 194–213

Jung, M. (1998): „Haken, die man im Finstern nicht sieht“ – Subsistente Normen und der Freiraum des Individuums – eine Fallstudie. Deutschunterricht, 2, S. 57–60

Jung, M. (1999): Experten- und Laiensemantik in der öffentlichen Arena. Ein besonderer Typus der Wissensdissemination? In: Niederhauser, J./Adamzik, K. (Hrsg.): Wissenschaftssprache und Umgangssprache im Kontakt. Frankfurt/Main: Lang, S. 193–214

Jung, M./Böke, K./Wengeler, M. (Hrsg.) (1997): Die Sprache des Migrationsdiskurses. Das Reden über ‚Ausländer‘ in Medien, Politik und Alltag. Opladen: Westdeutscher Verlag

Jung, M./Niehr, T./Böke K. (2000): Ausländer und Migranten im Spiegel der Presse. Ein diskurshistorisches Wörterbuch zur Einwanderung seit 1945. Wiesbaden: Westdeutscher Verlag

Jung, M./Wengeler, M. (1999): Wörter, Argumente, Diskurse. Was die Öffentlichkeit bewegt und was die Linguistik dazu sagen kann. In: Stickel, G. (Hrsg.): Sprache – Sprachwissenschaft – Öffentlichkeit. Jahrbuch des Instituts für deutsche Sprache 1998. Berlin: De Gruyter, S. 143–171

Keller, R. (1999): Diskursbegriff und interpretatives Paradigma. Ms. (unveröff.) Augsburg

Klein, J. (1995): Asyl-Diskurs. Konflikte und Blockaden in Politik, Medien und Alltagswelt. In: Reiher, R. (Hrsg.): Sprache im Konflikt. Zur Rolle der Sprache in sozialen, politischen und militärischen Auseinandersetzungen. Berlin: De Gruyter, S. 15–71

Maingueneau, D. (1991): L'Analyse du discours. Introduction aux lectures de l'archive. Paris: Hachette

Maingueneau, D. (1994): Die ‚französische Schule‘ der Diskursanalyse. In: Ehlich, K. (Hrsg.): Diskursanalyse in Europa. Frankfurt/Main: Lang, S. 187–195

Matouschek, B./Wodak, R./Januschek, F. (1995): Notwendige Maßnahmen gegen Fremde? Genese und Formen von rassistischen Diskursen der Differenz. Wien: Passagen Verlag

Niehr, T. (1997): Ausländerfeindlichkeit im Deutschen Bundestag? Vorläufige Überlegungen zur Interpretation spezifischer Lexemverwendungen in der politischen Kommunikation. In: Disselnkötter, A./Jäger, S./Kellershohn, H./Slobodzian, S. (Hrsg.) (1997): Evidenzen im Fluß. Demokratieverluste in Deutschland. Duisburg: DISS

Niehr, T. (1999): Halbautomatische Erforschung des öffentlichen Sprachgebrauchs oder vom Nutzen computerlesbarer Textkorpora. In: Zeitschrift für Germanistische Linguistik, 27, S. 205–214

Niehr, T./Böke, K. (Hrsg.) (2000): Einwanderungsdiskurse. Vergleichende diskurslinguistische Studien. Opladen: Westdeutscher Verlag

Schöttler, P. (1989): Mentalitäten, Ideologien, Diskurse. Zur sozialgeschichtlichen Thematisierung der ‚3. Ebene‘. In: Lüdtke, A. (Hrsg.): Alltagsgeschichte. Zur Rekonstruktion historischer Erfahrungen und Lebensweisen. Frankfurt/Main: Campus, S. 85–136

Steyer, K. (1994): Reformulierungen. Zur Vernetzung von Äußerungen im Ost-West-Diskurs. In: Busse, D./Hermanns, F./Teubert, W. (Hrsg.): Begriffsgeschichte und Diskursgeschichte. Opladen: Westdeutscher Verlag, S. 143–160

Stötzel, G./Wengeler, M. (1995): Kontroverse Begriffe. Geschichte des öffentlichen Sprachgebrauchs in der Bundesrepublik Deutschland. Berlin: De Gruyter

Wengeler, M. (1997): Vom Nutzen der Argumentationsanalyse für eine linguistische Diskursgeschichte. Konzept eines Forschungsvorhabens. In: Sprache und Literatur, 80, S. 96–108

Wodak, R./Titscher, S./Meyer, M./Vetter, E. (1999): Methoden der Textanalyse. Einführung, Überblick und Kritik sozialwissenschaftlicher Verfahren. Opladen: Westdeutscher Verlag

Diskurstheorie und Geschichtswissenschaft

Philipp Sarasin

Lange Jahre nach dem *‚linguistic turn'* noch über das Verhältnis von Geschichtswissenschaft und Diskurstheorie zu schreiben, mutet paradox an. Denn von einem epistemologischen *‚turn'* zu reden, scheint doch nahe zu legen, diesen als verbindlich anzusehen. Wer wollte noch zu jenen gehören, die ihn nicht mitgemacht haben oder die nicht zumindest wissen, wie angesichts von Sprachphilosophie, Semiotik und Diskurstheorie zu argumentieren wäre…? Tatsächlich verhält es sich jedoch umgekehrt: Der postmoderne *‚turn'* steht im Verdacht, den Historikern den Sinn für die Wirklichkeit zu rauben; führende Vertreter des Fachs wähnen sich daher schon ‚am Rande des Abgrunds' (Chartier 1998), befürchten ‚das Ende der Geschichte als Wissenschaft' (Iggers 1993: 87) und verfassen eine ‚Defense of History' (Evans 1999). Daß Peter Schöttler in der angesehenen Zeitschrift *Geschichte und Gesellschaft* fragen durfte ‚Wer hat Angst vor dem ‚linguistic turn'?' (Schöttler 1997), hat die Gemüter ebenso wenig beruhigt wie Jörn Rüsens Hinweis, daß schon Ranke von der faktenorientierten Geschichtswissenschaft sagte, sie sei als interpretierende immer „zugleich Kunst" (Rüsen 1994: 202 f). Als Historiker über den *‚linguistic turn'* und seine diskursanalytischen und dekonstruktivistischen Methoden nachzudenken, bedeutet daher immer auch, das Selbstverständnis der Geschichtsschreibung als Wissenschaft zu reflektieren.[1]

---

[1] Eine erweiterte Fassung des vorliegenden Textes ist erschienen in Sarasin (2003).

1 Der ‚linguistic turn' in der Geschichtswissenschaft

In der sozial- und geisteswissenschaftlichen Diskussion fungiert der Begriff des *‚linguistic turn'* seit Richard Rortys gleichnamigem Sammelband von 1967 als kleinster gemeinsamer Nenner all jener epistemologischen Positionen, die die konstitutive Rolle der Sprache, bzw. von Symbolsystemen nicht nur für die Erkenntnis der Wirklichkeit, sondern auch für die Wirklichkeit selbst betonen. Was das im Detail heißt und impliziert, wird im Folgenden noch zu erläutern sein; festzuhalten ist zuerst bloß eine auffallende zeitliche Übereinstimmung: 1966, dem ‚année lumière' des Strukturalismus in Frankreich (Dosse 1991/Bd. 1: 384 f), erschienen unter anderem Michel Foucaults *Les mots et les choses*, Jacques Lacans *Écrits*, Roland Barthes Aufsatz *Introduction à l'analyse structurale des récits* – und in New York Berger/Luckmanns *Social Construction of Reality*; im selben Jahr wie Rorty, 1967, publizierte Jacques Derrida die *Grammatologie* und die Aufsatzsammlung *L'écriture et la différence*; Foucaults diskurstheoretisches Methodenbuch *Archéologie du Savoir* folgte dann 1969. Trotz zum Teil gewichtigen theoretischen Unterschieden im Einzelnen konvergieren vor allem die französischen Texte in einer Auffassung des Verhältnisses von Realität und Zeichen, die dem Zeichen den bloßen Abbildcharakter abspricht und ihm im Gegenzug die Funktion der Konstruktion epistemischer Dinge – das heißt sowohl gesellschaftlicher Wirklichkeit als auch der Natur – auflädt.[2]

1.1 Reaktionen

Faßt man all diese Texte unter bewußter Mißachtung ihrer theoretischen Differenzen unter dem Begriff des *‚linguistic turn'* zusammen, kann hier zumindest andeutungsweise skizziert werden, in welche epistemologischen und methodologischen Kontexte der *‚turn'* im Feld der Geschichtswissenschaft intervenierte. Dabei lassen sich zwei grundlegende Züge unterscheiden: Zum einen ist die *mainstream*-Geschichtswissenschaft bis heute davon überzeugt, daß empirische, objektivierbare ‚Fakten' aus dem Bereich des politischen Handelns sowie staatlicher und wirtschaftlicher Verhältnisse gleichsam das Gerüst jener Wirklichkeit ausmachen, die die Historiker rekonstruieren. Das Gewicht liegt dabei einerseits auf der Betonung der Fakten, der rekonstruierbaren Tatsachen – was auch von

---

[2] Berger/Luckmanns Ansatz ist insofern weit weniger radikal, als es den Autoren einzig um die sprach- und handlungsvermittelte Konstruktion *sozialer* Wirklichkeit geht; dabei beziehen sie sich nicht wie die französischen Autoren auf die Sprachtheorie von Ferdinand de Saussure und den Strukturalismus von Lévi-Strauss, sondern auf die Phänomenologie von Edmund Husserl und Alfred Schütz.

vielen ‚Kulturalisten' nicht bestritten wird –, und andererseits auf der Vorstellung, es gäbe Bereiche gesellschaftlicher Wirklichkeit, die relativ sprachunabhängig funktionieren, wie etwa der Markt oder staatliche Institutionen – was jeder ‚Kulturalist' natürlich bestreitet (Munslow 2000: 151 f). Jedenfalls war vor allem letzteres – die Annahme von relativ ‚sprachfreien' und damit ‚normfreien' ökonomischen und institutionellen Basis-Strukturen (so auch Habermas 1981/ Bd. 2: 227) – für die alte Politikgeschichte des Historismus wie noch für die historische Sozialwissenschaft Bielefelder Provenienz eine zwingende Voraussetzung historischen Denkens. ‚Sprache' oder ‚Kultur' erscheinen aus dieser Perspektive eher als Dekoration, als bloßer Zusatz. Für die französische Historiker-Schule um die Zeitschrift *Annales E. S. C.* galt dies nicht im selben Maße. Wohl verfolgten die *Annales*, bzw. ihre Vordenker Lucien Febvre, Marc Bloch, Fernand Braudel oder Georges Duby, ebenso wie die deutschen Sozialhistoriker einen strukturgeschichtlichen und sozialwissenschaftlichen Ansatz. Kulturelle, sprachliche bzw. ‚geistige' Prozesse und Verhältnisse gehören aber als *mentalité* bzw. als ‚dritte Ebene' mit zu einem Konzept, das neben der *Économie* und der *Société* immer auch die *Civilisation*, das heißt die ‚Kultur', umfaßte (Schöttler 1989, Burke 1991).

Eine signifikante, dabei aber überaus einfluß- und folgenreiche Randposition innerhalb der Geschichtswissenschaft nehmen feministische Historiker/innen ein, die im Rahmen der Entwicklung feministischer Theorie schon seit den 80er Jahren den ‚Essentialismus' einer angeblich biologisch präfigurierten Geschlechtsidentität kritisierten und daher über die gesellschaftliche, diskursiv vermittelte Konstruktion von Geschlecht zu schreiben begannen (Scott 1988, vgl. Hof 1995).[3] Dabei hat die radikale Position Judith Butlers, die in *Gender Trouble* das biologische Geschlecht als vollständig diskursiv und performativ konstruiert begreift (Butler 1991), auch eine gewisse Gegenbewegung ausgelöst. In den heutigen Debatten ‚nach' dem *‚linguistic turn'* steht bei einigen feministischen Historikerinnen die Frage im Zentrum, ob zum Beispiel der Körper oder Subjektivität als eine letzte Referenz und Grundlage von Erfahrung außerhalb des omnipräsenten Spiels der Diskurse und Zeichen angesehen werden können (Canning 1994, Roper 1999).

Der zweite Zug, der die *mainstream*-Geschichtswissenschaft angesichts des *‚linguistic turn'* bestimmt, war und ist die Überzeugung, daß die Sprache der Historiker ein genügend kontrollierbares Medium sei, um als hinreichend klarer Spiegel vergangener Wirklichkeit zu gelten. Der kleine Aufsatz von Roland Barthes *Le discours de l'histoire* von 1967, in dem Barthes diese Illusion als einen vom Diskurs der Historiker selbst erzeugten ‚Realitätseffekt' *(‚effet du réel')* enthüllt, hat die Historiker wenig berührt (Barthes 1967, vgl. aber Scott 1997). Ein bis

[3] Vgl. dazu den Beitrag von Hark in diesem Band.

heute nachwirkender Schock löste hingegen Hayden Whites *Metahistory* von 1973 aus, wo am Beispiel vier herausragender Geschichtsschreiber des 19. Jahrhunderts gezeigt wird, wie sehr die historiographische Repräsentation vergangener Wirklichkeit von der sprachlichen Form dieser Repräsentation, das heißt von grundlegenden Tropen, stilistischen Vorentscheidungen und *plot*-Strukturen geprägt wird: Der Inhalt der erzählten Geschichte erweist sich unter Whites Blick als abhängig von der Form.[4] In Georg G. Iggers konventioneller *Geschichtswissenschaft im 20. Jahrhundert* schrumpft diese Einsicht dann in bezeichnender Weise auf die Schreckensmeldung, „daß Geschichtsschreibung sich von Dichtung nicht unterscheide“ (Iggers 1993: 87). Für Roger Chartier, der den *‚linguistic turn‘* als ‚Angriff‘ auf die Geschichtswissenschaft versteht, bedeutet dies:

> „Die am besten gesicherten historiographischen Operationen sind von nun an ohne Objekt, angefangen bei den grundlegenden Unterscheidungen zwischen Text und Kontext, zwischen sozialen Realitäten und symbolischen Ausdrücken, zwischen Diskurs und nichtdiskursiven Praktiken.“ (Chartier 1994: 88)

Das alles heißt nicht, daß sich der *‚linguistic turn‘* und im engeren Sinne die Diskurstheorie – ich komme auf die Begriffsbestimmung zurück – in der Geschichtswissenschaft nicht auch Gehör verschafft hätten. Im Gegenteil: Vor allem in den USA war und ist ihr Einfluß so groß, daß sich ‚realistische‘ Historiker/innen von der American Historical Society abgespalten und eine neue Historical Society gegründet haben (Fox-Genovese/Lasch-Quinn 1999). Und auch wenn man mit Blick auf die deutschsprachige Geschichtswissenschaft nicht ohne Grund die Widerstände und Verspätungen ihrer von einem Gestus spöttischer Distanz begleiteten Rezeption beklagen kann, dokumentieren einige oft zitierte Aufsätze, Handbuchartikel und Sammelbände zumindest den Umstand, daß die entsprechenden Autoren, Texte, Theorien und Argumente im Fach keineswegs unbekannt geblieben sind.[5] Dennoch ist es wohl kein Zufall, daß im 1998 erschienenen, von Hans-Jürgen Goertz herausgegebenen Reader *Geschichte. Ein Grundkurs* der einzige von 38 Beiträgen, der nicht von einer/m deutschsprachigen Historiker/in stammt, Lynn Hunts Aufsatz *Psychologie, Ethnologie und ‚linguistic turn‘ in der Geschichtswissenschaft* (sic) auf Seite 671 ff ist – eingereiht in der Abteilung ‚Impulse aus dem interdisziplinären Gespräch‘! Auch wenn dieser ‚Impuls‘ *de facto* durchaus zurückhaltend ausfällt und Hunt befürchtet, daß die Historiker

[4] White (1987, 1991, 1994), vgl. de Certeau (1975).

[5] Schöttler (1988, 1997), Jütte (1990), Conrad/Kessel (1994), Fernandez (1994), Iggers (1995), Jelavich (1995), Hanisch (1996), Sarasin (1996), Wehler (1998), am Rande auch in Mergel/Welskopp (1997), nicht auf die Geschichtswissenschaft begrenzt Bublitz/Bührmann/Hanke/Seier (1999).

unter dem Einfluß der poststrukturalistischen Sprachphilosophie den Sinn für die Wirklichkeit verlieren (Hunt 1998: 676 f), sieht sie die Chance des *,turn'* doch darin, „die Kategorien, die Menschen in der Vergangenheit entwickelt haben, um ihre sozialen und kulturellen Erfahrungen zu organisieren, klarer zu erfassen", bzw. „die Konstruktionen sozialer Kategorien (wie Klasse oder Körper) zu analysieren" (ebd.: 677 f). Aber das ist schon eine relative Außenseiterposition. Repräsentativer zumindest für die deutschsprachige Geschichtswissenschaft ist der Text von Luise Schorn-Schütte, die in der Abteilung ,Konzeptionen der Geschichtswissenschaft' über *Ideen-, Geistes-, Kulturgeschichte* (– sic!) schreibt und dabei diskurstheoretische Ansätze mit keinem Wort erwähnt (Schorn-Schütte 1998).

1.2 Probleme der Geschichtswissenschaft

Für die ausgesprochene Zurückhaltung der Geschichtswissenschaft, auf den *,linguistic turn'* bzw. die Diskurstheorie zu reagieren, gibt es allerdings auch Gründe, die bedenkenswert sind. Denn selbst jene Historiker/innen, die den *,linguistic turn'* grundsätzlich als wichtige Anregung für ihre Arbeit verstehen, bleiben gegenüber diskursanalytischen Ansätzen oft reserviert. Diese Reserviertheit ist dabei nur Ausdruck für das grundsätzlich schwierige Verhältnis von Geschichtsschreibung und analytischen Methoden. Wenn Historiker/innen gesellschaftliche Zusammenhänge untersuchen und darstellen wollen, die sich durch ein komplexes Wirkungsgeflecht von Faktoren verschiedenster Art auszeichnen – von individuellem Handeln über wirtschaftliche Strukturen, politische Programme, rechtliche Rahmenbedingungen bis hin zu kulturellen ,Hintergründen' – sind sie mit einer Fülle von meist hochgradig disparatem Quellenmaterial konfrontiert. Daraus ergeben sich zwei Probleme. Zum einen ist gegenüber allen strukturgeschichtlichen Ansätzen, wie sie am prominentesten von den *Annales* in Frankreich und der Historischen Sozialwissenschaft in Deutschland vertreten wurden, mit Regelmäßigkeit der Einwand erhoben worden, daß die Komplexität historischer Zusammenhänge unter dem rigorosen Zugriff einer Strukturanalyse verschwindet und insbesondere der Anteil des subjektiven Wahrnehmens und Handelns systematisch ausgeblendet werde (vgl. Medick 1989, Lüdtke 1994). Es ist klar, daß der poststrukturalistische Topos, das Subjekt sei nur eine Schnittstelle von Diskursen, diese Kritik nicht dämpft, und es wird von hier aus zumindest nachvollziehbar, daß traditionelle Erzählformen, die die Schilderung von un- oder überindividuellen Sachverhalten mit der Darstellung von subjektiven Wahrnehmungen und Handlungen verschränken können, wieder attraktiv erscheinen.

Das zweite Problem, das sich für die Geschichtswissenschaft angesichts ihrer immer hochkomplexen Gegenstände ergibt, ließe sich unter dem Stichwort

‚basale Hermeneutik‘ rubrizieren. Historiker/innen müssen angesichts der verwirrenden, mehrschichtigen gesellschaftlichen Situationen, die sie untersuchen, zwangsläufig fähig sein, ‚Zusammenhänge zu verstehen‘ und sich ‚einen Reim aufs Ganze‘ zu machen. Gezwungen, ihre Quellen einigermaßen zu verstehen (und bei großen Datenmassen oft nur oberflächlich zu verstehen, um sie in ein umfassenderes ‚Bild‘ einordnen zu können), rekurrieren sie wie selbstverständlich auf die Tatsache, daß sie der selben Kultur wie der untersuchte Gegenstand angehören – die christliche Kultur oder die Kultur der Moderne –, und sie damit in der Kontinuität einer Tradition stehen, die ihnen dieses Verstehen ermöglicht (Muhlack 1998). Dieses unschuldige, selbstverständliche Verstehen ist zweifellos genau das, womit Foucault brechen wollte, wenn er die Gewißheiten des Traditionszusammenhangs, den Rekurs auf einen Ursprung und eine ‚Stifterfunktion‘ des Subjekts als imaginäre Verzerrungen der ‚wirklichen‘ Geschichte zurückwies (Foucault 1981: 23, 33–34). Und man könnte daher mit einigem Recht sagen, daß dieses naive Verstehen, das die jedem Historiker eigentlich bewußte Gefahr des Anachronismus in sich birgt und das dort Kontinuitäten schafft, wo es darum ginge, die Brüche wahrzunehmen, im Zentrum jeder diskurstheoretischen Kritik an der Geschichtswissenschaft steht.

Dennoch ist den Historikern zuzubilligen, daß ihr Verfahren nicht nur ganz praktikabel, sondern zumindest in pragmatischer Hinsicht durchaus nicht zu umgehen ist: Texte müssen in jedem Fall zumindest in ihrem manifesten Sinn ‚verstanden‘ werden. Wie imaginär auch immer dieses Verstehen ist – es ist zweifellos der erste Modus, in welchem Historiker ihre Quellentexte verarbeiten müssen. Auch wenn, wie ich argumentieren werde, die Strukturen der Produktion von Sinn diesem vorgängig sind und auch ohne Rekurs auf ein Verstehen analysiert werden können, ist ‚Verstehen‘ spontaner und direkter als jedes diskursanalytische Verfahren – und es ist für das ‚Verständnis‘ historischer Zusammenhänge in pragmatischer Hinsicht zweifellos effizient. Das vom Traditionszusammenhang gestiftete implizite Wissen garantiert, daß dieses ‚Verstehen‘ nicht ganz in die Irre geht, wie es allerdings auch gleichzeitig die strukturellen Bedingungen für das, was so ‚verstanden‘ wird, selbst nicht zu erhellen vermag.

Ich will hier nicht diese Hermeneutik als ‚Methode‘ propagieren und die schwierige Frage des Verhältnisses von Erzählung und Erklärung auch nicht weiter diskutieren, sondern damit umgekehrt eher die Probleme andeuten, die die Rezeption der Diskurstheorie in der Geschichtswissenschaft behindern. Wer einen diskurstheoretischen Ansatz vertritt, muß sich einerseits in einer gewissen Bescheidenheit fragen, was Diskurstheorie zusätzlich zu den üblichen und unumgänglichen hermeneutischen Mühen der Historiker/innen noch *mehr* einbringen kann; man muß sich andererseits aber auch klar machen, von welchem Punkt an die Diskurstheorie dazu zwingt, Verstehen durch Erklären und Erzählen durch Analyse zu substituieren. Diese Fragen sind das Motiv für die folgenden Überlegungen. Dabei werde ich mich relativ weit von der Geschichtswissenschaft wegbewegen, um untersuchen zu können, was sich als das Spezifische der Diskurstheorie herausstellen läßt: Im 2. Kapitel rekapituliere ich einige wichtige Elemente einer nicht-linguistischen Diskurstheorie; im 3. Kapitel diskutiere ich das Konzept der ,Materialität' der Diskurse, das auch in der Geschichtswissenschaft aufgegriffen worden ist. Im 4. und im 5. Kapitel argumentiere ich, daß diskurstheoretische Ansätze, die von Lacan und Derrida ausgehen, die Foucaultsche Diskursanalyse öffnen und erweitern können. Im 6. Kapitel schließlich will ich versuchen, mögliche Anstöße der Diskurstheorie für die Geschichtswissenschaft zu skizzieren.

2 ,Eine Art von Nicht-Ort': Elemente der Diskurstheorie

Diskurstheorie, wie sie seit den späten 1960er Jahren in Frankreich ausgearbeitet wurde, ist schwer auf einen Nenner zu bringen: Sie zielt ebenso auf ,Sprache' wie auf ,Wirklichkeit' – was zusammen mit Foucaults Versicherung, es gehe ihm weder um die Worte noch die Dinge, nicht aufhört, Verwirrung zu stiften (Foucault 1994: 601 ff). Vielleicht ist es sinnvoll, sich in diesem Feld nochmals eine wichtige Ausgangsposition vor Augen zu führen, wie sie Jacques Derrida 1966 in einer prägnanten Formulierung umrissen hat. Die Theorie des Zeichens mußte laut Derrida seit Nietzsche über Saussure und Freud bis hin zu Jakobson zur Einsicht führen, daß die Zeichen nicht bloß arbiträr sind, sondern die Signifikate – das heißt das, was Zeichen bedeuten – sich einzig noch als Effekte des entsprechenden Zeichensystems denken lassen: „Es gibt kein Signifikat, das dem Spiel aufeinander verweisender Signifikanten entkäme, welches die Sprache konstitutiert (...)" (Derrida 1990: 17). Die Zeichen seien nicht länger als ,Substitut' für die Sache zu denken, die als Realität dem Zeichen ,irgendwie präexistiert hätte'. Damit aber gebe es überhaupt keine ursprüngliche Präsenz eines Eigentlichen mehr, von dem die Zeichen nur das verspätete und unvollständige Abbild wären, sondern einzig noch ,eine Art von Nicht-Ort, worin sich ein unendlicher Austausch von Zeichen abspielt'. Die Konsequenzen dieses Bruchs sind bekannt:

> „Mit diesem Augenblick bemächtigt sich die Sprache des universellen Problemfeldes. Es ist dies auch der Augenblick, da infolge der Abwesenheit eines Zentrums oder eines Ursprungs alles zum Diskurs wird – vorausgesetzt, man kann sich über dieses Wort verständigen –, das heißt zum System, in dem das zentrale, originäre oder transzendentale Signifikat niemals absolut, außerhalb eines Systems von Differenzen, präsent ist." (Derrida 1994: 424)

Das heißt natürlich nicht, daß die Welt nicht voller Dinge wäre, die tatsächlich geschehen – aber die Rede vom niemals außerhalb eines Systems von differenziellen Zeichen präsenten Signifikats bedeutet primär, daß es nicht möglich ist, sich in der Wahrnehmung von Wirklichkeit jenseits der Sprache beziehungsweise jenseits von Diskursen zu bewegen. Jede Form von Wirklichkeit, über die Historiker schreiben möchten – und es gibt keinen Grund, wieso sie das nicht tun sollen – ist, um es vorerst in dieser Allgemeinheit zu sagen, ohne die Repräsentationssysteme von Texten, Statistiken, visuellen Darstellungen etc. nicht faßbar, sondern bleibt immer nur durch diese nie vollständig transparenten Sprachen und Repräsentationsmedien vermittelt.

Dieses Problem, das bei der klassischen Quellenkritik beginnt und sich verschärft in der Frage der ‚Auswahl' und des ‚Ordnens' des Materials in der historiographischen Darstellung zeigt, ist Historikern an sich gut bekannt und wird von ihnen reflektiert (Conrad/Kessel 1998: 16, 19 f). Doch selbst wenn Historiker/innen mittlerweile – nach dem *‚linguistic turn'* – gern zugestehen, daß vergangene Wirklichkeit nicht außerhalb von Sprache zu fassen ist, ist nicht erkennbar, daß sich die Zunft mit der sperrigen Materialität der Repräsentationssysteme selbst auseinandersetzt, wie dies einzelne Wissenschaftshistoriker schon tun (Rheinberger/Hagner/Wahring-Schmid 1997, Lenoir 1998). Noch immer werden Quellen als ‚Dokumente' für vergangene Wirklichkeit gelesen, möglicherweise besser, genauer und kritischer gelesen – aber dennoch als Medium mit einer hinreichenden Transparenz.

Wie also wäre die Sprachlichkeit und Diskursivität historischer Phänomene zu reflektieren? Was impliziert es zu sagen, daß die Bedeutung bzw. der ‚Sinn' der Dinge diskursiv erzeugt werden und sich *nicht* aus jenem alltäglichen hermeneutischen Vorverständnis heraus erschließen lassen, das ich oben im Hinblick auf die Verstehensnöte der Historiker/innen ‚basale Hermeneutik' genannt habe und das in der Phänomenologie den Ausgangspunkt für jede Rekonstruktion von Sinn darstellt (vgl. Gadamer 1975, Schütz/Luckmann 1979)? Foucault hat in einem Interview über seine intellektuellen Ausgangspunkte in dieser Hinsicht bemerkt, daß der Sinn, den die Phänomenologie als ‚immer schon da' beschreibt, seiner Generation in den 50er Jahren zum Problem geworden sei:

> „(…) le sens n'apparaît pas tout seul, il n'est pas ‚déjà là', ou plutôt, ‚il y est déjà', oui, mais sous un certain nombre de conditions formelles. Et, depuis 1955, nous nous sommes principalement consacrés à l'analyse des conditions formelles de l'apparition du sens." (Foucault 1994: 602)

Diskursanalyse ließe sich seither als das Bemühen verstehen, die formellen Bedingungen zu untersuchen, die die Produktion von Sinn steuern. Das hat zu mindestens drei Diskurs-Analyseformen geführt, die allerdings einigermaßen berührungslos nebeneinander stehen:[6] Das sind *erstens* sprachgeschichtliche Untersuchungen (Begriffsgeschichte und Lexikographie), womit das Wort ‚Diskurs' teilweise eine linguistische Konnotation erhält (ich gehe auf diese Ansätze hier nicht ein). *Zweitens* und ebenfalls sehr ‚nahe am Text' und ‚an den Worten' führt der von Derrida und von der Lacanschen Psychoanalyse ausgehende Aufweis der prinzipiellen Unabschließbarkeit der immer polysemischen Sprache und damit der Nichtfixierbarkeit von Sinn zu einem Konzept von ‚Diskurs', das diesen als instabile Konventionalisierung von Aussageweisen begreift. ‚Diskurs' ist so gesehen – und darauf wird zurückzukommen sein – der Name für die von der Dekonstruktion nachgewiesene unmögliche Stabilität des Sinns.

Foucault schließlich vertritt eine *dritte* Variante des Diskursbegriffs. Er hat Diskurse wie erwähnt als ebenso weit von den ‚Worten' wie von den ‚Dingen' entfernt situiert, und er hat sich sehr dezidiert von allen Versuchen distanziert, unterhalb der Oberfläche des manifesten Diskurses das „halbverschwiegene Geschwätz eines anderen Diskurses" (Foucault 1981: 43, vgl. 293) aufzuspüren. Er sucht nicht nach jenen Mehrdeutigkeiten und Paradoxa, die dem Gebrauch der Sprache selbst inhärent sind, sondern nach der kompakten Formation von *énoncés*, von positiven, historisch vorfindlichen Aussagen. Ihn interessiert nicht das endlose ‚Spiel' (Derrida) des Verweises von einem Signifikanten auf einen anderen und der nie abschließbare Sinn, sondern die historische Begrenztheit, die faktische ‚Knappheit' einzelner existierender Aussagen und Aussageserien. Diskurse bewegen sich nach Foucault in einem ‚Zwischenbereich' zwischen den Worten und den Dingen, wo diese eine kompakte Materialität mit eigenen, beschreibbaren Regeln darstellen, um auf diese Weise die gesellschaftliche Konstruktion der Dinge ebenso zu steuern wie dem sprechenden Subjekt einen Ort zuzuweisen, an dem sich sein Sprechen und seine Sprache erst entfalten können.

Foucault meint mit den *conditions formelles* gemäß seinem eigenen Forschungsinteresse nicht einfach alle Arten von Codes, sondern spricht sehr spezifisch von Diskursen, von Redezusammenhängen mit Aussage- und Wahrheitsregeln, die historisch situiert sind, das heißt einen Anfang und ein Ende sowie einen bestimmten sozialen (und, im weltweiten Vergleich, auch kulturellen) Ort haben (ebd.: 9–13, 41 f). Dominique Maingueneau hat vier Charakteristika herausgearbeitet, die das Objekt der Diskursanalyse Foucaultschen Typs ausmachen (Maingueneau 1991: 17–24, vgl. Foucault 1981: 62–68). Diese untersucht erstens den *Ort* des Aussagens, das heißt den historisch, sozial und kulturell be-

[6] Maingueneau (1991: 15) unterscheidet sieben Sorten von ‚Diskurs' bzw. ‚Diskursanalyse'; vgl. als Überblick über die gegenwärtigen Tendenzen der Diskursanalyse die Aufsätze in *Langages*, Nr. 117, Mars 1995 zum Thema „Les analyses du discours en France" (Maingueneau 1995).

stimmten Ausgangspunkt (nicht: Ursprung) einer Serie ähnlicher Aussagen. Es ist dies der Ort des legitimierten Sprechens, der Ort einer zumindest gewissen Institutionalisierung und damit der Ort der Macht. Dies ist auch der Platz, den ein Subjekt einnehmen muß, wenn es im Rahmen eines Diskurses etwas sagen will, das als wahr gelten soll (vgl. Foucault 1979: 24–26). Zweitens dokumentiert Diskursanalyse die *Einschreibung*, das heißt das Aussagen als Wiederholung ähnlicher Aussagen. Durch diese Gleichförmigkeit generieren miteinander verbundene Aussagen ein Ordnungsschema bzw. diskursive Regelmäßigkeiten, nach deren Muster die Aussagen im Feld dieses Diskurses generiert werden. Daß sie in der Wiederholung auch dauernd leicht modifiziert werden und somit jede Aussage immer ein Stück weit als ‚individuell' erscheint, ist kein prinzipielles Argument gegen die Behauptung diskursiver Regelmäßigkeit, sondern eher deren Bestätigung (Foucault 1981: 285). Drittens fragt Diskursanalyse, wie Foucault sie in der *Archéologie* entwirft, nach den *Grenzen* und dem *Interdiskurs*, das heißt nach den Grenzziehungen, den Verboten des Sagbaren, und den Verbindungen und Vermittlungselementen zu anderen Diskursen. Jürgen Link hat in diesem Zusammenhang besonders auf die wichtige Rolle der ‚Kollektivsymbole' hingewiesen, das heißt auf jene diskursiven Elemente, die zu einer bestimmten Zeit in vielen Diskursen vorkommen und als Ressource von Evidenz und Deutbarkeit dienen (vgl. Link 1983, Link/Wülfing 1984). Viertens schließlich konstituieren diese genannten drei Elemente das *Archiv*, das heißt die in den Texten einer diskursiven Tradition gespeicherten und im Verhältnis zu allen denkbaren Sätzen über einen Gegenstand faktisch immer ‚seltenen' Aussagemöglichkeiten, welche eine bestimmte aktuelle (Wieder-)Aussageweise legitimieren. Ein diskursives Archiv – das natürlich eine Konstruktion der Analyse ist – zu untersuchen, bedeutet, anhand einer Serie von Texten die wesentlichen Aussagen zu sichten und zu ordnen; auf der Basis dieses Archivs erst kann man dann inhaltliche Aussagen darüber machen, wie Diskurse die soziale Welt des Bezeichneten in ihrer historischen Spezifität hervorbringen. Die Foucaultsche Diskursanalyse basiert, wie gesagt, auf einem sehr empirischen Konzept von Diskurs. Dieser erzeugt epistemische Gegenstände nur innerhalb seiner faktischen Reichweite: Ein medizinischer Diskurs erreicht die Laien nur sehr bedingt, vermittelt oder überhaupt nicht, ein politischer Diskurs des 16. Jahrhunderts ist im 18. längst vergessen, und so weiter. Der Geist weht eben nicht, wo er will, sondern ist ein Effekt von diskursiven Strukturen, die historisch situierbar sind, eine soziale Kontur haben und an bestimmte Medien gebunden sind. Dieser historisierende Zug der Foucaultschen Diskursanalyse begründet zugleich ihren materialistischen Charakter.

3 Die Materialität von Diskursen

Die oben skizzierte Art und Weise, wie Diskurse in einer Gesellschaft Wahrheit produzieren, basiert nicht primär auf dem Modus des Verstehens, gar des besseren Arguments, sondern auf Ordnungs- und Distributionsstrukturen, die ‚Sinn' – und damit die Möglichkeit des Verstehens – als ihren Effekt hervorbringen. Zu behaupten, daß Diskurse nicht ‚Geist' oder bloßer ‚Sinn' seien, impliziert, solchen Strukturen eine spezifische Materialität zuzuschreiben, die Diskurse von einem geistesgeschichtlich verstandenen Rede- oder Themen- beziehungsweise und vor allem Traditionszusammenhang unterscheidet. Dieser Materialität nun ist eine spezifische Eigenlogik inhärent, eine Spezifität, die jeden gemeinten Sinn notwendigerweise mitprägt und das subjektiv ‚Gemeinte' vom tatsächlich Gesagten trennt. Dabei lassen sich im wesentlichen drei Ebenen von Materialität bzw. Eigenlogik unterscheiden. Das ist erstens und wie oben bereits skizziert die Eigenlogik der *‚Diskursordnung'*, die sich dem sprechenden Subjekt im Moment der Aussage entzieht: Diskurse sind in einer Weise regelhaft organisiert, daß durch sie die Gegenstände des Diskurses und die Möglichkeiten wahrer Rede vorgegeben werden. Zweitens bedeutet ‚Materialität' die Eigenlogik der entsprechenden *Medien:* Diskurse sind auf Medien angewiesen, die in ihrer je spezifischen materiellen und sozialen Eigenart Bedingungen des Aussagens darstellen und die Rezeption beeinflussen, noch lange bevor ein Autor etwas sagen wollte. Und drittens sind Diskurse *sprachlicher Natur*, das heißt, sie verwenden ein Zeichensystem, das einen immer und notwendigerweise polysemischen Charakter hat, ein Zeichensystem, das sie zwar zu bändigen versuchen, aber eben nur versuchen. Ich möchte hier auf den zweiten und den dritten Punkt näher eingehen: Die Medialität von Diskursen und die polysemische Eigenlogik der Sprache, die sich am deutlichsten in ihren Metaphern zeigt.

3.1 Medialität

Die Frage nach den Medien, das heißt die Frage nach den materiellen Trägern und nach den Produktionsverhältnissen von Texten, ist in der Geschichtswissenschaft vor allem von Roger Chartier aufgegriffen worden, dessen Kritik an der traditionellen Kultur- und Mentalitätsgeschichte „seligen Angedenkens" auf der Tradition der Foucaultschen Diskursanalyse basiert (Bourdieu/Chartier/Darnton 1985: 24, Chartier 1989a: 168). Dies bedeutet, daß er Diskurse als materielle Strukturen begreift und daß er deshalb nach den ökonomischen und technischen Bedingungen der Buchproduktion und nach den konkreten Lesepraktiken fragt. Chartier hat, in der Nachfolge von R. Mandrou und anderen Historikern, am Beispiel der

Bibliothèque bleue im 18. Jh. gezeigt, wie in dieser Sammlung klassischer Werke in populärer Form nicht nur die Preise dem Geschmack des großen Publikums angepaßt wurden, sondern auch die Texte selbst (Chartier 1984). Aus dieser Beobachtung entwickelt er das Argument, daß der Sinn und die ‚Wahrheit' von Texten von dieser Art von Veränderungen nicht unabhängig sind, weil diese Bedeutungseffekte nur eintreten „à partir du moment où ils deviennent des réalités physiques" (Bourdieu/Chartier 1985: 221, Chartier 1992: 8), das heißt nur auf der Basis physischer Lettern oder akustischer Laute. Autoren und Verleger versuchen deshalb, ‚Protokolle' möglicher Lektüren schon im Buch einzuschreiben und dessen Rezeptionsweisen durch typographische Verfahren, Leseanleitungen etc. vorzuschreiben, um damit bestimmte Sinneffekte zu erzeugen. Gérard Genette spricht in diesem Zusammenhang vom „Paratext" (Genette 1993: 11), das heißt von jenen Elementen eines gedruckten Textes, die auf ihn hinweisen, ihn einleiten, ihn in einen thematischen Zusammenhang stellen, Hinweise auf seinen richtigen Gebrauch geben, seine Bedeutung unterstreichen und seinen Sinn erläutern: Titel und Untertitel, Illustrationen, Vorworte, Adressaten, Klappentexte, Inserate und ähnliches.

Aber die materielle und textuelle Form allein garantiert ‚den' Sinn noch nicht: De facto können Leserinnen und Leser zwar mit Texten immer auch auf sehr verschiedene Weise umgehen, denn jede Lektüre ist „par définition rebelle et vagabonde" (Chartier 1992: 8, vgl. 1989a: 157, 1989b: 1509 f). Unterschiedliche Lektüreweisen hängen primär von den unterschiedlichen Lese- und Schreibkompetenzen ab, dann aber auch von Interessen und Erwartungen, die Leserinnen und Leser mit einem Buch verbinden und schließlich von der kulturellen Codierung bzw. Wertung einzelner Genres oder Textsorten. Mit anderen Worten: Lektüre in ihrer großen Vielfalt einer individuellen und zum Teil auch kollektiven Praxis verändert ‚den' Sinn eines Textes noch einmal. Die historische Rekonstruktion von verschiedenen Formen der Lektüre stößt allerdings an deutliche Grenzen: Weil die Lektürepraktiken in den Quellen nicht gerade häufig dokumentiert sind,[7] bleibt meist nur die Möglichkeit, Grundstrukturen der Lesekompetenzen und -praktiken in diachroner und in synchron-vergleichender Perspektive herauszuarbeiten, um Möglichkeitsspielräume kultureller Praxen innerhalb der Reichweite eines bestimmten Diskurses in etwa abzuschätzen. Zusammen mit der Analyse der ‚Protokolle' der Lektüre in den Büchern selbst bieten diese Überlegungen zu den sozialen, regionalen und geschlechtsspezifischen Modi des Lesens Aufschlüsse zur Frage, wer was wann und wo gelesen, gemeint, geglaubt und gewußt haben konnte – und zwar bevor auch nur ein einziger Text vom Historiker ‚verstanden' bzw. sein Sinn entziffert worden wäre.

[7] Vgl. aber Baur (1999) zu einer gut dokumentierten Ausnahme von dieser Regel.

3.2 *Polysemie*

Das andere Moment, das ich unter dem Stichwort der ‚Materialität des Diskurses' näher diskutieren möchte, ist die Eigenlogik des sprachlichen Systems, das in all diesen Diskursen immer in Funktion ist. Auch wenn Foucault versucht, an der reinen Positivität, Oberflächlichkeit und Neutralität von manifesten Aussagen als dem einzig legitimen Untersuchungsgegenstand festzuhalten, zeigen doch seine immer wiederkehrenden Abgrenzungen gegen jede Form von Sprachanalyse und seine Aufforderung, „die Souveränität des Signifikanten auf[zu]heben", weil sonst „der Diskurs seine Realität verliert" (Foucault 1979: 34f), daß hier ein Problem vorliegt: Lassen sich denn die *énoncés* tatsächlich jenseits aller vom Spiel der Signifikanten gestifteten Mehrdeutigkeit fassen, und sind Aussagen einfach Aussagen? Sind Diskurse primär von ihrer Kompaktheit her zu begreifen, von der homogenen Oberfläche, die sie angeblich darstellen, um auf ihr Sinneffekte zu ermöglichen? Wieso soll uns das ‚halbverschwiegene Geschwätz eines anderen Diskurses', der zwischen den Zeilen spricht, eigentlich nicht interessieren dürfen – eines Diskurses, der vielleicht die Spur dessen darstellt, was den angeblich bloß manifesten Diskurs dann auseinanderbrechen läßt und der auf diese Weise Geschichtlichkeit in die Struktur des Diskurses einschreibt?

Wie schon erwähnt, wurde in den späten 60er Jahren in Frankreich von Derrida, Lacan und anderen die Konsequenz aus der Erosion des traditionellen Zeichenbegriffs seit Saussure darin gesehen, daß das Signifikat nur noch als Effekt der Kombination von Signifikanten gedacht werden kann, weil Sprache als ein System differenzieller Elemente aufgefaßt wird, die ihre Bedeutung allein durch ihren relativen Wert in diesem System selbst erhalten. Das heißt, daß sich ein Signifikant implizit immer auf den nächsten bezieht und dieser wiederum auf den nächsten, um so in einer nie abschließbaren Kette von Verweisungszusammenhängen ‚Sinn' zu erzeugen. Derrida prägte für dieses doppelte Moment der Differenz der Zeichen *und* des ständigen Aufschubs einer nie erreichbaren ‚endgültigen' Fixierung des Sinns den Neologismus *‚différance'*, die den Sinn immer zugleich erzeugt und untergräbt (Derrida 1990: 44); Lacan seinerseits spricht davon, „daß das Signifizierte unaufhörlich unter dem Signifikanten gleitet" (Lacan 1975a: 27).[8] Dieses unaufhörliche Gleiten der Signifikate ist nicht zu stoppen; die Signifikanten bezeichnen immer auch noch etwas anderes als die konventionelle denotative Bedeutung; sie produzieren – in der Form von Metaphern und Metonymien – weitere konnotative Bedeutungen als ihren Effekt, indem durch den Trans-

---

[8] Vgl. Dor (1985), Lang (1986), v. Bormann (1988), Grosz (1990), Pêcheux/Haroche/Henry (1990), Chemama (1993), Haverkamp (1996), Köpper (1999).

fer von Signifikanten in einen neuen Kontext neue Signifikate generiert werden.[9] Weil diese metaphorischen Signifikanten durch die versteckten metonymischen Verweise ihre alten Bedeutungen gleichwohl noch präsent halten, erzeugen sie unaufhebbare Polysemien. Diskurse sind so gesehen nicht nur die Anstrengung, dieses Gleiten durch die konventionalisierende Festlegung von Bedeutungen zum Stoppen zu bringen, sondern zugleich auch der Ort, wo diese Brüche, Widersprüche, Verdrängungen und Paradoxa sprachlicher Äußerungen sich ereignen.

In dieser Weise auf der Instabilität des Sinns zu beharren, ist kein fundamentaler Einwand gegen Foucaults Diskursanalyse. Eine Fabrikordnung oder ein Gefängnisreglement sind Texte, die wir zweifellos nicht auf ihre – wahrscheinlich kaum feststellbare – Mehrdeutigkeit hin lesen, sondern deren *énoncés* uns interessieren. Es sind Texte, die wir in den Zusammenhang einer Diskursordnung und in ihr institutionelles Umfeld einfügen, um ihre Produktionsbedingungen – und die entsprechenden Machtverhältnisse – zu rekonstruieren. Aber diese Art von Analyse hat den Nachteil, Texte von ihrer Serialität und Diskursivität her homogener und kompakter erscheinen zu lassen, als sie es möglicherweise sind – ja es ist sogar denkbar, daß der Diskursanalytiker unversehens in die Rolle der diskursiven ‚Polizei' gerät, die das „Wuchern des Diskurses", von dem Foucault durchaus auch gesprochen hat, unterbindet (Foucault 1979: 25, 34). Die reine, feststellbare Positivität bloß manifester Aussagen, die sich als diskrete Elemente in einem Archiv aufbewahren und gleichsam als Einzelteile beschreiben lassen, die selbst nichts bedeuten, ist eine positivistische Fiktion. Zum einen kann der Diskursanalytiker – wie die eingangs erwähnten Historiker – sich nicht vollständig vom primären, basalen Verstehen jener Elemente freimachen, die er angeblich in ihrer reinen Bedeutungslosigkeit bloß klassifiziert. Das heißt aber, daß er interpretierend nicht nur in seinen Gegenstand involviert ist, sondern durch seine Interpretationen und Unterscheidungen auch die Möglichkeit unterschiedlicher Lektüren diskursiver Elemente einführt, eine Möglichkeit, die doch die Positivität der archäologischen Methode eigentlich verbieten müßte.[10] Wenn dem so ist, stellt sich darüber hinaus die Frage, wie und in welchen Verstehenshorizonten die diskursiven Elemente klassifiziert und damit interpretiert werden sollen. Denn diese Elemente gewinnen ihre Bedeutung ja nicht nur im Kontext des einen Diskurses, in dem sie vorkommen, sondern darüber hinaus immer auch im Zusammenspiel von Signifikanten innerhalb eines einzelnen Textes sowie zwischen den Texten, auf die dieser eine möglicherweise verweist.

[9] Die Terminologie Denotation/Konnotation verwendet Stuart Hall, allerdings nicht ohne zu betonen, daß – anders als in der konventionellen linguistischen Unterscheidung zwischen ‚wahrer' denotativer Bedeutung und ‚bloß' assoziativer Konnotation – eine solche Trennung nur analytischen Sinn macht und nicht wirklich trennscharf sein kann (Hall 1999: insbes. 101).

[10] Vgl. zu dieser Kritik ausführlich Dreyfus/Rabinow (1987: 111–114).

3.3 Metaphern

Diskursive Elemente sind nie neutral. Am deutlichsten zeigt sich dies an der sprachlichen Trope der Metapher, die einem traditionellen Verständnis zufolge auf Literatur beschränkt sei und in wissenschaftlichen Texten nichts zu suchen habe, bzw. diese als semantische Verunreinigung bedroht. Die neuere Metapherndiskussion hat allerdings gezeigt, daß sich diese saubere Trennung nicht aufrechterhalten läßt. Außerhalb des poststrukturalistischen bzw. dekonstruktivistischen Theoriekontextes hat vor allem und besonders einflußreich Max Black mit seiner ‚Interaktionstheorie' der Metapher schon vor einiger Zeit und gegen die Einwände von Davidson darauf hingewiesen, daß die Metapher einen kognitiven Gehalt habe.[11] Dieser kognitive Gehalt – und das scheint seit Black eine allgemein geteilte Annahme zu sein – kommt im Wesentlichen dadurch zustande, daß die Metapher mit dem metaphorischen ‚focus-word' ein Set von *common-place*-Konnotationen aufruft, die die übliche, konventionelle Bedeutung des denotierten ‚Hauptgegenstandes' durch Interaktion der beiden Terme überlagert. Dadurch stellt sie ein neues Set von Bedeutungen her, das als ‚Filter' funktioniert: Metaphern ermöglichen die Wahrnehmung bestimmter Teile der Wirklichkeit und blenden damit andere systematisch aus. Das ist konstitutiv auch für wissenschaftliche Diskurse. Selbst wenn bestritten wird, daß wissenschaftliche Theorie auch *à la longue* metaphorisch bleibt, so wird heute doch meist konzediert, daß Metaphern zumindest in der Konstruktion von neuen Hypothesen und wissenschaftlichen Theorien eine zentrale Rolle spielen (Hoffmann 1999).

Vor allem die feministische Wissenschaftsforschung der letzten Jahre hat – sich entweder auf Black oder auf den Poststrukturalismus beziehend – argumentiert, daß Metaphern wissenschaftliche Texte tiefgreifend organisieren. Diese müssen allerdings nicht offen zu Tage liegen, sondern zeigen sich erst in der Analyse eines intervenierenden zweiten, ‚halbverschwiegenen' Diskurses, der etwa von versteckten *gender*-Metaphern oder rassistischen Implikationen geprägt sein kann.[12] Mit anderen Worten: Die Metaphorizität von *énoncés* erscheint so als Ansatzpunkt einer historischen Untersuchung von Texten, die gleichsam neben oder nach der Analyse der diskursiven Regelmäßigkeiten die Gegenrechnung aufmacht und die Risse und Brüche im diskursiven Feld aufspürt.

---

[11] Davidson (1976), Black (1996a, 1996b).

[12] Vgl. Leys Stepan (1986), Haraway (1991), Hesse (1995), Terry/Urla (1995), Fox Keller (1998).

4 Artikulation und leere Signifikanten: Diskurstheorie des Politischen

Die Konsequenzen einer solchen Sichtweise reichen nun viel weiter als bis zum Aufweis der semantischen Instabilität aller Aussagen. Die beiden ‚Post-Marxisten' Ernesto Laclau und Chantal Mouffe haben gezeigt, wie sich von einer solchen Auffassung von Diskursivität her auch die Gesellschaft und das Politische neu denken lassen. Für sie sind

> „Synonymie, Metonymie und Metapher keine Gedankenformen, die einer ursprünglichen, konstitutiven Buchstäblichkeit sozialer Verhältnisse einen zweiten Sinn hinzufügen; vielmehr sind sie selbst Teil des ursprünglichen Terrains, auf dem das Soziale konstituiert wird" (Laclau/Mouffe 1995: 160 f).

Wenn zwar, wie sie mit Foucault argumentieren, Diskurse soziale Wirklichkeit als Konstruktion hervorbringen, dabei aber die Sprache selbst voller Brüche und Mehrdeutigkeiten ist, löst sich die alte ‚hegelmarxistische' Idee von Gesellschaft als einer – letztlich geschlossenen – Totalität auf:

> „Wir müssen folglich die Offenheit des Sozialen als konstitutiven Grund beziehungsweise als ‚negative Essenz' des Existierenden ansehen sowie die verschiedenen ‚sozialen Ordnungen' als prekäre und letztlich verfehlte Versuche, das Feld der Differenzen zu zähmen." (ebd.: 142)

Die Gesellschaft ist so gesehen eine „symbolische Ordnung" (ebd.: 145); sie teilt sich daher auch nicht mehr in die zwei Ebenen des ‚Wesens' und der ‚Erscheinung' – z. B. der Ökonomie und der Ideologie –, sondern fällt mit ihren diskursiven Formierungen in eins:

> „Die Gesellschaft und die sozialen Agenten haben kein Wesen, und ihre Regelmäßigkeiten bestehen lediglich aus den relativen und prekären Formen der Fixierung, die die Errichtung einer bestimmten Ordnung mit sich bringt." (ebd.)

Diese vorübergehende Fixierung des Verhältnisses zwischen Worten und dem Bezeichneten geschieht, wie erwähnt, bloß noch als Konvention. Lacan hat für diese Fixierung das Bild der *points de capitons* geprägt, der Polsterknöpfe oder Steppunkte: Das sind jene „privilegierte[n] Signifikanten, die die Bedeutung einer Signifikantenkette fixieren" (ebd.: 164). Entscheidend ist aber, daß diese prekäre Bedeutungsfixierung keine „Schließung" ist, keine „endgültige Naht" (ebd.: 162 f) zwischen Signifikanten und Signifikaten, die die volle Positivität der bezeichneten Gesellschaft oder sozialen Gruppe endgültig zum Ausdruck bringen würde. Weil die Sprache als das einzige Medium der Artikulation von Identität polysemisch ist und buchstäblicher Sinn unmöglich bleibt, ist jede gesellschaftliche Identität und damit jede politische Position bruchstückhaft und offen für Veränderungen.

Das hier nur sehr verkürzt wiedergegebene theoretische Modell von Laclau/ Mouffe[13] macht verständlich, warum Gesellschaften nicht anders denn als temporäre und prekäre Artikulation einer bestimmten sozialen Selbstbeschreibung gedacht werden können. Die Gesellschaft hat kein ‚Wesen', das von ihrer Imagination, ihrer ‚Erfindung' verschieden wäre, keine ‚Identität', die sich auf einen ‚nationalen Kern', auf ‚Interessen' oder auf eine ethnische ‚Substanz' zurückführen ließe. Das ist die ins Gesellschaftstheoretische gewendete Konsequenz der Diskurstheorie, wie sie Laclau/Mouffe vor allem von Derrida und Lacan her lesen. Wenn Sprache ihren Sinn nicht von einem außersprachlichen Referenten her erhält, stellt sich dann auch auf dieser Theorieebene die Frage, wie zum Beispiel ‚Identitäten' artikuliert werden, wenn diese Artikulationen nichts ‚Natürliches' reflektieren können. Und genau so, wie Historiker und Diskursanalytiker gezwungenermaßen ihre Texte immer ein Stück weit ‚verstehen', das heißt die Trennung zwischen Signifikant und Signifikat pragmatisch schließen müssen, scheinen auch Gesellschaften diese ‚Schließung' immer anzustreben. Denn ganz formal läßt sich sagen, daß kein Feld von Differenzen möglich ist, wenn nicht einzelne Bedeutungen fixiert werden. Auf der individuellen Ebene ist ein Diskurs, der keine Bedeutungen fixieren kann, der Diskurs des Psychotikers; auf der gesellschaftlichen Ebene hingegen wäre die Abwesenheit jeglicher Versuche, ‚Identität' zu artikulieren, mit vollständiger sozialer Anomie gleichzusetzen. Weil sich die Identität nicht abschließend und positiv fixieren läßt, „so existiert [sie] nur als Anstrengung, dieses unmögliche Objekt zu konstruieren" (ebd.: 164).

Diese ‚artikulatorische Praxis' operiert mit zwei Instrumenten: Erstens mittels ‚privilegierter Signifikanten', zweitens, damit unmittelbar verknüpft, durch eine spezifische Form der Grenzziehung, die das Feld der Differenzen konstituiert, indem sie es gegen außen zu schließen versucht. Was heißt das? Laclau/Mouffe beschreiben Gesellschaft oder soziale Gruppen als diskursiv strukturiert und damit als ein Feld von Differenzen. Jedes Mitglied, jedes Ereignis und jede Gruppe ‚sind' ein wenig ‚anders' und formulieren ihre Identität durch die Differenz zu allen andern. Gleichzeitig existieren aber auch Äquivalenzrelationen zwischen ihnen, die dadurch zustande kommen, daß sie sich als ‚gleich' im Verhältnis zu einem Dritten, zu einem Außen definieren. So mögen die Mitglieder einer Gruppe je relativ verschieden sein, im Verhältnis zu einer ihnen zum Beispiel feindlichen Gruppe erfahren sie sich aber als ‚gleich'. Im Feld der Differenzen, in dem verschiedene Signifikantenketten zum Beispiel ‚mich' beschreiben und viele

[13] Dazu ausführlich Torfing (1999).

Selbstbeschreibungen sich in zum Teil widersprüchlicher Weise überlagern („ich bin Arbeiter und Katholik und ein Mann und Untertan und Deutscher und Sozialdemokrat und (…), während mein Kumpel Protestant ist und Kaninchenzüchter und (…)“, etc.), wird ‚starke‘ Identität als Klasse, Nation, Ethnie oder gar ‚Rasse‘ nur erzeugt, wenn dieses Gleiten mit seinen instabilen Effekten durch privilegierte Signifikanten fixiert wird („Wenn ich mein Land gegen die Franzosen verteidige, bin ich nur Deutscher“). Dieses formale Argument[14] läuft darauf hinaus, daß eine ‚starke‘ Identitätsbehauptung durch eine ausgeprägte Äquivalenzrelation im Verhältnis zu einem ‚ganz Anderen‘ erzeugt wird – dieses Verhältnis zum Außen absorbiert dann alle interne Differenz. Diese starke Differenz nennen Laclau/Mouffe ‚Antagonismus‘. Der Begriff bezeichnet dasjenige, was nicht Teil des Feldes der Differenzen ist, sondern als das Gegenteil schlechthin das Feld insgesamt begrenzt (ebd.: 176–192).

Weil eine soziale Gruppe sich immer nur in Relation zu einem Anderen konstituieren kann, ist in jede ‚Identität‘ immer ein konstitutiver Mangel eingeschrieben – ein Mangel an vollem Sein, an Positivität.[15] Die privilegierten Signifikanten stiften ‚Identität‘ indem sie genau jene fehlende Positivität ausdrücken, jene fehlende Ganzheit (‚fullness‘), die soziale Gruppen als eine notwendige Fiktion von sich entwerfen müssen: Positiv in einer imaginären Schließung als ‚Deutschland‘, ‚das Volk‘ etc., negativ hingegen, indem zum Beispiel die Juden zum Signifikanten dessen gemacht werden, was ‚Deutschland mangelt‘. Je leerer diese ‚empty signifiers‘ (Laclau 1994) sind, je unklarer ihr Signifikat bleibt, desto besser eignen sie sich offensichtlich für ihre Funktion als Steppunkte und als Marker für den konstitutiven Antagonismus: Die Fahne einer Nation bedeutet nichts weiter als ‚das Ganze‘ der Nation – ebenso wie ‚schwarze Haut‘ zuweilen die reine Negativität der fehlenden Ganzheit zu absorbieren vermag. Mit anderen Worten: Während die Fahne als positiv besetzter, ansonsten aber vollständig leerer Signifikant für die Nation steht und sie so symbolisch zusammenhält, war und ist ‚schwarze Haut‘ im europäischen und amerikanischen Westen immer wieder ein negativ besetzter leerer Signifikant, der gleichsam all das in sich aufsaugt, was unbewußt als Mangel an vollem Sein und Ganzheit einer weißen, westlichen Identität empfunden wurde – und der auf diese Weise eine prekäre Identität stiftet.

[14] Eine sehr konzise Darstellung dieses Konzepts liefert Laclau (1994). Vgl. auch Laclau/Mouffe (1995: 176 ff), sowie Marchart (1998: 7–20), Torfing (1999: 81–131).
[15] Siehe dazu ausführlich Laclau/Zac (1994: 11–39, insbes. 31–37).

5 Lacansche Horizonte jenseits der Diskurstheorie

Mit einigen meiner Argumente habe ich von Lacan her Stellung bezogen gegen Foucaults Konzept des Diskurses. Die Frage, was solche Differenzen mit der Geschichtswissenschaft zu tun haben, möchte ich vorerst noch aufschieben; hier will ich zu zeigen versuchen, daß sich diese Differenzen nicht einfach nur auf die Frage reduzieren lassen, ob Diskurse von der Polysemie untergraben werden oder nicht, sondern mit dem Problem zusammenhängen, wie sich das Reale denken läßt.

Foucault, um zuerst kurz zu diesem zurückzukehren, war es nie einfach um ‚Sprache' zu tun, sondern immer um jene Realität, die von Diskursen und den mit ihnen verbundenen Praktiken hervorgebracht wird. Zwar hat er in seiner Antrittsvorlesung am Collège de France von 1970 nochmals das Verhältnis von ‚wuchernden' Diskursen und kontrollierenden Institutionen beschrieben (Foucault 1979), danach aber wird seine Zurückweisung der Sprache als Untersuchungsgegenstand grundsätzlich. Im Aufsatz *Nietzsche, la Généalogie, l'Histoire* von 1971 betont er, daß die Gesellschaft nicht von Diskursen strukturiert werde, sondern von Machtrelationen, die nicht nach dem Muster ‚der Sprache und der Zeichen' zu denken sind, sondern nach der Logik „des Krieges und der Schlacht" (Foucault 1978: 29), und die primär auf Körpern ihre Spuren hinterlassen. Anstelle von sich überkreuzenden Diskursen stehen sich nun ‚Kräfte' gegenüber, und zwar auf einem offenen Feld, ja einer ‚Bühne', die als ‚Nicht-Ort' erscheint, wo aber nicht mehr wie bei Derrida vier Jahre zuvor noch das ‚Spiel der Zeichen' kein Ende findet, sondern „das Spiel der Beherrschung" (Foucault 1987: 77). Im Zentrum von Foucaults Theorie stehen nun die Macht und der Körper.

Ich will in Bezug auf diese theoretische Verschiebung nur einen Punkt herausheben. Das Problem der Foucaultschen Diskursanalyse in der *Archéologie* bestand darin, daß Diskurse als autonome Gebilde konzipiert wurden, die im Grunde auf kein Außen angewiesen sind, um zu funktionieren, sondern sich aus sich selbst speisen, und die auftauchen und wieder verschwinden, ohne daß dafür ein diskursexterner Grund angegeben werden könnte. Foucault hat die diskursive Oberfläche der *énoncés* als eine sich selbst generierende, kompakte und ausschließlich manifeste Struktur verstanden, weil kein *Subjekt* in diese Struktur interveniert. Das Subjekt erhielt in der *Archéologie* seinen Platz legitimen Sprechens allein vom Diskurs zugewiesen. Diese zwar gegenüber der ‚biographischen Illusion' (Bourdieu 1990) produktive, insgesamt aber einseitige postmoderne Position, die das Subjekt zum bloßen Effekt macht und damit – *so to speak* – dessen ‚Materialität' und ‚Eigenlogik' nicht in Betracht ziehen kann, läßt sich von Lacan her überdenken. Lacan konzipiert das Subjekt als Subjekt des Unbewußten, das durch das metaphorische und metonymische Spiel der Signifikanten strukturiert ist und dadurch immer mehr sagt, als es eigentlich sagen wollte (Lacan 1975b). Der entscheidende Punkt hier ist, daß das Lacansche Subjekt des Unbewußten nicht nur sich selbst als immer schon durch die Sprache strukturiertes erfährt und gleichzeitig in ihr seine ‚Identität' als ‚Ich' behaupten muß – es ist vielmehr genau durch seinen konstitutiven Mangel an ‚Identität', an ‚Ganzheit' definiert (Lacan prägte dafür den Term des durchgestrichenen $, des *sujet barré*). Daher entsteht das Begehren als die ‚Energie', etwas ‚Ganzes', eine ‚Person' zu sein, wie sie im Spiegelbild des Körpers des Anderen erscheint und wie es das Symbolische vom Subjekt fordert, es ihm ermöglicht und zugleich versagt (vgl. dazu Lang 1986, Grosz 1990). Der Mangel an ‚Ganzheit' betrifft gleichermaßen auch den Körper, dessen Bedürfnisse in Sprache gefaßt werden müssen und so als Begehren erscheinen. In jedem Fall also spricht sich im Begehren *negativ* etwas aus, was unsagbar ist, was eine konstitutive Leere darstellt, ohne die das Subjekt tatsächlich nichts mehr als eine Schnittstelle im Raum von Diskursen wäre (Zizek 1998). Dieses unsagbare Negative nennt Lacan das Reale – ein Außen, das konstitutiv ist für das, was über die von Diskursen, das heißt symbolisch und imaginär strukturierte soziale Wirklichkeit ausgesagt werden kann. Es ist konstitutiv, weil es sie begrenzt, unterbricht, scheitern läßt, zu Neuanfängen zwingt, etc. Und weil der Mangel und diese Grenze real sind, reicht die Sprache nie ganz, kommt nie zum Abschluß, kann nie alles sagen, produziert immer wieder Ungesagtes und Mißverständnisse – genauso, wie unser Begehren sich nie jemals ganz, endgültig stillen ließe. Das Begehren als die Schnittstelle zwischen Bedürfnis und Sprache, zwischen Körper und Diskurs, ist ebenso metonymisch wie die Sprache selbst, ist ebenso nicht abschließbar, verweist ebenso – wie die Signifikanten, die es strukturieren – immer noch auf etwas anderes. Es ist, mit anderen Worten, also die den manifesten Sinn und die gegebenen diskursiven Positivitäten unterminierende Negativität des Begehrens, die bewirkt, daß Diskurse vom Flüstern verborgener Bedeutungen unterwandert werden, aufbrechen und sich verändern (vgl. Copjec 1999, Miller 1999).

6 Diskurstheorie und Geschichtswissenschaft

6.1 Abwehrreflexe

In meinen wenigen Bemerkungen zur Rezeption des *‚linguistic turn'* und der Diskurstheorie in der Geschichtswissenschaft habe ich unter anderem die auffallende ‚Angst' der Historiker vor dem *‚turn'* (Schöttler 1997) betont. Bevor ich versuche, die Denkanstöße der Diskurstheorie zusammenzufassen, soll hier noch einmal auf diese ziemlich hartnäckigen Abwehrreflexe zurückgekommen werden.

Diese basieren auf dem erstaunlichen Selbstmißverständnis, anzunehmen, die immer notwendige Auswahl von Quellen aus einem Archiv, die faktische Eingeschränktheit jeder möglichen Untersuchungsperspektive und die unhintergehbar interpretative Leistung bei der Konstruktion von Zusammenhängen würden den ‚Wahrheitsgehalt' der historiographischen Darstellung nicht grundsätzlich schmälern – die Behauptung hingegen, alle Wirklichkeit sei sprachlich konstruiert, stoße die Historiker umstandslos ins Spiegelkabinett bloßer Dichtung (zu diesem Selbstmißverständnis vgl. auch Rüsen 1994: 203). Das Selbstmißverständnis der Zunft, das ihre Abwehrreflexe erzeugt, ist insofern erstaunlich, als es auf einer von Historikern selbst längst widerlegten Epistemologie beruht. „Eine Geschichte", bemerkte beispielsweise Reinhart Koselleck ebenso lapidar wie scharfsinnig schon vor Jahren, „ist nie identisch mit der Quelle, die von dieser Geschichte zeugt" (Koselleck 1985: 204). Mit anderen Worten, Historiker bewegen sich immer zwischen objektiv rekonstruierbaren Quellenbefunden – Hitlers Vereidigung als Reichskanzler hat nachweislich am 30. Januar 1933 stattgefunden – und dem Umstand, daß Quellen und auch Serien von Quellen nicht selbst ihre Interpretation liefern. Insofern ist zwar Roger Chartier zuzustimmen, wenn er den Unterschied von Geschichtsschreibung und Literatur daran festmacht, daß sich der historiographische Text in einer ‚doppelten Abhängigkeit' konstituiert:

> „(…) der Abhängigkeit von den Archiven, mithin von der Vergangenheit, deren Spur das Archiv ist; und der Abhängigkeit von den Wissenschaftlichkeitskriterien sowie den technischen Verfahren seines eigenen ‚Metiers'." (Chartier 1994: 92)

Gerade aber weil das zweite Argument etwas leicht Zirkelschlüssiges hat – es ist gut denkbar, daß sich die Gemeinschaft der Schriftsteller ebenso auf intersubjektiv geltende Regeln ihres ‚Metiers' verständigt wie jene der Historiker –, ändert Chartiers Hinweis auf die ‚Spur' vergangener Wirklichkeit nichts daran, daß der Inhalt der ‚sprachlichen Fiktionen' der Historiker „ebenso *erfunden* wie *vorgefunden* ist", wie Hayden White schreibt (White 1994: 125, Hervorh. i. Org.). Interpretationen sind Geschichten über Dinge und Ereignisse, die in Archiven tatsächlich eine Spur hinterlassen haben – aber es sind erfundene Geschichten, die nicht nur aus heutiger Perspektive, mit heutigen Zielen und im Kontext von heutigen wissenschaftlichen, kulturellen und politischen Referenzen erzählt werden, sondern die auch unterschiedlich erzählt werden können, ohne daß jeweils den ‚Fakten' Gewalt angetan würde. Die Annahme hingegen, daß die Vergangenheit mit der in ihrer Erzählung rekonstruierten Geschichte in einem direkten, ‚realistischen' Korrespondenzverhältnis stehe, ist naiv (Munslow 2000: 9–20).

Sogar die sogenannte ‚selbst erlebte' Geschichte als dem Idealfall von unmittelbarem Wirklichkeitsbezug ist keineswegs frei von Interpretationen, Mutmaßungen, Mißverständnissen und dem Gefühl der Unwirklichkeit. Das läßt sich beispielhaft an Victor Klemperers Tagebuch oder an Jorge Sempruns Erinnerung an seine Jahre im KZ Buchenwald nachvollziehen (Klemperer 1998, Semprun 1999): Je präziser Klemperer wahrzunehmen gezwungen ist, und je genauer sich Semprun zu erinnern versucht, desto deutlicher wird, daß sie sich aus den Netzen ihrer eigenen Sprache, ihren kulturellen Referenzen, ihren Assoziationsmustern, ihren vielen Namen und doppelten Identitäten nicht befreien können. Klemperer reagierte auf seine quälenden Gefühle von Unsicherheit und Unwirklichkeit mit einer minutiösen Sprach- und Diskursanalyse (Klemperer 1982), und Semprun dekonstruierte alle politischen Ordnungssysteme, die im 20. Jahrhundert die Wahrnehmung von Wirklichkeit organisiert und Gut von Böse geschieden haben. Keiner von beiden hat ein ‚Kriterium' zur Hand, ‚Fakten und Fiktionen' (Evans 1999) grundsätzlich zu trennen; beide aber beschreiben eine letztlich unfaßbare Wirklichkeit voller Fiktionen – eine Wirklichkeit, auf die sich ihre Aufzeichnungen in hohem Maße beziehen.

6.2 Fünf Thesen

Ich habe eingangs die Frage gestellt, was Diskurstheorie über die basale Hermeneutik, über das unvermeidliche und spontane Verstehen der Historiker/innen hinaus noch *mehr* bringen kann und welche Einsichten sie zusätzlich befördert. Ich habe ausgehend von Foucaults Konzept des Diskurses zu zeigen versucht, was dieses leistet und wo Foucault als „glücklicher Positivist" (Foucault 1981: 182) von einer dekonstruktivistischen und psychoanalytischen Diskurstheorie her fruchtbar kritisiert werden kann. Anhand von Ernesto Laclaus und Chantal Mouffes Artikulationstheorie des Politischen habe ich argumentiert, daß eine solche Diskurstheorie für die Gesellschaftsanalyse fruchtbar sein kann. Damit lassen sich nun einige Denkanstösse und methodologische Vorschläge thesenartig in fünf Punkten zusammenfassen.

Erstens: Diskurstheorie wirft die Frage nach der Materialität der Quellen auf. Sie lenkt den Blick auf die Tatsache, daß sich die ‚Eigenlogik' des überlieferten Materials nicht quellenkritisch erledigen läßt, um so eine allein durch Verzerrungen und Fälschungen verdunkelte Transparenz wieder herzustellen, sondern daß diese ‚Eigenlogik' untersucht werden soll und zu einem konstitutiven Teil der Geschichtsschreibung wird. Es gibt für uns weder die vergangene Wirklichkeit noch einen rekonstruierbaren ‚Sinn' in einem idealen Jenseits der Quellen. Die Beschreibung und Analyse der Vergangenheit kann sich daher von der Beschreibung und Analyse der Quellen nie lösen, sondern bleibt dieser Schrift verhaftet. Was so in den Blick gerät, ist dennoch kein beliebiges, angeblich ‚postmodernes'

Spiel von Texten, die ohne Wirklichkeitsbezug nur noch wechselseitig auf sich selbst verweisen, sondern konkrete, gesellschaftlich verortbare Formen und Verhältnisse von Medien und Kommunikation, von Informationsverarbeitung und Sinnproduktion.

Zweitens: Diskurse definieren Räume des Sprechens – Räume mit ihren Grenzen, ihren Übergängen zu anderen Diskursen und mit ihren Subjektpositionen. Dies ermöglicht es, strukturelle Voraussetzungen für Sinn und Handeln zu beschreiben, und zwar gleichsam wie *layers*, wie halbtransparente Folien, die in konkreten historischen Situationen diskontinuierlich übereinander gelagert sind und die Komplexität solcher Situationen zu erklären erlauben. Sie zeigen vor allem, von wo aus und unter welchen diskursiven Voraussetzungen ein historisches Subjekt spricht. Sie zu rekonstruieren bedeutet in erster Linie, das Sprechen dieser Subjekte nicht von ihren Intentionen her verstehen zu wollen, sondern von den diskursiven Mustern aus, in die dieses Sprechen eingeschrieben ist.

Drittens: Die Aufmerksamkeit für die Polysemie der Sprache und die Unabschließbarkeit des Sinns fördert die Einsicht in die Metaphorizität aller sprachlichen Äußerungen – auch von Wissenschaftssprachen – und erlaubt damit Analysen, die die Vielschichtigkeit von Bedeutungen in einer konkreten Situation sichtbar und verdrängte, unterdrückte oder verschwiegene Stimmen im ‚Rauschen' eines herrschenden Diskurses hörbar machen.

Viertens: Derridas Konzept der *‚différance'*, das heißt der Polysemie, der Unabschließbarkeit des Sinns und der prinzipiellen Offenheit diskursiver Systeme, zeigt aber auch an, daß jede politische Position und jede gesellschaftliche ‚Identität' als kontingente Artikulation gedacht werden muß. Dieses Konzept der Artikulation schreibt zum einen den Subjekten relativ große Handlungs- bzw. Wahlmöglichkeiten zu; zum andern rückt es die Frage in den Vordergrund, mit welchen Signifikanten und damit mit welchen Bildern und Vorstellungen Gesellschaften sich selbst beschreiben – und zwar konkret, an der Oberfläche der Diskurse faßbar –, und mit welchen Bildern sie den sie konstituierenden Antagonismus ausgestalten. Die diskurstheoretische Gesellschaftstheorie von Laclau/Mouffe zeigt, daß das Imaginäre in all diesen diskursiven Praktiken für die Konstitution von Gesellschaft von zentraler Bedeutung ist. Das Imaginäre ist nichts Zusätzliches, das die ‚eigentlichen' Fundamente Klassenlage, Geschlecht oder ethnische Zugehörigkeit bloß ausschmücken würde, sondern ist selbst für die Strukturierung von Gesellschaft in diesen drei Dimensionen konstitutiv.

Fünftens: Die größte Herausforderung der Diskurstheorie an die Geschichtsschreibung besteht nicht darin, die Diskursivität und damit in gewissem Sinne ‚Fiktionalität' von vergangenen Wirklichkeiten zu denken, wie das immer wieder als Gefahr an die Wand(-tafel) gemalt wird. Spannender und schwieriger ist die Frage, wo sich in all den rekonstruierbaren symbolischen Strukturen, die

die soziale Wirklichkeit als wahrnehmbare hervorbringen, die Grenzen dieser Strukturen und damit das Reale zeigt, das sie konstituiert. Grundsätzlich läßt sich sagen, daß das Reale als das Unaussprechliche genau dort sichtbar wird, wo Dinge geschehen, die das betroffene Subjekt nicht mehr symbolisieren kann, die es buchstäblich nicht mehr ‚fassen' kann. Dann reißt das diskursive Netz, brechen die symbolischen Strukturen auseinander und sehen sich die Subjekte gezwungen, neu und anders zu denken. Die Frage „Wo bricht das zusammen, was man verstehen kann, wo hört auf, was sich rekonstruieren läßt?" macht dabei offensichtlich nur Sinn, wenn man sich tatsächlich auf die Rekonstruktion von Diskursivität einläßt, und wenn man akzeptiert, daß auch individuelles Denken, Sprechen und Handeln symbolisch strukturiert und medial vermittelt ist. Dann aber gewinnt man – möglicherweise – von der Frage nach dem Realen her ein genaueres Verständnis von der Wirkungsweise und den Grenzen von Diskursen (vgl. Tanner 1994, Sarasin 1999). „History from the perspective of the Real", schreibt Paul Allen Miller, „is not a narrative of events, but a series of symbolic systems progressively collapsing before their own ineffable but changing beyond" (Miller 1999: 219). Die Geschichte von Diskursen ist, mit anderen Worten, erst dort wirklich interessant, wo diese am Realen scheitern.

Literatur

Barthes, R. (1966): Introduction à l'analyse structurale des récits. In: Communications, 8, S. 1–27

Barthes, R. (1967): Le discours de l'histoire. In: Informations sur les sciences sociales, 6, 4, S. 65–75

Baur, E. (1999): „Sich schreiben". Zur Lektüre des Tagebuchs von Anna Maria Preiswerk-Iselin (1758–1840). In: RISS, Zeitschrift für Psychoanalyse, 14, 45, S. 63–81

Berger, P. L./Luckmann, T. (1977): Die gesellschaftliche Konstruktion der Wirklichkeit. Eine Theorie der Wissenssoziologie. Frankfurt/Main: Fischer [New York 1966]

Black, M. (1996a): Die Metapher. In: Haverkamp, A. (Hrsg.): Theorie der Metapher. Darmstadt: Wissenschaftliche Buchgesellschaft, S. 55–79

Black, M. (1996b): Mehr über die Metapher. In: Haverkamp, A. (Hrsg.): Theorie der Metapher. Darmstadt: Wissenschaftliche Buchgesellschaft, S. 379–413

Bormann, C. v. (1988): Das Spiel des Signifikanten. Zur Struktur des Diskurses bei Lacan. In: Fohrmann, J./Müller, H. (Hrsg.): Diskurstheorien und Literaturwissenschaft. Frankfurt/Main: Suhrkamp, S. 53–80

Bourdieu, P. (1990): Die biographische Illusion. In: BIOS, 3, 1, S. 75–81

Bourdieu, P./Chartier, R. (1985): La lecture. Comprendre les pratiques culturelles. In: Chartier, R./Paire, A. (Hrsg.): Pratiques de la lecture. Marseille: Rivages, S. 218–239

Bourdieu, P./Chartier, R./Darnton, R. (1985): Dialog über die Kulturgeschichte. In: Freibeuter, 26, S. 22–37

Bublitz, H./Bührmann, A. D./Hanke, C./Seier, A. (Hrsg.) (1999): Das Wuchern der Diskurse. Perspektiven der Diskursanalyse Foucaults. Frankfurt/Main: Campus

Burke, P. (1991): Offene Geschichte. Die Schule der ‚Annales'. Berlin: Wagenbach

Butler, J. (1991): Das Unbehagen der Geschlechter. Frankfurt/Main: Suhrkamp

Canning, K. (1994): Feminist History after the Linguistic Turn: Historicizing Discourse and Experience. In: Signs: Journal of Women in Culture and Society, 19, 2, S. 368–404

Chartier, R. (1984): Livres bleus et lectures populaires. In: Martin, H.-J./Chartier, R. (Hrsg.): Histoire de l'Edition Française. Bd. 2: Le livre triomphant, 1660–1830. Paris: Promodis, S. 498–511

Chartier, R. (1989a): Texts, Printings, Readings. In: Hunt, L. (Hrsg.): The New Cultural History. Berkeley: University of California Press, S. 154–175

Chartier, R. (1989b): Le monde comme représentation. In: Annales E. S. C., 6, S. 1505–1520

Chartier, R. (1992): L'ordre des livres. Lecteurs, auteurs, bibliothèques en Europe entre XIVe et XVIIIe siècle. Aix-en-Provence: Alinea

Chartier, R. (1994): Zeit der Zweifel. Zum Verständnis gegenwärtiger Geschichtsschreibung. In: Conrad, C./Kessel, M. (Hrsg.): Geschichte schreiben in der Postmoderne. Beiträge zur aktuellen Diskussion. Stuttgart: Reclam, S. 84–97

Chartier, R. (1998): Au bord de la falaise. L'historien entre certitudes et inquiétude. Paris: Albin Michel

Chemama, R. (Hsrg.) (1993): Dictionnaire de la psychoanalyse. Paris: Larousse

Conrad, C./Kessel, M. (Hrsg.) (1994): Geschichte schreiben in der Postmoderne. Beiträge zur aktuellen Diskussion. Stuttgart: Reclam

Copjec, J. (1999): Strukturen gehen nicht auf die Strasse. In: RISS, Zeitschrift für Psychoanalyse, 14, 45, S. 11–27

Davidson, D. (1976): Was Metaphern bedeuten. In: Ders.: Wahrheit und Interpretation. Frankfurt/Main: Suhrkamp, S. 343–371

De Certeau, M. (1975): L'écriture de l'histoire. Paris: Seuil

Derrida, J. (1990): Grammatologie. Frankfurt/Main: Suhrkamp [Paris 1967]

Derrida, J. (1994): Die Schrift und die Differenz. Frankfurt/Main: Suhrkamp [Paris 1967]

Dor, J. (1985): Introduction à la lecture de Lacan. Bd. 1. L'inconscient structuré comme un langage. Paris: Denoël

Dosse, F. (1991): Histoire du structuralisme, I. Le champ du signe, 1945–1966, II. Le chant du cygne, 1967 à nos jours. Paris: éditions la découverte

Dreyfus, H. L./Rabinow, P. (1987): Michel Foucault. Jenseits von Strukturalismus und Hermeneutik. Frankfurt/Main: Athenäum

Evans, R. J. (1999): Fakten und Fiktionen. Über die Grundlagen historischer Erkenntnis. Frankfurt/Main: Campus

Fernandez, J. W. (1994): Spielerisch und planvoll. Zur Theorie der Tropen in der Anthropologie. In: Historische Anthropologie, 2, 1, S. 1–19

Foucault, M. (1978): Dispositive der Macht. Über Sexualität, Wissen und Wahrheit. Berlin: Merve

Foucault, M. (1979): Die Ordnung des Diskurses. Frankfurt/Main: Ullstein [Paris 1971]
Foucault, M. (1981): Archäologie des Wissens. Frankfurt/Main: Suhrkamp [Paris 1969]
Foucault, M. (1987): Nietzsche, die Genealogie, die Historie. In: Ders.: Von der Subversion des Wissens. Frankfurt/Main: Fischer, S. 83–109
Foucault, M. (1994): „Qui êtes-vous, professeur Foucault?", Interview mit Paolo Caruso. In: Foucault, M., Dits et écrits (hrsg. von D. Defert u. F. Ewald), Bd. 1, 1954–1969. Paris: Gallimard, S. 601–619 [1967]
Fox Keller, E. (1998): Das Leben neu denken. Metaphern der Biologie im 20. Jahrhundert. München: Antje Kunstmann
Fox-Genovese, E./Lasch-Quinn, E. (Hrsg.) (1999): Reconstructing History. The Emergence of a New Historical Society. London: Routledge
Gadamer, G. (1975): Wahrheit und Methode. Tübingen: J. C. B. Mohr
Genette, G. (1993): Palimpseste. Literatur auf der zweiten Stufe. Frankfurt/Main: Suhrkamp [Paris 1983]
Grosz, E. (1990): Jacques Lacan. A feminist introduction. London: Routledge
Habermas, J. (1981): Theorie des kommunikativen Handelns. 2 Bde. Frankfurt/Main: Suhrkamp
Hall, S. (1999): Kodieren/Dekodieren. In: Bromley, R./Göttlich, U./Winter, C. (Hrsg.): Cultural Studies. Grundlagentexte zur Einführung. Lüneburg: Dietrich zu Klampen, S. 92–110
Hanisch, E. (1996): Die linguistische Wende. Geschichtswissenschaft und Literatur. In: Hardtwig, W./Wehler, H.-U. (Hrsg.): Kulturgeschichte Heute. Göttingen: Vandenhoeck & Ruprecht (Geschichte und Gesellschaft, Sonderheft 16), S. 212–230.
Haraway, D. (1991): Simians, Cyborgs, and Women. The Reinvention of Nature. London: Free Association Books
Haverkamp, A. (Hrsg.) (1996): Theorie der Metapher. Darmstadt: Wissenschaftliche Buchgesellschaft
Hesse, M. (1995): Models, Metaphors and Truth. In: Radman, Z. (Hrsg.): From a Metaphorical Point of View. A Multidisciplinary Approach to the Cognitive Content of Metaphor. Berlin: de Gruyter, S. 351–372
Hof, R. (1995): Die Entwicklung der Gender Studies. In: Bussmann, H./Hof, R. (Hrsg.): Genus. Zur Geschlechterdifferenz in den Kulturwissenschaften. Stuttgart: Körner, S. 2–33
Hoffmann, M. (1999): Zur Rolle von Modellen und Metaphern bei der Entwicklung neuer Theorien. In: Mittelstrass, J. (Hrsg.): Die Zukunft des Wissens. XVIII. Deutscher Kongress für Philosophie Konstanz 1999, Workshop-Beiträge. Berlin: Akademie-Verlag, S. 793–801
Hunt, L. (1998): Psychologie, Ethnologie und ‚linguistic turn' in der Geschichtswissenschaft. In: Goertz, H.-J. (Hrsg.): Geschichte. Ein Grundkurs. Reinbek bei Hamburg: Rowohlt, S. 617–693
Iggers, G. G. (1993): Geschichtswissenschaft im 20. Jahrhundert. Göttingen: Vandenhoeck
Iggers, G. G. (1995): Zur „Linguistischen Wende" im Geschichtsdenken und in der Geschichtsschreibung. In: Geschichte und Gesellschaft, 21, 4, S. 557–570
Jelavich, P. (1995): Poststrukturalismus und Sozialgeschichte – aus amerikanischer Perspektive. In: Geschichte und Gesellschaft, 21, 2, S. 259–290

Jütte, R. (1990): Moderne Linguistik und „Nouvelle Histoire“. In: Geschichte und Gesellschaft, 16, 1, S. 104–120

Klemperer, V. (1982): LTI. Notizbuch eines Philologen. Leipzig: Reclam

Klemperer, V. (1998): Ich will Zeugnis ablegen bis zum letzten. Tagebücher 1933–1941/1942–1945. 2 Bde. Berlin: Aufbau-Verlag

Köpper, A. (1999): Dekonstruktive Textbewegungen. Zu Lektüreverfahren Derridas. Wien: Passagen

Koselleck, R. (1985): Standortbindung und Zeitlichkeit. Ein Beitrag zur historiographischen Erschließung der geschichtlichen Welt. In: Ders.: Vergangene Zukunft. Zur Semantik geschichtlicher Zeiten. Frankfurt/Main: Suhrkamp, S. 176–207

Lacan, J. (1975a): Das Drängen des Buchstabens im Unbewußten oder die Vernunft seit Freud. In: Haas, N. (Hrsg.): Jacques Lacan. Schriften, Bd. II. Freiburg: Walter, S. 15–60 [Paris 1966]

Lacan, J. (1975b): Subversion des Subjekts und Dialektik des Begehrens im Freudschen Unbewußten. In: Haas, N. (Hrsg.): Jacques Lacan. Schriften, Bd. II. Freiburg: Walter, S. 165–204 [Paris 1966]

Laclau, E. (1994): Why do Empty Signifiers Matter to Politics? In: Weeks, J. (Hrsg.): The Lesser Evil and the Greater Good. London: Rivers Oram Press, S. 167–178

Laclau, E./Mouffe, C. (1995): Hegemonie und radikale Demokratie. Zur Dekonstruktion des Marxismus. Wien: Passagen [London 1985]

Laclau, E./Zac, L. (1994): Minding the Gap: The Subject of Politics. In: Laclau, E. (Hrsg.): The Making of Political Identities. London: Verso, S. 11–39

Lang, H. (1986): Die Sprache und das Unbewußte. Jacques Lacans Grundlegung der Psychoanalyse. Frankfurt/Main: Suhrkamp

Lenoir, T. (Hrsg.) (1998): Inscribing Science. Scientific Texts and the Materiality of Communication. Stanford: Stanford UP

Leys Stepan, N. (1986): Race and Gender: The Role of Analogy in Science. In: Isis, 77, S. 261–277

Link, J. (1983): Elementare Literatur und generative Diskursanalyse. München: Fink

Link, J./Wülfing, W. (1984): Bewegung und Stillstand in Metaphern und Mythen. Fallstudien zum Verhältnis von elementarem Wissen und Literatur im 19. Jahrhundert. Stuttgart: Klett-Cotta

Lüdtke, A. (1994): Geschichte und *Eigensinn.* In: Berliner Geschichtswerkstatt (Hrsg.): Alltagskultur, Subjektivität und Geschichte. Zur Theorie und Praxis von Alltagsgeschichte. Münster: Westfälisches Dampfboot, S. 145–146

Maingueneau, D. (1991): L'Analyse du Discours. Introduction aux lectures de l'archive. Paris: Hachette

Maingueneau, D. (Hrsg.) (1995): Les analyses du discours en France. Themenschwerpunkt von Langages, Nr. 117

Marchart, O. (1998): Undarstellbarkeit und ‚ontologische Differenz'. Einleitung zu: Butler, J./Critchley, S./Laclau, E./Zizek, S.: Das Undarstellbare der Politik. Zur Hegemonietheorie Ernesto Laclaus. Wien: Turia+Kant, S. 7–20

Medick, H. (1989): ‚Missionare im Ruderboot'? Ethnologische Erkenntnisweisen als Herausforderung an die Sozialgeschichte. In: Lüdtke, A. (Hrsg.): Alltagsgeschichte. Zur Rekonstruktion historischer Erfahrungen und Lebensweisen. Frankfurt/Main: Campus, S. 48–84

Mergel, T./Welskopp, T. (Hrsg.) (1997): Geschichte zwischen Kultur und Gesellschaft. Beiträge zur Theoriedebatte. München: Beck

Miller, P. A. (1999): Toward a Post-Foucauldian History of Discursive Practices. In: Configurations, 7, 2, S. 227–246

Muhlack, U. (1998): Verstehen. In: Goertz, H.-J. (Hrsg.): Geschichte. Ein Grundkurs. Reinbek bei Hamburg: Rowohlt, S. 99–131

Munslow, A. (2000): The Routledge Companion to Historical Studies. London: Routledge

Pêcheux, M./Haroche, C./Henry, P. (1990): La sémantique et la coupure saussurienne: langue, langage, discours. In: Pêcheux, M.: L'Inquiétude du discours. Paris: Editions des Cendres, S. 133–154

Rheinberger, H.-J./Hagner, M./Wahrig-Schmidt, B. (Hrsg.) (1997): Räume des Wissens. Repräsentation, Codierung, Spur. Berlin: Akademie-Verlag

Roper, L. (1999): Jenseits des linguistic turn. In: Historische Anthropologie, 3, S. 452–466

Rorty, R. (Hrsg.) (1992): The Linguistic Turn: Recent Essays in Philosophical Method. Chicago: University of Chicago Press [1967]

Rüsen, J. (1994): Historische Orientierung. Über die Arbeit des Geschichtsbewußtseins, sich in der Zeit zurechtzufinden. Köln: Böhlau

Sarasin, P. (1996): Subjekte, Diskurse, Körper. Überlegungen zu einer diskursanalytischen Kulturgeschichte. In: Hardtwig, W./Wehler, H.-U. (Hrsg.): Kulturgeschichte Heute. Göttingen: Vandenhoeck & Ruprecht (Geschichte und Gesellschaft, Sonderheft 16), S. 131–164

Sarasin, P. (1999): Vom Realen reden? Fragmente einer Körpergeschichte der Moderne. In: RISS, Zeitschrift für Psychoanalyse, 2, S. 29–61

Sarasin, P. (2003): Geschichtswissenschaft und Diskursanalyse. Frankfurt/Main: Suhrkamp

Schorn-Schütte, L. (1998): Ideen-, Geistes-, Kulturgeschichte. In: Goertz, H.-J. (Hrsg.): Geschichte. Ein Grundkurs. Reinbek bei Hamburg: Rowohlt, S. 489–515

Schöttler, P. (1988): Sozialgeschichtliches Paradigma und historische Diskursanalyse. In: Fohrmann, J./Müller, H. (Hrsg.): Diskurstheorien und Literaturwissenschaft. Frankfurt/Main: Suhrkamp, S. 159–199

Schöttler, P. (1989): Mentalitäten, Ideologien, Diskurse. Zur sozialgeschichtlichen Thematisierung der ‚dritten Ebene'. In: Lüdtke, A. (Hrsg.): Alltagsgeschichte. Zur Rekonstruktion historischer Erfahrungen und Lebensweisen. Frankfurt/Main: Campus, S. 85–136

Schöttler, P. (1997): Wer hat Angst vor dem ‚linguistic turn'? In: Geschichte und Gesellschaft, 23, 1, S. 134–151

Schütz, A./Luckmann, T. (1979): Strukturen der Lebenswelt. Bd. 1. Frankfurt/Main: Suhrkamp

Scott, J. W. (1988): Gender and the politics of history. New York: Columbia University Press

Scott, J. W. (1997): Nach der Geschichte? In: WerkstattGeschichte, 17, S. 5–23

Semprun, J. (1999): Was für ein schöner Sonntag! Frankfurt/Main: Suhrkamp [Paris 1980]

Tanner, J. (1994): Körpererfahrung, Schmerz und die Konstruktion des Kulturellen. In: Historische Anthropologie, 2, 3, S. 489–502

Terry, J./Urla, J. (Hrsg.) (1995): Deviant Bodies. Critical Perspectives on Difference in Science and Popular Culture. Bloomington: Indiana University Press

Torfing, J. (1999): New Theories of Discourse. Laclau, Mouffe and Zizek. Oxford: Blackwell

Wehler, H.-U. (1998): Die Herausforderung der Kulturgeschichte. München: Beck

White, H. (1987): The Content of the Form: Narrative Discourse and Historical Representation. Baltimore: Johns Hopkins University Press

White, H. (1991): Metahistory. Die historische Einbildungskraft im 19. Jahrhundert. Frankfurt/Main: S. Fischer [Baltimore 1973]

White, H. (1994): Der historische Text als literarisches Kunstwerk. In: Conrad, C./Kessel, M. (Hrsg.): Geschichte schreiben in der Postmoderne. Beiträge zur aktuellen Diskussion. Stuttgart: Reclam, S. 123–157

Zizek, S. (1998): Das Unbehagen im Subjekt. Wien: Passagen

Diskurs und Wissen

Theoretische und methodische Aspekte einer Kritischen Diskurs- und Dispositivanalyse

Siegfried Jäger

Vorbemerkung

Im Zentrum einer an Michel Foucaults Diskurstheorie orientierten Kritischen Diskursanalyse (KDA) stehen die Fragen*, was (jeweils gültiges) Wissen überhaupt ist, wie jeweils gültiges Wissen zustandekommt*, wie es *weitergegeben* wird, welche *Funktion* es für die *Konstituierung von Subjekten und die Gestaltung von Gesellschaft* hat und welche Auswirkungen dieses Wissen für die *gesamte gesellschaftliche Entwicklung* hat.[1] ‚Wissen' meint hier alle Arten von Bewußtseinsinhalten bzw. von Bedeutungen, mit denen jeweils historische Menschen die sie umgebende Wirklichkeit deuten und gestalten. Dieses ‚Wissen' beziehen die Menschen aus den jeweiligen diskursiven Zusammenhängen, in die sie hineingeboren sind und in die verstrickt sie während ihres gesamten Daseins leben. Diskursanalyse, erweitert zur Dispositivanalyse, zielt darauf ab, das (jeweils gültige) *Wissen der Diskurse* bzw. der *Dispositive* zu ermitteln, den konkret jeweiligen Zusammenhang von Wissen/Macht zu erkunden und einer Kritik zu unterziehen. Diskursanalyse bezieht sich sowohl auf Alltagswissen, das über Medien, alltägliche Kommunikation, Schule und Familie etc. vermittelt wird, wie auch auf dasjenige (jeweils gültige) Wissen, das durch die Wissenschaften produziert wird. Das gilt sowohl für die Sozialwissenschaften wie auch für die Naturwissenschaften.

---

[1] Zur Abgrenzung gegenüber anderen diskurstheoretischen Ansätzen vgl. Jäger (1996b).

Der Schwerpunkt meiner Ausführungen liegt im folgenden jedoch auf dem Wissen der Humanwissenschaften, wobei Transfers auf die Naturwissenschaften durchaus möglich wären, hier aber zurückgestellt werden.

Ich werde in diesem Beitrag erstens eine *knappe Skizze des diskurstheoretisch/methodologischen Hintergrundes* für eine *Kritische* Diskursanalyse entwerfen.[2] In einem zweiten Schritt werde ich skizzieren, was ein *Dispositiv* ist, also das Zusammenspiel diskursiver Praxen (=Sprechen und Denken auf der Grundlage von Wissen), nichtdiskursiver Praxen (=Handeln auf der Grundlage von Wissen) und ‚Sichtbarkeiten' bzw. ‚Vergegenständlichungen' (von Wissen durch Handeln/ Tätigkeit) diskutieren. Dispositive kann man sich insofern auch als eine Art ‚Gesamtkunstwerke' vorstellen, die – vielfältig miteinander verzahnt und verwoben – ein gesamtgesellschaftliches Dispositiv ausmachen.

1 Diskurs, Wissen, Macht, Gesellschaft, Subjekt – diskurstheoretische Grundlagen

Den für eine kulturwissenschaftliche Orientierung von Diskursanalyse wohl fruchtbarsten Ansatz im Gefolge Michel Foucaults haben der Bochumer/Dortmunder Literatur- und Kulturwissenschaftler Jürgen Link und sein Team entwikkelt. Ihnen wie mir geht es vor allem um die Analyse aktueller Diskurse und ihrer Macht-Wirkung, um das Sichtbarmachen ihrer (sprachlichen und ikonographischen) Wirkungsmittel, insbesondere um die Kollektivsymbolik, die zur Vernetzung der verschiedenen Diskursstränge beiträgt, und insgesamt um die Funktion von Diskursen als herrschaftslegitimierende und -sichernde Techniken in der bürgerlich-kapitalistischen modernen Industriegesellschaft.[3] Die knappste *Definition von Diskurs* bei Link lautet: Diskurs ist „eine institutionell verfestigte Redeweise, insofern eine solche Redeweise schon Handeln bestimmt und verfestigt und also auch schon Macht ausübt" (Link 1983: 60). Diese Definition von Diskurs kann weiter veranschaulicht werden, wenn man Diskurs „als Fluß von Wissen bzw. sozialen Wissensvorräten durch die Zeit" begreift (vgl. Jäger 2004), der individuelles und kollektives Handeln und Gestalten bestimmt, wodurch er Macht ausübt. Insofern kann man Diskurse auch als Materialitäten sui generis verstehen.

---

[2] Eine ausführliche Darstellung (mit Anwendungsbeispielen) enthält meine „Kritische Diskursanalyse" (Jäger 1993), die überarbeitet und erweitert 2004 in vierter Auflage erschienen ist (Jäger 2004). Die KDA ist Grundlage einer Reihe von Projekten, die seit 1990 im Duisburger Institut für Sprach- und Sozialforschung (DISS) durchgeführt wurden; vgl. dazu etwa Jäger (1996a), Jäger, M. (1996), Cleve (1997), Jäger, M./Jäger, S./Ruth/Schulte-Holtey/Wichert (1997), Jäger/Kretschmer u. a. (1998), Jäger, M./Cleve/Ruth/Jäger (1998), u. a.

[3] Vgl. dazu den Beitrag von Jürgen Link in diesem Band und einführend Link (1982).

Damit ist zugleich gesagt, daß Diskurse nicht als *Ausdruck* gesellschaftlicher Praxis von Interesse sind, sondern weil sie bestimmten Zwecken dienen: *Machtwirkungen* auszuüben. Dies tun sie, weil sie institutionalisiert und geregelt sind, weil sie an Handlungen angekoppelt sind.[4]

Die (herrschenden) Diskurse können kritisiert und problematisiert werden; dies geschieht, indem man sie analysiert, ihre Widersprüche und ihr Verschweigen bzw. die Grenzen der durch sie abgesteckten Sag- und Machbarkeitsfelder aufzeigt, die Mittel deutlich werden läßt, durch die die Akzeptanz nur *zeitweilig gültiger Wahrheiten* herbeigeführt werden soll – von angeblichen Wahrheiten also, die als rational, vernünftig oder gar als über allen Zweifel erhaben dargestellt werden.

Dabei muß sich der kritisierende Wissenschaftler darüber klar sein, daß er mit seiner Kritik nicht außerhalb der Diskurse steht, da er sonst sein Konzept Diskursanalyse selbst in Frage stellt. Er kann sich – neben anderen kritischen Aspekten, die die Diskursanalyse bereits als solche enthält – auf Werte und Normen, Gesetze und Rechte berufen; er darf dabei aber niemals vergessen, daß auch diese diskursiv-historisch begründet sind und daß sich seine eventuelle Parteinahme nicht auf Wahrheit berufen kann, sondern eine Position darstellt, die ebenfalls Resultat eines diskursiven Prozesses ist. Mit dieser Position kann er sich in die diskursiven Kämpfe hineinbegeben und seine Position verteidigen oder auch modifizieren.

Der bereits angesprochene Zusammenhang von Diskurs und Macht ist allerdings sehr komplex, denn:

> „Machtwirkungen übt eine diskursive Praxis in mehrfacher Hinsicht aus. Wenn eine diskursive Formation sich als ein begrenztes ‚positives' Feld von Aussagen-Häufungen beschreiben läßt (...)"

so verteidigen Link/Link-Heer diese Kopplung,

> „so gilt umgekehrt, daß mögliche andere Aussagen, Fragestellungen, Blickrichtungen, Problematiken usw. dadurch ausgeschlossen sind. Solche, sich bereits notwendig aus der Struktur eines Spezialdiskurses ergebenden Ausschließungen (die ganz und gar nicht als manipulative Intentionen irgendeines Subjekts (...) mißdeutet werden dürfen!), können institutionell verstärkt werden." (Link/Link-Heer 1990: 90)

---

[4] „(...) der Begriff *Macht* [wird] gebraucht, der viele einzelne, definierbare und definierte Mechanismen abdeckt, die in der Lage scheinen, Verhalten oder Diskurse zu induzieren." (Foucault 1992: 32)

Es gibt also auch so etwas wie *Macht über die Diskurse*, etwa in Gestalt leichten Zugangs zu den Medien, unbeschränkter Verfügung über Ressourcen etc. Was Link/Link-Heer hier zu wissenschaftlichen Diskursen sagen, gilt m. E. jedoch für alle Diskurse, also z. B. auch für den Alltags-, den Erziehungs-, den Politiker- und Mediendiskurs.

Diskursanalyse erfaßt *das jeweils Sagbare* in seiner qualitativen Bandbreite und in seinen Häufungen bzw. allen Aussagen, die in einer bestimmten Gesellschaft zu einer bestimmten Zeit geäußert werden (können), aber auch die Strategien, mit denen das *Feld des Sagbaren* ausgeweitet oder auch eingeengt wird, etwa Verleugnungsstrategien, Relativierungsstrategien, Enttabuisierungsstrategien etc. Der Aufweis der Begrenzung oder Entgrenzung des Sagbaren stellt demnach einen weiteren kritischen Aspekt von Diskursanalyse dar.

Das Auftreten solcher Strategien verweist auf Aussagen, die zu einem bestimmten Zeitpunkt in einer bestimmten Gesellschaft noch nicht oder nicht mehr sagbar sind, da es besonderer ‚Tricks' bedarf, wenn man sie doch äußern will, ohne negativ sanktioniert zu werden. Das Sagbarkeitsfeld kann durch direkte Verbote und Einschränkungen, Anspielungen, Implikate, explizite Tabuisierungen aber auch durch Konventionen, Verinnerlichungen, Bewußtseinsregulierungen etc. eingeengt oder auch zu überschreiten versucht werden. Der Diskurs als ganzer ist die regulierende Instanz; er formiert Bewußtsein. Insofern als Diskurs als ‚Fluß von Wissen' bzw. ‚sozialen Wissensvorräten durch die Zeit' funktioniert, schafft er die Vorgaben für die Subjektbildung und die Strukturierung und Gestaltung von Gesellschaften. Die verschiedenen Diskurse sind eng miteinander verflochten und miteinander verschränkt; sie bilden in dieser Verschränktheit ein ‚diskursives Gewimmel', das zugleich im ‚Wuchern der Diskurse' resultiert und das Diskursanalyse zu entwirren hat. Ein wichtiges Bindemittel der Diskurse stellt die Kollektivsymbolik dar. Kollektivsymbole sind „*kulturelle Stereotypen* (häufig *Topoi* genannt), die *kollektiv* tradiert und benutzt werden" (Drews/Gerhard/Link 1985: 265).

Mit dem Vorrat an Kollektivsymbolen, die alle Mitglieder einer Gesellschaft kennen, steht das Repertoire an Bildern zur Verfügung, mit dem wir uns ein Gesamtbild von der gesellschaftlichen Wirklichkeit bzw. der politischen Landschaft der Gesellschaft machen, mit dem wir diese deuten und – insbesondere durch die Medien – gedeutet bekommen.[5]

Die wichtigsten Verkettungsregeln, durch die dieser Zusammenhang hergestellt wird, sind Katachresen bzw. Bildbrüche. Diese funktionieren in der Weise, daß sie Zusammenhänge zwischen Aussagen und Erfahrungsbereichen

[5] Vgl. dazu besonders Link (1982), Drews/Gerhard/Link (1985), Link/Link-Heer (1990), Becker/Gerhard/Link (1997).

stiften, Widersprüche überbrücken, Plausibilitäten und Akzeptanzen erzeugen etc. und die Macht der Diskurse verstärken. Zum Beispiel: „Die Lokomotive des Fortschritts kann durch Fluten von Einwanderern gebremst werden, so daß unser Land ins Abseits gerät." Hier liegt ein sogenannter Bildbruch (Katachrese) vor, da die Symbole Lokomotive (=gemeint ist Fortschritt) und Fluten (=gemeint ist Bedrohung von außen) unterschiedlichen Bildspendebereichen entnommen sind, nämlich einmal dem Bereich Verkehr und zum anderen dem Bereich Natur. Die Analyse der Kollektivsymbolik inklusive Katachresen stellt demnach ein weiteres kritisches Moment der Diskursanalyse dar.

Zur Frage der Macht der Diskurse hat Foucault einmal gesagt:

> „Es ist das Problem, das fast alle meine Bücher bestimmt: wie ist in den abendländischen Gesellschaften die Produktion von Diskursen, die (zumindest für eine bestimmte Zeit) mit einem Wahrheitswert geladen sind, an die unterschiedlichen Machtmechanismen und -institutionen gebunden?" (Foucault 1983: 8)

Zur weiteren Verdeutlichung der Macht/Wissensproblematik ist es erforderlich, erstens, daß ich mich etwas genauer mit dem Verhältnis von Diskurs und gesellschaftlicher Wirklichkeit auseinandersetze, zum zweiten aber, daß ich mich – in Verbindung damit – genauer frage, wie in dieser gesellschaftlichen Wirklichkeit Macht verankert ist, wer sie ausübt, über wen sie und wodurch sie ausgeübt wird usw.

Deutlich dürfte bereits geworden sein, daß sich in den Diskursen gesellschaftliche Wirklichkeit *nicht* einfach *widerspiegelt*, sondern daß die Diskurse gegenüber der Wirklichkeit ein ‚Eigenleben' führen, obwohl sie Wirklichkeit prägen und gestalten, ja, gesellschaftliche Wirklichkeit zuerst ermöglichen. Sie stellen selbst Materialitäten sui generis dar. Sie sind nicht etwa wesenhaft passive Medien einer In-Formation durch Realität und nicht Materialitäten zweiten Grades, nicht ‚weniger materiell' als die ‚echte' Realität. Diskurse sind vielmehr vollgültige Materialitäten ersten Grades unter den anderen (vgl. dazu Link 1992).

Das bedeutet auch, daß Diskurse Realität determinieren, natürlich immer nur über die dazwischentretenden tätigen Subjekte in ihren gesellschaftlichen Kontexten als (Co-)Produzenten und (Mit-)Agenten der Diskurse und der Veränderung von Wirklichkeit. Diese tätigen Subjekte vollziehen diskursive und nichtdiskursive Praxen. Sie können dies, weil sie als in die Diskurse Verstrickte über Wissen verfügen.

So gesehen, ist der Diskurs auch nicht auf verzerrte Wirklichkeitssicht oder notwendig falsche Ideologie zu reduzieren – wie dies beim Konzept ‚Ideologiekritik' orthodox marxistischer Ansätze häufig zu beobachten ist. Er stellt eine eigene Wirklichkeit dar, die gegenüber der ‚wirklichen Wirklichkeit' keineswegs nur Schall und Rauch, Verzerrung und Lüge ist, sondern eigene Materialität hat und sich aus den vergangenen und (anderen) aktuellen Diskursen ‚speist'.

Diese Charakterisierung der Diskurse als materiell bedeutet zugleich, daß Diskurstheorie eine strikt materialistische Theorie darstellt. Man kann Diskurse auch als gesellschaftliche Produktionsmittel auffassen. Sie sind also keineswegs ‚bloße Ideologie'; sie produzieren Subjekte und – vermittelt über diese, als ‚Bevölkerung' gedacht – gesellschaftliche Wirklichkeiten.[6]

Es geht bei der Diskursanalyse folglich auch nicht (nur) um Deutungen von etwas bereits Vorhandenem, also nicht (nur) um die Analyse einer Bedeutungszuweisung post festum, sondern um die Analyse der Produktion von Wirklichkeit, die durch die Diskurse – vermittelt über die tätigen Menschen – geleistet wird.

Wer aber, einfach gefragt, *macht* die Diskurse? Welchen Status haben sie?

Das Individuum macht den Diskurs nicht, eher ist das Umgekehrte der Fall. Der Diskurs ist überindividuell. Alle Menschen stricken zwar am Diskurs mit, aber kein einzelner und keine einzelne Gruppe bestimmt den Diskurs oder hat genau das gewollt, was letztlich dabei herauskommt. In der Regel haben sich Diskurse als Resultate historischer Prozesse herausgebildet und verselbständigt. Sie transportieren ein Mehr an Wissen, als den einzelnen Subjekten bewußt ist. Will man also das Wissen einer Gesellschaft (z. B. zu bestimmten Themenkomplexen) ermitteln, ist seine Entstehungsgeschichte bzw. seine Genese zu rekonstruieren. Versuche dazu hat Foucault mehrfach angestellt, nicht nur mit Blick auf die Wissenschaften, denn er hat immer auch ihr ‚Umfeld', die Institutionen, den Alltag (z. B. des Gefängnisses, des Krankenhauses) mit einbezogen.

Eine solche Herangehensweise mag manchem gegen den Strich gehen, der die Einzigartigkeit des Individuums vor Augen hat. Auch ist zu bedenken, daß es deshalb nicht leicht ist, diesen Gedanken nachzuvollziehen, weil wir gelernt haben, daß Sprache als solche Wirklichkeit nicht verändert, was ja auch richtig ist. In Gegnerschaft zu solchen idealistischen oder gar sprach-magischen Vorstellungen neigen wir aber vielleicht zu stark dazu, die Idee der Materialität der Diskurse zu solchen idealistischen Entwürfen zu rechnen. Wenn wir jedoch menschliches Sprechen (und menschliche Tätigkeit generell) als Tätigkeit im Rahmen gesellschaftlicher Tätigkeit begreifen, als eingebunden in den historischen Diskurs, nach dessen Maßgabe Gesellschaften ihre Praxis organisieren, und gesellschaftliche Wirklichkeit in Auseinandersetzung mit dem ‚Rohstoff' der Wirklichkeit (Materie) entstanden und entstehend begreifen, dürfte sich die Vorstellung leichter

[6] Vgl. dazu auch Link (1995), der die *formierende, konstituierende* Kraft der Diskurse unterstreicht und den Diskurs (mit Foucault) als ‚materielles Produktionsinstrument' begreift, mit dem auf geregelte Weise (soziale) Gegenstände (wie z. B. ‚Wahnsinn', ‚Sex', ‚Normalität' usw.) wie auch die ihnen entsprechenden Subjektivitäten produziert werden (ebd.: 744).

einstellen, daß Diskurse ebenso Macht ausüben wie Macht durch das Einwirken mit Werkzeugen und Gegenständen auf Wirklichkeit ausgeübt wird, wobei man dieses Einwirken auch sofort als nicht-diskursive Praxis bezeichnen kann.

Diskurse üben als *,Träger' von (jeweils gültigem) ,Wissen'* Macht aus; sie sind selbst ein Machtfaktor, indem sie geeignet sind, Verhalten und (andere) Diskurse zu induzieren. Sie tragen damit zur Strukturierung von Machtverhältnissen in einer Gesellschaft bei. Welche Rolle spielt in diesem diskursiven Zusammenspiel nun aber das Individuum bzw. das Subjekt? Foucault argumentiert hier völlig eindeutig:

> „Man muß sich vom konstituierenden Subjekt, vom Subjekt selbst befreien, d. h. zu einer Geschichtsanalyse gelangen, die die Konstitution des Subjekts im geschichtlichen Zusammenhang zu klären vermag. Und genau das würde ich Genealogie nennen, d. h. eine Form der Geschichte, die von der Konstitution von Wissen, von Diskursen, von Gegenstandsfeldern usw. berichtet, ohne sich auf ein Subjekt beziehen zu müssen, das das Feld der Ereignisse transzendiert und es mit seiner leeren Identität die ganze Geschichte hindurch besetzt." (Foucault 1978: 32)

Foucault bzw. seine Diskurstheorie leugnet nicht, wie ihm oft zum Vorwurf gemacht worden ist, das Subjekt. Er will zu einer Geschichtsanalyse gelangen, die die Konstitution des Subjekts im geschichtlichen Zusammenhang, im sozio-historischen Kontext, also in synchroner und diachroner Perspektive zu klären vermag. Das ist nicht gegen das Subjekt gerichtet, sondern allein gegen Subjektivismus und gegen Individualismus.

Das tätige Individuum ist also voll dabei, wenn es um die Realisierung von Machtbeziehungen (Praxis) geht. Es denkt, plant, konstruiert, interagiert und fabriziert. Und als solches hat es auch das Problem, zu bestehen, d. h. sich durchzusetzen, seinen Ort in der Gesellschaft zu finden. Es tut dies aber im Rahmen eines wuchernden Netzes diskursiver Beziehungen und Auseinandersetzungen, im Rahmen ,lebendiger Diskurse' insofern, als es diese zum Leben bringt und sie, in diese verstrickt, lebt und zu ihrer Veränderung beiträgt.

Das Spektrum des Sagbaren und die Formen, in denen es auftritt, erfaßt Diskursanalyse vollständig in seiner qualitativen Bandbreite, so daß sie zu einem oder mehreren Diskurssträngen allgemeingültige Aussagen machen kann.[7] Es treten jedoch dadurch quantitative Aspekte hinzu, daß auch Aussagen über Häufungen und Trends möglich sind. Diese können von Wichtigkeit sein, wenn es um die Feststellung z. B. thematischer Schwerpunkte innerhalb eines Diskursstrangs geht.

[7] Zum Problem der Vollständigkeit und damit zur Verallgemeinerbarkeit der Aussagen von Diskursanalysen siehe weiter unten.

Ich fasse diesen ersten Teil in einer These zusammen: *Diskurse üben Macht aus, da sie Wissen transportieren, das kollektives und individuelles Bewußtsein speist. Dieses zustandekommende Wissen ist die Grundlage für individuelles und kollektives Handeln und die Gestaltung von Wirklichkeit.*

2 Vom Diskurs zum Dispositiv

Da Wissen die Grundlage für Handeln und die Gestaltung von Wirklichkeit ist, bietet es sich an, nicht nur diskursive Praxen zu analysieren, sondern auch nicht-diskursive Praxen und sogenannte Sichtbarkeiten/Vergegenständlichungen sowie das Verhältnis dieser Elemente zueinander. Dieses Zusammenspiel nenne ich mit Foucault *‚Dispositiv'*. Zur genaueren Erläuterung dieses Zusammenspiels muß ich etwas weiter ausholen:

Wir Menschen, und *nur wir jeweilig konkreten Menschen*, weisen in Gegenwart und Geschichte und vorausplanend auch für die Zukunft der Wirklichkeit Bedeutung zu. Damit erschaffen wir *Wirklichkeit* in gewisser Weise – im Guten wie im Bösen. Damit ist selbstverständlich nicht die Welt der natürlichen Dinge gemeint, die materielle Seite der Wirklichkeit. Sie stellt nur den Rohstoff dar, den sich der gestaltende Mensch zu Nutze macht und den – oft in Absehung von der gesellschaftlichen Wirklichkeit – die Naturwissenschaften erforschen. Selbst die Medizin betrachtet den Menschen, als wäre er ein biologisch-natürliches Ding.

Nicht die Wirklichkeit spiegelt sich im Bewußtsein, sondern das Bewußtsein bezieht sich auf die Wirklichkeit, und zwar insofern, als die Diskurse die Applikationsvorgaben bzw. das Wissen für die Gestaltung von Wirklichkeit bereitstellen und darüber hinaus die weiteren Realitätsvorgaben: Entzieht sich der Diskurs der ‚auf seinem Rücken' geformten Wirklichkeit, genauer: entziehen sich die Menschen aus was für Gründen auch immer einem Diskurs, dessen Bedeutungs-Geber und Zuweiser sie ja sind, wird der ihm entsprechende Wirklichkeitsbereich im wahrsten Sinne des Wortes bedeutungs*los* und fällt in den ‚Naturzustand' zurück. Ändert sich das in ihm enthaltene Wissen, bekommt er andere Bedeutungen zugewiesen, wird er zu einem anderen Gegenstand, was etwa geschieht, wenn ein Bettler eine bedeutungslos gewordene Zentralbank als Wochenendhaus nutzt oder wenn ein Stahlwerk oder ein Atomkraftwerk in einen Freizeitpark umgewandelt wird. Hier findet dann Bedeutungs-Entzug statt, die dem betreffenden Gegenstand den angestammten Sinn-Boden unter den Füßen entzieht bzw. diesen modifiziert, indem es ihm eine oder mehrere andere Bedeutungen zuweist.

In Foucaults ‚Archäologie des Wissens' heißt es, daß Diskurse „als Praktiken zu behandeln [sind], die systematisch die Gegenstände bilden, von denen sie sprechen" (Foucault 1988: 74). Gleichwohl sieht Foucault auch *nicht-diskursive* gesellschaftliche Praxen, die bei der Bildung von Objekten/Sichtbarkeiten eine Rolle spielen. Zugleich betont er die Wichtigkeit von ‚diskursiven Verhältnissen'. Er vermutet sie

> „irgendwie an der Grenze des Diskurses: sie bieten ihm [dem Diskurs, S. J.] die Gegenstände, über die er [der Diskurs, S. J.] reden kann, oder vielmehr (…) sie [die diskursiven Verhältnisse, S. J.] bestimmen das Bündel von Beziehungen, die der Diskurs bewirken muß, um von diesen oder jenen Gegenständen reden, sie behandeln, sie benennen, sie analysieren, sie klassifizieren, sie erklären zu können." (Foucault 1988. 70)

Damit umkreist Foucault das Problem des Verhältnisses von Diskurs und Wirklichkeit, ohne es schon restlos zu lösen. Es bleibt hier unklar, was er eigentlich unter ‚Gegenständen' versteht. Zu vermuten ist, daß damit keine ‚Sichtbarkeiten' sondern eher Themen, Theorien, Aussagen gemeint sind, also rein diskursive ‚Gegenstände'.

Am schönsten wird dieses Umkreisen meines Erachtens sichtbar in seinem Versuch zu bestimmen, was er unter ‚Dispositiv' versteht. In der Interview- und Vortragssammlung ‚Dispositive der Macht' (Foucault 1978) definiert er ‚Dispositiv' kühn zunächst folgendermaßen:

> „Was ich unter diesem Titel [nämlich unter Dispositiv, S. J.] festzumachen versuche ist erstens ein entschieden heterogenes Ensemble, das Diskurse, Institutionen, architekturale Einrichtungen, reglementierende Entscheidungen, Gesetze, administrative Maßnahmen, wissenschaftliche Aussagen, philosophische, moralische oder philanthropische Lehrsätze, kurz: Gesagtes ebensowohl wie Ungesagtes umfaßt. Soweit die Elemente des Dispositivs. Das Dispositiv selbst ist das Netz, das zwischen diesen Elementen geknüpft werden kann." (ebd.: 119 f)

Foucault fährt differenzierend fort: „(…) es gibt zwischen diesen Elementen, ob diskursiv oder nicht, ein Spiel von Positionswechseln und Funktionsveränderungen, die ihrerseits wiederum sehr unterschiedlich sein können." (ebd.: 120) Er sagt ferner, er verstehe „unter Dispositiv eine Art von – sagen wir – Formation, deren Hauptfunktion zu einem gegebenen historischen Zeitpunkt darin bestanden hat, auf einen Notstand (urgence) zu antworten. Das Dispositiv hat also eine vorwiegend strategische Funktion" (ebd.). Und einige Seiten später sagt er dann, nachdem er in dieser Eingangsdefinition eindeutig zwischen diskursiv und nichtdiskursiv unterschieden hatte: „(…) für das, was ich mit dem Dispositiv will, ist es kaum von Bedeutung, zu sagen: das hier ist diskursiv und das nicht." (ebd.: 125)

Foucault ist hier in einer gewissen Verlegenheit. Die drei Psychoanalytiker, mit denen er sich hier unterhält, haben ihn in die Enge getrieben. Man merkt geradezu, wie ihn seine Gesprächspartner nerven. Er wird ungeduldig, geradezu unwirsch.

Das wird noch deutlicher spürbar, wenn er dann fortfährt:

> „Vergleicht man etwa das architektonische Programm der Ecole Militaire von Gabriel mit der Konstruktion der Ecole Militaire selbst: Was ist da diskursiv, was institutionell? Mich interessiert dabei nur, ob nicht das Gebäude dem Programm entspricht. Aber ich glaube nicht, daß es dafür von großer Bedeutung wäre, diese Abgrenzung vorzunehmen, alldieweil mein Problem kein linguistisches ist." (ebd.: 125)

Foucault befreit sich bzw. uns von einer Linguistik, die sich nicht auf Denken und Bewußtsein stützt; er ordnet die Sprache und damit auch die Linguistik dem Denken unter und macht sie damit im Grunde zu einer Abteilung der Kulturwissenschaften, deren Gegenstand die Bedingungen und Resultate menschlich-sinnlicher Tätigkeit sind – sinnlich deshalb, weil sie jeweils Denken und Bewußtsein zur Voraussetzung hat.

Foucault war nach seinen archäologischen Bemühungen, die Entwicklung des Wissens ganz materialistisch zu rekonstruieren, zu der Überzeugung gekommen, daß nicht die Rede/der Text/der Diskurs allein die Welt bewegt, und er fand oder besser: erfand das Dispositiv, um damit seine historische und aktuelle Wirklichkeit angemessener deuten zu können. Und bei dieser von ihm vorgenommenen Bestimmung von Dispositiv stellt sich die Frage nach dem Zusammenhang von Diskurs und Dispositiv bzw. Diskurs und Wirklichkeit ganz intensiv.

Foucault sieht hier *eindeutig ein Nebeneinander* von Diskurs und Wirklichkeit bzw. Gegenständen; sie sind Elemente des Dispositivs, welches das Netz ist, das zwischen diesen Elementen aufgehängt ist bzw. sie verbindet. Foucault weiß aber nicht zu sagen, *in welchem ganz konkreten bzw.* um es noch weiter zuzuspitzen, *in welchem empirischen Verhältnis* Diskurse und Dinge bzw. Ereignisse/Wirklichkeit zueinander stehen. Ihn interessierte zwar die ‚Natur der Verbindung', „die zwischen diesen heterogenen Elementen sich herstellen kann." Er sieht zwischen diesen Elementen, „ob diskursiv oder nicht, ein Spiel von Positionswechseln und Funktionsveränderungen, die" – wie er sagt – „ihrerseits wiederum sehr unterschiedlich sein können" (ebd.: 120). Er sieht zudem das Dispositiv als eine Art „Formation, deren Hauptfunktion zu einem gegebenen historischen Zeitpunkt darin bestanden hat, auf einen Notstand (urgence) zu antworten." Und er erkennt: Damit habe das Dispositiv „eine vorwiegend strategische Funktion" (ebd.). Ein solcher Notstand könne etwa in der Resorption einer freigesetzten Volksmasse, die einer kapitalistischen Gesellschaft lästig werden mußte, bestehen etc.

Foucault will zeigen, daß das, was er Dispositive nennt, „ein sehr viel allgemeinerer Fall der Episteme ist. Oder eher, daß die Episteme, im Unterschied zum Dispositiv im allgemeinen, das seinerseits diskursiv und nichtdiskursiv ist, und dessen Elemente sehr viel heterogener sind, ein spezifisch diskursives Dispositiv ist“ (ebd.: 123). Hier geht es also nicht nur um das gesagte und aufgeschriebene *Wissen (Episteme)*, sondern auch um den ganzen Wissens-Apparat darum herum, durch den etwas durchgesetzt wird. Episteme sind danach nicht nur der diskursive Anteil im Wissenschaftsapparat, sondern Wissen ‚haust‘ auch im Handeln von Menschen und in den Gegenständen, die sie auf der Grundlage von Wissen produzieren. Was genau gemeint ist, ist ja schön in ‚Überwachen und Strafen‘ (Foucault 1989) illustriert, worauf ich hier nur verweisen will.

Sichtbar wird hier aber: Foucault geht von einem *Dualismus* zwischen Diskurs und Wirklichkeit aus. Foucault sah nicht, daß die Diskurse und die Welt der Gegenständlichkeiten bzw. Wirklichkeiten substantiell miteinander vermittelt sind und nicht unabhängig voneinander existieren. Im Dispositiv sind unterschiedliche Elemente versammelt, die zwar miteinander verknüpft sind, wie er sagt, und diese Verknüpfung mache das Dispositiv erst aus (vgl. dazu auch Deleuze 1992, Balke 1998).

Foucault sieht das Zustandekommen von Dispositiven offenbar so: Es tritt ein Notstand auf, *ein vorhandenes Dispositiv wird prekär.* Aufgrund dessen entsteht Handlungsbedarf, und der Sozius oder die hegemonialen Kräfte, die damit konfrontiert sind, sammeln die Elemente zusammen, die sie bekommen können, um diesem Notstand zu begegnen, also Reden, Menschen, Messer, Kanonen, Institutionen etc., um die entstandenen ‚Lecks‘ – den Notstand – wieder abzudichten, wie Deleuze sagt (vgl. Deleuze 1992, Balke 1998).

Was diese Elemente verknüpft, ist nichts anderes, als daß sie einem gemeinsamen Zweck dienen, den momentanen oder permanenten Notstand abzuwehren. Ein wie auch immer geartetes ‚inneres Band‘, das sie verknüpfen würde, wird in Foucaults Verständnis von Dispositiv jedoch ansonsten nicht sichtbar.

Doch dieses Band existiert in Form der menschlich-sinnlichen Tätigkeit oder Arbeit, die Subjekt und Objekt, die sozialen Welten und die gegenständlichen Wirklichkeiten miteinander vermittelt, also durch nichtdiskursive Praxen, die in Foucaults Dispositiv-Definition zumindest nicht explizit vorkommen. Indem ich hier auf die sinnliche Tätigkeit rekurriere, ziehe ich mein zweites theoretisches Bein nach: die sich auf Marx berufende und von Wygotzki und besonders A.N. Leontjew entwickelte Tätigkeitstheorie, die ich für den hier bedeutsamen

Zusammenhang im Kern illustrieren möchte.[8] Dabei ist es jedoch notwendig, diesen im Kern ideologiekritischen Ansatz auf diskurstheoretische Füße zu stellen.

Wie bereits gesagt, sind wir Menschen offenbar generell in der Lage, ‚Dingen' Bedeutungen zuzuweisen; mit anderen Worten, die Wirklichkeit für uns bedeutend zu machen; mehr noch, indem wir Dingen Bedeutungen zuweisen, machen wir sie erst für uns zu Dingen. Ich kann z. B. einem Brett, das ich im Wald finde, die Bedeutung *Tisch* zuweisen und dann darauf mein Brot schneiden und meinen Becher daraufstellen. Ein Ding, dem ich keine Bedeutung zuweise, ist für mich kein Ding; ja, es ist für mich völlig diffus, unsichtbar oder sogar nicht existent; ich sehe es nicht nicht einmal, weil ich es übersehe. Ich sehe den Vogel nicht, den der Förster sieht (Förstersyndrom). Ich sehe vielleicht einen roten Fleck. Und was sage ich dazu, wenn ich ihn sehe: Das ist ein roter Fleck. Und in der Tat: das ist für mich die Bedeutung des roten Flecks, daß ich ihm die Bedeutung roter Fleck zuweisen kann. Ob er eine Blume ist, ein Vogel oder der Haarschopf von Lothar Matthäus, der hier spazierengeht, weil er sich im letzten Bundesligaspiel verletzt hat und deshalb heute nicht trainieren kann, das ist für mich nicht sichtbar, nicht gegeben, außerhalb meiner Reichweite. Natürlich kann mir ein Freund sagen, sieh mal, das ist doch der Haarschopf von Lothar Matthäus, und der ist Deutscher Fußballmeister. Und dann kann ich sagen: ja, o. k., den kenne ich; oder auch: nein, das war sicher nur ein Vogel oder eine Blume.

Damit will ich sagen: Alle bedeutende Wirklichkeit ist deshalb für uns vorhanden, weil wir sie bedeutend *machen*,[9] oder auch weil sie von unseren Vorfahren oder unseren Nachbarn Bedeutung erhalten, zugewiesen bekommen hat, die für uns noch wichtig ist. Das ist wie König Midas mit seinem Gold: Alles was er anfaßte, wurde zu Gold. So ist alles, dem wir Bedeutung zuweisen, für uns auf eine bestimmte Weise wirklich, weil und wenn und wie es für uns bedeutend ist.

Elegant drückte Ernesto Laclau diesen Zusammenhang aus, als er schrieb:

> „Unter dem ‚Diskursiven' verstehe ich nichts, was sich im engen Sinne auf *Texte* bezieht, sondern das Ensemble der Phänomene gesellschaftlicher Sinnproduktion, das eine Gesellschaft als solche begründet. Hier geht es nicht darum, das Diskursive als eine Ebene oder eine Dimension des Sozialen aufzufassen, sondern als gleichbedeutend mit dem Sozialen als solchem (…) Folglich steht nicht das Nicht-Diskursive dem Diskursiven gegenüber, als handelte es sich um zwei verschiedene Ebenen,

[8] Der Bezug Leontjews auf Marx wird bereits deutlich, wenn man sich noch einmal die erste Feuerbachthese vergegenwärtigt, in der Marx einfordert, „daß der Gegenstand, die Wirklichkeit, Sinnlichkeit (nicht nur) unter der Form des *Objekts oder der Anschauung* gefaßt wird; (sondern) *als sinnlich menschliche Tätigkeit, Praxis*, (…) subjektiv" (Marx/Engels 1969: 5).

[9] Jurt referiert Castoriadis. Für ihn seien „Die gesellschaftlichen Dinge (…) das, was sie sind, nur aufgrund von Bedeutungen" (Jurt 1999: 11).

denn es gibt nichts Gesellschaftliches, das außerhalb des Diskursiven bestimmt ist. Die Geschichte und die Gesellschaft sind also ein unabgeschlossener Text." (Laclau 1981: 176)

Es stellt sich aber die Frage: Warum, wann und unter welchen Bedingungen und wie weise ich den ‚Dingen' welche Bedeutung zu, wie also die ‚Lücke' zwischen Diskurs und Wirklichkeit geschlossen wird? Mit Leontjews Tätigkeitstheorie geschieht dies dann, wenn ich aus einem bestimmten Bedürfnis ein Motiv ableite und infolgedessen ein bestimmtes Ziel zu erreichen versuche, wozu man Handlungen und Operationen und Rohmaterial verwendet, oder anders: indem man arbeitet. Die so erschaffenen Produkte können Gebrauchsgegenstände sein, aber auch neue Gedanken und Pläne, aus denen wiederum neue sinnliche Tätigkeiten erwachsen können mit neuen Produkten usw. Der *Psychologe* Foucault kannte die materialistisch-psychologische Tätigkeitstheorie der frühen 30er Jahre sonderbarerweise nicht oder er lehnte sie möglicherweise ab, da sie ihm zu subjektbezogen erschien. Interessant ist dieser Ansatz jedoch, weil diese Theorie die Vermittlung zwischen Subjekt und Objekt, Gesellschaft und objektiver Wirklichkeit durch die sinnliche Tätigkeit thematisiert. Er übersah, daß zur Wirklichkeit auch die Folgen bzw. ‚Materialisationen durch Arbeit' vergangener Rede bzw. vorangegangener Diskurse gehören, also die konkreten Vergegenständlichungen von Gedankenkomplexen. Diese werden von den tätigen Menschen in ihren nichtdiskursiven Praxen umgesetzt, mittels derer sie die Häuser und Bänke und auch Banken bauten und einrichteten, und die im übrigen – wie gezeigt – wiederum nur solange Bestand haben, wie sie in Diskurse eingebettet sind und bleiben. Die Institution Bank etwa als Teil des Kapitaldispositivs hört auf, diese Funktion wahrzunehmen, wenn sie nicht mehr diskursiv gestützt ist: sie wird *bedeutungs*los, zu nichts reduziert außer zu rein ‚natürlicher' Materie (die allerdings, wenn man sie so benennt, bereits wieder bedeutungsvoll wird) oder zu anderer Gegenständlichkeit *‚umdiskursiviert'*, also einer anderen Bedeutung zugeführt. In den Banken wohnen dann etwa die Bettler und machen sie zu Asylen.[10]

Das sieht auch Foucault und schreibt:

> „nicht die Gegenstände bleiben konstant, noch der Bereich, den sie bilden, und nicht einmal ihr Punkt des Auftauchens oder ihre Charakterisierungsweise, sondern das Inbeziehungsetzen der Oberflächen, wo sie erscheinen, sich abgrenzen, analysiert werden und sich spezifizieren können." (Foucault 1988: 71)

---

[10] Foucault spricht in der „Archäologie des Wissens" von Beziehungen, die im Gegenstand (selbst) nicht präsent sind. Ich meine, das sind die Diskurse, die die Gegenstände gleichsam von außen, durch den bedeutungsvollen Bezug der Menschen auf sie am Leben halten (Foucault 1988: 68).

Im Klartext: Ändert sich der Diskurs, ändert der Gegenstand nicht nur seine Bedeutung, sondern er wird quasi zu einem anderen Gegenstand, er verliert seine bisherige Identität.

Das kann als Bruch erfolgen, aber auch als ein sich lang hinziehender Prozeß, in dem sich meist unmerklich, aber letztlich doch gründlich alles ändert.

Vehement sträubt sich Foucault dagegen, wie er sagt, die „Gegenstände ohne Beziehung zum Grund der Dinge [zu] definieren“ (ebd.: 72). Denn nach seinem Verständnis sind ‚die Dinge‘ und ihre Ordnung als Effekte der diskursiven Praxis ihrer Hervorbringung, Umgestaltung, Sicherung usw. zu analysieren.

Doch an dieser Stelle kommt er m. E. deshalb nicht weiter, weil er die Vermittlung zwischen Subjekt und Objekt, Gesellschaft und Diskurs nicht als über Arbeit/Tätigkeit bzw. nichtdiskursive Praxen vollzogen begreift. Die diskursiven Praxen bleiben für ihn doch verbal, streng von den nicht-diskursiven Praxen getrennt, und er bleibt der Trennung zwischen geistiger Tätigkeit und (ungeistiger?) körperlicher Arbeit verhaftet, in dieser Hinsicht eben auch ein Kind seiner Zeit bzw. seiner Herkunft, in der die Bürger die Kopfarbeit verabsolutierten und die Handarbeit für völlig ungeistig hielten. Er weiß zwar, daß die Zeichen zu *mehr* dienen als zur Bezeichnung der Sachen, und er sieht: „Dieses *Mehr* (sic!) macht sie irreduzibel auf das Sprechen und die Sprache.“ (ebd.: 74) Und dieses *Mehr* möchte er ans Licht bringen und beschreiben (ebd.) – was ihm allerdings m. E. nicht restlos gelingt. Dieses *Mehr* ist ihm nicht wirklich greifbar. M. E. handelt es sich um das *Wissen*, das der Umsetzung von sonstigem und verbal zu artikulierendem Wissen in Gegenstände dient: Wissen über Statik, Materialbeschaffenheit, Werkzeugwissen, Routinewissen, das als abgestorbene geistige Handlungen in jede Arbeit einfließt, aber verbal nicht oder doch nur selten artikuliert wird und vielfach vielleicht auch nicht artikulierbar ist. Ich denke hier z. B. an das Wissen eines Schmelzers am Hochofen, der *sieht*, wann der Stahl fertig ist oder welche Zutat ihm noch fehlt, aber nicht sagen kann, wieso das der Fall ist. In gewisser Weise handelt es sich hierbei um verselbständigtes Wissen.

Man könnte also sagen: die Wirklichkeit ist bedeutungsvoll, sie existiert in der Form, in der sie existiert nur insofern, als ihr von den Menschen, die alle in die (sozio-historischen) Diskurse verstrickt und durch diese konstituiert sind, Bedeutung zugewiesen worden ist und weiter zugewiesen wird. Ist letzteres nicht mehr der Fall, ändern sich die Gegenstände, sie ändern oder verlieren auch ihre Bedeutung. Sie läßt sich dann allenfalls nachträglich rekonstruieren – als ehemalige Bedeutung, die sich mit anderen Bedeutungen verschränkt hat oder die aufgehört hat, am Leben zu sein. Selbst wenn man den Sternenhimmel betrachtet und darin bestimmte Sternbilder sieht, so ist dies die Folge eines Diskurses. Man sieht diese Sternbilder nur, *weil* man gelernt hat, sie zu sehen und möglicherweise zu vermuten gelernt hat, daß es irgendwo einen Gott gibt oder auch keinen.

Bedeutungszuweisung ist nun aber nicht unverbindliche symbolische Handlung, sondern bedeutet Belebung des Vorgefundenen, Neu-Gestaltung und Veränderung. Betrachtet man unter dieser Voraussetzung etwa die mit der Darstellung von Einwanderern gern verwendete Kollektivsymbolik, dann wird man einsehen: die Ausländer werden *von vielen Menschen, die gelernt haben, entsprechende Bedeutungszuweisungen vorzunehmen, wirklich als Fluten empfunden,* die man abwehren muß, gegen die man Dämme errichten muß, oder gar als Läuse und Schweine; die man zerquetschen oder schlachten darf.

Bernhard Waldenfels (Waldenfels 1991) bestätigt im übrigen die Kritik an Foucault, die durch diesen selbst inspiriert ist, in manchen Punkten, wenn er schreibt:

> Es „ist unklar, wie [bei Foucault, S. J.] die Grenze zwischen diskursiven und nicht diskursiven Praktiken gezogen und wie sie überbrückt wird, ja, es bleibt unklar, ob sie überhaupt gezogen werden muß. Ich denke, Foucault hat sich selber in eine gewisse Sackgasse manövriert, indem er die Ordnungsformation der Geschichte in seiner Theorie zunächst als Wissensordnungen (Epistemai), dann als Redeordnungen (Discours) konzipiert hat, anstatt von einer Ordnung auszugehen, die sich auf die verschiedenen Verhaltensregister des Menschen verteilt, auf sein Reden und Tun (!), aber auch auf seinen Blick, auf seine Leibessitten, seine erotischen Beziehungen, seine technischen Hantierungen, seine ökonomischen und politischen Entscheidungen, seine künstlerischen und religiösen Ausdrucksformen und anderes mehr. Es ist nicht einzusehen, warum *irgendein* Bereich von der Funktionalität verschont sein soll, die Foucault einseitig von der Aussage her entwickelt." (Waldenfels 1991: 291)

Und Waldenfels merkt zusätzlich an, daß Foucault an manchen Stellen selbst diese Grenzen überschritten hat, und fährt fort:

> „(...) in der *Archäologie des Wissens* [wird] der Diskurs des Malers [erwähnt], dessen ‚Sagen' sich wortlos vollzieht. Erwähnt wird der politische Diskurs, der sich mit den Äußerungsformen der Politik befaßt, etwa mit der Funktion des Revolutionären, das sich weder auf eine revolutionäre Lage noch auf ein Revolutionsbewußtsein zurückführen läßt. (...) Foucault [hat] es vorgezogen, auch hier zu basteln (...)." (ebd.: 291 f)

Das sollte uns ermutigen, mit Foucaults Werkzeugkiste unter dem Arm, in der sich theoretische und praktische Instrumente befinden, weiterzubasteln und einige seiner Ideen weiterzudenken oder auch erst zu Ende zu denken. Das habe ich in diesem Text versucht, erstens indem ich den bei Foucault zu stark im Verbalen verfangenen Diskursbegriff, der auch durch den des Dispositivs nicht ersetzt wird, sondern ihm einverleibt wird, eine Stufe ‚zurückverlagert' habe – nämlich in den Ort des menschlichen Denkens und Wissens hinein, ins Bewußtsein. Dort befinden sich die Denkinhalte (inklusive Affekte, Sehweisen etc.), die die Basis für die Gestaltung der Wirklichkeit durch Arbeit liefern. Damit habe ich zweitens die Tätigkeitstheorie für die Diskurstheorie fruchtbar gemacht, eine Theorie, die darauf verweist, wie die Subjekte und die Gegenstände der Wirklichkeit untereinander und miteinander vermittelt sind. Foucault hat in erster Linie den Diskurs gesehen, der *irgendwie* mit der Wirklichkeit, wodurch er auch gelegentlich in die Nähe konstruktivistischen Denkens gerät, vermittelt ist. In Auseinandersetzung mit Leontjew habe ich das Subjekt als dasjenige Bindeglied bestimmen können, das die Diskurse mit der Wirklichkeit in Verbindung bringt. Das tun die Subjekte in der Summe ihrer Tätigkeiten, die von keinem einzelnen und von keiner Gruppe so geplant sind, wie sie dann letztlich wirksam werden. Es ist dennoch menschliches Bewußt- und Körpersein (power, Krafthaben), das hier wirksam wird und gestaltet. Und alles, was menschliches Bewußtsein ist, ist diskursiv, also durch Wissen, konstituiert. Die Subjekte sind es im übrigen auch, die verselbständigtes Wissen immer wieder ins Spiel bringen. Auch dieses Wissen wird tradiert in den diskursiven und nicht-diskursiven Praxen und Sichtbarkeiten, und es ist im Prinzip rekonstruierbar, einholbar.

Die hiermit andiskutierte Problemlage möchte ich nun knapp zusammenfassen und auf den Punkt bringen:

Ich habe den Eindruck, daß die Schwierigkeiten bei der Bestimmung des Dispositivs mit der mangelnden Bestimmung der Vermittlung von Diskurs (Sagbarem/Gesagten), nicht-diskursiven Praxen (Tätigkeiten) und Sichtbarkeiten (Produkten/Gegenständen) zu tun haben. Wenn ich mit Leontjew u. a. diese Sichtbarkeiten als Vergegenständlichungen/Tätigkeiten von Wissen (Diskurs) begreife und die nicht-diskursiven Praxen als tätiges Umsetzen von Wissen, ist dieser Zusammenhang hergestellt, und das könnte wahrscheinlich viele Probleme lösen.

Die Soziologin Hannelore Bublitz diskutiert dieses Problem ausführlich in ihrem kürzlich erschienen Buch über „Foucaults Archäologie des Unbewußten" (Bublitz 1999: 82–115), wobei sie insbesondere auch die Funktion der Dispositivnetze für die moderne Subjektbildung unterstreicht. Sie konstatiert: „Obwohl Foucault also einerseits Nichtdiskursives dem Diskursiven (...) gegenüberstellt, vertritt er die These, daß es ‚keinen Gegensatz zwischen dem, was getan, und dem, was gesagt wird' gibt (...)." Er gehe vielmehr davon aus, „daß die gesamte ‚zivilisierte' abendländische Gesellschaft, jenes ‚komplexe Netz aus unterschiedlichen Elementen – Mauern, Raum, Institutionen, Regeln, Diskursen' als ‚Fabrik zur Herstellung unterworfener Subjekte' erscheint" (Bublitz 1999: 90).

Zu beantworten bleibt die Frage, ob und wie man Diskurse und Dispositive überhaupt analysieren kann.

3 Die Methode der Diskurs- und Dispositivanalyse

Die theoretische Skizze der Diskurs- und Dispositivtheorie bildet auch die allgemeine theoretische Grundlage der von mir im folgenden vorgeschlagenen Analysemethode. Diese bedient sich auch linguistischer Instrumente (Bildlichkeit, Wortschatz, Pronominalstruktur, Argumentationsweise etc.), mit deren Hilfe den diskreteren Wirkungsmittel von Texten als Elementen von Diskursen nachgegangen werden kann. Ich verzichte hier aber auf eine detaillierte Darstellung des (im engeren Sinne) linguistischen Instrumentariums, da man dieses, behutsam und gezielt auswählend, guten Stilistiken bzw. Grammatiken etc. entnehmen kann.[11] Das linguistische Instrumentarium stellt gleichsam nur ein Fach aus der diskursanalytischen ‚Werkzeugkiste' dar, das je nach Beschaffenheit des zu untersuchenden Gegenstandes mit sehr unterschiedlichen Instrumenten angefüllt werden kann. Es gibt allerdings so etwas wie ein Standardrepertoire, das ich im weiteren Verlauf meiner Ausführungen auch beschreiben werde. Der Nachdruck liegt im folgenden aber auf tätigkeits- und diskurstheoretischen Prinzipien.

3.1 Die Struktur des Diskurses

Diskurse bzw. ‚soziale Wissensflüsse durch die Zeit' stellen in ihrer Gesamtheit ein riesiges und komplexes ‚Gewimmel' dar.

Zunächst stellt sich also die Frage, wie Diskurse trotz ihres ‚großen Wucherns' und ihrer Verflochtenheit überhaupt analysiert werden können. Dazu mache ich die folgenden terminologisch/pragmatischen Vorschläge, die dazu geeignet sind, die prinzipielle *Struktur von Diskursen* durchschaubarer und infolgedessen erst eigentlich analysierbar werden zu lassen:

Spezialdiskurse und Interdiskurs
Grundsätzlich ist zwischen *Spezialdiskursen* (der Wissenschaft(en)) und dem *Interdiskurs* zu unterscheiden, wobei alle nicht-wissenschaftlichen Diskurse als Bestandteile des Interdiskurses aufgefaßt werden. Zugleich fließen ständig Elemente der wissenschaftlichen Diskurse (Spezialdiskurse) in den Interdiskurs ein.

Zur Ermittlung der Struktur von Diskursen schlage ich die folgenden Operationalisierungshilfen vor:

---

[11] Linguistisches Instrumentarium im engeren Sinne meint hier: Grammatische und stilistische Feinheiten, die für die Analyse durchaus wichtig sein können, aber nicht unbedingt müssen.

Diskursstränge

Im gesellschaftlichen Gesamtdiskurs tauchen die verschiedensten *Themen* auf. *Thematisch einheitliche Diskursverläufe* bezeichne ich als *Diskursstränge*.

Jeder Diskursstrang hat eine synchrone und eine diachrone Dimension. Ein synchroner Schnitt durch einen Diskursstrang hat eine gewisse qualitative (endliche) Bandbreite.[12] Ein solcher Schnitt ermittelt, was zu einem bestimmten gegenwärtigen oder früheren Zeitpunkt bzw. jeweiligen Gegenwarten in seiner gesamten Bandbreite ‚gesagt' wurde bzw. sagbar ist bzw. war.

Diskursfragmente

Jeder Diskursstrang setzt sich aus einer Fülle von Elementen zusammen, die man traditionell auch als Texte bezeichnet. Ich ziehe statt des Terminus Text den des Diskursfragments vor, da Texte mehrere Themen ansprechen können und damit mehrere *Diskursfragmente* enthalten (können). Als *Diskursfragment* bezeichne ich daher einen Text oder einen Textteil, der ein bestimmtes *Thema* behandelt, z. B. das Thema Ausländer/Ausländerangelegenheiten (im weitesten Sinne). Umgekehrt gesagt: Diskursfragmente verbinden sich zu Diskurssträngen.

Diskursstrang-Verschränkungen

Zu beachten ist also, daß ein *Text* thematische Bezüge zu verschiedenen Diskurssträngen enthalten kann und in der Regel auch enthält. Mit anderen Worten: In einem Text können verschiedene Diskursfragmente enthalten sein; diese treten also in aller Regel von vornherein bereits *in verschränkter Form* auf. Eine solche *Diskurs(strang)verschränkung* liegt vor, wenn ein Text klar verschiedene *Themen* anspricht, aber auch, wenn nur ein Hauptthema angesprochen ist, bei dem aber Bezüge zu anderen Themen vorgenommen werden. So kann ein Kommentar zwei Themen behandeln, die nichts miteinander zu tun haben bzw. zu haben scheinen. In diesem Fall liegen hier in einem Text zwei verschiedene, aber miteinander verschränkte Diskursfragmente vor. Andererseits kann aber ein thematisch einheitlicher Text (=ein Diskursfragment) auf andere Themen mehr oder minder lose Bezug nehmen, das behandelte Thema mit einem oder mehreren anderen gleichsam *verknoten*. Dies ist zum Beispiel der Fall, wenn in einem Text zum Thema Einwanderung auf den ökonomischen Diskursstrang verwiesen wird oder auf den Frauendiskurs etc. So könnte ein Kommentar etwa enden: „Und im übrigen kostet Integration Geld." Oder: „Zu bedenken ist auch, daß bei den X. das Patriarchat noch eine ganz andere Rolle spielt als bei uns." In diesen Fällen könnte man von

[12] Das damit angesprochene Problem einer vollständigen Erfassung eines Diskursstrangs werde ich weiter unten diskutieren. Es ist deshalb von besonderer Bedeutung, weil es dabei um die Aussagefähigkeit und allgemeine Gültigkeit einer Diskursanalyse geht.

diskursiven Knoten sprechen, durch die u. a. die Diskursstränge miteinander vernetzt und verknotet werden. Solche Verknotungen kann man daher auch als eine leichte Form der Verschränkung auffassen.

Diskursive Ereignisse und diskursiver Kontext

Alle Ereignisse haben diskursive Wurzeln; m. a. W. sie lassen sich auf bestimmte diskursive Konstellationen zurückführen, deren Vergegenständlichungen sie darstellen. Als diskursive Ereignisse sind jedoch nur solche Ereignisse zu fassen, die politisch, und das heißt in aller Regel auch durch die Medien, besonders herausgestellt werden und als solche Ereignisse die Richtung und die Qualität des Diskursstrangs, zu dem sie gehören, mehr oder minder stark beeinflussen. Im Beispiel: Der Atom-Gau von Harrisbourg war ähnlich folgenschwer wie der von Tschernobyl. Während ersterer aber medial jahrelang unter der Decke gehalten wurde, wurde letzterer zu einem medial-diskursiven Großereignis und beeinflußte als solches die gesamte Weltpolitik. Ob ein Ereignis, etwa ein zu erwartender schwerer Chemieunfall, zu einem diskursiven Ereignis wird oder nicht, das hängt von jeweiligen politischen Dominanzen und Konjunkturen ab. Diskursanalysen können ermitteln, ob solche zu erwartenden Ereignisse zu diskursiven Ereignissen werden oder nicht. Werden sie es, beeinflussen sie die weiteren Diskursverläufe erheblich: Tschernobyl hat in Deutschland zu einer sich ändernden Atompolitik beigetragen, die – wenn auch zögerlich – zu einem Ausstieg aus der Atomenergie führen wird. Ein grüner Gegen-Diskurs, der schon längst im Gange war, hätte dies allein kaum bewerkstelligen können. Zugleich ist zu beobachten, daß ein diskursives Ereignis wie das beschriebene den gesamten Diskurs über neue Technologien beeinflussen kann, etwa indem es den Blick auf die Notwendigkeit der Entwicklung neuer Energiequellen lenkt.

Ein weiteres Beispiel: Der Wahlerfolg der FPÖ im Jahre 1999 erweckte große mediale Aufmerksamkeit. Die Regierungsbeteiligung der FPÖ (und damit indirekt: Jörg Haiders) erhielt jedoch ein bei weitem sehr viel größeres und weltweites Echo und wurde damit zu einem diskursiven Großereignis, das monatelang die europäische und US-amerikanische Presse in Atem hielt. Auch hier war ein Einfluß auf andere Diskurse zu beobachten: auf rechtsextreme Diskurse in anderen europäischen und außereuropäischen Ländern.

Die Ermittlung diskursiver Ereignisse kann für die Analyse von Diskurssträngen auch deshalb sehr wichtig sein, weil ihre Nachzeichnung den *diskursiven Kontext* markiert bzw. konturiert, auf den sich ein aktueller Diskursstrang bezieht. So kann etwa die Analyse eines synchronen Schnitts durch einen Diskursstrang dadurch seine historische Rückbindung finden, daß man diesen synchronen Schnitt an eine Art Chronik der diskursiven Ereignisse zurückbindet, die thematisch zu diesem Diskursstrang gehören. Solche Rückbindungen sind für die Analyse und die Interpretation aktueller Schnitte durch Diskursstränge ausgesprochen hilfreich.[13]

Diskursebenen

Nun operieren die jeweiligen Diskursstränge auf *verschiedenen diskursiven Ebenen* (Wissenschaft(en), Politik, Medien, Erziehung, Alltag, Geschäftsleben, Verwaltung etc.). Man könnte solche *Diskursebenen* auch als die *sozialen Orte* bezeichnen, von denen aus jeweils ‚gesprochen' wird. Dabei ist zu beobachten, daß diese Diskursebenen aufeinander einwirken, sich aufeinander beziehen, einander nutzen etc. So können etwa auf der Medien-Ebene Diskursfragmente eines wissenschaftlichen Spezialdiskurses oder auch des Politikerdiskurses aufgenommen werden. So ist auch zu beobachten, daß etwa die Medien den Alltagsdiskurs aufnehmen, bündeln, zuspitzen etc. können oder auch – vor allem in der Sensationspresse á la BILD oder Kronenzeitung – sensationsheischend und oft populistisch aufdonnern. Auf diese Weise regulieren die Medien im übrigen das Alltagsdenken und nehmen erheblichen Einfluß auf die jeweils machbare und gemachte Politik. Man denke etwa an das Image Jörg Haiders, das ohne Zutun einer den Rechtspopulismus normalisierenden Medienberichterstattung so kaum zustandegekommen wäre.

Zu beachten ist darüber hinaus, daß die einzelnen Diskursebenen in sich stark verflochten sind, dergestalt, daß z. B. auch renommierte Leitmedien Informationen und Inhalte aller Art übernehmen, die bereits in anderen Medien aufgetaucht sind. Das berechtigt umso mehr, von *dem* Mediendiskurs zu sprechen, der insgesamt, insbesondere was die in einer Gesellschaft dominierenden Medien betrifft, in wesentlichen Aspekten als einheitlich betrachtet werden kann, was nicht ausschließt, daß dabei unterschiedliche *Diskurspositionen* mehr oder minder stark zur Geltung kommen.

Diskursposition

Die Kategorie der *Diskursposition*, mit der ein spezifischer ideologischer Standort einer Person oder eines Mediums gemeint ist, erweist sich als sehr hilfreich. Margret Jäger definiert die Kategorie der Diskursposition wie folgt:

> „Unter einer Diskursposition verstehe ich den [ideologischen, S. J.] Ort, von dem aus eine Beteiligung am Diskurs und seine Bewertung für den Einzelnen und die Einzelne bzw. für Gruppen und Institutionen erfolgt. Sie produziert und reproduziert die besonderen diskursiven Verstrickungen, die sich aus den bisher durchlebten und aktuellen Lebenslagen der Diskursbeteiligten speisen. Die Diskursposition ist also

[13] Ein solcher Versuch liegt vor in Caborn (1999).

> das Resultat der Verstricktheiten in diverse Diskurse, denen das Individuum ausgesetzt war und die es im Verlauf seines Lebens zu einer bestimmten ideologischen bzw. weltanschaulichen Position (...) verarbeitet hat." (Jäger, M. 1996: 47)

Was für die Subjekte gilt, dies gilt entsprechend für Medien, ja für ganze Diskursstränge. Auch sie bilden bestimmte Diskurspositionen aus, die – mehr oder minder geschlossen – die gesamte Berichterstattung prägen. Zu beachten ist:

> „Dieses Diskurssystem können Gruppen und Individuen durchaus unterschiedlich bewerten. Z. B. kann der hegemoniale Diskurs das Symbol des Flugzeugs positiv besetzen, während der antihegemoniale Diskurs Flugzeuge ablehnt und für Bäume, Fahrräder etc. schwärmt. Wichtig (...) ist dabei aber, daß sich abweichende Diskurspositionen auf ‚die gleiche diskursive Grundstruktur' (Link 1986) beziehen." (Jäger, M. 1996: 47)

Solche Diskurspositionen lassen sich im Grunde erst als Resultat von Diskursanalysen ermitteln. Es kann allerdings beobachtet werden, daß sie in grober Kontur zum allgemeinen Wissen einer Bevölkerung gehören. Den Selbstbeschreibungen von Zeitschriften, etwa als ‚unabhängig' oder ‚überparteilich', sollte man allerdings immer mißtrauisch gegenüberstehen. Zugleich ist darauf hinzuweisen, daß Diskurspositionen *innerhalb* eines herrschenden bzw. hegemonialen Diskurses ziemlich homogen sind, was bereits als Wirkung des jeweils hegemonialen Diskurses verstanden werden kann. Es kann natürlich innerhalb des vorherrschenden Diskurses unterschiedliche Positionen geben, die aber z. B. darin grundsätzlich übereinstimmen können, daß sie das obwaltende Wirtschaftssystem nicht in Frage stellen. Davon abweichende Diskurspositionen lassen sich oft mehr oder minder in sich geschlossenen Gegendiskursen zuordnen. Das schließt nicht aus, daß sich gegendiskursive und grundsätzlich oppositionelle Diskurselemente subversiv in den hegemonialen Diskurs einbringen lassen. Ein Beispiel dafür wäre die verbreitete Redensart ‚Zeit ist Geld', die von manchen Menschen durchaus kapitalismuskritisch aufgenommen wird.

Der gesamtgesellschaftliche Diskurs in seiner Verschränktheit und Komplexität
In einer gegebenen Gesellschaft bilden die Diskursstränge in komplexer Verschränktheit den *gesamtgesellschaftlichen Diskurs.*

Dabei ist zu beachten, daß ‚gegebene Gesellschaften' nie (restlos) homogen sind; deshalb ist gegebenenfalls mit sozialen Untergruppierungen einer Gesellschaft zu operieren. In der Bundesrepublik Deutschland hat aber offenbar nach der 89er Wende eine starke ideologische Homogenisierung des gesellschaftlichen Gesamtdiskurses stattgefunden, die auch nicht so leicht aufzubrechen sein wird (vgl. dazu Teubert 1997, 1999). Ferner ist zu beachten, daß der Gesamtdiskurs einer Gesellschaft Teil-Diskurs eines (selbstverständlich überaus heterogenen) globalen Diskurses oder anders: des Weltdiskurses ist, der sich – mit aller Vorsicht gesagt – ebenfalls seit 1989 zugleich homogenisiert (in der westlichen Welt) und umgepolt hat (von West gegen Ost tendenziell zu West gegen Orient, Islam).

Sicher stellt der gesellschaftliche Gesamtdiskurs ein äußerst verzweigtes und ineinander verwurzeltes Netz dar. Diskursanalyse verfolgt das Ziel, dieses Netz zu entwirren, wobei in der Regel so verfahren wird, daß zunächst einzelne Diskursstränge auf einzelnen diskursiven Ebenen herausgearbeitet werden. Beispiel: Der mediale Einwanderungs-Diskurs(strang).

An eine solche Analyse schließen sich weitere an, etwa die Analyse des politischen Diskursstrangs über Einwanderung, des Alltags-Diskursstrangs über Einwanderung etc.

Im Anschluß an solche Analysen stellt sich in aller Regel die Frage, in welcher Beziehung die diskursiven Ebenen des betreffenden gesamten Diskursstrangs zueinander stehen. Hier wäre etwa die Frage zu beantworten, ob und wie der politische Diskursstrang sich in den medialen und den alltäglichen verzahnt, wie und ob der mediale den alltäglichen ‚beeinflußt', sich sozusagen in ihn ‚hineinfrißt' etc.

Geschichte, Gegenwart und Zukunft der Diskursstränge

Hinzu kommt, daß der Diskurs/die Diskursstränge *eine Geschichte, eine Gegenwart und eine Zukunft* haben. Es wäre daher erforderlich, größere Zeiträume diskursiver Abläufe ebenfalls zu analysieren, um auf diese Weise ihre Stärke, die Dichte der Verschränkungen der jeweiligen Diskursstränge mit anderen, Änderungen, Brüche, Versiegen und Wiederauftauchen etc. aufzeigen zu können. Mit anderen Worten: Es wäre (in Anlehnung an Foucault) eine ‚Archäologie des Wissens' oder, wie er später sagt ‚eine Genealogie' zu betreiben. Dies wäre die Basis für eine diskursive *Prognostik*, die in Gestalt der Entfaltung von Szenarien vorgenommen werden könnte, die aber jeweils unterschiedliche in der Zukunft erwartbare *diskursive Ereignisse* (=Ereignisse, die medial groß herausgestellt werden) in Rechnung zu stellen hätte.

Ein solches Projekt wäre selbstverständlich riesig und ließe sich nur in Gestalt einer Vielzahl von Einzelprojekten angehen. Solche Einzelprojekte sind aber bereits sehr sinnvoll, weil sie immerhin zu bestimmten diskursiven Teilbereichen sehr verläßliche Aussagen zulassen. Solche Aussagen können z. B. die Basis für eine Änderung des ‚Wissens' über und der Haltung gegenüber Ausländern darstellen, also selbst wiederum auf den weiteren Verlauf des betreffenden Diskursstrangs Einfluß nehmen.

3.2 Zur Frage der Vollständigkeit von Diskursanalysen

Mit der Frage der Vollständigkeit ist das Thema der Repräsentativität bzw. der Verläßlichkeit und allgemeinen Gültigkeit von Diskursanalysen angesprochen. Vollständigkeit der Analyse ist dann erreicht, wenn die Analyse keine inhaltlich und formal neuen Erkenntnisse zu Tage fördert. Diese Vollständigkeit ergibt sich – zum Ärger primär quantitativ arbeitender empirischer Sozialwissenschaft, die in der Regel mit riesigen Materialmengen hantiert – meist erstaunlich bald, denn der Diskursanalyse geht es um die Erfassung jeweiliger Sagbarkeitsfelder. Die Argumente und Inhalte, die zu einer bestimmten Zeit an einem bestimmten sozialen Ort etwa zum Thema Einwanderung zu lesen oder zu hören sind, sind jedoch bemerkenswert beschränkt (meist im doppelten Sinne dieses Wortes). Quantitative Aspekte spielen hierbei allerdings auch eine gewisse Rolle: So läßt sich immer auch erfassen, welche Argumente gehäuft auftreten. Auf diese Weise läßt sich erfassen, welche Aussagen zu einem Thema etwa Parolencharakter tragen, deren Verbreitung allerdings immer auch damit einhergeht, daß ganze Listen von Urteilen und Vorurteilen zugleich damit aufgerufen werden. Der quantitative Aspekt von Diskursanalyse ist demnach immer von geringerer Relevanz für die Aussagefähigkeit von Diskursanalysen als der qualitative. Diese Aussagen gelten vor allem für die Vornahme eines synchronen Schnitts durch einen Diskursstrang. Historisch orientierte Analysen können so verfahren, daß sie mehrere synchrone Schnitte durch den Diskursstrang vornehmen – z. B. anhand diskursiver Ereignisse – und miteinander vergleichen. Solche Analysen geben Aufschluß über Veränderungen und Kontinuitäten der Diskursverläufe durch die Zeit.

3.3 Kleine Werkzeugkiste zur Durchführung von Diskursanalysen

Vorbemerkungen
Ich möchte nun in einer knappen Zusammenfassung unsere ‚Werkzeugkiste' zur Durchführung von Diskursanalysen vorstellen, auch wenn sie hier nicht im einzelnen begründet werden kann (vgl. dazu Jäger 2004).

Im Folgenden ist das praktische Vorgehen zur diskursanalytischen Auseinandersetzung mit empirischem (Text-)Material angesprochen. Die gesamte Durchführung einer Untersuchung bedarf weiterer Ergänzungen: so vor allem einer Begründung des Projektes und seines Gegenstandes und einer für das Verständnis und den Nachvollzug der Analyse notwendigen und sinnvollen Erläuterung zum theoretischen Ansatz und methodischen Vorgehen (‚theoretischer Teil').

Auswahl des zu untersuchenden ‚Gegenstandes', Begründung der Vorgehensweise und forschungspragmatische Vorschläge zur Vermeidung von Verkürzungen und Simplifikationen

Es geht zunächst um die genaue Verortung der eigenen Untersuchung (des zu untersuchenden Gegenstandes). Hier liegen bereits mögliche Fallstricke vor. Geht es etwa um die Frage, wie in Medien oder Alltag Rassismus verbreitet ist, sollte man nicht mit dem Begriff von Rassismus als einer Art Lupe auf die Suche gehen und nach dem Auftreten dieses Ideologems fahnden. Man sollte stattdessen den Ort zu bestimmen versuchen, an dem solche Ideologeme überhaupt auftreten können. Dieser Ort ist der Diskurs über Einwanderer, Flucht, Asyl etc. Dieser Diskurs(strang) ist dann das zu untersuchende Material.

Meist wird man sich (zunächst) auf eine Diskursebene konzentrieren müssen, etwa die der Medien. In bestimmten Fällen können auch mehrere Ebenen parallel untersucht werden oder auch mehrere Sektoren einer Ebene (etwa Frauenzeitschriften, etwa Nachrichtensendungen im TV). Oft wird man nur einen Teil-Sektor der Diskurs-Ebene untersuchen können, etwa Medien (z. B. Printmedien, Schlager etc.). Es muß genau begründet werden, weshalb man sich diesem Sektor widmet: etwa weil er in besonderer Weise zu zeigen verspricht, wie ein Thema massenhaft verbreitet wird, oder: weil dieser Sektor bisher nicht untersucht worden ist (wobei dann selbstverständlich auf andere Sektoren, die bereits untersucht worden sind, eingegangen werden sollte).

Ein ‚synchroner' Schnitt durch den Diskursstrang, der immer insofern zugleich diachron-historisch ist, als er ‚geworden' ist, kann je nach Thema und Diskursebene unterschiedlich aussehen. Bei Printmedien zu dem zwar durchgängig, aber selten sehr ausführlich auftretenden Thema Biopolitik etwa könnte ein ganzes Jahr genommen werden, weil auch beim gründlichen Lesen der betreffenden Zeitungen erst in einem längeren Zeitraum die Bandbreite des betreffenden Diskursstrangs *qualitativ vollständig erfaßt* sein dürfte. Bei der Darstellung der Frau im Schlager dagegen reichen (wahrscheinlich) einige Exemplare, weil hier mit extremen exemplarischen Verdichtungen zu rechnen sein dürfte (Das muß aber nachgewiesen werden!).

Wichtig ist es, die Unterthemen des Diskursstrangs im jeweiligen Sektor der Diskursebene zu erfassen und (in etwa) den Oberthemen zuzuordnen, die in ihrer Gesamtheit den Diskursstrang der betreffenden Zeitung bzw. des betreffenden Sektors der Diskursebene ausmachen.

Das Zusammenwirken mehrerer Diskursebenen bei der Regulation von (Massen-)Bewußtsein ist besonders spannend, aber äußerst arbeitsaufwendig. Hier wird man nach wohlbegründeten Beispielen aus den verschiedenen Diskursebenen suchen und deren Zusammenwirken exemplarisch aufzeigen müssen.

Das Problem vervielfältigt sich, wenn das Zusammenwirken (die Verschränkungen) verschiedener Diskursstränge untersucht werden soll.

Vorgehensweise
Als Vorgehensweise für eine (einfache) Diskursanalyse bietet sich nach Vorstellung und Begründung des Themas (Diskursstrangs) an:

1. knappe Charakterisierung (des Sektors) der *Diskursebene*, etwa Printmedien, Frauenzeitschriften, Schlager, Videofilm;
2. Erschließen und Aufbereiten der *Materialbasis* bzw. des *Archivs* (s. u.: Analyseleitfaden zur Materialaufbereitung):
3. *Strukturanalyse:* Auswertung der Materialaufbereitung in Hinblick auf den zu analysierenden Diskursstrang;
4. *Feinanalyse* eines oder mehrerer für den Sektor bzw. etwa auch für die Diskursposition der Zeitung möglichst typischen Artikels (Diskursfragments), der/das selbstverständlich einem bestimmten Oberthema zuzuordnen ist;
5. Es folgt die *Gesamtanalyse* des (gesamten) Diskursstrangs im betreffenden Sektor bzw. in der betreffenden Zeitung etc. Das bedeutet: Es werden alle bisher erzielten wesentlichen Ergebnisse reflektiert und einer Gesamtaussage über den Diskursstrang in der betreffenden Zeitung bzw. des betreffenden Sektors zugeführt. Die über diesem abschließenden Teil ‚schwebende' Frage könnte etwa lauten: Welchen Beitrag leistet die betr. Zeitung zur (Akzeptanz von) Biopolitik in der BRD in der Gegenwart und welche weitere Entwicklung ist vermutlich zu erwarten?

Das ist nicht unbedingt eine Gliederung, an die man sich sklavisch halten müßte. Variationen sind möglich. Zu beachten ist aber, daß es um die Diskursanalyse des betreffenden Diskursstrangs des betreffenden Sektors einer Diskursebene, z. B. der betreffenden Zeitung, geht.

Materialaufbereitung

Vorbemerkung
Das Folgende stellt eine Art Analyseleitfaden für die Materialaufbereitung dar, der besonders die Probleme von Medienanalyse berücksichtigt.

Materialaufbereitungen sind *Basis und Herzstück der anschließenden Diskursanalyse*. Sie sind äußerst sorgfältig vorzunehmen und (bei größeren Projekten mit mehreren MitarbeiterInnen) von allen Beteiligten in der gleichen Reihenfolge durchzuführen, ohne daß dabei schematisch vorgegangen werden sollte. Das deshalb, weil die *synoptische Analyse* (=vergleichend-zusammenfassende Analyse) im Anschluß an die einzelnen Untersuchungen eines jeweiligen Zeitungs- und Zeitschriftenjahrgangs darauf angewiesen ist, die Ergebnisse systematisch nebeneinanderzustellen. In die Materialaufbereitungen können/sollten immer schon Einfälle und Interpretationsansätze eingehen, und zwar immer dann, wenn man solche Einfälle/Ideen hat. Solche interpretativen Passagen sollten aber besonders gekennzeichnet werden, z. B. durch Unterstreichungen oder Kursivsatz.

Die folgende Zusammenstellung gibt einen Überblick über die zu absolvierenden Analyseschritte und das zu verwendende Instrumentarium (=Werkzeugkiste):

Analyseleitfaden zur Materialaufbereitung

1 Materialaufbereitung für die Strukur-Analyse z. B. des gesamten gewählten *Diskursstrangs* einer Zeitung/Zeitschrift

1.1 Allgemeine Charakterisierung der Zeitung: Politische Verortung, Leserschaft, Auflage usw.

1.2 Überblick über (z. B.) den gesamten Jahrgang in Hinblick auf die ausgewählte Thematik

1.2.1 Liste der erfaßten für das Thema relevanten Artikel mit jeweiliger Angabe der bibliographischen Daten; Stichwort(e) zur Thematik; Angabe der journalistischen Textsorte; mögliche Besonderheiten; Angabe der Rubrik bei Wochenzeitungen/-zeitschriften etc.

1.2.2 Zusammenfassender Überblick über die in der Zeitung/Zeitschrift angesprochenen/aufgegriffenen Themen; qualitative Bewertung; auffälliges Fehlen bestimmter Thematiken, die in den anderen ausgewerteten Jahrgängen angesprochen wurden; zeitliche Präsentation und Häufungen bestimmter Thematiken in Hinblick auf mögliche diskursive Ereignisse

1.2.3 Zuordnung der Einzelthemen zu thematischen Bereichen (beim biopolitischen Diskursstrang etwa zu folgenden Unterthemen: ‚Krankheit/Gesundheit', ‚Geburt/Leben', ‚Tod/Sterben', ‚Ernährung', ‚Ökonomie', ‚Bioethik/Menschenbild' und etwaigen Diskursstrangverschränkungen, etwa: Ökonomie, Faschismus, Ethik/Moral etc.).

1.3 Zusammenfassung von 1.1 und 1.2: Bestimmung der Diskursposition der Zeitung/Zeitschrift in Hinblick auf die jeweilige Thematik

2 Materialaufbereitung für die exemplarische Feinanalyse von Diskursfragmenten: eines für die Diskursposition der Zeitung möglichst typischen Artikels bzw. von Artikelserien u. ä.

2.1 Institutioneller Rahmen: ‚Kontext'

2.1.1 Begründung der Auswahl des/der (typischen) Artikel(s)

2.1.2 Autor (Funktion und Gewicht innerhalb der Zeitung, Spezialgebiete usw.)

2.1.3 Anlaß des Artikels
2.1.4 Welcher Rubrik ist der Artikel zugeordnet?
2.2 Text-,Oberfläche'
2.2.1 Grafische Gestaltung inkl. Bebilderung und Grafiken
2.2.2 Überschriften, Zwischenüberschriften
2.2.3 Gliederung des Artikels in Sinneinheiten
2.2.4 Im Artikel angesprochene Themen (Diskursfragmente) (ihre Berührungen, Überlappungen)
2.3 Sprachlich-rhetorische Mittel
2.3.1 Art und Form der Argumentation, Argumentationsstrategien
2.3.2 Logik und Komposition
2.3.3 Implikate und Anspielungen
2.3.4 Kollektivsymbolik bzw. ‚Bildlichkeit': Symbolik, Metaphorik usw. in sprachlichen und graphischen Kontexten (Statistiken, Fotos, Bilder, Karikaturen etc.)
2.3.5 Redewendungen, Sprichwörter, Klischees
2.3.6 Wortschatz und Stil
2.3.7 Akteure (Personen, Pronominalstruktur)
2.3.8 Referenzbezüge: Berufung auf die Wissenschaft(en), Angaben über die Quellen des Wissens o. ä.
2.4 Inhaltlich-ideologische Aussagen
2.4.1 Welche Art von Menschenbild setzt der Artikel voraus, vermittelt der Artikel?
2.4.2 Welche Art von Gesellschaftsverständnis setzt der Artikel voraus, vermittelt der Artikel?
2.4.3 Welche Art von (z. B.) Technikverständnis setzt der Artikel voraus, vermittelt der Artikel?
2.4.4 Welche Zukunftsperspektive entwirft der Artikel?
2.5 Sonstige Auffälligkeiten
2.6 Zusammenfassung: Verortung des Artikels im Diskursstrang (1.3) Das ‚Argument', die Kernaussage des gesamten Artikels; seine allgemeine ‚Botschaft', ‚Message'
3. Abschließende Interpretation des gesamten untersuchten Diskursstrangs unter Rückgriff auf die vorliegenden Materialaufbereitungen (Struktur- und Feinanalyse(n))

Nach erneuter Durcharbeitung der Materialaufbereitungen, Feststellung von Begründungszusammenhängen zwischen den unterschiedlichen Aufbereitungsebenen, Ergänzungen interpretatorischer Ansätze, Verwerfung zu schwach begründeter Interpretationsansätze etc. liegt nun eine vollständige und möglichst lückenlose Materialaufbereitung vor. Damit ist die Basis gelegt für die Abfassung einer Gesamt-Analyse des betreffenden Diskursstrangs, deren Ästhetik nicht im einzelnen vorgeschrieben werden kann und soll. Wie diese aussieht, das ist eine Frage des ‚schönen Schreibens', der Zielgruppe, des Veröffentlichungsortes etc. Wichtig ist hier vor allem, daß die vorgetragene Argumentation stringent, materialreich und überzeugend ist. Bei Vorliegen mehrerer Textkorpora (z. B. bei mehreren Zeitungen, Filmen etc.) erfolgt zusätzlich noch eine vergleichende (sympathische) Analyse, insbesondere wenn Aussagen zu ganzen Diskursebenen angestrebt werden.

3.4 Erste Überlegungen zur Analyse von Dispositiven

Diskurse sind nun keine eigenständig und unabhängig existierenden Phänomene; sie bilden Elemente von und sind die Voraussetzung für die Existenz von sogenannten Dispositiven. Ein Dispositiv ist der prozessierende Zusammenhang von Wissen, welches in Sprechen/Denken – Tun – Vergegenständlichung eingeschlossen ist. Die Grundfigur des Dispositivs kann man sich als ein Dreieck oder besser: als einen rotierenden und historisch prozessierenden Kreis mit drei zentralen Durchlauf-Punkten bzw. Durchgangsstationen vorstellen:

1. Diskursive Praxen, in denen primär Wissen transportiert wird.
2. Handlungen als nichtdiskursive Praxen, in denen aber Wissen transportiert wird, denen Wissen vorausgeht bzw. das ständig von Wissen begleitet wird.
3. Sichtbarkeiten/Vergegenständlichungen, die Vergegenständlichungen diskursiver Wissens-Praxen durch nichtdiskursive Praxen darstellen, wobei die Existenz der Sichtbarkeiten (‚Gegenstände') nur durch diskursive und nichtdiskursive Praxen aufrechterhalten bleibt.

Das Dispositiv hat eine gewisse Festigkeit, ist jedoch auch immer historischer Veränderung unterworfen. Zudem ist seine ständige Beeinflussung durch andere Dispositive zu beachten. Das ‚Dreieck' bzw. der rotierende und historisch prozessierende Kreis stellt eine grobe analytische Vereinfachung des Dispositivbegriffs dar und ist daher nur als Grunddenkmuster, als stark vereinfachtes Modell geeignet, das man sich folgendermaßen vorstellen kann:

Das Dispositiv

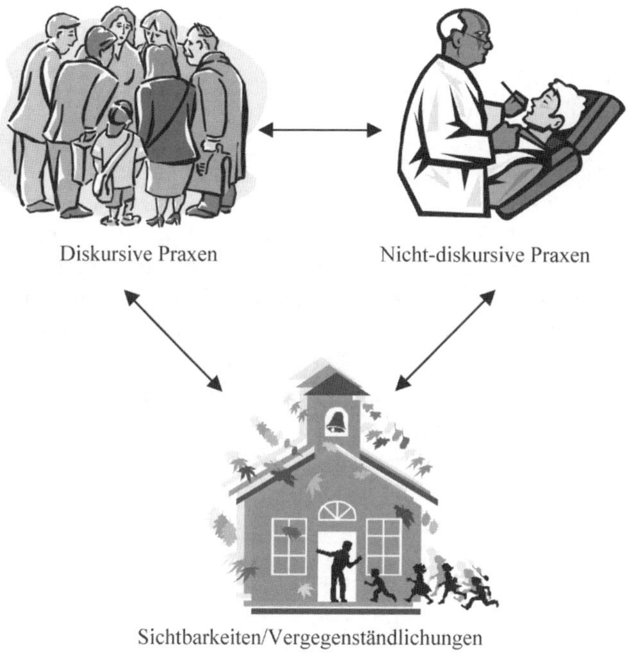

Um die (jeweils) aktuelle Befindlichkeit eines solchen Dispositivs zu ermitteln, kann dieses ‚Dreieck' bzw. dieser prozessierende und rotierende Kreis mit drei ‚Durchlaufstationen' (Diskurs, Handeln, Sichtbarkeiten/Vergegenständlichungen) durch einen synchronen Schnitt analysiert werden. Die Dispositive zirkulieren miteinander und durchdringen einander. Eine bestimmte diskursive konkrete Praxis ist in der Regel für verschiedene Dispositive von Bedeutung. Ein Beispiel wäre der Diskurs über den Verkehr. Er verschränkt sich mit Ökonomie, mit Krankheit/Gesundheit etc. Vielleicht sind es gerade solche Verschränkungen, die Gesellschaft verkitten und ihren Zusammenhang vermitteln.

Dispositivanalyse, die den prozessierenden Zusammenhang von Wissen, Handeln und Sichtbarkeiten zum Gegenstand hat, hätte demnach die folgenden Schritte zu absolvieren:

1. Rekonstruktion des Wissens in den diskursiven Praxen (wie oben dargestellt, wobei eine solche Analyse die Grundlage für die weiteren Analyseschritte

einer Dispositivanalyse bildet, indem sie die Aufmerksamkeit auf die folgenden Aspekte des zu untersuchenden Dispositivs lenkt, etwa auf ‚weiße Flecken' im Diskurs, wichtige dazugehörende ‚Sichtbarkeiten' etc.).
2. Rekonstruktion des Wissens, das den nichtdiskursiven Praxen zugrundeliegt.
3. Rekonstruktion der nichtdiskursiven Praxen, die zu den Sichtbarkeiten/Vergegenständlichungen geführt haben, und des darin enthaltenen Wissens.

Die Rekonstruktion von Wissen, die faktisch immer in Texte resultiert, umfaßt auch immer die Form, in der Wissen auftritt, also wie es sich präsentiert, ob dieses Wissen offen zu Tage liegt, ob es sich – etwa in Gestalt von Implikaten – verkleidet, wie es argumentativ verpackt ist etc. Erinnert sei auch noch einmal daran, daß der Begriff des Wissens hier sehr weit gefaßt ist, also keineswegs mit ‚Erkenntnis' gleichgesetzt werden darf, daß er auch Gefühle und Affekte umfaßt etc., also sämtliche Aspekte menschlichen Bewußtseins.

Während die Analyse der diskursiven Bestandteile des Dispositivs bereits ausführlich diskutiert ist (s. o.), stellt sich

1. die Frage, wie das den Handlungen bzw. nichtdiskursiven Praxen zugrundeliegende und sie begleitende Wissen rekonstruiert werden kann.

Sodann ist zu fragen,

2. wie für die Analyse von Dispositiven an die Sichtbarkeiten/Gegenständlichkeiten heranzukommen ist und wie man sie so aufbereitet, daß das ihnen zugrundeliegende Wissen ermittelt werden kann?

Zu 1: Wissen in Handlungen

Handlungen lassen sich beobachten und beschreiben. Nun kommt es darauf an, das diesen Handlungen vorausgesetzte bzw. sie begleitende Wissen zu rekonstruieren. Im einfachen Beispiel: Beobachtet wird ein Mensch, der über eine Straße geht und eine Bäckerei aufsucht, in der er ein Brot kauft. Ich muß nun herausfinden, was dieser Mensch weiß und will. Er weiß, daß er sich an einen bestimmten Ort begeben muß, um ein Brot kaufen zu können. Er weiß, daß er sich dafür auf eine bestimmte Weise kleiden muß (z. B. Schuhe und Mantel anziehen), er weiß, daß er eine Straße überqueren muß, daß er dabei auf den Verkehr achten und Verkehrsregeln beachten muß, ferner: daß an einer bestimmten Stelle der Straße ein Bäckerladen liegt oder daß er danach Ausschau halten muß; er weiß, daß er dort ein Brot bekommt, daß und wofür er Geld bereithalten muß etc. Der so einfachen Handlung des Brotkaufens liegt also bereits ein großes Quantum von Wissen zugrunde, dessen Komplexität ich hier nur andeuten möchte.

Nun handelt es sich hier zudem um ein sehr einfaches Beispiel. Ein komplexeres wäre: Ich beobachte einen Menschen, der am Rande einer Straße ein Loch gegraben hat und in diesem Loch an einem dicken Rohr herumwerkelt. So weit meine Beobachtung! Das mit dieser Handlung verbundene Wissen zu rekonstruieren, setzt voraus, daß ich – ähnlich wie beim beschriebenen Brotkauf, aber sehr viel anspruchsvoller – über Wissen verfüge, mit dessen Hilfe ich verstehen kann, was der Mensch dort unter Einsatz von Wissen tut. Mir fehlt – zumindest in großen Teilen – dieses Wissen, weshalb ich, will ich verstehen, was dieser Mensch tut, ihn ansprechen und fragen kann, was und warum er das tut, was er tut. Er antwortet mir z. B.: „Ich beseitige einen Wasserrohrbruch." Mit diesem Wissen ausgestattet, verstehe ich schon besser, was der Mensch tut. Ich kann mich auch damit zufriedengeben, gehe aber davon aus, daß ich weiterfrage: „Warum machen Sie das denn?" Er kann mir antworten: „Um den Rohrbruch zu beseitigen." Oder zusätzlich: „Das ist mein Job!" Oder ferner: „Ich muß halt sehen, wie ich zu meinem Geld komme!" etc. Das in dieser Tätigkeit verborgene Wissen ist bereits ziemlich komplex; es läßt sich prinzipiell zurückverfolgen und erweitern bis hin zur Frage der Notwendigkeit bzw. der ökonomischen Praxis abhängiger Lohnarbeit.

Ein bei weitem noch komplizierteres Tun, dessen Wissen noch sehr viel schwieriger zu rekonstruieren ist, wäre etwa die Beobachtung eines Mannes, der zu einer Bank geht und dort einen Scheck einlöst. Das für mich Sichtbare ist ausgesprochen karg; seine Interpretation setzt eine riesige Fülle von Wissen voraus, mit dessen Hilfe ich das Tun dieses Menschen verstehen kann bzw. daß darin ‚verborgene' Wissen rekonstruieren kann.

Zu 2: Wissen in Sichtbarkeiten/Vergegenständlichungen

Ich betrachte einen Gegenstand, ein Haus, eine Kirche, ein Fahrrad. Im Unterschied zu den vorangegangenen Beispielen kann ich diesen Gegenstand selbst nicht nach seinem Wissen fragen. Er hat ja von sich aus keine Bedeutung und ist auch nicht in der Lage, mir Auskunft zu erteilen. Zunächst bin ich also auf mein eigenes Wissen angewiesen, um das Wissen und Handeln rekonstruieren zu können, das Voraussetzung zur Produktion dieses Gegenstandes gewesen ist. Und nicht nur das: Ob es sich bei einem Gegenstand um eine Kirche oder um einen Pferdestall, ein Museum oder um eine Bedürfnisanstalt handelt, ist dem Gegenstand als solchem nicht oder kaum abzulesen. Ich muß mein Wissen erweitern, analysieren, Experten und Nutzer fragen, Statistiken, Landkarten, Bücher zu Rate ziehen etc. Erst dadurch kann ich das Wissen ermitteln, das das Wissen dieses Gegenstandes ist und das in diesen Gegenstand eingeflossen ist.

Zu fragen ist natürlich, wie man mit sehr komplexen Dispositiven (als Dispositivbündeln) verfahren könnte, etwa dem Kosovo-Krieg, zumal der Zugang dazu schwierig ist. Inwieweit kann man sich auf bereits vorliegende Diskursivierungen, also Statistiken, Fotos, Berichte, Medienkommentare etc. stützen? Wie kann man die in sie einfließenden Diskurspositionen kenntlich machen? Durch Vergleiche mit anderen? Zusätzlich taucht hier das Problem neutraler bzw. objektiver Diskursivierung auf, die auch dann nicht gegeben ist, wenn ‚man selbst' die Sichtbarkeiten bezüglich des in sie eingeflossenen Wissens befragt. Auch hier kann es also nicht um die Ermittlung von ‚Wahrheiten' gehen, sondern um Zuweisungen, die eine gewisse Gültigkeit haben, in die aber immer Interessen verwoben sind. Es muß also immer auch der Blick auf diese Interessen gerichtet sein, auch auf die eigenen.

Hier stellen sich besondere Probleme, etwa daß man nicht nur neutral Wissen ermittelt, sondern dabei bereits Interpretationen, Deutungen einfließen, und ferner, daß es Vergessen, Umdeutungen und Verschleierungen von Wissen gibt.

Allgemein festzuhalten ist: Ich kann mich also keinesfalls auf mein eigenes Wissen stützen, um das Wissen rekonstruieren zu können, das der Entstehung eines Gegenstandes vorausgesetzt ist.

Hinzu kommt, daß das ursprünglich in einen Gegenstand durch Bedeutungszuweisung ‚eingeflossene' Wissen mit der Bedeutung, die ein Gegenstand jetzt und heute hat, nicht mehr oder jedenfalls nicht mehr restlos übereinstimmt. Dem Gegenstand kann im Verlauf seiner Geschichte eine andere Bedeutung zugewiesen worden sein als sie ihm ursprünglich zukam. ‚Legenden' mögen sich gebildet haben, Verschiebungen mögen eingetreten sein. Man denke an den aktuellen Gebrauch einer Kirche als Museum oder Pferdestall oder an die sich oft diametral widersprechenden Zeugenaussagen anläßlich eines Verkehrsunfalls.

Und es stellt sich ein weiteres Problem: Wo Wissen ist, da ist Macht, wo Vergegenständlichungen vorliegen, waren Macht und Wissen am Werk und sind weiterhin am Werk, da sonst die Vergegenständlichungen ihre Bedeutung verlieren und verrotten. Die Macht ist als solche ja nicht sichtbar. Kann sie sichtbar gemacht werden? Auf indirektem Weg? In Form ihrer Auswirkungen? Alles Wissen ist an Macht gekoppelt, in jedem Wissen, das sich durchsetzt, setzt sich Macht durch. Es ist durch Macht erzeugt und übt Macht aus. Wo es ein Wissen gibt, gibt es also Macht. Wo ein Wissen geschwächt wird, kann Macht geschwächt werden.

Betrachtet man das Dispositiv als konkreten Zusammenhang, bei dem die drei Wissens-Aspekte im Zusammenhang wirken, deutet sich die Möglichkeit seiner Analyse an, die allerdings sehr komplex ist. Michel Foucaults Buch ‚Überwachen und Strafen' (Foucault 1989) stellt eine solche Dispositivanalyse dar, auch Victor Klemperers Tagebücher kann man als eine Dispositivanalyse lesen (Klemperer 1995). Beide haben dafür keine explizite Methode bereitgestellt, sie haben sie implizit – Foucault sagt ‚bastelnd' – angewendet, indem sie Diskurse analysierten, Wissen sammelten, Statistiken zu Rate zogen, sie kritisch auseinandernahmen, Schlüsse daraus zogen, Einschätzungen beisteuerten etc. So können auch die hier vorgebrachten Überlegungen kein Rezept oder gar eine irgendwie schematisch anwendbare Methode darstellen, aber doch Anregungen dafür enthalten, wie man sich dem komplexen Zusammenhang von Diskurs, Handeln und sich daraus entwickelnden/erarbeiteten Gegenständlichkeiten/Sichtbarkeiten analytisch annähert. Herzstück hat dabei die Diskursanalyse zu sein, die auch auf Texte bezogen werden kann, die bei der Rekonstruktion von Wissen in nichtdiskursiven Praxen und Vergegenständlichungen gewonnen werden. Eine explizite Methode ist bisher dafür noch nicht entwickelt worden und kann dies wohl auch erst in Verbindung mit konkreten Forschungsprojekten. Dies würde auch dazu beitragen, die noch bestehende Kluft zwischen Diskursanalyse und empirischer Sozialforschung zu überwinden.

Literatur

Balke, F. (1998): Was zu denken zwingt. Gilles Deleuze, Felix Guattari und das Außen der Philosophie. In: Jurt, J. (Hrsg.): Zeitgenössische Französische Denker: Eine Bilanz. Freiburg i.B.: Rombach Litterae, S. 187–210

Becker, F./Gerhard, U./Link, J. (1997): Moderne Kollektivsymbolik. Ein diskurstheoretisch orientierter Forschungsbericht mit Auswahlbibliographie. In: Internationales Archiv für Sozialgeschichte der deutschen Literatur (IASL), 22. Bd., 1, S. 70–154

Bublitz, H. (1999): Foucaults Archäologie des kulturellen Unbewußten. Zum Wissensarchiv und Wissensbegehren moderner Gesellschaften. Frankfurt/Main: Campus

Caborn, J. (1999): Die Presse und die „Hauptstadtdebatte". Konstrukte der deutschen Einheit. In: Kreft, U./Uske, H./Jäger, S. (Hrsg.): Kassensturz. Politische Hypotheken der Berliner Republik. Duisburg: DISS, S. 61–84

Cleve, G. (1997): Völkisches Denken im Alltag. In: Disselnkötter, A./Jäger, S./Kellershohn, H./Slobodzian, S. (Hrsg.): Evidenzen im Fluß. Demokratieverluste in Deutschland. Duisburg: DISS, S. 244–260

Deleuze, G. (1992): Foucault. Frankfurt/Main: Suhrkamp

Drews, A./Gerhard, U./Link, J. (1985): Moderne Kollektivsymbolik. Eine diskurstheoretisch orientierte Einführung mit Auswahlbibliographie. In: Internationales Archiv für Sozialgeschichte der deutschen Literatur (IASL), 1. Sonderheft Forschungsreferate, Tübingen, S. 256–375

Foucault, M. (1978): Wahrheit und Macht. Interview mit Michel Foucault von Allessandro Fontana und Pasquale Pasquino. In: Ders. (Hrsg.): Dispositive der Macht. Über Sexualität, Wissen und Wahrheit. Berlin: Merve, S. 21–54

Foucault, M. (1983): Der Wille zum Wissen. Sexualität und Wahrheit 1. Frankfurt/Main: Suhrkamp

Foucault, M. (1988): Archäologie des Wissens (3. Aufl.). Frankfurt/Main: Suhrkamp

Foucault, M. (1989): Überwachen und Strafen. Die Geburt des Gefängnisses (8. Aufl.). Frankfurt/Main: Suhrkamp

Foucault, M. (1992): Was ist Kritik? Berlin: Merve [frz. zuerst 1990, Vortrag und Diskussion von 1978]
Jäger, M. (1996): Fatale Effekte. Die Kritik am Patriarchat im Einwanderungsdiskurs. Duisburg: DISS
Jäger, M./Cleve, G./Ruth, I./Jäger, S. (1998): Von deutschen Einzeltätern und ausländischen Banden. Duisburg: DISS
Jäger, M./Jäger, S./Ruth, I./Schulte-Holtey, E./Wichert, F. (Hrsg.) (1997): Biomacht und Medien. Wege in die Biogesellschaft. Duisburg: DISS
Jäger, S. (1996a): BrandSätze. Rassismus im Alltag (4. Aufl.). Duisburg: DISS, [1992]
Jäger, S. (1996b): Diskurstheorien. In: Hierdeis, H./Hug, T. (Hrsg.): Taschenbuch der Pädagogik. Band 1–4 (4. vollst. überarb. und erw. Aufl.). Hohengehren: Schneider, S. 238–249
Jäger, S. (2004): Kritische Diskursanalyse. Eine Einführung (4. gegenüber der 2. und 3. Aufl. unveränderte Aufl.). Münster: Unrast [1993].
Jäger, S./Kretschmer, D./Cleve, G./Griese, B./Jäger, M./Kellershohn, H./Krüger, C./Wichert, F. (1998): Der Spuk ist nicht vorbei. Völkisch-nationalistische Ideologeme im öffentlichen Diskurs der Gegenwart. Duisburg: DISS
Jurt, J. (1999): Von Michel Serres bis Julia Kristeva, Freiburg i. B.: Rombach Litterae
Klemperer, V. (1995): Ich will Zeugnis ablegen bis zum Letzten. Tagebücher 1933–1945. Berlin: Aufbau
Laclau, E. (1981): Politik und Ideologie im Marxismus. Kapitalismus-Faschismus-Populismus. Berlin: Argument
Link, J. (1982): Kollektivsymbolik und Mediendiskurse. In: kultuRRevolution, 1, S. 6–21
Link, J. (1983): Was ist und was bringt Diskurstaktik. In: kultuRRevolution, 2 , S. 60–66
Link, J. (1986): Kleines Begriffslexikon. In: kultuRRevolution, 11, S. 71
Link, J. (1992): Die Analyse der symbolischen Komponenten realer Ereignisse. Ein Beitrag der Diskurstheorie zur Analyse neorassistischer Äußerungen. In: Jäger, S./Januschek, F. (Hrsg.): Der Diskurs des Rassismus, Oldenburg, S. 37–52 8 (Osnabrücker Beiträge zur Sprachtheorie 46)
Link, J. (1995): Diskurstheorie. In: Haug, W.-F. (Hrsg.): Historisch-kritisches Wörterbuch des Marxismus. Band 2. Hamburg: Argument, S. 744–748
Link, J./Link-Heer, U. (1990): Diskurs/Interdiskurs und Literaturanalyse. In: Zeitschrift für Linguistik und Literaturwissenschaft (LiLi), 77, S. 88–99
Marx, K./Engels, F. (1969): Die deutsche Ideologie. In: Dies.: Werke. Bd. 3. Berlin: Dietz
Teubert, W. (1997): Zum politisch-gesellschaftlichen Diskurs im Postsozialismus (unveröff. Ms.). Mannheim
Teubert, W. (1999): Zum Verlust von Pluralität im politisch-gesellschaftlichen Diskurs: Das Beispiel Besitzstände. In: Kreft, U./Uske, H./Jäger S. (Hrsg.): Kassensturz. Politische Hypotheken der Berliner Republik. Duisburg: DISS, S. 29–48
Waldenfels, B.: Michel Foucault: Ordnung in Diskursen. In: Ewald, F./Waldenfels, B.: Spiele der Wahrheit. Michel Foucaults Denken. Frankfurt/Main: Suhrkamp, 1991, S. 277–297

Wissenssoziologische Diskursanalyse[1]

Reiner Keller

Alles, was wir wahrnehmen, erfahren, spüren, auch die Art, wie wir handeln, ist über sozial konstruiertes, typisiertes, in unterschiedlichen Graden als legitim anerkanntes und objektiviertes Wissen vermittelt. Dieses Wissen ist nicht auf ein ‚angeborenes' kognitives Kategoriensystem rückführbar, sondern auf gesellschaftlich hergestellte symbolische Systeme. Solche symbolischen Ordnungen werden überwiegend in Diskursen gesellschaftlich produziert, legitimiert, kommuniziert und transformiert; sie haben gesellschaftlich-materiale Voraussetzungen und Folgen. Diskursanalyse ist ein Forschungsprogramm bzw. eine Forschungsperspektive, die ihr Erkenntnisinteresse auf die Analyse dieser Zusammenhänge richtet: Der wissenssoziologischen Diskursanalyse geht es darum, Prozesse der sozialen Konstruktion, Objektivation, Kommunikation und Legitimation von Sinn-, d. h. Deutungs- und Handlungsstrukturen auf der Ebene von Institutionen, Organisationen bzw. sozialen (kollektiven) Akteuren zu rekonstruieren und die gesellschaftlichen Wirkungen dieser Prozesse zu analysieren. Das schließt unterschiedliche Dimensionen der Rekonstruktion ein: diejenige der Be-

[1] Für hilfreiche Kommentierungen danke ich Alexandra Göschl, Andreas Hirseland, Werner Schneider und Willy Viehöver. Vgl. zur ausführlichen theoretischen Grundlegung der Wissenssoziologischen Diskursanalyse Keller (2005), zur Erläuterung des methodischen Vorgehens Keller (2004a, 2004b), zur Diskussion des Ansatzes Keller/Hirseland/Schneider/Viehöver (2005) sowie Keller/Truschkat (2011).

deutungsproduktion ebenso wie diejenige von Handlungspraktiken, institutionellen/strukturellen und materiellen Kontexten sowie die gesellschaftlichen Folgen.[2]

Die nachfolgend zu entwickelnde Programmatik und Methodik einer wissenssoziologischen Diskursanalyse geht von vier Annahmen aus: Es ist *erstens* möglich und sinnvoll, einen genuin sozialwissenschaftlichen Ansatz der Diskursanalyse im sozialwissenschaftlichen ‚interpretativen Paradigma' und hier insbesondere in der hermeneutischen Wissenssoziologie zu verankern. Insofern diese sich allerdings vorwiegend mit der Analyse von (subjektiven) Allerwelts-Wissensvorräten und Weltkonstitution (basale Typisierungsprozesse, kleine Lebenswelten u. a. m.) beschäftigt und dabei die Bedeutung institutionell-organisatorischer Wissensproduktion vernachlässigt, ist es *zweitens* notwendig, sie durch eine ‚Foucaultsche Wende' hin zum Begriff des Diskurses zu führen. Aufgabe der Wissens*soziologie* ist nicht (nur) die Deskription der empirischen Vielfalt von subjektiven, typisierbaren Wissensvorräten, sondern auch die Analyse der kollektiven und institutionellen Prozesse, in denen spezifisches Wissen zur gesellschaftlichen Wirklichkeit wird. Damit wird *drittens* innerhalb des wissenssoziologischen Ansatzes eine neue Forschungsperspektive eröffnet, die auf eine vorhandene, breit fundierte interpretative Methodologie und den entsprechenden Methodenkanon zurückgreifen kann. Dabei sind *viertens* im Hinblick auf das Datenmaterial und seine Auswertung einige gegenstandsspezifische Modifikationen vorzunehmen.

Die Entfaltung dieser Perspektive erfolgt in drei Schritten. Nachfolgend wird *zuerst* die Verortung der Diskursanalyse im interpretativen Paradigma und in der Wissenssoziologie diskutiert. Dabei geht es zunächst um Leistungen, dann um Grenzen des wissenssoziologischen Ansatzes von Peter Berger und Thomas Luckmann. Daran anschließend wird diskutiert, inwieweit eine Erweiterung durch theoretische und konzeptionelle Vorschläge von Michel Foucault diese Grenzen zu überwinden und die Wissenssoziologie für diskursanalytische Fragestellungen zu öffnen vermag. Im *zweiten* Teil werden dann Grundbegriffe einer wissenssoziologischen Diskursanalyse erläutert. Im abschließenden *dritten* Teil werden mögliche Fragestellungen und methodische Umsetzungen vorgestellt.

---

[2] Dabei muß keine strenge Abgrenzung gegenüber anderen sozialwissenschaftlichen Forschungsperspektiven (etwa der Social studies of science, der Institutionenanalyse) gezogen werden.

1 Grundlagen der wissenssoziologischen Diskursanalyse

1.1 Interpretatives Paradigma und (hermeneutische) Wissenssoziologie

Was bedeutet es, den Diskursbegriff im Horizont der Wissenssoziologie und des interpretativen Paradigmas zu verorten? Mit ‚Wissenssoziologie' beziehe ich mich auf die mittlerweile 35 Jahre alte ‚Theorie der Wissenssoziologie', die die Soziologen Peter Berger und Thomas Luckmann in ihrer Arbeit über ‚Die gesellschaftliche Konstruktion der Wirklichkeit' vorgelegt haben (Berger/Luckmann 1980). Einfach und knapp formuliert geht es darum, dieses Buch um ein Kapitel ‚Diskurse' zu ergänzen. Die Untersuchung des Verhältnisses von Wissen und Gesellschaft ist eines der wichtigsten Anliegen, mit dem schon die klassische Soziologie ihren Anspruch als wissenschaftliche Disziplin erhebt.[3] Berger/Luckmann haben diesem Vorhaben mit ihrem 1966 erschienenen Buch eine gewichtige Erneuerung gegeben. Aufbauend auf der verstehenden Soziologie Max Webers beziehen sie wissenssoziologische Argumente von Karl Marx, Emile Durkheim, Max Scheler und Karl Mannheim ebenso in ihr Modell ein wie die institutionentheoretischen Annahmen Arnold Gehlens und die sozialisationstheoretischen Überlegungen von George Herbert Mead im Kontext des us-amerikanischen Pragmatismus. Vor diesem breiten theoretischen Hintergrund besteht die besondere Leistung von Berger/Luckmann in der Verknüpfung der phänomenologisch informierten Analyse der Struktur gesellschaftlicher und subjektiver Wissensvorräte im Anschluß an Alfred Schütz mit der us-amerikanischen Theorie- und Forschungstradition des Symbolischen Interaktionismus und den vorangehend erwähnten wissenssoziologischen Traditionen und Fragestellungen.

Während Schütz in seinem Werk eine Analyse der sozialen Typik individueller Bewußtseinsinhalte und der Wissensstrukturen (insbesondere) der (alltäglichen) ‚Lebenswelt' vorgenommen hat, insistiert der Symbolische Interaktionismus auf dem symbolvermittelten Charakter aller Interaktionen, der Notwendigkeit von Interpretationsprozessen, den überindividuellen Verstrickungen wechselseitiger Situationsdefinitionen und dem Prozeß der kollektiven Aushandlung sozialer Wirklichkeit.[4] Menschen weisen demnach materiellen wie immateriellen Dingen

[3] Vgl. zum Überblick über unterschiedliche Wissenssoziologien jetzt McCarthy (1996) und Maasen (1999).

[4] Die Grundposition dieses Ansatzes läßt sich nach wie vor am besten mit den drei Prämissen formulieren, die Herbert Blumer in den 60er Jahren des letzten Jahrhunderts vorgeschlagen hat: „Die *erste* Prämisse besagt, daß Menschen ‚Dingen' gegenüber auf der Grundlage der Bedeutungen handeln, die diese Dinge für sie besitzen. Unter ‚Dingen' wird alles gefaßt, was der Mensch in seiner Welt wahrzunehmen vermag – physische Gegenstände, wie Bäume oder Stühle; andere Menschen, wie eine Mutter oder einen Verkäufer; Kategorien von Menschen, wie Freunde oder Feinde; Institutionen, wie eine Schule oder eine Regierung; Leitideale wie individuelle Unabhängigkeit oder Ehrlichkeit;

Bedeutung zu, entwickeln dabei typische Deutungs-(und Handlungs-)muster und konstruieren dadurch gemeinsam die Realität ihrer bzw. ‚der' Welt. Die Bedeutungen sind nicht Resultat individueller Idiosynkrasien, sondern sozial objektiviert, d. h. in Interaktion mit anderen entstanden, verfestigt, weitergegeben und modifiziert. Die Bedeutungszuweisung ist kein Automatismus, sondern ein aktiver und auch kreativer Handlungsprozeß, der seinerseits Teil eines Netzwerkes von Handlungen ist (Blumer 1981: 99). Im Ergebnis entwickeln Berger/Luckmann eine Theorie der sozialen Konstruktion von Deutungs- und Handlungswissen, das gesellschaftlich institutionalisiert und in Sozialisationsprozessen an Individuen vermittelt wird.

Die von Berger/Luckmann entworfene Theorie der Wissenssoziologie ist, wenn nicht zu einem soziologischen Klassiker überhaupt, dann mindestens zu einem Klassiker derjenigen Ansätze innerhalb der Soziologie geworden, die sich dem interpretativen Paradigma zuordnen lassen. Es handelt sich dabei um theoretische und methodologische Orientierungen, die ihren wesentlichen gemeinsamen Ausgangspunkt darin sehen, daß gesellschaftliche Wirklichkeit sinnhaft konstituiert ist und von den Subjekten sowohl alltäglich wie wissenschaftlich in Verstehens- bzw. Interpretationsprozessen handelnd erschlossen wird.[5] In der heutigen deutschen Soziologieszene lassen sich dazu all diejenigen – mitunter als ‚sozialwissenschaftliche Hermeneutik' (Hitzler/Honer 1997) zusammengefaßten – Untersuchungsperspektiven rechnen, die einen sinnverstehenden bzw. textauslegenden, hermeneutischen Zugang zu ihrem Forschungsgegenstand wählen und in der Regel mit qualitativen Methoden arbeiten. Dort werden nicht nur Prozesse intersubjektiver Weltkonstruktion, Interpretationsschemata und Texte analysiert, sondern auch – wie bspw. in der Konversationsanalyse – Praktiken des Sprachgebrauchs oder – wie in der Ethnographie – gesellschaftliche Praxisformen und ‚kleine Lebenswelten' (vgl. dazu Honer 1993).

Für sozialwissenschaftliche Diskursanalyse ist dabei insbesondere der komplexe, theoretisch, methodologisch und methodisch ausgearbeitete Ansatz der hermeneutischen Wissenssoziologie von Bedeutung.[6] Diese geht davon aus, „daß

Handlungen anderer Personen, wie ihre Befehle oder Wünsche; und solche Situationen, wie sie dem Individuum in seinem täglichen Leben begegnen. Die *zweite* Prämisse besagt, daß die Bedeutung solcher Dinge aus der sozialen Interaktion, die man mit seinen Mitmenschen eingeht, abgeleitet ist oder aus ihr entsteht. Die *dritte* Prämisse besagt, daß diese Bedeutungen in einem interpretativen Prozeß, den die Person in ihrer Auseinandersetzung mit den ihr begegnenden Dingen benutzt, gehandhabt und abgeändert werden" (Blumer 1981: 81).

[5] Vgl. Arbeitsgruppe Bielefelder Soziologen (1981), Schröer (1994a), Abels (1998). Die Beziehungen der verschiedenen ‚Unterabteilungen' des interpretativen Paradigmas zueinander, etwa zwischen Symbolischem Interaktionismus, hermeneutischer Wissenssoziologie, Ethnographie und Ethnomethodologie, sind wenig diskutiert.

[6] Hermeneutische Wissenssoziologie wird gemeinhin als spezifischer Ansatz innerhalb der sozialwissenschaftlichen Hermeneutik verortet. Die wichtigsten neueren Arbeiten zur Formulierung ei-

sich Wirklichkeit in Bewußtseinstätigkeiten konstituiert und daß historische Welten gesellschaftlich konstruiert werden" (Luckmann 1999: 19). Aufbauend auf den von Schütz vorgelegten Analysen der Weltkonstitution im menschlichen Bewußtsein wird ein umfassendes Programm der Untersuchung historisch erzeugter und situierter gesellschaftlicher Wissensbestände und deren aktiver Handhabung durch menschliche Akteure im Sinne einer ,strukturanalytischen Handlungstheorie' entworfen. Im Verständnis des Schützschen Wissensbegriffs werden dabei typisierte und typisierbare Deutungs- *und* Handlungsmuster einbezogen. Handeln ist sinnorientiert, selbst da, wo es sich um Routinevorgänge handelt. Dieser subjektiv mit einem Handeln verbundene Sinn ist zugleich ein sozialer, ist objektivierte Bedeutung, die als gesellschaftliches Wissen beschrieben werden kann.[7] Die Gesellschaft stellt den sozialen Akteuren über ihre Institutionen gesellschaftlich und historisch entstandene, komplexe Wissensbestände zur Verfügung. Diese sind auf die verschiedensten Handlungs- und Deutungsprobleme bezogen. Sie werden sozialisatorisch angeeignet und in konkreten Deutungs- und Handlungsakten eingesetzt, dabei aber nicht qua Internalisierung automatisch vollzogen, sondern durch die ,Eigenwilligkeit' der Akteure mehr oder weniger interpretiert, geformt, gebrochen, aktualisiert, abgelehnt, transformiert, erneuert. Akteure sind Adressaten von ,Wissensbeständen und darin eingelassenen Wertungen', aber auch ,selbstreflexive Subjekte', die in der alltäglichen Aneignung soziale Wissensbestände deuten und modifizieren (vgl. Hitzler/Reichertz/Schröer 1999: 11 ff).

Bedeutsam für die Begründung einer wissenssoziologischen Diskursanalyse ist dabei, daß die Wissenssoziologie in der Tradition des interpretativen Paradigmas sowohl über eine Theorie der gesellschaftlichen Wissensproduktion als auch über eine Theorie der individuellen, sozialisatorisch-intersubjektiv vermittelten Wissensaneignung verfügt. Ergänzt wird dies durch die systematische Reflexion auf die Prozesse und Bedingungen der sozialwissenschaftlichen Beobachtungs-, Interpretations- und Verstehensvorgänge:

> „Wer über die Akte der Deutung nichts weiß und sich über ihre Prämissen und Ablaufstrukturen keine Rechenschaftspflicht auferlegt, interpretiert – aus der Sicht wissenschaftlicher Überprüfungspflicht – einfältig, d. h. auf der Grundlage impliziter alltäglicher Deutungsroutinen und Plausibilitätskriterien. (...) Es ist (...) die Unausweichlichkeit, mit der wir im Alltag zur Deutung und in der Wissenschaft zur theoretischen Erfassung der Deutungsarbeit gezwungen sind, die zu der Einsicht ge-

ner hermeneutischen Wissenssoziologie sind Soeffner (1989), Schröer (1994b), Reichertz (1997b), Schröer (1997a, 1997b) und die Beiträge in Hitzler/Reichertz/Schröer (1999).

[7] Dem tragen Berger/Luckmann (1980) nicht immer Rechnung (vgl. zur Diskussion Knoblauch 1995: 29 ff).

führt hat, daß zum wissenschaftlichen ‚Verstehen von etwas' die Beschreibung und das Verstehen des Verstehens selbst gehören. (...) Sozialforschung basiert auf Akten der Deutung, erarbeitet und bezieht sich auf verstehensmäßig konstituierte Daten und gewinnt ihre Erklärungen durch Dateninterpretation." (Soeffner 1989: 52 f)[8]

Aufgrund der Unhintergehbarkeit von Interpretationsarbeit im Forschungsprozeß muß diese reflektiert und methodisch (weitestgehend) kontrolliert werden. Dieser Anspruch bildet den Ausgangspunkt der *hermeneutischen* Wissenssoziologie. Aus der methodologischen Reflexion und Fundierung heraus wird schließlich ein weites Spektrum von Methoden der Datenerhebung und Datenauswertung entfaltet, das von der ethnographisch-teilnehmenden Beobachtung bis zur extensiven Einzelfallanalyse von Interviews reicht. Damit versammeln das interpretative Paradigma im allgemeinen und die hermeneutische Wissenssoziologie im besonderen theoretische Hintergrundannahmen und ein breites Arsenal an Forschungsstrategien, um soziokulturelle Handlungs- und Deutungsmuster und geronnene Objekt-Materialität zu analysieren. Darin liegt zunächst ein enormer Vorteil und ein großes Potential, sozialwissenschaftliche Diskursanalysen in diesem Kontext zu verorten.

1.2 Ein Defizit der ‚gesellschaftlichen Konstruktion der Wirklichkeit'[9]

Berger/Luckmann (1980) entwickeln ein begriffliches Gerüst zur Analyse sozialer Phänomene, in dem Gesellschaft in zweifacher Weise gedacht wird: als objektive und subjektive Wirklichkeit zugleich. Was ist damit gemeint? Der Sinn, die wahrnehmbare Wirklichkeit der Welt erschließt sich dem erkennenden, deutenden, handelnden Subjekt immer als sozial konstruierter, als Wissen, das aus dem übersubjektiven, gesellschaftlichen Wissensvorrat stammt und sowohl Inhalte wie Handlungsweisen, Regeln, Normen oder Moralvorstellungen umfaßt. Dieser historisch entstandene und kontingente Wissensvorrat wird dem Individuum von den verschiedensten Vermittlungsinstanzen (z. B. Familie, Peergroups, Bildungseinrichtungen, Massenmedien) als objektiv gegeben vorgestellt und von den Subjekten in unterschiedlichsten Prozessen und Situationen angeeignet. Gesellschaft ist die in einer Vielzahl von symbolischen Systemen (Sinnwelten) objektivierte, d. h. institutionalisierte, legitimierte, realisierte Realität, gemach-

[8] Vgl. auch Soeffner/Hitzler (1994); zur Unterscheidung der ‚objektiven', ‚subjektiven' und ‚situativen' Bedeutung von Zeichen im Anschluß an Schütz vgl. Hitzler/Keller (1989: 95).

[9] ‚Defizit' bezieht sich hier auf die diskursanalytische Perspektive. Unter anderen Gesichtspunkten wären sicher weitere Defizite zu benennen, etwa der – den meisten Wissenssoziologien inhärente – kognitivistische Bias oder die Vernachlässigung materialer Objekte.

tes Faktum einerseits, sozialisatorisch angeeignete Realität andererseits. Es gibt kein begreifbares ‚an sich' der Welt jenseits der Bedeutungszuschreibungen, auch wenn ihre materiale Qualität uns durchaus Widerstände entgegensetzt, Deutungsprobleme bereitet und nicht jede beliebige Beschreibung gleich evident erscheinen läßt.[10] Unser Deutungs- und Handlungswissen über die Welt ist Teil gesellschaftlich hergestellter, mehr oder weniger konflikthafter, im Fluß befindlicher symbolischer Ordnungen bzw. Wissensvorräte. Dadurch wird Wissen und Nicht-Wissen zugleich gesetzt: eine besondere, kontingente Sinnordnung der Welt. Prozesse gesellschaftlicher Objektivierung von Sinn – etwa durch Zeichensysteme, Institutionen, Sprache und materielle Objekte – sind konstitutiv für das ‚*soziale* Wirklichwerden' der Wirklichkeit: „Wissen über die Gesellschaft ist demnach *Verwirklichung* im doppelten Sinne des Wortes: Erfassen der objektivierten gesellschaftlichen Wirklichkeit und das ständige Produzieren eben dieser Wirklichkeit in einem." (Berger/Luckmann 1980: 71)

Wie entsteht nun überindividuelles Wissen? Basale gesellschaftliche Prozesse der *Wissenskonstruktion* verlaufen als Stufenabfolge der situativen Externalisierung von Sinnangeboten, der interaktiven Verfestigung von Handlungen und Deutungen durch Prozesse der wechselseitigen Typisierung durch unterschiedliche Akteure, der habitualisierten Wiederholung, der Objektivation durch Institutionenbildung (etwa in Rollen) und der Weitergabe an Dritte in Formen sozialisatorisch vermittelter Aneignung. Institutionen stellen Wissensvorräte auf übersituative Dauer, ‚verschleiern' ihre geschichtliche Kontingenz und setzen dazu verschiedenste Kontroll- und Sanktionsmechanismen ein. Mit der institutionellen Vorstrukturierung von Deutungs- und Handlungsmustern entsteht zugleich das Problem der Kontrolle von Abweichungen. Entsprechend werden Sanktionspotentiale aufgebaut. Institutionen schließen schon durch ihr Vorhandensein, durch die Art und Weise ihrer spezifischen sinnhaften Ordnung von Wirklichkeitsbereichen Alternativen aus. Sie gewinnen ihren Charakter als objektive Faktizität vor allem dann, wenn sie an Dritte vermittelt werden, die an ihrer Entstehung nicht beteiligt waren (Berger/Luckmann 1980: 49ff). Institutionalisierungsprozesse implizieren übersituative und ‚überzeitliche' Geltung. Dafür werden Erklärungen und Rechtfertigungen, Legitimationen für das Bestehen der Institutionen und ihren Geltungsanspruch entwickelt – es wird eine entsprechende Geschichte erzählt, in der die institutionelle Ordnung erklärt und sowohl als kognitiv wie normativ einzig mögliche gerechtfertigt wird. Sprache ist für diese Prozesse unabdingbar: „Die objektivierte soziale Welt wird von der Sprache auf logische Fundamente gestellt. Das Gebäude unserer Legitimationen ruht auf der Sprache, und Sprache ist ihr Hauptargument." (ebd.: 69)

---

[10] Vgl. mit Blick auf die naturwissenschaftliche Wissensproduktion z. B. Pickering (1995).

Der Objektivitätscharakter der konstruierten Wirklichkeit wird durch unterschiedliche Mittel gerechtfertigt. Diese reichen von der einfachen, sprachlich vermittelten Weitergabe von Kategorien über theoretische Schemata, systematisierte Legitimationstheorien bis hin zu übergreifenden symbolischen Sinnwelten, die ihren Grund in außeralltäglichen Erfahrungsbereichen (etwa wissenschaftlichen und religiösen Erkenntnisansprüchen) suchen und von Expertenwissen bzw. Expertengruppen getragen werden. Gesellschaftliche oder gruppenspezifische Wissensvorräte und symbolische Ordnungen stehen untereinander mitunter in Konkurrenzbeziehungen. Sie bilden keine harmonische Gesamtordnung. Treten solche Sinnwelten zueinander in Konkurrenz, entscheiden Interessen konkreter Personengruppen bzw. Machtverhältnisse über ihre relative Geltung: „Wer den derberen Stock hat, hat die bessere Chance, seine Wirklichkeitsbestimmung durchzusetzen." (ebd.: 117) Macht in der Gesellschaft schließt die Verfügung über Sozialisationsprozesse ein, und „damit die Macht, Wirklichkeit *zu setzen* (...)" (ebd.: 128). Interessen strukturieren dann die Auslegung der Sinnwelten: „Institutionen und symbolische Sinnwelten werden durch lebendige Menschen legitimiert, die ihren konkreten gesellschaftlichen Ort und konkrete gesellschaftliche Interessen haben." (ebd.: 137)

Die Beziehung zwischen produziertem, objektiviertem, weltkonstituierendem Wissen und gesellschaftlicher Handlungspraxis wird dialektisch gedacht. Deuten und Handeln greift auf typisierte Wissenselemente zurück. Diese werden im Deutungs- und Handlungsprozeß aktualisiert, transformiert, angesichts neuartiger Problemsituationen erweitert. Die Vortypisierung bietet zugleich Entlastung, Ermöglichung und Einengung von Deuten und Handeln. Gesellschaft ist objektivierte und deswegen objektive Wirklichkeit einerseits, subjektiv angeeignete/gebrochene und deswegen subjektive Wirklichkeit andererseits. Die Aktualisierung von Elementen des Wissensvorrates erfolgt meist als pragmatisch-frageloser Routineprozeß, der nur in Situationen der Irritation und Störung, wenn es Probleme gibt, eine besondere Zuwendung und Reflexionsarbeit notwendig macht. Die intersubjektiv beständig justierte Wirklichkeitsordnung gilt als Faktum.

Trotz der – hier nur knapp skizzierten – umfassenden Anlage dieser ‚Theorie der Wissenssoziologie' wird jedoch im Fortgang der Argumentation ein zentrales Defizit deutlich: Die Autoren konzentrieren sich auf Prozesse der sozialen und interaktiven Konstruktion, der gesellschaftlichen Objektivierung und sozialisatorischen Aneignung basaler Wissensbestände aus der Erfahrungsperspektive einzelner Gesellschaftsmitglieder. Zwar werden institutionalisierte, systematisch symbolisch geformte und auf Dauer gestellte Sondersinnwelten und Expertenwissensbestände von ihnen erwähnt. Doch sie werden nicht zu einem eigenständigen Gegenstand der theoretischen Durchdringung. Berger/Luckmann konzipieren dieses Wissen als ‚Ideen', seine Analyse als soziologisch weniger bedeutsame

Ideengeschichte (ebd.: 16, 21). Letzterer wird dann ein sekundärer Platz zugewiesen: „Allerweltswissen, nicht ‚Ideen' gebührt das Hauptinteresse der Wissenssoziologie, denn dieses ‚Wissen' eben bildet die Bedeutungs- und Sinnstruktur, ohne die es keine menschliche Gesellschaft gäbe." (Berger/Luckmann 1980: 16) Allerweltswissen entsteht aus ‚alltäglichen' Interaktionsprozessen. Es antwortet auf die dort vorliegenden Handlungsprobleme.

Dieser theoretischen Vereinseitigung korrespondiert das empirische Vorgehen der hermeneutischen Wissenssoziologie insoweit, als dort – neben Allerweltswissen – meist sehr spezifische, historisch und gesellschaftlich isolierte Handlungsweisen, Phänomenbereiche, Wissensformen, kleine Lebenswelten u. a. m. im Hinblick auf die Verstehens- und Interpretationsleistungen der Akteure untersucht werden: „Gegenstand sozialwissenschaftlicher Forschung sind demzufolge zuerst die alltäglichen Verstehensleistungen der handelnden Subjekte" (Schröer 1997b: 109). Vergleichsweise selten geraten Formen kollektiver Wissensproduktion und -vermittlung, gesellschaftliche Grundlagen der Wissensverteilung oder machtvolle Strukturierungsprozesse symbolischer Ordnungen, kurz: die *institutionelle* ‚Objektivierungsseite' des Wissens in den Untersuchungsfocus.[11]

Die erwähnte Begründung der Bevorzugung der Analyse des Allerweltswissens vermag freilich nicht zu überzeugen. In ihrem anti-intellektualistischen Impetus übersehen Berger/Luckmann, daß (theoretische) Ideen bzw. expertengestützte Wirklichkeitsinterpretationen in das Allerweltswissen der Individuen einsickern und ihre Handlungsweisen mehr oder weniger handlungs- bzw. deutungspragmatisch gebrochen mitformen. Die theoretische und empirische Vernachlässigung der institutionellen Wissensproduktion, -objektivation und -vermittlung, des „Flusses von sozialen Wissensvorräten durch die Zeit" (Jäger 1999: 23), ergibt sich keineswegs zwangsläufig aus dem skizzierten wissenssoziologischen Ansatz. Dafür gibt es mehrere Indizien. So finden sich bei Berger/Luckmann selbst an verschiedenen Stellen die erwähnten Hinweise auf systematisierte Formen der Wissensproduktion, an die diskursanalytisch angeschlossen werden kann. Darüber hinaus hat in jüngerer Zeit eine Arbeitsgruppe um Thomas Luckmann damit begonnen, die bislang dominierende wissenssoziologisch-phänomenologische Analyse kleiner Lebenswelten und subjektiven Handlungssinns durch eine Rekonstruktion gesellschaftlicher, kommunikativer Vermittlungsmuster oder -formen des Wissens zu ergänzen (z. B. Tischgespräche, Konversionserzählungen). Dafür wurde in diesem Zusammenhang der Begriff der ‚kommunikativen Gattungen'

[11] Sie beschäftigen sich allerdings mit sozialen Objektivierungsprozessen auf der Ebene von basalen Interaktionen.

geprägt (vgl. Knoblauch/Günthner 1994, Knoblauch 1995). Freilich wird dabei wiederum von den kommunizierten Wissensinhalten weitgehend abstrahiert.[12]

Stärker auf Prozesse der gesellschaftlichen Bedeutungskonstruktion und der *konflikthaften Auseinandersetzung zwischen kollektiven Akteuren über gültige Wirklichkeitsdefinitionen* hebt schließlich demgegenüber eine existierende symbolisch-interaktionistische, explizit diskursorientierte Forschungsperspektive ab, die etwa von Gusfield (1981) bzw. in der Tradition des us-amerikanischen ‚labeling approach' und der Forschungen über Deutungs- und Mobilisierungsprozesse sozialer Bewegungen formuliert wurde.[13] Gusfield (1981) untersuchte die us-amerikanische öffentliche Diskussion über ‚Trunkenheit am Steuer' und die Konstruktion eines entsprechenden Wissens- und Handlungsfeldes. Die kulturalistisch orientierten Forschungen über soziale Bewegungen (vgl. als Überblick Johnston/Klandermans 1995, Giugni 1999) rücken das Handeln kollektiver Akteure in den Vordergrund: Gesellschaftliche Wirklichkeitskonstruktion findet nicht nur im alltäglichen Leben statt, sondern ist auch ein andauernder und fortschreitender Prozeß der Auseinandersetzung zwischen kollektiven Akteuren, die in einem symbolischen Kampf um die Durchsetzung ihrer Weltdeutungen (Problemdefinitionen, Verantwortungszuschreibungen, Handlungskonsequenzen) stehen. Insoweit als diesen Aushandlungsprozessen eine allgemeine Teilnehmer- und Publikumsorientierung unterliegt, wird dabei von *allgemeinöffentlichen Diskursen* gesprochen – im Unterschied zu *teilöffentlichen Spezialdiskursen*, zu denen nur begrenzte Teilnehmer und Publika zugelassen sind.

Allerdings haben weder die Analyse kommunikativer Gattungen noch die symbolisch-interaktionistischen Arbeiten die erwähnte wissenssoziologische Vernachlässigung institutionalisierter Formen der Wirklichkeitskonstruktion systematisch korrigiert. Während erstere völlig von Kommunikationsinhalten abstrahiert, haben es letztere nicht versucht oder vermocht, ihr Diskursverständnis theoretisch-systematisch zu entwickeln und in die Wissenssoziologie einzubetten. Zur Behebung dieses Defizits kann insbesondere an Überlegungen von Michel Foucault angeknüpft und dadurch eine wissenssoziologische Diskursanalyse weiter ausgearbeitet werden.

[12] Knoblauch (1995) arbeitet die Bezüge der Analyse kommunikativer Gattungen zu einem spezifischen Diskursbegriff weiter aus (vgl. dazu auch den Beitrag von Knoblauch in diesem Band).

[13] In der Einführung zum vorliegenden Band wird diesbezüglich von ‚kulturalistischer Diskursanalyse' gesprochen. Vgl. klassisch Becker (1973); als Einführung in die Soziologie (der Karriere) sozialer Probleme Schetsche (1996); einige Beispiele in Knoblauch (1995); in der Bewegungsforschung vor allem die Arbeiten von Snow, Benford, Gamson u.a., z.B. Gamson (1988), Jasper (1997), zur (unterschiedlichen) Adaption in Deutschland Gerhards (1992), Brand/Eder/Poferl (1997), Keller (1998, 2000); vgl. auch die Beiträge von Donati und Viehöver in diesem Band.

1.3 Über Foucault zur wissenssoziologischen Diskursanalyse

Wie lassen sich nun Konzepte Foucaults mit der erwähnten Theorie der Wissenssoziologie vermitteln?[14] Das gemeinsame Bindeglied zwischen beiden Ansätzen ist das Interesse an Formen und Folgen gesellschaftlicher (kollektiver) Wissenskonstruktion. Während Berger/Luckmann diesen Gegenstand in handlungstheoretischer Perspektive entwerfen, orientiert sich Michel Foucault strenger an der Durkheimschen Tradition, die die Emergenz kollektiver Repräsentationen betont. Dies steht aber nur vordergründig im Gegensatz zum Entwurf der Ersteren, der ja gerade um eine dialektische Konzeption bemüht ist und dabei die Ebene objektivierter symbolischer Ordnungen explizit berücksichtigt. Einige Konzepte, die Foucault vorgeschlagen hat – z. B. Diskurs, diskursive Praktiken, Diskursformationen, Diskursordnung, Dispositive, Episteme, Macht, Wissen/Macht-Kopplungen – erweitern deswegen (entsprechend adaptiert) den theoretischen und empirischen Horizont der Wissenssoziologie beträchtlich. Der damit vorgenommene Brückenschlag zwischen hermeneutischer Wissenssoziologie und dem Foucaultschen Diskursansatz ist weniger abenteuerlich als dies traditionsverliebte Perspektiven vermuten lassen. Mit Manfred Frank können die Arbeiten Foucaults als „ein Beispiel neostrukturalistischer Wissenssoziologie" (Frank 1983: 610, vgl. Frank 1988) gelesen werden. Foucaults ‚Ordnung der Dinge' erscheint im selben Jahr 1966 wie Berger/Luckmanns ‚Theorie der Wissenssoziologie'; die ‚Archäologie des Wissens' kurz darauf (1969). Seine diskurstheoretischen Arbeiten (z. B. Foucault 1974b, 1981) liefern wichtige Anregungen für eine Analyse der gesellschaftlichen Wissensproduktion,[15] auch wenn sie zum einen vor dem Hintergrund der wissenssoziologischen Tradition für die Soziologie weniger Überraschungswert haben als für andere Disziplinen, und darüber hinaus einen

---

[14] Das vielschichtige Werk von Foucault kann hier nicht umfassend diskutiert werden. Zur Einführung und Verortung seiner diskurstheoretischen Überlegungen vgl. etwa Mills (1997) sowie Bublitz/Bührmann/Hanke/Seier (1999).

[15] Ihre Relevanz für eine handlungstheoretisch angelegte Wissenssoziologie wird eher in den empirisch-materialen Analysen, etwa in „Überwachen und Strafen" (Foucault 1977) und den verschiedenen Analysen der Subjektkonstitution (Foucault 1983, 1989a, 1989b) bzw. in der Betonung der Subjektrolle und der Machtkämpfe in Foucaults Spätwerk deutlich (vgl. Foucault 1978, Dreyfus/Rabinow 1987, Burchell/Gordon/Miller 1991). Die angedeuteten Vermittlungspotentiale werden mittlerweile von verschiedenen AutorInnen gesehen, etwa von Schröer als einem Protagonisten der interpretativen Sozialforschung (Schröer 1997a: 284), in den soziologischen diskursanalytischen Untersuchungen von Waldschmidt (1996), Keller (1998) und Schneider (1999), oder in neueren Überblicken über Wissenssoziologien (McCarthy 1996), Cultural Studies (Alasuutari 1995) und diskursanalytische Ansätze (Keller 1997).

‚verdinglichenden Bias' zeigen, der die Emergenz diskursiv konstituierter Wirklichkeitsordnungen überbetont.[16]

Foucaults Diskursbegriff zeichnet sich durch den Versuch aus, Inhalte (Wissen) und Praktiken (Handlungsweisen) systematisch miteinander zu verkoppeln. Diskurse bestimmt er als (Sprach-)„Praktiken, die systematisch die Gegenstände bilden, von denen sie sprechen" (Foucault 1981: 74). Unter diskursiven Praktiken wird im Anschluß an Foucault

> „das gesamte Ensemble einer speziellen Wissensproduktion verstanden, bestehend aus Institutionen, Verfahren der Wissenssammlung und -verarbeitung, autoritativen Sprechern bzw. Autoren, Regelungen der Versprachlichung, Verschriftlichung, Medialisierung" (Link/Link-Herr 1990: 90).

In ‚Die Ordnung des Diskurses' führt Foucault (1974b) den Gedanken aus, daß Diskurse geregelte Praktiken der Deutungsproduktion und Wirklichkeitskonstitution sind. Die Diskursordnung besteht zunächst in institutionell stabilisierten Ermächtigungs- und Ausschlußkriterien (etwa Bildungstiteln). Dadurch werden im Diskurs legitime von nicht legitimen Sprechern unterschieden. Nicht nur in diesem Sinne konstituieren die Diskurse und die sie tragende institutionell-organisatorische und materielle Infrastruktur verfügbare Subjekt-Positionen (Sprecherrollen). Dies gilt auch für die diskursiv verbreiteten Deutungsmuster, d.h. für dasjenige und diejenigen, über die Diskurse sprechen, von denen sie handeln. Nicht nur die Diskurse selbst sind geordnet, sie stellen auch eine machtvolle Wissens-Ordnung her, die sie ‚nach außen' tragen. Foucault betont die Rolle der Institutionen und insbesondere der wissenschaftlichen Disziplinen bei der historisch diachronen und synchronen Produktion von Wissensbeständen, die gesellschaftliche Wirklichkeiten konstituieren. Insofern nimmt er, wie erwähnt, eine Ebene der Wissenskonstruktion in den Blick, die in der wissenssoziologischen Tradition des interpretativen Paradigmas in der theoretischen Konzeption zwar angelegt, aber nicht ausgearbeitet war. Begleitet wird dies bei Foucault allerdings von einem allzu starken Akzent auf der Emergenz, Autonomie und Eigenwilligkeit der Wissensordnungen oder -strukturen sowie einer polemisierenden Abgrenzung gegen Hermeneutik als endlose, unkontrollierbare Sinnauslegung und vergebliche, eigene Vor-Urteile projizierende Suche nach Tiefenstrukturen.

---

[16] So warnt Fox (1998), die Foucaultsche Ontologisierung von Diskurs- bzw. Wissensordnungen mache sie für soziologische Fragestellungen eher unbrauchbar. Foucault selbst bedauert, die „Ordnung der Dinge" (Foucault 1974a) nur beschrieben, ihre Erklärung aber vergessen zu haben (vgl. Foucault 1978: 26).

Beides läßt sich jedoch korrigieren: Die hermeneutische Wissenssoziologie reflektiert auf die *unhintergehbar interpretativen Vorgehensweisen* bei der sozialwissenschaftlichen Analyse von sinnhaft strukturierter Welt; ihr geht es mithin *nicht* um die *Ontologisierung* von ‚text-untergründigen' Tiefenstrukturen, sondern um die *Reflexion* und *Kontrolle* des *wissenschaftlichen Interpretationsprozesses*. Und die in der Wissenssoziologie angelegte Dialektik von sozialer Wissensobjektivierung und sozialisatorischer Wissensaneignung verweist auf das Wechselspiel von sozialen Akteuren und soziohistorischen Wissensbeständen, also gerade auch auf die Historizität und soziale Prägung/Konstitution der handelnden Subjekte. Foucault selbst deutet eine Vermittlung seiner Arbeiten mit handlungs- bzw. akteurstheoretischen Perspektiven an, wenn er das komplexe Verhältnis von Wahrheit, Wissen und Macht anvisiert und von einer ‚Politischen Ökonomie der Wahrheit', von entsprechenden Strategien und Taktiken spricht:

> „Jede Gesellschaft hat ihre eigene Ordnung der Wahrheit, ihre ‚allgemeine Politik' der Wahrheit: d.h. sie akzeptiert bestimmte Diskurse, die sie als wahre Diskurse funktionieren läßt; es gibt Mechanismen und Instanzen, die eine Unterscheidung von wahren und falschen Aussagen ermöglichen und den Modus festlegen, in dem die einen oder anderen sanktioniert werden; es gibt einen Status für jene, die darüber zu befinden haben, was wahr ist und was nicht. In Gesellschaften wie der unseren kann die ‚politische Ökonomie' der Wahrheit durch fünf historisch bedeutsame Merkmale charakterisiert werden: die Wahrheit ist um die Form des wissenschaftlichen Diskurses und die Institutionen, die ihn produzieren, zentriert; sie ist ständigen ökonomischen und politischen Anforderungen ausgesetzt (Wahrheitsbedürfnis sowohl der ökonomischen Produktion als auch der politischen Macht); sie unterliegt in den verschiedensten Formen enormer Verbreitung und Konsumtion (sie zirkuliert in Erziehungs- und Informationsapparaten, die sich trotz einiger strenger Einschränkungen relativ weit über den sozialen Körper ausdehnen); sie wird unter der zwar nicht ausschließlichen, aber doch überwiegenden Kontrolle einiger weniger großer politischer oder ökonomischer Apparate (Universität, Armee, Presse, Massenmedien) produziert und verteilt; schließlich ist sie Einsatz zahlreicher politischer Auseinandersetzungen und gesellschaftlicher Konfrontationen (‚ideologischer Kämpfe')." (Foucault 1978: 51)

Die Analyse solcher Wissens-/Macht-Komplexe führt unmittelbar hinein in (wissens-)soziologische Fragestellungen, erweitert diese aber dahingehend, daß Machtverhältnisse nicht nur die Produktion und Durchsetzung von Wissen strukturieren, aber dem Wissen äußerlich bleiben, sondern als in das Wissen eingebaut begriffen werden. Es geht dabei nicht im erkenntnistheoretischen Sinne um den Wahrheitsstatus des Wissens, sondern um Wissen als Effekt und Form von

Macht – *Macht* im Sinne einer sich auf unterschiedlichste Ressourcen stützende Macht der *Definition*, die andere Wirklichkeit ausschließt, d.h. letztlich: um die soziale Strukturierung dessen, was wir für wirklich halten.[17] Damit können in einer kontextsensiblen, historisch diachronen und synchronen Perspektive Prozesse institutionell-organisatorischer Wissenskonstruktion zum Untersuchungsgegenstand einer wissenssoziologischen Diskursanalyse gemacht werden.

1.4 Die Verortung der Diskursanalyse in der Wissenssoziologie

Berger/Luckmann gilt als Wissen alles, was Sinn macht oder doch sinnvoll interpretiert werden kann, etwa Handlungsmuster, Deutungsmuster, Normen und Regeln, Sprache, Klassifikationen, Institutionen, Berufe, Gefühle und Empfindungen, Routine- und Referenzwissen. Der gesellschaftliche Wissensvorrat ist sehr komplex, keineswegs homogen und konsistent; es gibt soziale Strukturen seiner Verteilung und Differenzierung. Nicht jeder verfügt über alles Wissen; nicht jeder lebt damit – zumindest in modernen Gesellschaften – in der gleichen Welt. Es gibt Experten, Spezialisten für dies und das, aber auch unwissende Laien. Es gibt Hierarchien der Wissensverteilung und differenzierte, ungleiche Chancen, Wissen zu produzieren, gesellschaftlich durchzusetzen oder sich individuell anzueignen. Nach sozialen Orten und Gruppenzugehörigkeiten werden unterschiedliche Bestandteile dieses Wissensvorrates subjektiv angeeignet und relevant.

In der ‚Gesellschaftlichen Konstruktion der Wirklichkeit' taucht der Begriff des Diskurses allerdings nicht auf. Dort geht es primär um eine Theorie basaler Prozesse der Wissenskonstruktion auf der alltäglichen Erfahrungsebene sowie um deren Objektivation und Weitergabe, um die Entstehung von Institutionen und die Aneignung des Wissens in Sozialisationsprozessen. Dennoch finden sich an verschiedenen Stellen Hinweise auf systematisierte und institutionalisierte, expertenbasierte Formen der Wissensproduktion, die eine diskursanalytische Perspektive anschließbar machen. So wird etwa davon ausgegangen, daß es in modernen Gesellschaften zur Ausdifferenzierung von Sonderwissensbeständen kommt, die von Expertengruppen getragen werden und spezifische Subsinnwelten mit entsprechenden Zugangsregeln, Praktiken und Rückwirkungen auf den Alltag konstituieren (vgl. Schütz/Luckmann 1979: 363ff, Schütz/Luckmann 1984). Träger dieser in ihrer Produktion und Reproduktion auf Dauer gestellten (institutionalisierten) Sonderwissensbestände sind die Professionen, die verschiedenen wissenschaftlichen

[17] In diskurstheoretischen Entwürfen wird in diesem Zusammenhang an Hegemonie- und Ideologiekonzepte von Antonio Gramsci und Louis Althusser angeschlossen (vgl. dazu Fairclough 1992, Hirseland/Schneider in diesem Band).

Subdisziplinen, die gesellschaftlichen Teilsysteme (z.B. Religion, Wirtschaft, Politik). So sprechen Berger/Luckmann von ,theoretischen Stützkonzeptionen symbolischer Sinnwelten', von gruppenspezifischen gesellschaftlichen ,Subsinnwelten' oder von ,semantischen Feldern', die spezifisches Wissen bündeln, anhäufen und weitertransportieren. Erwähnt werden sowohl Formen der Kontrolle über den Zugang zu Subsinnwelten wie auch die Kontrolle des Verbleibs in diesen Sinnprovinzen: z.B. Therapien für potentielle Abweichler oder Problemleugnungen (vgl. etwa Berger/Luckmann 1980: 90 ff). Hier läßt sich nun in strukturierender Absicht der Diskursbegriff als Beobachtungskategorie in die Wissenssoziologie einführen und auf die Konstruktion gesellschaftlicher Wissensvorräte beziehen. Als ,Diskurse' werden spezifische, thematisch-institutionelle Bündelungen der Wissensproduktion, Verknüpfungen von Deutungen und (nicht nur kommunikativen) Handlungen unter analytischen Gesichtspunkten aus dem gesellschaftlichen Wissensvorrat ,herausgeschnitten' und als Zusammenhang von Wissensproduktionen, Objektivationsbestrebungen und deren gesellschaftlichen Wirkungen – eben der gesamte Bereich institutionalisierter Wissensproduktion und Wissenskonkurrenz – zum Forschungsgegenstand.

In Diskursen produzieren institutionell-organisatorisch bestimmbare (kollektive) Akteure wesentliche Elemente der symbolischen Ordnungen einer Gesellschaft: ihr Verständnis der fraglos gegebenen Wirklichkeit, ihre Auffassung von Normalität und Abweichung. Diese diskursive Produktion und Vermittlung von Deutungsangeboten (Wissen) operiert immer in einem konfliktuellen symbolischen Ordnungs- und Wissensgefüge, einem historischen Feld der existierenden Zeichen/Differenzen. Diskurse organisieren nicht nur die Strukturen des Wissens, sondern auch sich daraus ergebende (Sinn-)Strukturen der sozialen Beziehungen und der materialen Objektwelt. Einzelne Subjekte sind im Rahmen dieser Sinnstrukturen durch historisch situierte Diskurse (und allgemeiner: soziale Typisierungsprozesse) mitkonstituiert, gleichzeitig aber deutungs- und handlungsfähig. Sie sind diejenigen, die Diskurse aktualisieren, mit Leben füllen, herausfordern, überschreiten – und als einzelne dennoch kaum kontrollieren.

Wissenssoziologische Diskursanalyse schließt damit an neuere sozialwissenschaftliche Entwicklungen der Verbindung von struktur- oder institutionentheoretischen Ansätzen mit handlungstheoretischen Überlegungen an. Sie impliziert eine Rehistorisierung und Prozeßorientierung der sozialwissenschaftlichen Perspektive; sie greift gleichzeitig Überlegungen zum Zusammenhang von Wissen und Macht auf, d.h. von sozialen, institutionellen Interessen, Trägern und Chancen der Diskursproduktion und der Wirklichkeitsdefinition. Sie leistet dadurch das, was Berger/Luckmann als eine der wichtigsten Aufgaben der Wissenssoziologie benannt haben: die beständige Hinterfragung gesellschaftlicher Ontologisierungen. Im Rahmen eines Paradigmas hermeneutisch-interpretativer

Sozialforschung hat Diskursanalyse also ihren Platz als Ansatz der methodisch kontrollierten Analyse institutionell-organisatorisch objektivierter Wissensvorräte, ihrer historisch bestimmbaren Genese, ihrer diskursinternen Regulierung und ihrer diskursexternen Auswirkungen im gesellschaftlichen Kontext. In den weiteren Ausführungen werden nun zunächst die kategorialen Grundlagen einer solchen Perspektive vertieft und dann ihre methodische Umsetzung skizziert.

2 Kategorien der wissenssoziologischen Diskursanalyse

Wissenssoziologische Diskursanalyse bezeichnet ein Forschungsprogramm oder eine Forschungsperspektive, keine spezifische Methode (vgl. dazu Kapitel 3). Der korrespondierende Forschungsgegenstand der Diskursanalyse – Diskurse – ist ein analytisches Konstrukt. Gesellschaftliche Phänomene als Diskurse zu analysieren, bedeutet, sie unter spezifischen Gesichtspunkten zusammenzufassen und zu rekonstruieren.[18] Dafür werden im folgenden einige kategoriale Unterscheidungen vorgeschlagen. Zunächst geht es dabei um Kriterien der Anwendung des Diskursbegriffs. Die Diskursanalyse unterscheidet dann Praktiken der Diskursproduktion von der inhaltlichen Strukturierung von Diskursen, den Diskursakteuren und den Diskursdispositiven. Alles zusammen läßt sich als Diskursformation bezeichnen. Diskurse existieren konkret in (Sprech-)Handlungen, Texten, Objekten, Organisationen, Gebäuden, Rechtsnormen u. a. m. Kreuze, Kelche, Kirchengebäude und Bibeln sind beispielsweise konkrete (geronnene) Materialisationen spezifischer religiöser Diskurse, die durch diese existieren und mit spezifischem Sinn behaftet sind. Päpstliche Deutungsinterventionen, sonntägliche Predigten oder Segnungen sind kommunikative Akte, die Diskursinhalte konstruieren, transformieren oder vermitteln. In Diskursen wird im oben erläuterten Sinne Wissen über Wirklichkeit konstruiert, und damit – gegen alle Abbildvorstellungen – diese Wirklichkeit selbst. Diskurse verleihen den ‚an sich' unzugänglichen, sinnlosen physikalischen und sozialen Phänomenen Bedeutung und konstituieren dadurch deren gesellschaftliche Realität bzw. – wenn man so will – diese Phänomene selbst. Sie sind Ausdruck und Konstitutionsbedingung des Sozialen zugleich. Sie haben gesellschaftliche Voraussetzungen und Folgen.

[18] Fragestellungen und anvisierte Tiefenschärfe bestimmten dabei die Spezifikationsebene von Diskursen: man kann etwa ‚den medizinischen Diskurs' analysieren, oder spezifischere Teildiskurse innerhalb dieser Einheit. Die öffentliche Diskussion über Müll besteht bspw. aus zwei konkurrierenden Teildiskursen (vgl. Keller 1998), die ihrerseits wieder – etwa subthemenspezifisch – differenziert werden könnten.

2.1 Diskurs

Es gibt eine immense Vielfalt unterschiedlicher Diskursbegriffe (vgl. Keller 1997). Jürgen Habermas etwa begreift in seiner diskursethischen Perspektive Diskurse als rationale Argumentationsprozesse, d. h. als kommunikative Veranstaltungen, die spezifischen Kriterien des argumentativen Austauschs folgen. Die weiter oben erwähnte Analyse öffentlicher Diskurse versteht darunter öffentliche Diskussionsprozesse, in denen unterschiedliche Positionen (Probleminterpretationen) aufeinander treffen. Dieser Diskursbegriff unterscheidet sich wiederum von dem angelsächsischen Sprachgebrauch einer linguistischen oder soziolinguistischen ‚discourse analysis', die im wesentlichen Gesprächs- und Konversationsanalyse ist und sich mit den Ansätzen einer kognitiven Anthropologie oder kognitiven Soziologie trifft, die in den USA Ende der 60er Jahre etwa von Aaron Cicourel entwickelt wurde. Dort geht es um soziale Strukturierungen konkreter Gesprächssituationen.[19] Die von Norman Fairclough, Ruth Wodak und Teun A. van Dijk mit unterschiedlichen Akzenten vorangetriebenen ‚discourse studies' schließen an diese Tradition an (vgl. als Überblick van Dijk 1997a, 1997b).[20] Foucaults Diskursbegriff richtet sich demgegenüber sehr viel stärker auf institutionelle Orte und Formen der Bedeutungskonstruktion, vor allem auf wissenschaftliche Disziplinen oder spezialisierte gesellschaftliche Felder der Problembearbeitung (wie etwa das Recht). Daran hat in der deutschen Diskussion vor allem Siegfried Jäger bzw. die Arbeitsgruppe des DISS angeknüpft und eine sprachwissenschaftliche sowie tätigkeitstheoretische Fundierung des Diskursbegriffes vorgenommen (vgl. Jäger 1999 und Jäger in diesem Band). Die Beiträge im vorliegenden Handbuch enthalten ihrerseits unterschiedliche theoretisch-methodische Fassungen des Diskursbegriffs.

Im Rahmen der wissenssoziologischen Diskursanalyse schließt der Diskursbegriff an die Analyse öffentlicher Diskussionsprozesse einerseits, an die Foucaultschen Grundlegungen andererseits an. Damit sollen Formen der Wissenskonstruktion und Vermittlung bezeichnet werden, die sich von der Ebene konkreter situativer Konstruktions- und Aushandlungsprozesse *basalen* Allerweltswissens unterscheiden. D. h. es geht um die Wissensproduktion in wissenschaftlichen Disziplinen bzw. in unterscheidbaren institutionellen Feldern der

---

[19] Vgl. dazu Brown/Yule (1983), Corsaro (1985), Deppermann (1999).

[20] Die genannten AutorInnen bemühen sich ihrerseits um Vermittlungen unterschiedlicher Diskursbegriffe mit der soziolinguistischen Tradition. Wodak etwa verknüpft ihre Überlegungen mit der Habermasschen Diskursethik (Wodak 1996); van Dijk stellt Bezüge zu Kognitionswissenschaften her (van Dijk 1997a, 1997b); Fairclough ist um eine explizit sozialwissenschaftliche Erweiterung der Diskursanalyse – etwa im Anschluß an Louis Althusser, Antonio Gramsci, Pierre Bourdieu und Anthony Giddens – bemüht (Fairclough 1992, Chouliaraki/Fairclough 1999).

Gesellschaft: etwa im Recht, in der Politik, in der massenmedialen Öffentlichkeit. Dieses Diskursverständnis greift Bedeutungsgehalte auf, die mit dem alltagssprachlichen Verständnis von ‚discours(e)' im angelsächsischen und französischen Sprachraum einhergehen (vgl. Keller 1997). So bezeichnet etwa der ‚discours' im Französischen eine gelehrte Abhandlung oder Rede, in der ein Thema systematisch erörtert wird. Ähnlich wie im angelsächsischen ‚discourse' wird darunter aber auch ein Gespräch bzw. – vor allem sprachlich vermittelte – Kommunikationsprozesse zwischen mehreren Teilnehmern verstanden. Dabei wird jedoch von der Ebene einzelner Äußerungen oder Texte abstrahiert: Diskurse sind abgrenzbare übersituative Zusammenhänge von Äußerungsformen (Praktiken der Artikulation) und Inhalten (Bedeutungen), die mehr oder weniger stark institutionalisiert sind. Diskurse lassen sich mithin dadurch unterscheiden, welche legitimen Artikulationspraktiken sie zulassen, und auf welche Gegenstände bzw. Themen sie sich beziehen, d. h. welche Gegenstände sie konstruieren. So entwickelt der Diskurs der modernen Molekularbiologie ein Menschenbild, in dem die genetische Prägung eine besondere und zentrale Stellung einnimmt und das Folgen für individuelle und institutionelle Entscheidungsprozesse haben wird. In der öffentlichen Diskussion über das Müllproblem lassen sich unterschiedliche Diskurse unterscheiden, die je spezifische Probleminterpretationen und Lösungsvorschläge formulieren (vgl. Keller 1998). Inwieweit spezifische Diskurse dabei mit anderen um eine Wirklichkeitsbestimmung konkurrieren, und welche Publika oder Adressaten sie dabei haben, ist eine empirische Frage. Im Rahmen eines Diskurses formulieren Individuen bzw. kollektive Akteure einzelne Beiträge (Texte) nach Maßgabe der praktischen und inhaltlichen Regelstrukturen des Diskurses. Sprache ist dabei sicherlich das primäre Medium der Wissenskonstruktion. Doch sowohl die Praktiken, die einen Diskurs tragen, als auch diejenigen, die aus ihm folgen, sind nicht notwendig (nur) sprachlicher Natur.

Diskurse sind mithin in unterschiedlichen Graden institutionalisierte themen-, disziplin-, bereichs- oder ebenenspezifische Bedeutungsarrangements, die in spezifischen Sets von Praktiken produziert, reproduziert und auch transformiert werden. Dabei handelt es sich um im jeweiligen gesellschaftlich-institutionellen und historischen Kontext situierte, sowohl inhaltlich wie (deutungs- und handlungs)praktisch strukturierte kollektive Unternehmungen der Wissensproduktion, die Welt- bzw. Wirklichkeitsordnungen (symbolische Sinnwelten) und daran anschließende Handlungsfolgen (Institutionen, Praktiken) erzeugen, verbreiten, reproduzieren oder transformieren. Diskurse existieren als relativ dauerhafte und regelhafte, d. h. zeitlich und sozial strukturierte Strukturierung von Prozessen der Bedeutungszuschreibung. Sie werden in diesen Prozessen durch das Handeln von sozialen Akteuren ‚real'. Sie stellen spezifisches Wissen auf Dauer (Institutionalisierungsaspekt) und tragen zur Verflüssigung und Auflösung institutionalisierter Deutungen und scheinbarer ‚Unverfügbarkeiten' bei (Delegitimationsaspekt). Ihnen kommt eine gewisse Historizität und Emergenz zu: als institutionalisierte Verbindungen von Formen (Praktiken) und Inhalten der Wissenskonstruktion sind sie einzelnen Akteuren vor- und nachläufig, ihrer Verfügungsgewalt und Kontrolle – sowohl was die Bedingungen der Diskursproduktion wie auch die möglichen Folgen angeht – in mehr oder weniger großen Teilen entzogen, auch wenn sie – ganz im Sinne der weiter oben skizzierten Dialektik – ohne deren Aktualisierung in Handlungen unbedeutend wären.[21] Diskurse kristallisieren sich um spezifische Themen, gesellschaftliche Deutungs- und Handlungsprobleme, die in ihnen konstituiert werden. Inwieweit diese gesellschaftliche Geltungskraft erlangen, vielleicht sogar zur fraglosen Wirklichkeit avancieren, und aufgrund welcher Mechanismen und (Macht-)Ressourcen dies geschieht, ist eine empirische Frage.

Diskurse haben unterschiedliche Formalisierungsgrade und Fokussierungspunkte. Wissenschaftliche Disziplinen sind hier – zumindest nach außen hin – am strengsten formal-rational organisiert und geschlossen, politische Diskurse sind vielleicht am offensten. Wichtig ist dabei aber generell, daß Diskurse einen gewissen Abstraktionsgrad von alltäglich-privaten Kommunikations- und Interaktionsprozessen haben. Sie sind in besonderen Settings institutionalisiert und beruhen auf einer interessenbezogenen, bewußt betriebenen Interpretationsarbeit.

2.2 *Diskurskonstituierende Praktiken*

Diskurse bestehen aus sehr verschiedenen und unterschiedlich regulierten (kommunikativen) Handlungen bzw. Praktiken: in Expertenkontexten muß gezielt und systematisch unter Nutzung von Fachvokabular und argumentativen Regeln gesprochen oder geschrieben werden. Es gilt, spezifische Regeln der Deutungsproduktion – etwa disziplinäre Standards – zu beachten. Öffentliche Diskurse sind demgegenüber stärker an ‚allgemeinverständliche' Deutungs- und Begründungsweisen, an emotionale Appelle und dergleichen mehr gebunden. Kommunikationsprozesse können in Anwesenheit von Anderen stattfinden oder sich medienvermittelt (Bücher, Massenmedien) an größere Publika wenden. Diskurskonstituierend sind nicht nur sprachliche (kommunikative) Handlungen wie etwa ein Vortrag oder das Verfassen/Veröffentlichen eines Textes, sondern auch diese begleitende (instrumentelle) Handlungsformen: etwa in der Medizin das Ausführen spezifischer Schnitte im Operationssaal oder die gesamte Dramaturgie ärztlicher Untersuchungen. Unterschieden werden muß dabei sicherlich mindestens

[21] Das Verhältnis von ‚Kontrolle der Akteure durch den Diskurs' und ‚Kontrolle von Akteuren über den Diskurs' ist dann eine in konkreten Fällen je spezifisch zu beantwortende empirische Frage.

zwischen Orten oder Arenen der systematischen Diskursproduktion einerseits, und solchen der Diskursaktualisierung andererseits. Sozialwissenschaftliche Forschungsprojekte etwa sind Orte der Produktion von Diskursen; das dort konstruierte Wissen mag dann über verschiedene Vermittlungsebenen auch Allerwelts- oder ‚Jedermann-Konversationen' erreichen und dort aktualisiert werden. Dies geschieht jedoch nicht systematisch und hat nur geringen Einfluß auf die eigentliche Diskursproduktion. Dennoch tragen letztlich auch solche Aktualisierungsformen ihrerseits zur Vermittlung von Diskursen bei (vgl. dazu die Überlegungen von Jäger in diesem Band).

Das diskursanalytische Untersuchungsinteresse richtet sich nicht auf die Summe all dieser einzelnen Aussageereignisse und Phänomene, sondern auf die ihnen zugrundeliegenden allgemeinen Regeln für Deuten und Handeln sowie auf die transportierten Codes oder Deutungs- und Handlungsmuster, die Wirklichkeit ordnen und dabei in unterschiedlichen empirischen Ausprägungen auftreten können. Der Begriff der Praktiken verweist genau darauf, daß es sich um gesellschaftlich regulierte Verhaltensmuster handelt, die aus Akteursperspektive als Handlungen vollzogen werden. Es handelt sich um Muster legitimer Äußerungsformen und Handlungsweisen im Diskurs, die seine Realität konstituieren: etwa (Regeln für) die Verfassung wissenschaftlicher Texte, legitime Vortragsstile, Beichtformen, Kleidungsstile, Anredeweisen u. a. m., auch das, was als Schrift- oder Sprach-Genres bzw. kommunikative Gattungen bezeichnet wird (vgl. Knoblauch 1995). Solche Praktiken sind gesellschaftlich mehr oder weniger allgemein verfügbar; sie können für spezifische Diskurse spezifischen Charakter haben. Eher ist davon auszugehen, daß es gewissermaßen ‚Diskursfamilien' oder Diskursfelder gibt, die gleiche Praktiken präferieren bzw. ausschließen (etwa wissenschaftliche Diskurse, Protestdiskurse, öffentliche Diskurse). So kann sowohl vom Diskurs der modernen Physik und seinen Attributen (Vorlesungen, Laborexperimente usw.) als auch etwa vom Diskurs des radikalen Umweltschutzes und den daran gekoppelten Praktiken (Formulierung von Utopien, Demonstrationen, Lebenspraxen usw.) gesprochen werden. Ein einzelnes Sprachereignis, ein einzelner (kommunikativer) Akt, wie interessant er auch für sich selbst sein mag, wird hier immer in einem erweiterten, strukturierten Bedeutungs- und Handlungshorizont betrachtet.

2.3 Die inhaltliche Strukturierung der Diskurse

Bedeutungen liegen in den Diskursen nicht als lose Zeichenpartikel, sondern in strukturierten Formen, als typisierte und typisierbare Schemata vor. Diese werden in der diskursspezifischen Textproduktion, im Deuten und Handeln der in den Diskurs eingebundenen Akteure aktualisiert. Für die wissenssoziologische Analyse der inhaltlichen Strukturierung von Diskursen bietet sich die Unterscheidung von sozio-kulturellen *Deutungsmustern, rotem Faden (story line, plot) und diskursspezifischem Interpretationsrepertoire* an (vgl. Keller 1998). Der in vielen hermeneutischen Ansätzen benutzte Begriff des *Deutungsmusters* bezeichnet grundlegende bedeutungsgenerierende Regulationsmuster (hier: innerhalb der Diskurse), die nahelegen, worum es sich bei einem Phänomen handelt.[22] Soziale Deutungsmuster organisieren individuelle und kollektive Erfahrungen und leiten Handeln an. Sie stiften dadurch Sinn. Als allgemeine, typisierbare Bestandteile gesellschaftlicher Wissensvorräte stehen sie für individuelle und kollektive Deutungsarbeit zur Verfügung und werden in ereignisbezogenen Deutungsprozessen aktualisiert. Eine Deutung ist die Verknüpfung eines allgemeinen, typisierten Deutungsmusters mit einem konkreten referentiellen Anlaß. Dies kann mehr oder weniger bewußt (strategisch) erfolgen:

> „Für das Individuum sind Deutungsmuster zugleich Wahrnehmungs- und Interpretationsform der sozialen Welt, Schemata der Erfahrungsaufordnung und Horizont möglicher Erfahrungen sowie Mittel zur Bewältigung von Handlungsproblemen." (Meuser/Sackmann 1992a: 16)[23]

Deutungsmuster machen nicht nur Geschehen in der Welt überhaupt erst einer *sinn*vollen Wahrnehmung und damit auch dem Handeln zugänglich. Ihre zusätzliche Funktion in Diskursen besteht in der Herstellung von Passungsverhältnissen, d.h. Resonanzgrundlagen für diskursspezifische Anliegen bei einem breiteren Publikum. Ihr darin begründetes Mobilisierungspotential wird von kollektiven Akteuren strategisch genutzt.[24] In einer Untersuchung öffentlicher Diskussionen über das Hausmüllproblem wurden bspw. für die verschiedenen involvierten Diskurse sechs zentrale Deutungsmuster rekonstruiert, die auf unterschiedliche Deutungsanforderungen antworten (etwa ein Deutungsmuster ‚Risiko', das der Wahrnehmung technischer Problemlösungen – Mülldeponien, Müllverbrennungsanlagen – zugrunde liegt; vgl. Keller 1998).

Diskurse bauen auf mehreren, spezifisch gebündelten und mehr oder weniger weit ausgreifenden Grundmustern der Deutung, und den konkreten Elementen ihrer Manifestation (Beispiele, Symbole, Statistiken, Bilder u.a.m.) auf. Der

[22] Diskurse verknüpfen verschiedene Deutungsmuster zu spezifischen Deutungsarrangements.

[23] Vgl. auch Meuser/Sackmann (1992b), Lüders/Meuser (1997: 64 ff).

[24] Damit wird vorgeschlagen, den in der angelsächsischen Diskussion in diesem Zusammenhang benutzten Begriff des ‚frame' nicht als ‚Rahmen' einzudeutschen, sondern stattdessen von Deutungsmustern zu sprechen (vgl. Gamson 1988 und die Beiträge von Donati und Viehöver in diesem Band; als Analysebeispiel Keller 1998).

typisierbare Kernbestand an Deutungsmustern, argumentativen Verknüpfungen und sprachlich-rhetorischen Mitteln eines Diskurses bildet das (diskursspezifische) *Interpretationsrepertoire*. Es enthält die Bausteine, die innerhalb eines Diskurses „für die Interpretation von Handlungen, der eigenen Person und gesellschaftlicher Strukturen im Sprechen verwendet werden" (Potter/Wetherell 1995: 188 f). Diese dem kulturellen Wissensvorrat entstammenden, mitunter auch im Diskurs selbst erzeugten Bausteine werden im jeweiligen Diskurs zu einer besonderen ‚Erzählung' zusammengeführt, auf einen referentiellen Anlaß bezogen und über einen *roten Faden* oder Plot, eine *story line* zu Diskursen integriert (vgl. dazu Hajer 1995, Keller 1998, Viehöver in diesem Band). Während der Begriff des Interpretationsrepertoires das Gesamt der typisierten Grundannahmen eines Diskurses bezeichnet, bezieht sich ‚story line' auf die interne Verknüpfung dieser Grundannahmen. Story lines haben in diesem Verständnis sowohl eine synchrone als auch eine diachrone Ausprägung. In synchroner Hinsicht verknüpfen sie die unterschiedlichen Deutungsmuster, die den Deutungsbestandteil des Diskurses ausmachen, und bilden dadurch eine Art Grundgerippe oder Grundmuster. In diachroner Perspektive verknüpfen story lines die Aktualisierungen und Veränderungen der Diskurse im Zeitverlauf. Sie liefern das ‚Handlungsschema' für die Erzählung, mit der sich der Diskurs erst an ein Publikum wenden kann (vgl. Poferl 1997). Durch den Rückgriff auf eine story line können Akteure diskursive Kategorien sehr heterogener Herkunft in einem mehr oder weniger kohärenten Zusammenhang aktualisieren. Dadurch entsteht etwa der für öffentliche Diskurse typische Hybridcharakter. Kollektive Akteure aus unterschiedlichen Kontexten (z.B. aus Wissenschaft, Politik, Wirtschaft) koalieren bei der Auseinandersetzung um öffentliche Problemdefinitionen durch die Benutzung einer gemeinsamen Grunderzählung, in der spezifische Vorstellungen von kausaler und politischer Verantwortung, Problemdringlichkeit, Problemlösung, Opfern und Schuldigen formuliert werden. Probleme können (ent)dramatisiert, versachlicht, moralisiert, politisiert, ästhetisiert werden. Akteure können aufgewertet, ignoriert oder denunziert werden. Angesprochen sind damit Deutungs- oder Argumentations*effekte*, die etwa innerhalb politischer Diskurse in der Regel intendiert, wenn auch nicht unbedingt vollständig kontrolliert sind.[25]

---

[25] Von Bedeutung ist dabei insbesondere die Herstellung von Kausalzusammenhängen durch „causal stories" (Stone 1989).

2.4 Akteure

Diskurse sprechen nicht für sich selbst, sondern werden erst durch Akteure ‚lebendig'. Akteure vollziehen die Akte, durch die Diskurse existieren; sie schaffen die entsprechenden materiellen, kognitiven und normativen Infrastrukturen; sie sprechen und schreiben für den Diskurs und aus dem Diskurs heraus. Sie tun dies in institutionell strukturierten Zusammenhängen: in Universitäten, Parlamenten, am häuslichen Schreibtisch, in den Massenmedien. Sie treten dabei auf als Sprecher und Repräsentanten mehr oder weniger großer sozialer Gruppen (kollektiver Akteure): Experten(gruppen), politische Gruppen, Protestgruppen, Professionen, Organisationen. Nicht jedem Akteur entspricht notwendig ein eigener Diskurs. Vielmehr bilden individuelle und kollektive Akteure mitunter mit anderen Akteuren – mehr oder weniger bewußt – Diskursgemeinschaften (Wuthnow 1989) oder Diskurs-Koalitionen, die eine gemeinsame story line, eine gemeinsame Diskursposition benützen (Hajer 1995, Keller 1998). Diskurs-Akteure agieren interessebezogen, strategisch, taktisch. Sie benutzen verschiedene Ressourcen und Strategien, um ihre Deutungen zu generieren und zu verbreiten (vgl. Gerhards 1992, Schetsche 1996). Sie produzieren Wissen, argumentieren, marschieren, dramatisieren, moralisieren, mobilisieren gängige Alltagsmythen, Klischees, Symbole, Bilder für ihre Zwecke. Sie entwickeln eine Geschichte, in der die Rollen von Gut und Böse verteilt sind und die Handlungsprobleme benannt werden. Sie konstituieren dadurch ihre eigene (kollektive) Identität.

Abgesehen von wenigen Momenten der ‚Initialzündung' sind Diskurse den kollektiven Akteuren bzw. institutionell-organisatorischen Kontexten, die sie tragen, aktualisieren, verändern, strukturell vorgeordnet. Diskurse enthalten (potentielle) Positionen für Akteure, Sanktions-Mechanismen der In- und Exklusion von Sprechern. Individuen, die Sprecherpositionen bzw. Sprecherrollen innerhalb von Diskursen wahrnehmen, müssen institutionell reglementierte Voraussetzungen erfüllen. Sie sind weder die völlig freien Gestalter dieser Diskurse, noch sind sie ihnen völlig unterworfen oder ausgeliefert. Als aktiv Handelnde und Wahrnehmende sind sie Repräsentanten diskursiver Kreuzungen, stehen in einem komplexen Verhältnis von Ermöglichung und Begrenzung. Daraus erhalten Diskurse ihre Dynamik. Innerhalb von gesellschaftlichen Akteursgruppen (Wirtschaft, Wissenschaft, Politik, Protestbewegungen...) sind unterschiedliche – auch gegensätzliche – Diskurspositionen möglich. Es wird also nicht von der Identität von Diskurs und Akteursgruppe ausgegangen. Innerhalb einer Akteursgruppe können unterschiedliche Diskurse adaptiert, vertreten und verlassen werden. Akteure koalieren miteinander durch Benutzung einer gemeinsamen story line. Sie formen mit ihren Äußerungen einen Diskurs, der sich auf andere gesellschaftliche Diskurse bezieht, mit ihnen in Konkurrenz oder Koalition tritt. Die Makroorganisation der Produktion, Aufrechterhaltung und Transformation von gesellschaftlichen Wissensvorräten läßt sich so als vielfach verschachtelte Struktur von Diskursen begreifen, die z. T. in einem hierarchischen, z. T. in einem horizontalen Verhältnis zueinander stehen.

2.5 Dispositive

Diskurse antworten auf – z. T. selbst entworfene – Deutungs- und Handlungsprobleme. Sie schaffen dazu eine entsprechende Infrastruktur der Problembearbeitung, die im Anschluß an Foucault mit dem Begriff des ‚Dispositivs' bezeichnet werden kann. Ein Dispositiv ist dann – dem französischen Sprachgebrauch folgend – das Gesamt der materiellen, handlungspraktischen, sozialen, kognitiven und normativen *Infrastruktur* der Produktion eines Diskurses und der Umsetzung der dadurch erzeugten ‚Problemlösung'.[26] Gemeint ist damit das Ensemble der Mittel, Mechanismen und Maßnahmen, die zur Bearbeitung eines bestimmten Handlungsproblems eingerichtet werden (Institutionen bzw. Organisationen, die die Diskurse erzeugen, Gesetze, Regelwerke, Klassifikationen, Bauten, Erziehungsprogramme usw.).[27] Die Bestandteile eines Dispositivs können sehr heterogener Art sein und ihrerseits unterschiedlichen institutionellen Kontexten entstammen. Durch die Dispositive greifen Diskurse in die Welt ein und erzeugen Wirkungen außerhalb des Diskurses. Dispositive sind die Mittel, durch die Diskurse die Welt und Wirklichkeit nach ihrem Bilde gestalten – oder dies zumindest versuchen.

3 Fragestellungen und methodische Umsetzung

Aus dem skizzierten wissenssoziologischen Diskursverständnis ergeben sich eine Vielzahl möglicher Fragestellungen für die empirische Forschung. Diskurse können z. B. darauf hin untersucht werden wie sie entstanden sind und welche Aushandlungsprozesse in der Konstruktion des Diskurses stattfinden, welche Veränderungen sie im Laufe der Zeit erfahren, was ihre Protagonisten, Adressaten und Publika sind, welche manifesten und/oder latenten Inhalte (kognitiver, moralisch-normativer und ästhetischer Art) sie transportieren, d. h. welche Wirk-

[26] Vgl. dazu auch den Beitrag von Jäger in diesem Band.

[27] Beispielsweise ist das Duale System der Mülltrennung Teil des Dispositivs der Bearbeitung des Abfallproblems, das aus einem spezifischen Diskurskontext heraus entstanden ist (vgl. Keller 1998). Dazu zählen sowohl die entsprechenden Verordnungen, die MitarbeiterInnen des DSD, die Mülltonnen, die zahllosen Grünen Punkte, letztlich auch die Praktiken der Mülltrennung und -säuberung, denen sich die Menschen unterwerfen.

lichkeit sie konstituieren, welcher Mittel sie sich dabei bedienen, wie sie intern strukturiert und reguliert sind, auf welcher Infrastruktur sie aufbauen, welche (gesellschaftlichen) Folgen und Machtwirkungen sie haben und in welchem Verhältnis sie zu anderen zeitgenössischen oder historischen Diskursen stehen. Mit diesen Fragestellungen wird noch einmal deutlich, daß Diskursanalyse ein genuin sozialwissenschaftliches Forschungsprogramm bezeichnet. Gerade da, wo schon bisher (Wissens-)Soziologie etwa Ideologien, kollektive Deutungsmuster oder Expertensysteme analysierte, besteht eine hohe Affinität zur Diskursanalyse.

Die Analyse von Diskursen kann, wie die erwähnten Fragestellungen zeigen, auf sehr unterschiedliche Aspekte fokussieren. Sie vermag sich auf mikroskopische Einzelanalysen der Diskursproduktion ebenso zu richten wie auf historisch weit ausholende Zusammenhangsanalysen und muß entsprechend forschungspragmatische Entscheidungen treffen. Der Begriff der wissenssoziologischen Diskursanalyse formuliert zuallererst einen Gegenstandsbereich und ein Untersuchungsprogramm, aber keine eigenständige Methode. Eher ließe sich von einer organisierenden Perspektive sprechen, die verschiedene, im Rahmen des interpretativen Paradigmas bzw. der hermeneutischen Wissenssoziologie ausgearbeitete (Forschungs-)Methoden der Datenerhebung und -auswertung[28] – z. B. Gesprächsanalyse, Bildanalyse, Symbolanalyse, Analyse kommunikativer Gattungen, Deutungsmusteranalyse, teilnehmende Beobachtung, grounded theory – *nach Maßgabe ihrer Forschungsfragen* heranzieht und nutzt. Das konkrete methodische Vorgehen bei sozialwissenschaftlichen Diskursanalysen läßt sich aus diesem Grunde nicht vorab, ein für allemal festlegen oder auf eine spezifische Methode einengen. Es hängt ab von der jeweiligen Fragestellung, von Untersuchungsinteressen und Untersuchungsgegenständen.

Aus forschungspraktischer Sicht sind die folgenden Stufen einer wissenssoziologischen Diskursanalyse festzuhalten: (1) Sie beginnt mit der Festlegung des oder der zu untersuchenden Diskurse. Diese kann *thematisch* (der Diskurs über Abtreibung), *disziplin- bzw. bühnenspezifisch* (der öffentliche Diskurs, der medizinische Diskurs…) und *akteursbezogen* (der Diskurs eines Industrieverbandes) erfolgen. Oft werden die entsprechenden Kriterien gemischt. (2) Ein nächster Schritt besteht in der Fixierung der Fragestellung, die an den oder die jeweiligen Diskurse herangetragen wird. Daraus ergibt sich die Bestimmung der Untersuchungsgrößen (Praktiken, Inhalte usw.) und deren diskurs-analytisch-methodische Fixierung (z. B. im erwähnten Begriff des ‚Deutungsmusters'). (3) Daran schließen sich die Erhebungsverfahren (z. B. teilnehmende Beobachtung, Zusammenstellung von Textsamples, Erhebung von Experteninterviews) und

---

[28] Vgl. dazu Strauss (1991), Honer (1993), Schröer (1994a), Flick (1995), Hitzler/Honer (1997), Kelle/Kluge (1999).

korrespondierende Auswertungsprozeduren (z. B. sequenzanalytische Deutungsmusterrekonstruktion) an. Dazu zählt auch die extensive Sammlung von Kontextmaterialien, die sekundäranalytisch im Hinblick auf die jeweilige Fragestellung ausgewertet werden. Je nach Erkenntnisinteresse und Datenlage können dann in der Analyse-Arbeit textrekonstruktive und konversationsanalytische Verfahren, Formen der ethnographischen Beschreibung, oder etwa Bild- und Objektanalysen zum Einsatz kommen.

Welchen Umfang das empirische Material haben sollte, um gültige Aussagen über den spezifisch interessierenden Diskurs zu treffen, ist ebenfalls von der Fragestellung abhängig. Einzelne Texte haben den Status von Diskursfragmenten (Jäger 1999: 22). Das heißt, es wird – im Unterschied etwa zu den Grundannahmen der Objektiven Hermeneutik – nicht davon ausgegangen, daß in einem solchen Dokument nur ein einziger Diskurs, und dieser noch dazu vollständig repräsentiert ist. Vielmehr muß der Stellenwert der analysierten Dokumente im Hinblick auf den Diskurs begründet werden. Das gesamte zusammengetragene Material fungiert als diskursinterner oder diskursexterner Kontext zu den detailliert untersuchten Einzelmaterialien. Auch wenn es keinen Königsweg der Diskursanalyse gibt, so müssen die getroffenen Entscheidungen doch hinreichend plausibel und begründungsfähig sein. Sicherlich gibt es keine Standardrezepte für die Entwicklung überzeugender Deutungshypothesen. Konkurrierende Interpretationen sind möglich und – mit guten Gründen – legitimierbar. Doch solange Soziologie empirische Wissenschaft sein will, ist zumindest der Anspruch auf prinzipielle Offenlegung und Nachvollziehbarkeit der Interpretation zu formulieren. Genau dies wiederum macht die methodisch kontrollierte Systematik des Vorgehens notwendig.

Empirische Grundlagen der Forschung sind in der Regel Texte, z. B. Interviews, Dokumente, Bücher bzw. Beobachtungen, die vertextet werden können. Dabei handelt es sich überwiegend um ‚natürliche' Daten, d. h. Äußerungen und Praxisformen aus dem Untersuchungsfeld selbst. Dieses Material kann unter zwei Gesichtspunkten ausgewertet werden. Zunächst liefert es Informationen über den Untersuchungsgegenstand. Dann liegt es der Rekonstruktion diskursspezifischer Bedeutungs- und Handlungsstrukturen zugrunde. Sich aus der diskursanalytischen Perspektive mit ausgewählten Texten/Praktiken/materiellen Objektivationen als Dokumenten der Wirklichkeit zu beschäftigen, heißt, sie als partielle Realisation eines Diskurses oder gar als hybride Mischung unterschiedlicher Diskurse zu verstehen.

Für die Forschenden stellen sich im Umgang mit dem Material mehrere Probleme, die begründet gelöst werden müssen: Unterschieden werden können (a) *Grenzziehungsprobleme* und (b) *Geltungsprobleme*. Zu den *Grenzziehungsproblemen* zählt das Problem der Eingrenzung von Untersuchungszeiträumen und -gegenständen, das Problem der Reduktion und des Zusammenhangs des auszuwertenden Materials und das Problem der Zuordnung von Dokumenten/Praktiken bzw. einzelnen Textinhalten zu Diskursen. Grenzziehungsprobleme betreffen mit anderen Worten die kompositorischen Aspekte des Diskursbegriffs. Auch wenn die einzelnen Bestandteile von Diskursen als empirische Artefakte existieren, werden sie doch erst durch den beobachtenden Zugriff der Sozialwissenschaftler zum Diskurs. Deswegen müssen Begründungen dafür angegeben werden, welche Dokumente einem Diskurs zugerechnet werden können, wie sinnvoll das empirische Material eingeschränkt und analytisch handhabbar gemacht werden kann u. a. m. Dies mag mitunter durch Vorwissen über Texte bzw. Textproduzenten möglich sein; entsprechende Entscheidungen können über die Auswahl von Themen oder institutionellen Settings erfolgen. Häufig – etwa bei der Analyse öffentlicher Diskurse aufgrund der Medienberichterstattung – kann aber erst vom vorliegenden Text ausgehend letztlich auf den oder die Diskurse geschlossen werden, die darin aktualisiert werden. Die Grundlage dafür liefert im allgemeinen die Fragestellung, die mit der jeweiligen Untersuchung verfolgt wird. Strategien der Materialreduktion können im Rückgriff auf Schlüsseltexte bestehen (vgl. Waldschmidt 1996), in der Orientierung an wichtigen Ereignissen und soziokulturellen Umbrüchen (z. B. Institutsgründungen, Gesetzgebungsverfahren u. a. m.; vgl. Lüders/Meuser 1997, Keller 1998), in Strategien der theoriegeleiteten Materialsuche oder -analyse anhand von Kriterien minimaler oder maximaler Kontrastierung (vgl. Strauss 1991, Keller 1998, Kelle/Kluge 1999), mitunter auch in der computergestützten Aufbereitung des Materials (vgl. etwa Boltanski/Chiapello 1999, Diaz-Bone/Schneider 2000). Letztere bringen jedoch spezifische Einengungen der möglichen Ergebnisse mit sich. Eine nützliche Strategie zur Datenreduktion, die am Paradigma der qualitativen Textinterpretation festhält, greift z. B. Vorgehensvorschläge der grounded theory und die Forschungsökonomie typenorientierter rekonstruktiver Hermeneutik und Deutungsmusteranalyse auf (vgl. Schröer 1994b, Lüders/Meuser 1997). Gerade die Annahme typisierbarer Elemente von Diskursen erlaubt auch bei relativ umfangreichen Textkorpora eine vergleichsweise zeitökonomische Abschließung des Forschungsprozesses an dem Punkt, an dem die Analyse gesättigt erscheint und weitere Auswertungen keine zusätzlichen Erkenntnisse mit sich bringen.

Geltungsprobleme ergeben sich bezüglich der Begründung des analysierenden Vorgehens am einzelnen Dokument/Datenbestand, der Zusammenführung unterschiedlicher Datenformate, bezüglich des Schlusses vom einzelnen Dokument auf übergreifende Zusammenhänge des Diskurses, der Schließung des Analyseprozesses (wann ist alles wichtige erfaßt?) und im Hinblick auf Generalisierungen, d. h. der Begründung von Aussagen über den gesamten Diskurs. Da Diskursanalysen notwendig hermeneutische Ansätze sind, für die die

Welt das „Ensemble der durch Texte eröffneten Bezüge“ (Ricoeur 1978: 90) darstellt, implizieren sie selbst da Textauslegungen, wo sie sich in erster Linie auf formale Strukturen oder materiale Praktiken konzentrieren. Sie bewegen sich unabkömmlich im ‚Paradigma der Textinterpretation‘ (Ricoeur 1977, 1978). Diskursanalyse im Kontext der sozialwissenschaftlichen Hermeneutik zu verankern, heißt dann, daß ForscherInnen über ihren Forschungsprozeß reflektieren und Auswertungsstrategien wählen, die methodisch kontrollierbar Vorurteile ausschließen sowie systematisch die Erzeugung und Selektion von Textinterpretationen erlauben. Insoweit impliziert sozialwissenschaftliche Hermeneutik unabdingbar einen Prozeß der Text-Dekonstruktion. Dies schließt wiederum nicht aus, daß Diskursanalysen auch statistische bzw. quantifizierte Daten einsetzen, mit denen Aussagen über Typisches kontrolliert, Verbreitungsgrade von Diskursen zugänglich gemacht, Ressourcen eines Diskurses analysiert werden können.

Die einzusetzenden Auswertungsmethoden richten sich nach dem Aspekt, der an einem Diskurs untersucht werden soll. Für die sozialwissenschaftliche Diskursanalyse weitgehend uninteressant sind linguistische und grammatikalische Aspekte von Diskursen. Geht es in erster Linie um die Rekonstruktion der Wirklichkeitsordnung, die durch den Diskurs und im Diskurs konstituiert wird, dann bieten sich verschiedene Vorgehensweisen interpretativer Textauswertung an. Dazu zählen bspw. Verfahren der dokumentarischen Interpretation, der grounded theory oder der Deutungsmusteranalyse (vgl. Strauss 1991, Hitzler/Honer 1997). Auch wenn die Gesamt-Analyse umfangreicher Textdokumente (etwa Bücher) nicht über sequenzanalytische Verfahren möglich ist, so kann daraus nicht der Umkehrschluß gezogen werden, die interpretierende Analyse des Textaufbaus (etwa anhand der Gliederung) lasse sich ohne die Einnahme einer reflektierten hermeneutischen Haltung leisten. Eine andere Strategie der Reduktion von Textkomplexität besteht in der Rekonstruktion von narrativen Strukturen der in einem Diskurs typischerweise erzählten Geschichte(n).[29] Beide Vorgehensweisen können durchaus kombiniert werden.

Vor allem die Aggregation einzelner Ergebnisse zu Gesamtaussagen über ‚den Diskurs‘ markiert den zentralen Unterschied zu den meisten qualitativen sozialwissenschaftlichen Untersuchungen, die pro Text (in der Regel ein Interview) von einer in sich konsistenten und geschlossenen Sinn- oder Fallstruktur ausgehen, d. h. einen Text als vollständiges Dokument genau eines Falles betrachten. Typisch für viele ‚natürliche‘ Textsorten ist jedoch gerade die zugleich heterogene und partielle Repräsentation diskursspezifischer Deutungsmuster in

[29] Vgl. dazu den Beitrag von Viehöver in diesem Band. Entsprechende Vorschläge stammen von A. Greimas oder aus der us-amerikanischen kognitiven Anthropologie und Soziologie (vgl. zum Überblick Corsaro 1985).

einzelnen Texten. Je nach Textsorten müssen deswegen unterschiedliche Auswertungs- und Abkürzungsstrategien verfolgt werden. Zumindest für kürzere Texte bieten sich auch hier verfahrensbezogene Anleihen an die ‚gegenstandsbezogene Theoriebildung' an. Dazu zählen begründete Strategien der systematisch kontrollierten Zusammenstellung und Reduktion des empirischen Materials innerhalb des zusammengestellten Datenkorpus (minimale/maximale Kontraste, theoretical sampling), die Anfertigung von Kurzbeschreibungen des jeweiligen Inhaltes einzelner Texte bzw. Textabschnitte (‚Memos') und deren sequenzanalytische (Satz-für-Satz; abschnittsbezogen, textbezogen) Übersetzung in abstraktere Analyseeinheiten (Kodierung), die Anfertigung einer detaillierten Matrix eingesetzter Argumente und symbolisch-rhetorischer Mittel u. a. m.[30] Dieses Vorgehen seziert und interpretiert einzelne Daten (Texte) zunächst in sehr kleinen Schritten, entwickelt Lesarten und verwirft sie gegebenenfalls im Fortgang der Analyse; nach und nach wird auf größere Textabschnitte geschlossen, für die Begriffe gebildet werden.[31] Wichtig ist, eine Haltung gegenüber dem Text einzunehmen, die nicht schon vorher weiß, was ‚sowieso' enthalten ist. Die wiederholte Anwendung auf verschiedene Texte führt vergleichsweise zügig zu Sättigungseffekten, bei denen aus weiteren Texten nichts Neues mehr geschlossen werden kann.[32] Im Rahmen einer wissenssoziologischen Diskursanalyse bietet es sich dabei an, diesen Kodierungs- und Typisierungsprozeß auf Deutungsmuster, Interpretationsrepertoires und story lines zu fokussieren (vgl. Kap. 2) und durch die Analyse von strukturellen Bedingungen, organisatorisch-institutionellen Kontexten, Akteurspraktiken und Strategien zu ergänzen (vgl. Gerhards 1992, Schetsche 1996).[33]

Schließlich bleibt die zusammenfassende Darstellung der Ergebnisse, die damit leben muß, daß die konkreten Deutungsprozesse, die Ideen und Einfälle, die aus dem Eintauchen in Diskurse entstehen, im einzelnen nicht darstellbar sind (Reichertz/Schröer 1994: 79). Was sie allerdings leisten kann, ist die Präsentation

[30] Vgl. Strauss (1991), Flick (1995), Kelle (1997), Kelle/Kluge (1999).

[31] Für die Rekonstruktion von Deutungsmustern bieten sich sequenzanalytische Vorgehensweisen an. Diese beginnen zunächst mit extensiven Textauslegungen, deren Umfang dann Schritt für Schritt im Hinblick auf das Forschungsinteresse reduziert wird bis hin zur Konturierung des Deutungsmusters, das im Hinblick auf die Fragestellung für die interessierenden Textabschnitte am passendsten erscheint. Idealerweise erfolgt dies in Deutungsgruppen als Prozeß sozialer Objektivierung (vgl. als nach wie vor hilfreiche Literatur Soeffner 1979, Giegel/Frank/Billerbeck 1988, Oevermann 1988, Reichertz 1997a).

[32] Detailliertere Verfahrenshinweise finden sich außerdem in Reichertz/Schröer (1994). Sie unterscheiden mehrere Phasen des Wechsels zwischen Datenerhebung im Feld, freischwebender Aufmerksamkeit und konzentrierter Auswertung, Interpretation, Hypothesen- und Typenbildung; Rückkehr ins Feld usw. (vgl. auch Reichertz 1997b, Schröer 1997a, 1997b).

[33] Diese Ausrichtung macht noch einmal den Unterschied der wissenssoziologischen Diskursanalyse zur ‚discourse analysis' als Gesprächsanalyse (Deppermann 1999) und zur sprachwissenschaftlich fundierten ‚kritischen Diskursanalyse' (Jäger 1999, vgl. Jäger in diesem Band) deutlich.

exemplarischer Auswertungen einzelner Daten und die Herstellung von Transparenz im Hinblick auf das zugrundeliegende Datenmaterial und seinen Zusammenhang mit den gewonnenen Erkenntnissen.

Literatur

Abels, H. (1998): Interaktion, Identität, Präsentation. Kleine Einführung in interpretative Theorien der Soziologie. Opladen: Westdeutscher Verlag

Alasuutari, P. (1995): Researching Culture. Qualitative Method and Cultural Studies. London: Sage

Arbeitsgruppe Bielefelder Soziologen (Hrsg.) (1981): Alltagswissen, Interaktion und gesellschaftliche Wirklichkeit 1 + 2. Opladen: Westdeutscher Verlag

Becker, H. (1973): Außenseiter. Zur Soziologie abweichenden Verhaltens. Frankfurt/Main: Fischer

Berger, P. L./Luckmann, T. (1980): Die gesellschaftliche Konstruktion der Wirklichkeit. Eine Theorie der Wissenssoziologie. Frankfurt/Main: Fischer

Blumer, H. (1981): Der methodologische Standort des Symbolischen Interaktionismus. In: Arbeitsgruppe Bielefelder Soziologen (Hrsg.): Alltagswissen, Interaktion und gesellschaftliche Wirklichkeit 1 + 2. Opladen: Westdeutscher Verlag, S. 80–146

Boltanski, L./Chiapello, E. (1999): Le nouvel esprit du capitalisme. Paris: Gallimard

Brand, K.-W./Eder, K./Poferl, A. (1997): Ökologische Kommunikation in Deutschland. Opladen: Westdeutscher Verlag

Brown, G./Yule, G. (1983): Discourse Analysis. Cambridge: University Press

Bublitz, H./Bührmann, A. D./Hanke, C./Seier, A. (Hrsg.) (1999): Das Wuchern der Diskurse. Perspektiven der Diskursanalyse Foucaults. Frankfurt/Main: Campus

Burchell, G./Gordon, C./Miller, P. (Hrsg.) (1991): The Foucault Effect. Studies in Governmentality. London: Harvester

Chouliaraki, L./Fairclough, N. (1999): Discourse in Late Modernity. Rethinking Critical Discourse Analysis. Edinburgh: University Press

Corsaro, W. A. (1985): Sociological Approaches to Discourse Analysis. In: Dijk, T. A. van (Hrsg.): Handbook of discourse analysis. Bd. 1. London: Academic Press, S. 167–192

Deppermann, A. (1999): Gespräche analysieren. Opladen: Leske + Budrich

Diaz-Bone, R./Schneider, W. (2000): Zum Einsatz qualitativer und quantitativer Textanalyse-Software in der diskursanalytischen Forschungspraxis. Vortrag auf dem Workshop „Perspektiven der Diskursanalyse II“, http://www.lrz-muenchen.de/~Diskursanalyse

Dreyfus, H. L./Rabinow, P. (1987): Michel Foucault. Jenseits von Strukturalismus und Hermeneutik. Frankfurt/Main: athenäum

Fairclough, N. (1992): Discourse and Social Change. Cambridge: Polity Press

Flick, U. (1995): Qualitative Forschung. Theorie, Methoden, Anwendung in Psychologie und Sozialwissenschaften. Reinbeck: Rowohlt

Foucault, M. (1974a): Die Ordnung der Dinge. Frankfurt/Main: Suhrkamp

Foucault, M. (1974b): Die Ordnung des Diskurses. München: Hanser

Foucault, M. (1977): Überwachen und Strafen. Frankfurt/Main: Suhrkamp
Foucault, M. (1978): Dispositive der Macht. Über Sexualität, Wissen und Wahrheit. Berlin: Merve
Foucault, M. (1981): Archäologie des Wissens. Frankfurt/Main: Suhrkamp [1969]
Foucault, M. (1983): Der Wille zum Wissen. Frankfurt/Main: Suhrkamp
Foucault, M. (1989a): Der Gebrauch der Lüste. Frankfurt/Main: Suhrkamp
Foucault, M. (1989b): Die Sorge um sich. Frankfurt/Main: Suhrkamp
Fox, N. J. (1998): Foucault, Foucauldians and sociology. In: British Journal of Sociology, 49, 3, S. 415–433
Frank, M. (1983): Was ist Neostrukturalismus? Frankfurt/Main: Suhrkamp
Frank, M. (1988): Zum Diskursbegriff bei Foucault. In: Fohrmann, J./Müller, H. (Hrsg.): Diskurstheorien und Literaturwissenschaft. Frankfurt/Main: Suhrkamp, S. 25–44
Gamson, W. (1988): The 1987 Distinguished Lecture: A Constructionist Approach to Mass Media and Public Opinion. In: Symbolic Interaction, 2, S. 161–174
Gerhards, J. (1992): Dimensionen und Strategien öffentlicher Diskurse. In: Journal für Sozialforschung, 3/4, S. 307–318
Giegel, H.-J./Frank, G./Billerbeck, U. (1988): Industriearbeit und Selbstbehauptung. Berufsbiographische Orientierung und Gesundheitsverhalten in gefährdeten Lebensverhältnissen. Opladen: Leske + Budrich
Giugni, M. (1999): Structure et Culture dans l'Étude des Mouvements Sociaux. Difficultés et Tentatives d'Intégration. In: Schweizerische Zeitschrift für Soziologie, 25, S. 497–518
Gusfield, J. (1981): The Culture of Public Problems: Drinking-Driving and the Symbolic Order. Chicago: University Press
Hajer, M. A. (1995): The Politics of Environmental Discourse. Ecological Modernization and the Policy Process. Oxford: University Press
Hitzler, R./Honer, A. (Hrsg.) (1997): Sozialwissenschaftliche Hermeneutik. Opladen: Leske + Budrich
Hitzler, R./Keller, R. (1989): On Sociological and Common-sense *Verstehen.* In: Current Sociology, 37, 1, S. 91–101
Hitzler, R./Reichertz, J./Schröer, N. (Hrsg.) (1999): Hermeneutische Wissenssoziologie. Standpunkte zur Theorie der Interpretation. Konstanz: UVK
Honer, A. (1993): Lebensweltliche Ethnographie. Wiesbaden: DUV
Jäger, S. (1999): Kritische Diskursanalyse (2. überarb. Aufl.). Duisburg: DISS
Jasper, J. M. (1997): The Art of Moral Protest. Culture, Biographie and Creativity in Social Movements. Chicago: University of Chicago Press
Johnston, H./Klandermans, B. (Hrsg.) (1995): Social Movements and Culture. Minneapolis: University of Minnesota Press
Kelle, U. (1997): Empirisch begründete Theoriebildung. Zur Logik und Methodologie interpretativer Sozialforschung. Weinheim: Deutscher Studien-Verlag
Kelle, U./Kluge, S. (1999): Vom Einzelfall zum Typus: Fallvergleich und Fallkontrastierung in der qualitativen Sozialforschung. Opladen: Leske + Budrich
Keller, R. (1997): Diskursanalyse. In: Hitzler, R./Honer, A. (Hrsg.): Sozialwissenschaftliche Hermeneutik. Opladen: Leske + Budrich, S. 309–333

Keller, R. (1998): Müll – Die gesellschaftliche Konstruktion des Wertvollen. Opladen: Westdeutscher Verlag

Keller, R. (2000): Der Müll in der Öffentlichkeit. Reflexive Modernisierung als kulturelle Transformation. Ein deutsch-französischer Vergleich. In: Soziale Welt, 51, 3, S. 245–266

Keller, R. (2004a): Diskursforschung. Eine Einführung für SozialwissenschaftlerInnen. Reihe qualitative Sozialforschung Bd. 14, Hg. von R. Bohnsack, Chr. Lüders, J. Reichertz. 2. Aufl. Wiesbaden: VS-Verlag [4. erweiterte Auflage 2011]

Keller, R. (2004b): Der Müll der Gesellschaft. Eine wissenssoziologische Diskusrsanalyse. In: Keller, R./Hirseland, A./Schneider, W./Viehöver, W. (Hrsg.): Handbuch Sozialwissenschaftliche Diskursanalyse Bd. 2. 2. Aufl. Wiesbaden: VS-Verlag, S. 197–232

Keller, R. (2005): Wissenssoziologische Diskursanalyse. Grundlegung eines Forschungsprogramms. Wiesbaden. VS-Verlag

Keller, R./Hirseland, A./Schneider, W./Viehöver, W. (Hrsg.) (2005): Die diskursive Konstruktion von Wirklichkeit. Zum Verhältnis von Wissenssoziologie und Diskursforschung. Konstanz: UVK

Keller, R./Truschkat, I. (Hrsg.) (2011): Wissenssoziologische Diskursanalyse: Exemplarische Anwendungen Bd. 1. Wiesbaden: VS-Verlag

Knoblauch, H. (1995): Kommunikationskultur. Die kommunikative Konstruktion kultureller Kontexte. Berlin: de Gruyter

Knoblauch, H./Günthner, S. (1994): „Forms are the Food of Faith“. Gattungen als Muster kommunikativen Handelns. In: Kölner Zeitschrift für Soziologie und Sozialpsychologie, 4, S. 693–723

Link, J./Link-Heer, U. (1990): Diskurs/Interdiskurs und Literaturanalyse. In: LiLi, 77, S. 88–99

Luckmann, T. (1999): Wirklichkeiten: individuelle Konstitution und gesellschaftliche Konstruktion. In: Hitzler, R./Reichertz, J./Schröer, N. (Hrsg.): Hermeneutische Wissenssoziologie. Konstanz: UVK, S. 17–28

Lüders, C./Meuser, M. (1997): Deutungsmusteranalyse. In: Hitzler, R./Honer, A. (Hrsg.): Sozialwissenschaftliche Hermeneutik. Opladen: Leske + Budrich, S. 57–80

Maasen, S. (1999): Wissenssoziologie. Bielefeld: transcript Verlag

McCarthy, E. D. (1996): Knowledge as Culture. The new sociology of knowledge. London: Routledge

Meuser, M./Sackmann, R. (1992a): Zur Einführung: Deutungsmusteransatz und empirische Wissenssoziologie. In: Dies. (Hrsg.): Analyse sozialer Deutungsmuster. Beiträge zur empirischen Wissenssoziologie. Pfaffenweiler: Centaurus, S. 9–37

Meuser, M./Sackmann, R. (Hrsg.) (1992b): Analyse sozialer Deutungsmuster. Beiträge zur empirischen Wissenssoziologie. Pfaffenweiler: Centaurus

Mills, S. (1997): Discourse. London: Routledge

Oevermann, U. (1988): Eine exemplarische Analyse zum Typus versozialwissenschaftlichter Identitätsformation. In: Brose, H.-G./Hildenbrand, B. (Hrsg.): Vom Ende des Individuums zur Individualität ohne Ende. Opladen: Leske + Budrich, S. 243–286

Pickering, A. (1995): The Mangle of Practice: Time, Agency and Science. Chicago: University of Chicago Press

Poferl, A. (1997): Der strukturkonservative Risikodiskurs. Eine Analyse der Tschernobyl ‚media story' in der Frankfurter Allgemeinen Zeitung. In: Brand, K.-W./Eder, K./Poferl, A.: Ökologische Kommunikation in Deutschland. Opladen: Westdeutscher Verlag, S. 106–154

Potter, J./Wetherell, M. (1995): Soziale Repräsentationen, Diskursanalyse und Rassismus. In: Flick, U. (Hrsg.): Psychologie des Sozialen. Repräsentationen in Wissen und Sprache. Reinbeck: Rowohlt, S. 177–199

Reichertz, J. (1997a): Objektive Hermeneutik. In: Hitzler, R./Honer, A. (Hrsg.): Sozialwissenschaftliche Hermeneutik. Opladen: Leske + Budrich, S. 31–55

Reichertz, J. (1997b): Plädoyer für das Ende einer Methodologiedebatte bis zur letzten Konsequenz. In: Sutter, T. (Hrsg.): Beobachtung verstehen, Verstehen beobachten. Opladen: Westdeutscher Verlag, S. 98–133

Reichertz, J./Schröer, N. (1994): Erleben, Auswerten, Darstellen. Konturen einer hermeneutischen Wissenssoziologie. In: Schröer, N. (Hrsg.): Interpretative Sozialforschung. Opladen: Westdeutscher Verlag, S. 56–84

Ricoeur, P. (1977): Diskurs und Kommunikation. In: Neue Hefte für Philosophie, 11, S. 1–25

Ricoeur, P. (1978): Der Text als Modell: hermeneutisches Verstehen. In: Gadamer, H.-G./Boehm, G. (Hrsg.): Seminar: Die Hermeneutik und die Wissenschaften. Frankfurt/Main: Suhrkamp, S. 83–117

Schetsche, M. (1996): Die Karriere sozialer Probleme: eine soziologische Einführung. München: Oldenbourg

Schneider, W. (1999): „So tot wie nötig – so lebendig wie möglich!" Sterben und Tod in der fortgeschrittenen Moderne. Eine Diskursanalyse der öffentlichen Diskussion um den Hirntod in Deutschland. Münster: Lit-Verlag

Schröer, N. (Hrsg.) (1994a): Interpretative Sozialforschung. Auf dem Wege zu einer hermeneutischen Wissenssoziologie. Opladen: Westdeutscher Verlag

Schröer, N. (1994b): Einleitung: Umriß einer hermeneutischen Wissenssoziologie. In: Ders. (Hrsg.): Interpretative Sozialforschung. Auf dem Wege zu einer hermeneutischen Wissenssoziologie. Opladen: Westdeutscher Verlag, S. 9–27

Schröer, N. (1997a): Strukturanalytische Handlungstheorie und subjektive Sinnsetzung. Zur Methodologie und Methode einer hermeneutischen Wissenssoziologie. In: Sutter, T. (Hrsg.): Beobachtung verstehen, Verstehen beobachten. Perspektiven einer konstruktivistischen Hermeneutik. Opladen: Westdeutscher Verlag, S. 273–302

Schröer, N. (1997b): Wissenssoziologische Hermeneutik. In: Hitzler, R./Honer, A. (Hrsg.): Sozialwissenschaftliche Hermeneutik. Opladen: Leske + Budrich, S. 109–132

Schütz, A./Luckmann, T. (1979): Strukturen der Lebenswelt. Bd. 1. Frankfurt/Main: Suhrkamp

Schütz, A./Luckmann, T. (1984): Strukturen der Lebenswelt. Bd. 2. Frankfurt/Main: Suhrkamp

Soeffner, H.-G. (Hrsg.) (1979): Interpretative Verfahren in den Sozial- und Textwissenschaften. Stuttgart: Metzler

Soeffner, H.-G. (1989): Auslegung des Alltags – Der Alltag der Auslegung. Zur wissenssoziologischen Konzeption einer sozialwissenschaftlichen Hermeneutik. Frankfurt/Main: Suhrkamp
Soeffner, H.-G./Hitzler, R. (1994): Hermeneutik als Haltung und Handlung. Über methodisch kontrolliertes Verstehen. In: Schröer, N. (Hrsg.): Interpretative Sozialforschung. Opladen: Westdeutscher Verlag, S. 28–55
Stone, D.A. (1989): Causal Stories and the Formation of Policy Agendas. In: Political Science Quarterly, 2, S. 281–300
Strauss, A. (1991): Grundlagen qualitativer Sozialforschung. München: Fink
van Dijk, T.A. (Hrsg.) (1997a): Discourse as Structure and Process. Discourse Studies, Bd. 1. London: Sage
van Dijk, T.A. (Hrsg.) (1997b): Discourse as Social Interaction. Discourse Studies, Bd. 2. London: Sage
Waldschmidt, A. (1996): Das Subjekt in der Humangenetik. Münster: Westfälisches Dampfboot
Wodak, R. (1996): Disorders of Discourse. London: Longman
Wuthnow, R. (1989): Communities of Discourse. Cambridge: Harvard University Press

Die Rahmenanalyse politischer Diskurse[1]

Paolo R. Donati

1 Zur Renaissance des Erklärungsfaktors *‚Kultur‘* bei der Erforschung sozialer Bewegungen

Nachdem die Theorie der Ressourcenmobilisierung in den achtziger Jahren strukturtheoretische und sozialpsychologische Ansätze verdrängt hat, ist dieser Ansatz in den neunziger Jahren selbst ins Kreuzfeuer der Kritik geraten, gerade weil er sich auf ein Akteursmodell stützt, das Bewegungsaktivisten als ‚rationale‘ Individuen beschreibt. Nach dieser Vorstellung beruht das Motiv zum kollektiven Handeln auf einer abstrakten ökonomischen Rationalität und letztlich basieren die Handlungen individueller Akteure auf Kosten-Nutzenkalkülen (selective incentives) und den jeweils verfügbaren Ressourcen,[2] während die Bedeutung gemeinsamer Ziele, auf die kollektives Handeln und Mobilisierungsprozesse gerichtet sind, ebenso wie auch die Rolle ideologischer Rechtfertigungen für gemeinsame Ziele und Handlungen weitgehend unberücksichtigt bleiben. Der Schwerpunkt der Kritik an Theorien rationaler Wahl und Ressourcenmobilisierungsansätzen bemängelt daher, daß diese keine Erklärungen für die Prozesse und Mechanismen hätten, durch die gemeinsame Ziele und Forderungen und deren Legitimation hervorgebracht werden. Dies führte zu einer Renaissance des Faktors ‚Kultur‘

---

[1] Übersetzung von Willy Viehöver.

[2] McCarthy/Zald (1973), Oberschall (1973), Gamson (1975), Tilly (1978).

als Erklärungsmoment in der Bewegungsforschung. In der Folge konzentrierte sich die sozialwissenschaftliche Forschung zunächst auf die kognitiven Prozesse, durch die Problemsichten generiert und interpretiert und Konsens über die Ziele der Bewegungsakteure hergestellt werden.[3] Diese kognitive Wende in der Bewegungsforschung erhöhte das Interesse für die Rolle, die kulturelle Elemente bei der Mobilisierung von Interessen und der Genese wechselseitiger Bindungen und Solidaritäten haben (können). Zum einen wurde das Interesse an Ideologien und unterschiedlichen politischen Problemwahrnehmungen durch Akteure wiederbelebt, und zum anderen verwiesen die Verfechter des Identitätsparadigmas[4] darauf, daß die Formierung kollektiver Akteure die Konstruktion einer kollektiven Identität erfordere. Dies geschehe wiederum im Rückgriff auf verfügbare kulturelle Repertoires (Swidler 1986). Kulturelle Elemente wurden zunehmend als die zwischen Struktur (soziale Probleme) und Handlung (Motivation zur Partizipation an kollektivem Handeln) vermittelnden Faktoren angesehen. Das Forschungsinteresse richtete sich sodann sowohl auf die Konstruktion sozialer Probleme und Situationsdeutungen, in denen die sozialen Bewegungsakteure als ‚signifying agents' agieren (Snow/Benford 1989), als auch auf Prozesse der Konsensmobilisierung und Identitätsbildung.

In diesem Forschungskontext führten schließlich einige Sozialwissenschaftler die Konzepte ‚politischer Diskurs',[5] Rahmen *(frames)*[6] und *frame*-alignment[7] ein. In diesem Zusammenhang wird nun auch vermehrt auf den Nutzen der Diskursanalyse für die Bewegungsforschung und die Analyse von Ideologien und (Bewegungs-)kulturen hingewiesen (Donati 1993, Fine 1995, Steinberg 1998).

1.1 Was verbirgt sich hinter der Metapher Diskurs?

Diskursanalyse ist nun keineswegs eine völlig neue Forschungsströmung: Obwohl der Begriff ein sehr weites Feld von Ansätzen und Methoden umspannt (Maingueneau 1976), liegen seine Ursprünge in Z.S. Harris (1952) distributionslinguistischen Studien. Ebenso wenig läßt sich sagen, daß deren Anwendung in dem Forschungsfeld, das als ‚politischer Diskurs' bezeichnet wird, neu wäre. Tat-

[3] Gamson/Fireman/Rytina (1982), McAdam (1982), Klandermans (1984), Snow/Rochford/Worden/Benford (1986).
[4] Touraine (1973, 1978, 1983, 1985), Melucci (1988).
[5] Gamson (1985, 1988, 1992, 1995b), Donati (1993).
[6] Gamson/Lasch (1983), Snow/Benford (1988), Gamson/Modigliani (1989), Benford/Hunt (1992), Gamson/Croteau/Hoynes/Sasson (1992), Benford (1993a, 1993b), Pan/Kosicki (1993), Gamson (1995a).
[7] Snow/Rochford/Worden/Benford (1986), Steinberg (1998).

sächlich lassen sich die Wurzeln der politischen Diskursanalyse bis in die späten sechziger Jahre hinein zurückverfolgen. So waren es insbesondere die Franzosen Pêcheux (1969) und Demonet (1975), die sich um die Analyse ideologischer Strukturen bemühten, indem sie linguistische Methoden auf den Akt der ‚Produktion' (d. h. von mündlichen oder schriftlichen Diskursen) anwendeten.

Von der Diskussion dieser unterschiedlichen Ansätze sehe ich an dieser Stelle ab, weil dies unverhältnismäßig viel Raum beanspruchen würde. Hier soll vielmehr ein Typus der Diskursanalyse vorgestellt werden, wie er in jüngster Zeit im Felde der Bewegungsforschung entwickelt wurde. Ich beginne mit der Definition des Begriffes Diskurs und seinem Gegenstandsbereich; anschließend fahre ich mit der Diskussion theoretischer, methodologischer und ‚technischer' Aspekte fort, die mit der Diskursanalyse verbunden sind. Dann werden die Vorteile herausgestellt, die eine solche Perspektive für die Analyse der Ideologien sozialer Bewegungen (aber auch anderer Ideologien) verspricht. Abschließend werden die Grenzen der Diskursanalyse angesprochen. Diesbezüglich möchte ich einige Vorschläge für ein umfassenderes Forschungsparadigma machen.

Alle diskursanalytischen Ansätze haben ihre Wurzeln in einer mehr oder weniger klaren linguistischen Perspektive, die Diskurse als ‚sprachliche Ereignisse' begreift, als eine Handlung, durch die ideelle und symbolische Konstrukte in der sozialen Welt aktualisiert und ‚realisiert' werden. Der Begriff ‚Diskurs' ist natürlich in metaphorischer Weise über seinen ursprünglichen Bedeutungsgehalt als *interpersonale Konversation* hinaus ausgeweitet worden. Er verweist nun auf alle Formen sozialen Dialogs, wie er innerhalb und zwischen Institutionen, zwischen Individuen und sozialen Gruppen, Organisationen und den politischen Institutionen im Besonderen stattfindet. Aus dieser Perspektive erscheint Diskurs als Form der *Rede* (talk), in der Sprecher „in ihrer Funktion als Stellvertreter einer Gruppe oder von Institutionen, die wiederum Teil der Kontroverse sind, auftreten" (Rein 1986: 12).

Die verschiedenen Begriffsanwendungen verweisen auf den unterschiedlichen analytischen Status im Verhältnis zur Diskursproduktion. Dieser reicht von einem Verständnis als reiner sprachlicher Oberflächenstruktur, als Ort, an dem ideelle Elemente wie Ideologien, Glaubenssysteme, Meinungen erscheinen, bis hin zu einer Vorstellung von Diskurs als konstitutivem Mechanismus der (Re-)Produktion von Gesellschaft durch die (kommunikativen) Interaktionen der Akteure. In den meisten der neueren Studien über soziale Bewegungen wird auf einen Diskursbegriff Bezug genommen, der nahe am ersten Pol des genannten Kontinuums liegt: politischer Diskurs als der Ort an dem jene ideellen Elemente produziert werden, durch die die Realität sinnhaft verstanden und gestaltet wird. Dies bedeutet letztlich nichts anderes als politische Ideologie.

In diesem Sinne ist Diskursanalyse bislang als eine moderne Form der Analyse von Ideologien betrieben worden, allerdings hat dieser Ansatz gegenüber den unterschiedlichen traditionellen Formen der Ideologieanalyse den Vorteil, Ideologien nicht als monolithische und vollständig strukturierte Systeme zu verstehen. Zudem betont die politische Diskursanalyse eher die Schwächen, Mehrdeutigkeiten und Lücken, als die Stärken ideologischer Systeme. Sie konzentriert ihr Augenmerk auf die Kontroversen zwischen Akteuren, in denen über die ‚legitime' Interpretation gestritten wird, und in der jeder Akteur versucht, die Position des ideologischen Gegners zu delegitimieren:

> „(…) the relations between voices in public political discourse take the form of a conversation (…). The process is essentially dialogic in that the actions of one speaker or voice are oriented to the (…) performances of other voices – reacting, projecting, transforming, anticipating discourse of other speakers or voices (…)." (Mehan/Nathanson/Skelly 1990: 135)

In diesem Sinne bezieht sich der politische Diskurs hier auf:

> „the interactions of individuals, interest groups, social movements and institutions through which problematic situations are converted to policy problems, agendas are set, decisions are made and actions are taken." (Rein 1986: 1)

Politische Themen, Policy-Probleme und ähnliches repräsentieren den Ausdruck von – und bilden das Terrain für – konkurrierende Interpretationen der Realität. Aus diesem Blickwinkel ist das Konzept ‚Diskurs' eine erhellende Metapher, auf die sich, wenn von der Aushandlung oder der Konstruktion der Realität durch diskursive Mittel die Rede ist, in fruchtbarer Weise Bezug nehmen läßt. Insofern lassen sich Kultur und Ideologie weniger als fertige Konstruktionen begreifen, denn als ‚Werkzeugkasten', im Sinne Ann Swidlers, den Akteure gemäß ihrer Bedürfnisse (und Interessen) gebrauchen (Swidler 1986). Diskursanalyse richtet demzufolge einen intentionalen Fokus auf den Gebrauch und die Manipulation diskursiver Mittel, auf die Art und Weise, wie sie miteinander konfrontiert werden und sich wechselseitig verändern, sowie auf die Frage, wie die Wirklichkeitsdefinitionen das Ergebnis der entsprechenden symbolischen Kämpfe repräsentieren. So hat zum Beispiel Gamson (1985, 1988, Gamson/Modigliani 1987, 1989) ein ‚value added'-Modell des Prozesses entwickelt, in dem die politische Kultur und die Meinungen sozialer Akteure geformt werden. Dieses Modell verbindet drei Elemente: 1. konkurrierende ‚Diskurse' (z. B. Reden, Presseerklärungen und Bücher), die von sozialen Gruppen, Organisationen und Institutionen produziert werden (Sponsoren, wie Gamson diese Akteure nennt), 2. die Praktiken der Medien, die diesen Input sozialer Akteure verbreiten und verändern und 3. die kulturellen ‚Werkzeuge', mittels derer die Akteure darauf reagieren bzw. diese assimilieren. Ziel ist es,

> „(…) the interplay between the commentary that appears about a series of issues in the mass media and the way ordinary people make sense and talk about the same set of issues (…)" (Gamson 1985: 3)

zu untersuchen. Insofern als das Zusammenspiel der Ideologien, Normvorstellungen und Meinungen den Aufstieg und Fall politischer Themen und Kontroversen bestimmen, läßt sich leicht verstehen, weshalb Diskurse von besonderem Belang für die soziale Bewegungsforschung sind.

> „Sustained collective action involves a symbolic struggle. At the broadest level it is a struggle over legitimacy of a regime and trust in the incumbent political authorities. Every regime has a legitimating frame that provide the citizenry with a reason to be quiescent (…). As theories about ideological hegemony and false consciousness have emphasized, challengers face a formidable task. But the difficulty varies over time for all challengers and, at any single moment, among them. For some, the official meanings with which they must contend are deeply embedded and well-defended; for others, official meanings are in crisis and disarray or perhaps even discredited (…). Mobilization potential has, then, a strong cultural component." (Gamson 1988: 219)

1.2 Diskurs und Deutungsrahmen (frames)

‚Frames' sind das Konzept, das die neue Perspektive auf ideologische Systeme ermöglicht hat. Seine historischen Wurzeln lassen sich, zuweilen allerdings unter den Labeln Skript oder Schema, in der kognitiven Psychologie in den siebziger und achtziger Jahren[8] sowie in der künstlichen Intelligenzforschung finden (Minsky 1981). Im Rahmen der künstlichen Intelligenzforschung entstand die Frage aus dem Problem der Textinterpretation heraus, nachdem deutlich wurde, daß die interpretative Arbeit nicht lediglich auf der Basis des gesprochenen oder geschriebenen Textes vollzogen wird. Jedweder Text umfaßt nicht alle Informationen, die zu seinem Verständnis und zu seiner Interpretation notwendig sind (siehe auch Donati 1994a: 3 f). In diesem Forschungskontext entstanden nun eine Reihe verwandter Konzepte, so etwa *frame*, *script*, *schemata* und *scenario*. Eine wachsende Zahl experimenteller Studien über Wahrnehmung, Gedächtnis und

---

[8] Axelrod (1973), Filmore (1977), Lakoff/Johnson (1980), Abelson (1981), Jackendoff (1983).

Textverstehen hat hier gezeigt, daß die Identifikation von Ereignissen oder Objekten nicht von einzelnen Elementen ausgehend zur Rekonstruktion der Gesamtheit voranschreitet, vielmehr erlangen auch die einzelnen Komponenten erst durch die Zuschreibung einer geeigneten Definition der komplexen Gesamtheit eine sinnhaft verstehbare Bedeutung.

Was scheinbar ein Bündel einzelner Wahrnehmungen ist, wird in Wirklichkeit a-priori als ein Ereignis oder Objekt synthetisiert, dessen Typologie bereits bekannt ist. So wird der Wahrnehmende mit einem ihm gewohnten Muster – einem ‚*frame*' oder einem ‚Schema' – versehen, durch das die einzelnen Wahrnehmungen signifikant bzw. Objekte und Ereignisse sinnhaft gedeutet werden (Neisser 1976). Ereignisse oder Objekte werden also niemals durch eine abstrakte Rationalität oder durch eine Stück-für-Stück-Rekonstruktion bedeutsam. Vielmehr werden die einzelnen Wahrnehmungsdaten unter einer gemeinsame Kategorie ‚gruppiert', einem breiteren Deutungsrahmen, der sie mit einer wiedererkennbaren Struktur und Bedeutung versieht.[9]

Ein entscheidendes Korrelat ist, daß diese Kategorien oder *frames*, mittels derer die Akteure die Welt wahrnehmen, Kategorien sind, die bereits in der Kultur oder dem Gedächtnis der Akteure präsent sind. In diesem Sinne ist Kognition nicht mehr als Re-Kognition (oder im Extremfall, die Restrukturierung bestehender Muster nach Maßgabe neuer, angemessenerer Muster), und Akteure verleihen den Dingen Sinn eben durch deren ‚Wieder-Erkennung' als Elemente einer sinnhaft geordneten Welt. Eine Konsequenz daraus ist, daß nicht wahrgenommen werden kann, was nicht bereits zuvor bekannt ist; daher ist Bedeutung stets in der bestehenden Kultur zu suchen. Entsprechend ist Kultur als ein ‚Reservoir' von Schemata oder *frames* zu betrachten (Rein/Schoen 1977). Welcher Deutungsrahmen jedoch in der konkreten Situation aktualisiert wird, hängt – neben den spezifischen physikalischen und diskursiven Eigenschaften des Objektes – von der Kultur des Rezipienten ab, d. h. von der Verfügbarkeit der Kategorie in der Enzyklopädie des Rezipienten (Eco 1979).

Ein zweites Merkmal eines einmal bestehenden *frames*, der den Wahrnehmungs-Input präfiguriert, ist seine Eigenschaft, Daten oder Elemente, die nicht in das bestehende Schema passen, entweder anzupassen oder zu eliminieren. Datenlücken hingegen werden durch den *frame* ergänzt, um das ‚wieder-erkannte' Muster zu vervollständigen. Weil der Deutungsrahmen eine bereits bekannte Struktur ist, werden seine konstitutiven Elemente als gleichsam auf ‚natürliche' Weise miteinander verbunden betrachtet. Werden entsprechend nur einige seiner

[9] Von einem allgemeinen Standpunkt aus mag man sehr wohl zu der Auffassung gelangen, daß Realität in ihrer komplexen Strukturiertheit durch einen Prozeß der ‚Wiedererkennung' hierarchisch integrierter *frames* erfolgt.

Elemente in Interaktionen angesprochen – gelegentlich ist bereits eines ausreichend – so ist dies in der Regel hinreichend, um den gesamten Rahmen zu aktualisieren. So wird zum Beispiel die gesamte Handlungs- und Deutungsstruktur eines Mordes hervorgerufen, wenn ein Körper neben einem Messer auf dem Boden liegt. Manchmal werden solche Elemente zu Kollektivsymbolen, so wie ehedem die rote Flagge mit Hammer und Sichel, die ein gesamtes ideologisches Deutungsmuster repräsentieren.

Ein drittes Korrelat ist schließlich, daß jedes einzelne Bündel von Wahrnehmungsdaten in eine potentiell größere Menge unterschiedlicher Rahmen eingepaßt werden kann. So kann ein Fußballspiel beispielsweise als *Kampf* oder als *klassisches Ballett* interpretiert werden.[10] Dieser Prozeß funktioniert durch Selektion und ‚Aktualisierung' eines Sub-Sets der ‚potentiellen' Eigenschaften eines Fußballspieles und ist folglich entsprechend *einer* der möglichen ‚semantischen' Ebenen zu deuten. Dadurch ermöglicht er den Rezipienten unterschiedliche Dinge zu sehen oder zu erwarten. Ist das Deutungsmuster *Kampf* erst einmal aktualisiert, so wird es die Rezipienten kaum dazu bewegen, über Stil, anmutige Bewegung und Berührungen nachzudenken, wahrscheinlicher ist es hingegen, daß sie an die Idee des fair play, an ein kämpferisch gutes Spiel und eine intelligente Taktik denken.

Ein frame ist also eine vorstrukturierte, standardisierte und generelle Struktur (in dem Sinne, daß sie bereits Teil des Rezipienten-Wissens ist), die Re-Kognition erlaubt und so die Wahrnehmung strukturiert (Minsky 1981). Es handelt sich um Wahrnehmungsstrukturen – diese umfassen relevante Fakten, Ursachen und Folgen, die das entsprechende Deutungsmuster betreffen –, die Akteure in jeder (neuen) Situation ins Gedächtnis rufen, das Wissen des Rezipienten verdichten und ihm ermöglichen, bestimmte Erwartungen über das, was nun zu tun ist oder geschehen wird, zu formulieren: „A frame is a perspective from which an amorphous, ill-defined problematic situation can be made sense of and acted upon." (Rein 1986: 2)

Frames beziehen sich aber nicht lediglich auf reine Wahrnehmungsdaten. Vielmehr erfolgt die Objektivierung von Kategorien durch Sprache und Diskurs (Berger/Luckmann 1966), so daß die Existenz und Relevanz sozialer und vergesellschaftungsfähiger Realität in Zeit und Raum von der Manipulation linguistischer Kategorien abhängt. In der Tat sind Kategorien abstrakte Objektklassen; Objekte in ihrem umfassenden Sinne mit all ihren Eigenschaften und Korrelaten.

[10] Natürlich werden Menschen, die nie ein klassisches Ballett oder eine Theateraufführung voller Harmonie und Stil gesehen haben, in einem Fußballspiel kaum ein Ballett sehen. Würden sie das Spiel mit den Begriffen Harmonie und Stil belegen wollen, so würden sie dies wohl eher durch eine andere Metapher zum Ausdruck bringen.

Durch den Gebrauch einer Kategorie beschreibt der Diskurs nicht nur ein Objekt, vielmehr beschreibt er eine gesamte Szenerie, die weit über das spezifische Objekt hinausreichen kann, in dem sie das Objekt mit anderen Objekten und Objektklassen verknüpft. Wie Greimas (1970) einmal sagte, ist der Akt der Bedeutungskonstitution immer eine Art Transformationsarbeit, durch die Objekte über sich hinausgetrieben werden (dies kommt glücklicherweise durch den Begriff *sense* zum Ausdruck, insbesondere in den romanischen Sprachen, wo das französische Wort *sens* und das italienische Wort *senso* eben auch Richtung meinen, so wie dies im Englischen beim Wort *mean* und seinen verschiedenen Bedeutungen der Fall ist). Die Metapher ist der Basismechanismus dieses Transformationsprozesses und dieser folgt eben keiner abstrakten Logik.[11]

Die Auffassung von Sprache wechselt hier von der eines Instrumentes zur Beschreibung der Realität zu der eines Instrumentes zur Definition der Realität. Durch Sprache wird der Prozeß der Realitätsdefinition sozial verfügbar, kommunikabel und sozial relevant. Weil dieser Prozeß der Kategorisierung praktische Konsequenzen hat, Akteure entsprechend ihrer Kategorien entscheiden und handeln und damit den relevanten Fakten Sinn verleihen, werden unterschiedliche Kategorien als Quelle sozialer Kämpfe um legitime Realitätsdefinitionen wahrscheinlich. Diskurse sind der soziale Ort, an dem diese Bemühungen um die Definition sozialer Wirklichkeit stattfinden, so daß diese überhaupt kollektive Geltung erlangen können. *Frames* sind also gleichsam die grundlegenden *Werkzeuge* oder gar *Waffen*, die in diesen Deutungskämpfen genutzt werden.

> „Every policy issue is contested in a symbolic arena. Advocates of one or another persuasion attempt to give their own meaning to the issue and to events that may affect the outcome. Their weapons are metaphors, catchphrases, and other condensing symbols that frame the issue in a particular fashion." (Gamson/Modigliani 1987: 143)

2 Zur Rahmenanalyse von Diskursen

Politische Diskursanalyse versteht sich als ein Instrument zur Analyse der Art und Weise, wie die politische Realität durch Diskurse ‚definiert' (framed) wird, in diesem Sinne auch, wie soziale Akteure sie verstehen. Dazu analysiert sie die Entwicklung und den Wandel der ideellen Konstrukte, die um die legitime Definition der ‚Natur' politischer Sachverhalte konkurrieren.[12] Folglich hat sich die

[11] Rein/Schoen (1977), Goodman (1978), Lakoff/Johnson (1980), siehe auch Donati (1994a, 1996).
[12] Wohlgemerkt, es geht hier nicht um die Rahmung von Texten. Gamson, einer der prominentesten Vertreter, der auf das Konzept der Rahmenanalyse zurückgreift, untersucht die Art und Weise, wie

politische Diskursanalyse bislang fast ausschließlich auf die Sachverhalte konzentriert, die mehr oder weniger heftig umstritten waren. Dies mag die notwendige Konsequenz eines Standpunktes sein, demzufolge Realität ‚künstlich' produziert wird und deren *‚framing'* immer das Ergebnis kontingenter menschlicher Bemühungen/Handlungen repräsentiert und die eben keinen ‚natürlichen' oder objektiven Sachverhalt darstellt.

Der Forschungsprozeß konzentriert sich auf die Rekonstruktion von Deutungsrahmen, wie sie in der themenbezogenen politischen Rede und Debatte benutzt werden. Im Kern ist die Methode also ‚rekonstruktiv', dabei werden eine Reihe von Forschungsschritten durchlaufen, ausgehend von der Definition und Eingrenzung des Themas bis zur konkreten Analyse des ‚framings'. Gleichwohl, die methodische Vorgehensweise ist von einer weitestgehend formalisierten Methode weit entfernt. Daher ist es mein Anliegen, einen kurzen Abriß der Analyseschritte zu geben, die problematisch sind und zudem kontrovers diskutiert werden.

2.1 Definition und Selektion von Themen

In der Regel sind es kontroverse Problemdefinitionen, die einen Sachverhalt – so zum Beispiel Arbeit, Nuklearenergie, Armut, Abtreibung oder Gentechnik – zu einem sozialen und politischen Thema machen. Die Diskurse, die sich um diese Themen formieren, sind der Hauptgegenstand der politischen Rahmenanalyse, der es darum geht, die unterschiedlichen *frames* der in den Diskursen involvierten Akteure zu rekonstruieren. Der Forschungsgegenstand ist folglich in der Regel durch das soziale Problem oder das politische Thema vorgegeben. Auch nachdem das Thema einmal gewählt worden ist, ist immer noch Vorsicht bei der genauen Bestimmung der Forschungsfrage bzw. des Themas geboten, denn was durch die Akteure definiert wird, ist nicht das Problem selbst, sondern in der Regel ein ‚Objekt', um das herum ein themenbezogener Diskurs entsteht. Dieses Objekt wird zumeist von unterschiedlichen, mehr oder weniger kontroversen Blickwinkeln aus betrachtet. Nun kann für jedes Thema mehr als nur ein solches Objekt existieren; die Schwierigkeit besteht nun darin, das richtige auszuwählen. Beschäftigt man sich beispielsweise mit dem Ökologieproblem, so kann man ‚ecology' nicht als Forschungstopic wählen, weil dieses bereits selbst das Ergeb-

---

ein Text ein Problem definiert und strukturiert. Er benutzt dazu oftmals nur Teile eines Textes, eben jene Textausschnitte, in denen das spezifische Problem plaziert ist und gleichsam ein Unterthema dieses Textes bildet. Durch Metaphern und andere rhetorische Figuren (framing devices) – sofern vorhanden auch durch typische Beispiele, Schlagworte und kulturspezifische Anekdoten (codes und hypercodes) – rekonstruiert er dann die Problemrahmung, die auf dieses spezifische Unterthema des Textes bezogen ist (siehe auch Donati 1994a: 8 f).

nis einer bestimmten Art und Weise der Definition von ‚Natur' ist. Die Bestimmung des Forschungsthemas impliziert also die Wahl zwischen verschiedenen ‚Objekten': Natur, natürliche Ressourcen, Verschmutzung und so weiter, so daß die Entscheidung einer heuristischen Strategie gleichkommt. Die Kunst besteht darin, den richtigen Objekt-Schlüssel zu den Argumenten, durch die ein Thema kommuniziert und definiert wird, zu finden. Meist werden jedoch argumentative Verbindungen zwischen den verschiedenen Objekten in den Diskursen explizit, so daß die Wahl des richtigen Forschungsthemas weniger dramatisch ist, als es sich zunächst anhören mag. Gamson (1985, 1988) scheint diese Entscheidung für wenig problematisch zu halten. Sein Vorschlag besteht darin, die konkurrierenden Problemsichten als *packages* zu betrachten, die alle relevanten Objekte in strikt zusammenhängender Weise definieren. Dies ist sicherlich eine mögliche Lösung, obgleich sie leicht dazu führen kann, daß die Unterscheidung zwischen den *frames* nur sehr vage ausfällt. Festzuhalten bleibt an dieser Stelle, daß die Gegenstände/Objekte eines *packages* eben durch die spezifische Konstruktion eines jeden Diskurses zueinander in Beziehung gesetzt werden, ihre Beziehungen sind weder fix noch logischer Natur.

2.2 Texte als Analyseeinheiten

Diskurse bestehen aus unterschiedlichen ‚Stimmen'. Ein Diskurs ist gleichsam die Summe aller jener Texte, durch die die einzelnen ‚Stimmen' interagieren. Ein erster Schritt besteht darin zu entscheiden, welche ‚Stimme(n)' als relevante Elemente des Diskurses betrachtet werden. Im Prinzip müssen diese nicht aus dem gleichen sozialen Setting kommen. Im Gegenteil, ihre jeweiligen sozialen Settings können physikalisch voneinander getrennt sein, es bedarf keiner direkten Interaktion. Dies weist nochmals auf den metaphorischen Charakter des Diskursbegriffes hin.

In der gegenwärtigen Forschungsliteratur wird in der Regel auf drei unterschiedliche loci der Diskursproduktion hingewiesen: politische Institutionen und Organisationen (sowohl jene, die politische Entscheidungen unterstützen, als auch solche, die Kritik an ihnen üben), die Medien sowie die individuelle und interindividuelle Ebene der Primärgruppeninteraktion. Diejenigen Studien, die sich mit der Entstehung politischer Issues beschäftigen, konzentrieren ihr Forschungsinteresse auf die Art und Weise, wie politische Institutionen bestimmte Situationen definieren.[13] Sie untersuchen Regierungsdokumente, Programme etc. sowie Pressemitteilungen von institutionellen Akteuren oder von Organisationssprechern. Die

[13] Rein/Schoen (1977), Rein (1986), Mehan/Nathanson/Skelly (1990).

Studien prominenter Experten, die sich mit kollektiven Mobilisierungsprozessen beschäftigen, betonen hingegen die institutionenkritischen Diskurse eines politischen Gemeinwesens. So untersucht beispielweise Snow die Diskurse sozialer Bewegungsorganisationen und deren Bemühungen, soziale Wirklichkeit für die Öffentlichkeit und für Bewegungssympathisanten zu definieren (Snow/Rochfort/Worden/Benford 1986, Snow/Benford 1988).

Neben politischen Reden und Dokumenten haben Snow und seine Kollegen auch Interviews mit Bewegungsteilnehmern, Aktivisten sowie Führungspersönlichkeiten geführt. Interviews dienten dabei der ad-hoc ‚Reproduktion' des Bewegungsdiskurses. Gamson (1985, 1988) hingegen unterstreicht im Anschluß an Edelman u. a.[14] die Bedeutung der Massenmedien bei der Konstitution des politischen Denkens sozialer Akteure. Er untersucht insbesondere die Beziehung zwischen Massenmedien (Zeitungen, Magazine, TV-Programme) und der ‚Rekonstruktion' der massenmedialen Diskurse in interpersonalen Kommunikationsprozessen sozialer Gruppen (peer groups). Dabei steht die Frage, ob die Medienberichterstattung durch die Öffentlichkeit manipuliert wird, im Mittelpunkt.

Wie dem auch sei, diese ‚Stimmen' repräsentieren nicht die Analyseeinheiten (units of analysis). Vielmehr sind Diskurse als ‚Sprechakte', die durch Sprecher erzeugt werden, zu betrachten. Sie werden durch einen bestimmbaren Anfang und ein Ende definiert. Gleich ob diese Sprechakte in mündlicher (Reden, Interview-Texte, Radio- oder Fernsehkommentare) oder schriftlicher Form (Bücher, Artikel, Flugblätter, Dokumente, Gesetze, etc.) vorliegen, werden sie als ‚Texte' betrachtet. Sie definieren die Analyseeinheiten politischer Diskursanalyse. Interviews als ‚künstlich rekonstruierte Diskurse' können ein etwas anderes Prozedere bei der Analyse verlangen, weil jede einzelne Antwort oder solche, die die Position einer Gruppe markieren, als separate Texteinheit betrachtet werden muß. Die Zahl der Stimmen variiert mit der Zahl der produzierten Texte; aber dies ist nur für die quantitative Analyse von Belang. Texte als Analyseeinheiten zu betrachten, ist nicht einfach ein ‚empirisches' Kriterium. Weil Texte eine ‚(Sprech-)Handlung' definieren, können sie auch als kleinste sprachliche Einheit, der eine vollständig umschriebene Bedeutung zugeschrieben werden kann, angesehen werden, was sich für Worte oder auch Sätze nicht in der gleichen Weise sagen läßt (Violi/Manetti 1979).[15] Diskursanalyse versucht, die Argumentationsstruktur, die be-

[14] Edelman (1971, 1988), Tuchman (1978), Gitlin (1980), Merelman (1984).

[15] Kognitive Experimente (Dressler 1977) haben gezeigt, daß Erinnerungsprozesse funktionieren, indem sie ganze Texte oder Textblöcke zusammenfassen, und zwar gemäß der spezifischen Leseweise, die vom Rezipienten aktualisiert wird. Die spezifische Leseweise ist wiederum strikt mit der wahrgenommenen Bedeutung verbunden. Dies unterstützt die Vorstellung, daß Texte unabhängig von ihrer Länge und Komplexität als basale Bedeutungseinheiten aufgefaßt werden können. Natür-

nutzt wird, um ein Problem oder ein Objekt zu definieren, zu rekonstruieren. Üblicherweise wird ein Text dabei so aufgefaßt, als ob ein Problem, Objekt oder Sachverhalt gemäß eines Deutungsrahmens *(frame)* definiert wird. Die Kodierarbeit besteht darin, die relevanten Texte zu klassifizieren, die gemäß eines Deutungsrahmens den Forschungsgegenstand definieren.

Es hängt letztlich vom spezifischen Forschungsdesign ab, wie schwierig oder einfach sich die Erstellung des endgültigen, für die Analyse relevanten Textkorpus (oder eines reduzierten Samples) gestaltet. Das Problem besteht darin, das vollständige Set an Texten zu definieren. Findet der Diskurs in einem klar abgrenzbaren Setting statt, gestaltet sich diese Aufgabe noch relativ einfach. Man muß nur entscheiden, ob der Akteur, der den Text äußert, Teil des relevanten Diskurses ist oder nicht.[16] Wird jedoch zum Beispiel ein Mediendiskurs untersucht, gestaltet sich diese Aufgabe ungleich komplizierter. In diesem Fall kann eine Liste mit Schlüssel-Worten ein erstes Selektionsprinzip bilden. Diese sollte maximal zwischen 20 und 30 Worte umfassen. Texte können dann danach ausgewählt werden, ob sie eines oder eine bestimmte Anzahl der Worte, die die Schlüsselwortliste umfaßt, enthalten. Dies entspricht in etwa van Dijks Vorgehen, wobei er annimmt, daß strategisch plazierte oder häufig wiederholte Worte sogenannte *Topik-Marker* bilden (van Dijk 1980).

2.3 Deutungsrahmen

Um das bislang Gesagte nochmals zu verdeutlichen: Zum Zwecke der Interpretation ist es sinnvoll, Texte als aus zwei Elementen bestehend zu betrachten. Zum einen bestehen sie aus einem Deutungsrahmen *(frame)*, d. h. einem generellen Bezugsrahmen oder einer Struktur, und zum anderen aus einem Thema (topic), auf das der Deutungsrahmen bezogen ist. Ist man mit einem bestimmten Text konfrontiert, so besteht das schwierigste Problem darin, zu entscheiden, welcher Rahmen verwendet wird, um das (Forschungs-)Thema zu definieren. Dies ist in der Tat ein zentrales Problem der Diskursanalyse, und darüber ist in der einschlägigen Forschung bislang noch kaum gesprochen worden. Zwar beziehen sich

lich läßt sich ein langer Text in mehrere kleine Blöcke aufgliedern, aber dies macht nur in besonderen Fällen Sinn. Dies ist abhängig davon, nach welchen Analyse-Einheiten (framing-units) man bei der Diskursanalyse sucht. Weiterhin ist die Vorstellung, daß eine vollständig umschriebene Bedeutung nur einem definierten und in gewisser Weise ‚vollständigen' Sprechakt zugeschrieben werden kann, mit dem Umstand konsistent, daß eine pragmatische Interaktionssituation oder (deren) Kontext stets die Bedeutung jedweden geäußerten Inhaltes überdeterminiert.

[16] Dies ist ebenfalls mit der Auffassung vereinbar, daß die Bedeutung einer Aussage durch den Kommunikationskontext determiniert wird.

einschlägige Studien auf semiotische oder pragmatische Ansätze, aber sie haben methodologische Aspekte bislang kaum berührt, was zur Folge hat, daß Rahmenanalyse als ein auf Intuition beruhendes Unterfangen angesehen wurde.[17] Statt dessen sollte der Prozeß der Analyse als ein prinzipiengeleitetes, wenn auch nicht vollständig formalisiertes Verfahren angesehen werden. Generell ist jeder Text eines selektierten Textkorpus durch eine bestimmte argumentative Form konstituiert, deren Rolle darin besteht, bereits bekannte Strukturen, Modelle oder Wahrnehmungsmuster, mit denen das Thema implizit oder explizit gleichgesetzt wird, wiedererkennbar zu machen.

Zwei Daumenregeln mögen hilfreich sein, um zu überprüfen, ob der relevante Deutungsrahmen richtig identifiziert wurde. a.) Ein Deutungsrahmen sollte stets durch eine Kategorie von Objekten, Handlungen oder Ereignissen repräsentiert werden, die genereller und gemeinhin bekannter sind als das definierte Objekt oder der definierte Sachverhalt. Der Rahmen sollte als eine Art Leitmodell für das zu Verstehende fungieren. b.) Die Definition des Deutungsrahmens kann als korrekt eingeschätzt werden, wenn die Bedeutung des Textes sich nicht ändert oder zumindest tautologisch wird, wenn man die Definition des Rahmens an jenen Stellen des Textes einfügt, an denen das Thema (topic) bezeichnet wird.

> (1) „Man should use energy only to start a progress which, after that, should be able to reach a self-fed functioning and a new equilibrium (...) a fast way of humidifying land, (...) consists of irrigation systems. This fast way has different costs and therefore different limits to its applicability. First of all it has a high energetic cost; secondly, it causes different environmental effects depending on the climate. In some hot areas, for example in some areas of Africa, irrigation has caused an increase of molluscs carriers of highly pathogenic parasites: to get rid of the molluscs chemicals have been employed which in turn have been harmful.“[18]

Hier wird Natur im Begriffen endlicher Komplexität definiert. Ein angemessener Name für den Rahmen könnte also lauten *No gain without cost*, weil es dem ‚Alltagsdenken‘ eher entspricht als etwa der Terminus *endliche Komplexität*. Ersterer repräsentiert ein Modell, das eine Analogiebeziehung zwischen den Kräften behauptet, die die Natur leiten und denen, die andere wohlbekannte Handlungsbereiche (etwa Wirtschaft) strukturieren.[19]

---

[17] Eine Ausnahme bildet der Leitfaden von Gerhards/Lindgens (1995).
[18] Nach Conti (1983).
[19] Dem Leser wird auffallen, daß dieser Textausschnitt als Beispiel ausgewählt wurde, obgleich das Wort *Natur* selbst in ihm nicht auftaucht. Es mag daher zunächst schwierig erscheinen, den Sinn und den Nutzen der Transpositionsregel nachzuvollziehen. Wenn wir uns jedoch vorstellen, daß *nature*

Oft wird diese Analogie in rhetorischer Form geäußert, was sie zwingender und effektiver gestaltet. Metaphern spielen in diesem Zusammenhang eine tragende Rolle wegen ihrer zentralen Bedeutung für menschliches Wissen. Metaphern sind in der Tat verdichtete Analogien.

(2) „The world is a carefully crafted watch."

Die Metapher in Beispiel (2) verweist auf eine ähnliche Deutung wie im ersten Beispiel, jedoch mit einigen wichtigen Unterschieden. So kann (2) wie folgt ausgeweitet werden:

(3) „The world is a carefully crafted watch (…) Any random change made in the watch is likely to fall into the very large class of inconsistent or harmful arrangements (…)."[20]

In diesem Fall, sofern unser Thema durch ‚nature' angemessen repräsentiert ist, wird die Uhren-Metaphorik verwendet, um einen Deutungsrahmen einzuführen, den man *delicate mechanism* oder *carefully crafted watch* nennen könnte. Wie in Beispiel (1) verweist sie auf ein Konzept ‚wechselseitiger Interdependenz', aber aus einer anderen Perspektive: derjenigen der nicht-wohlüberlegten Handlungen oder Wandlungen, eine Perspektive, aus der Endlichkeit nicht länger als relevantes Charakteristikum erscheint. Würde man den Deutungsrahmen als *komplexe Interdependenz* etikettieren, würden dadurch nicht alle entscheidenden Aspekte der Deutung hervorgehoben.

Es gibt jedoch eine Reihe von Fällen, in denen die Bestimmung des zentralen Deutungsrahmens durch die intrinsischen Eigenschaften des Textes erschwert wird. Praktisch bewegt sich das Kontinuum der Schwierigkeiten (für den Diskursanalytiker) von der expliziten Benennung der Analogie bis hin zum subtilen Gebrauch rhetorischer Mittel und Figuren, die als Hinweise oder Hilfsmittel bei der Rekonstruktion des kompletten ‚Bildes' oder der ‚Gestalt' fungieren. Im letzteren Fall muß die Arbeit der Rekonstruktion genau bei diesen verstreuten Hinweisen beginnen, die der Diskursanalytiker auf der Textoberfläche und dem Kontext der Äußerung findet. So ist es in folgendem Beispiel sehr schwierig, eine explizite Analogie zu finden.

der Titel des Textes gewesen ist, so ist leicht zu verstehen, daß die Definition des Deutungsrahmens ‚*No gain without cost*' in diesem Falle sehr gut paßt.

[20] Frei nach Commoner (1971).

(4) „Too often (…) one realizes that increased economic well-being does not translate into increased personal well-being, into better relationships with our fellow-men and the environment. We are never satisfied: now that we have a roof under which can live, that we have filled up our bellies, that we have a salary every month, we begin to look around and realize that there are lots of things we do not like, in this advanced society, and that can produce illness or suffering. And we realize that there is one thing that we should defend – or conquer, something we could define as a desire to feel well ‚inside', or to be at peace with ourselves, with our body, with our fellow-men, and with the surrounding environment – which we would like to be more respondent to our needs, while it is often hostile, unfriendly, tough and troublesome (…). We realize that there is something which could make us feel even better, and that is something which cannot be reduced to monetary terms, something which cannot be measured by the number of refrigerators sold, which cannot be bought but has to be conquered (…)."[21]

Was man von der linearen Textoberfläche ablesen kann, ist eine Entsprechung zwischen Begriffen und Syntagmen wie z. B. |a roof |, |bellies |, |a salary |, |economic well-being| auf der einen Seite und Begriffen und Syntagmen wie bspw. |something which cannot be reduced to monetary terms|, |cannot be bought|, |one thing that we should defend| oder |conquered| auf der anderen Seite. Die Parallele bezieht sich auf den individuellen Akt des Kaufens und auf den kollektiven Akt des Kämpfens für eine bessere Umwelt. Damit wird Natur oder die natürliche Umwelt als etwas bezeichnet, was nicht verkauft werden kann, aber auf das jedermann ein Recht oder ein Bedürfnis haben kann. Dies würde Natur als ein soziales Problem oder besser als ein ‚Recht' definieren, dadurch wird zugleich (siehe Beispiel 4) der Gegensatz zwischen dem Öffentlich-Politischen und dem Ökonomisch-Marktförmigen unterstrichen. Gleichzeitig enthält der Beispieltext aber auch das wohlbekannte *Syntagma* |We are never satisfied|, was wiederum nicht sehr gut in das oben beschriebene Bild paßt. Eher ruft es jene Geschichten über die Gefahr, niemals zufrieden zu sein oder immer zuviel zu wollen, ins Gedächtnis. Dabei handelt es um sehr allgemeinverständliche Stories oder Hypercodes, wie Eco (1979) sie nennt, die jeweils ein ebenso weitverbreitetes Motiv einführen (Burke 1969). Wenn dem so ist, besteht die Möglichkeit, daß der Hörer oder Leser diese Hypercodes als Marker begreift, wodurch die allgemeine Bedeutung übertüncht wird. Aus diesem Blickwinkel wird verständlich, daß der Text aus einer ganz anderen Perspektive gelesen werden kann, in dem man |filled up our bellies to be at peace with ourselves|, |economic well-being| oder |advanced

[21] Dieser Text ist der Broschüre *Die Ökologische Stadt* entnommen, die 1989 von der Stadtverwaltung Mailand herausgegeben und veröffentlicht wurde.

societies| |illness| und |suffering| und |responding to our needs|, |hostile|, |unfriendly|, |tough| und |troublesome| gegenüberstellt. Demgemäß wird sich aber auch die Deutung von ‚Natur' entsprechend verändern. Sie wird den Gegensatz zwischen materieller (‚falscher Zufriedenheit') und geistiger Zufriedenheit betonen. Eine angemessene Bezeichnung für den Rahmen könnte entsprechend *Zu viele falsche Bedürfnisse* lauten (von hier aus läßt sich auf den Einfluß schließen, den diese unterschiedlichen Deutungsarten auf kollektive Mobilisierungsprozesse haben).

Diese Beispiele werfen Licht auf eine Reihe von Fragen. Erstens zeigt Beispiel (4), welche Rolle rhetorische Figuren und Stile bei der Definition der Realität spielen.[22] Ein Rahmen wird nicht notwendigerweise wörtlich im Text entfaltet; die diskursiven Elemente können dem Leser Dinge ‚verraten', die er nicht auf der wörtlichen Ebene des Textes ablesen kann, die aber nichts desto weniger ‚dort' sind. Eco (1979) hat einmal gesagt, ein Text sei voller unausgesprochener Worte, in dem Sinne, das er stets auf sehr viel weitere ‚Welten' oder Kontexte verweist, als er im wörtlichen Sinne beschreibt bzw. enthält. Dieser Effekt geht vom Mechanismus der Konnotation, von Metaphern, Metonymien und Symbolen aus.[23] Insofern ist auch der symbolische Aspekt von Sprache von Belang. Er kann in gewissem Sinne als *framing of frames* begriffen werden. Dies macht die Rahmenanalyse insofern schwieriger, als man diese symbolischen Aspekte decodieren muß, um die fundamentale semantische Struktur des Textes zu rekonstruieren. Van Dijk (1980) hat gezeigt, daß diese fundamentale Struktur durch sogenannte Makropropositionen ausgedrückt werden kann.[24] Es ist jedoch darauf zu achten,

---

[22] Zur Textanalyse stütze ich mich auf die zeitgenössischen (geläufigen) semiotischen Theorien. Siehe Kristeva (1969), Greimas (1970, 1983), Petofi (1975), Eco (1975, 1979). Texttheorien zeigen auf, wie in jedem Text durch das gemeinsame Auftreten/gleichzeitige Vorhandensein von lexematischen Einheiten (oder Sätzen in größeren Texteinheiten) eine Art Ko-Text entsteht, dessen Struktur den Leser mit wahrnehmbaren Mustern konfrontiert, d. h. mit einem oder mehreren Diskurstypen, den oder die er/sie auf der Basis seiner/ihrer kulturspezifischen enzyklopädischen Kompetenz wahrnehmen kann. Diese Auffassung stimmt mit den Erkenntnissen der modernen Linguistik überein, wonach Kinder (und Menschen im allgemeinen) die Bedeutung von Wörtern nicht dadurch lernen, daß sie auf ein Objekt ‚weisen', sondern in dem sie die expressiven Kontexte, in denen Wörter verwandt werden können, lernen (verinnerlichen).

[23] Metonymie und Metapher sind zwei grundlegende Mechanismen, durch die Objekte gleichsam ‚über sich selbst hinaus getragen werden' und dadurch Bedeutung konstituieren. Durch die Metonymie ist es beispielsweise möglich, nur ein relevantes Element eines Objektes oder eines Sachverhaltes zu erwähnen und dadurch beim Hörer den gesamten Deutungsrahmen zu evozieren. So verweist die rote Fahne (in bestimmten sozio-historischen Kontexten) auf den Kommunismus. Die Metapher erlaubt hingegen die Übertragung eines bestehenden Deutungsschemas auf neue Objekte oder Kontexte. So wird bspw. der Begriff ‚Treibhaus' benutzt, um über globale Klimaveränderungen zu sprechen.

[24] Van Dijk (1980) nennt zusätzlich folgende Regeln, mittels derer sich Makropropositionen aus dem zu analysierenden Text ableiten lassen.

a) *Unterdrückung:* Aus einem Text, der aus einer Folge von Propositionen gebildet wird, sollte man jeweils eine ausblenden, die für das weitere Verständnis der nachfolgenden Propositionen nicht wesentlich ist.

daß die fundamentale Struktur nicht notwendigerweise kompakter ist, als der zu analysierende Text selbst. In einigen Fällen weist diese über den vorliegenden Text hinaus. Manchmal läßt sich ein Text durch einen sehr kurzen Satz repräsentieren, der aber wiederum selbst ein sehr komplexes kulturelles Deutungsmuster in sich birgt.

(5) „The problem is that we are never satisfied."

Diese Art des *framings* nimmt Bezug auf ein Skript, wonach Leute, die niemals zufrieden sind, immer wieder Probleme schaffen, weil sie andere Leute oder Objekte zwingen, Dinge zu tun, die sie nicht tun sollten, mit unbeabsichtigten, aber dramatischen Konsequenzen.

Eine zweite Frage betrifft die Beziehung zwischen dem Rahmen und dem Forschungsobjekt oder -thema. Der Leser wird bemerkt haben, daß das Wort Natur (d.h. der Forschungsgegenstand) in keinem der obigen Beispiele wörtlich erscheint. Vielmehr werden die Termini |world| und |environment| in Beispiel (3) als Synonyme dafür verstanden. Dies bedeutet wiederum keineswegs, daß sich die Begriffe beliebig austauschen oder ersetzen ließen. Vielmehr erfordert eine solche Ersetzung vorsichtige und umsichtige Überprüfungen ihrer wechselseitigen Beziehungen. Selbst Worte, die laut Wörterbuch als Synonyme gebraucht werden könnten, mögen faktisch weder seitens des Textes noch des Lesers als Synonyme gebraucht werden. Vorsicht ist insbesondere dann angebracht, wenn der Text das gewählte Forschungsobjekt nicht direkt adressiert, sondern vielmehr, wie in Beispiel (4), ein angrenzendes Thema. Solche Fälle erfordern einen weiteren Forschungsschritt, um zum eigentlichen Forschungsgegenstand zu gelangen: Ersten muß der ‚sekundäre' Deutungsrahmen identifiziert werden und zweitens die Beziehungen dieses Deutungsrahmens zum *framing* des eigentlichen Forschungsobjektes. Dies zeigt wiederum auch, daß ein Text eine Vielzahl von Sachverhalten oder Objekten definiert, je nachdem welche Lesart man betont. Ein Bild New Yorks kann einerseits benutzt werden, um das Modell einer Metropole zu demonstrieren, aber auch um die Idee eines ‚Wolkenkratzers' zu vermitteln. Wiederum ist hier entscheidend, welchen Forschungsgegenstand man gewählt hat.

Ob die relevanten Elemente des framing stets im Text enthalten sein müssen, ist eine weitere damit zusammenhängende Frage. Diese Frage umfaßt zudem

b) *Generalisierung:* Besteht ein Text aus einer Folge von Propositionen, so kann man diese Sequenz durch eine neue Proposition ersetzen, die ein Konzept zum Gegenstand hat, die die Informationen der Ausgangssequenz zusammenfaßt.

c) *Konstruktion:* Besteht ein Text aus einer Folge von Propositionen, die eine Klasse von Fakten zum Objekt hat, so kann man diese Sequenz durch eine neue Proposition ersetzen, die eine Klasse von Fakten definiert, zu der diejenigen, die durch die Ausgangssequenz bezeichnet wurden, zählen.

einen wichtigen theoretischen Aspekt. Dieser liegt in der Annahme, daß eine angemessene Interpretation der Bedeutung des Textes ohne die Berücksichtigung des Kontextes der sprachlichen Äußerung nicht möglich ist. Wenn ich mich auf meine eigenen Forschungserfahrungen stütze (Donati 1989, 1990, 1994b), so kann ich sagen, daß man in Texten des Typus ‚Kommentar' (Bücher, Nachrichtenmagazine) framing-Elemente im Text selbst findet. Dennoch gibt es wichtige Ausnahmen. Ein typischer Fall wird etwa durch Zeitungsberichte wie dem folgenden repräsentiert:

> (6) „Government and Unions decide no-stop negotiation until agreement is reached. Rome. As of tomorrow, negotiations against inflation will go on without interruption with the aim of reaching agreement in record-time of three-four days. Yesterday, the Prime Minister met union representatives. A meeting with the representatives of the industrial associations is scheduled for today, as well as a Government consultation."[25]

Auf den ersten Blick scheint das Beispiel einen in sich geschlossenen Deutungsrahmen zu repräsentieren. Es ließe sich meiner Auffassung nach aber auch eine alternative Deutung annehmen, wenn man in Betracht zieht, daß das eigentliche Problem hier die Erneuerung des Tarifvertrages für Arbeiter der Kraftfahrzeugindustrie war. Aus diesem Blickwickel ist die Verhandlung mit der Regierung nur ein Unterthema des ganzen Diskurses. In diesem Fall ist die Rede über das, was die Regierung unternimmt, ein Weg, das Problem mit der Situationsdefinition ‚begrenzter Spielraum' zu verknüpfen. Es beschreibt die Regierung als einen Vermittler zwischen den beiden Konfliktparteien, die Regierung erscheint nicht, wie es auf den ersten Blick scheint, als ein Akteur in einem breiteren sozialen Problemfeld, an den selbst Forderungen gestellt werden. Insofern ist die Bildung von Unterthemen die einfachste Art, ein Thema mit einem Deutungsrahmen zu verknüpfen. In solchen Fällen, so kann man sagen, fehlt die argumentative Struktur fast vollständig, vielmehr dient das Objekt, das im Text präsent ist, als Deutungsrahmen für das eigentliche Thema. Text (4, s. o.) bietet ein ähnliches Beispiel, sein wirklicher Titel lautet *Die ökologische Stadt*, was die Beziehung zwischen dem Begriff *environment* und dem Forschungsthema *nature* explizit macht. Ein weiteres Beispiel wären jene Artikel, die über die Aktivitäten der Gewerkschaften auf den Wirtschaftsseiten statt den politischen Seiten sprechen. In all diesen Fällen erfolgt das *framing* über Kontext, Zeitpunkt und Ort der Äußerung. Folglich ist also die wörtliche Ebene des Textes keinesfalls die einzige Ebene, die bei der Interpretation in Betracht gezogen werden kann. Unterthemen und Re-Definitionen des Themas sind andere Elemente. Dies heißt aber auch, daß es Ereignisse

[25] Nach La Repubblica, 1. Februar 1984.

ohne *frame* nicht gibt. Andernfalls wäre der kommunikativ-informative Inhalt des Sprechaktes in jeder Hinsicht inhaltslos.

Die vierte Frage betrifft die Benennung (labeling) von Deutungsrahmen. Dabei handelt es sich keineswegs um ein sekundäres Problem. Ein Deutungsrahmen existiert nur, sofern er etwas bezeichnet. Für den Terminus ‚finite complexity' in Beispiel (1) wäre dies nur für Ingenieure und Physiker der Fall. Die Termini *No gain without costs* und *Carefully crafted watch* hingegen beziehen sich auf wohlbekannte Konstrukte, deren Bedeutung weit über die primäre Bedeutung der einzelnen Worte hinausreicht und insofern machen sie erst *Sinn*. Ein wenig anders liegt der Sachverhalt in Beispiel (4), wo wir zwei einander ausschließende Interpretationen hatten. Wie können wir zwischen diesen beiden Deutungen entscheiden? Die Regel ist ziemlich klar: Entscheidend ist die Kultur des Rezipienten. So bezieht sich der Begriff ‚social rights' auf Ideen und Vorstellungen, die in den linken Milieus der siebziger Jahre ziemlich geläufig waren, und wenn man bedenkt, wer der Autor des Textes ist, so ist dies wahrscheinlich die intendierte Bedeutung. In der heutigen öffentlichen Debatte wäre der Gegensatz zwischen dem Politischen und dem Marktförmigen keinesfalls so selbstverständlich. Im Gegenteil, das Motiv *desiring too much* ist weithin anerkannt und würde möglicherweise heute als die eigentliche Deutung des Textes vom Leser wahrgenommen werden. Bei der Interpretation des Textes geht es aber darum, zu erkennen, welcher *frame* verwendet wurde, um das relevante Objekt oder Thema zu definieren. Wie wir gesehen haben, untersucht die Rahmenanalyse, auf welche Kategorien oder Gruppen von bekannten Objekten, Ereignissen oder Fakten – bei gegebenem Forschungsthema, z. B. Gewerkschaftsaktivitäten, Natur – Bezug genommen wird. Bei diesen Kategorien handelt es sich immer um kulturelle Konstrukte, die vom Rezipienten benutzt werden, um seine Wahrnehmung zu strukturieren. Sie sind nicht lediglich semantische Elemente eines Textes. Es handelt sich vielmehr um Deutungsmuster, welche Teil der Kultur des Rezipienten sind. Letztlich bedeutet dies, daß eine Diskursanalyse, die zeigen will, wie Akteure die Definition der Realität aushandeln, in der sie leben, alle Kontrollmöglichkeiten – wie Interviews oder Gruppendiskussionen – in Betracht ziehen sollte.

Eine letzte Frage zielt auf die unterschiedlichen Typen von Deutungsrahmen, auf die man treffen kann. Aus meiner Sicht gibt es zwei grundlegende Deutungsrahmen, diejenigen, die Analogien mit Bezug auf Objekte konstituieren (speziell mit der Referenz auf mechanische Objekte, wie im obigen Beispiel *Carefully crafted watch*) und zum anderen solche, die Analogien bezüglich von Handlungen oder Ereignissen bilden. Diese lassen sich auch als Skripte bezeichnen. Diese Deutungen treffen etwa auf das Beispiel *No gains without cost* zu. Ob man den einen oder den anderen Typus findet, hängt natürlich auch davon ab, wie man seinen Forschungsgegenstand definiert hat. Mein Eindruck ist jedoch, daß die Akteure im politischen Diskurs in der Regel *frames* des zweiten Typus verwenden, zumindest aber Ereignissequenzen einbeziehen, die Ursachen, Voraussetzungen, Folgen implizieren. Der Grund dafür ist folgender: wenn man über politische Ereignisse oder Fakten nachdenkt, so denkt man oft an Passagen oder Ausschnitte aus einer Szene. Um Abelson zu paraphrasieren: Es ließe sich sagen, daß politische Ereignisse und Fakten meist durch Strukturen beschrieben werden, „that when activated, organize[s] comprehension of event based situations (...). In its strong sense, [implizieren sie] (...) expectations about the order as well as the occurence of events." (Abelson 1981: 717)

3 Zum Verhältnis von Rahmen- und Inhaltsanalyse

Als Textanalyse kann Diskursanalyse als eine spezifische Form der Inhaltsanalyse betrachtet werden. Gleichwohl gelten bei der Diskursanalyse einige Besonderheiten. Eine davon betrifft die Analyseeinheiten. Inhaltsanalyse kann sich auf eine Vielzahl von Analyseeinheiten beziehen, beginnend mit einzelnen Wörtern bis hin zu ganzen Texten. Während es für erstere standardisierte quantitative Verfahren gibt, bedarf es zur Analyse ganzer Texte Vorgehensweisen, die denen der Diskursanalyse durchaus ähneln (Gerhards/Lindgens 1995, Gerhards/Neidhardt/Rucht 1998). Diskursanalyse hingegen definiert ihre Analyseeinheiten nicht auf der Basis manifester Inhalte (Berelson 1952). Bevor Diskursanalytiker ihre Analyseeinheiten festlegen, findet insbesondere die argumentative Struktur eines jeden Textes Berücksichtigung, indem deren Inhalte gleichsam ‚synthetisiert' werden, um die latenten Sinnstrukturen *(frames)* zu rekonstruieren.

Es war eben die Entdeckung der Bedeutsamkeit dieser textuellen, rhetorischen und argumentativen Strukturen, die dazu führte, daß ältere Ansätze, die sich allein auf lexikalische und syntaktische Strukturen auf Satzebene konzentrierten, aufgegeben wurden (Harris 1952, Pêcheux 1969). Dieser Schritt ermöglichte einen präziseren Zugang zur Funktionsweise semantischer Prozesse. Im Mittelpunkt standen nun diskursive Strukturen jenseits der Satzebene sowie die Funktionsweise rhetorischer Mittel wie Metonymien und Metaphern, die zwischen der syntaktischen Ebene und dem semantischen Inhalt vermitteln. Rhetorische Figuren – allen voran die Metapher, die den Übergang vom Wohlbekannten zum Neuen oder Unbekannten ermöglicht und insofern den sozialen Akteuren die Erweiterung ihres Wissens eröffnet[26] – erschienen nun als die Basiselemente, denen Diskursstrukturen unterliegen (Donati 1996). Insofern als Bedeutung durch Analogien produziert wird, die den Gegenstand der Analyse aus dem Kontext und

[26] Rein/Schoen (1977), Miller (1979), Lakoff/Johnson (1980).

über Kontexte hinaustragen, widmet Diskursanalyse nicht nur den Textstellen Aufmerksamkeit, in denen klar und rational argumentiert wird, sondern auch den einfalls- und phantasiereichen Stellen, den Metaphern, den merkwürdigen Konstruktionen usw., durch die diese Kontexte sichtbar werden.

Eine zweite Besonderheit der Diskursanalyse liegt in ihrem Umgang mit Kategorien. Diskursanalyse vermeidet die Übersetzung von Inhalten in analytische oder soziologische Kategorien. Inhaltsanalyse benutzt Texteinheiten als Indikatoren, um darauf zu schließen was Akteure denken, aber dieses ‚Denken' wird üblicherweise in soziologische Kategorien übersetzt. So werden Texte oder Diskurse beispielsweise danach vercodet, ob eine Ideologie ‚inklusiv' oder ‚exklusiv' ist, oder ob eine Meinung z. B. pro oder contra Ökologie gerichtet ist. Findet man beispielsweise das Satzelement *nuclear energy is dangerous or nature is endangered by people's will to dominate*, so werden diese als ‚gegen Atomindustrie' oder ‚für Ökologie' vercodet. Auf diese Weise läßt sich jedoch nicht zeigen, wie Bedeutung konstruiert wird und welche Bedeutung konstitutiert wird. Insofern ist die Entscheidung, ob ein Text für oder gegen Ökologie ist, eine bloße Abstraktion für rationale Zwecke, aber sie sagt nichts darüber aus, was Akteure denken und ob sie einen Text überzeugend finden oder nicht. Um letzteres besser zu verstehen, muß man eher untersuchen, was Akteure in unterschiedlichen Situationen von Atomenergie erwarten, wie sie dazu geführt werden, Sinn aus einem Text oder Diskurs, seinen argumentativen Strukturen und den Analogien, durch die Nuklearenergie beschrieben wird, zu machen; mit anderen Worten, welchen *frame* ein Text hervorzulocken tendiert. Der gleiche Deutungsrahmen kann dazu führen, *für* oder *gegen* Nuklearenergie zu sein. Dies ist abhängig von der Bedeutung einer gegebenen Kategorie für den, der sie nutzt, wie Gamson (1988) bemerkt. Deshalb ist politische Diskursanalyse nicht an abstrakten Kategorien – wie *für* oder *gegen* etwas zu sein – interessiert. Diskursanalyse ist vielmehr darum bemüht, herauszuarbeiten, *warum* jemand *für* oder *gegen* etwas sein mag; d. h. sie interessiert sich dafür, was Akteure unter einem Problem verstehen, wie der Gebrauch von Metaphern bestimmte Aspekte betont und andere verbirgt oder unterdrückt und dadurch als argumentatives und überzeugendes rhetorisches Mittel fungiert, ob eine bestimmte Art des *framing* Resonanz in der Kultur der Rezipienten erzielt und sie dadurch mehr oder weniger wahrscheinlich überzeugt, insbesondere dann, wenn der Diskurs, wie dies oft geschieht, wenig rational erscheint.

Diese Art des Verständnisses läßt sich aber nur erreichen, wenn es gelingt, einen Text statt in abstrakte analytische Kategorien in die common-sense Kategorien der Lebenswelt der Rezipienten zu übersetzen; so z. B. *no gains without cost* oder *devils bargain* statt ‚in favour of' oder ‚inclusive type'. Insofern kann Diskursanalyse als Prozeß der Übersetzung von der Sprache des geschriebenen oder gesprochenen Textes in die Alltagskategorien gesellschaftlicher Akteure verstanden werden. Während die Standard-Inhaltsanalyse üblicherweise nach Indikatoren der Sprecherintentionen forscht, sucht die Diskursanalyse nach Indikatoren für die Kultur des Rezipienten. Nach obigen Beispiel wäre ein Text, der auf Pro- oder Contra-Kategorien basiert, für einen Leser völlig sinnlos, sofern dieser den Sinn und die Bedeutung des Problems verstehen will (dies wäre nur dann unproblematisch, wenn der Leser bereits im Vornhinein mit dem Sprecher einverstanden ist, unabhängig davon, was dieser in der entsprechenden Situation sagt). Die Diskursanalyse untersucht den Text vielmehr dahingehend, was er über ein Thema sagt. Pro oder Contra sind dagegen lediglich abstrakte Deduktionen. Der Prozeß des Verstehens verläuft aber nicht per Deduktion, sondern über Analogiebildung, und der Diskursanalytiker sollte versuchen, diese Kategorien zu erforschen und seine Kategorien entsprechend herauszuarbeiten.

Wenn der Schwerpunkt der Analyse auf den Operationen des Hörers liegt, der versucht, den Text zu decodieren, und nicht auf den Bemühungen des Sprechers, seine Intentionen im Text zu manifestieren, so muß man schließlich auch bedenken, daß der Text gemäß einer Reihe unterschiedlicher Bedeutungen und Kategorien verstanden werden kann. Die jeweils aktualisierte Bedeutung hängt von der Kultur des Rezipienten ab. Wenn eine Person beispielsweise nichts von Zoologie versteht, wird sie die Bedeutung von ‚Säugetier' nicht aktualisieren, wenn sie einen Text über Wale liest. Wenn jemand jedoch ein Leser von Walt Disney Comics ist, so wird er möglicherweise eine Reihe von Bedeutungen aktualisieren, die den Terminus Wal mit menschlichen Eigenschaften assoziieren, so zum Beispiel mit Kategorien wie ‚Freund des Menschen', ‚Sanfter Riese', ‚kann keiner Fliege etwas zuleide tun', ‚kennt die Ozeane der Welt wie seine Westentasche' oder mit narrativen Programmen wie ‚Jonas' oder auch ‚Pinocchio im Bauch des Wals', die dieser Kontext mit dem Terminus Wal verbindet. Diese Assoziationen oder Konnotationen bilden die ‚kulturelle Kompetenz' (siehe auch Swidler 1986) des Rezipienten. Die Bestimmung dieser Kompetenzen sollte Teil der Aufgabe der politischen Diskursanalyse sein. Die Wurzeln dieses Konzeptes liegen in der modernen Semiotik, es fehlt aber vollständig in der klassischen Analyse von Meinungssystemen, die Menschen als in einem abstrakten Sinne rational und zu logisch-deduktivem Denken fähig betrachtet.

4 Vom Ideologiekonzept zur Rahmenanalyse

Diskursanalyse scheint insbesondere zur Analyse sozialer Probleme, von Ideologien sowie von Organisations- und Bewegungskulturen angemessen. Wie Snow/ Benford (1989) zeigen, leistet die politische Diskursanalyse in konstruktivistischer Perspektive zweierlei. Einerseits erlaubt sie eine genauere Beschreibung der Entwicklung und des Wandels von Wissens-, Glaubens- sowie Meinungssystemen und Ideologien, und zum anderen ermöglicht sie eine zwingendere Analyse der Beziehungen zwischen kulturellen und ideologischen Systemen. Diese Aufgaben waren im Rahmen des traditionellen Ideologiekonzepts nur schwer zu lösen.

Die Rahmenanalyse eignet sich auch zur Untersuchung deliberativer Prozesse,[27] in denen und durch die Akteure von einer Wirklichkeitsdefinition zu einer anderen wechseln und folglich Situationen, Fakten, Ereignissen in neuen Begriffen Sinn und Bedeutung zuschreiben. Die theoretische Annahme besagt hier, daß dies durch die Nutzung und Anwendung eines neuen *frames* und im Rahmen des Prozesses des *frame-alignment* geschieht (Snow/Benford 1988). Das Konzept der Rahmenanalyse verkörpert also einen konstruktivistischen Ansatz, der Sprache nicht als passives Instrument behandelt, welches Dinge bzw. Realität bezeichnet, sondern als Modus der Definition und Konstruktion von Realität.

Nun haben Sozialwissenschaftler wie Clifford Geertz (1973) bereits vor fast dreißig Jahren ein merkwürdiges Widerstreben gegen eine Wissenschaft des *symbolischen Handelns* ausgemacht, die zu zeigen sucht, wie soziale Wahrnehmung durch Sprache und rhetorische Formen funktioniert. Es war eben diese Schwäche, die die Forschung zwang, zwischen zwei gleichermaßen ungeeigneten Alternativen zu wählen. So wurden sowohl der Bewußtseinswandel als auch kultureller Wandel entweder durch logische Demonstration oder psycho-symbolische Manipulation erklärt und Prozesse der Bedeutungszuschreibung und des Verstehens als wörtlich, direkt und unvermittelt gedeutet. Das *frame*-Konzept erlaubt es nun, diese unzureichenden Alternativen zu überwinden, indem es ein Modell symbolischen Handelns vorschlägt, das die realitäts- und bedeutungskonstituierenden Praktiken der Akteure berücksichtigt. Deutungsrahmen sind eine Form der Kategorisierung (die im Grunde auf Analogien und Metaphern beruht), deren Ziel in der Vermittlung von Bedeutung durch die Übertragung von etwas bereits Bekanntem auf etwas Neues besteht. Zugleich können Ideologien und Glaubenssysteme, die komplexe und artikulierte Konstrukte sind, aus dieser Sicht als auf verschiedenen Ebenen miteinander verwobene und hierarchisch geordnete *frames* betrachtet werden. Deren Artikulation folgt aber keinen formal-logischen, sondern rhetorischen und symbolischen Regeln.

Einerseits erlaubt es der Mechanismus des *framing* als Form der Kategorisierung dem Forscher, die semantischen Prozesse, durch die Bedeutung produziert wird, in den Blick zu nehmen. Demnach sind Objekte gegebene Strukturen, die den Zweck haben, sie anderen Objekten anzugleichen und ihnen dadurch Bedeutung zu verleihen. So kann zum Beispiel die Vorstellung, daß ,any random

[27] Piven/Cloward (1979), McAdam (1988), Gamson/Meyer (1996), Brand/Eder/Poferl (1997), Gerhards/Neidhardt/Rucht (1998).

change made in the watch is likely to fall into the very large class of inconsistent or harmful arrangements', auf eine Reihe unterschiedlicher Situationen angewendet werden, etwa eine moderne Fabrik, eine biologische Umwelt oder die moderne Gesellschaft als Ganze. In diesem Sinne repräsentiert obiges Beispiel einen Deutungsrahmen. Wenn ein Objekt, Ereignis oder Sachverhalt gemäß dieses Deutungsrahmens gedeutet wird, übernimmt es die Eigenschaften, die einer solchen Klasse von Objekten eigen sind. Traditionelle Perspektiven haben hingegen einen positivistischen Standpunkt bevorzugt, der die Sprache als rationales, neutrales und denotatives Instrument beschreibt, also als aus solchen Worten bestehend, die nur eine einzige spezifische Bedeutung haben. Diese Auffassung tendiert dazu, Erklärungen zu einer Art ‚inhaltsspezifischem' Definitionsprozeß zu machen. Aber kein Faktum und kein Objekt kann als ‚spezifisch' verstanden oder wahrgenommen werden. So wäre es eine klare Lüge zu behaupten, der Golfkrieg sei ein spezifisches Ereignis von einzigartigem Charakter. All seine Eigenschaften und Spezifika werden hingegen durch Deutungsrahmen verstanden, und den Krieg selbst kann man nur als das Erscheinen/die Verwendung eines Rahmens begreifen, der ihn als ökonomischen Krieg, als religiösen Krieg oder als einen Krieg deutet, in dem religiöse und ökonomische Motive eine Rolle spielen.

Auf der anderen Seite nimmt das Rahmenkonzept die symbolischen Funktionen der Sprache, und durch diese die argumentative Struktur des Diskurses in Augenschein. Die Fähigkeit zur Symbolisierung hängt davon ab, daß die Worte mehr bedeuten, als sie im wörtlichen Sinne bezeichnen. Wie Greimas (1983) erläutert, impliziert zum Beispiel der Terminus *Fischer* virtuell alle diskursiven und narrativen Möglichkeiten in der Kultur des Rezipienten, in der vom Fischer die Erfüllung einer bestimmten Rolle erwartet wird (sei es real oder aber in Bezug auf allgemein bekannte Erzählsituationen). Nimmt man beispielsweise Worte aus dem Kontext eines Textes, so läßt sich dennoch (bis zu einem gewissen Punkt) auf deren Bedeutungsinhalt schließen. In gleicher Weise ist man geneigt die beiden Satzteile ‚we are never satisfied' und ‚something which cannot be reduced to monetary terms', etwa folgendermaßen zu ergänzen ‚because we have been lured by the false values of materiality'. Diese ‚fehlenden' Elemente sind in keiner Weise merkwürdige Verdichtungen oder Verkürzungen (condensations). Vielmehr sind sie in der Kultur des Rezipienten bereits präsent. Sie spiegeln in gewisser Weise, wie die Welt in dieser Kultur wahrgenommen und ‚konstruiert' ist. Würde man lediglich die wörtlich-denotative Perspektive auf die Sprache einnehmen, so würde dies der Diskursanalyse nicht erlauben, derartige Bedeutungserweiterungen zu untersuchen, eben weil diese selten durch eine logische Struktur zum Ausdruck gebracht werden.

Ideologien können also durchaus mit verschiedenen *framings* des gleichen Problems oder desselben Ereignisses konsistent sein, auch wenn diese unterschiedlichen Arten und Weisen, ein Problem oder Ereignis zu rahmen, sehr verschiedene Konsequenzen für das Verhalten und die ihm zugrunde liegenden Ideen haben mögen. So habe ich zum Beispiel herausgearbeitet, daß die Arbeiterkämpfe zwischen 1968 und 1973 hauptsächlich gemäß zweier Deutungsrahmen interpretiert wurden; zum einen wurden sie als *march towards democracy*, zum anderen als *quest for a fair share* verstanden.[28] Natürlich gibt es einen Standpunkt, demzufolge diese beiden Themen sich aus zwei verschiedenen Ideologien ableiten: eine revolutionäre *(march towards democracy)* und eine eher klassisch ‚bürgerliche' Ideologie des Sozialvertrages zwischen den verschiedenen Individuen *(quest for a fair share)*. Aber hilft diese Unterscheidung? Kann man sagen, daß Menschen die Realität gemäß einer bestimmten strukturierten Ideologie wahrnehmen? Ich würde sagen, daß es nicht die unterschiedliche Ideologie ist, die den Unterschied ausmacht. Tatsächlich wurden beide Deutungsrahmen häufig von den gleichen Leuten geäußert; es mag dabei sicherlich Blickwinkel geben, von denen aus sich diese beiden Rahmen widersprechen, aber genauso gut gibt es Möglichkeiten, nach denen sich die beiden Rahmen innerhalb der gleichen logischen Konstruktion verknüpfen lassen. Und neuerlich ist es schwer zu sagen, welche der beiden Perspektiven stärker linksgerichtet ist als die andere (z. B. weil der Slogan ‚march towards democracy' auch von Mitgliedern einer modernisierungsorientierten industriellen Elite benutzt wurde). Wie dem auch sei, der entscheidende Punkt ist nicht die Logik sondern: a) zu verstehen, auf welche Kategorien von Objekten die beiden Rahmen sich beziehen; und b) die Erwartungen, die Menschen gemäß den beiden Deutungsrahmen hatten. Kurz gesagt läßt sich folgende Hypothese formulieren: Zuallererst bezieht sich der Rahmen *march towards democracy* nicht so sehr auf die Idee der Demokratie, sondern auf eine sehr vage Idee der Befreiung und diese war typisch für jene Arbeiter, die erst kürzlich aus dem italienischen Süden in die Industriegebiete des Nordens gezogen waren Für sie war die Erfahrung neuer Bedingungen und einer neuen Situation entscheidend. Auf der anderen Seite, war der Rahmen *quest for a fair share* typisch für blue collar worker, die Stolz auf ihre Arbeit waren, die sie für wichtig hielten. Zum zweiten wurden diese Deutungsrahmen beim Versuch der Mobilisierung der Arbeiterschaft benutzt, was zur Folge hatte, daß erstere Formulierung eher geeignet war, um den ‚politischen' Kampf zu legitimieren, während letztere die Leute eher dazu brachte, in der Regierung den besten Anwalt ihrer Interessen zu sehen.

---

[28] Zu diesem Zeitpunkt kursierten auch andere Deutungen, sie waren aber von geringerer Bedeutung. Die Ergebnisse stammen aus einem Forschungsprojekt, das Anfang der neunziger Jahre durchgeführt wurde und die Deutungen gewerkschaftlichen Handelns untersuchte. Es wurde von der FIOM, einer Gewerkschaft der metallverarbeitenden Industrie, gefördert.

Ideologien sind oft widersprüchlich, und zwar nicht aufgrund einer fehlenden logischen Struktur, sondern weil Strukturierung und ‚Legitimierbarkeit' (tenability) nicht von einer formalen Logik, sondern der Sprache selbst abhängen (Goodman 1979).[29] So kann man im obigen Beispiel (3) leicht einen plot erkennen, der dem des Zauberlehrlings ähnelt. Es ist demnach nicht schwer zu sehen, daß eine Person, bezogen auf Beispiel (3), zu dem narrativen Deutungsrahmen *Zauberlehrling* wechseln könnte und von letzterem durch Hinzufügung von Werten und Ideen zu dem geführt wird, was sie über Natur weiß, ohne daß diese Verknüpfung im striktem Sinne logisch wäre. Der entscheidende Punkt ist daher nicht mehr die abstrakte Struktur der Ideologie oder die Frage, ob und warum diese die Realität angemessen beschreibt. Der Punkt ist vielmehr der, daß *frames* konstruktiv-definitorische und semantische Arbeit verrichten: auf der einen Seite, indem sie Erfahrung mit Kultur verknüpfen, und auf der anderen Seite, indem sie ideelle und ideologische Verbindungen ermöglichen und so die gesamte Bedeutungsdimension von Erfahrung strukturieren, während die Erfahrung gleichzeitig gewissermaßen im Sprechakt (‚language in act') vollzogen wird. Kultur wird also durch fortwährende Manipulation von Verknüpfungen und Konflikten zwischen *frames* geformt. Wenn man analysiert, wie Akteure, z. B. soziale Bewegungen, ihre *frames* konstruieren, sie verändern und verknüpfen, so bedeutet dies zu untersuchen, wie Akteure um die Definition der Realität kämpfen, und warum und weshalb sie bei der Mobilisierung der öffentlichen Meinung und kollektiven Handelns Erfolg haben oder aber scheitern.

5 Von der Diskursanalyse zur Analyse diskursiven Handelns

Im Rahmen der Forschung über soziale Bewegungen verstand sich der Ansatz der Diskursanalyse bislang als Konzept zur Analyse von Ideologien bzw. Wissenssystemen. Was bisher zu fehlen scheint, ist die angemessene Verknüpfung der Ebene der ideologischen Konstrukte mit der Ebene des (kollektiven) Handelns (siehe Donati 1996). Den Eindruck, den man von diesen Ansätzen erhält, läßt sich folgendermaßen zusammenfassen: Auf der einen Seite erscheint der Diskurs (*frames*, Ideologien) in der gegenwärtigen Forschungsliteratur als das ‚Produkt' organisatorischer Aktivitäten und Bestrebungen zur Kontrolle des Denkens oder des Bewußtseins der Akteure. Auf der anderen Seite scheint diesen Ansätzen

[29] Interessanterweise wurde das Konzept des Erklärens und Verstehens, das auf wörtlichem Verstehen und Denotation beruht, als unwissenschaftlich zurückgewiesen. In diesem Zusammenhang fordern einige Autoren Ansätze, die in der Lage sind, die Polyvalenz der Elemente des Diskurses zu berücksichtigen; sie sprechen demnach von einer ‚rhetorischen Wende' (Schoen 1963, Goodman 1978, Brown 1987).

eine bestimmte ‚Dualität‘ innezuwohnen, der zufolge Diskurse oder Ideologien als das bloße ‚Produkt‘ von Ideen erscheinen, die der Existenz einer ‚harten‘ Realität gegenüberstehen. Die Realität erscheint demnach durch die Diskurse verzerrt, verschleiert oder umdefiniert zu sein. Mit anderen Worten, Diskursanalyse wird in der Regel als ein Modell zur Analyse ideeller Konstrukte angeboten, mit der impliziten Annahme, daß diese diskursiven Elemente wichtig sind, weil sie letztlich handlungsleitend sind. Diskurs und Handlungen werden also als zwei getrennte Ebenen betrachtet. In diesem Sinne ersetzt das Diskursmodell das Einstellungskonzept, mittels dessen traditionelle Untersuchungen über politische Kultur durchgeführt wurden.[30]

Es läßt sich jedoch kaum bestreiten, daß Diskurse selbst Teil der Handlungen sind und daß eine Reihe von Situationen sowohl aus Worten und Ideen als auch aus Handlungen bestehen. Laut Mehan/Nathanson/Skelly (1990, Steinberg 1998) lassen Diskurse sich als dialogische Situationen auffassen, die gleichsam durch Akteursäußerungen (‚voices‘) ausgeführt werden. Demnach muß die Diskurstheorie jene Aspekte, die zur sprachlichen Ausdruckshandlung (enunciative action) gehören, mit einschließen. Eine derartige Integration vermißt man jedoch in den Ansätzen, die in den achtziger und frühen neunziger Jahren aufkamen. Nimmt man aber einen solchen Standpunkt ein, sind Diskurse als basale Form der Interaktion zu begreifen, durch die Realität selbst hervorgebracht wird. Analysiert man die Art und Weise, wie ein soziales Problem von Akteuren definiert wird, von diesem Standpunkt aus, so erleichtert dies die Antwort auf die Frage, welcher Deutungsrahmen *(frame)* sich in einem symbolischen Kampf durchsetzt. Jedoch wird die Frage, warum und aufgrund welcher Bedingungen eine soziale Bewegung in einem sozialen System entsteht, damit noch nicht beantwortet (dazu Melucci 1988). Wenn man lediglich die Produkte/Ergebnisse von framing-Prozessen in Betracht zieht, so tendiert man leicht dazu, die Existenz der sozialen Bewegungen, also kollektiver Akteure, bereits vorauszusetzen. Hingegen sollte man, wie Melucci fordert, nicht nur das Ergebnis von Definitionsprozessen, sondern auch die Präsenz sozialer Akteure, die eine bestimmte Position in sozialen Auseinandersetzungen verfechten, erklären können. Von diesem Blickwinkel aus sind soziale Probleme selbst Ausdruck der Art und Weise, wie unterschiedliche Akteure die Realität sehen oder gesehen haben. Insofern sind soziale Probleme nicht lediglich das Ergebnis sozialer Konflikte um die legitime Definition der Realität. Sie sind bezüglich der Existenz eines Konfliktes als kontingent anzusehen.

---

[30] Katz/Lazarsfeld (1955), Almond/Powell (1978), Klandermans (1984). Kritische Kommentare zum traditionellen Konzept politischer Kultur finden sich in Lehman (1972) und Schuman/Presser (1980). Siehe weiterhin Reynolds/Burgoon (1983) und die Beiträge in Zanna/Higgins/Herman (1982) zur problematischen Beziehung von Einstellung und Verhalten bzw. Handeln.

Der umstrittene Sachverhalt sollte daher selbst als ein ‚Terrain' verstanden werden, auf dem ein Diskurs stattfindet, ein ‚Terrain', das selbst eine in Interaktionen entstandene Konstruktion ist. Wie Edelman formuliert:

> „Problems come into discourse and therefore into existence as reinforcements of ideologies, not simply because they are there or because they are important for wellbeing. They signify who are virtuous and useful and who are dangerous or inadequate, which actions will be rewarded and which penalized. They constitute people as subjects with particular kinds of aspirations, self-concepts, and fears, and they create beliefs about the relative importance of events and objects." (Edelman 1988: 12)

Aus einer solchen pragmatistischen Perspektive folgt notwendig, daß eine Verknüpfung zwischen der Ebene der Ideen und der Handlungsebene notwendig wird, um die Bedeutungen, die Akteure in ihre Welt inkorporieren, und die Art und Weise, wie sie Welt konstitutieren, interpretieren zu können. Bezieht man die pragmatistische Perspektive auf Sprechhandlungen in das Konzept der Rahmenanalyse ein, kommt dieses der Deutung, die Goffman (1974) ihm ursprünglich gegeben hatte, sehr viel näher, als dies in den jetzigen Versionen der Fall ist.

Die dramaturgische Perspektive ist jedoch nicht der einzige Blickwinkel, aus dem man framing-Prozesse betrachten kann. Die Annahme der Kontinuität von Diskurs und Handlung kann auch, wie bei Ricœur (1971) und Geertz (1973), als Basis für ein ‚textuelles Handlungsmodell' herangezogen werden. Der zentrale Punkt einer solchen Hermeneutik (semantics of action) ist durch die Art und Weise, wie Handlung in einen Text übersetzt wird, benannt. Der Vorteil einer solchen Konzeptionalisierung für die Diskursanalyse läge in der Annahme einer konzeptionellen Kontinuität von der Idee des Textes und der Idee des Diskurses. Daraus würde die Chance resultieren, daß sich die Verfahren der Rahmenanalyse von Diskursen auch für die Analyse menschlicher ‚Praktiken' als Handlungseinheiten eignen.[31]

Jüngere Fortschritte im Feld der Semiotik, insbesondere im Bereich der narrativen Semiotik und der Sprechakttheorie (theory of enunciation) könnten die methodischen Instrumente für eine solche Analyse bereitstellen (Greimas/Courtes 1979, Fiol 1990). Der Aufstieg und Niedergang sozialer Probleme könnte aus diesem theoretischen Blickwinkel in Beziehung zur allgemeinen strukturalen Logik der Kultur gesetzt werden. Handlungen ließen sich dann als Ausführung von ‚Motiven' (Burke 1969, Uspenskij 1976) in einer sozialen Textur verstehen,

---

[31] Es gibt bereits mehrere Beiträge, die versuchen eine solche Perspektive voranzutreiben (Bourdieu 1977), Donati (1996) und Steinberg (1998).

die aus allgemeineren ‚Erzählungen' oder sozialen Mythen besteht.[32] Dies würde erlauben, sich auf die Art und Weise zu konzentrieren, wie Bedeutung durch den Fluß der Ereignisse in der sozialen Welt fixiert wird, wie die Akteure die soziale Welt ‚lesen', bevor sie darüber reden, und darauf, welche symbolischen Mittel benutzt werden, um die beiden Ebenen zu verknüpfen. Dieses Thema bedürfte freilich einer eigenen Ausarbeitung.

Literatur

Abelson, R.P. (1981): Psychological Status of the Script Concept. In: American Psychologist, 36, 7, S. 715–729

Almond, G.A./Powell, G.B. (1978): Comparative Politics: A Developmental Approach. Boston: Little Brown

Axelrod, R. (1973): Schema Theory: An Information Processing Model of Perception and Cognition. In: The American Political Science Review, 67, S. 1248–1266

Benford, R.D. (1993a): You could be the hundredth Monkey. Collective Identity and the Vocabularies of Motive within the Nuclear Disarmament Movement. In: Sociological Quarterly, 34, 2, S. 195–216

Benford, R.D. (1993b): Frame Disputes within the Nuclear Disarmament Movement. In: Social Forces, 7, 3, S. 677–701

Benford, R.D./Hunt, S.A. (1992): Dramaturgy and social movements: The social construction and communication of power. In: Sociological Inquiry, 62, S. 36–55

Berelson, B. (1952): Content Analysis in Communication Research. New York, NY: Free Press

Berger, P./Luckmann, T. (1966): The Social Construction of Reality. New York: Doubleday

Bourdieu, P. (1977): Outline of a Theory of Practice. Cambridge: Cambridge University Press

Brand, K.-W./Eder, K./Poferl, A. (1997): Ökologische Kommunikation in Deutschland. Opladen: Westdeutscher Verlag

Brown, R.H. (1987): Society as Text. Chicago: The University of Chicago Press

Burke, K. (1969): A Grammar of Motives. Berkeley: University of California Press

Commoner, B. (1971): The Closing Circle. New York: Knopf

Conti, L. (1983): Questo pianeta. Roma: Editori Riunti

Demonet, M. (1975): Des Tracts en Mai 1963. Paris: Colin

Donati, P.R. (1989): Dalla politica al consumo. La questione ecologica e i movimenti degli anni settanta. In: Rassegna Italiana di Sociologia, 30, S. 321–345

Donati, P.R. (1990): Asione sociale e construsione del senso. I modelli d'asione degli impiegati. Milan: Ceriss-Fiom

[32] Siehe dazu Fine (1995), Donati (1996) und Jacobs (1996) sowie auch Viehöver in diesem Band.

Donati, P.R. (1994a): A primer for political discourse analysis (with an application to Sustainable Development). Florence. Ms. (unveröff.), S. 1–26
Donati, P.R. (1994b): Problem Ownership, Protest and Professionalisation in the Italian Environmental Movement. Florence: European University Institute, S. 1–53
Donati, P.R. (1996): From Political Discourse Analysis to the Analysis of Action and Political Narrative. Florence. Ms (unveröff.), S. 1–31
Dressler, W. (1977): Current trends in text linguistics. New York: De Gruyter
Eco, U. (1975): A Theory of Semiotics. Bloomington, IN: Indiana University Press
Eco, U. (1979): The Role of the Reader. Bloomington, IN: Indiana University Press
Edelman, M. (1971): Politics as Symbolic Action. New York: Academic Press
Edelman, M. (1988): Constructing the Political Spectacle. Chicago, IL: University of Chicago Press
Elder, C.D./Cobb, R.W. (1983): The Political Uses of Symbols. New York: Longman
Fillmore, C.J. (1977): Scenes-and-Frames Semantics. In: Zampolli, A. (Hrsg.): Linguistic Structures Processing. Amsterdam: North Holland, S. 55–82
Fine, G.A. (1995): Public narration and group culture: Discerning Discourse in Social Movements. In: Johnston, H./Klandermans, B. (Hrsg.): Social Movements, Protest and Contention. Social Movements and Culture (Bd. 4). Minneapolis: Minnesota Press, S. 127–144
Fiol, C.M. (1990): Narrative Semiotics: Theory, Procedure and Illustration. In: Huff, A.S. (Hrsg.): Mapping strategic thought. Chichester: John Wiley/Sons, S. 377–402
Gamson, W.A. (1975): The Strategy of Social Protest. Homewood, IL: The Dorsey Press
Gamson, W.A. (1985): Public Thinking on Political Issues. ASF Proposal (unveröff. Manuskript)
Gamson, W.A. (1988): Political Discourse and Collective Action. In: Klandermans, B./Kriesi, H./Tarrow, S. (Hrsg.): From Structure to Action. Comparing Social Movement Research across Countries. International Social Movement Research. Supplement to Research in Social Movements, Conflicts and Change (Bd. 1). Greenwich, CT: JAI Press, S. 219–244
Gamson, W.A. (1992): Talking Politics. Boston, MA: MIT Press
Gamson, W.A. (1995a): Constructing social protest. In: Johnston, H./Klandermans, B. (Hrsg.): Social Movements, Protest and Contention. Social Movements and Culture (Bd. 4). Minneapolis: Minnesota Press, S. 85–107
Gamson, W.A. (1995b): Hiroshima, the Holocaust, and the politics of exclusion. In: American Sociological Review, 60, S. 1–20
Gamson, W.A./Lasch, K.E. (1983): The political culture of social welfare policy. In: Spiro, S.E./Yuchtman-Yaar, E. (Hrsg.): Evaluating the Welfare State. Social and Political Perspectives. New York, NY: Academic Press, S. 397–415
Gamson, W.A./Croteau, D./Hoynes, W./Sasson, T. (1992): Media Images and the Social Construction of Reality. In: Annual Review of Sociology, 18, S. 373–393
Gamson, W.A./Fireman, B./Rytina, S. (1982): Encounters with Unjust Authority. Homewood, IL: The Dorsey Press

Gamson, W. A./Meyer, D. S. (1996): Framing political opportunity. In: McAdam, D./ McCarthy, J. D./Zald, M. N. (Hrsg.): Comparative perspectives on social movements. Political opportunities, mobilizing structures, and cultural framings. New York: Cambridge University Press, S. 275–290

Gamson, W. A./Modigliani, A. (1987): The changing culture of affirmative action. In: Braungart, R. D./Braungart, M. M. (Hrsg.): Research in Political Sociology (Bd. 3). Greenwich, CT: JAI Press, S. 137–177

Gamson, W. A./Modigliani, A. (1989): Media discourse and public opinion on nuclear power: A constructionist approach. In: American Journal of Sociology, 95, S. 1–37

Gamson, W. A./Stuart, D. (1992): Media discourse as a symbolic contest: The bomb in political cartoons. In: Soc. Forum, 7, S. 55–86

Geertz, C. (1973): The Interpretation of Cultures. New York, NY: Basic Books

Gerhards, J./Lindgens, M. (1995): Diskursanalyse im Zeit- und Ländervergleich. Inhaltsanalyse zur Erfassung des öffentlichen Diskurses über Abtreibung in den USA und der Bundesrepublik 1970–1994. WZB Discussion Paper FS III 95-105, Berlin: WZB, S. 1–38

Gerhards, J./Neidhardt, F./Rucht, D. (1998): Zwischen Palaver und Diskurs. Strukturen öffentlicher Meinungsbildung am Beispiel der deutschen Diskussion zur Abtreibung. Opladen: Westdeutscher Verlag

Gitlin, T. (1980): The Whole World is Watching: Mass Media in the Making and Unmaking of the New Left. Berkeley, CA: University of California Press

Goffman, E. (1974): Frame Analysis. An Essay on the Organization of Experience. New York: Harper/Row

Goodman, N. (1978): Ways of Worldmaking. Cambridge: Hackett

Goodman, N. (1979): Fact, Fiction, and Forecast. Cambridge: Harvard University Press

Greimas, A. J. (1970): Du sens. Paris: Seuil

Greimas, A. J. (1983): Du sens II. Paris: Seuil

Greimas, A. J./Courtes, J. (1979): Semiotique. Dictionnaire raisonné de la théorie du langage. Paris: Hachette

Harris, Z. S. (1952): Discourse Analysis. In: Language, 28, 1, S. 1–30

Jackendoff, R. (1983): Semantics and Cognition. Cambridge: MIT Press

Jacobs, R. N. (1996): Civil Society and Crisis: Culture, Discourse, and the Rodney King Beating. In: American Journal of Sociology, 101, 5, S. 1238–1272

Katz, E./Lazarsfeld, P. F. (1955): Personal Influence. Glencoe: The free Press

Klandermans, B. (1984): Mobilization and participation: Social-psychological expansions of resource mobilization theory. In: American Sociological Review, 49, S. 583–600

Kristeva, J. (1969): Semeiotike – Recherches pour une sémanalyse. Paris: Seuil

Lakoff, G/Johnson, M. (1980): Metaphors We Live By. Chicago: University of Chicago Press

Lehmann, E. W. (1972): On the Concept of Political Culture: A Theoretical Reassessment. In: Social Forces, 50, 2, S. 361–370

Maingueneau, D. (1976): Initiation aux methodes de l'analyse du discours. Paris: Hachette

McAdam, D. (1982): Political Process and the Development of Black Insurgency. Chicago, Ill: University of Chicago Press
McAdam, D. (1988): Micromobilization contexts and recruitment to activism. In: Klandermans, B./Kriesi, H./Tarrow, S. (Hrsg.): From Structure to Action: Comparing Social Movement Research Across Cultures (Bd. 1, International Social Movement Research). Greenwich, CT: JAI Press, S. 125–154
McCarthy, J. D./Zald, M. N. (1973): The Trend of Social Movements in America: Professionalization and Ressource Mobilization. Morristown, NJ: General Learning Corporation
Mehan, H./Nathanson, C. E./Skelly, J. M. (1990): Nuclear discourse in the 1980s: The unravelling conventions of the cold war. In: Discourse and society, 1, 2, S. 133–165
Melucci, A. (1988): Getting involved: identity and mobilization in social movements. In: Klandermans, B./Kriesi, H./Tarrow, S. (Hrsg.): From Structure to Action: Comparing Social Movement Research Across Cultures (Bd. 1, International Social Movement Research). Greenwich, CT: JAI Press, S. 329–348
Merelman, R. M. (1984): Making Something of Ourselves. On Culture and Politics in the United States. Berkeley: University of California Press
Miller, E. F. (1979): Metaphors and the political knowledge. In: American Political Science Review, 73, S. 155–170
Minsky, M. (1981): A Framework for Representing Knowledge. In: Haugeland, J. (Hrsg.): Mind Design. Montgomery, Vt: Bradford, S. 95–128
Neisser, U. (1976): Cognition and Reality. San Francisco: Freeman
Oberschall, A. (1973): Social Conflict and Social Movements. Englewood Cliffs, N. J.: Prentice-Hall
Pan, Z./Kosicki, G. M. (1993): Framing Analysis: An Approach to News Discourse. In: Political Communication, 10, S. 55–75
Pêcheux, M. (1969): Analyse automatique du discours. Paris: Dunod
Petofi, J. S. (1975): Vers une theorie partielle du texte. Hamburg: Buske
Piven, F. F./Cloward, R. L. (1979): Poor People's Movements. New York: Vintage Books
Rein, M. (1986): Frame-Reflective Policy Discourse. In: Working Paper, Leiden: Institute for Law and Public Policy
Rein, M./Schoen, D. A. (1977): Problem Setting in Policy Research. In: Weiss, C. (Hrsg.): Using Social Research for public Policy Making. Lexington, Mass.: Lexington Books, S. 235–251
Reynolds, R. A./Burgoon, M. (1983): Belief processing, Reasoning and Evidence. In: Bostrom, R. N. (Hrsg.): Communication Yearbook. Beverly Hills: Sage, S. 83–104
Ricœur, P. (1971): The Model of the Text. In: Social Research, 38, 3, S. 529–562
Schoen, D. A. (1963): Displacement of Concepts. London: Tavistock
Schuman, H./Presser, S. (1980): Public Opinion and Public Ignorance: The fine Line between Attitudes and Non-Attitudes. In: American Journal of Sociology, 85, 6, S. 1214–1225
Snow, D. A./Benford, R. D. (1988): Ideology, frame resonance and participant mobilization. In: International Social Movement Research, 1, S. 197–217
Snow, D. A./Benford, R. D. (1989): Schemi interpretativi dominanti e cicli di protesta. In: Folis, 3, 1, S. 5–40

Snow, D.A./Rochford, E.B./Worden, S.K./Benford, R.D. (1986): Frame alignment processes, micromobilization and movements participation. In: American Sociological Review, 51, S. 464–481

Steinberg, M.W. (1998): Tilting the frame: Considerations on collective action framing from a discursive turn. In: Theory and Society, 27, S. 845–872

Swidler, A. (1986): Culture in Action: Symbols and Strategies. In: American Sociological Review, 51, S. 273–286

Tilly, C. (1978): From Mobililization to Revolution. Reading, MA: Addison-Wesley

Touraine, A. (1973): Production de la société. Paris: Seuil

Touraine, A. (1978): La voix et le regard. Paris: Seuil

Touraine, A. (1983): Soziale Bewegungen: Spezialgebiet oder zentrales Problem soziologischer Analyse. In: Matthes, J. (Hrsg.): Krise der Arbeitsgesellschaft? Frankfurt/Main: Campus, S. 94–105

Touraine, A (1985): An Introduction to the Study of Social Movements. In: Social Research, 52, S. 749–788

Tuchman, G. (1978): Making News: A Study in the Construction of Reality. New York: Free Press

Uspenskij, B. (1976): Historia sub specie semioticae. In: Kulturnoe nasledie Drevnej Rusi, S. 286–292

Van Dijk, T.A. (1980): Macrostructures. Hillsdale, N.J.: Erlbaum

Violi, P./Manetti, G. (1979): L'analisi del discorso. Roma: Espresso Strumenti

Zanna, M.P./Higgins, C.P./Herman, C. (Hrsg.) (1982): Consistency in Social Behavior. The Ontario Symposium (Bd. 2). Hillsdale, N.J.: Erlbaum

Diskurse als Narrationen[1]

Willy Viehöver

1 Einleitung

In den vergangenen beiden Dekaden sind wissenschaftliche, politische und öffentliche Diskurse Gegenstand sozialwissenschaftlicher Analyse geworden. Jedoch zeichnete sich bereits Ende der sechziger Jahre ein zunehmendes Interesse an der Rolle von Sprache, Symbolsystemen und diskursiven Praktiken bei der Erklärung sozialer Tatbestände ab.[2] Inzwischen hat sich in diesem Feld der sozialwissenschaftlichen Forschung der schillernde Begriff der *Diskursanalyse* etabliert, der auf die Bemühungen verweist, die theoretischen, methodologischen und methodischen Probleme bei der Analyse von Diskursen zu reflektieren (Keller 1997). Bei der Produktion, Rezeption und Interpretation von Sinn im Rahmen von Diskursen spielt die *Bedeutung* von Zeichen, Zeichenrelationen und komplexeren symbolischen Systemen (etwa Mythen, Erzählungen, Ideologien oder

---

[1] Mein herzlicher Dank für hilfreiche Hinweise und Kritik gilt meinen Kollegen und Freunden Alexandra Göschl, Andreas Hirseland, Reiner Keller und Werner Schneider.

[2] In den Geschichts-, Literatur- und Sozialwissenschaften wurde der neue Trend zunächst durch den Begriff der *linguistischen Wende* (linguistic turn) angezeigt. Siehe dazu Rorty (1992) sowie Gusfield (1989), Schöttler (1989) und auch die Ausführungen von Sarasin in diesem Band.

Weltbildern) und ihrer Struktur eine zentrale Rolle. Diskursanalysen widmen sich der Untersuchung der diskursiven Praxis der Konstitution und des Wandels von Bedeutungssystemen. Den meisten Diskursanalysen geht es dabei nicht lediglich um eine möglichst genaue Beschreibung der Inhalte themenspezifischer Diskurse, sondern um die Identifikation derjenigen Regelsysteme, die Diskurse strukturieren. Meine These ist, daß es sich bei Narrationen (der Erzählung oder dem Mythos, um zwei Synonyme für den hier zu behandelnden Sachverhalt zu nennen) um ein zentrales diskursstrukturierendes *Regelsystem* handelt. Individuelle und kollektive Akteure machen – bewußt oder unbewußt – in der sozialen Praxis Gebrauch von narrativen Schemata[3] und verleihen dadurch ihren Weltdeutungen und ihren sozialen Praktiken Kohärenz, Bedeutung und qua Wiederholung eine gewisse Regelmäßigkeit.[4] Kurz, ich betrachte den Menschen als Geschichtenerzähler (Fisher 1985). Im folgenden möchte ich zunächst auf den Zusammenhang von Diskurs, Narration und Narrativisierung verweisen (Kap. 2). In Kapitel 3 werden die Eckpunkte einer soziologischen Analyse von Narrationen definiert. Kapitel 4 widmet sich den methodologischen und methodischen Grundlagen der Analyse narrativer Diskurse. Abschließend werden die Grundgedanken des Beitrages zusammengefaßt (Kap. 5).

2 Diskurs, Narration und Narrativisierung

Werden Diskurse lediglich als ein komplexes System von aufeinander verweisenden Signifikanten und deren Signifikate – die in Aussagen zum Ausdruck kommen – betrachtet, vernachlässigt man die sozialen Strukturen, die diese diskursive Praxis strukturieren. Deshalb wollte Foucault (1974, 1981) den Diskursbegriff von rein linguistischen und semiotischen Konnotationen befreien und die formellen Bedingungen der Sinnkonstitution herausstreichen. Diskurse sind danach mehr oder weniger institutionalisierte Aussagensysteme und Praktiken, wie sie in alltäglichen Gesprächen, akademischen Texten sowie in kontroversen öffentlich-politischen Interaktionen kommuniziert bzw. inszeniert werden. Die in themenbezogenen Diskursen wiederholten Muster setzen nicht nur dem unendlichen Spiel der Zeichen soziale und kulturelle Grenzen (die Grenzen des Sagbaren; siehe Sarasin in diesem Band), sie bilden zugleich auch – man denke an Metaphern, Kollektivsymbole und komplexe Mythen oder Erzählungen – Verbindungslinien zu anderen Diskursen (Link 1984, Jäger 1999).

[3] Gusfield (1981, 1989), Donati (1996), Jacobs (1996), Viehöver (2002, 2003).

[4] Zugleich erlaubt das Prinzip der *Narrativisierung* von Ereignissen stets die Integration des Neuen (Fisher 1985, Ricœur 1991a, 1991b, 1991e).

Worauf es mir hier ankommt, ist den Blick auf eines dieser *Regelsysteme*, die Diskurse strukturieren, zu richten. Es geht um narrative Schemata, die in Diskursen kommuniziert werden, und deren selektive Aneignung durch soziale Akteure. Narrative Diskurse sind dabei in der Regel in andere Diskurse eingewoben:

> „It is (…) important to recognize that narrative discourse is not necessarily – or even usually – marked off or segregated from other discourse. Almost any verbal utterance will be laced with more or less minimal narratives, ranging from fragmentary reports and abortive anecdotes to those more distinctly framed and conventionally marked tellings that we are inclined to call ‚tales' or ‚stories'." (Herrnstein Smith 1981: 228)

Von narrativen Schemata soll im folgenden in doppelter Weise die Rede sein: zum einen spreche ich von der Narration als *opus operatum*. Die zu bestimmten Zeitpunkten und in bestimmten Kontexten in Diskursen kommunizierten Narrationen lassen sich im Hinblick auf ihre Strukturen und Inhalte (deren Differenzen und Veränderungen) untersuchen. Komplementär dazu sind Narrationen – hier möchte ich einen Vorschlag von Herrnstein Smith (ebd.: 227 ff) aufgreifen – aber auch als Prozeß beschreibbar *(Narrativisierung als modus operandi)*. Hier gelangen sowohl die Motive des Erzählers und der Rezipienten als auch die Kontextbedingungen, unter denen Narrationen kommuniziert werden, in den Blick. Mit Hilfe dieser Unterscheidung kann gezeigt werden, wie sozialstrukturelle Faktoren ebenso wie kulturelle Traditionen im Prozeß des Erzählens in Narrationen eingewoben werden und somit Diskurse strukturieren, ohne daß damit (individuelle) Veränderungen oder Transformationen ausgeschlossen wären. Narrationen sind somit als strukturierte und als strukturierende Struktur zu verstehen, die im Rahmen von Diskursen sowohl Moment der Reproduktion (Integration, Distinktion, Mobilisierung) als auch der Transformation und Kritik sein können.

Meine These ist, daß der Gebrauch narrativer Schemata zum Set der (kollektiven) kommunikativen Praktiken zu rechnen ist, mittels derer Akteure Bedeutung konstruieren und verändern, Sinn verstehen und ihre (individuelle) Identität konstituieren (Somers 1994). Um die theoretischen Eckpunkte einer Analyse von Narrationen aufzeigen zu können, läßt sich einerseits an die Erkenntnisse der narrativen Semiotik[5] anschließen. Andererseits muß eine soziologische Analyse narrativer Diskurse aber auch über sie hinausgehen. Die Arbeiten von Hajer (1995) und Somers (1992, 1994) bieten erste Ansätze einer Soziologisierung der Analyse von Narrationen.

---

[5] Greimas (1970), Barthes (1982), Fiol (1990).

Die sozialwissenschaftlich orientierte *narrative Semiotik* entwickelt ein theoretisches Konzept, das einem bestimmten kulturellen Phänomen, der Narration und der komplementären sozialen Praxis der *Narrativisierung* von Ereignissen, Praktiken, Subjekten und Objekten, eine spezifische Stellung bei der Erklärung sozialen Handelns und seiner Effekte zuweist. Dabei kann es sich um die Erklärung spezifischer Praktiken (z. B. Primärenergieverbrauch, Mülltrennung, Abtreibung oder Prä-Implantationsdiagnostik) sowie der Planung und Entstehung bestimmter Regeln und Gesetze, die diese Praktiken regulieren sollen (z. B. die Konstitution eines Klimaschutzregimes, die Genese eines komplexen Systems der Abfallverwertung, des §218 oder des Embryonenschutzgesetzes) handeln. Narrationen sind im Rahmen eines soziologischen Erklärungsansatzes aber nur ein Faktor neben anderen sozialen Kräften, wie soziale Akteure, deren Präferenzen, organisatorische Zwänge, institutionelle Regeln etc. (vgl. dazu Somers 1994: 620 ff). Es bedarf daher einiger Erläuterungen, um den zusätzlichen Erklärungswert, den das aus der Semiotik stammende Konzept der Narration im Bezugrahmen einer soziologischen Theorie hat, zu verdeutlichen.

Der spezifische Gegenstand der narrativen Semiotik sind Prozesse, bei denen, neben den Inhalten einer Botschaft, die *Form* in der Übertragung der Bedeutung eine entscheidende Rolle spielt (White 1990). Wie oben angedeutet, ist das Erzählen von Geschichten oder Mythen ein solcher Prozeß. So hat Hayden White (1973) in seinem Buch *Metahistory* am Beispiel der Geschichtsschreibung aufgezeigt, daß Inhalte wissenschaftlicher Texte entscheidend durch sprachliche Repräsentationsformen (Erzählstrukturen, die Wahl der Tropen figurativer Rede, also rhetorischer Mittel, wie Ironie, Metaphern, Metonymien etc.) und stilistische Entscheidungen – z. B. Essay, Abhandlung – strukturiert werden. Eine erste Annäherung an Wesen und Form der Narration erlaubt die Definition von Titscher/Wodak/Meyer/Vetter. Sie beschreiben Narrationen im Anschluß an Aristoteles wie folgt:

> „Narrationen können als Erzählungen mit einem Beginn, einem Mittelteil und einem Ende, welches eine Konklusion oder eine Erfahrung des Erzählers oder der Erzählerin beinhaltet, verstanden werden. Erzählen hängt dabei meist mit einem einzigartigen Ereignis und einer Komplikation im Ablauf der Ereignisse zusammen." (Titscher/Wodak/Meyer/Vetter 1998: 161)

Diese Definition ist in gewissem Sinne tautologisch, denn der Begriff Erzählung ist hier synonym mit dem der Narration gebraucht, bedarf also seinerseits der Erläuterung. Augenscheinlich ist es nicht allein der Sinn, der durch das komplexe System Erzählung (Narration oder Mythos) vermittelt werden kann, der Narrationen zu einem speziellen Feld der Semiotik gemacht hat (Greimas 1970, Fiol

1990). Vielmehr scheint dies neben den Inhalten (Werten, Normen, Argumenten etc.), die durch sie transportiert werden, auch die *Form* zu sein, obgleich diese hier durch die Elemente Anfang, Mitte, Ende nur sehr vage angedeutet werden (siehe Kaplan 1993, White 1990).

Nun hat sich zunächst in den Geschichtswissenschaften (dazu Sarasin in diesem Band) und später in der Soziologie (Kaplan 1993, Somers 1994) in den vergangenen Jahrzehnten eine Re-Interpretation des Konzepts der Narration ergeben, das für die soziologische Theoriebildung anschlußfähig ist.[6] Magaret Somers bringt die Wende im Verständnis der Konzepte Narration und *Narrativisierung* folgendermaßen auf den Punkt:

> „While the older interpretation of narrative was limited to that of a representational form, the new approaches define narrative and narrativity as concepts of *social epistemology* and *social ontology*. These concepts posit that it is through narrativity that we come to know, understand, and make sense of the social world, and it is through narratives and narrativity that we constitute our social identities. They argue that it matters not whether we are social scientists or subjects of historical research, but that all of us come to *be* who we are (however ephemeral, multiple and changing) by being located or locating ourselves (usually unconsciously) in social narratives *rarely of our own making.*" (Somers 1994: 606)

Diese Rekonzeptualisierung läuft auf die Annahme hinaus, daß die menschliche Erfahrung von Welt durch *Narrativisierung* und Narrationen konstituiert wird.[7] Im Anschluß an Paul Ricœur, Barbara Herrnstein Smith und Margaret Somers gehen die folgenden Überlegungen davon aus, daß sich auch in Gegenwartsgesellschaften unter der Oberfläche von alltagsweltlichen Kommunikationen, in Medienberichten, Glossen oder Kommentaren, aber auch hinter wissenschaftlichen Artikeln oder Monographien *Narrationen* identifizieren lassen, die den Mythen einfacher Gesellschaften vergleichbar sind. Genau diese ‚verborgenen' Elemente (vgl. Ricœur 1991a: 482 ff) können einer Analyse durch sozialwissenschaftliche Methoden zugänglich gemacht werden. Dafür sprechen folgende Argumente und Annahmen:

[6] Allerdings ist diese Debatte in der Bundesrepublik noch kaum rezipiert worden. Eine Ausnahme bildet die politische Soziologie bei Herz (1996) und Schwab-Trapp (1996).

[7] Zu ersten Versuchen, das Konzept der Narration für meso- und makrosoziologische Fragestellungen (z. B. nach der Bildung kollektiver Identitäten, der Entstehung und Transformation von Institutionen oder der Redefinition des Mensch-Naturverhältnisses) fruchtbar machen, vgl. Somers (1992), Hajer (1993, 1995), Kaplan (1993), Schwab-Trapp (1996), Viehöver (1997, 2000). Siehe weitere Literaturhinweise bei Somers (1994: 637 f, Fußnote 6 und 7).

1. Bei Narrationen handelt es sich um einen universellen Modus der Kommunikation und der Konstitution von Sinn, und dieser ist konstitutiv für die Produktion komplexer kultureller Deutungsmuster.[8] Die Annahme narrativer Strukturen dient hier als hypothetisches Instrument. Sie ist also nicht der Endpunkt der Forschung, sondern zunächst ein Hilfsinstrument zur Untersuchung jener Praktiken, mittels derer Menschen Botschaften kommunizieren und rezipieren. Dabei kann empirisch offen bleiben, ob Narrationen stets die gleiche Struktur/Form aufweisen.
2. Die Eigenschaften von Narrationen lassen sich nicht auf der Ebene der Textsorten ‚Märchen' oder ‚literarische Erzählung' beschreiben, vielmehr sind sie eine epistemologische Kategorie.[9] Diese Perspektive sprengt das Alltagsverständnis von Narration als spezieller Textsorte. Narrationen versehen Menschen, gleich Mythen, mit Weltsichten, Motiven, Handlungsorientierungen und kulturellen Werten, indem sie Ereignisse, Objekte, Akteure, Handlungen durch narrative Strukturen konfigurieren oder verknüpfen. Mythen und Narrationen lassen sich dabei nicht auf eine kognitive Dimension beschränken, sie sind nicht bloßer Träger von Wissen. „Narrativity, certainly in factual storytelling (…) is intimately related to, if not a function of, the impulse to moralize reality." (White 1981: 14)
3. In der Regel ist nicht der einzelne Text als Quelle von Narrationen zu betrachten, sondern Diskurse als kollektive, übersituative und intertextuelle Zusammenhänge von Äußerungsformen. Dabei können Narrationen durchaus relativ einfach strukturierte kommunikative Akte sein und banale Aussagen umfassen. Nicht alle erzählen eine komplexe Geschichte (siehe Herrnstein Smith 1981: 228). Oft lassen sich in einem konkreten Text nur Spuren einer solchen komplexen Narration finden.

[8] Diese Annahme ist vom Strukturalismus allerdings bis zur Annahme universaler narrativer Strukturen radikalisiert worden (Lévi-Strauss 1975, Barthes 1982, dazu kritisch Eco 1991: 357 ff). Der Nachweis universaler narrativer Strukturen ist dabei selbst zum Ziel der Forschung geworden – nicht etwa die eigentlich interessante Rekonstruktion der Inhalte oder/und die Aufdeckung der Differenzen zwischen themenbezogenen Narrationen. Ich möchte hingegen mit Eco (1991: 417) eine schwächere Variante vertreten.

[9] In verschiedenen Bereichen wird mit dem Begriff der Narration gearbeitet. Es kann gezeigt werden, daß auch wissenschaftliche Studien durch narrative Strukturen strukturiert werden (White 1973, Landau 1984). Andere Studien verweisen auf die narrativen Qualitäten von massenmedialen Nachrichten und politischen Diskursen, die der Gegenüberstellung von Fakt und Fiktion, Realität und Erzählung entgegenstehen. Sie argumentieren, daß sich die narrativen Qualitäten in wissenschaftlichen Texten, politischen Reden, Nachrichten, Kommentaren, den Aktionen sozialer Bewegungen oder den Verlautbarungen ökonomischer Organisationen durch die narrative Semiotik identifizieren lassen. Siehe neben anderen Rayfield (1972), White (1973, 1986, 1990), Darnton (1975), Schudson (1982), Fisher (1984, 1985), Bennett/Edelman (1985), Bird/Dardenne (1988), Somers (1994), Donati (1996), Jacobs (1996), Schwab-Trapp (1996), Viehöver (1997), Burke (1998).

4. Narrationen sind schließlich auch nicht auf die bloße Reproduktion sozialer und kultureller Ordnungen reduzierbar, sondern dynamisch zu verstehen. *Narrativisierung* umfaßt dabei die Arbeit der Kategorisierung und Identifikation, die Positionierung des Erzählers selbst und anderer Personen, Ereignisse und ‚Objekte' in einem Netz von Beziehungen und in einem Handlungsablauf (Plot). Das Selbst- und Wirklichkeitsverständnis, das dabei durch den Prozeß der Narrativisierung produziert wird, kann sowohl stabil als auch variabel sein. So hat Paul Ricœur (1991a: 482 ff) darauf hingewiesen, daß Narrationen Geburtsstätten möglicher Welten sind. Durch selektive Aneignung und Re-Interpretation entfalten Narrationen eine strukturale und eine historische Dimension. Nicht nur die narrative Form, sondern auch der Inhalt der Narrationen (Argument- und Wertestruktur) muß analysiert werden, um der Logik kultureller und sozialer Transformationsprozesse auf die Spur zu kommen (ebd.: 484 f). Angesichts der damit behaupteten Bedeutung der Narration als einer spezifischen Form kommunikativer Praxis für die Produktion, Reproduktion und Transformation sozialer Ordnung stellt sich die Frage nach den methodischen Verfahren der Analyse.

3 Eckpunkte einer soziologischen Analyse von Narrationen

3.1 Typen der Narration

Narrativisierung ist als Modus der Sinn-, Identitäts- und Differenzproduktion, nach Landau (1984: 262) aber auch als ein grundlegender Prozeß menschlicher Verständigung anzusehen. Insofern macht das Erzählen von Mythen und Narrationen den Menschen erst zum Menschen. Es gibt jedoch verschiedene Typen von Narrationen. Somers (1992: 603 ff) unterscheidet ontologische Narrationen von öffentlichen, konzeptionellen und von Meta-Narrationen. Bei *ontologischen Narrationen* handelt es sich um jene Erzählungen, mittels derer Individuen ihr Leben ordnen und beschreiben, sich in ihnen verorten und dadurch ihre individuellen Identitäten und sozialen Zugehörigkeiten bestimmen.[10]

Öffentliche Narrationen „are those narratives attached to cultural and institutional formations larger than the single individual (…) Public narratives range from the narratives of one's family, to those of the workplace (organizational myth), church, government, and nation" (Somers 1994: 619). Öffentliche Narrationen bleiben an die Praxis (kollektiver) Akteure rückgekoppelt. Institutionali-

[10] Mir geht es an dieser Stelle nicht um einen Anschluß an die Narrationsanalyse wie sie in der Biographieforschung verwendet wird (siehe z. B. Fischer-Rosenthal/Rosenthal 1997: 133–157).

sierte Narrationen sind nicht freischwebend, ihre Genese kann zum Teil auf die kulturellen Repertoires und Praktiken von Akteursnetzwerken (wie etwa sozialen Bewegungen, epistemic communities, Diskurskoalitionen) oder Organisationen zurückgeführt werden. Damit deren Narrationen jedoch eine möglichst große Zahl von Hörern finden können und zumindest im Prinzip strukturelle Effekte jenseits der eigenen Gruppen- oder Organisationsgrenzen erzielen können, benötigen die Akteure aber wiederum einen Raum oder eine Arena, in der sie jenseits der engen institutionellen Grenzen als legitime Sprecher auftreten können. Der öffentliche Raum (Habermas 1992, Gerhards/Neidhardt/Rucht 1998) – und hier speziell die Arena der Massenmedien – wäre eine solche Institution, die besonders interessant für das Studium von narrativen Diskursen ist. Die Arena der Öffentlichkeit ist der soziale Raum, in dem Narrationen zumeist kommuniziert werden, wenn Akteure oder Akteursnetzwerke mit konkurrierenden Narrationen möglichst viele Rezipienten für ihre Botschaften erreichen wollen. Die Arena der Öffentlichkeit – in der im Prinzip jeder als Sprecher auftreten kann – ermöglicht vielen Akteuren, die in anderen institutionellen Arenen als legitime Sprecher ausgeschlossen wären, die Teilnahme an themenspezifischen Diskursen (Gerhards/Neidhardt/Rucht 1998). Zugleich entkoppelt der öffentliche Diskurs Narrationen aber auch von den Intentionen der Sprecher und gewinnt dadurch eine eigene Dynamik. Insofern fällt den Massenmedien – als interdiskursiver Arena – eine besondere Rolle bei der Distinktion, Vermittlung und Transformation konkurrierender Erzählungen zu (Viehöver 1997). Öffentliche Narrationen sind in der Regel themengebundene Narrationen, mittels derer Akteure ihre Position zu gesellschaftlichen Problemen wie Radikalismus, Naturzerstörung, Abtreibung, Technikentwicklung, Familie, nationale Identität definieren.

Zudem unterscheidet Somers konzeptionelle, d. h. Meta-Narrationen und analytische/soziologische Erzählungen. *Meta-Narrationen* sind große Erzählungen (Kosmologien und Kosmogonien), etwa Schöpfungs- und Modernisierungsmythen und Ideologien, wie sie den kulturellen Traditionen von Gesellschaften zugrunde liegen (Colby 1966). Sicherlich zählen die Mythen der großen Religionen zu den Trägern solcher Narrationen. Wenn man Narrationsanalyse in Gesellschaften mit weitgehend säkularisierten Weltbildern und Normvorstellungen betreibt, muß man zugleich annehmen, daß der Verständigungs- und Distinktionsmechanismus der Narration mit dem Prozeß der Entzauberung nicht zerfällt und auch in modernen Gesellschaften, mit ausdifferenzierten Lebenswelten und Institutionensystemen, selbst im Zuge der Globalisierung von hoher Bedeutung ist. Selbst nach dem Ende der *Großen Erzählungen* kursieren auch in modernen Gesellschaften eine Vielzahl sich verändernder themenspezifischer Erzählungen und einige ‚Basiserzählungen' bzw. Meta-Narrationen (Somers 1994, Herz 1996, Schwab-Trapp 1996). Die Meta-Narrationen oder ‚Basiserzählungen' grenzen wiederum die Resonanz themenspezifischer Narrationen ein (Gamson/Lasch 1983, Schwab-Trapp 1996). Fast jede thematisch gebundene Narration nimmt Referenz auf Meta-Narrationen.[11] Der Erfolg von themenspezifischen Narrationen kann also davon abhängen, inwiefern es gelingt, an solche stabilen Meta-Narrationen anzuschließen.

Konzeptionelle Narrationen schließlich sind Konstruktionen und analytische Erklärungsmodelle des (Sozial-)Wissenschaftlers (siehe Somers 1994: 620). Der Begriff bezieht sich also auf den Bezugsrahmen, das Vokabular und die Erklärungsstrategie des wissenschaftlichen Erklärungsmodells. Ich möchte mich im folgenden hauptsächlich auf öffentliche Narrationen beschränken und die Frage der Analyse ontologischer, konzeptioneller sowie von Meta-Narrationen weitgehend außer Acht lassen (siehe ebd.: 617 ff).

3.2 Bezugsrahmen der Narrationsanalyse: Narration, Diskurskoalitionen und Innovation

Ziel der Analyse narrativer Diskurse ist zum ersten die Identifikation der zentralen Strukturprinzipien der Narration, welche die Inhalte von Erzählungen strukturieren. Die Verknüpfung der Elemente durch einen mehr oder weniger dramatischen Plot (Handlungsstruktur), der der Geschichte zeitliche, räumliche und episodische Strukturen verleiht und Aktantenstrukturen arrangiert, gehört dabei zu den zentralen Strukturprinzipien der Narration. Die *Narrativisierung* von Ereignissen, Objekten, Handlungen etc. im Rahmen von Diskursen erlaubt aber immer auch Variation. Daher ist es zweitens notwendig, auch die Inhalte (Normen, Fakten, Argumente und die zugrunde liegenden Werte) der Narrationen zu untersuchen, um schließlich typische Narrationen unterscheiden zu können. Da es drittens historische Akteure sind, die sich Narrationen selektiv aneignen und ihre Praktiken, ihre Selbst- und Fremdbeschreibungen durch einen narrativen Plot präfigurieren, wird im folgenden vorgeschlagen, die Begriffe Diskurs, Narration und Narrativisierung mit dem u. a. von Hajer (1993, 1995) angeregten Begriff der *Diskurskoalition* zu verbinden.

Für Hajer sind *Diskurskoalitionen* mehr als nur Netzwerke von kooperierenden Akteuren. Ihre Identität wird vielmehr durch eine gemeinsam geteilte Problemnarration reguliert. Die Grundlage ihrer kollektiven Identifikations- und

[11] Schwab-Trapp (1996) zeigt, daß in der deutschen politischen Kultur kaum eine öffentliche Erzählung ohne Referenz auf die nationalsozialistische Vergangenheit auskommt. Auch die Begriffe Aufklärung, Industrialisierung, Kapitalismus und Markt, Fortschritt und Verfall spielen auf Meta-Narrationen an, die in den westlichen Kulturen vorhanden sind (siehe Somers 1994: 619).

Kategorisierungsarbeit bilden also (öffentliche) Narrationen. Diese erlauben die Kommunikation von komplexen Situationsdeutungen und Selbstbeschreibungen in strukturierter Form. Hajer spricht allerdings nur sehr allgemein von *story-lines*, die Geschichten durch einen ‚roten Faden' zusammenhalten. Ich nehme diesen Vorschlag Hajers auf und versuche im folgenden seine Definition in drei Punkten zu präzisieren und weiterzuentwickeln: Zum einen gibt es unterschiedliche Elemente, die der Geschichte ihre Struktur verleihen: Episoden, Aktanten und Plots (typische Handlungsstrukturen, die der Geschichte Sinn, Kohärenz und Raum-Zeit-Strukturen verleihen)

1. Narrationen sind im Prozeß der *Narrativisierung* offen für selektive Aneignung *und* Veränderungen. Narrationen und *Narrativisierung* werden damit zu Strukturelementen u. a. öffentlicher Diskurse und zum Kriterium der Einheit der Akteurskoalitionen sowie zum Moment der Abgrenzung von anderen, möglicherweise konkurrierenden Diskurskoalitionen.
2. Als Strukturprinzip sozialer Praxis können Narrationen aber nicht nur zur Konstitution der Gemeinsamkeiten und Solidarität der (kollektiven) Akteure beitragen, sondern im Prinzip auch die Interaktionsorientierungen und die Beziehungen zwischen Akteuren verändern.
3. Im Prozeß der *Narrativisierung* werden situative Ereignisse und Konstellationen in den bestehenden narrativen Rahmen eingearbeitet und damit Chancen für Innovationen (kollektive Lernprozesse) eröffnet (Eder 1999).

(1) Strukturprinzipien der Narration

Damit eine Erzählung als Narration gelten und akzeptiert werden kann, muß sie aus mehr als nur einzelnen Sprechakten bestehen, also einen diskursiven Charakter aufweisen. Sie muß, so Ricœur (1991d: 257), aus Einheiten konstituiert sein, die jenseits der Satzebene liegen. In der strukturalistischen Mythen- und Narrationstheorie wird in der Regel zwischen der Tiefenstruktur (narrative Strukturen, Wertestruktur) und den Oberflächenmanifestationen der Narrationen (wörtliche Ebene) unterschieden. Danach umfassen Mythen oder Narrationen neben der *wörtlichen* Textoberfläche auch eine *Tiefenstruktur*, die aus mehreren Episoden besteht. Diesen narrativen Strukturen. liegen jeweils binäre Wertgegensätze (Liebe: Haß), Widersprüche (Haß: Nicht-Haß) und Implikationen (Nicht-Liebe: Haß) zugrunde. Zu diesen Wertstrukturen kann man durch die Analyse der episodischen Struktur, der Aktanten und des Plots gelangen. Aristoteles hat darauf verwiesen, daß Mythen eine typische Folge von Sequenzen, einen Anfang, eine Mitte und ein Ende aufweisen (Kaplan 1993). Hier wäre hinzuzufügen, daß öffentliche Narrationen, die in der Regel themenbezogene Problemnarrationen sind, aus mehr als nur drei unterschiedlichen Sequenzen oder *Episoden* bestehen können. Narrationen umfassen bspw. auch Sequenzen mittels derer sich die Akteursnetzwerke einer gemeinsamen Problemsicht, der Problemursachen und deren Folgen versichern. Durch Problemnarrationen werden zudem Lösungswege vorgegeben und das eigene Handeln und die politischen Forderungen durch (moralische) Leitbilder und Schlußfolgerungen legitimiert.

In einer Erzählung erscheinen zweitens Akteure, die in ein Netz von Beziehungen eingebunden werden. Auch diesbezüglich läßt sich von der narrativen Semiotik lernen. Greimas identifiziert im Anschluß an die russischen Formalisten eine *Aktantenstruktur* (Sender: Empfänger; Subjekt/Held: Objekt; Helfer: Bösewicht), die seiner Auffassung nach narrative Texte strukturiert (Fiol 1990). Die Analyse der Aktantenstruktur erleichtert es, z. B. die Interaktionsorientierungen der jeweiligen Diskurskoalitionen gegenüber anderen Akteuren zu identifizieren. Zudem repräsentieren die jeweiligen Aktanten auch die Wertstruktur der Narration.

Neben der episodischen und der Aktantenstruktur werden die Inhalte der Erzählung durch ein weiteres Prinzip strukturiert. Ricœur, der einer scharfen Trennung von Oberflächen- und Tiefenstruktur skeptisch gegenüber steht, unterstreicht drittens den „plot as this central organising principle of a story line".[12] Ricœur definiert *Plots* als jenes Regelsystem, das aus Ereignissen etc. eine bedeutungsvolle Konfiguration macht. Es ist also nicht das chronologische Auftreten von Ereignissen, Akteuren und Objekten etc., sondern eher eine Matrix, die der Geschichte Sinn, Kohärenz, zeitliche und räumliche Strukturen verleiht und Beziehungen zwischen Objekten, Ereignissen, Akteuren und der Orientierungen herstellt (Ricœur 1991g: 105 f). Ricœur rechnet den Plot nicht der Ebene der Tiefenstruktur der Texte, sondern der Oberflächenstruktur von Texten zu (Ricœur 1991d: 256 ff, Ricœur/Greimas 1991: 288 f). Er weist darauf hin, daß Innovationen (die Vorstellungen, Objekte und Werte möglicher Welten) nicht aus einer quasi-ahistorischen Tiefenstruktur abgeleitet werden können, sondern, daß diese selbst historischer Transformation offen stehen müsse, selbst, wenn es nur selten zu historisch einschneidenden Veränderungen kommt. Besser wäre es daher zu sagen, daß der Plot ein vermittelndes Element der Narration ist. Obwohl der Plot sicherlich nicht die einzige narrative Struktur ist, übernimmt der Plot einer Narration zentrale strukturierende Funktionen bei der *Narrativisierung* von Ereignissen und ergänzt so Greimas' Vorstellungen einer narrativen Struktur, die sich auf Aktantenstrukturen konzentriert (Greimas 1970, Fiol 1990: 381, Ricœur/Greimas 1991).

---

[12] Der Sprachgebrauch ist in der relevanten Literatur nicht einheitlich. Einige Autoren sprechen von Fabula statt von Plot (Donati 1994, 1996). Ich orientiere mich hier ausschließlich an Paul Ricœurs Definition (Ricœur 1991f: 426 f, 1991g: 105 f).

(2) Grenzziehungen zwischen Diskurskoalitionen

Diskurskoalitionen agieren in einem Feld oder System, das durch die institutionellen Strukturen, die dort dominierenden Narrationen und Meta-Narrationen sowie die spezifischen Interaktionsbeziehungen zwischen Diskurskoalitionen strukturiert ist. Narrationen können in ein bestehendes Netzwerk sozialer Beziehungen Grenzen einziehen. Insofern fungieren sie als komplexe Distinktionsmechanismen (boundary marker). In diesem Sinne trägt die Entfaltung narrativer Strukturen (Episoden, Aktanten, Plot) durch die diskursive Praxis der *Narrativisierung* u. a. zur Konstitution individueller und kollektiver Identitäten bei (Ricœur 1991c, Somers 1994, Fine 1995). Von einer Diskurskoalition kann man sprechen, sofern deren Mitglieder sich auf eine gemeinsame Narration stützen. Sie positioniert die relevanten Akteure in einem Netz von Beziehungen. Die Erzählung kann jedoch im Verlauf des Diskurses verändert werden; Diskurskoalitionen sind also offen für Lernprozesse (Eder 1999). Dabei steht außer Frage, daß individuelle und kollektive Akteure über unterschiedliche Repertoires verfügen und je nach diskursivem Feld zu anderen Gebrauchsweisen der narrativen Rede tendieren.

(3) Zur Innovationskraft von Narrationen und Interaktionseffekte zwischen Diskurskoalitionen

Narrationen konstituieren nicht nur *Modelle der Realität* (Geertz 1987), was sie im wesentlichen auf eine Darstellungsfunktion beschränken würde. Narrationen sind auch *Modelle für die (Veränderung der) Realität.* Das Prinzip der *Narrativisierung* und die Flexibilität narrativer Strukturen eröffnen also einen Spielraum zur Veränderung sozialer Praktiken und Interaktionsorientierungen. Gerade Ricœur hat darauf hingewiesen, daß der Prozeß der *Narrativisierung* die Chance der Transformation von Wissens- und Normvorstellungen sowie von Praktiken ermöglicht. Damit Narrationen eine transformierende Kraft erhalten, die sich nicht aus den Akteurskonstellationen, sondern aus der Logik der Narration erklären läßt, müssen sie spezifische Charakteristika (Kollektivsymbole, dramatisierungsfähige Metaphern, Konflikte zwischen Aktanten und dramatische Plot-Strukturen etc.) aufweisen und/oder auf günstige institutionelle Kontextstrukturen treffen (z. B. an vorhandene Basisnarrationen anschließen). Ob es zu Lernprozessen kommt, hängt auch von den Interaktionsbeziehungen zu anderen Diskurskoalitionen und vom institutionellen Kontext ab, in dem Diskurskoalitionen handeln. Die Praktiken der Akteure werden sicherlich maßgeblich durch gegebene Interaktionsorientierungen (feindselig, indifferent, kompetitiv, kooperativ) bestimmt (vgl. dazu Mayntz/Scharpf 1995: 52 ff). Andererseits sind die Interaktionsorientierungen wiederum durch die normativen, kognitiven und affektiven Orientierungen der Diskurskoalitionen und deren institutionelle Rezeption – z. B. durch die Massenmedien – strukturiert. Durch die Rekonstruktion von konkurrierenden

Problemnarrationen läßt sich empirisch überprüfen, wo genau die Differenzen, Kommunikationsblockaden und Barrieren zwischen Akteuren und Akteursnetzwerken auftreten, an welchen Punkten Akteure in Verhandlungen Zugeständnisse machen bzw. ihre Positionen und Problemsichten verändern, aber auch, wo Identitäten unscharf werden (Swidler 1986, 1995, Ricœur 1991a, 1991e).

Wenn eine von einer Diskurskoalition neu definierte Problemdefinition (öffentliche) Resonanz erzielt, bspw. von den Massenmedien verstärkt wird, können die Erzählungen den Kontext von öffentlichen Debatten und politischen Verhandlungssituationen so verändern, daß sich die Präferenzstrukturen und Interaktionsorientierungen der konkurrierenden Diskurskoalitionen ändern oder ändern müssen. Damit wird angenommen, daß Problemnarrationen politische und soziale Struktureffekte haben können, aber durchaus nicht haben müssen.

4 Methodologie und methodische Umsetzung

Das folgende Kapitel widmet sich den methodologischen und methodischen Fragen der Rekonstruktion öffentlicher Erzählungen (Narrationen). Ich möchte vorschlagen, Elemente der narrativen Semiotik aufzugreifen und mit der Rahmenanalyse (frame analysis)[13] zu verbinden, d. h. Deutungsrahmen *(frames)* als Elemente einer Narration zu betrachten. Beide Konzepte weisen eine Reihe von Ähnlichkeiten auf:

- Sie gehen von der Annahme aus, daß sich Sinn- und Bedeutungsstrukturen durch die Interpretation von Diskursen erschließen lassen, wobei ‚Texte' in einem weiten Sinne – Ricœur (1971) spricht von Handlungen als Text – ihre Analyseeinheiten sind.
- Beide Modelle gehen davon aus, daß die Einheit der Botschaft durch die Form und die Bildung von Relationen zwischen Elementen strukturiert wird. Rahmen und narrative Strukturen erscheinen als Strukturprinzipien von Diskursen, in denen Bedeutung produziert, rezipiert und transformiert wird.
- Für beide Konzepte sind rhetorische Figuren und relationale bzw. formale Strukturen (narrative Strukturen, frames) für die Prozesse der Bedeutungs-

[13] Die Rahmenanalyse als diskursanalytisches Verfahren wird von Donati in diesem Band genauer beschrieben. Ihm zufolge können frames als Wahrnehmungs- und Handlungsstrukturen verstanden werden; siehe dazu u. a. auch die Arbeiten von Goffmann (1974), Gamson/Lasch (1983), Gamson/Modigliani (1987, 1989), Snow/Benford (1988), Donati (1992), Gamson/Croteau/Hoynes/Sasson (1992), Benford (1993), Pan/Kosicki (1993), Jenson (1995), Johnston (1995), Brand/Eder/Poferl (1997), Lüders/Meuser (1997), Gerhards/Neidhardt/Rucht (1998), Keller (1998), Steinberg (1998) und die im Band von Johnston/Klandermanns (1995) versammelten Aufsätze.

konstitution ebenso wichtig wie für die sozialwissenschaftliche Rekonstruktion dieser Sinnstrukturen.

- Sie nehmen beide an, daß Texte mehrere Bedeutungsebenen einschließen. Die lexikalische Ebene wird der Textoberfläche zugeschrieben, während narrative Strukturen als vermittelnde und die Wertestruktur als Tiefenstruktur von Diskursen verstanden werden. Bei der Rahmenanalyse werden framing devices und reasoning devices von frames unterschieden, bei der narrativen Semiotik hingegen Kollektivsymbole und Tropen figurativer Rede (i. e. Metaphern, Ironie etc.) von narrativen Strukturen und basalen Werterelationen.

Allerdings kann die Rahmenanalyse die Narrationsanalyse nicht ersetzen, weil sie gerade nicht zeigt, wie eine Vielzahl von in Diskursen kommunizierten Deutungsrahmen (frames) durch den plot zu einer (kohärenten) Narration verbunden werden. Das Verfahren der Narrations- und Rahmenanalyse läßt sich in vier Hauptschritte gliedern:

1. Definition der Forschungsfrage.
2. Bestimmung des Datensamples und der Analyseeinheiten (units of analysis).
3. Bestimmung der unterschiedlichen *Marker*,[14] die einen Rahmen und/oder eine Narration konstituieren, und Erstellung eines Codebuchs.
4. Interpretation der typischen narrativen Strukturen, Grenzziehungen, diskursiven Praktiken der Diskurskoalitionen und des Verlaufs des (themenbezogenen) Diskurses.

Sprache, Symbole, Deutungsmuster (bzw. frames) und narrative Strukturen spielen eine entscheidende Rolle, sowohl bei der *Produktion* von Botschaften und Praktiken, als auch bei deren *Interpretation* durch den *aktiven* Leser (Donati 1996). Die geschriebenen oder gesprochenen Texte enthalten in der Regel mehrere Deutungsrahmen oder sie können beim Leser verschiedene kognitive oder Handlungsschemata aktivieren. Dies geschieht u. a. durch den Gebrauch sehr unterschiedlicher rhetorischer Mittel (Tropen figurativer Rede oder *framing devices*; Gamson/Lasch 1983: 399 f, Pan/Kosicki 1993: 56). So bedienen sich Journalisten, Experten, Politiker etc., d. h. all jene Akteure, die einen Diskurs beeinflussen wollen, rhetorischer Strategien, spezifischer Symbole, illustrativer Beispiele und typischer argumentativer Figuren, um kognitive oder Handlungsschemata beim ‚Rezipienten' zu aktivieren oder bestehende Schemata zu verändern. Tabellen

[14] Zu solchen Markern oder Indikatoren können zentrale Symbole, Codes und Hypercodes (so etwa typische Beispiele, Schlagworte oder Anekdoten, komplexere Deutungsrahmen und Argumente) aber auch narrative Strukturen zählen.

können die Wissenschaftlichkeit bestimmter Aussagen unterstreichen, Cartoons können einen Sachverhalt ironisieren, Schlagworte können ihn dramatisieren, bestimmte Gegensätze oder Gemeinsamkeiten herausheben, Beispiele können dem ‚Laien' komplexe, abstrakte Sachverhalte nahebringen, Alltäglichkeit und Vertrautheit herstellen, Metaphern können neue Sachverhalte mit schon bekannten in Verbindung setzen und so dem Laien das Neue verständlicher machen, Synekdochen können – pars pro toto – einen komplexen Sachverhalt verdichten. Schlagworte können eine Debatte emotionalisieren und damit zur Mobilisierung der Öffentlichkeit beitragen oder politische Entscheidungsträger zum Handeln animieren. Worauf es ankommt, ist jene strukturierenden Elemente zu identifizieren, die Beziehungen zwischen den einzelnen Elementen herstellen, sie gleichsam konfigurieren. Um die zentralen Schemata eines ‚Textes' zu identifizieren, kann man sich im wesentlichen zweier unterschiedlicher – aber durchaus kompatibler – Strategien bedienen. Im einen Fall wird von *Markern* (verschiedene rhetorische Mittel) auf der wörtlichen Ebene der Texte, auf Deutungsrahmen, narrative Strukturen und schließlich grundlegende Wert- und Glaubenssysteme geschlossen (siehe Kap. 4.1). Bei der zweiten Strategie (siehe Kap. 4.2) wird von heuristisch angenommenen narrativen Strukturen (formale Episodenstrukturen, Aktantenrollen, Plots) ausgegangen und dann nach *Markern* auf der wörtlichen Ebene des Textes gesucht, die die formalen Strukturen inhaltlich ausfüllen und konfigurieren. Diese beiden heuristischen Strategien sollen nun erläutert werden.

4.1 Von den Indikatoren auf der wörtlichen Ebene zu den Deutungsrahmen der Narration

Einen ersten Anhaltspunkt bei der Suche nach zentralen Narrationen und *frames* – auf der dem Leser unmittelbar zugänglichen lexikalischen, also ‚wörtlichen' Ebene des Textes – bietet die Frage nach der Makrosyntax und dem zentralen Thema des Textes als Element eines themenbezogenen narrativen Diskurses.

Erstens gibt die formale Struktur (*Makrosyntax*; van Dijk 1988) Anhaltspunkte, um die zentrale(n) Rahmung(en) eines Textes (etwa der Gattung Medientexte: Berichte, Kommentare und kurze Meldungen) identifizieren zu können. Dabei ist es hilfreich zu wissen, wo typischerweise Zusammenfassungen des Textes oder des zentralen Argumentes zu finden sind. Die Makrosyntax kann dabei ein Hilfsmittel zur Identifikation zentraler Deutungsrahmen sein. Van Dijk (1988) z. B. hat darauf hingewiesen, daß Medientexte in der Regel in Form einer umgekehrten Pyramide organisiert sind (Überschrift, Untertitel, Episoden im Haupttext, Hintergrundinformationen und Schlußfolgerungen). Wichtig sind die Titel und Untertitel von Medientexten, weil sie oft die Quintessenz des Textes enthalten (van Dijk 1988, Pan/Kosicki 1993: 60 f). Dies ist aber nicht immer der Fall. Oftmals findet man das zentrale Schema des Textes eher in dem Schlußstatement eines Artikels (siehe Pan/Kosicki 1993: 61). Die von van Dijk (1988) angesprochene *Makrosyntax* kann lediglich Hinweise darauf geben, wo zentrale Symboliken und Deutungsrahmen und Elemente der Narration zu finden sind.

Zweitens ist das *Thema* eines Textes – also das Faktum, das Ereignis, das Objekt oder Konzept, um das herum der Text organisiert ist – und die *Problemstruktur*, die durch den themenspezifischen Diskurs konstitutiert wird, zu identifizieren. Die leitende Frage lautet: Auf welche Frage gibt der Text eine Antwort? Das Thema bestimmt in gewissem Maße die Kohärenz eines ‚Textes' (Donati 1994: 7).

Wie wird nun drittens von der Textoberfläche, auf der viele unterschiedliche rhetorische Elemente identifizierbar sind, auf Rahmen und Kernposition als Elemente der narrativen Struktur geschlossen? Damit sind wir im Kernbereich der Analyse angelangt (siehe auch Donati 1994: 9 f). Hier lautet die Frage: Was sind die zentralen Deutungsrahmen eines Textes und welche Verbindungen bestehen zwischen ihnen? Eine Hilfestellung bei ihrer Beantwortung bietet das Kodierverfahren der grounded theory (Strauss/Corbin 1996). Es werden *Leitfragen* formuliert, deren Beantwortung die Bildung von *Kodierfamilien*[15] und die anschließende Erstellung eines Codebuches zum Zweck hat. Erste Anhaltspunkte bei der Identifikation von Deutungsrahmen als Elemente narrativer Strukturen bilden Fragen, wie sie beim offenen, axialen und selektiven Kodieren gestellt werden (siehe dazu Titscher/Wodak/Meyer/Vetter 1998: 97 ff), z. B.:

- Was geschieht eigentlich im Text?
- Auf welche Kategorien weist ein Text oder eine Textpassage hin?
- Welche Phänomene werden wieder und wieder in den Daten wiedergegeben?
- Was ist das Thema und was ist das Hauptproblem? Wer definiert es wie?

Die Frage nach dem Thema und dem Hauptproblem läßt sich spezifizieren, in dem man nach den Bedingungen und Konsequenzen des Problems fragt. Man wird aber schnell feststellen, daß diese Fragen noch nicht ausreichen. So beinhalten Texte meist nicht nur Indikatoren für ein Problem, seine Ursachen und seine Konsequenzen, sondern auch für die Lösung des Problems. Oft – aber nicht immer – treten Akteure als Problemlöser auf. Es können aber auch nur Techniken oder Verfahren als Problemlösungstaktiken benannt werden. Weiterhin können

---

[15] Das Verfahren der Bildung von Kodierfamilien wird in der grounded theory angewendet (Glaser 1978). Im Grunde geht es darum, typische Indikatoren oder Marker für verschiedene – zunächst heuristische – Konzepte in den Daten (Texten) zu finden.

Lösungen ihrerseits Konsequenzen haben. Diese Konsequenzen sind aber nicht mit den Konsequenzen der Problemursache zu verwechseln. Um ein Beispiel[16] aus einer Risikodebatte der vergangenen Jahre zu nennen: die Konsequenzen des Verpackungsmüllproblems (z. B. Entsorgungsnotstand) sind andere als die Konsequenzen der politischen Lösung eines Problems (z. B. Verpackungsverordnung). Auch zu den Konsequenzen (Nebenfolgen) der Lösungsversuche enthalten Texte oft Informationen. Man wird also weiter nach den intendierten oder nicht-intendierten Konsequenzen der Lösungsvorschläge sowie nach der (moralischen) Rechtfertigung für eingenommene Positionen fragen. Weitere Fragen an den Text sind also:

- Welche Problemlösungen werden angesprochen?
- Von wem werden sie vorgeschlagen?
- Welche Strategien und Taktiken werden angewendet, um das Problem zu lösen, welche werden warum verworfen?
- Welche intendierten oder nicht-intendierten Konsequenzen finden Erwähnung?
- Welche (moralischen) Prinzipien oder Leitbilder werden zur Rechtfertigung der Position herangezogen?
- Welche Akteure (Aktanten) tauchen auf, welche Handlungen führen sie aus und über welche Kompetenzen verfügen sie?
- Wie lassen sich die Interaktionen zwischen den Akteuren beschreiben? Wer hat wann, was, wo, warum und wie getan?
- Schließlich, was ist der Plot, der die Geschichte gleich einem ‚roten Faden‘ zusammenhält?

Kodierfamilien lassen sich nun bilden, indem man *Marker* im Text sucht, die jeweils eine der genannten Fragen beantworten. Gamson/Lasch (1983: 399 f) haben diesbezüglich folgende Aufstellung rhetorischer Mittel vorgeschlagen, derer sich Akteure üblicherweise bei der *Narrativisierung* von Sachverhalten und der Strukturierung von Deutungsrahmen bedienen. Sie unterscheiden:

---

[16] Das Beispiel der Verpackungsmülldebatte geht auf ein von der Volkswagenstiftung finanziertes interdisziplinäres Projekt über Nachhaltigkeit und abfallpolitische Steuerung am Beispiel des Umgangs mit Kunststoffabfällen aus dem Verpackungsbereich zurück, daß von 1997–1999 von der Münchner Projektgruppe für Sozialforschung e. V. und dem Bayerischen Institut für Abfallforschung (BIfA) durchgeführt wurde. Im Rahmen des Projektes wurden u. a. die diskursiven Strategien und Problemnarrationen der im Politikfeld ‚Verpackungsabfälle‘ konkurrierenden Diskurskoalitionen untersucht. Dabei konnten die typischen Problemnarrationen dreier Diskurskoalitionen unterschieden werden: moderate Regulierer, radikale Regulierer und Marktregulierer (Viehöver 2000).

- framing devices: z. B. Tropen figurativer Rede (Metapher, Metonymie, Synekdochen, ironische Rede); Schlagworte; Visualisierungen; historische Beschreibungen oder Anekdoten; typische Beispiele;
- reasoning devices: Zuschreibung der Problemursache (roots); Problemfolgen; Formulierung moralischer Appelle; Legitimation von Handlungen unter Berufung auf (moralische) Prinzipien oder Leitbilder.

Diese Typologie ist als Hilfsinstrument für die Formulierung leitender Fragen zur Identifikation von Kodierfamilien, die einen spezifischen Deutungsrahmen (frame) repräsentieren, hilfreich:

- Welche Beispiele, Slogans, Cartoons, Anekdoten und Symbole werden auf ein bestimmtes Problem, eine Problemlösung, ein Leitbild, ein Ereignis, ein Faktum, eine Person, Objekt etc. bezogen?
- Durch welche Worte, Symbole oder rhetorischen Mittel werden diese Elemente in Beziehung zueinander gesetzt? Welche Raum-Zeitstrukturen und Kausalitäten entstehen dabei?
- Werden bestimmte Akteure durch zentrale Schlagworte oder Symbole charakterisiert? In welcher Beziehung stehen diese zueinander und welche Handlungen führen sie mit welchen Mitteln, zu welchem Zweck und mit welchem Erfolg aus?
- Lassen sich anhand der Symbole, Beschreibungen, Schlagworte, Visualisierungen bestimmte Wertgegensätze (z. B. gut vs. böse) identifizieren, die für die Strukturierung einer Narration konstitutiv sind und daher in verschiedenen ‚Texten' immer wieder auftreten?

Gamson/Lasch (ebd.: 410 f) schlagen dann vor, *kontrastive Fälle* zu bilden, also verschiedene Deutungsrahmen und darin enthaltene Kernpositionen zu unterscheiden.

Um zusammenzufassen: die Verwendung und Relationierung rhetorischer Mittel sowie die (kausale) Verknüpfung von Akteuren, Objekten oder Ereignissen in Raum-Zeitstrukturen konstituieren schließlich einen oder mehrere Deutungsrahmen, die Thema, Inhalte und die Wertestruktur des Textes strukturieren. Die beschriebene Strategie schließt von der Textoberfläche (Makrosyntax, Themen, rhetorische Figuren) auf Sinnstrukturen, die wir nicht wörtlich ablesen können, also auf typische Deutungsrahmen, die einen themenspezifischen Diskurs strukturieren. Da aber Texte meist mehrere Rahmen von unterschiedlicher Valenz umfassen und zudem Rahmen und Position durchaus auf der gleichen Ebene eines Diskurses liegen, also nur unterschiedliche Episoden in einer Narration bilden, fehlt in der Rahmenanalyse ein verbindendes Element, welches erklärt, wodurch die durch den Diskurs konstituierte Geschichte einen roten Faden erhält. Man kann nun argumentieren, daß ein zentraler Rahmen durch eine Konfiguration mehrerer Rahmen gebildet wird. Diese Konfiguration wird, so die These, durch narrative Strukturen erzeugt. Diese Annahme bringt uns zu einer weiteren (ergänzenden) Möglichkeit, Narrationen und ihre Elemente zu rekonstruieren.

4.2 Von der narrativen Struktur zu den Inhalten und Wertstrukturen

Das Verfahren geht davon aus, daß es drei narrative Strukturelemente gibt: 1.) die *episodische Struktur der Narration*, 2.) die *Aktantenstruktur* und 3.) (typische) *narrative Plots*. Die rekonstruktive Aufgabe besteht darin, nach den konkreten rhetorischen Figuren, den ‚Akteuren' und den Plots der Geschichten zu suchen, die 4.) die zugrunde liegende Wertestruktur der Narration mit Inhalten und Wertungen füllen.

4.2.1 Episoden

Lévi-Strauss (1975, 1977) hat gezeigt, daß sich mythische Erzählungen in mehrere strukturelle Einheiten aufgliedern lassen, sogenannte Mytheme. Diesen Episoden der Erzählung liegen binäre Oppositionen zugrunde – d. h. bestimmte Wertgegensätze, deren Elemente sich wechselseitig ausschließen. Die einzelnen Episoden sind aber auch zeitlich und/oder kausal miteinander verknüpft und geben so dem Ganzen der Geschichte ihre formale Struktur. Die Erzählstruktur ist in der Regel um einen Konflikt oder um eine Komplikation herum gruppiert (z. B. Prometheus raubt den Göttern das Feuer, ein Drachen bedroht ein Königreich oder die Müllflut bedroht die Gesellschaft). Man kann heuristisch annehmen, daß komplexe Geschichten eine Konfliktbestimmung (Einleitung), verschiedene Episoden der Konfliktentfaltung und der Auflösung (Mitte) umfassen und schließlich mit der Moral der Geschichte enden.[17] Wie lassen sich die Episoden der Narration und die zugrundeliegenden Strukturen nun konkret methodisch identifizieren? Folgende Regeln können bei der Analyse hilfreich sein. Dabei ist zu berücksichtigen, daß nicht jeder einzelne Text alle Episoden der Narration enthält. Der Ort der Erzählung ist der Diskurs, nicht der einzelne Text.

---

[17] Empirische Untersuchungen haben bestätigt, daß Hörer oder Leser eine Geschichte nur unter bestimmten Bedingungen (Dramatik, Konflikt, mindestens zwei Konfliktparteien, Konfliktgegenstand) auch als Geschichte erkennen (Rayfield 1972).

Methodisch kann so vorgegangen werden, das heuristisch eine bestimmte Episodenreihe angenommen wird (E_1 bis E_n). Einige Beispieltexte eines themenbezogenen Diskurses werden auf die darin enthaltenen Sequenzen hin untersucht. Zur Identifikation der Sequenzen oder Episoden ist es günstig, wenn Texte ausgewählt werden, die zu Beginn und zum Ende der gewählten Untersuchungsperiode liegen. Auch erweist es sich als hilfreich, Texte auszuwählen, in denen unterschiedliche ideologische Positionen vermutet werden. Schließlich legt man sich auf die Sequenzen (E_1,E_2,E_3-$_n$) fest, die als typisch identifiziert werden. Im Rahmen einer vom Autor durchgeführten Untersuchung über die diskursiven Strategien verschiedener Diskurskoalitionen im Politikfeld Verpackungsabfälle (siehe Fußnote 16) wurden bspw. folgende Episoden der Problemerzählung unterschieden.

1. Problem: z. B. Verpackungsabfallberge erzeugen den Müllnotstand, das Müllproblem ist eine Fiktion der Umweltaktivisten und bedroht die freie Marktwirtschaft
2. Problemursache (roots): z. B. Profitsucht der Industrie, Hersteller, Handel, Wegwerfmentalität des Bürgers, Verpackungswahn verursacht Gefahren für Natur und Gesundheit, Konsumenten erzeugen durch Nachfrage die Müllflut, Umweltaktivisten, Medien und Politik erfinden den ‚Müllnotstand'
3. Problemfolgen (consequences): Berge von Verkaufs- und Transportverpackungen verschandeln die Umwelt, Müllflut bedroht Mensch und Umwelt, Müllnotstand, Deponiemangel, Gesundheitsgefahren etc.
4. Problemlösungen oder Problemlösungsversuche: z. B. Verpackungsverordnung, Mehrwegquoten, Rückgabepflichten, Zwangspfand, Lizenzen, Abfallabgaben, Verhandlungen, Entsorgungs- und Recyclingtechniken
5. Positive und negative Konsequenzen der Problemlösungsversuche: Schrumpfen der Müllberge, ökologische Revolutionierung der Marktwirtschaft – Gefährdung des Wirtschaftstandortes Deutschland, Verletzung des Prinzips der Handelsfreiheit, Regulierungskonflikte zwischen Bund und Ländern, etc.
6. Legitimierende Leitbilder und Prinzipien: z. B. Nachhaltige Entwicklung, Kreislaufwirtschaft, Müllvermeidung, Markt als überlegenes Ordnungsprinzip

Nach der Identifikation von Sequenzen konzentriert man sich auf die Frage, *wie* eine bestimmte Episode der Narration durch den Sprecher oder den Text ‚erzählt' wird. Diese Vorgehensweise ist zunächst eine bottom-up Strategie, bei der einer bestimmten Episode der Narration Symbole, Slogans, Beispiele, Gegensatzpaare, Akteure, Ereignisse und Deutungsrahmen als Elemente der Geschichte – die die Sequenz inhaltlich definieren – zugeordnet werden. Wie bereits gesagt, nicht jeder Text eines Samples muß alle Episoden enthalten. Die Sinnstrukturen einer Erzählung erschließen sich aus dem Gang und der Struktur des themenbezogenen Diskurses in einem zu bestimmenden historischen Zeitraum, nicht aus dem einzelnen Text. Wird die Untersuchung diskurs*geschichtlich* angelegt, sind beim Aufbau des Analyserasters vorzugsweise Texte zu analysieren, die zeitlich weiter auseinanderliegen, um *mehr* von der Geschichte zu hören, evtl. ist der zunächst gewählte Textkorpus zu erweitern. Diese Vorgehensweise erleichtert jedenfalls die Identifikation der einzelnen Episoden einer Geschichte und ihrer (wechselnden) Plots und Aktanten. Die Untersuchung der narrativen Struktur läßt sich unter Umständen noch verbessern, wenn man das Personal der Narration in die Analyse einbezieht, da Aktanten, als Elemente der narrativen Strukturen, in der narrativen Semiotik als vermittelnde Elemente zwischen der wörtlichen Struktur und der Wertestruktur beschrieben werden (Fiol 1990: 380).

4.2.2 Aktanten als narratives Personal

Narrationen haben, wie Mythen, ihr ‚Personal': Greimas (1970) hat gezeigt, daß Narrationen eine universale Struktur der Aktanten haben. In der narrativen Rede übernehmen Aktanten die Aufgabe der Transformation der Erzählung von der Ausgangssituation bis zu ihrem Ende, sie repräsentieren zugleich aber auch die fundamentale Wertestruktur, die der Narration zugrunde liegt. Zur Analyse der narrativen Struktur kann man sich wiederum heuristisch auf ein Aktantenschema stützen, das die narrative Semiotik bereitstellt.[18] Nach Greimas (1970) gibt es sechs zentrale Rollen. Er unterscheidet den Sender und Empfänger, den Helden und ein Objekt, den Bösewicht und eine Anzahl von Helfern.

Der Sender (destinator) repräsentiert die Quelle der Werte in der Narration. Der Empfänger ist die Zielgruppe der Werte, Regeln und Normen. Das Subjekt oder der Held spielt die zentrale Rolle bei der Realisierung der Werte und Ziele. Das Objekt bezeichnet den Wunsch oder das Ziel, welches vom Subjekt realisiert werden soll. Oftmals entsprechen aber die Ziele des Subjektes nicht den Werten des Senders. Während der Sender stets die eigentlichen Ziele, z. B. die Realisierung des Allgemeinwohles zum Ziel hat, kann das Subjekt durchaus partikulare Ziele verfolgen. Der oder die Helfer helfen dem Subjekt (Held) bei der Realisierung seines Zieles oder dem Bösewicht (Anti-Held) bei deren Verhinderung. Der Bösewicht repräsentiert die negativen Werte oder Bedrohungen für das Gemeinwesen. Durch die Analyse der Aktantenbeziehungen ergeben sich demzufolge Aufschlüsse über zentrale Konflikte und Kommunikationsprobleme zwischen gesellschaftlichen Akteuren und Rollen. Diese formalen Rollen sind nicht mit den konkreten Akteuren zu verwechseln. Konkrete Akteure (dies können auch

[18] Siehe auch Fiol (1990), Donati (1994, 1996) und Titscher/Wodak/Meyer/Vetter (1998).

z. B. Objekte sein, denen bestimmte Kräfte oder Eigenschaften zugeschrieben werden), deren Beziehungen, Eigenschaften und Handlungen müssen erst durch die Analyse der diskursrelevanten Texte identifiziert werden.

Man kann zunächst fragen, wer in der Narration die zentralen Rollen Held (positiv) und Bösewicht (negativ) übernimmt.[19] Dieses Gegensatzpaar ist ein konstitutives Merkmal von Narrationen. Diese beiden Aktantenrollen können allerdings von unterschiedlichen konkreten Akteuren ausgefüllt werden. Hierzu bedarf es bei der Analyse wiederum des Rückgriffs auf die wörtliche Ebene. Um ein Beispiel aus dem themenspezifischen Diskurs über den gesellschaftlichen Umgang mit Verpackungsabfällen zu geben: In der politischen und öffentlichen Auseinandersetzung um die Verabschiedung einer Verpackungsverordnung wurde der ehemalige Umweltminister Töpfer von einer der konkurrierenden Diskurskoalitionen zum ‚Helden' stilisiert, der die Verpackungsindustrie und den Handel (in der negativen Rolle der Antihelden) zum Einlenken gezwungen hat. Beide Aktanten haben in der Regel ‚Helfer'. Die Länder oder das Umweltbundesamt stützen zum Beispiel die Verordnungspläne des Ministers und sind entsprechend als Charaktere in der Rolle des Helfers zu codieren. Zur Identifikation dieser Charaktere ist die Frage hilfreich, wer mit wem und zu welchem Zeitpunkt kooperiert, beziehungsweise, wer gegen wen arbeitet. Weiterhin werden die Rollen *Sender/ Empfänger* verteilt. Im Kontext des Verpackungsmüllproblems kann man sich den *Sender* als Mobilisierer oder Agenda-Setter vorstellen (z. B. die Medien, oder die Bürgerinitiative *Das Bessere Müllkonzept*), also als denjenigen, der auf das Problem aufmerksam macht, und zugleich die eigentlich relevanten Werte vermittelt oder verkörpert (z. B. Schutz der Umwelt und der Gesundheit, asketischere Lebensweise, etc.). Oftmals ist der Autor des Textes auch der Sender. Die *Empfänger* können zum Beispiel die Politik sein, die zum Handeln aufgefordert wird, die Öffentlichkeit oder die Konsumenten, die zum Boykott bestimmter Produkte aufgefordert werden. Schließlich wird ein *Objekt* (Ziel) benannt, das das *Subjekt* (Held) anzustreben oder umzusetzen sucht (z. B. Vermeidung von Verpackungsmüll, Kreislaufwirtschaft, Reform der AG Duales System Deutschland/Grüner Punkt, Sicherung des Standortes Deutschland etc.). Konkrete Akteure können durchaus ‚Doppelrollen' in der Aktantenstruktur einnehmen. Die Analyse von Aktantenrollen ist ein mühsames und zeitaufwendiges Unterfangen. Es kann aber interessante Ergebnisse im Hinblick auf die den Diskursen zugrunde liegenden

[19] Für jeden einzelnen Aktanten läßt sich dann – bezogen auf die jeweilige Episode sowie auch auf die Gesamtgeschichte – nach seinen Eigenschaften (aktiv/passiv), seinen Bewegungen (Erwerb von Fähigkeiten und Wissen zur Veränderung der Situation (kognitiv) und pragmatische Anwendung dieses Wissens) und Beziehungen zu anderen Aktanten (Konfrontation, Kooperation, Wettkampf, Indifferenz) fragen. In der Gesamtschau ist schließlich nach Veränderungen und Brüchen zwischen den Beziehungen zu suchen.

Werte- und Konfliktstrukturen erbringen. Auch lassen sich anhand der Rollenverteilungen Unterschiede in der *Narrativisierung* des Problems herausarbeiten. Geschichten sind immer in Bewegung, greifen Ereignisse und Veränderungen der Beziehungen von Akteuren auf oder bewirken deren Veränderung mit (Sahlins 1986, Fiol 1990). Dies liegt an einem weiteren strukturierenden Element, dem Plot als organisierender Handlungsstruktur.

4.2.3 Plots und Narrativisierung

Der Plot, der die Aktanten in Beziehung setzt, ist das eigentliche Prinzip der Vermittlung zwischen Textoberfläche, der Struktur der Aktanten und der Wertestruktur einer Narration. Die Struktur der Aktanten untersucht man folglich am besten, wenn man den Blick auch auf die raum-zeitliche Entwicklung der Beziehungen zwischen den zentralen Aktanten richtet. Daraus lassen sich Schlüsse auf den Plot, der die Geschichte strukturiert, ziehen. Um beim Beispiel zu bleiben: ökologisch orientierte Kritiker der Verpackungsverordnung bezeichneten Umweltminister Töpfer immer wieder als „Ankündigungsminister". So wurde aus dem erfolgreichen Schmied der Verpackungsverordnung ein scheiternder Held und schließlich gar ein Helfer des Bösewichtes, der stets dem Druck der Industrie nachgibt. Auch die Hersteller und der Handel haben als Sprecher einer konkurrierenden Diskurskoalition versucht, die positive Rolle Töpfers in eine negative Rolle zu verwandeln. Auch sie griffen dabei auf ein kulturell bereits vorhandenes Schema zurück, denn auch die früheren Innenminister Genscher und Zimmermann wurden in den Medien bereits als „Ankündigungsminister" und scheiternde Helden im Kampf gegen den Müll bezeichnet. Aus Sicht der Verpackungsindustrie wird der Held (Töpfer), der eigentlich die Umwelt zu schützen sucht, schließlich zum Anti-Helden, der beim Versuch der Problembewältigung die zentralen Werte der Gesellschaft (Wachstum und Fortschritt) gefährdet. Die Konzeption der Rückgabepflicht in der Verpackungsverordnung drohe den Handel unter einer Müll-Lawine ersticken zu lassen, so deutete ein zentraler Akteur in den Jahren 1989 bis 1991 die Situation vor der Verabschiedung der Verpackungsverordnung. In dieser Narration werden nicht nur die Rollen neu verteilt, ein neuer Plot entfaltet, sondern auch ein neues Realitätsbild vorgeschlagen. Aus dem Bösewicht Handel wird ein von der Müll-Lawine bedrohtes Opfer. Nicht Natur und Gesellschaft gilt es vor der Müllflut zu retten, sondern den Handel vor staatlicher Regulationswut. In diesem Sinne ist der Plot Medium der Reproduktion *und* der Innovation sozialer Strukturen (Ricœur 1991a, dazu Viehöver 1997: 69 ff). Es ist also nicht die formale Aktantenstruktur selbst, sondern deren Konkretisierung und Einbindung in eine narrative Handlungsstruktur (Plot), die der Story eine konkrete Form gibt.

Sie erlaubt den Akteuren, die am Diskurs beteiligt sind, die ständige Neuinterpretation von Ereignissen und Situationen, die Aufnahme neuer Akteure, Ereignisse, Daten und Argumente und deren Verknüpfung mit bestehenden Relationen in der Narration. Narrative Strukturen ermöglichen nicht nur kulturelle Innovationen durch den Gebrauch unkonventioneller Metaphern, Aktantenbeziehungen und narrativer Plots, in die neue Werte eingeflochten werden, sie können auch konservativ gewendet werden, um Forderungen nach Innovation abzuwehren.[20]

4.2.4 Werte- und Argumentstrukturen der Narration

Die Analyse zielt schließlich auf die Identifikation konkurrierender Narrationen. Man kann sich zum Beispiel leicht vorstellen, daß jemand, der die Existenz des Müllproblems bestreitet, die Geschichte anders erzählt, als jemand der Verpackungsmüll als grundlegendes Risiko betrachtet. Ein Problemfeld wird in der Regel durch zwei oder mehrere konkurrierende, klar abgrenzbare Narrationen konstituiert. Da durch das narrative Schema immer eine *spezifische* Problemdefinition kommuniziert wird, stellt sich die Frage, auf welche konkreten Werteoppositionen und Plots in der Narration Bezug genommen wird und welche Akteure die abstrakten Rollen ausfüllen. Nachdem Thema, spezifische rhetorische Mittel, Rahmen, narrative Episoden, Aktanten und Plots, die von einer bestimmten Diskurskoalition verwendet werden, bestimmt sind, lassen sich schließlich die typischen Werte- und Argumentstrukturen der konkurrierenden Narrationen aufzeigen.

---

[20] Es ließe sich weiter fragen, ob es nicht typische Genres (Literaturgattungen) gibt, die die Vielfalt möglicher Plots einschränken. Jacobs (1996: 1245) greift Frye's Unterscheidung von Komödie, Tragödie, Romanze und Ironie auf. In der Komödie ist das generelle Thema die Integration der Gesellschaft. Sie schildert die Entwicklung von einem Typus der Gesellschaft zu einer anderen (z. B. die Wegwerfgesellschaft wird von der Vermeidungsgesellschaft abgelöst), wobei die Helden der Geschichte nur über wenig Kräfte oder Macht verfügen, sich aber dennoch durchsetzen. Die Romanze zeichnet sich durch klare Rollenverteilung von Gut und Böse aus. Beide Seiten verfügen über ein besonderes Machtpotential, aber letztlich siegt der Held über den Anti-Helden. In der Tragödie verfügt der Held zwar über Macht, er ist jedoch von der Gesellschaft isoliert. Trotz moralisch verantwortlichen Handelns des Helden endet die Geschichte in der Katastrophe. In ironischen Texten zeichnet sich der Protagonist (sender) durch Distanz zum Geschehen und durch negative, satirische Schilderungen der Entwicklungen aus. Man könnte nun fragen, ob die zentralen Akteure in öffentlichen Auseinandersetzungen typischerweise auf solche Genres zurückgreifen und ob die Massenmedien diesen Genres wiederum selektive Aufmerksamkeit gewähren. So verliehen bspw. die Umweltakteure ihren Problemnarrationen in den achtziger Jahren Plots, die Anleihen bei den Genres Romanze und Komödie machten; Mitte der neunziger Jahre werden die Plots dagegen eher tragisch. Das Umweltministerium und die Bundesregierung tendierten zur Romanze. Die Wirtschaftsakteure wählten zunächst eher die Tragödie und in den neunziger Jahren die Satire. Es wäre sicherlich eine interessante Aufgabe der Diskursanalyse zu untersuchen, ob Akteure in einem Konfliktfeld und ob Institutionen (wie z. B. Massenmedien) bestimmte Plots bevorzugen.

Die Wertestrukturen – mithin bestimmte aktuelle Moral- und Realitätsauffassungen – können den einzelnen Episoden der Narration zugrunde liegen und sie werden durch die jeweiligen Aktanten und deren Beziehungen repräsentiert (Donati 1996). Wie läßt sich diese Struktur am besten darstellen? Anders als in der narrativen Semiotik üblich (Fiol 1990) gehe ich nicht davon aus, daß sich in Narrationen immer zwei klare Wertgegensätze vom Typus Schwarz/Weiß oder Liebe/Haß identifizieren lassen. Oft sind es mehr als nur zwei Wertgegensätze (Wegwerfgesellschaft vs. Vermeidungsgesellschaft), die durch die narrative Struktur zur Versöhnung gebracht werden. Daher ziehe ich die graphische Darstellung in Form eines *Argumentbaumes* vor, in dem zentrale Rahmen und Wertgegensätze – und ggfs. deren quantitatives Auftreten in einem gegebenen Textkorpus – repräsentiert werden.

Die Struktur des Argumentes wird im wesentlichen durch die Episoden [E_1 bis E_n] der Narration vorgegeben und setzt somit an der Problembeschreibung an. Zunächst werden alle Rahmen, Aktanten und Wertgegensätze betrachtet, die das Problem definieren (Episode E_1). Sie bilden den Ausgangspunkt des zu rekonstruierenden Argumentbaumes. Sofern sich hier gegensätzliche Problemdefinitionen ausweisen lassen, kann dies ein erster Hinweis auf konkurrierende Problemnarrationen sein. *Das Müllproblem ist real* oder aber *das Müllproblem ist eine Fiktion*, wären zwei typische konkurrierende, gegensätzliche Wertepaare. Zu solchen zentralen primären Rahmen (R_1–R_n; z. B. Müllproblem: Realität oder Fiktion) können allerdings, in Bezug auf jede Sequenz der Narration, sekundäre Rahmungen (mit Werteoppositionen) hinzutreten. Sie spezifizieren eine Sequenz und sprechen keine anderen Episoden an (z. B. Verpackungsmüll vs. Bauschutt; Kunststoffverpackungen vs. Weißblech etc.). D. h., auch hierarchische Anordnungen zwischen Rahmen sind möglich.

Die zweite Stufe des Argumentbaumes wird durch die Rahmen, Aktanten oder Wertgegensätze gebildet, die die Ursache des Problems näher bezeichnen (Episode E_2 Problemursache). *Individuelles Profitstreben* bildet bspw. den negativen Gegenwert zur *Gemeinwohlorientierung*. Dies gilt aber nur für die Problemnarration derjenigen Diskurskoalitionen, die für eine Regulierung des Verpackungsmüllproblems durch den Staat eintraten. *Gesundheit* vs. *Krankheit* (Verpackungswahn) ist ein weiteres zentrales Wertepaar, das zur Ursachenbestimmung des Verpackungsmüllproblems benutzt wird. Diese Vorgehensweise läßt sich auch für die weiteren Sequenzen (E_{3-6}) fortführen, so daß sich schließlich ein mehr oder weniger komplexer Argumentbaum ergibt.

5 Schluß

In den vorangegangenen Überlegungen habe ich vorgeschlagen, das Verfahren der Diskursanalyse durch die Einbeziehung narrationstheoretischer Methoden zu erweitern. Dazu wurde zunächst im Anschluß an Herrnstein Smith, Ricœur, Somers ein dynamisches Konzept von Narration vorgestellt, das das Prinzip der *Narrativisierung* – also das Erzählen von Geschichten – als grundlegenden Modus diskursiver Praxis und als *way of worldmaking* (Goodman 1978) beschreibt. Das Erzählen von Narrationen *(Narrativisierung)* ist ein kollektiver, oft konflikthafter, diskursiver Prozeß. Um den Bezugsrahmen einer soziologischen Analyse narrativer Diskurse zu vervollständigen, wurden Erkenntnisse der narrativen Semiotik mit dem soziologischen Konzept der Diskurskoalitionen – Akteursnetzwerke, die *in* oder *zwischen* institutionellen Feldern um die angemessene Problemdefinition und -lösung konkurrieren – verknüpft. Dadurch sollte eine Vorstellung von narrativen Diskursen als freischwebenden Sprachspielen vermieden werden, ohne allerdings behaupten zu wollen, Diskurskoalitionen könnten einen themenspezifischen Diskurs vollständig durch intentionale rhetorische Strategien kontrollieren. Zugleich ist damit die Hoffnung verbunden, Diskursanalyse an das Webersche Programm einer sinnverstehenden und erklärenden Soziologie anschließen zu können, ohne die Vorteile strukturaler Analysen preisgeben zu müssen. Anschließend wurden die Umrisse einer entsprechenden Methodologie und Methode dargestellt. Die Rekonstruktion von Narrationen und ihrer Strukturen ist zum einen hilfreich, um unterschiedliche Problemsichten, die zu einem Zeitpunkt t_1 in einem themenbezogenen Diskurs konkurrieren, herausarbeiten zu können (synchrone Betrachtungsweise). Mittels der Rekonstruktion der Episoden, der Struktur der Aktanten und der Plots der Erzählungen läßt sich genauer bestimmen, wo ideologische Unterschiede zwischen Diskurskoalitionen auszumachen sind. Ziel ist es, Differenzen in der Struktur der *Narrativisierung* und der zugrundeliegenden Rahmen, Argumente und Werte aufzuzeigen, um so typische Problemnarrationen (1–n) zu unterscheiden. Welche Wertgegensätze, Argumente und Rahmen zentral sind und welche hingegen eher situative Bedeutung haben, läßt sich ebenfalls feststellen, wenn man die Wert- und Argumentstrukturen der einzelnen Texte vergleicht und gegebenenfalls, sofern auch eine quantitative Analyse beabsichtigt ist, quantifiziert.

Zum anderen soll die Analyse narrativer Diskurse den Wandel sozialer Praktiken erklären. Sofern die Transformation sozialer Praktiken – z. B. der gesellschaftliche Umgang mit Verpackungsmaterial – das Ziel der Untersuchung ist, ist die synchrone Analyse von narrativen Diskursen nicht hinreichend. Die Frage ist, ob unter bestimmten Bedingungen die *Narrativisierung* von Ereignissen etc. *in* und *durch* Diskurskoalitionen und die selektive Aneignung von (vorhandenen) Narrationen die Ergebnisse sozialen Handelns und (institutioneller) Praktiken und deren Struktureffekte (etwa politische Entscheidungen, neue Institutionen, Praktiken oder Identitäten) erklären helfen. Erst in einer diachronen Betrachtung zeigt sich, ob bestimmte Akteure ihre Wert- und Argumentstruktur erweitern und ob sie Elemente der gegnerischen Position in die eigene Argumentation, ihre Selbst- und Fremdbeschreibungen integrieren oder nicht. Um nochmals auf unser Beispiel Verpackungsmüll zu rekurrieren: Mitte der achtziger Jahre hat die Kunststoffindustrie zwar grundsätzlich die Existenz des Müllproblems akzeptiert und somit Elemente einer konkurrierenden Erzählung übernommen; so wird der Deutungsrahmen, der das *Müllproblem als Fiktion* beschreibt, typischerweise durch einen Deutungsrahmen ersetzt, der das *Müllproblem als ein reales Problem* definiert. In der Folgezeit bestreitet die Kunststoffindustrie aber immer noch die Relevanz des Müllproblems für den Bereich der Kunststoffe oder Getränkeverpackungen. Erst später räumt sie dann auch die Relevanz von Kunststoffverpackungen für die Problematik ein und diskutiert nunmehr über angemessene Problemlösungen. Ursprünglich sekundäre Wertgegensätze (z. B. Kunststoffe vs. Glas) werden also im Verlauf des Diskurses zentral und der Schwerpunkt des Plots verschiebt sich auf eine andere Episode der Narration. In den seltensten Fällen wird es zwischen Akteuren mit konkurrierenden Problemsichten und Lösungsvorstellungen zu einer vollkommenen Angleichung der Narrationen – also zu einem Konsens – kommen. Fehlen jedoch jegliche Interferenzen zwischen akteursspezifischen Narrationen, so kann dies als ein möglicher Hinweis auf Kommunikationsblockaden zwischen den streitenden Gruppierungen gewertet werden. Gleichen sich die Positionen hingegen an, oder werden Positionen der gegnerischen Seite in die eigene Narration eingebaut, so kann dies entweder ein Hinweis auf einen Lernprozeß[21] oder aber die geschickte Übernahme gegnerischer Symboliken sein.

Die weitergehende soziologische Frage ist, ob solche Veränderungen auf die Effekte der in Diskursen konkurrierenden Narrationen zurückgeführt werden können (vgl. dazu Viehöver 2000). Um klären zu können, ob und unter welchen Bedingungen das Erzählen von konkurrierenden Geschichten eine deliberative Funktion haben kann, wäre dann noch einmal genauer zu fragen, wodurch mögliche Struktureffekte ausgelöst werden. D. h. es wäre zu klären, welche (rhetorischen) Elemente/Formen/Plots einer Narration – unter welchen Bedingungen – über deren Resonanz, etwa in der Öffentlichkeit oder in bestimmten (politischen) Institutionen, entscheiden (Hilgartner/Bosk 1988), sich gleichsam ins kollektive Gedächtnis eingravieren (Halbwachs 1991) und so zu einem Machtfaktor werden. Dies zu klären, kann aber, schon aus Raumgründen, nicht Gegenstand dieses Aufsatzes sein.[22]

---

[21] Siehe dazu Eder (1999) mit weiterer Literatur.
[22] Siehe Viehöver (1997, 2000) mit weiteren Überlegungen in dieser Richtung.

Literatur

Barthes, R. (1982): Introduction to the Structural Analysis of Narratives. In: Sontag, S. (Hrsg.), Barthes: Selected Writings. Oxford: Fontana/Collins, S. 251–295 [1966]
Benford, R. D. (1993): Frame Disputes within the Nuclear Disarmament Movement. In: Social Forces, 71, 3, S. 677–701
Bennett, W. L./Edelman, M. (1985): Toward a New Political Narrative. In: Journal of Communication, 35, 4, S. 156–171
Bird, S. E./Dardenne, R. W. (1988): Myth, Chronicle, and Story. Exploring the Narrative Qualities of News. In: Carey, J. (Hrsg.): Media, Myths and Narratives. Television and the Press. London: Sage, S. 67–86
Brand, K.-W./Eder, K./Poferl, A. (1997): Ökologische Kommunikation in Deutschland. Opladen: Westdeutscher Verlag
Burke, P. (1998): Eleganz und Haltung. Die Vielfalt der Kulturgeschichte. Über Selbstbeherrschung, Schabernack, Zensur, den Karneval in Rio und andere menschliche Gewohnheiten. Berlin: Wagenbach
Colby, B. N. (1966): Cultural Patterns in Narrative. In: Science, 151, S. 793–798
Darnton, R. (1975): Writing News and Telling Stories. In: Daedalus, 104, S. 175–194
Donati, P. R. (1992): Political Discourse Analysis. In: Diani, M./Eyerman, R. (Hrsg.): Studying Collective Action. London: Sage, S. 136–167
Donati, P. R. (1994): A primer for political discourse analysis (with an application to Sustainable Development). Florence. Ms. (unveröff.), S. 1–26
Donati, P. R. (1996): From political discourse analysis to the analysis of action and political narrative. Paper delivered at Essex'96, 4th International Social Science Methodology Conference. Florence. Ms. (unveröff.), S. 1–32
Eco, U. (1991): Einführung in die Semiotik. München: UTB für Wissenschaft W. Fink [1972]
Eder, K. (1999): Societies Learn and yet the World is Hard to Change. In: European Journal of Social Theory, 2, 2, S. 195–215
Fine, G. A. (1995): Public narration and group culture: Discerning Discourse in Social Movements. In: Johnston, H./Klandermans, B. (Hrsg.): Social Movements, Protest and Contention. Social Movements and Culture (Bd. 4). Minneapolis: Minnesota Press, S. 127–144
Fiol, C. M. (1990): Narrative Semiotics: Theory, Procedure and Illustration. In: Huff, A. S. (Hrsg.): Mapping strategic thoughts. Chichester: John Wiley & Sons, S. 377–402
Fischer-Rosenthal, W./Rosenthal, G. (1997): Narrationsanalyse biographischer Selbstpräsentation. In: Hitzler, R./Honer, A. (Hrsg.): Sozialwissenschaftliche Hermeneutik. Opladen: Leske + Budrich, S. 133–164
Fisher, W. R. (1984): Narration as a human communication paradigm: the case of public moral argument. In: Communication Monographs, 51, S. 1–22
Fisher, W. R. (1985): The Narrative Paradigm: In the Beginning. In: Journal of Communication, 35, S. 74–89
Foucault, M. (1974): Die Ordnung des Diskurses. München: Hanser

Foucault, M. (1981): Archäologie des Wissens. Frankfurt/Main: Suhrkamp

Gamson, W. A./Croteau, D./Hoynes, W./Sasson, T. (1992): Media Images and the Social Construction of Reality. In: Annual Review of Sociology, 18, S. 373–393

Gamson, W. A./Lasch, K. E. (1983): The political culture of social welfare policy. In: Spiro, S. E./Yuchtman-Yaar, E. (Hrsg.): Evaluating the Welfare State. Social and Political Perspectives. New York, NY: Academic Press, S. 397–415

Gamson, W. A./Modigliani, A. (1987): The changing culture of affirmative action. In: Braungart, R. D./Braungart, M. M. (Hrsg.): Research in Political Sociology, Bd. 3. Greenwich, CT: JAI Press, S. 137–177

Gamson, W. A./Modigliani, A. (1989): Media discourse and public opinion on nuclear power: A constructionist approach. In: American Journal of Sociology, 95, S. 1–37

Geertz, C. (1987): Dichte Beschreibung. Beiträge zum Verstehen kultureller Systeme. Frankfurt/Main: Suhrkamp

Gerhards, J./Neidhardt, F./Rucht, D. (1998): Zwischen Palaver und Diskurs. Strukturen öffentlicher Meinungsbildung am Beispiel der deutschen Diskussion zur Abtreibung. Opladen: Westdeutscher Verlag

Glaser, B. G. (1978): Theoretical Sensitivity. Mill Valley: Sociology Press

Goffman, E. (1974): Frame Analysis. An Essay on the Organization of Experience. New York: Harper/Row

Goodman, N. (1978): Ways of Worldmaking. Indianapolis, IN: Hackett

Greimas, A. J. (1970): Du Sens. Paris: Seuil

Gusfield, J. R. (1981): The Culture of Public Problems: Drinking-Driving and the Symbolic Order. Chicago: University of Chicago Press

Gusfield, J. R. (1989): Introduction. In: Burke, K.: On Symbols and Society. Chicago: University of Chicago Press, S. 1–49

Habermas, J. (1992): Faktizität und Geltung. Beiträge zur Diskurstheorie des Rechts und des demokratischen Rechtsstaats. Frankfurt/Main: Suhrkamp

Hajer, M. A. (1993): Discourse Coalitions and the Institutionalization of Practice: The Case of Acid Rain in Great Britain. In: Fischer, F./Forester, J. (Hrsg.): The Argumentative Turn in Policy Analysis and Planning. Durham: Duke University Press, S. 43–75

Hajer, M. A. (1995): The Politics of Environmental Discourse – Ecological Modernization and the Policy Process. Oxford: Clarendon Press

Halbwachs, M. (1991): Das kollektive Gedächtnis. Frankfurt/Main: Fischer

Herrnstein Smith, B. (1981): Narrative Versions, Narrative Theories. In: Mitchell, W. J. T. (Hrsg.): On Narrative. Chicago: Chicago University Press, S. 208–232

Herz, Th. (1996): Die „Basiserzählung“ und die NS-Vergangenheit. Zur Veränderung der politischen Kultur in Deutschland. In: Ders./Schwab-Trapp, M.: Umkämpfte Vergangenheit. Diskurse über den Nationalsozialismus seit 1945. Opladen: Westdeutscher Verlag, S. 249–265

Hilgartner, S./Bosk, C. L. (1988): The rise and fall of social problems: A public arenas model. In: American Journal of Sociology, 94, S. 53–78

Jacobs, R. N. (1996): Civil Society and Crisis: Culture, Discourse, and the Rodney King Beating. In: American Journal of Sociology, 101, 5, S. 1238–1272

Jäger, S. (1999): Kritische Diskursanalyse. Eine Einführung. Duisburg: DISS
Jenson, J. (1995): What's in a name? Nationalist Movements and public Discourse. In: Johnston, H./Klandermans, B. (Hrsg.): Social Movements, Protest and Contention. Social Movements and Culture (Bd. 4). Minneapolis: Minnesota Press, S. 107–127
Johnston, H. (1995): A Methodology for frame Analysis: From Discourse to Cognitive Schemata. In: Johnston, H./Klandermans, B. (Hrsg.): Social Movements, Protest and Contention. Social Movements and Culture (Bd. 4). Minneapolis: Minnesota Press, S. 217–246
Johnston, H./Klandermans, B. (1995): The Cultural Analysis of Social Movements. In: Dies. (Hrsg.): Social Movements, Protest and Contention. Social Movements and Culture (Bd. 4). Minneapolis: Minnesota Press, S. 3–24
Kaplan, T. K. (1993): Reading Policy Narrative: Beginnings, Middles, and Ends. In: Fischer, F./Forester, J. (Hrsg.): The Argumentative Turn in Policy Analysis and Planning. Durham and London. Duke University Press, S. 166–185
Keller, R. (1997): Diskursanalyse. In: Hitzler, R./Honer, A. (Hrsg.): Sozialwissenschaftliche Hermeneutik. Opladen: Leske + Budrich, S. 309–333
Keller, R. (1998): Die gesellschaftliche Konstruktion des Wertvollen. Ein Vergleich der öffentlichen Debatten über Hausmüll in Frankreich und Deutschland. Opladen: Westdeutscher Verlag
Landau, M. (1984): Human evolution as narrative. In: American Scientist, 72, S. 262–268
Lévi-Strauss, C. (1975): Strukturale Anthropologie II. Frankfurt/Main: Suhrkamp
Lévi-Strauss, C. (1977): Strukturale Anthropologie I. Frankfurt/Main: Suhrkamp
Link, J. (1984): Über ein Modell synchroner Systeme von Kollektivsymbolen sowie seine Rolle bei der Diskurskonstitution. In: Link, J./Wülfing, W. (Hrsg.): Bewegung und Stillstand in Metaphern und Mythen. Fallstudien zum Verhältnis von elementarem Wissen und Literatur im 19. Jahrhundert. Stuttgart: Klett-Cotta, S. 63–92
Lüders, Ch./Meuser, M. (1997): Deutungsmusteranalyse. In: Hitzler, R./Honer, A. (Hrsg.): Sozialwissenschaftliche Hermeneutik. Opladen: Leske + Budrich, S. 309–333
Mayntz, R./Scharpf, F. W. (1995): Der Ansatz des akteurzentrierten Institutionalismus. In: Dies. (Hrsg.): Gesellschaftliche Selbstregelung und politische Steuerung. Frankfurt: Campus, S. 39–73
Pan, Z./Kosicki, G. M. (1993): Framing Analysis: An Approach to News Discourse. In: Political Communication, 10, S. 55–75
Rayfield, J. R. (1972): What is a Story? In: American Anthropologist, 74, S. 1085–1106
Ricœur, P. (1971): The Model of the Text. In: Social Research, 38, 3, S. 529–562
Ricœur, P. (1991a): Myths as a Bearer of Possible Worlds. In: Valdés, M. J. (Hrsg.): Reflection & Imagination. New York: Harvester/Wheatsheaf, S. 482–490
Ricœur, P. (1991b): Metaphor and the Main Problem of Hermeneutics. In: Valdés, M. J. (Hrsg.): Reflection & Imagination. New York: Harvester/Wheatsheaf, S. 303–319
Ricœur, P. (1991c): Narrative Identity. In: Wood, D. (Hrsg.): On Paul Ricœur: Narrative and Interpretation. London: Routledge, S. 188–199
Ricœur, P. (1991d): Greimas's „Narrative Grammar". In: Valdés, M. J. (Hrsg.): Reflection & Imagination. New York: Harvester/Wheatsheaf, 1991d, S. 256–286

Ricœur, P. (1991e): The Creativity of Language. In: Valdés, M. J. (Hrsg.): Reflection & Imagination. New York: Harvester/Wheatsheaf, S. 463–481

Ricœur, P. (1991f): Life: A Story in Search of a Narrator. In: Valdés, M. J. (Hrsg.): Reflection & Imagination. New York: Harvester/Wheatsheaf, S. 425–437

Ricœur, P. (1991g): The Human Experience of Time and Narrative. In: Valdés, M. J. (Hrsg.): Reflection & Imagination. New York: Harvester/Wheatsheaf, S. 99–116

Ricœur, P./Greimas, A. J. (1991): On Narrativity: Debate with A. J. Greimas. In: Valdés, M. J. (Hrsg.): Reflection & Imagination. New York: Harvester/Wheatsheaf, S. 287–299

Rorty, R. (Hrsg.) (1992): The Linguistic Turn: Recent Essays in Philosophical Method. Chicago: Chicago University Press [1967]

Sahlins, M. (1986): Der Tod des Kapitän Cook. Geschichte als Metapher und Mythos in der Frühgeschichte des Königreiches Hawaii. Berlin: Wagenbach

Schöttler, P. (1989): Mentalitäten, Ideologien, Diskurse. Zur sozialgeschichtlichen Thematisierung der „dritten Ebene". In: Lüdtke, A. (Hrsg.): Alltagsgeschichte. Diskussionen und Perspektiven. Zur Rekonstruktion historischer Erfahrungen und Redeweisen. Frankfurt/Main: Suhrkamp, S. 85–136

Schudson, M. (1982): The Politics of narrative form: The Emergence of News Convention in Print and Television. In: Daedalus, 111, 4, S. 97–112

Schwab-Trapp, M. (1996): Narration und politischer Diskurs. Überlegungen zur Transformation politischer Kultur im vereinigten Deutschland. In: Berliner Journal für Soziologie, 1, 6, S. 91–112

Snow, D. A./Benford, R. D. (1988): Ideology, frame resonance, and participant mobilization. In: Klandermans, B./Kriesi, H./Tarrow, B. (Hrsg.): From Structure to Action: Comparing Social Movement Research Across Cultures, Bd. 1, International Social Movement Research. Greenwich, CT: JAI Press, S. 197–217

Somers, M. R. (1992): Narrativity, narrative identity, and social action: Rethinking English working-class formation. In: Social Science History, 16, 4, S. 591–630

Somers, M. R. (1994): The Narrative Constitution of Identity. In: Theory and Society, 23, 5, S. 605–649

Steinberg, M. W. (1998): Tilting the frame: Considerations on collective action framing on a discursive turn. In: Theory and Society, 27, S. 845–872

Strauss, A./Corbin, J. (1996): Grounded Theory: Grundlagen qualitativer Sozialforschung. Weinheim: Beltz

Swidler, A. (1986): Culture in action: symbols and strategies. In: American Sociological Review, 51, S. 273–286

Swidler, A. (1995): Cultural Power and Social Movements. In: Johnston, H./Klandermans, B. (Hrsg.): Social Movements, Protest and Contention. Social Movements and Culture, Bd. 4. Minneapolis: Minnesota Press, S. 25–40

Titscher, S./Wodak, R./Meyer, M./Vetter, E. (1998): Methoden der Textanalyse. Leitfaden und Überblick. Opladen: Westdeutscher Verlag

Van Dijk, T. A. (1988): News as Discourse. Hillsdale, NJ: Lawrence Erlbaum Associates

Viehöver, W. (1997): ‚Ozone thieves‘ and ‚hot house paradise‘. Epistemic communities as cultural entrepreneurs and the reenchantment of the sublunar space. Diss. A. Florence: Europäisches Hochschulinstitut

Viehöver, W. (2000): Political Negotiation and Co-operation in the Shadow of Public Discourse: The Formation of the German Waste Management System DSD as a Case Study. In: European Environment: The Journal of European Environmental Policy, 10, 6, S. 277–292

Viehöver, W. (2002). Steuerungstheoretische Analyse: Verhandlungssysteme und Diskurskoalitionen. In: Brand, K.-W./Göschl, A./Hartleitner, B./Kreibe, S./Pürschel, Ch./Viehöver, W. (Hrsg.): Nachhaltigkeit und abfallpolitische Steuerung. Der Umgang mit Kunststoffabfällen aus dem Verpackungsbereich, Berlin: Analytica, S. 85–169

Viehöver, W. (2003). Die Klimakatastrophe als ein *Mythos* der reflexiven Moderne. In: Claussen, L./Geenen, E./Macama, E. (Hrsg.): Entsetzliche soziale Prozesse. Theorie und Empirie der Katastrophen. Münster: Lit. S. 247–286.

White, H. (1973): Metahistory. The historical Imagination in Nineteenth-Century Europe. Baltimore: The Johns Hopkins University Press

White, H. (1981): The Value of Narrativity in the Representation of Reality. In: Mitchell, W. J. T. (Hrsg.): On Narrative. Chicago and London: The University of Chicago Press, S. 1–23

White, H. (1986): Auch Clio dichtet oder die Fiktion des Faktischen. Studien zur Tropologie des Diskurses. Stuttgart: Klett-Cotta

White, H. (1990): Die Bedeutung der Form. Erzählstrukturen in der Geschichtsschreibung. Frankfurt/Main: Fischer

Diskurs, Kommunikation und Wissenssoziologie[1]

Hubert Knoblauch

1 Übersicht

In den letzten Jahrzehnten hat die deutschsprachige Soziologie eine Wandlung zu dem vollzogen, was – etwas tiefschürfend – kommunikatives Paradigma genannt wird. Besonders die in der Tradition der Wissenssoziologie stehenden theoretischen und empirischen Richtungen stellen den Begriff der Kommunikation bzw. des kommunikativen Handelns in den Mittelpunkt ihrer Arbeiten. Vor dem Hintergrund dieser Entwicklung verdient auch der von Foucault und Lacan eingeführte Begriff des Diskurses eine besondere Beachtung, da er zum einen deutliche wissenssoziologische Züge trägt, zum anderen auf das verweist, was wir als kommunikative Vorgänge bezeichnen können. So umfassend der Diskursbegriff zuweilen auch verwendet wird, so scheint er doch einige Aspekte aufzuweisen, die in der hiesigen Diskussion vernachlässigt werden. Aus diesem Grunde plädiert der Beitrag für eine partielle Verwendung des Diskursbegriffs. Als Pendant zum Begriff des kommunikativen Haushaltes verstehe ich Diskurse als kommunikative Prozesse der Aufrechterhaltung und Veränderung gesellschaftlich relevanter Themen und Formen. Die Analyse solcher Themen ist nicht nur von großer Bedeutung für die Wissenssoziologie, sie kann auch in der Topikanalyse auf eine lange Tradition zurückblicken. In einem kurzen Rückblick wird diese Tradition skizziert und auf ihre Fruchtbarkeit für die Diskursanalyse überprüft.

---

[1] Für Anregungen und Kommentare möchte ich mich bei Bernt Schnettler und den Herausgebern bedanken.

2 Wissenssoziologie und kommunikatives Paradigma

Die zunehmende Durchdringung mit neuen Informations- und Kommunikationstechnologien hat die Soziologie veranlaßt, von der ‚Wissensgesellschaft‘, der ‚Kommunikationsgesellschaft‘ oder der ‚Informationsgesellschaft‘ zu sprechen. In der Tat darf man vermuten, daß sich die gewohnten Verhältnisse von Erfahrung und Wissen, von Handeln und Kommunikation unter dem Einfluß neuer Kommunikationsmedien verändern. Entstammten nämlich die meisten Erfahrungen der meisten Menschen lange Zeit einer ‚kleinen Lebenswelt‘ (Luckmann 1978), so baut sich die Lebenswelt der heutigen Mediennutzer aus vielen multimodalen Erfahrungen technisch vermittelter Kommunikation auf. Darüber hinaus verlagert sich auch der Schwerpunkt der Handlungen von dem Bereich unmittelbaren Wirkens auf einen Bereich, den Schütz/Luckmann (1984: 120) im Anschluß an Mead als sekundäre Wirkzone bezeichnen. Kommunikation, die lange als eine der Quellen der Kultur galt, wird zunehmend zu einem Produktionsfaktor, und Wissen, das als Funktion des subjektiven Bewußtseins galt, wird mehr und mehr zu einem gesellschaftlichen Gut. Auch aufgrund der Ausdifferenzierung gesellschaftlicher Funktionsbereiche, der Enttraditionalisierung und der Pluralisierung der Lebenswelten spielt die Kommunikation eine immer bedeutendere Rolle im Vergleich zu anderen Handlungsformen (vgl. Knoblauch 1996).

Ohne entsprechend plakative Begriffe zu prägen, hat die Wissenssoziologie offenbar schon frühzeitig und sensibel auf diese Entwicklungen reagiert. Bereits seit den siebziger Jahren verfolgt sie den Gedanken einer kommunikativen Wende. Denn einerseits wurde der Begriff der Kommunikation bzw. des kommunikativen Handelns zu einem Schlüsselbegriff einiger bedeutender soziologischer Theorien. Zum anderen wandte sich auch die wissenssoziologische Forschung immer intensiver kommunikativen Prozessen zu. In der Soziologie ist dies keineswegs selbstverständlich. Denn lange Zeit untersuchte die Soziologie das soziale Handeln, das Wirken der Menschen aufeinander und die Interaktion zwischen ihnen, ohne der sprachlichen und kommunikativen Verfassung dieses Handelns besonderes Augenmerk zu schenken. Für Comte wie für Marx, für Weber wie für Durkheim und für Parsons wie für Merton schienen Sprache und Kommunikation wie eine Glasscheibe, durch die man blicken müsse, um das eigentliche soziale Handeln, dessen Strukturen und Ursachen zu erkennen.

Erst in den letzten Jahrzehnten setzt sich zunehmend die Einsicht durch, daß Sprache und Kommunikation wesentlich zum sozialen Handeln gehören. Zwar stellt sich nun heraus, daß insbesondere die amerikanischen Pragmatisten nach der Jahrhundertwende schon die Bedeutung der Kommunikation hervorgehoben hatten. Einen Durchbruch innerhalb der – man sollte betonen: deutschsprachigen – Soziologie erlebte diese Erkenntnis jedoch erst mit dem Ende der 1970er Jahre, als sich zunehmend das durchzusetzen begann, was Habermas (1981 Bd. 1: 518) als *kommunikatives Paradigma* bezeichnet. Habermas sieht im lebensweltlichen kommunikativen Handeln den Kern des nicht von ökonomischen, rechtlichen oder anderen bereichsspezifischen Handlungslogiken geleiteten Sozialen. Auf eine noch abstraktere Weise wird dieser Paradigmenwechsel innerhalb der Systemtheorie von Luhmann (1984) vollzogen. Für Luhmann besteht Gesellschaft gar im wesentlichen aus Kommunikation, und Kommunikation ist deswegen auch der zentrale Begriff der Soziologie. Neben diesen theoretischen Zuwendungen zur Kommunikation beschäftigt sich schließlich auch eine mittlerweile kaum mehr überschaubare Zahl an Forschungsansätzen mit der empirischen Analyse kommunikativer Vorgänge.

Während sich die Theorie mit der Entdeckung der Kommunikation schwer getan hat, wandten sich verschiedene *Forschungsrichtungen* der empirischen Klärung kommunikativer Vorgänge als einer zentralen Form sozialen Handelns zu.[2] Auch wenn die großen Theoretiker das gerne übersehen: die Verschiebung zur Kommunikation wurde mindestens so sehr (und schon früher) von der empirischen Forschung betrieben wie von der Theorie. Dazu gehören vor allem die von Hymes und Gumperz begründete Ethnographie der Kommunikation, die Kontextanalyse nonverbaler Kommunikation, die mit Pike und Birdwhistell einsetzt, die Ethnomethodologie, die Gattungs-, die Konversationsanalyse und die verschiedenen Ansätze sozialwissenschaftlicher Hermeneutik.[3]

Diese Richtungen sind weder der Systemtheorie noch der kritischen Theorie verpflichtet. Sie zeichnen sich durch eine mehr oder weniger ausgesprochene Nähe und Verwandtschaft zur *phänomenologischen Tradition* aus. Zwar muß man einräumen, daß die phänomenologische Tradition in der Soziologie die Auseinandersetzung mit den erwähnten Theorien der Kommunikation bzw. des kommunikativen Handelns nicht gezielt verfolgt hat. Dafür wandte sich diese dem ‚interpretativen Paradigma' (Wilson 1973) folgende Wissenssoziologie (wie sie etwa in der ‚Gesellschaftlichen Konstruktion der Wirklichkeit' von Berger/ Luckmann (1969) formuliert worden war) in zunehmendem Maße der qualitativen Forschung zu. Als Folge dieser Zuwendung verschob sich auch ihre Fragestellung zusehends von der Verteilung des gesellschaftlichen Wissens auf die *kommunikative Vermittlung gesellschaftlichen Wissens.* Das klassische Thema der Wissenssoziologie, nämlich das Bedingungsverhältnis von gesellschaftlichen Wissensformen und Sozialstruktur, wird nunmehr in der Kommunikation verortet: Kommunikativ sind die Vorgänge der Wissensproduktion und -vermitt-

[2] Ich habe diese Entwicklungen ausführlich skizziert in Knoblauch (1995).

[3] Die verschiedenen Forschungsrichtungen werden erläutert in dem von Hitzler/Honer (1997) herausgegebenen Band. Zur Ethnographie der Kommunikation vgl. Hymes (1979).

lung, und in der Kommunikation werden zugleich soziale Strukturen erzeugt und reproduziert. Dabei versteht sich diese Wissenssoziologie in einem strengen Sinne als erfahrungswissenschaftlich. Ihr Gegenstand sind zwar nach wie vor Sinnzusammenhänge, doch legt sie den Schwerpunkt auf die Vorgänge, in denen Sinnzusammenhänge überhaupt erst objektiviert und vermittelt werden. Aus diesem Grund und durch die enge Verbindung mit den empirischen Ansätzen der Ethnomethodologie, der anthropologischen Linguistik und der Ethnographie der Kommunikation wurde der Schwerpunkt auf die Untersuchung der *Sprache im Verwendungszusammenhang* gelegt. Dieser Gegenstand wurde von den zahlreichen empirischen Arbeiten untersucht, die sich aus dieser Tradition heraus speisen und ihrerseits zu eigenständigen Methoden führten, wie etwa der ethnomethodologischen Konversationsanalyse, der Gattungsanalyse, der sozialwissenschaftlichen Hermeneutik, Deutungsmusteranalyse u. a. m. Weil diese wissenssoziologische Fragestellung den Weg in die empirische Forschung ging und das Ziel verfolgte, Wissensvermittlung in actu (also in den kommunikativen Vorgängen selbst) zu untersuchen, blieb allerdings diese Verlagerung theoretisch wenig reflektiert. Ausgenommen hiervon sind die stärker der Hermeneutik verpflichteten Ansätze, die dem ‚performative turn' folgen und die in actu-Realisierung sozialen Handelns unter dem Titel der Inszenierung zu fassen versuchen (Soeffner 1992). Insgesamt ist es aber kaum zu bestreiten, daß sich auch die phänomenologisch orientierte Wissenssoziologie in breiter Front der Erforschung kommunikativer Prozesse verschrieben hat.

3 Diskurs und Diskursanalyse

Vor dem Hintergrund der kommunikativen Wende in der deutschsprachigen Wissenssoziologie wirft der Diskursbegriff eigenartige Schwierigkeiten auf. Dabei sollte zunächst geklärt werden, von welchem Diskursbegriff wir reden. Zum einen gibt es im angelsächsischen Raum verschiedene Linien der ‚discourse analysis', die in der Linguistik entwickelt wurden und sich auf den Verlauf vor allem sprachlicher Kommunikationsprozesse konzentrieren. Weitere Ansätze dazu sind auch aus der Verbindung von Konversationsanalyse und Linguistik,[4] durch die Kombination der linguistischen ‚discourse analysis' mit der linguistischen Anthropologie (Sherzer 1987) oder der Psychologie (Potter 1996) entstanden.[5] Genau betrachtet handelt es sich hier um Forschungsansätze, die man nur unter

[4] So stellt für Hundsnurscher (1992) die ‚dialogue analysis' ein neues Paradigma der Linguistik dar, weil sie sich, im Unterschied zur Sprechakttheorie, mit dialogischen Vorgängen beschäftige.
[5] Vgl. dazu auch den Beitrag von Potter in diesem Band.

dem Vorwurf der schlechten Übersetzung auch im Deutschen als ‚Diskursanalyse' bezeichnen darf. Auf der anderen Seite reden wir von Diskursanalysen, die sich ausdrücklich an die Diskurstheorie anlehnen (vgl. dazu Fairclough 1992). Hier ist zweifellos die Arbeit von Foucault zu verorten. Zwischen beiden Extremen liegt dann das interdisziplinär angelegte, umfassende Konzept der Diskursanalyse von van Dijk (1985), die sich deutlich an den empirischen Kommunikationsprozeßuntersuchungen anlehnt, die kritische Diskursanalyse von Pêcheux (1983) oder Jäger (1999).

Der Klarheit halber soll im folgenden von Diskursanalyse nur mit Bezug auf diejenigen Arbeiten gesprochen werden, die sich auf den Diskursbegriff Foucaults beziehen. Die Gründe dafür liegen auf der Hand: Denn zum einen trägt Foucaults Begriff des Diskurses gerade im hier vorgestellten kommunikativen Paradigma relevante, besonders ausgeprägte und eigenständige wissenssoziologische Züge. Zum zweiten deutet Foucault gerade durch die Wahl des Diskursbegriffes auch die Parallele zur kommunikativen Wende in der deutschsprachigen Wissenssoziologie an. Gerade deswegen aber würde die unbedingte Übernahme des sehr umfassenden Diskursbegriffes in die deutschsprachige Diskussion zu einer Verdoppelung von Fragestellungen (und in empirisch-methodischer Hinsicht auch zu einem Rückschritt) führen. Ich will diese Argumente kurz erläutern.[6]

Der Diskursbegriff ist zweifellos einer der entscheidenden und bleibenden Beiträge Foucaults für eine Sozialwissenschaft, die sich der kommunikativen Konstruiertheit und ihrer soziologisch-machtpolitischen Dimension bewußt ist. Diskurse sind geregelte Verknüpfungen oder Formationen von Aussagen (‚enoncé'), die man auch als Prozesse der Konstruktion von Wirklichkeitsdeutungen verstehen kann. Foucault unterscheidet zwar Diskurse deutlich von nichtdiskursiven (technischen, institutionellen, ökonomischen, sozialen, politischen) Praktiken. Doch selbst die Anspielung auf die Terminologie der Linguistik (insbesondere bei Benveniste) wird von ihm nie so erläutert, daß sie als empirische Methode nachvollziehbar wäre. Gerade deswegen stößt Foucault (wie Habermas in seiner scharfen, von Foucault Zeit seines Lebens ignorierten Kritik bemerkt) immer dann auf Probleme, wenn er erklären soll, „wie das zu verstehen ist, was der geneaologische Geschichtsschreiber tut" (Habermas 1988: 325). Habermas steht mit seiner Kritik an Foucaults Methode der Diskursanalyse keineswegs allein.[7] Bei aller Kritik an der Methode anerkennt aber selbst Habermas die weittragende wissenssoziologische Bedeutung von Foucaults Diskurstheorie. In der Genealogie

[6] Ich stütze mich hier auf Argumente, die ich an anderer Stelle schon formuliert habe; vgl. Knoblauch (2000a).

[7] Auch Honneth (1990: 16) bemerkt, „daß sich im Werk von Foucault zwischen theoretischem Anspruch und materialer Durchführung ständig ein irritierender Widerspruch auftut."

und in der Archäologie zielt Foucault ja auf die Grundbegriffe der Wissenssoziologie: Wissen und Handeln. Allerdings betrachtet er sie nicht als neutrale analytische Konstrukte, wie das in der neueren Wissenssoziologie versucht wird. Worum es Wissen und Handeln geht, ist Macht. Sie verknüpft Wissen und Handeln. Die Machtanalyse Foucaults unterscheidet sich jedoch auch von der wissenssoziologischen Perspektive der kritischen Theorie. Denn Macht ist nicht die Herrschaft einer ökonomischen Klasse über eine andere. Macht ist auch nicht die Folge eines Vertrages. Macht ist gleichsam unentrinnbares Entwicklungs- und Integrationsprinzip von Gesellschaft.

Die Berücksichtigung von Machtprozessen ist zweifellos eine Lehre, die besonders die phänomenologische Wissenssoziologie aus den Arbeiten Foucaults ziehen kann. Zugleich aber erschiene es unangemessen, die gesamte Machttheorie Foucaults zu übernehmen. Ganz abgesehen davon, daß er ihr in seinen letzten Bänden selbst widersagte, könnte man Foucaults Machttheorie als geradezu paranoid ansehen (vgl. Knoblauch 2000a): Macht erscheint aus dieser Perspektive so omnipräsent, daß jede Analyse sich schon a priori als Entlarvung gebärdet. Vor allem aber ist der Begriff der Macht so allgemein, daß er keine analytische Klärung mehr ermöglicht. So anregend dieser überzogene – man könnte auch sagen: universale – Diskursbegriff auch sein mag, scheint es deswegen fruchtbarer, lediglich die für die hiesige Debatte relevanten Aspekte des Foucaultschen Diskursbegriffes zu übernehmen (sofern man Diskursanalyse nicht nur als Klassikerexegese des Werkes von Foucault versteht – oder mißversteht). Ein zweiter Grund für die bloß partielle Übernahme der Foucaultschen Diskurstheorie besteht darin, daß einige der Grundlagenprobleme dieser Theorie in den oben skizzierten Traditionen ausführlich und detailliert behandelt wurden: Die grundlagentheoretische Verbindung von Wissen und Handeln, die Rolle von Sprache und Kommunikation wie auch ihre empirische Analyse (in ‚Diskursen').[8]

Der Beitrag Foucaults zur kommunikationstheoretischen Wende der Wissenssoziologie beschränkt sich indes nicht nur auf die Betonung der Rolle der Macht. Im Unterschied zu den dezidiert empirischen Analysen von Kommunikationsvorgängen, die sich vorwiegend mit mikrosoziologischen Phänomenen beschäftigen, hat sich Foucault auf die Rolle gesamtgesellschaftlicher Prozesse konzentriert. Ihn interessieren großflächige Entwicklungen, die über kleine Lebenswelten hinausgehen. Zugleich hat er sich bei der Untersuchung breiter gesellschaftlicher Phänomene auf Prozesse konzentriert, die sich auch in der leiblichen

[8] Das zeigt sich etwa, wenn man beachtet, was Fairclough (1992: 62 ff) als Beitrag des Diskursbegriffes ansieht: Diskurs erlaube es, Sprachgebrauch als eine Form der sozialen Praxis anzusehen, die zwischen Identität und Sozialstruktur vermittle – eine Erkenntnis, die ja die verschiedenen Kommunikationstheorien schon seit Jahrzehnten vertreten.

Lebenswelt einzelner Menschen widerspiegeln: in ihrer Selbstwahrnehmung, ihren Handlungsweisen und ihrem Denken.

Schließlich hat Foucault auf etwas aufmerksam gemacht, das man ‚historische Sinngenese' nennen könnte: Die gesellschaftlich relevanten Bedeutungen entwickeln sich in einer durch Macht regulierten ‚Ordnung der Diskurse', deren Dynamik sich nicht nur im Sinn ausdrückt, sondern auch im Medium des Sinns ausgetragen wird.[9]

4 Diskurs, Diskursgemeinschaften und kommunikativer Haushalt

Versteht man in diesem Sinne die Foucaultsche Diskursanalyse als einen Beitrag zur gegenwärtigen, kommunikativ gewendeten Wissenssoziologie, dann zeichnet sich der partielle Begriff des Diskurses also durch die im vorangegangenen Abschnitt skizzierten drei Aspekte aus: Macht, methodologische Großflächigkeit und die historische Sinngenese. Aus diesem Blickwinkel betrachtet, kann der Begriff des Diskurses als nützliches Pendant zu dem verstanden werden, was Luckmann (1986) als ‚kommunikativen Haushalt' bezeichnet. Der kommunikative Haushalt bildet das Gesamt der kommunikativen Vorgänge, die von den Mitgliedern einer Gesellschaft vollzogen werden. Dieses Gesamt ist indessen schwer zu erfassen. Das Augenmerk liegt deswegen vor allen Dingen auf jenen kommunikativen Formen, die verfestigt sind. Denn Luckmann geht davon aus, daß diejenigen kommunikativen Vorgänge zu gleichbleibenden Mustern werden, die immer wiederkehrende kommunikative Probleme lösen, die also, um es etwas abstrakter zu formulieren, von gesellschaftlicher Relevanz sind. In diesem Sinne kommt im kommunikativen Haushalt das faktische Relevanzsystem einer Gesellschaft zum Ausdruck: Hier schlagen sich die Interessen typischer einzelner Handelnder, die Funktionen rekurrenter sozialer Interaktionen und auch die Konflikte sozialer Gruppen in kommunikativen Formen nieder. Weil vielen Soziologen der Begriff des kommunikativen Haushaltes zu deskriptiv ist, sollte bemerkt werden, daß es sich tatsächlich um eine Art Beschreibungskategorie handelt, deren Ziel aber darin besteht, Verfestigungen einer Gesellschaft so zu erfassen, daß etwa Vergleiche mit anderen Gesellschaften möglich werden. Wir können dann vergleichen, welche Formen in der religiösen oder politischen Kommunikation auftreten, welche Formen der Kommunikation mit welchen Medien betrieben werden oder auf welche Weise Männer, Frauen oder Pubertierende über bestimmte Themen, etwa Sexualität, reden. So betrachtet könnte man den kommunikativen Haushalt

[9] Sofern wir von einem subjektlosen Ansatz ausgehen, sollte eigentlich genauer von ‚Bedeutung' als von Sinn gesprochen werden.

gleichsam als statische Erfassung gesellschaftlicher Diskurse verstehen, sozusagen als Querschnitt durch die kommunikative Kultur. Bezieht man auf diese Weise den Diskursbegriff mit ein, könnte man tatsächlich auch einige Nachteile des Begriffes des kommunikativen Haushaltes kompensieren. Während nämlich der kommunikative Haushalt statisch synchron einen bestimmten Zeitpunkt zu erfassen sucht, lenkt der Begriff des Diskurses das Augenmerk auf die dynamischen diachronen Kommunikationsprozesse, die für eine Gesellschaft relevant sind.

Auch wenn hier und im folgenden von Diskursen so gesprochen wird, als handelte es sich sozusagen um übersubjektive kollektive Akteure, sollte klargestellt werden, daß der Diskursbegriff ein ‚Konstrukt zweiter Ordnung' (Schütz 1971) darstellt. Auch wenn er sich auf empirisch beobachtbare kommunikative Vorgänge bezieht, so bilden diese von sich aus keine eigenständigen Einheiten. Diskurse werden von wissenschaftlichen Beobachtern gebildet, und aus diesem Grunde ist auch ein klarer Begriff vonnöten, will man die Wissenschaftlichkeit sicherstellen.

Um methodologisch von Nutzen zu sein, muß der Diskursbegriff deswegen noch weiter spezifiziert werden. Versteht man ihn als eine dynamische Ausprägung des kommunikativen Haushaltes, der auch und gerade die Prozesse und Konflikte der gesellschaftlichen Wirklichkeitsdefinition beinhaltet, dann sollten folgende Aspekte von Diskursen unterschieden werden:

a) Diskurse werden in Gestalt typischer *kommunikativer Formen* geführt, die in Diskursgemeinschaften konventionalisiert sind.[10] Freilich umfaßt ein Diskurs in der Regel eine Vielzahl kommunikativer Handlungen der verschiedensten Akteure und Institutionen, mit denen ein bestimmtes Thema auf mehreren Kontextebenen zugleich (für die Beteiligten oder für andere) relevant gemacht wird. Dazu gehören beispielsweise philosophische Abhandlungen, theologische Traktate, Predigten oder Vorlesungen. Konversationen zählen ebenso zum Diskurs wie in Medien stattfindende öffentliche Debatten mit ihren medienspezifischen und gattungsmäßigen Ausprägungen. Diskurse umfassen eine große Anzahl kommunikativer Aktivitäten, sie bedienen sich verschiedenster Kanäle, sie verwenden unterschiedliche Muster und können in verschiedenen Formen der Öffentlichkeit inszeniert werden. Schon aus diesem Grunde bedarf die selektive Auswahl eines Mediums und einer Gattung – wie dies insbesondere im Rahmen einer quasi-inhaltsanalytischen Diskursanalyse häufig schriftlicher Publikationen einer Gattung (z. B. Zeitungsartikel) geschieht –, einer Klärung der Frage, in welchem Verhältnis das

[10] Vgl. dazu Luckmann (1986), Günthner/Knoblauch (1994) und Knoblauch (1995: 289 ff, 306 f).

Sample zur empirischen Vielfalt von Diskursen steht, will Diskursanalyse nicht zu einer vollmundigen Form der Inhaltsanalyse verkommen.[11]

b) Diskurse zeichnen sich durch *typische Inhalte* aus, die in und zwischen Diskursgemeinschaften behandelt werden. In der Diskursanalyse ist deswegen auch beispielsweise von ‚Kriegsdiskursen', ‚Anti-Alkoholdiskursen' oder – etwas abstrakter – von ‚Unterdrückungsdiskursen' die Rede. Genau genommen handelt es sich hier um Themen bzw. Topoi, die in den genannten Formen kommunikativ konstruiert werden bzw. um die ein Komplex kommunikativer Vorgänge inhaltlich kreist. In diesem Sinne sind Diskurse die Prozesse, die die thematischen Relevanzen des kommunikativen Haushaltes prägen. Im Unterschied zu den Relevanzsystemen des gesellschaftlichen Wissensvorrates, die sozusagen indirekt gehoben werden müssen (vgl. Schütz/Luckmann 1979), bleiben die gesellschaftlich relevanten kommunikativen Probleme und ihre konventionalisierten Lösungen nicht ‚latent', etwa als unausgesprochene kulturelle Werte. Wenn wir die kommunikationssoziologische Wende vollziehen, dann müssen wir auch Werte als im Sprechen und Handeln konstruiert ansehen. Denn dann existiert kein Sinn jenseits seiner symbolischen Träger (Wuthnow 1992: 1). Symbolische Träger sind ‚Themen' oder Topoi, die im nächsten Kapitel spezifischer erläutert werden sollen.

c) Diskurse sind jedoch nicht Ausdruck eines sozial Unbewußten, sondern werden von *Diskursgemeinschaften* bezogen. Das bedeutet, daß wir Diskurse als etwas betrachten, das von Akteuren bzw. Institutionen, sozialen Kategorien und Organisationen getragen wird, die ihr soziales Umfeld bzw. ihre diskursive Umgebung bilden. Wie sich in Diskursen soziale Träger artikulieren, so sind Diskursgemeinschaften und ihre ‚Bestandteile' typische Träger von Diskursen. Was Diskursgemeinschaften sind, zeigt sich jedoch nur wiederum im Diskurs selbst, also jener Einheit, die bislang durch kommunikative Formen und feste Themen bestimmt wurde: ihre Typik konstitutiert die soziale Einheit, die als ‚Träger' auftritt, die soziale Einheit aber schafft auch den Diskurs und sich damit als Diskursgemeinschaft. Diskursgemeinschaften dürfen deswegen nicht als soziale Gruppen verstanden werden, da sie miteinander konkurrierende, ja kämpfende Gruppierungen umfassen, die gemeinsam einen Diskurs konstituieren.[12]

d) Zentral ist die Konstellation und die Dynamik der Formen, Inhalte und Träger in und zwischen Diskursgemeinschaften. Gesamtgesellschaftlich relevante

[11] Gerade um das Verhältnis einer Textauswahl zu dem weiteren Feld kommunikativer Vorgänge, die dasselbe Thema behandeln, zu erfassen, ist wiederum der Begriff des kommunikativen Haushaltes von großem Nutzen.

[12] Ein Beispiel dafür ist zweifellos der Nichtraucherdiskurs, den Stiehr (1992) anschaulich rekonstruiert.

Probleme finden gleichsam ihre ‚Artikulation in Diskursen', d. h. Diskurse sind durch das Problem der *Artikulation* direkt an gesellschaftliche Relevanzen gebunden, also sozusagen die Gewichtungen, in denen sich die Machtverhältnisse ausdrücken. Denn

> „wenn kulturelle Produkte ihre sozialen Orte nicht ausreichend artikulieren, werden sie von den möglichen Publika, aus denen diese sozialen Orte zusammengesetzt sind, schnell als unwichtig, unrealistisch, künstlich und viel zu abstrakt angesehen; ihre Hersteller finden dann auch schwer die Unterstützung, um ihre Arbeit fortzusetzen" (Wuthnow 1989: 3).

Die Wissenssoziologie hat die Machtprozesse, in denen dies geschieht, durchaus detailliert beschrieben. Berger/Luckmann (1969) etwa schildern die Nihilierung, Therapierung oder symbolische Stützung, die sich in ihrer Terminologie auf symbolische Sinnwelten und Legitimationen bezieht; in ähnlicher Weise redet Foucault von Praktiken der Diskurskontrolle, mit denen versucht wird, Diskurse zu bändigen, zu verknappen, zu kontrollieren und zu organisieren. Zu den Praktiken der Diskurskontrolle zählen Ausschluß, Verbot, Tabuisierung, Ritualisierung von Redesituationen, Entmündigung der Wahnsinnigen, Grenzziehung zwischen wahr und falsch usw.

Diese Prozesse zu erfassen und die Diskursgemeinschaften zu identifizieren ist das Ziel der Diskursanalyse. Gerade weil es sich um gesamtgesellschaftliche Prozesse handelt, stützt sie sich empirisch einerseits auf die Analyse kommunikativer Formen, wie sie etwa von der Gattungsanalyse, der Konversations- oder verschiedenen linguistisch geprägten Diskursanalysen vorgeschlagen wurde. Von zentraler Bedeutung als Bindeglied zwischen empirischen Artikulationen des Diskurses und seiner gesellschaftlichen und historischen Relevanz ist andererseits der thematische Fokus von Diskursen. Er bildet zwar nur einen Aspekt von Diskursen, erlaubt aber methodologisch ihre Identifikation und Begrenzung. Aus diesem Grunde möchte ich mich im folgenden auf diesen, m. E. bislang zu sehr vernachlässigten Aspekt von Diskursen konzentrieren.

5 Themen als Kerne der Diskurse

Denn so vielfältig die Ausdrucksformen gesellschaftlicher Diskurse sind, so kreisen sie doch um eine begrenzte Zahl thematisch relevant gemachter Probleme, die als Kerne von Diskursen angesehen werden können. Wie können wir diese Kerne aber greifbar machen? Eine bislang unterschätzte Möglichkeit eröffnet Luhmann mit seinem für die Wissenssoziologie höchst bedeutsamem Begriff der Themen.

> „Unter Themen wollen wir bezeichnete, mehr oder weniger unbestimmte und entwicklungsfähige Sinnkomplexe verstehen, über die man reden und gleiche, auch verschiedene Meinung haben kann (...). Solche Themen liegen als Struktur jeder Kommunikation zugrunde, die als Interaktion zwischen mehreren Partnern geführt wird. Sie ermöglichen ein gemeinsames Sichbeziehen auf identischen Sinn und verhindern das Aneinandervorbeireden. (...) Kommunikation setzt mithin außer der gemeinsamen Sprache noch zwei verschiedene Ebenen der Sinnfixierung voraus: die Wahl eines Themas und die Artikulation von Meinungen über dieses Thema; und erst innerhalb dieser Differenz kann die Differenz von übereinstimmenden und nichtübereinstimmenden Meinungen sich konstituieren." (Luhmann 1971: 13)

Später verleiht Luhmann diesem Begriff noch mehr Bedeutung: Was die Gegenstände der Erfahrung sind, das sind ihm nun die Themen für die Kommunikation.

Bei Themen handelt es sich mithin nicht nur um ‚Agendas', also von den Massenmedien in Umlauf gebrachte Themen, die dann auch die öffentliche Meinung beherrschen. Themen sind die Kondensationskerne der gesellschaftlichen Reproduktion von Kommunikation. Themen umschreiben das, was in der Kultur einer Gesellschaft relevant ist, sie sind, so kann man sagen, die in der Kommunikation erzeugten Sinngrenzen. Luhmanns Nähe zu unserem Diskursbegriff als dynamisches Pendant des kommunikativen Haushalts (bzw. der kommunikativen Kultur) wird in der folgenden Definition sehr deutlich. Dort nennt er den „Vorrat möglicher Themen, die für rasche und verständliche Aufnahme in konkreten kommunikativen Prozessen bereitstehen, Kultur", und „Semantik, wenn er speziell für Kommunikationszwecke bereitsteht" (Luhmann 1984: 224). Im Unterschied zum statischen Haushalt aber ‚überdauern' Themen, sie fassen verschiedene Beiträge zu einem länger dauernden oder auch langfristigen Sinnzusammenhang zusammen (ebd.: 213). Themen decken sich also nicht mit der Sprache und der in ihr verankerten Weltansicht, sondern realisieren sich in Kommunikation. Sie definieren in gewissem Sinne das, was für Handelnde thematisch relevant werden kann, indem sie es – und nicht etwas anderes – im Diskurs anbieten.[13] Themen sind deswegen auch nicht nur Makrophänomene. Sie werden „in der Interaktion konkret (...) gewählt" (ebd.: 571).

Dieser Begriff des Themas erweist sich vor allem empirisch als sehr anschlußfähig. Die Anschlußfähigkeit gründet jedoch weniger im Begriff der (binä-

[13] Zur thematischen Relevanz vgl. Schütz/Luckmann (1979: 229ff). Allerdings kann das Problem der Anschließbarkeit kommunikativer Themen an Handlungsrelevanzen hier nicht erörtert werden.

ren) Semantik, auch wenn etwa Wuthnow (1992: 5) vorschlägt, zentrale Themen von Diskursen durch Abstraktion in Gestalt binärer Begriffspaare (oder einer Semantik) zu bestimmen. Blickt man auf Luhmanns Bestimmungsmerkmale der Themen, dann liegt der Vergleich zur Topik näher.[14]

6 Topik und Soziologie

Auch wenn die Analyse von Topoi – im Lateinischen unter dem Begriff der *loci* – weitgehend in den Geisteswissenschaften behandelt wird, so weisen sie doch von Anfang an eine deutlich soziale Dimension auf. Schon Aristoteles stellt eine Verbindung zwischen Topik und sozialen Gruppierungen her, denn die wahrscheinlichen Sätze der Topik seien diejenigen, so Aristoteles, die „allen oder den Meisten oder den Weisen wahr scheinen" (Aristoteles 1968: 100). Diese Verbindung wird auch von Pöggeler betont, der hervorhebt, daß für die neuere Topik-Diskussion (und im Unterschied zur Aristotelischen Trennung von Rhetorik und Topik) das Wahrscheinliche immer „ein Wahrscheinliches für eine Gruppe" (Pöggeler 1981: 98) sei. Die Geltung von Topoi bezieht sich also auf einen Personenkreis: auf das Für-wahr-Gehaltene, das Für-wirklich-Gehaltene und damit auf einen Wissensbestand, den eine soziale Gruppierung teilt.

Zuweilen wird auch ein legitimatorisches Element betont. So versteht Cicero unter den Loci gesellschaftlich bedeutungsvolle politische Ideale, die sich zur Steigerung öffentlicher Reden eigneten: „Loci, wie die über die unsterblichen Götter, (...) über die Freundschaft, über das gemeinsame Recht des Bürgers, der Menschen und der Völker, (...) über die Seelengröße (...)" usw.[15] Entsprechend kann auch Bornscheuer (1976: 21) folgern, Topik sei „die Substanz der herrschenden Meinungen". Hervorzuheben ist, daß der Topos-Begriff berücksichtigt, daß sich das ‚Wahrscheinliche' nach sozialen Gruppen, Institutionen und sozialen Kategorien unterscheidet, also sozial ‚differenziert' ist.

In der deutschsprachigen Soziologie taucht der Toposbegriff Ende der 1950er Jahre auf. So bezeichnet Gehlen (1986: 71) Topoi als ‚Routineformen' und Gewohnheiten des Denkens, Fühlens und Wollens, als „stereotype Elemente in Form und Inhalt", die im Zusammenhang von Übernommenem, Überkommenem und Konstruiertem stehen, also kurz: mit der Tradition, die die Einbildung in der Wahrnehmung lenkt. Gehlen vertritt damit zwar einen Topos-Begriff, der sich nachgerade – um einen Begriff von Habermas zu verwenden – als ‚bewußtseinsphilosophisch' bezeichnen läßt, weil er die Topoi im Subjekt ansiedelt. Die

[14] Zum Zusammenhang von Wissenssoziologie und Topik vgl. Knoblauch (2000b).
[15] Zitiert nach Plett (1981: 317).

hier bedeutsame kommunikative Ausprägung der Topoi, die Gehlen vernachlässigt, wurde in einer anderen Linie untersucht, die sich an die Vorstellungen des Literaturwissenschaftlers Curtius anlehnt. Ähnlich wie schon Cicero versteht Curtius unter Topoi feststehende Redeweisen, konstante Motive, verfügbare und stereotype Denkmodelle sowie Klischees. Curtius konzentrierte sich auf Topoi als grundlegende Sinneinheiten der Literatur, deren Beharrlichkeit die Kontinuität der Literatur sichern.[16] Es überrascht nicht, daß gerade dieser – theoretisch engere, dafür aber besser operationalisierbare – Begriff in einigen empirischen soziologischen Untersuchungen Anwendung fand. Hervorzuheben ist dabei insbesondere die berühmte Untersuchung von Popitz/Bahrdt/Jüres/Kesting (1957) über das Gesellschaftsbild des Arbeiters. Popitz und vor allem sein Mitarbeiter Kesting stellten bei ihren Interviews mit Arbeitern fest, daß nicht nur immer wieder dieselben Themen auftauchen; die Interviewaussagen weisen überdies „eine Gleichförmigkeit [auf], die bis in die Formulierungen hineinreicht" (ebd.: 82). Ein Vergleich der Protokolle verschiedener Interviews zeigt, daß die Stereotypik der Vorstellungen und der häufige Gebrauch von gleichlautenden Wendungen und sogar von Sprachhülsen aller Art auf die Befragten selbst zurückgeht. Popitz und seine Mitarbeiter kamen deswegen zum Schluß, es gebe einen relativ fest umrissenen Bestand von Vorstellungen, Gesichtspunkten und Thesen, der den Arbeitern gemeinsam zur Verfügung steht und auf den sie bei den Antworten zurückgreifen. Diesen Bestand nannten sie *soziale Topik*. Diese Topik wies in ihren Augen zwei Besonderheiten auf: Sie sei einerseits unabhängig von der individuellen Meinung der Person, die die Aussage macht. Und zum zweiten sei sie an die jeweilige soziale Gruppe gebunden, d. h. daß sich

> „die verschiedenen sozialen Gruppen – zum Teil wenigstens – sehr verschiedener Topoi [bedienen]. Die Angestellten eines Großunternehmens verwenden bereits in entscheidenden Punkten eine andere Topik als die Arbeiter desselben Werks. Ganz zu schweigen von einer von den Arbeitern so verschiedenen sozialen Gruppe wie etwa kleinbürgerlichen Einzelwarenhändlern. Jede Topik, d. h. der Gesamtbestand verfügbarer Topoi, hat ihren sozialen Ort, an dem sie sich (…) als sinnvoll erweist. In diesem Sinn reden wir von *sozialer Topik*. Es lassen sich für jede soziale Gruppe ganze Kataloge von Topoi aufstellen, die für diese Gruppe spezifisch sind."[17]

[16] Vgl. Curtius (1993: 17). Beispiele sind die Topoi der Unsagbarkeit, der Bescheidenheit, das Lob der Vorfahren oder das Puer-senex-Motiv (‚jung an Jahren, alt an Weisheit').

[17] Popitz/Bahrdt/Jüres/Kesting (1957: 81–88, 83 f). Die Topoi ‚Arbeitslosigkeit' und ‚technischer Fortschritt', die auf eine schier fatalistische Weise miteinander verbunden sind, geben das Selbst- und Wirklichkeitsverständnis der Arbeiter wieder. Dieses enthält auch in besten Zeiten immer die Arbeitslosigkeit als Möglichkeit, als mögliches Massenschicksal, so daß sich Arbeiter infolgedessen

Für Popitz u. a. stellt ein Topos den Niederschlag kollektiver Erfahrungen dar, die eine Orientierungsfunktion für die Handelnden in der Wirklichkeit haben; sie sind also an die Interessen der Arbeiter gebunden.[18] Halten wir also fest: Im Unterschied zum Topik-Begriff Gehlens bezieht sich dieser *soziologische Topos-Begriff* zum einen auf kollektive Erfahrungen, sie sind also grundlegend sozial. Und zum zweiten sind Topoi nicht auf das Denken, Fühlen oder Wollen beschränkt, sondern drücken sich in der Sprache aus: Topoi sind ‚sprachlich festgelegte Formeln, Sprachhülsen oder Klischees'.

Trotz der breiten Rezeption dieser Untersuchung findet der Topos-Begriff danach in der Soziologie nur gelegentlich wieder Verwendung, und wenn, dann dominiert die von Curtius geprägte Vorstellung. Oskar Negt (1981) etwa betrachtet in einer theoretischen Arbeit Topoi als ‚traditionelle überlieferte und verdinglichte Deutungsmodelle', als ‚Kleininstitutionen des Redens'. Auf der Grundlage einer Analyse moderner Medienkommunikation bezeichnet Dieter Prokop (1979) Topoi als ‚Ausdruck gruppenspezifischer Werte', die sowohl ‚rationale, realitätsflüchtige Erfahrungskerne' wie auch stereotype Elemente beinhalten. Topoi, so Prokop, leiten zum einen die Rezeption der Medienkonsumenten und sind so gleichsam Orientierungspunkte und Einfallstore der Rezipienten für die Medienproduzenten. Diesen Topos-Begriff nimmt auch Radtke wieder auf. In seiner Untersuchung darüber, wie Lehrer, Schulpsychologen u. ä. das Verhalten von Schülern erklären, beobachtet er ein hohes Maß an topischem Wissen, das für den Berufsstand und seinen Wissenskanon typisch sei. Es zeige sich,

> „daß die Aussagen von Schulpsychologen über Erziehungsschwierigkeiten genau jene verbreiteten und mehr oder weniger allgemein geteilten Denkkonventionen enthalten, wie sie in den gängigsten wissenschaftlichen Theorien und deren populärwissenschaftlichen Aufbereitungen angeboten werden" (Radtke 1983: 42).

Am deutlichsten ausformuliert findet sich der Topos-Begriff indessen bei der Soziolinguistin Uta Quasthoff (1973). Sie faßt Topoi als Oberbegriff für Stereotypen. In ihren empirischen Untersuchungen alltagssprachlicher Konversationen bezeichnet sie Stereotypen als diejenigen Topoi, die sich auf soziale Gruppen beziehen. Wie Topoi teilen sie die Funktion der ‚Orientierung in der komplexen Welt'; darüber hinaus stärken sie die Solidarität der Gruppe und dienen zur Orientierung von Handlungen. Zwar erfüllten Topoi damit dieselbe Funktion wie Stereotype, doch unterscheidet sie Stereotype, Clichées, Sprichwörter und anderes von so-

---

nie in Sicherheit wiegen können. Der Topos ‚Arbeitslosigkeit' ist also mit einem fatalistischen Geschichtsbild verknüpft.

[18] Das zeigt sich etwa an dem Topos, der technischen Fortschritt mit Arbeitslosigkeit verbindet.

zialen Topoi. Allerdings muß betont werden, daß dieselben Topoi in den verschiedensten kommunikativen Formen auftreten können – gerade darin besteht ja auch ihre Anschlußfähigkeit an den Diskursbegriff.[19] Sie können kondensiert in Sprichwörtern oder Redewendungen enthalten sein (‚Jeder ist seines Glückes Schmied'), aber auch ganze Abhandlungen, Diskussionen oder sogar langfristige öffentliche Debatten prägen (wie etwa die Neoliberalismus-Debatte der letzten zwei Jahrzehnte, die das Thema der Eigenverantwortung diskursiv behandelte).

Auch wenn die Toposforschung sehr uneinheitlich ist, bietet ihre empirische Breite doch einen fruchtbaren Anknüpfungspunkt für diskursanalytische Fragestellungen. Zu diesem Zwecke muß der Begriff jedoch geklärt werden: Topos soll deswegen als Oberbegriff für die unterschiedlichen kommunikativen Formen – von Stereotypen, Formeln und Slogans bis zu ikonographischen Motiven oder rituell-performativen Mustern – gelten. Dadurch unterscheidet er sich auch vom Begriff des Deutungsmusters.[20] Denn Topoi bilden keine ‚Tiefenstruktur'; vielmehr handelt es sich um kommunikative Ausdrucksformen, die in unterschiedlichen Gestalten verfestigt, ähnliche Inhalte aufweisen. Empirisch lassen sich Topoi deswegen als semantisch rekurrente Einheiten identifizieren, die unterschiedliche, aber verfestigte Formen annehmen. Die Grundlage einer Erhebung ist dabei der Vergleich. Dabei sollte empirisch besonders darauf geachtet werden, daß sich Topoi zwar in unterschiedlichen Mustern und Gattungen verdichten, diese aber je nach Kontext anders ausfallen können. Schon deswegen ist für den Vergleich die Eingrenzung des Kontextes der Erhebung (der ja nicht identisch ist mit dem Diskurs) notwendig – und damit eine Einordnung in den kommunikativen Haushalt. Um ein Beispiel zu geben: Das Millennium bildete einen unübersehbaren Topos in der Kommunikation vor dem Jahre 2000. Bei näherer Betrachtung zeigte es sich jedoch, daß lediglich die Medien Träger dieses Diskurses waren, in dem apokalyptische Ängste in der Bevölkerung einen Topos bildeten. Bei einer gleichzeitigen Erhebung anderer kommunikativer Kontexte (durch Interviews und Umfragen) zeigte es sich indessen, daß dieser Topos außerhalb der Medien eine geringe Rolle spielte.[21]

---

[19] Ich selbst habe das – mit Bezug auf den Diskursbegriff – am Beispiel der Debatte um den Golfkrieg aufzuzeigen versucht (vgl. Knoblauch 1995: 275–295).

[20] So kann man den Arminius-Kult auch als einen ikonographischen Topos im Diskurs des deutschen Nationalismus analysieren. Die Unterschiede zwischen Topoi und Deutungsmuster sind genauer erläutert in Knoblauch (2000b).

[21] Nähere Angaben dazu in Knoblauch/Schnettler (2000).

7 Schluß: Topik und Diskurse

Versucht man die durchaus disparaten Aspekte des Toposbegriffes zusammenzuführen, so könnte man sagen, daß es sich bei Topoi gewissermaßen um die thematischen Routinen der Kommunikation handelt. Topoi haben eine ausgeprägt soziale Dimension, denn sie bilden sich in bestimmten Sprach- und Kommunikationsgemeinschaften, in sozialen Milieus oder Situationen aus. Sie stellen damit nicht nur Routinen der Kommunikation dar, die die wechselseitigen Handlungen zeitlich koordinieren. Man kann sie geradezu als die habitualisierten thematischen Kristallisationen im Verwendungszusammenhang von Kommunikation ansehen. Habitualität ist tatsächlich ein Merkmal der kommunikativen Praxis, das sich in Gestalt von Typik (empirisch in Rekurrenz) äußert. Neben *Habitualität* und *Sozialität* zeichnen sich Topoi auch durch *Historizität* aus. Das bedeutet, daß Topoi keineswegs von der subjektiven Erfahrung auferlegte thematische Relevanzen darstellen (müssen). Vielmehr werden Topoi kulturell (und natürlich hauptsächlich kommunikativ) tradiert, so daß sie auch die Erfahrungen, Einstellungen und Interessen historisch gebildeter sozialer Gruppen, deren Konflikte und ihre Machtverhältnisse zum Ausdruck bringen. Topoi bestimmen, was wichtig ist. Wer die Topoi bestimmt, lenkt deswegen die gesellschaftliche Aufmerksamkeit bzw. das Relevanzsystem. Man könnte diese topische Macht auch als Form der Hegemonie verstehen. Denn Hegemonie bedeutet, daß die Wirklichkeitswahrnehmung durch eine gesellschaftliche Gruppe definiert wird, ohne andere Gruppen auszuschließen (Laitin 1986: 105). Andere Gruppen werden einbezogen und teilen diese Wirklichkeit, eben weil sie im Diskurs konstruiert und damit ‚realisiert' wird.

Ich möchte aber dem Mißverständnis vorbeugen, Topoi mit Diskursen zu identifizieren. Vertritt man einen spezifischen Diskursbegriff, wie er oben skizziert wurde, dann gibt es durchaus mehrere Gründe, die Topikanalyse als ein Instrument der Diskursanalyse zu betrachten. Zum einen lassen sich Topoi auf eine nachvollziehbarere Weise empirisch operationalisieren als Diskurse. Zum zweiten eröffnet die Topikanalyse eine keineswegs geschlossene Forschungstradition, die gerade für die historisch ausgerichtete Diskursanalyse fruchtbar sein kann. Und schließlich ist die wissenssoziologische Relevanz von Topoi gerade aus der Perspektive der Diskurstheorie kaum zu übersehen.

Durch diese wissenssoziologische Perspektive erscheint andererseits die Verbindung mit dem Diskursbegriff auch für die Topik höchst fruchtbar. Denn macht es überhaupt Sinn, von Topoi zu sprechen, ohne auf einen historischen und sozialen Zusammenhang zu rekurrieren, in dem Topoi entwickelt, gebildet und verändert werden? Gerade der Diskursbegriff lenkt das Augenmerk auf diese dynamischen sozialen Prozesse, ohne sie von den Diskursen zu trennen: Diskursgemeinschaften sind ja keine sozialen Strukturen, die jenseits der Diskurse existieren. Sie bestehen vielmehr (wenn auch nicht, wie gegen manche Foucault-Interpreten eingewandt werden muß, ausschließlich) aus Kommunikation, und ihre Gemeinsamkeit zeichnet sich aus durch die geteilte Topik, die habituell geteilten, sozial reproduzierten und historisch tradierten thematischen Relevanzen, die ihre Wirklichkeitskonstruktionen steuern und die Gewichtungen für ihre Handlungen festlegen.

Literatur

Aristoteles (1968): Topik (Organon V). Hamburg: Meiner

Berger, P. L./Luckmann, T. (1969): Die gesellschaftliche Konstruktion der Wirklichkeit. Frankfurt/Main: Fischer

Bornscheuer, L. (1976): Topik. Zur Struktur der gesellschaftlichen Einbildungskraft. Frankfurt/Main: Suhrkamp

Curtius, E. R. (1993): Europäische Literatur und lateinisches Mittelalter. Tübingen: Francke [1961]

Fairclough, N. (1992): Discourse and Social Change. Cambridge: Polity Press

Gehlen, A. (1986): Urmensch und Spätkultur. Wiesbaden: Aula

Günthner, S./Knoblauch, H. (1994): „Forms are the food of faith". Gattungen als Muster kommunikativen Handelns. In: Kölner Zeitschrift für Soziologie und Sozialpsychologie, 4, S. 693–723

Habermas, J. (1981): Theorie des kommunikativen Handelns. 2 Bde. Frankfurt/Main: Suhrkamp

Habermas, J. (1988): Der philosophische Diskurs der Moderne. Zwölf Vorlesungen. Frankfurt/Main: Suhrkamp

Hitzler, R./Honer, A. (Hrsg.) (1997): Sozialwissenschaftliche Hermeneutik. Opladen: Leske + Budrich

Honneth, A. (1990): Einleitung: Zur philosophisch-soziologischen Diskussion um Michel Foucault. In: Erdmann, E./Forst, R./Honneth, A. (Hrsg.): Ethos der Moderne: Foucaults Kritik der Aufklärung. Frankfurt/Main: Campus, S. 11–34

Hundsnurscher, F. (1992): Does a dialogic view of language amount to a paradigm change in linguistics: Language as dialogue. In: Stati, S./Weigand, E. (Hrsg.): Methodologie der Dialoganalyse. Tübingen: Niemeyer, S. 1–14

Hymes, D. (1979): Soziolinguistik. Zur Ethnographie der Kommunikation. Frankfurt/Main: Suhrkamp

Jäger, S. (1999): Kritische Diskursanalyse. Eine Einführung. Duisburg: DISS

Knoblauch, H. (1995): Kommunikationskultur. Die kommunikative Konstruktion kultureller Kontexte. Berlin: De Gruyter

Knoblauch, H. (1996): Kommunikative Lebenswelt. Ethnographien einer geschwätzigen Gesellschaft. Konstanz: UVK

Knoblauch, H. (2000a): Der Krieg, der Diskurs und die Paranoia der Macht. Michel Foucaults Verteidigung der Gesellschaft. In: Soziologische Revue, 23, S. 263–268

Knoblauch, H. (2000b): Topik und Soziologie. In: Schirren, T./Ueding, G. (Hrsg.): Topik und Rhetorik. Ein interdisziplinäres Symposium. Tübingen: Niemeyer, S. 651–668

Knoblauch, H./Schnettler, B. (2000): „Die Apokalypse findet nicht statt. Prophetische Zukunftsvisionen zum Ende des Jahrtausends in Deutschland". In: Baumunk, B.-M./Thimme, E. M. (Hrsg.): Sieben Hügel. Bilder und Zeichen des 21. Jahrhunderts. Band V: Glauben. Berlin: Henschel-Verlag, S. 26–30

Laitin, D. D. (1986): Hegemony and Culture. Chicago: Chicago University Press

Luckmann, B. (1978): The small life-worlds of modern man. In: Luckmann, T. (Hrsg.): Phenomenology and Sociology. Harmondsworth: Penguin, S. 275–290

Luckmann, T. (1986): Grundformen der gesellschaftlichen Vermittlung des Wissens: Kommunikative Gattungen. In: Neidhardt, F./Lepsius, M./Weiß, J. (Hrsg.): Kultur und Gesellschaft. Sonderheft 27 der Kölner Zeitschrift für Soziologie und Soziapsychologie. Opladen: Westdeutscher Verlag, S. 191–211

Luhmann, N. (1971): Öffentliche Meinung. In: Ders.: Politische Planung. Aufsätze zur Soziologie von Politik und Verwaltung. Opladen: Westdeutscher Verlag, S. 9–34

Luhmann, N. (1984): Soziale Systeme. Grundriß einer allgemeinen Theorie. Frankfurt/Main: Suhrkamp

Negt, O. (1981): Soziologische Phantasie und exemplarisches Lernen. Zur Theorie und Praxis der Arbeiterbildung (2. Aufl.). Frankfurt/Main: EVA

Pêcheux, M. (1983): Sur les contextes épistemologiques de l'analyse de discours. In: Mots, 9, S. 7–17

Plett, H. F. (1981): Topik und Memoria. In: Breuer, D. (Hrsg.): Topik. Beiträge zur interdisziplinären Diskussion. München: Fink, S. 307–333

Pöggeler, O. (1981): Topik und Philosophie. In: Breuer, D. (Hrsg.): Topik. Beiträge zur interdisziplinären Diskussion. München: Fink, S. 95–123

Popitz, H./Bahrdt, H. P./Jüres, E. A./Kesting, H. (1957): Das Gesellschaftsbild des Arbeiters. Soziologische Untersuchungen in der Hüttenindustrie. Tübingen: Mohr

Potter, J. (1996): Representing Reality. Discourse, Rhetoric and Social Construction. London: Sage

Prokop, D. (1979): Faszination und Langweile. Die populären Medien. Stuttgart: Enke

Quasthoff, U. (1973): Soziales Vorurteil und Kommunikation. Frankfurt/Main: Athenäum

Radtke, F.-O. (1983): Pädagogische Konventionen. Zur Topik eines Berufsstandes. Weinheim: Beltz

Schütz, A. (1971): Wissenschaftliche Interpretation und Alltagsverständnis menschlichen Handelns. In: Ders.: Gesammelte Aufsätze I: Das Problem der sozialen Wirklichkeit. Den Haag: Nijhoff, S. 3–54

Schütz, A./Luckmann, T. (1979): Strukturen der Lebenswelt I. Frankfurt/Main: Suhrkamp

Schütz, A./Luckmann, T. (1984): Strukturen der Lebenswelt II. Frankfurt/Main: Suhrkamp

Sherzer, J. (1987): A discourse-centered approach to language and culture. In: American Anthropologist, 89, 2, S. 295–307

Soeffner, H.-G. (1992): Die Ordnung der Rituale. Frankfurt/Main: Suhrkamp

Stiehr, K. (1992): Risikokonflikte und der Streit um das Rauchen. Wiesbaden: Deutscher Universitäts Verlag

Van Dijk, T. (Hrsg.) (1985): Handbook of Discourse Analysis. 4 Bde. London: Academic Press

Wilson, T. P. (1973): Der methodologische Standort des symbolischen Interaktionismus. In: Arbeitsgruppe Bielefelder Soziologen (Hrsg.): Alltagswissen, Interaktion und gesellschaftliche Wirklichkeit. Hamburg: Rowohlt, S. 54–80

Wuthnow, R. (1989): Communities of Discourse. Ideology and Social Structure in the Reformation, the Enlightenment, and European Socialism. Cambridge/Mass.: Harvard University Press

Wuthnow, R. (1992): Rediscovering the Sacred. Grand Rapids: Erdmans

Differenz und Integration

Zur diskursanalytischen Rekonstruktion der Regelstrukturen sozialer Wirklichkeit

Hannelore Bublitz

> „Was aber, wenn empirisches Wissen zu einer gegebenen Zeit und innerhalb einer gegebenen Kultur wirklich eine wohldefinierte Regelmäßigkeit besäße?“ (Foucault 1971: 9)

Einleitung: Methodologische und theoriepolitische Entscheidungen

Die folgenden Überlegungen machen in Erweiterung einer sprachtheoretischen Vorgehensweise von Diskurs- als Textanalyse die sozialwissenschaftliche Perspektive des diskursanalytischen Verfahrens geltend.[1] Dabei erscheint es mir unabdingbar, die methodologischen und theoriepolitischen Entscheidungen deutlich zu machen, die einer Anwendung vorausgehen müssen. Ich werde daher im folgenden einige Annahmen und Voraussetzungen formulieren, die der Diskursanalyse als sozialwissenschaftlichem Verfahren der Rekonstruktion gesellschaftlicher Regelhaftigkeiten zugrunde liegen. Es geht um das Verhältnis von Diskurstheorie, Diskursanalyse und Gesellschaftstheorie, das durch Diskurse als zentrale Elemente der symbolischen Ordnung sozialer Wirklichkeit(en) gestiftet wird. Diskurse bilden demnach Praktiken, die im sozialen Leben den Status objektiver Wahrheiten und der Faktizität sozialer Tatsachen annehmen. Aus dieser Perspektive der diskursiven Produktion gesellschaftlicher Bedeutungs- und Ordnungssysteme erscheint die Diskurstheorie als Gesellschaftstheorie, die Differenzierungsprozesse mit Imperativen der Machtsteigerung verknüpft. In der historischen Rekonstruktion der Regeln, nach denen moderne Gesellschaften sich selbst erzeugen, werden, in der Verschränkung von Regulierungsprozessen der Gesamtgesellschaft mit Arten und Weisen der Subjektkonstitution, Kräfte sichtbar, denen es gelingt, das Subjekt und den Körper sowohl gefügig als auch nutzbar zu machen und sie gleichzeitig in einen biologischen Gesamtprozeß einzugliedern.

Soziale Wirklichkeit erscheint diskurstheoretisch als Verselbständigung konstruktiver Prozesse. Sie stellt sich als eine Sache des Entwurfs dar, nicht als natürlich oder metaphysisch Gegebenes, ein für allemal Unverrückbares. Ihre spezifische Qualität beruht auf einem soziologischen Wirklichkeitskriterium: Auszugehen ist von einer Objektivität des Sozialen, die als Artikulation einer Wirkmächtigkeit von Diskursen zu verstehen ist. Soziale Ordnung erscheint so als (Selbst-)Entwurf des Menschen, der immer wieder zur Disposition gestellt wird

---

[1] Zur Abgrenzung der sprachtheoretischen Verwendung des Diskursbegriffs als „sprachförmige[r] Interaktion und institutionalisierte[r] Form der Textproduktion von einer wissenssoziologischen Perspektivierung der Diskursanalyse und deren Fokussierung auf Diskurse als *spezifische, gesellschaftlich ausdifferenzierte Formen der Wissensproduktion*“ (Keller 1997: 312, vgl. ebd.: insbes. 310 ff; hier auch die Einbettung der Verwendung des Diskursbegriffs in verschiedene Traditionslinien; zur Rezeption des Diskursbegriffs in der Tradition des französischen (Post)Strukturalismus vgl. auch Dosse 1996, 1997).

und dessen sozialer Ort nicht definitiv ein für allemal gegeben ist. Diese ‚Ordnung der Dinge' (Foucault 1971) erscheint diskurs-theoretisch als das, was sich der Verfügung durch ein – souveränes – Subjekt entzieht.[2] In diskurstheoretischer Perspektive wird deutlich, daß die Einführung einer sozialen Wirklichkeit auf der anonymen Kraft regelgeleiteter Operationen beruht. Deren Regeln sind nicht in einer den Dingen vorgängigen, sondern einer diskursiven Ordnung begründet, die eine taxonomische Klassifikation der Dinge erst herstellt. Ihre Elemente sind Diskurse als regelgeleitete Praktiken. Sie beziehen sich in bestimmender, bildender Weise zugleich auf ihnen nachgeordnete nicht-diskursive – technische, ökonomische, soziale, politische oder administrative – Technologien, verbinden also institutionelle Wissensformen mit Machttechnologien. Damit wird das menschliche Subjekt seiner zentralen Funktion für die Weltordnung entrückt. Es bildet vielmehr ein Element von Diskursuniversen, die ihm vorgängig sind. Die Rekonstruktion der Genese sozialer Wirklichkeit ist daher nicht Gegenstand der Theorie eines wissenden Subjekts, sondern einer Theorie diskursiver Praktiken, der *Archäologie.*[3] Sie rekonstruiert die Schicht der diskurskonstituierenden Regeln, deren Herkunft sich genealogisch aus Machtpraktiken erschließt. Beide Verfahren schließen sich zur Simultaneität einer diskursiven Praxis zusammen, in der Wissen und Macht in einer unauflösbaren Beziehung zueinander stehen.

Es handelt sich bei der Diskurstheorie um ein Denkmodell, in dem dezentrale Praktiken und „subjektlos-anonyme Regelzusammenhänge" (Fink-Eitel 1994: 212) Machtwirkungen haben und die Aufgabe der Wirklichkeits- und Subjektkonstitution übernehmen.

Die nachfolgenden Betrachtungen gliedern sich in fünf Abschnitte:

1. Der erste Punkt betrifft die Regelhaftigkeit sowie den Konstruktions- und Machtcharakter von Diskursen. Hier geht es zunächst um die diskurskonstituierenden Regeln und deren Wirkmächtigkeit, die diskursive Einführung einer Realität. Ihr unterliegt die Regelhaftigkeit einer diskursiven Ordnung, die, trotz aller Regelhaftigkeit, auf ‚Einbrüche' in diskursive Strukturen und deren Transformationen verweist.[4] Darüber hinaus werden Diskurse hier als klassifikatorische Ordnungsstrukturen vorgestellt. Im Fortgang der Betrach-

---

[2] Zum gesamten Komplex des – konstruktivistisch-diskursiven – Entwurfs sozialer Ordnung(en) als Signum der Moderne, dessen Verselbständigung und subjektive Unverfügbarkeit vgl. Makropoulos (1997).

[3] Vgl. Glossar zum Begriff der Archäologie.

[4] Sie entstehen dadurch, daß die üblichen Symbolisierungen versagen und erhalten den Status transformierender ‚diskursiver Ereignisse', wenn sich die Kräfteverhältnisse des Macht-Wissens-Komplexes (vgl. Glossar zum Dispositivbegriff) insgesamt umkehren; vgl. dazu Foucault (1974: 98), Bublitz (2003).

tungen geht es dann um das Verhältnis von Diskursen, Diskursanalyse und Diskurstheorie, insbesondere um eine diskurstheoretische Methodologie sowie um deren Bezug zur herkömmlichen Empirie. Ein dritter Aspekt dieses ersten Abschnitts ist der einer die Diskursanalyse leitenden ‚Haltung', die methodisch als Dekonstruktion zu fassen ist. Diskursanalyse rekonstruiert nicht nur die materialisierende (Macht-)Wirkung von Diskursen, sondern beraubt herkömmliche Wissenseinheiten ihrer scheinbaren Evidenz; darin besteht ihr spezifischer theoriepolitischer Einsatz. Sie verkoppelt Konstruktion, Rekonstruktion und Dekonstruktion zu einem kritischen Verfahren, das die kulturellen Selbstverständlichkeiten von ihrer Historizität her in Frage stellt. Der Diskursbegriff bildet, als zentrales Element der Diskurstheorie, zugleich ein Element des historischen Apriori der Diskursanalyse; er bildet sozusagen die Zeitmarke für das historische Erscheinen der Dinge.

2. In einem zweiten Abschnitt wird der Zusammenhang von Diskursanalyse und Archiv[5] behandelt. Ich gehe von einer ‚Homologie' (Ähnlichkeit) von Diskursen als historischen Konstruktions- und Konstitutionsregeln sozialer Wirklichkeit und als methodischen Regeln des diskursanalytischen Rekonstruktionsverfahrens aus. Beide sind Elemente des diskursiven Archivs. Es wird also zunächst darum gehen, Diskurse sowohl als Konstruktions- und Konstitutionsregeln sozialer Wirklichkeit wie auch als methodische (Re)Konstruktionsregeln der Diskursanalyse vorzustellen. Die Rekonstruktion diskursiver Formationen erfolgt immer aus der Perspektivität eines Diskursraums, der durch das *Archiv* als ‚historisches Apriori', also durch einen kulturellen Wissensvorrat, der der Diskursanalyse vorausgeht, begrenzt ist. Diskursanalyse rekonstruiert aber kulturelle Formationen und Diskurse keineswegs als in sich geschlossene historische Zeit-Räume und epistemologische Strukturen, sondern in ihrer Unabgeschlossenheit als historisch singuläre Ereignisse; denn: Soziale Objektivitäten werden als ‚Systemstelle' in einer historischen Wissensstruktur hervorgebracht (vgl. Foucault 1996: 85, Bublitz 2000c). Das vorgeschlagene Verfahren besteht daher in der Konfrontation von Diskursen mit dem historischen Ort ihres Erscheinens. Dieser ist als Wissensort in einem epistemologischen Feld, also in einer Erkenntnisstruktur und -praxis, bestimmt.
3. Damit wäre ein dritter Punkt angesprochen: Diskursanalyse als Methode der Rekonstruktion einer gewissen Regelhaftigkeit sozialer Wirklichkeit legt Ordnungsstrukturen von Gesellschaft frei, die auf einer Diskursdynamik beruhen. Indem Diskurse sowohl die Gegenstände als auch die Verfahren und die Strategien der Klassifikation der Gegenstände entwerfen, erschließt sich die Diskursdynamik als Dynamik der Gesellschaft. Durch diskursive Kreu-

[5] Vgl. Glossar zum Archivbegriff.

zungen und Diskursgeflechte[6] erscheint Gesellschaft als ein in sich heterogener und durch Zusammenschluß heterogener Elemente zugleich kohärent wirkender Diskursraum. Diskursgeflechte sind als komplexe strategische Situationen in einer Gesellschaft zu begreifen, in der einzelne Diskurse als ‚Blöcke' in einem Feld von Macht-Kräfteverhältnissen erscheinen und die Knotenpunkte der Macht diejenigen Kreuzungspunkte von Diskursen bezeichnen, an denen die Streuung diskursiven Wissens sich zu scheinbar homogenen, in sich kohärenten Macht-Wissens-Komplexen, zu Dispositiven[7] verbindet. Damit sind die Polyvalenz diskursiver Praktiken, die Polysemie von Bedeutungen und die Heterogenität sozialer Wirklichkeit angesprochen, die nicht mehr zu einer Bedeutung der Welt und zu einer sozialen Ordnung zusammengefügt werden können.[8] Es wird davon ausgegangen, daß Diskurse das Problem sozialer Ordnung dadurch lösen, daß sie Differenzstrukturen und regelrechte Strukturachsen bilden, auf denen Differenzen abgetragen und angeordnet werden. Dieses Verfahren ermöglicht, die Individuen an einer Regel zu messen, durch die sie differenziert und in eine Rangordnung eingeordnet werden; gleichzeitig erlaubt es, sie einem homogenen Feld und sozialen Raum ein- und unterzuordnen, der sie als gleich oder ähnlich und damit einem ‚Gesellschaftskörper' zugehörig erscheinen läßt. Gesellschaft wird als diskursiver Raum entworfen, der über die Herstellung von Differenzstrukturen und deren Homogenisierung heterogene Wirklichkeitskonstruktionen so aufeinander bezieht, daß die Vorstellung eines homogenen ‚Gesellschaftskörpers' entsteht.

4. Ein vierter Aspekt betrifft die Diskursanalyse als Methode und deren organisierende Prinzipien. Hier geht es darum, Diskurse als Regelhaftigkeit sozialer Wirklichkeit auf der Ebene der diskursiven Praxis, der Diskursstruktur und der diskursiven Kreuzung vorzustellen. Die Archäologie wird, als umfassende Theorie der den verschiedenen Praktiken eigenen Regeln (Foucault 1973: 295), zugleich als soziologische Methode präsentiert. Foucault hebt darauf ab, daß die Archäologie als „spezifische Methode lokaler Diskursivitäten" (Foucault 1978a: 65), im Gegensatz zur Ideengeschichte, nicht auf eine die heterogenen und widersprüchlichen Diskurse totalisierende Vereinheitlichung zielt, sondern systematisch ‚die verschiedenen Räume der Entzweiung' beschreibt.

[6] Vgl. zum Begriff der diskursiven Kreuzung und zur Kontextualisierung von Diskursen Keller (1997: 318).

[7] Vgl. Glossar zum Begriff des Dispositivs.

[8] Bedeutung bezeichnet hier nicht die einfache Reflexion der Welt in der Sprache, sondern die Herstellung einer Ordnung der Dinge in der Differenz von Bezugssystemen dieser Ordnung. Bedeutungen werden demnach durch Diskurse in einem Netzwerk von Bezugssystemen produziert.

5. Einige abschließende Bemerkungen zum Verhältnis von Diskurs und Subjekt sollen verdeutlichen, worum es der diskursanalytischen Methode – nicht – geht: Die Frage nach der ‚Lebendigkeit' der Körper und der Subjekte, nach einer nur ihnen eigenen, besonderen Materialität stellt sich diskurstheoretisch und -analytisch nicht als Frage ihrer Natürlichkeit und Authentizität, die den Diskursen voraus- oder entgegengesetzt werden kann; diese erscheinen vielmehr als Machteffekt von Diskursen.

1 Diskurse als Regelstrukturen der Gesellschaft und Diskursanalyse als deren methodologisch-methodisch geregelte Rekonstruktion[9]

1.1 Wissen/Macht/Diskurs: Soziale Wirklichkeit als diskursiver Effekt

Diskurse sind *mehr* als bloße Bezeichnungen der Dinge; die ‚Archäologie' (Foucault 1973) entwirft Diskurse als Regeln einer diskursiven Praxis, aus genealogischer Perspektive bilden Diskurse historische Machtpraktiken. Beide Aspekte bezeichnen keinen Bruch, sondern hängen eng miteinander zusammen: Macht und Wissen stehen in einem relationalen Wirkungsverhältnis zueinander. Wissen und Wahrheit sind an Machtwirkungen gebunden; sie erscheinen als eine Dimension und Wirkmöglichkeit von Macht (vgl. Bublitz/Bührmann/Hanke/Seier 1999: 11); Macht zeigt sich also darin, „daß etwas (…) zum Gegenstand des Wissens wird" (ebd.) und Wahrheitswirkungen hervorbringt:

> „Was als Wahrheit *gilt*, ist ja nichts anderes als ein diskursiver Effekt. Wahrheit ist demnach nicht irgendwie diskurs-extern vorgegeben, sondern sie wird jeweils erst historisch-diskursiv hervorgebracht." (Jäger 1999: 129)

Hier verschränken sich archäologische und genealogische Perspektive; während die Archäologie die Schicht der diskurskonstituierenden Regeln rekonstruiert, erklärt die Genealogie die Herkunft und „die diskontinuierliche Abfolge an sich unbegründeter Zeichenordnungen, die den Menschen in den semantischen Rahmen einer bestimmten Weltauslegung zwängen" (Honneth 1985: 142), aus Machtpraktiken. Macht erscheint hier als „dezentriertes, regelgeleitetes Operieren mit geordneten Elementen eines übersubjektiv aufgebauten Systems" (Habermas 1986: 300), als diskurs- und wirklichkeitskonstituierende Macht mit Wahrheitseffekten. Beide Dimensionen des Diskurses, Macht und Wissensformen, stehen

---

[9] Vgl. zum folgenden auch Bublitz/Bührmann/Hanke/Seier (1999: 10 f), Bublitz (1999a, 1999b: 13 f), Bublitz/Hanke/Seier (2000), Bublitz (2003).

in einer Beziehung zueinander, die so zu denken ist, daß sie Zwangswirkungen innerhalb eines strategischen Feldes zeitigen. Wenn etwas als Wissenselement auftritt, ist es zugleich Element eines Machtsystems spezifischer Zwänge; umgekehrt sind Machtmechanismen begründet in Wissenssystemen.

> „Es geht also nicht darum, zu beschreiben, was Wissen ist und was Macht ist und wie das eine das andere unterdrückt oder mißbraucht, sondern es geht darum, einen Nexus von MachtWissen zu charakterisieren, mit dem sich die Akzeptabilität eines Systems (...) erfassen läßt." (Foucault 1992: 33)

Für Foucault eröffnet eine bestimmte Ordnung des Diskurses die Einführung einer Realität. Es wird davon ausgegangen, daß sich Gegenstände der sozialen Wirklichkeit zunächst durch ‚Einschreibung' in ein Feld ‚positiven' Wissens herstellen. Mit anderen Worten: Etwas wird als Realität eingeführt, indem es zum Gegenstand des Wissens wird. Insofern die Diskurstheorie auf den hervorbringenden Charakter von Diskursen abhebt, sind Diskurse als „Praktiken zu behandeln, die systematisch die Gegenstände bilden, von denen sie sprechen" (Foucault 1973: 74).

Durch diesen Vorgang der Hervorbringung von Dingen und Gegenständen, von Mensch und Gesellschaft durch regelgeleitete diskursive Praktiken verschwindet die Differenz von Bezeichnetem und Bezeichnendem. Sprache und Schrift verlieren in dieser sprachtheoretischen Wende der Sozialwissenschaften ihren Sekundärstatus; vielmehr bringen sie diskursiv das hervor, was sie ‚bezeichnen'. Der Signifikant fungiert zugleich als Signifikat; dieses ist unweigerlich in das „Spiel aufeinander verweisender Signifikanten" (Derrida 1974: 17) einbezogen.[10] Diskurse sind also nicht in einer vorgängigen Ordnung der Dinge begründet, sondern ihre Machtwirkung besteht darin, eine spezifische Ordnung der Dinge hervorzubringen und ihr eine eigenständige Realität zu verleihen. Die Regeln der Hervorbringung von Dingen als Gegenstände des Wissens sind den

---

[10] D.h. das ‚Signifikat' (das ‚Bezeichnete'/‚Bedeutete'), das immer eine materielle Form hat, wie sie durch die menschlichen Sinne wahrgenommen wird und das durch Bezeichnung eine bestimmte – soziale und subjektive – Bedeutung erhält, wird im Vorgang der Bezeichung durch den Signifikant (das ‚Bezeichnende'/‚Bedeutende') als sozialer Gegenstand erst hervorgebracht; es ist dem Vorgang der Bezeichnung also nicht vorgängig. Diskurse sind insofern also ‚Zeichen(ordnungen)', als sie das, was sie mit Worten und Begriffen ‚bezeichnen', zugleich im Akt der Benennung als materiale und soziale Gegenstände hervorbingen, also ihnen zugleich Realitätscharakter verleihen. Hier wird die relationale Beziehung von Zeichen und Dingen (als Referent des Zeichens) aufgelöst zugunsten eines konstitutiven diskursiven Schöpfungsvorgangs. Signifikationsvorgänge sind also zugleich Konstitutionsvorgänge. Der diskursive Begriff ‚Asylant' bezeichnet dann nicht etwas, was in Wirklichkeit vorkommt, sondern er bringt Asylanten als Bevölkerungsgruppe und als semantischen Komplex erst hervor, die damit zugleich eingeordnet werden in eine klassifikatorische Praxis der Gesellschaft.

Dingen nicht eigen, aber auch nicht vorgängig; sie werden vielmehr mit dem diskursiven Entwurf der Dinge und ihrer Einführung als Realität hervorgebracht und sind insofern kontingent, als es auch andere Möglichkeiten der Herstellung und Bestimmung einer Ordnung der Dinge gibt.[11] Diskurse gehen aber, als regelhafte Praktiken der Hervorbringung von Wirklichkeit(en), in ihrer tatsachenbildenden Funktion einer Objektivität des Sozialen nicht auf, sondern produzieren ihrerseits symbolische ‚Überschüsse', die Veränderungs- und Transformationsprozesse sozialer Wirklichkeit in Gang setzen können.

Diskurse konstituieren insofern eine eigene Objektivität des Sozialen, als davon ausgegangen wird, daß diskursive Praktiken sich materialisieren und damit regelgeleitete Wirklichkeit(en) hervorbringen. Auf diese Weise werden sie zu Entitäten sui generis, zu sozialen Tatsachen. Damit ist nun auch ihre Wirkmächtigkeit angesprochen: Diskurse lassen sich nun als regelhafte Praktiken der Konstitution sozialer Wirklichkeit und deren Wirk(lichkeits)mächtigkeit bestimmen; sie können als spezifizierte Praktiken der Konstitution von sozialen Wirklichkeit(en) verstanden werden. Soziale Wirklichkeit erscheint diskurstheoretisch als (Macht) Effekt von Diskursen, der einer Regelhaftigkeit unterliegt; oder anders ausgedrückt: Die Regelhaftigkeit sozialer Wirklichkeit erscheint als Machtwirkung von Diskursen. Diese entsteht durch Diskurse als Regeln einer diskursiven Praxis, die systematisch Gegenstände sozialer Wirklichkeit hervorbringt und auf diese Weise Regelstrukturen der Gesellschaft bilden.

Damit ist zugleich eine erste, grundlegende Annahme der Diskursanalyse formuliert: Soziale Wirklichkeit ist eine Wirkung von Diskursen.

Indem Diskurse Praktiken bilden, die selbst nicht nur einer ‚Gesamtheit von Regeln' unterworfen sind, sondern wiederum eine regelgeleitete Ordnung hervorbringen, bilden sie Ordnungsstrukturen, Strukturen der Klassifikation und Einordnung von Mensch und Gesellschaft. Diskurse können so als methodische Regeln der Klassifikation und Ordnung verstanden werden; sie bringen soziale Wirklichkeit nicht nur hervor, sondern differenzieren diese, indem sie eine taxonomische Ordnung herstellen.

Mit einer Ordnung des Diskurses ist daher zugleich der Entwurf einer gesellschaftlichen Ordnung verbunden. Diese ist nicht natürlich gegeben, sondern erweist sich als nominelle Entität, als historisches Konstrukt. Gesellschaft bildet dann einen Komplex historischer, diskurskonstituierender Machtpraktiken, die nicht nur eine „Verzeitlichung des [transzendentalen] Apriori" implizieren, „so

[11] Die Kontingenz, d.h. Zufällig-, aber nicht Willkürlichkeit dieser ‚Ordnung der Dinge', die in ihrem So-Sein immer schon ein ebenso denkbares ‚ganz-anders-sein' ausblendet (oder verwirft), hat Foucault in seiner illustrativen Argumentation zu einer aus einem Text von Jorge Luis Borges entnommenen ‚Chinesischen Enzyklopädie' sinnfällig gemacht (Foucault 1971: 17 f).

daß neue Diskursformationen, die alte verdrängen, wie *Ereignisse* auftauchen können" (Habermas 1986: 301), sondern die als das Besondere gedacht werden, „das sich gegen alle Universalien sträubt" (ebd.). Dieser Gesellschaftsentwurf ist verbunden mit einem Entwurf ‚des Menschen' sowie mit dessen Klassifikation, Einordnung und Unterwerfung unter eine soziale Ordnung der Gesellschaft.

1.2 Zum Verhältnis von Diskursen, Diskursanalyse und Diskurstheorie

Damit ist eine zweiter, grundlegender Aspekt der Diskursanalyse angesprochen: Diskurse bilden, als Konstitutions- und Klassifikationsregeln sozialer Wirklichkeit, zugleich Gegenstand und methodisches Instrument der Diskursanalyse. Diskurse sind nicht vor der Analyse angebbar, sondern nur aus dem Diskursmaterial selbst als Ordnungsstrukturen zu rekonstruieren. Diskursanalyse ist insofern *mehr* als eine Methode im Sinne der empirischen Sozialforschung, in der, angeleitet durch eine Theorie, eine vorgängige empirische Wirklichkeit durch Sammeln von Einzelbeobachtungen ‚erhoben' wird, um auf diese Weise systematische Informationen über gesellschaftliche Zusammenhänge zu gewinnen und damit die Gültigkeit der Theorie zu überprüfen. Diskursanalyse ist demgegenüber ein Verfahren der analytischen Rekonstruktion gesellschaftlicher Regelmäßigkeiten, ohne deren Ordnungsstrukturen aus einer vorgängig formulierten Gesellschaftstheorie zu beziehen und auf eine aus ihrer Perspektive ‚widrige' Empirie zurückzugreifen. Angeleitet durch eine Diskurs-‚Theorie', deren zentrales Element Diskurse als Praktiken der Hervorbringung einer sozialen Wirklichkeit bilden, stellt Diskursanalyse im Akt der empirisch-historischen Rekonstruktion der Ordnungsstrukturen von Gesellschaft Aussagen über Gesellschaft und deren Zusammenhänge her. Sie kann in diesem Sinne als ein methodisch geregeltes Verfahren der Gesellschaftsanalyse verstanden werden, insofern die Ordnungsstrukturen der Diskurs-‚Theorie' als Gesellschaftstheorie bereits im empirischen Material vorliegen und diskursanalytisch freigelegt werden (vgl. dazu ausführlicher Bublitz 1999a: 27 f). Die Differenz zu herkömmlichen Methoden der empirischen Sozialforschung besteht darin, daß die Regeln der Ordnung von Gesellschaft im empirischen Material selbst vorliegen und im Akt der Forschung (re-)konstruiert werden, wenngleich die Diskursanalyse – wie jene – vorgängige theoretische Annahmen braucht und mit jener eine vorgängige Theorie der Diskurse als konstituierende Ordnungsstrukturen von Gesellschaft teilt. In der Verbindung beider Aspekte beschreitet sie neue Wege.

Diskursanalyse teilt so zwar einen wesentlichen Anspruch empirischer Sozialforschung auf systematische Überprüfung theoretischer Modelle der Realität; aber das ‚Modell', das ihr zugrundeliegt, in dessen Zentrum der Diskursbegriff steht, geht bereits aus einer historischen Analyse – der Humanwissenschaften und der durch sie hervorgebrachten Praktiken – hervor. Der Diskursbegriff entspricht dem System geordneter Zeichen, das Foucault dort vorfindet (vgl. dazu Foucault 1971). Das theoretische ‚Modell' bezieht sich also diskursanalytisch allenfalls auf eine diskurstheoretische Methodologie der Regelhaftigkeit von Gesellschaft und sozialer Wirklichkeit. Sie gewinnt eine ‚theoretisch' ausformulierte historisierte Gesellschaftstheorie erst im Zuge der empirischen Analyse, nämlich der perspektivischen Rekonstruktion der Bedingungen, unter denen diskursive Regelmäßigkeiten der sozialen Wirklichkeitskonstruktion hervorgebracht werden. Zugleich aber unterstellt sie dieser Empirie Diskurse als regelhafte Praktiken. Diese erscheinen hier ebenso wie die zutage geförderten Ordnungsstrukturen von Gesellschaft als konstruierte ‚Selbstbeobachtungen' von Gesellschaft; ‚Theorie' bildet sich dann als einheitlicher Vorgang der regelgeleiteten (Re-)Konstruktion und Dekonstruktion empirischer Evidenzen.[12]

Damit aber widerspricht sie sowohl einem deduktiven Ansatz empirischer Forschung als auch jenem Denkgebäude des Empirismus, das aus einer breiten Basis gesammelter Einzeldaten über Induktion zu mehr oder weniger allgemeinen Thesen über Gesellschaft gelangt. Gegenstand der diskursanalytischen Forschung sind empirische Wissensformen. Diskurse bilden die Regeln ihrer Konstitution. Diskursanalyse ist dann nichts anderes, als die Regelhaftigkeit sozialer Realität ans Licht zu bringen; d. h., sie ist die *Methode der Rekonstruktion der Regelhaftigkeit sozialer Wirklichkeit.*

1.3 Kritische Ontologie

Eine weitere, die Methode der Diskursanalyse gleichermaßen charakterisierende *Basisannahme* ist: *Diskurse haben nicht nur konstruktiven Charakter, sondern ihnen haftet immer auch ein dekonstruktives Moment an.* Diskursanalyse beraubt die Naturhaftigkeit, Substantialität und Ontologie, also die Wesenshaftigkeit der Ordnung der Dinge, ihrer Evidenz, indem sie den historischen Ort ihres Erscheinens markiert. Diskurse konstituieren also soziale Wirklichkeit(en) als Machteffekt(e), und Diskurse dekonstruieren die ‚Natur' der sozialen Ordnung der Dinge. Dies erfolgt, indem sie – durch Diskursanalysen fundiert – Wissenseinheiten ‚entknüpfen' und sie auf ihre Erscheinungsbedingungen hin befragen.[13] Durch

---

[12] Vgl. zum konstruktivistischen und selbstbezüglichen Charakter der diskurstheoretischen Gesellschafts-‚Theorie' sowie zum gesamten Komplex der diskurstheoretischen Konstruktionsakte und ihrer gesellschaftstheoretischen Effekte eines ‚Diskurses über Diskurse' Bublitz (1999b: 13 f).

[13] Vgl. zur Strategie der diskursanalytischen De- und Rekonstruktion Foucault (1973: 20), zur methodologischen Reflexion vgl. auch Diaz-Bone (1999: 126 ff).

Rekonstruktion der historischen Produktions- und Entstehungsbedingungen von Wissensformen werden deren naturalisierende Wirkungen und Wahrheitseffekte dekonstruiert. Es handelt sich hierbei um die ‚Dekonstruktion' von universellen Wahrheiten. In einer Art ‚Kippbewegung' gelingt damit eine Verschiebung von Evidenzen und damit zugleich eine Bewegung von der Aufklärung zur Kritik von Machtverhältnissen – und umgekehrt.[14]

Durch die Koppelung von Konstruktion und Dekonstruktion erhalten Diskurse gleichermaßen den Status von Gegenständen einer Diskurstheorie, in deren Licht sie soziale Wirklichkeiten und Ordnung(en) konstituieren, und von diskursanalytisch-methodischen Verfahrensregeln, die die Regelhaftigkeit des Sozialen als Artikulation einer Wirkmächtigkeit von Diskursen zu rekonstruieren erlauben. In dieser doppelten Funktion haben sie die Bedeutung von Machtpraktiken; Diskursanalyse bildet damit selbst einen Einsatz im Wahrheitsspiel der Macht.

Dabei geht sie von der Haltung einer ‚kritischen Ontologie' der Gegenwart aus: Diese bezieht sich weniger auf eine irgendwie geartete kritische, politische Haltung als vielmehr auf die „Analyse der Bedingungen, unter denen bestimmte Beziehungen von Subjekten zu Objekten in dem Maße geformt und verändert werden, wie diese konstitutiv für ein mögliches Wissen sind" (Foucault 1994: 699). Die Haltung der Kritik, die ihr zugrundeliegt, besteht nicht in einer vorgängigen Positivierung einer politischen Idee, sondern in der Infragestellung von Evidenzen, deren Herkunft sie analysiert.[15] Es geht der Diskursanalyse darum, „unter welchen Bedingungen etwas zum Objekt eines möglichen Wissens werden kann" (ebd.), nach welchen Verfahrensregeln dies erfolgt und welches seine Effekte sind. Angesprochen sind hier Modi der Subjektivierung wie der Status und die Position des Erkenntnissubjekts und Objektivierungsweisen, also Verfahren der Problematisierung eines Gegenstands; beide Modi sind voneinander abhängig und bringen Wahrheitseffekte des Wissens hervor:

> „Damit ist jedoch nicht die Entdeckung der wahren Dinge gemeint; vielmehr liegt den Regeln, nach denen ein Subjekt über bestimmte Dinge sprechen kann, die Frage nach Wahrheit und Falschheit zugrunde. Die kritische Geschichte des Denkens (...) ist die Geschichte des Auftauchens von Wahrheitsspielen, (...), verstanden als die Formen, denen gemäß sich für ein bestimmtes Gebiet von Dingen Diskurse artikulieren, denen eigen ist, wahr oder falsch zu sein: Welches waren die Bedingungen dieses Auftauchens, (...), die Effekte in der Wirklichkeit sowie die Art und Weise,

[14] Vgl. dazu auch Foucault (1992).

[15] Die Frage ist dennoch, ob die ‚kritische Ontologie' damit nicht im Rahmen einer ‚politischen Ökonomie der Wahrheit' als kritisch-politische Haltung zu charakterisieren ist, die sich allerdings der Positivierung ihres eigenen Standpunkts als politische ‚Wahrheit' entzieht.

> wie ein bestimmter Typ von Objekten an bestimmte Modalitäten von Subjekten gebunden war und das historische *Apriori* möglicher Erfahrungen für gegebene Individuen in einem Raum und einer Zeit konstituiert hat." (Foucault 1994: 700)

Unter anderem geht es darum, unter welchen Bedingungen „das Subjekt selbst als mögliches Wissensobjekt auftritt" und welches die Verfahren sind, „durch die das Subjekt dazu gebracht wird, sich selbst zu beobachten, zu analysieren, zu entziffern, als einen Bereich möglichen Wissens anzuerkennen" (ebd.). Damit zugleich wendet sich das diskursanalytische Verfahren, gegen die Annahme souveräner Erkenntnissubjekte und ahistorischer Universalien einer ‚kritischen Geschichte des Denkens' zu und verwirft die scheinbare Evidenz anthropologischer Konstanten als „Wirkung einer Konstruktion, deren Regeln man erkennen und deren Rechtfertigungen man kontrollieren muß" (Foucault 1973: 40); „unmittelbare und überzeitliche Wahrheit(en)" sind ebenso wie „die anthropologischen Universalien (…) soweit wie irgend möglich zu umgehen, um sie nach ihrer historischen Konstitution zu befragen" (Foucault 1994: 701).

Die Haltung einer ‚kritischen Ontologie' besteht also in nicht mehr und nicht weniger als in der historischen Positionierung von Wissen und Erkenntnis. Die Rekonstruktion der Genese sozialer Wirklichkeit ‚verschiebt' Wissens- und Erkenntniseinheiten insofern, als sie den gewohnten Blick auf sie und ihre Quasi-Evidenz verwirft; darin besteht ihr (de)konstruierender, über die rein positiv(istisch)e Beschreibung hinausgehender Charakter.[16] ‚Dekonstruktionen' sind dann ‚historiale' Verschiebungen, die „nachträglich in einem geradezu konstitutiven Sinn" (Rheinberger 1992: 48 f) sind: Sie richten sich, gegen ein geschichtliches Ursprungsdenken, auf die nachträgliche Rekonstruktion der Erscheinungsbedingungen von Wissensformen und Paradigmata und wenden sich, gegen die Annahme einer globalen und kohärenten Wissenstruktur, diskontinuierlichen Abfolgen und Brüchen, mit anderen Worten, einer historischen ‚Spur' des Wissens zu, die die kontingenten Entwicklungen von Wissenssystemen in ihrer „inneren Zeit" (ebd.: 50) in Anschlag bringen:

> „Die Vielfalt innerer Zeiten innerhalb eines fluktuierenden Horizonts produziert, was Historialität genannt werden kann und was sich den klassischen Begriffen der Verursachung, aber auch der Wechselwirkung des Einflusses und der Dominanz entzieht, an die in wechselnder Weise, aber immer im Namen des Gesetzes, der Begriff der Geschichte geknüpft worden ist. Erst die Spur, die diese hinterlassen haben wird, erzeugt das, was man ihren Ursprung nennt." (ebd.: 52)

[16] Vgl. dazu auch Schäfer (1995), vgl. auch Bührmann (1999).

Diskursanalyse markiert also historische Wissensorte und verschiebt diese. Die Gesetze des Aufbaus sozialer Wirklichkeit können demnach zwar auf einer archäologischen Ebene rekonstruiert werden, aber dies erfolgt aus einem Gegenwartsraum, dessen Perspektive nicht erlaubt, Aussagen darüber zu machen, ‚wie es wirklich war'; vielmehr gilt es, deutlich zu machen, daß die Rekonstruktion nur das Produkt einer nachträglichen perspektivischen Verschiebung der Vergangenheit darstellt und es damit „zu einer Spur von dem macht, wozu es wurde" (ebd.: 47). Es geht also nicht darum, den tieferliegenden Sinn von Wissenstrukturen und symbolischen Formen zu erschließen, sondern um nicht mehr und nicht weniger, als deren epistemologische Erscheinungsbedingungen und Regelhaftigkeiten zu rekonstruieren.[17]

2 Diskursive (Re-)Konstruktion der Regelhaftigkeit sozialer Wirklichkeit aus dem Archiv

2.1 Diskursanalyse/Archiv

Die ‚Kartographierung' der Gesellschaft erfolgt aus einem begrenzten Diskursraum (der DiskursanalytikerInnen). Darin besteht die ‚doppelte Brechung' der Diskursanalyse: Sie selbst nimmt eine mögliche Diskursposition in einem – nur potentiell unendlichen – Diskursraum ein, der durch das Archiv als historisches Apriori der Diskursanalyse begrenzt ist.

Die Rekonstruktion kultureller Formationen geschieht immer aus der Perspektivität eines „Diskurses über Diskurse" (Foucault 1973: 292, 1978: 100, Bublitz 1999a: 29, vgl. dies. 1999b: 19 f, bes. auch: 47, vgl. dazu auch Waldenfels 1991: 277 f), ist also immer perspektivisches Wissen über Geschichte und Gesellschaft. Sie erfolgt sowohl aus der Perspektive des Gegenwartsraums der AnalytikerInnen, denen sie sich durch ‚Aufschluß' gesellschaftlicher Formationen präsentieren, als auch bestimmt durch die abgelagerten historischen Formationen der Diskurse; sie bilden das historische Apriori der Diskursanalyse. „Eine Beziehung der Unmittelbarkeit zwischen dem Finder und seinem Fund ist daher nicht möglich" (Schmidt 1999: 8). Die Identifizierung von Diskursen setzt also bereits ein Wissen über das Archiv als historisches Apriori von Diskursen und über wesentliche semantische Komplexe voraus; diskurstragende Kategorien müssen ‚gewusst' sein, um als zentrale Elemente von Diskursen ‚erkannt' zu werden.

[17] Zum Begriff der Historie vgl. Foucault (1974), zur Unterscheidung von traditioneller (Wissenschafts-)Geschichtsschreibung und Epistemologie vgl. Bachelard (1978, 1988), Canguilhem (1977).

Gesellschaft erschließt sich ebenso wie sie sich konstituiert, nämlich diskursiv. Das soll heißen: Diskurse sind Konstrukte, die soziale Wirklichkeit konstituieren und sie werden auch in der methodischen Re-Konstruktion wieder konstruiert. Sie werden nicht einfach ‚vorgefunden' oder ‚erkannt', sondern sie werden, semantische Komplexe konstruierend *und* rekonstruierend, ‚erschlossen'. Die rekonstruierende Konstruktion von Diskursen erfolgt im ‚Element des Archivs'. Das bedeutet: Sie können nur insoweit konstruiert werden, als sie im ‚Archiv' der Gesellschaft bereits vorhanden sind. Darin liegt eine – scheinbare – Paradoxie: Diskursanalyse konstruiert sukzessive Diskurse, indem sie den Bauplan der Architektur von Gesellschaft rekonstruiert; sie folgt damit dem Schema von Konstruktion und Rekonstruktion oder anders ausgedrückt, von Konstruktion durch Rekonstruktion. Indem sie Diskurse konstruiert, tut sie dies nicht unabhängig von der Gesellschaft, die sie analysiert, sondern sie erschließt sie aus dem empirischen Diskursmaterial. Das heißt: Sie findet die Konstruktionsweisen von Gesellschaft im Archiv der Gesellschaft selbst. Überspitzt formuliert heißt das: Es kann nur das konstruiert werden, was schon vorhanden oder was auf der Grundlage des Archivs zumindest denkbar ist. Damit ist scheinbar eine weitere Paradoxie verbunden: Konstruktion setzt Rekonstruktion voraus; diese ist jedoch nur konstruierend zu haben. Beides, Konstruktion und Rekonstruktion von Diskursen, geschieht in der ‚positiven', konstruierend-rekonstruierenden Beschreibung der im Archiv enthaltenen Regeln und der in den Aussagen des Archivs enthaltenen diskursiven Praktiken. Dies ist eine, wie mir scheint, wesentliche epistemologische Voraussetzung der diskursanalytischen Methode, in der sich Beschreibung, Konstruktion und Rekonstruktion als ein Diskurse konstituierender Vorgang erweist.

Diskurse bilden die Elemente eines ‚Archivs', in dem die Regeln der Wissensbildung und der Praktiken einer Kultur festgelegt sind; es „ist in seiner Totalität nicht beschreibbar" (Foucault 1973: 189), sondern wird aus diskursiven Elementen und Fragmenten erschlossen, die zu Aussagefeldern und diskursiven Formationen gehören:

> „Das niemals vollendete, niemals restlos vollzogene Hervorbringen des Archivs bildet den allgemeinen Hintergrund, zu dem die Beschreibung der diskursiven Formationen, die Analyse der Positivitäten, das Ermitteln des Aussagenfeldes gehören." (ebd.)

2.2 *Zum Verhältnis von sozialem Wandel und Archiv*

Mit dem Verhältnis von Diskurs(analyse) und Archiv ist zugleich das Verhältnis von Diskurs und Geschichte angesprochen: Diskursive Praktiken bilden keine in sich abgeschlossenen epistemologischen Strukturen, die, einer Apriori-Logik des Archivs folgend, im Grunde dann lediglich als Ent-Faltungen einer epistemischen Struktur zu betrachten wären. In diesem Fall würde das Archiv – und damit auch Geschichte – reduziert auf ein logisches Strukturmuster, das im Sinne einer evolutionären Teleologie die historischen Faltungen diskursiver Formationen festlegt und damit die Offenheit und Unabgeschlossenheit von Diskursen leugnet. Diskursive Transformationen würden dann immer nur einem ‚konstitutiven Ideal' folgen, das im Archiv festgeschrieben ist. Damit aber wäre dessen Beziehung zur Zeit geschlossen und historischer Wandel letztlich nicht erklärbar. Wenn Diskurse aber Praktiken sind, die in ihrer historischen Situierung immer zugleich unabgeschlossen und offen sind, muß auch Diskursanalyse ein ‚Modell' entwickeln, das dieser Unabgeschlossenheit von Diskursen in ihrer historischen Singularität folgt (vgl. Miller 1999: 212). In der Konfrontation des Erscheinens von Diskursen mit den semantischen Bedingungen der Möglichkeit ihres Erscheinens, in der historischen Rekonstruktion ihrer ‚Systemstelle' in einem diskursiven „Feld der Äußerlichkeit" (Foucault 1973: 69)[18] also, erscheint die spezifische Historizität diskursiver Strategien. Durch diese historische Einbettung diskursiver Strategien und Effekte gelingt es, der Beschreibung kohärenter, diskursiver Systeme entgegenzuwirken.[19] Zugleich wird in der Rekonstruktion der für Diskurse konstitutiven Verwerfungen die Instabilität und Beweglichkeit diskursiver Felder deutlich, in denen unterschiedliche Diskurspositionen und -formationen gegeneinander antreten und um strategische Vorteile kämpfen (vgl. Miller 1999: 225).

3 Gesellschaft als Differenzierungs- und Diskursraum

3.1 *Diskurse als bewegliche Differenzstrukturen*

Als Denkschemata oder -logiken bezeichnen Diskurse strukturale Wissenstypen, die jeweils durch die Formation der Gegenstände, der Begriffe, der Äußerungsmodalitäten und der Strategien bestimmt und keineswegs auf wissenschaftliche

[18] Auch an anderer Stelle hebt Foucault hervor, daß Diskurse „nicht als die geschlossene und übervolle Totalität einer Bedeutung zu beschreiben, sondern als lückenhafte und zerstückelte Figur (…) nicht als in bezug zur Innerlichkeit einer Absicht, eines Gedankens oder eines Subjekts (…), sondern gemäß der Streuung einer Äußerlichkeit [zu beschreiben]" sind (Foucault 1973: 182).
[19] Vgl. dazu die Ausführungen zur genealogischen Geschichtsschreibung bei Foucault (1974).

Aussagen oder Erkenntnisse beschränkt sind, sondern sich in den gesamten Lebensäußerungen einer Kultur finden. Dies ist begründet in der Wirkmächtigkeit von Diskursen: Diskurse werden zu Kulturfaktoren.[20]

Sie sind jeweils gekennzeichnet durch ‚diskurstragende Kategorien', verstanden als ‚semantische Komplexe samt ihrer Praxisbezüge', die in ihren Kreuzrelationen die ‚Architektur' der Gesellschaft ausmachen:

> „Diskurstragende Kategorien sind solche, durch deren ‚Entfernung' – wenn man sie sozusagen ‚herauszöge' wie die Stahlteile aus einer Betonkonstruktion – der betreffende Diskurs nicht länger ‚halten' könnte und in sich zusammenbräche wie ein Kartenhaus. Unter solchen Kategorien sind in der Regel nicht isolierte einzelne Wörter zu verstehen, sondern ganze semantische Komplexe einschließlich ihrer Praxisbezüge, wiederum vergleichbar mit kreuzweise angeordneten Stahlteilen in Beton." (Link 1997: 15)

Der Ausdruck ‚Stahlteile aus einer Betonkonstruktion' gibt den Diskursen allerdings eine Festigkeit, die sie nicht haben und eine Starrheit, die ihnen nicht zukommt. Diskurse und Diskursformationen bilden vielmehr die beweglichen, in gewisser Weise diagonal zur – sich später herausbildenden – Normalisierungsachse verlaufenden Struktur-Achsen, die ständig Gegenstand von Auseinandersetzungen sind und deshalb nicht ein für allemal gelten, sondern immer wieder problematisiert werden (weitere Erläuterungen siehe unter 3.2.).

Diskurstragende Kategorien des rassenhygienisch-eugenischen Diskurses sind z. B. ‚Entartung', ‚Aufartung', ‚Rasse'(tüchtigkeit) und ‚Ausmerze', die als semantischer Komplex miteinander und mit entsprechenden Verwerfungen und Praktiken verbunden sind: Der ‚Mangel der Ausmerzung Untüchtiger' und der Auslese der ‚Minderbeanlagten' führt zur Schädigung der ‚Rasse' und des Erbguts und damit zum ‚Kulturverfall' (vgl. Schallmayer 1914). Hier werden Anlage, ‚Erbgut' und Kultur in einen semantischen Zusammenhang gebracht mit (darwinistischen) natürlichen Auslesekriterien, die wiederum, durch zivilisatorische Prozesse verhindert, zu Auflösungserscheinungen der Kultur führen (sollen). Damit ist ein semantischer Komplex benannt, der wiederum eingeordnet werden

[20] Das ‚verhaltensauffällige' Individuum, das als – ‚multidiskursive' – Kategorie (vgl. Runte 1996: 47) erst hervorgebracht und damit als soziale Realität eingeführt wird, existiert als soziale Tatsache und bevölkert ein ganzes Gebiet von Abweichungen, mitsamt den entsprechenden Interventionstechnologien und Praktiken. Das diskursiv hergestellte Konstrukt hat Wirkung als gesellschaftliches Phänomen, das sich in allen möglichen institutionellen Lebensbereichen finden läßt. „In seinem Erscheinen ist es auf das Feld der Familie und seine Machtausübung, auf das Spiel und den Konflikt zwischen Familie und anderen gesellschaftlichen Institutionen beschränkt" (Foucault 1999b: 52).

kann in ein Wissensfeld (der Rassenhygiene und der rassenhygienisch-eugenischen Bevölkerungspolitik zu Beginn des 20. Jahrhunderts).

Diskurse richten sich strategisch gegen andere Diskurse und Wissensfelder. So richtet sich der rassenhygienische Diskurs um 1900, dessen Gegenstand die Arterhaltung der menschlichen Gattung und die Höherentwicklung der ‚Rasse' durch Auslese bzw. Ausmerze bildet, u.a. gegen den individual- und sozialhygienischen Diskurs, die den Schutz des einzelnen Individuums oder sozialer Gruppen bzw. Klassen ins Zentrum der Gegenstandskonstitution stellen, aber auch gegen psychiatrische Diskurse, insoweit deren Praktiken ebenfalls am einzelnen Individuum ansetzen und sich nicht dem ‚Dienst an der Rasse' verpflichten, und gegen sexualwissenschaftliche und -ethische Diskurse, die die Begründung von Geschlecht und Sexualität an der ‚Natur' eines Geschlechtstriebs oder einer Ethik der Geschlechterbeziehungen, nicht an der ‚Rassetüchtigkeit' eines an Fortpflanzung und Vererbung orientierten Geschlechtskörpers ausrichten. Sexualethische Diskurspositionen nehmen ihrerseits um die Jahrhundertwende aus strategischen Gründen rassenhygienische Diskursfiguren in ihre Argumentation auf, die als Begrenzung einer neuen sexuellen Ethik und ‚freien Liebe' eingeführt werden (vgl. Stöcker 1907).[21]

Diskurse nehmen – als beschreibbare und ‚meßbare' Einheiten oder Konfigurationen des Wissens – die Form von sozialen Wissenstypen und -strukturen an, mit denen nach dem Muster von Differenzstrukturen soziale Ordnung gebildet wird. Sie unterliegen als Elemente des kulturellen Unbewußten allen diskursiven Formationen, die derselben Gesamtheit von Regeln unterworfen sind. Diskursformationen bilden daher, wenngleich von einer Differenz von Diskursen und sozialer, materieller Wirklichkeit ausgegangen werden muß, zugleich soziale Formationen. Sie verweisen auf „Bedeutungs-Landkarten" (Hall/Hobson/Lowe/Willis 1980: 134) der Gesellschaft, in die als Verweisungsstruktur die ganze Bandbreite an Bedeutungen, Praktiken, Machtformen und -kämpfen sowie Interessen eingeschrieben ist.[22] Es geht daher diskursanalytisch um die Rekonstruktion eines

[21] Vgl. zum gesamten Komplex Bublitz (2000d).

[22] Vgl. dazu auch Abschnitt 6 dieses Beitrags; d.h. Diskurse entfalten ihre volle Machtwirkung erst im Kontext dieser gesellschaftlichen ‚Landkarte', in die die Diskurse als Wissensorte eingeschrieben sind. Z.B. entfaltet der rassenhygienisch-eugenische Diskurs um 1900 seine volle Wirkung zum einen erst im Kontext (neo- und sozial)darwinistischer, rassenanthropologischer, vererbungstheoretischer und sexualpathologischer Wissensformen und der ihnen entsprechenden Praktiken, gleichzeitig sind aber auch seine Verwerfungen sexualwissenschaftlicher und sexualethischer Annahmen geradezu konstitutiv für seine Machteffekte. Allgemeiner könnte man sagen: Seine Machtwirkungen sind eingeschrieben in ein evolutionsbiologisches Archiv, das sich, durch Verwerfungen anderer Diskurspositionen, durchsetzt, diese aber gleichwohl strategisch in ein Dispositiv der Bevölkerungsregulierung integriert und sich u.a. in Disziplinarmaßnahmen des Individuums äussert (vgl. dazu ausführlicher Bublitz/Hanke/Seier 2000). Um 2000 scheint die Machtwirkung heterogener Diskurse wieder in ein evolutionsbiologisch-genetisches Archiv eingeschrieben zu sein, das allenfalls durch

ganzen Beziehungsgeflechts von Aussagen- und damit zugleich um die Rekonstruktion von komplexen Bedeutungsstrukturen. Dieses Verfahren gewährleistet die Verknüpfung von Aussagen zu Diskursen.

3.2 Diskurse als Strukturachsen der Gesellschaft

Die strukturale Archäologie als historische Analyse von Diskursformationen (vgl. Bublitz 1999b) rekonstruiert das Feld des Wissens als Feld der Streuung und seiner Homogenisierung. Zentrale Elemente eines Gebiets sind Diskurs-‚Figuren', in deren Inneren sich ein Feld der Abweichungen und der Normalität entfaltet; diese sind in einem Koordinatensystem auf einer ‚Achse' angeordnet, entlang derer die Abweichungen und die Norm abgetragen werden (vgl. Foucault 1999a: 55 f). Dadurch entsteht ein Vergleichsfeld und ein Differenzierungsraum. „Hand in Hand mit dieser ‚wertenden' Messung geht der Zwang zur Einhaltung einer Konformität" (Foucault 1976: 236), der gleichzeitig Prozesse der äußeren Abgrenzung des ‚Normalen' vom ‚Anormalen' sowie der Homogenisierung und damit der Normalisierung des Feldes bewirkt (vgl. Link 1997: 75 ff; vgl. Foucault 1999a: 55 f). Durch interdiskursive Prozesse der Durchdringung, der Verschiebung und Transformation konstituiert sich ein Feld der Homogenität, das „multidiskursiv konstituierte Ordnungskategorien" (Runte 1996: 43) als Normen etabliert und gleichzeitig die individuellen Abweichungen zuläßt. Dieses Verfahren normalisiert das Feld der Abweichung und stellt ihre Abgrenzung von der Norm her, und dies, obwohl die Definition der Abweichung und damit auch der Norm ebenso wie die Grenze zwischen Abweichung und Norm(alität) kaum bestimmt werden können.[23] Über die Herstellung eines Wissens über die Regel der Abweichung konstituiert sich die Norm und damit auch gesellschaftliche Normalität als bewegliches Feld, nicht als fixer Punkt.[24] Dieser Vorgang dient der ‚Verteidigung' der Gesellschaft gegen das Abweichende, Unnormale, Asoziale, Kriminelle (vgl. Foucault 1997; dt. 1999b) durch die flexible Herstellung der Norm.

Diskurse konstituieren einen „polyvalenten Kausalitätsraum" (Foucault 1999a: 55), aus dem alle möglichen Anomalien, extreme ebenso wie ‚unauffälli-

kulturgenetisch-humanistische, bioethische sowie philosophisch-eugenische Positionen ‚korrigiert' wird; dies zeigt sich u. a. an der Diskussion um die genetische ‚Formel des Menschen'. Diskursanalytisch interessant wäre nicht nur die Rekonstruktion des Archivs um 2000, sondern auch die Rekonstruktion der Diskontinuitäten und Brüche im 20. Jahrhundert und deren Transformation um die Jahrhundertwende des 20./21. Jahrhunderts.

[23] Ihre Bestimmung folgt, ebenso wie die der Norm – und der Abweichung – selbst, vielmehr einer Entscheidungslogik, die jeder empirischen Begründung vorausgeht.

[24] Vgl. zu dem gesamten Komplex auch Bublitz (1999c, 2000b).

ge' Formen der Abweichung hervorgehen. Dabei entsteht so etwas wie die ,Normalität des Anormalen', bedingt durch seine statistische Häufigkeit, durch das Ausmaß der Abweichung von der Regel, die sich in unmittelbarer Nähe zur Regel befindet, durch seine vertraute, ja fast alltägliche Erscheinung auf der einen und das Gebiet der ,wirklichen' Anomalien auf der anderen Seite (vgl. Foucault 1999a: 55 f).

Der Diskursraum stellt sich so als Raum einer Differenzierung der Gesellschaft dar: Diskurse sind in eine Polyvalenzstruktur von Bedeutungen, Praktiken, Machtformen und -kämpfen im Sinne einer Matrix ,eingeschrieben'. Der Begriff der Matrix wird hier als ,Gesamtregel' einer offenen Struktur verstanden. Bedeutungen von Diskursen kommen daher nicht eigentlich den diskursiven (Aussagen-)Texten zu, sondern entstehen dadurch, daß ,Texte' auf ein Netz diskursiver Praktiken und damit zugleich immer auf einen semantischen Wissensvorrat einer Kultur bezogen werden. Daran wird deutlich, daß der Diskursbegriff als ,Netzmetapher' räumlich-geometrische Vorstellungen impliziert und insofern eine mehrdimensionale Macht-Wissens-Struktur im mathematischen, nicht im begrenzten physikalischen Sinne, bildet. Die ,Netzmetapher'[25] verweist methodisch auf eine Dimension der Gleichzeitigkeit oder Simultaneität von manifesten und latenten Bedeutungsstrukturen im Sinne eines Bedeutungsvolumens oder ,Bedeutungshofs' einzelner Diskurselemente, Diskurse oder Diskursformationen, die im Sinne einer homöostatischen, aber sich selbst ständig verändernden, offenen Matrix angeordnet sind.

Diskurse müssen also gewissermaßen als ,Zeichen' einer komplexen Regel und das heißt, einer Signifikationsstruktur und -kette aufgefasst werden. Das bedeutet, daß die Wirkung von Diskursen sich nicht unbedingt aus dem vorliegenden empirischen Material selbst erschließen läßt, sondern aus der diskursiven ,Gesamtarchitektur' der Gesellschaft rekonstruiert werden muß. Sie erschließt sich aus Verweisungsstrukturen, aus den Differenzen von Diskursen zu anderen. Im diskursanalytischen Verfahren wird also ein Differenz-Netzwerk entwickelt, aus dem sich erst die ,Bedeutungen' der Diskurse als spezifischen Problematisierungs- und Konstituierungsweisen sozialer Gegenstände erschließen lassen.[26]

---

[25] Vgl. zur Netzmetapher in der Sprachtheorie und deren Bedeutung für die Konstitution n-dimensionaler Hyperräume und -realitäten Winkler (1997). Mit diesen Überlegungen gelingt es m. A. n., im Sinne einer sozialwissenschaftlichen Operationalisierung der Diskursanalyse, das Diskursmodell wieder an sprachtheoretische Ansätze anzuschließen und es zugleich, wie Foucault dies tut, aus seiner engen, linguistischen Verwendung zu lösen; vgl. dazu auch Abschnitt 4 dieses Beitrags sowie die Ausführungen zum Dispositivbegriff im Glossar, die auf Vernetzungen heterogener Elemente in anderer Weise hinweisen.

[26] So erscheint der ,Kultur'-, ,Volks'- oder ,Gesellschaftskörper' ebenso wie ,die Gesellschaft' als Gegenstand, der sich aufgrund komplexer Differenzbeziehungen heterogener Diskurse konstituiert; vgl. dazu Bublitz/Hanke/Seier (2000d). Zum Gegenstand von Diskursen wird etwas nicht als verein-

Damit wird dann auch auf dieser Ebene deutlich, daß Diskurse mehr sind als die Bezeichnung der Dinge. Während Foucault davon ausgeht, daß Diskurse die Gegenstände, die sie bezeichnen, durch Regelhaftigkeiten erst hervorbringen, zeigt sich jetzt, daß Diskursformationen ein semantisches System gesellschaftlicher Signifikationsstrukturen bezeichnen, zu dem die einzelnen Diskurselemente in Beziehung gesetzt werden (müssen).

Die Differenzierung der Gesellschaft erfolgt auf der Ebene heterogener Diskurse zunächst auf unterschiedliche Weise. Das heißt dann aber auch: Es gibt nicht ein Strukturmuster und ein Achsenmodell, nicht eine gesellschaftliche Ordnung, sondern gesellschaftliche Ordnungen.

Was als Normalität und als Abweichung gilt, unterscheidet sich jeweils in den heterogenen Diskursen, so daß das, was in einem Diskurs als Normalität oder als ‚positive Abweichung' gilt, sich in einem anderen als ‚negative Abweichung', als Pathologie, ‚Geisteskrankheit', ‚Entartung' oder ‚Degeneration' darstellt und umgekehrt.[27] Daraus folgt: Das Strukturachsenmodell von Normalität und Abweichung wird jeweils, je nach Diskurs, verschoben, so daß schließlich das, was jeweils als Normalität und Abweichung gilt, diametral entgegengesetzt erscheinen kann und die entsprechenden paradigmatischen Diskurs-‚Figuren' sich jeweils in einem anderen Feld oder Raum der Abweichung und Normalität befinden.[28]

Zur Fiktion *einer* Ordnung wird die Pluralität von Wirklichkeits- und Ordnungsvorstellungen durch strukturelle Koppelung heterogener Diskurse im Dispositiv, das durch Vermehrung und Intensivierung des Wissens und der Praktiken, die sich zu einem Macht-Wissens-Komplex disparater und heterogener Elemente zusammenschalten, gekennzeichnet ist. Es handelt sich dabei um eine Form der Intensivierung der Macht, die „ein feines Netz von Diskursen" (Foucault 1977: 92) und Machtstrategien um einen diskursiv hervorgebrachten Gegenstand spannt.[29]

---

zeltes, sondern als Massenphänomen, gewissermassen als gesellschaftliche ‚Epidemie', statistische Häufung.

[27] Gesellschafts- und sozialkritische Diskurse verorten z. B. das ‚verhaltensauffällige' Individuum im Feld der Normalität und versetzen die Gesellschaft ins Feld der Abweichung oder der ‚Pathologie', während medizinisch-psychiatrische und neurobiologische Diskurse Verhaltensaufälligkeit als ‚Krankheit', ‚Pathologie', ‚Geisteskrankheit' oder neurologische Störung (Aufmerksamkeitsdefizit) im Feld der Abweichung verorten. Heterogene pädagogische Diskurse dagegen betrachten das ‚verhaltensauffällige' Individuum als positive oder negative Abweichung von einer Lern- und Verhaltensnorm mit der Folge entsprechender pädagogischer Förder- oder Disziplinarmaßnahmen.

[28] Eine Ausnahme bildet die ‚Normopathie', die die gesellschaftliche Norm und Normalität als ‚Krankheit' fasst; dies folgt aus der Perspektive einer Diskursposition, die sich gewissermassen ausserhalb des kulturellen Archivs befindet, das analysiert wird.

[29] So bilden z. B. der Körper und das Subjekt den Gegenstand einer Vielzahl von Diskursen, die sie auf unterschiedliche Art und Weise hervorbringen, ‚umspannen' und mit Hilfe von Technologien durchdringen; vgl. dazu Abschnitt 6 dieses Beitrags sowie insbesondere die Einleitung von Bublitz/Hanke/Seier (2000).

Diese strukturellen Koppelungen disparater Elemente erzeugen komplexe Differenz-Strukturen. Damit ist nun näher bestimmt, was unter Regelhaftigkeit der sozialen Wirklichkeit zu verstehen ist.

In einer ersten Annäherung sind nun auch die – praktischen und methodischen – Struktur-'Achsen' der Gesellschaft bezeichnet: Diskurse bilden die beweglichen und offenen Elemente, die sich zu kontingenten Strukturmustern und schließlich zu Normalisierungsachsen und -polen der Gesellschaft verbinden. Dabei kreuzen sich zunächst die unterschiedlichen Praktiken heterogener Diskurse zu Vorstellungen von Normalität und Abweichung. Aus diskursiven ,Kreuzungen' bilden sich aufgrund von Macht-Kräfteverhältnissen und strategischen Kämpfen bewegliche Koordinatensysteme, die einen objektiven, diskursiven Raum heterogener Diskurs- und Subjektpositionen konstituieren. Diese relationale Beziehung von Diskursen und Diskursformationen konstituiert erst das, was gesellschaftlich, bezogen auf verschiedene diskursive Räume und Felder, unter ,Normalität', zu verstehen ist. Schließlich setzt sich in diesem Differenzierungsraum die ,Macht der Norm' durch.[30]

4 Diskursanalyse als Methode

4.1 Organisierende Prinzipien der Diskursanalyse

4.1.1 Rekonstruktion der Regeln und der Regelhaftigkeit von Diskursen aus Aussagen(komplexen)

Die gesellschaftliche Funktion von Diskursen findet ihre methodische Entsprechung in der methodischen Operationalisierung der Diskursanalyse (vgl. Diaz-Bone 1999). Organisierendes Prinzip der Rekonstruktion von Diskursen sind die Problematisierungsweisen und damit die Regeln, nach denen soziale Wirklichkeit objektiv, begrifflich und strategisch gebildet wird: Es handelt sich dabei um die

[30] Am Beispiel der diskursiven Hervorbringung und (Neu)Ordnung von Kultur und Gesellschaft um 1900 wird deutlich, wie sexualethische, tayloristisch-sozialdarwinistische, rassenhygienisch-eugenische, sexualwissenschaftliche und sexualpathologische sowie rassenanthropologische und kulturwissenschaftliche Diskurse (wobei es sich hierbei um einen ,Ausschnitt' aus der Totalität des Archivs um 1900 handelt) strategisch aufeinander bezogen sind, nämlich so, daß die jeweiligen Diskurspositionen ihren eigenen Entwurf jeweils gegen die andere(n) absichern und im Entwurf einer sozialen Ordnung und Kulturentwicklung daher immer mit Verwerfungen arbeiten. Aus diesen relationalen Beziehungen und Kämpfen entwickeln sich sowohl heterogene Ordnungsvorstellungen, die Diskursen zugeordnet werden können als auch letztlich die Vorstellung ,einer' Ordnung, die in sich die Heterogenität zur Homogenität von Kultur und Gesellschaft steigert. Vgl. dazu auch die Überlegungen in Bublitz (2005).

Regeln, die der Formation der Gegenstände, der Begriffe, der Äußerungsmodalitäten und der Formation der Strategien zugrunde liegen. Sie konstituieren einen objektiven Raum, der durch eine Zeitachse, auf der die – diachronische – Genealogie von Diskursen mit ihren Verschiebungen und Transformationen sichtbar wird, ergänzt wird. Diese Regeln „auferlegen sich (...) gemäß einer Art uniformer Anonymität allen Individuen, die in diesem diskursiven Feld sprechen" (Foucault 1973: 92).

Wenn Hubert Markl, Zoologe und Evolutionsbiologe und Präsident der Max-Planck-Gesellschaft, Aussagen über ‚den Menschen' und die ‚biologischen Quellen des Humanen' in der Art macht:

> „Konrad Lorenz hätte seine helle Freude daran gehabt. Jahrzehntelang hatte er Belege dafür aus dem ganzen Tierreich und zusammen mit seinen Schülern auch für den Menschen zusammengetragen, daß ihr Verhalten auch artspezifisch angeborene, also genetisch beeinflusste Anteile hat" (Markl 2000: 18)

und an späterer Stelle davon ausgeht:

> „Wann was von wem, unter welchen Bedingungen, wie genau, wie schnell und wie dauerhaft gelernt werden kann, bezeugt in einer für jede Spezies charakteristischen Weise die unauflösliche Verschränkung angeborener und umweltabhängiger Faktoren in der Verhaltensentwicklung – vom Gesang der Singvögel bis zur menschlichen Sprache" (ebd.),

dann ‚spricht, hier(aus) der verhaltens- (und evolutions)biologische Diskurs, dessen Regel der Konstitution des Gegenstands ‚Mensch' die der Verschränkung von Tier und Mensch, von Anlage und Umwelt und damit die Annahme einer „kulturellen Zwitternatur des Menschen" (ebd.) ist; diese Regeln erlegen sich allen Individuen auf, die in diesem diskursiven Wissensfeld (des verhaltensbiologischen Diskurses) sprechen.

Wesentlich für das Erkennen sowie die Unterscheidung und Abgrenzung von Diskursen ist die Unterscheidung der Regeln, nicht der Gegenstände oder ‚Themen'. Das bedeutet: Ein Diskurs kann vielfältige und verschiedene, in sich möglicherweise vollkommen heterogene Gegenstände hervorbringen, die nach derselben Regel (der Gegenstands- und Begriffsformation) gebildet werden. Gegenstände werden ihrerseits multidiskursiv und damit nach verschiedenen Regeln gebildet. In ihnen kreuzen sich also unterschiedliche Diskurse und damit auch Regeln; sie bilden, so gesehen, den Kreuzungspunkt von Diskursen und eine Bündelung von Regelhaftigkeiten.

4.1.2 Erkennen/Identifizieren/Unterscheiden/Abgrenzen von Diskursen

Diskurse können nicht unmittelbar verstanden werden, sondern müssen durch methodische Schritte aus dem Diskursmaterial herausanalysiert werden.[31] Man erkennt Diskurse aufgrund einer Regelhaftigkeit, mit der sie gebildet werden; diese wird entweder aus dem Aussagenmaterial direkt ersichtlich oder ist aus in der Aussage enthaltenen Diskurselementen oder -partikeln sowie weiteren Aussagen- und Textelementen zu erschließen. Das setzt dann aber voraus, daß man die entsprechenden Diskurse und ihre Regelhaftigkeit bereits vor der diskursanalytisch-methodischen Rekonstruktion *kennt*, um sie im vorliegenden Aussagenmaterial zu *erkennen*. Die Forschenden müssen das Archiv, seine Gesetze und Regeln kennen, aus dem das Gesagte entnommen wird – oder sich dieses, bezogen auf die Fragestellung und den Gegenstand des Forschungsvorhabens erschließen – und in der Analyse Hypothesen darüber bilden, welchem Diskurs das Gesagte aufgrund seiner Regelhaftigkeit und seiner semantischen Komplexität zugeordnet werden könnte; die Zuordnung ‚verhaltensbiologischer Diskurs' zum semantischen Komplex einer Aussage setzt also die Kenntnis der Regeln voraus, nach denen Gegenstände im verhaltensbiologischen Diskurs gebildet werden.[32] Die Zuordnung der Aussagen zu einer Regelhaftigkeit ist der eigentliche Akt der ‚Konstruktion' des Diskurses, der zugleich ein Vorgang der Rekonstruktion insofern ist, als der so konstruierte Diskurs rekonstruierend als spezifiziertes Element des Archivs aus dem untersuchten Material erschlossen wird. Die Abstraktion und die Objektivierung der Regeln aus dem Aussagenmaterial geht nicht ohne Reflexion des Gesagten auf dem Hintergrund des Gewussten; gemeint ist damit eine Objektivierung der eigenen diskursiven Position durch Rekonstruktion der Diskursregeln aus dem Material.

4.1.3 Kontextualisierung – Kreuzung – Interdiskursive Beziehungen – Verwerfungen

Diskurse sind kontextualisiert; ihre Bedeutung bestimmt sich durch das Verhältnis von Subjekt, Objekt und durch den Kontext, in dem sie auftauchen.

[31] Vgl. Diaz-Bone (1999: 126). Daß Diskurse nicht unmittelbar ‚verstanden' werden können, sondern „durch ein methodisches Instrumentarium zugänglich und sichtbar gemacht gemacht werden" (ebd.) müssen, setzt voraus, daß sie strukturell im Sinne des ‚positiven Unbewußten' in der Aussage ‚anwesend' sind.

[32] Erleichtert wird diese Zuordnung oftmals dadurch, daß der Diskurs selbst im Text genannt wird und dort auch Abgrenzungen gegen oder Verwerfungen anderer Diskurse vorkommen.

In den Aussagen Hubert Markls, die im Kontext der genbiologischen und -technologischen Entschlüsselung ‚des Menschen' stehen, lassen sich mindestens fünf Diskurse bzw. Diskurspositionen rekonstruieren, denen jeweils spezifische Regeln der Problematisierung ‚des Menschen' als Gegenstand des Wissens bzw. eines Wissensfeldes mit den entsprechenden Begrifflichkeiten entsprechen: Der verhaltensbiologische Diskurs (Regel: Verschränkung von Anlage und Umwelt; Tradition von Konrad Lorenz u. a.); der evolutionsbiologische Diskurs (Regel: biologische Anpassung des Menschen zur Arterhaltung; darwinistische Tradition); der biogenetische Diskurs (Regel: genetische Determination des Menschen; ‚biogener Zwangszusammenhang'); der bioethische Diskurs I (Regel: humanistische, durch Vernunft bestimmte Konstitution des Menschen, gegen Biowissenschaft gerichtet; von Markl dem Interdiskurs der Kulturredaktionen der Medien zugeordnet); der bioethische Diskurs II: bioethisch-evolutionsbiologisch-genetischer Diskurs (Regel: genetisch-biologisch-evolutionäre Entwicklung des Menschen, in der die menschliche Entwicklung zu Freiheit und Selbstbestimmung vorgesehen ist); und der kulturgenetische Diskurs (Regel: Vererbung kulturell erworbener Eigenschaften; Markls Position), wobei die beiden letztgenannten Diskurse sich unmittelbar kreuzen und sich zu einem komplexeren Diskurs verbinden. Die gesamte diskursive Kreuzung aktualisiert sich in einem bestimmten epistemologischen und historischen Kontext, nämlich dem der Genomanalyse und deren Machtwirkungen; sie konstituiert die Bedeutung der jeweiligen Diskurse, bezogen auf den durch sie konstituierten Gegenstand ‚Mensch' und seine Bedeutung an der Wende des 20./21. Jahrhunderts. Gleichzeitig sind sie mit Verwerfungen verbunden, also in diesem Beispiel die Verwerfung des bioethischen Diskurses I, der sich gegen die biowissenschaftliche Entschlüsselung, Regulierung und ‚Züchtung' des Menschen richtet.

Interdiskursive Beziehungen erschließen sich meistens aus manifesten oder latenten Diskurspolen. Sie sind als Diskurspole im Sinne ‚imaginärer' Verweisungszeichen im Material präsent, letztlich aber außerhalb des untersuchten Materials auffindbar.[33]

Es handelt sich um ein Verfahren, das die prinzipiell unendliche Verweisungsstruktur von Diskursen eingrenzt auf paradigmatische Relationen; diese werden in aller Regel als bipolare Oppositionen rekonstruiert.[34] Dabei steht Diskurs für eine ‚Netzmetapher' zur Bezeichnung komplexer Beziehungen zwi-

[33] ‚Imaginär' soll heißen: Die Diskurspartikel oder -fragmente, die in das Aussagenmaterial ‚hineinragen' oder auf die bezug genommen wird, können außerhalb des Aussagenmaterials in einem gesonderten Diskurskorpus analysiert werden.

[34] Dies betrifft sowohl die Diskursstruktur selbst, die bestimmt wird von Polaritäten wie gesund-krank, artgerecht-‚entartet' u. a., als auch die interdiskursiven Beziehungen von Diskursen. Es gibt eine ‚Ordnung' oder eine Architektur von Diskursen, die die einzelnen Diskurspositionen jeweils

schen Aussagen- und Diskurselementen, Wissenskonfigurationen, Praktiken und Technologien.

Am Beispiel des rassenhygienischen Diskurses um 1900 wird deutlich, wie die strategische Wahl der ‚Rassengesundheit' zur Bedingung und zum Ort eines spezifischen Geschlechterwissens wird, das Geschlecht und Sexualität mit Fortpflanzung koppelt. Durch Verwerfung einer im sexualwissenschaftlichen Diskurs (durch die Position Magnus Hirschfelds) angenommenen ‚normal'-geschlechtlichen Variation des Menschen und durch die Übernahme des Entwurfs einer ‚gesunden' und ‚degenerierten' Sexualität und Geschlechtlichkeit (aus psychiatrischen, insbesondere sexualpathologischen Diskursen), erscheinen Geschlecht und Sexualität hier ausschließlich im Kontext von Zeugungs- und Fortpflanzungsfähigkeit und ‚Rassenerhaltung'. Homosexualität erscheint demnach als „krankhafte Entartung" und „geschlechtliche Abnormität" (Rüdin 1904: 99).[35]

Die vorangegangenen Beispiele zeigen, daß die Beziehungen zu anderen Diskursen und deren Verwerfungen, aber auch deren positive Einbeziehung der strategischen Festigung der eigenen Diskursposition und seiner Verortung „in einem komplexen Feld von Ermöglichung und Begrenzung" (Keller 1997: 318) dienen. Der wirklichkeitskonstitutive Effekt von Diskursen ergibt sich also in Relation zu anderen, in Ähnlichkeits- und Kontrastverhältnissen konstituierten Aussagen, diskursiven Praktiken und deren technologischen Effekten.[36]

4.1.4 Rekonstruktion von Diskurspolen

Polaritäten bilden die normalisierenden Ordnungspole eines Kontinuums, in das mit Hilfe von Zäsuren Schnittstellen (Diskurspole) eingefügt werden. Es handelt sich beim diskursanalytischen Verfahren also darum, in der beschreibenden Rekonstruktion der Positivität der Aussagen das Unsichtbare sichtbar zu machen:

---

auf Differenzpositionen bezieht und gegen diese abgrenzt; dies betrifft die Formationsregel der strategischen Position des Diskurses.

[35] Diese Position der ‚Degeneration' erscheint im gegenwärtigen Diskurs der Gleichstellung homosexueller Paare unter Rekurs auf den Schöpfungsdiskurs wieder in der Diskursposition des katholischen Bischofs Dyba: „Den besonderen Schutz für Ehe und Familie gibt es natürlich, weil sie die kommende Generation bringen, weil sie durch Aufziehen von Kindern mit vielen Lasten und Pflichten unsere Zukunft garantieren (...). Wenn Sie (...) bei niedrigsten Geburtenzahlen, hohen Scheidungsraten, vielen Schwangerschaftsabbrüchen homosexuelle Verhältnisse mit Ehe und Familie gleichsetzen, dann ist das ein Schritt in die Degeneration, weil die Förderung einer künftigen Generation dadurch in Frage gestellt wird" (Der Spiegel Nr. 29/2000: 88).

[36] ‚Der Mensch' bildet als multidiskursive Kategorie um 1900 eine diskursive Kreuzung aus (rassen-) anthropologischen, sozialdarwinistischen, eugenisch-rassenhygienischen, individual- und sozialhygienischen, psychiatrisch-psychologischen sexualwissenschaftlichen, -ethischen und -pathologischen sowie kulturwissenschaftlichen Diskursen bzw. Diskurssträngen und -formationen.

Das Unsichtbare sind die Regeln, nach denen die bipolaren Strukturen (der Gesellschaft) auf der Ebene von Diskursen soziale Gegenstände als soziale Tatsachen und Kulturfaktoren (vgl. Schrage 1999: 71) bilden. Den gesellschaftlichen Ordnungsstrukturen und -polen entsprechen auf der Ebene der Diskurse und Diskursformationen diskurstragende Kategorien als semantische Komplexe, Regelhaftigkeiten, Diskurspole und Oppositionsmuster sowie Machtwirkungen, die in der Analyse freigesetzt werden. Damit gelingt es, ‚genealogische Stammbäume' von Diskurspolaritäten in ihrer ‚diskursiven Kreuzung'[37] zu rekonstruieren, die prinzipiell unendlich, faktisch aber durch das Archiv begrenzt sind und niemals vollständig rekonstruiert werden können. Es kommt, unter Beachtung der begrifflich-methodischen und strategischen Regeln, darauf an, die den Diskursen inhärenten Denkschemata und Wissenstypen zu analysieren, indem die strukturellen Regeln der Aussagen rekonstruiert werden.

Am Beispiel der Diskurse über das ‚verhaltensauffällige Kind' Ende des 20. Jahrhunderts wird deutlich, was mit ‚diskurstragenden Kategorien' gemeint ist und zum anderen, welche imaginären Pole jeweils im Material mitgemeint sind, ohne unbedingt explizit genannt zu werden. ‚Verhaltensauffälligkeit' als diskurstragende Kategorie bezieht sich, je nach Diskurs, auf einen semantischen Komplex und bezieht sich auf eine Norm, sie verweist nämlich auf die Norm der Verhaltensunauffälligkeit. Ein anderer Diskurs spricht von ‚Aufmerksamkeitsdefiziten' und verweist damit auf eine Norm und/oder einen Durchschnitt der Aufmerksamkeit. So bewegt sich das sog. ‚verhaltensauffällige Kind',[38] das im 19. Jahrhundert, interdiskursiv als ‚Zappelphilipp' und ‚Struwwelpeter'/‚Struwwelliese' bezeichnet, vor allem Gegenstand pädagogischer Diskurse bildete, gegenwärtig im Fokus einer fast unendlichen Anzahl von Diskursen, die verschiedenen Disziplinen zugeordnet werden können, je nach Diskurs, in der Polarität von diszipliniert-undiszipliniert, angepasst-unangepasst/auffällig oder gesund-krank bzw. normal-abweichend. An diesem Beispiel wird aber auch sinnfällig, welche genealogische Geschichte und Komplexität Diskursgegenständen in ihren Polaritäten und diskursiven Kreuzungen innewohnen kann und welche komplexen, strategisch begründeten, diskursiven Praktiken der jeweiligen Regelhaftigkeit der Diskurse und der Perspektivierung des Gegenstands entsprechen: Im 19. Jahrhundert Gegenstand der – bürgerlichen – Pädagogik und disziplinierender Erziehungsmaßnahmen, erscheint das ‚verhaltensauffällige' Kind gegenwärtig als Gegenstand sozialkritischer, pädagogischer und psychologischer Diskurse, hier entweder als das nervöse, durch Stressfaktoren überforderte oder persönlich unter-/überforderte sowie psychisch gestörte Kind

[37] Vgl. zum Begriff der ‚diskursiven Kreuzung' Keller (1997).

[38] Diese Bezeichnung ist keineswegs neutral, sondern verdankt sich bereits einer bestimmten Diskursposition, die als hypothetisches Konstrukt der weiteren Untersuchung zugrunde gelegt wird.

entworfen, das entweder veränderte Lernbedingungen oder besondere Förderung, Aufmerksamkeit und Zuwendung, sowie, im Falle pädagogischer und psychologischer Diskurse, Motivations- oder Therapiemaßnahmen erforderlich macht, während sozialkritische Diskurspositionen gesellschaftliche Veränderungen implizieren. Dasselbe Phänomen[39] erscheint in medizinisch-psychiatrischen und neurobiologischen Diskursen als ADS-Phänomen, nämlich als Aufmerksamkeits-Defizit-Syndrom (depersonalisiert) und wird zum Gegenstand medizinisch-psychiatrischer Interventions- und Therapiemaßnahmen. Im (Hoch-)Begabten-Diskurs der Psychologie und Pädagogik wird ‚Verhaltensauffälligkeit' von Kindern entweder als Ausdruck von Unterforderung und Einengung im normalen Schulalltag und daher als ‚positive Abweichung' betrachtet und das so auffällig gewordene Kind daher spezifischen Fördermaßnahmen unterstellt, die, seiner Begabung entsprechend, spezifische Entwicklungsmöglichkeiten eröffnen. Am negativen Pol der Abweichung bewegt sich der (sonder-)pädagogische Diskurs, der ‚Verhaltensauffälligkeit' als psychische Störung, ‚Behinderung' oder als ‚geistiges Defizit' betrachtet und sie Ausgrenzungs- und sonderpädagogischen Fördermaßnahmen unterstellt. Dagegen sieht der humanistisch-(bildungsbürgerliche)-pädagogische Diskurs hierin entweder eine Störung der gesellschaftlichen Lern- und Entwicklungsmöglichkeiten oder aber, je nach Diskursposition und -regel, eine gegen diese gewendete, besondere Kreativität des Kindes. Aus ihm würden sich Forderungen nach der Veränderung der gesellschaftlichen Lernbedingungen und Kreativitätsförderung ergeben. Interessant ist an diesem aktuellen Beispiel nicht nur die Intensivierung der Anreizung des Wissens über Verhaltensauffälligkeiten beim Individuum, sondern die Sichtbarmachung der jeweils zugrundeliegenden Regeln und ihrer Verschränkung.[40]

---

[39] Diskursanalytisch besteht eine Schwierigkeit darin, zu beurteilen, ob und inwiefern es sich hierbei wirklich um dasselbe Phänomen, denselben Gegenstand handelt; die Frage ist nämlich, nach welchen Kriterien entschieden werden kann, daß es sich um denselben, wenn auch verschieden benannten und verschiedenen Regel(haftigkeite)n folgenden Gegenstand handelt. Also konkret: Warum ist das, was im pädagogisch-psychologischen und sozialkritischen und/oder bildungshumanistischen Diskurs als ‚Verhaltensauffälligkeit' konstituiert wird, identisch mit dem, was im medizinisch-psychiatrisch und neurobiologischen Diskurs ‚Aufmerksamkeits-Defizit-Syndrom' heißt und als neurobiologische Störung erscheint? Welches sind die Kriterien der Identität und welches die der Differenz eines Gegenstands? Ich denke, es handelt sich bei der Identifizierung des Gegenstands von Diskursen selbst um ein Konstrukt, eine Art Hypothese, die der diskursanalytischen Untersuchung zugrunde liegt und die durchaus identisch sein kann mit einer der untersuchten Diskurspositionen. Das diskursive Konstrukt ‚verhaltensauffälliges Kind' wird also positivistisch zugrundegelegt, wenn es darum geht, heterogene diskursive Beschreibungen in ihren Regelhaftigkeiten zu vergleichen. Durch Kreuzung von Diskurselementen kann auf einen ähnlichen oder gleichen Diskursgegenstand geschlossen werden.

[40] Diese komplexen Verschränkungen können hier nicht sichtbar gemacht werden; zunächst ging es nur darum, die einzelnen Diskurse und ihre Regelhaftigkeit der Gegenstands- und Begriffskonstitution anzudeuten.

4.1.5 Rekonstruktion der Machteffekte diskursiv erzeugter Wahrheiten

Darüber hinaus besteht ein wichtiger Bestandteil der Diskursanalyse, der sie von allen anderen Methoden der Sprach-, Text- und Inhaltsanalyse abgrenzt, darin, Diskurse sowohl als Effekte historischer Praktiken zu analysieren als auch die aus Diskursen folgenden (Macht-)Effekte und Praktiken in die Analyse einzubeziehen.

So besteht eine Machtwirkung der beispielhaft dargestellten Diskurse zum genbiologischen und -technologischen Projekt der Entschlüsselung der Genomstruktur des Menschen am Ende des 20. Jahrhunderts zunächst darin, ‚den Menschen' als Gegenstand eines Wissensfeldes zu entwerfen, dessen Singularität aus den genannten (und anderen) heterogenen Diskurspositionen besteht. Als multidiskursive Kategorie heterogener Diskurse konstituiert sich ‚der Mensch' im Kontext eines Archivs, das zum einen, so scheint es gegenwärtig, durch den Streit genbiologischer und humanistischer Positionen bestimmt wird, und das zum anderen auf Traditionen sowie ‚Siege' der entsprechenden Diskurspositionen in vorausgegangenen Kämpfen, also Positionen der Dominanz oder Marginalität, verweist. Impliziert sind Wirkungen institutioneller Technologien der Regulierung der Bevölkerung und der Disziplinierung des Individuums. Über die Art des Zusammenwirkens von Diskursen und institutionellen Praktiken ist damit noch keine Aussage getroffen.

4.2 Das diskursanalytische Verfahren der strukturalen Archäologie als soziologische Methode

> „Diskurs im allgemeinen und wissenschaftlicher Diskurs im besonderen ist eine so komplexe Realität, daß wir nicht allein Zugang dazu auf anderen Ebenen und mit verschiedenen Methoden finden können, sondern sollten." (Foucault 1971: 15)

Die Methode der Rekonstruktion von Diskursen als Elemente des Archivs einer Kultur bezeichnet Foucault als ‚Archäologie': „Die Archäologie beschreibt die Diskurse als spezifizierte Praktiken im Element des Archivs" (Foucault 1973: 190). Das Archiv regelt das Erscheinen von diskursiven Ereignissen, „die sich hierdurch dem Code einer historisch gegebenen Kultur unterwerfen" (Lichtblau 1999: 237), die zugleich aber in der Ereignishaftigkeit ihres Erscheinens Verschiebungen im Archiv vornehmen und damit Codierungen unterminieren können. Damit markiert es die ‚Gesetze' einer Kultur, mit denen sich die Individuen, vermittelt über diejenigen Denkformen, die ihnen diskursiv bereitgestellt werden, entwerfen und denen sie sich, mittels institutioneller Machttechnologien, unterwerfen.

Zugleich markiert das Archiv „jene Grenze, die eine kulturelle Gemeinschaft von einer anderen trennt und die sie zugleich mit jenem ‚Anderen‘ und ‚Außen‘ konfrontiert, an dem sie ihre eigene Kontingenz erfährt“ (ebd.). Dieses ‚Andere‘ erscheint aber nicht nur im ‚Außen‘ einer anderen Kultur, deren Ort durch den ‚Abstand unserer eigenen diskursiven Praxis‘ gekennzeichnet ist, sondern auch im Inneren der eigenen Kultur als das ‚Andere‘, von einer gesetzten und als solche dennoch natürlich erscheinenden Norm, ‚Abweichende‘.[41]

Diskurse bilden also diejenigen Praktiken, die gesellschaftliche Ordnung(sstrukturen) hervorbringen, und sie bilden damit diejenigen grundlegenden Strukturen, aus denen sich Koordinatensysteme und Achsen entwickeln, die die Diskurse selbst sind und auf denen sie zugleich als Diskurspositionen abgetragen werden. Es ist ein bewegliches Koordinatensystem, in dem sich die Diskurse von Recht und Ordnung, von Norm und Abweichung, von Gesundheit und Krankheit, von Normalität und Pathologie einschreiben und kreuzen und immer wieder neue Positionen von Normalität und Abweichung konstituieren.

Dreyfus/Rabinow sprechen im Zusammenhang mit der Foucaultschen Diskursanalyse von einer ‚interpretativen Analytik‘ (Dreyfus/Rabinow 1987) und gehen davon aus, daß Foucault in der ‚Archäologie des Wissens‘ (Foucault 1973) kein detailliertes methodisches Forschungsprogramm entwickelt hat. Dies mag insoweit zutreffen, als mit der ‚Archäologie‘ in der Tat keine Operationalisierung der Foucaultschen Diskursanalyse vorliegt; dennoch kann sie, gemeinsam mit den historischen Analysen zur Sexualität (Foucault 1977) sowie den 1994 und 1999 in Frankreich publizierten Vorlesungen, letztere zur „Archäologie einer Normalisierungsmacht“ (Foucault 1999b: 4 f), als Methodologie der historischen Rekonstruktion regelgeleiteter Struktur-Praktiken, mit denen soziale Gegenstände in einem sozialen Differenzierungsraum, im Feld der Abweichung und der Normalität, hervorgebracht werden, verstanden werden. Dabei wird die zunächst in Erweiterung sprachtheoretischer Verfahren als ‚diskursive Praxis‘ verstandene Vorgehensweise ausgearbeitet zu einem gesellschaftsanalytischen und -kritischen Verfahren der Rekonstruktion von Strukturmustern, die philosophischen Abhandlungen, gesellschaftlichen, komplexen Praktiken und Programmatiken ebenso zugrunde liegen wie sozialen und technologischen Architekturen der Gesellschaft. Hier geht es um allgemeine Ordnungsstrukturen als Regeln der Konstitution von Gesellschaft.

Man könnte die Archäologie als strukturale Historie kultureller Praktiken daher, in Anlehnung an Durkheim (vgl. Durkheim 1965), als Methodologie einer diskursanalytischen, soziologischen ‚Methode‘ auffassen, deren zentrale Elemente Diskurse als Regeln der Konstitution von Gesellschaft bilden.

---

[41] Z. B. das ‚verhaltensauffällige Kind‘, das der Norm des disziplinierten, lernwilligen und -motivierten Kindes widerspricht.

Daß sie nicht die einzige soziologische Methode der Rekonstruktion gesellschaftlicher Komplexität ist, braucht hier nicht betont zu werden; andere Verfahren können, zumindest ergänzend, herangezogen werden (vgl. dazu Hitzler/Honer 1997, Keller 1997, Jäger 1999). Foucault skizziert, welche Verfahren auf jeden Fall ausgeschlossen sind:

> „Wenn es aber einen Weg gibt, den ich ablehne, dann ist es der (man könnte ihn, ganz allgemein gesagt, den phänomenologischen Weg nennen), der dem beobachtenden Subjekt absolute Priorität einräumt, der einem Handeln eine grundlegende Rolle zuschreibt, der seinen eigenen Standpunkt an den Ursprung aller Historizität stellt – kurz, der zu einem transzendentalen Bewußtsein führt." (Foucault 1971: 15)

In seinem Aufsatz ‚Was ist Kritik?' entwirft Foucault (1992) eine Methode der Kritik, die, ganz im Sinne seiner Ablehnung solcher Methoden, die transzendental begründet sind und auf formale Strukturen jeglicher Erkenntnis mit universalem Erkenntnisanspruch abzielen, als historische Methode der Untersuchung der Ereignisse zu umschreiben ist, die uns dazu geführt haben, uns als Subjekte dessen, was wir tun, denken und sagen, zu konstituieren und anzuerkennen. Es ist eine Methode, die sowohl die historische und lokale Begrenztheit von Diskursen und zugehörigen Praktiken zu analysieren erlaubt als auch deren historisch-kritische Reflexion mit dem Ziel einer praktisch-politischen Veränderung ermöglicht. Vor allem aber besteht Foucault auf einer methodischen Haltung der Aufklärung und Kritik, die die „Verschränkungen von Zwangsmechanismen und Erkenntnisinhalten feststellen kann" und die „die Erkenntnisinhalte in ihrer Mannigfaltigkeit und Heterogenität (...) auf die Machteffekte hin untersucht, deren Träger sie als gültige Elemente eines Erkenntnissystems" (Foucault 1992: 31) sind.

5 Diskurs und Subjekt

Abschließend möchte ich auf das Verhältnis von Diskurs und Subjekt eingehen und damit einem Einwand begegnen, der immer wieder gegen die Diskurstheorie und gegen die diskursanalytische Methode formuliert wird: Es sind die Lebendigkeit des Körpers und der Subjekte, die kritisch gegen die diskurstheoretische Position vorgebracht werden. Während die Archäologie als strukturale Historie kultureller Praktiken die in den Gegenständen eingeschlossenen ‚Diskursschichten' und die diskurskonstituierenden Regeln rekonstruiert, bleibt dabei die

> „Frage nach der ‚Lebendigkeit' der Körper, nach einer nur ihnen eigenen, besonderen Materialität, die den Techniken, den Praktiken des Bedeutens und der Wissenspro-

> duktion, der Zeichen, der Texte und der Medien [voraus- und] entgegengesetzt werden [unwesentlich]. Denn als Objekte des Wissens sind die Körper nie anders denn als kulturelles ‚Urgestein' zu haben" (Schmidt 1999: 9).

Der Körper erscheint so als ‚Stützpunkt' von Differenzdiskursen und ist als solcher Gegenstand einer umfassenden Kartographierung, die ihn mit einem dichten Netz distinguierender Linien umspannt und ihn, über Körpertechniken, kulturell codiert und hervorbringt; der Effekt dieser Kartographierung ist „die Produktion wirklicher Körper" (Sarasin 1999: 446).[42]

Die Frage bleibt aber, woher das Begehren kommt, die Differenz von Erfahrungen, die gegen diskursive Regelmäßigkeiten zur Sprache kommen, einem Subjekt zuzuschlagen, das gegen die symbolische Repräsentation in Anschlag gebracht wird. In der Reklamation eines diskursiv unverfügbaren Subjekts treten m. A. n. die Aporien wieder in Erscheinung, die die Humanwissenschaften von Anfang an kennzeichnen: Der Körper und das Subjekt sollen, obgleich Gegenstand subjektivierender Unterwerfungen unter Wissensformen der Humanwissenschaften und darin implizierter Verwerfungen, diesen gleichzeitig – metaphysisch – enthoben sein.[43] Hier wird gegen ein anonymes, diskursives Geschehen, das den Körper und das Subjekt mit Hilfe von Differenzstrukturen entwirft, ein metahistorisches Subjekt ausgerufen, dessen ‚Unmittelbarkeit' jenseits der Diskurse ungeklärt bleibt. Dabei verweist der nicht enden wollende Rekurs auf ein lebendiges, reflexiv handelndes Subjekt oder auf die nicht-symbolische, vordiskursive Präsenz des Physischen als des diskursiv uneinholbar Leibhaftigen selbst auf diskursive Symbolisierungen zurück.[44] Denn: Der Körper und das Subjekt sind konstruktivistisch-diskurstheoretisch „immer schon Ort der Geschichte und der ‚eingeritzten Eindrücke'" (Sarasin 1999: 440).[45] Aus dieser Perspektive bezeichnet die Sprach-Losigkeit der Subjekte angesichts nicht – bruchlos – symbolisierbarer

---

[42] Sarasin verweist in seiner Körpergeschichte darauf, daß Elias' Geschichte der Zivilisation sich als eine Geschichte des ‚mapping' des Körpers lesen ließe, „in dem Diskurse, regulierte Praktiken und institutionelle Gewalt ein Netz sich langsam wandelnder, historisch kontingenter Grenzlinien auf den Körper zeichnen" (Sarasin 1999: 446) und so den Körper als konkreten, in einer Gesellschaft existierenden erst hervorbringen (vgl. ebd.).

[43] Foucault hat diese Aporien als Selbstwiderspruch der Humanwissenschaften kenntlich gemacht; vgl. Foucault (1971), vgl. dazu auch Habermas (1986: 303 f).

[44] Gemeint sind hier subjekttheoretische Diskurse, die von einer Differenz von Körper und Leib sowie von einem den Diskursen vorgängigen Subjekt ausgehen. Hier entsteht aber dann das Problem der Ununterscheidbarkeit von diskursiven Subjekteffekten und einem vor allen Diskursen angenommenem (Körper-)Subjekt.

[45] Die Dekonstruktion eines natürlichen Körpers hinterläßt aber keine Leerstelle, den Körper als „weiße Leinwand, die es zu bemalen gilt" (Connell 1999: 71). Vielmehr betrachtet es diesen im Zuge der Rekonstruktion als Wirkung einer normierenden Macht, deren Effekt paradoxerweise ein leiblicher Körper ist, der als natürlicher erscheint; vgl. Bublitz (2000a), Bublitz (2002).

Erfahrungen vielleicht die Präsenz des Physischen im Diskurs, aber auch dieses verweist zurück auf die diskursiven Bedingungen, die seine Sprachlosigkeit erst hervorbringen (vgl. ebd.: 450); darüber hinaus aber weist sie auf die Brüchigkeit, Widrigkeit und Widerständigkeit einer diskurskonstituierenden Macht und auf eine mögliche Umkehrung der Kräfteverhältnisse hin. Die Unabgeschlossenheit und Diskontinuität diskursiver Prozesse setzt das Subjekt als handelndes, um das die Diskurse kreisen, wieder ein. Damit verschiebt sich die Annahme einer Identität ebenso wie einer Differenz von Diskurs und Subjekt zu der eines die Diskurse verrückenden Subjekts.

Dennoch gehen der Körper und das Subjekt in den diskursiven Praktiken und Technologien nicht auf, denn diesen wohnt selbst ein ontologisierendes Moment inne: Zwar werden die Bedingungen der Konstitution eines Körpersubjekts humanwissenschaftlich und bevölkerungspolitisch kontrolliert und Normalisierungsprozessen unterworfen, aber der Prozeß seiner Konstitution ist sich in gewisser Weise eine zeitlang selbst überlassen und produziert Kontingenzen und ‚Überschüsse', die in den technologischen ‚Versuchsanordnungen' nicht vorgesehen sind.[46] Hier ist zugleich auch die Stelle, an der das performative Handeln des Subjekts ins Spiel kommt: Die Unabgeschlossenheit und Diskontinuität diskursiver Prozesse setzt das Subjekt als handelndes, das von den Diskursen durchdrungen wird, wieder ein. Judith Butler verweist auf ‚die konstitutiven Instabilitäten' diskursiver Konstruktionen, auf

> „dasjenige, was der Norm entgeht oder über sie hinausschießt, was von der wiederholenden Bearbeitung durch die Norm nicht vollständig definiert und festgelegt werden kann. Diese Instabilität ist die *de*konstituierende Möglichkeit des Wiederholungsprozesses selbst, die Macht, die genau jene Wirkungen aufhebt, von denen (…) [der konstituierte Gegenstand] stabilisiert wird, sie ist die Möglichkeit, die Konsolidierung der Normen (…) in eine potentiell produktive Krise zu versetzen" (Butler 1995, S. 32).[47]

Glossar

Archäologie: Die Archäologie definiert „Diskurse als bestimmten Regeln gehorchende Praktiken" (Foucault 1973: 198); sie rekonstruiert Diskurse als historische Praktiken des Archivs einer Kultur. Damit macht sie historisch gegebene Wissensformen, die „jeden wissenschaftlichen Diskurs, jede Aussagenpro-

[46] Diesen Hinweis verdanke ich Joachim Fischer, Dresden.
[47] Vgl. dazu Bublitz (2000c).

duktion erst ermöglich[en]" (Eribon 1991: 245), zugänglich. Die Methode der Archäologie untersucht die Wirkung der Diskurse auf die Praktiken. Als umfassende Theorie der den verschiedenen diskursiven Praktiken eigenen Regeln kann sie als wissenssoziologische Kulturtheorie verstanden werden.

Archiv: Das Archiv regelt, als System diskursiver Regelmäßigkeiten, das Erscheinen von diskursiven Ereignissen und umfaßt die Regeln ihrer historischen Existenz. Es bildet, als historisches Apriori (=historische Bedingung des Wissens aufgrund des kulturellen Wissensvorrats einer Gesellschaft), eine historische Realitätsbedingung von Aussagen. Damit markiert es die ‚Gesetze' dessen, was in einer Kultur gesagt oder gedacht werden kann und bildet zugleich die Bezeichnung der Grenze zu anderen/früheren Kulturen.

Dekonstruktion: Dekonstruktion bezeichnet die historische Positionierung von Wissen und sozialer Wirklichkeit, die durch Historisierung Verschiebungen und Kippbewegungen überzeitlicher Wahrheiten vornimmt. Gegen die Annahme ahistorischer Universalien gerichtet, verwirft sie die scheinbare Evidenz anthropologischer Konstanten als Wirkung einer machtvollen Konstruktion, indem sie die Bedingungen ihres historischen Erscheinens sichtbar macht. Gegen Wahrheitspositionen gerichtete Denkhaltung, die Spiele der Wahrheit aufdeckt und gleichzeitig in sie einbezogen ist. Scheinbar anthropologisch begründete Merkmale werden so als historisch-kulturelle Konstrukte sichtbar. Beispiel: Rasse(n-) oder Geschlecht(smerkmale), die als Teil der – sozialen – Natur des Menschen begründet werden, erscheinen dekonstruktivistisch als kulturelle Konstrukte und Zuschreibungen.

Sie ist, in der simultanen Verbindung des *archäologischen* und *genealogischen* Verfahrens, elementarer Bestandteil des diskursanalytischen Methode. (→ Kritische Ontologie; Deontologie)

Deontologie(sierung): Denkhaltung der Ent-Naturalisierung oder -Substantialisierung, gegen die Annahme des Natur- und Wesenmäßigen gerichtet; etwas wird deontologisiert, wenn das, was wesensmäßig oder naturhaft erscheint, als historisch und kulturell, vor allem aber als machtförmig bedingt, herausgearbeitet wird.

Diskurs/e: Diskurse sind regelgeleitete Praktiken, die Gegenstände nicht nur bezeichnen, wie die Sprache oder andere symbolische Ausdrucksformen, sondern das, worüber sie sprechen, real hervorbringen. Darin besteht, neben ihrem konstruktiven, ihr konstitutiver Charakter: sie sind wirkmächtig und wirklichkeitskonstitutiv. Diskurse unterscheiden sich voneinander durch die Regeln, denen sie folgen, nicht durch die Gegenstände, die sie hervorbringen. Der Gegenstand kann gleich bleiben, obwohl die Regel, nach der er gebildet wird, jeweils eine andere ist. Das heißt: Verschiedene Diskurse problematisieren aufgrund unterschiedlicher Regeln ein und denselben Gegenstand auf je unterschiedliche Art und Weise. Sie bilden verschiedene perspektivische Sichtweisen des Gegenstands. Diskurse bilden das zentrale Element der Diskurstheorie und ihrer Methode, der Diskursanalyse.

Diskursformationen: Diskurse, die ähnlichen oder gleichen Regeln folgen.

Diskursanalyse: Methodisches Vorgehen, das Diskurse beschreibt und rekonstruiert. Sie erfolgt mit Hilfe des archäologischen und genealogischen Verfahrens der Rekonstruktion regelhafter Praktiken und deren Machtwirkungen.

Dispositiv: Macht-Wissens-Komplex heterogener Elemente. Foucault hebt in der Kennzeichnung des Dispositivs drei Gesichtspunkte hervor: Er bezeichnet mit ‚Dispositiv' „ein entschieden heterogenes Ensemble, das Diskurse, Institutionen, architekturale Einrichtungen, reglementierende Entscheidungen, Gesetze, administrative Maßnahmen, wissenschaftliche Aussagen, philosophische, moralische oder philanthropische Lehrsätze, kurz: Gesagtes ebensowohl wie Ungesagtes umfaßt. (…). Das Dispositiv selbst ist das Netz, das zwischen diesen Elementen aufgespannt werden kann" (Foucault 1978: 119 f.). Zweitens verweist Foucault auf „das Spiel von Positionswechseln und Funktionsveränderungen" (ebd.: 120) der einzelnen Elemente eines Dispositivs, und drittens betont Foucault die „strategische Funktion" von Dispositiven und deren „positive oder negative, gewollte oder ungewollte Wirkung" (ebd.: 120 f.). Unwesentlich erscheint ihm dabei die Abgrenzung diskursiver von nicht-diskursiven, institutionellen Praktiken (vgl. ebd.: 125). Ein Dispositiv ist eher durch Vermehrung und Intensivierung des Wissens und der Praktiken, die sich zu einem Macht-Wissens-Komplex disparater und heterogener Elemente zusammenschalten als durch negative Ausschließungs- und Verwerfungsmechanismen gekennzeichnet. Es handelt sich dabei um eine Form der Intensivierung der Macht, die „ein feines Netz von Diskursen" (Foucault 1977: 92) und Machtstrategien um einen diskursiv hervorgebrachten Gegenstand spannt; der Repressionscharakter von Dispositiven ist demgegenüber zweitranging. Foucault geht aufgrund der Vielzahl historischer Diskurse und der Intensität der Diskursivierung der Sexualität seit dem 18. Jahrhundert davon aus, daß die Sexualität in einem Kreuzungspunkt von Geständnis- und wissenschaftlichen Verfahren zentral ist für die Selbst- und Subjektkonstitution in modernen Gesellschaften.

Genealogie: Die Genealogie betrachtet die Entstehung von Diskursen und diskursiven Regelmäßigkeiten aus historisch sich verändernden Machtkonstellationen und Machtspielen; sie analysiert Diskurse als Wirkung von Machtpraktiken. Die Machtanalytik ist das eigentliche Feld der Genealogie: Der Wille zur Wahrheit rührt genealogisch aus den Praktiken der Macht; er ist Wille zur Macht. Zentraler Begriff der Genealogie ist das Macht-Wissen-Verhältnis, in dem Begriffe, Objekte und Praktiken hervorgebracht und formiert werden. Die Genealogie ist die Geschichte dieses Verhältnisses. Einem Geschichtsverständnis, das Geschichte als ‚globale Geschichte' konstruiert, die auf Begriffen wie Kontinuität, Teleologie, Fortschritt und Evolution begründet ist, setzt die genealogische Untersuchung begrenzt auftretender Diskurs- und Machtformationen die Analyse der Bedingungen gegenwärtigen Wissens entgegen.

Kritische Ontologie: Kritische Haltung der Infragestellung von Evidenzen, deren Herkunft sie analysiert (→ Dekonstruktion; Deontologie). Dabei geht es darum, den Nexus von Macht-Wissen zu analysieren, der einer bestimmten Erkenntnisposition Akzeptabilität verschafft.

Literatur

Bachelard, G. (1978): Die Bildung des wissenschaftlichen Geistes: Beitrag zu einer Psychoanalyse des objektiven Erkennens. Frankfurt/Main: Suhrkamp

Bachelard, G. (1988): Der neue wissenschaftliche Geist. Frankfurt/Main: Suhrkamp

Bublitz, H. (1999a): Diskursanalyse als Gesellschafts-,Theorie'. In: Dies./Bührmann, A. D./ Hanke, C./Seier, A. (Hrsg): Das Wuchern der Diskurse. Perspektiven der Diskursanalyse Foucaults. Frankfurt/Main: Campus, S. 22–48

Bublitz, H. (1999b): Foucaults Archäologie des kulturellen Unbewußten. Zum Wissensarchiv und Wissensbegehren moderner Gesellschaften. Frankfurt/Main: Campus

Bublitz, H. (1999c): Zur ‚Einbürgerung' des Arbeiterdiskurses in den tayloristischen (Normalisierungs-)Diskurs. Transformationen einer Wissens- und Subjektform. In: Sohn, W./Mertens, H. (Hrsg): Normalität und Abweichung. Opladen: Westdeutscher Verlag, S. 119–140

Bublitz, H. (2000a): Lektion Geschlecht. In: Korte, H./Schäfers, B. (Hrsg): Hauptbegriffe der Soziologie (7. völlig überarb. Aufl.). Opladen: Leske + Budrich

Bublitz, H. (2000b): Diskurs und Habitus als zentrale Kategorien der Herstellung gesellschaftlicher Normalität. In: Link, J./Neuendorff, H. (Hrsg): Normalität und Habitualität: Das ‚Normale' im Netz soziologischer Grundbegriffe (Arbeitstitel)

Bublitz, H. (2000c): Geschlecht als historisch singuläres Ereignis. Foucaults poststrukturalistischer Beitrag zu einer Gesellschafts-Theorie der Geschlechterverhältnisse. In: Knapp, G.-A./Wetterer, A. (Hrsg): Geschlechterverhältnis & Gesellschaftstheorie. Münster: Westfälisches Dampfboot

Bublitz, H. (2000d): Die Gesellschaftsordnung unterliegt „dem Walten der Naturgesetze": Sozialdarwinismus als Schnittstelle der Rationalisierung von Arbeit, Bevölkerungspolitik und Sexualität. In: Dies./Hanke, C./Seier, A.: Der Gesellschaftskörper. Zur Neuordnung von Kultur und Geschlecht um 1900. Frankfurt/Main: Campus

Bublitz, H. (2002): Judith Butler zur Einführung. Hamburg: Junius

Bublitz, H. (2003): Diskurs. Bielefeld: Transkript

Bublitz, H. (2005): In der Zerstreuung organisiert. Paradoxien und Phantasmen der Massenkultur. Bielefeld: Transkript

Bublitz, H./Bührmann, A. D./Hanke, C./Seier, A. (Hrsg) (1999): Das Wuchern der Diskurse. Perspektiven der Diskursanalyse Foucaults. Frankfurt/Main: Campus

Bublitz, H./Hanke, C./Seier, A. (2000): Der Gesellschaftskörper. Zur Neuordnung von Kultur und Geschlecht um 1900. Frankfurt/Main: Campus

Bührmann, A. (1999): Der Diskurs als Diskursgegenstand im Horizont der kritischen Ontologie der Gegenwart. In: Bublitz, H./Bührmann, A. D./Hanke, C./Seier, A. (Hrsg): Das Wuchern der Diskurse. Perspektiven der Diskursanalyse Foucaults. Frankfurt/Main: Campus, S. 49–62

Butler, J. (1995): Körper von Gewicht. Die diskursiven Grenzen des Geschlechts. Berlin: Berlin-Verlag

Canguilhem, G. (1977): Ideologie et rationalité dans l'histoire des sciences de la vie: Nouvelles études d'histoire et de philosophie des sciences. Paris: Vrin

Connell, R. W. (1999): Der gemachte Mann. Konstruktion und Krise von Männlichkeiten. Opladen: Leske + Budrich

Derrida, J. (1974): Grammatologie. Frankfurt/Main: Suhrkamp

Diaz-Bone, R. (1999): Probleme und Strategien der Operationalisierung des Diskursmodells im Anschluß an Michel Foucault. In: Bublitz, H./Bührmann, A. D./Hanke, C./Seier, A. (Hrsg): Das Wuchern der Diskurse. Perspektiven der Diskursanalyse Foucaults. Frankfurt/Main: Campus, S. 119–135

Dosse, F. (1996): Geschichte des Strukturalismus. Bd 1: Das Feld des Zeichens. 1945–1966. Hamburg: Junius

Dosse, F. (1997): Geschichte des Strukturalismus. Bd. 2: Die Zeichen der Zeit. 1967–1991. Hamburg: Junius

Dreyfus, H. L./Rabinow, P. (1987): Michel Foucault. Jenseits von Strukturalismus und Hermeneutik. Frankfurt/Main: fischer athenäum

Durkheim, E. (1965): Regeln der soziologischen Methode. Neuwied: Luchterhand

Eribon, D. (1991): Foucault. Eine Biographie. Frankfurt/Main: Suhrkamp

Fink-Eitel, H. (1994): Die Philosophie und die Wilden. Über die Bedeutung des Fremden für die europäische Geistesgeschichte. Hamburg: Junius

Foucault, M. (1971): Die Ordnung der Dinge. Frankfurt/Main: Suhrkamp

Foucault, M. (1973): Archäologie des Wissens. Frankfurt/Main: Suhrkamp

Foucault, M. (1974): Nietzsche, die Genealogie, die Historie. In: Ders.: Von der Subversion des Wissens. München: Ullstein, S. 83–109

Foucault, M. (1976): Überwachen und Strafen. Frankfurt/Main: Suhrkamp

Foucault, M. (1977): Sexualität und Wahrheit. Der Wille zum Wissen, Bd. 1. Frankfurt/Main: Suhrkamp

Foucault, M. (1978a): Dispositive der Macht. Berlin: Merve

Foucault, M. (1978b): Subversion des Wissens. München: Ullstein

Foucault, M. (1992): Was ist Kritik? Berlin: Merve

Foucault, M. (1994): „Autobiographie". In: Deutsche Zeitschrift für Philosophie, 42, 4, S. 699–702

Foucault, M. (1996): Der Mensch ist ein Erfahrungstier. Frankfurt/Main: Suhrkamp

Foucault, M. (1997): „Il faut défendre la société". Cours au Collège de France. 1979. Paris: Gallimard

Foucault, M. (1999a): Les Anormaux. Cours au Collège de France 1974–1975. Paris: Gallimard

Foucault, M. (1999b): In Verteidigung der Gesellschaft. Frankfurt/Main: Suhrkamp

Habermas, J. (1986): Der philosophische Diskurs der Moderne. Zwölf Vorlesungen. Frankfurt/Main: Suhrkamp

Hall, S./Hobson, D./Lowe, A./Willis, P. (Hrsg) (1980): Culture, media, language. London: Routledge

Hitzler, R./Honer, A. (Hrsg) (1997): Sozialwissenschaftliche Hermeneutik. Eine Einführung. Opladen: UTB

Honneth, A. (1985): Kritik der Macht. Reflexionsstufen einer kritischen Gesellschaftstheorie. Frankfurt/Main: Suhrkamp

Jäger, S. (1999): Kritische Diskursanalyse. Eine Einführung (2. überarb. und erw. Aufl.). Duisburg: DISS

Keller, R. (1997): Diskursanalyse. In: Hitzler, R./Honer, A. (Hrsg): Sozialwissenschaftliche Hermeneutik. Opladen: UTB, S. 309–333

Lichtblau, K. (1999): Das Zeitalter der Entzweiung. Studien zur politischen Ideengeschichte des 19. und 20. Jahrhunderts. Berlin: Philo-Verlag

Link, J. (1997): Versuch über den Normalismus. Opladen: Westdeutscher Verlag

Makropoulos, M. (1997): Modernität und Kontingenz. München: Fink

Markl, H. (2000): Wider die Gen-Zwangsneurose. In: Süddeutsche Zeitung Nr. 149 vom 1./2. 7. 2000, S. 18

Miller, P.A. (1999): Toward a Post-Foucauldian History of Discursive Practices. In: Configurations, 7, S. 211–225

Rheinberger, H.-J. (1992): Experiment. Differenz. Schrift. Zur Geschichte epistemischer Dinge. Marburg: Basilisken-Presse

Rüdin, E. (1904): Zur Rolle der Homosexuellen im Lebensprozeß der Rasse. In: Archiv für Rassen- und Gesellschaftsbiologie, 6, S. 99–109

Runte, A. (1996): Biographische Operationen. München: Fink

Sarasin, P. (1999): Mapping the body. Körpergeschichte zwischen Konstruktivismus, Politik und „Erfahrung". In: Historische Anthropologie, 7, 3, S. 437–451

Schäfer, T. (1995): Reflektierte Vernunft. Michel Foucaults philosophisches Projekt einer antitotalitären Macht- und Wahrheitskritik. Frankfurt/Main: Suhrkamp

Schallmayer, W. (1914): Eugenik, ihre Grundlagen und ihre Beziehungen zur kulturellen Hebung der Frau. In: Archiv für Frauenkunde und Eugenik, Bd. I, S. 271–291

Schmidt, D. (1999): Fossilien. Das Insistieren der Körper im Diskurs der Kulturwissenschaften. Vortrag gehalten bei der Interdisziplinären Arbeitstagung des Graduiertenkollegs Körper-Inszenierungen: Grenzverläufe. Der Körper als Schnitt-Stelle. Berlin 1./2.10.1999

Schrage, D. (1999): Was ist ein Diskurs? Zu Michel Foucaults Versprechen, „mehr" ans Licht zu bringen. In: Bublitz, H./Bührmann, A. D./Hanke, C./Seier, A. (Hrsg): Das

Wuchern der Diskurse. Perspektiven der Diskursanalyse Foucaults. Frankfurt/Main: Campus, S. 63–74

Stöcker, H. (1907): Zur Reform der konventionellen Geschlechtsmoral. In: Zeitschrift für Sozialwissenschaft, 10, S. 670–676

Waldenfels, B. (1991): Ordnung in Diskursen. In: Ewald, F./Waldenfels, B.: Spiele der Wahrheit. Michel Foucaults Denken. Frankfurt/Main: Suhrkamp, S. 277–298

Winkler, H. (1997): Docuverse. Zur Medientheorie der Computer. Regensburg: Boer

Diskurs als soziologisches Konzept

Bausteine für eine soziologisch orientierte Diskursanalyse[1]

Michael Schwab-Trapp

Der Beitrag unternimmt den Versuch, einige Instrumente für eine empirische Analyse diskursiver Prozesse aus soziologischer Perspektive zu entwickeln. Er knüpft hierbei an die Arbeiten Foucaults zur ‚Ordnung des Diskurses' (Foucault 1991) an, verzichtet jedoch auf eine ausführliche Diskussion der Foucaultschen Diskursanalyse und anderer diskursanalytischer Untersuchungsansätze. Statt dessen entwickelt er auf direktem Wege einige Kategorien zur Beschreibung diskursiver Auseinandersetzungen. Die Entwicklung dieser Kategorien geht von der Überlegung aus, daß Diskurse verbindliche Deutungen für soziale und politische Ereigniszusammenhänge produzieren, daß diese Deutungen in Konflikten entwickelt werden, und daß eine Diskursanalyse, die die Entstehung, die Verbreitung und die Institutionalisierung solcher Deutungen untersucht, am angemessensten als eine spezifische Form politischer Soziologie begriffen werden kann.

---

[1] Der Beitrag entstand im Rahmen eines von der DFG geförderten Projekts, das die deutschen Diskussionen über die Kriege am Golf und in Jugoslawien in ihrer Bedeutung für die politische Kultur und ihren Wandel untersucht. Er geht auf zwei Vorträge zurück, die an der Universität Augsburg und der Universität Siegen zu diesem Thema gehalten wurden.

1 Einleitung

Das derzeit wohl prominenteste Modell für eine empirisch orientierte Diskursanalyse wurde von Michel Foucault entwickelt. Foucaults Arbeiten bestehen aus einer Reihe von empirischen Studien zu verschiedenen Gegenstandsbereichen[2] und theoretisch-methodischen Konzeptualisierungen des Diskursbegriffs (Foucault 1990, 1991). Im Kern begreift Foucault Diskurse als regelgeleitete Praktiken, die wie Durkheims Kollektivbewußtsein eine Ebene sui generis bilden. In der ‚Archäologie des Wissens' (Foucault 1990), in der Foucault den Diskursbegriff methodisch konzeptualisiert, werden Diskurse analytisch in vier Dimensionen untergliedert. Foucault unterscheidet dort die diskursiven Formationen der Gegenstände, der Äußerungsmodalitäten, der Begriffe und der Strategien. Diskursive Formationen erzeugen die Gegenstände, die sie behandeln; sie bestimmen den Gebrauch und das semantische Feld der Begriffe, die zur Beschreibung dieser Gegenstände verwandt werden; sie legen die Modalitäten fest, in denen eine Äußerung legitimerweise erfolgen kann; schließlich entscheiden sie über die möglichen Wege, die die Diskursteilnehmer in ihrer Rede beschreiten können. Im Zusammenspiel dieser vier Formationssysteme bilden sich spezifische Diskurse aus und werden die operativen Regeln bestimmt, denen diese Diskurse gehorchen. In den späten Arbeiten Foucaults ist die Analyse spezifischer Diskurse dann vor allem an den Verbindungslinien interessiert, die zwischen Macht und Diskurs bestehen. Diskurs und Macht bilden im Konzept Foucaults eine unauflösliche Einheit. Diese Einheit von Macht und Diskurs wird zum einen innerhalb von Diskursen in den Regeln verortet, die sowohl darüber entscheiden, wer legitimerweise an welchem Ort und zu welcher Zeit über bestimmte Gegenstände des Diskurses sprechen kann, als auch die Formen bestimmen, die Diskursbeiträge annehmen können. Zum anderen wird sie in der Verflechtung spezifischer Diskurse mit institutionellen Feldern und sozialen Praktiken verankert. Hierbei geht es Foucault vorrangig um die Konsequenzen, die die Anerkennung einer bestimmten Sichtweise der Wirklichkeit besitzt, um die Machtmittel zur Durchsetzung dieser Sichtweise und um die sozialen und politischen Prozesse, die in und durch Diskurse initiiert oder verändert werden.

Foucault selbst hat das in der ‚Archäologie des Wissens' von ihm entwickelte Analyseraster in keiner seiner Studien explizit und systematisch umgesetzt. Die ‚Archäologie des Wissens' ist eher ein Versuch im Rückblick auf vergangene Arbeiten die eigene Arbeitsweise zu rekonstruieren. Sie formuliert vor allem eine allgemeine Perspektive auf den Untersuchungsgegenstand Diskurs, die primär darauf abzielt, Diskursanalyse als eigenständigen Forschungsansatz zu begründen.

[2] Foucault (1976, 1983, 1989a, 1989b, 1989c).

Hierbei folgt Foucault in weiten Teilen Durkheims Diktum, ‚Soziales nur durch Soziales' zu erklären, und gibt diesem Diktum eine diskursanalytische Wendung. Entsprechend werden in der ‚Archäologie des Wissens' Diskurse vor allem durch diskursive Mechanismen erklärt. Anders verhält es sich mit den materialen Arbeiten Foucaults. In ihnen wird der Diskursbegriff empirisch konkretisiert und auf soziale und politische Koordinaten der Diskursproduktion bezogen. Ihnen können deshalb auch erste allgemeine Perspektiven für eine zugleich empirisch und soziologisch orientierte Diskursanalyse entnommen werden. Die bedeutsamsten Koordinaten für eine solche Diskursanalyse, die sich bei einer Durchsicht der Foucaultschen Studien über Sexualität, Wahnsinn, das Gefängnis oder den ärztlichen Blick herauskristallisieren, ergeben sich meines Erachtens sämtlich aus dem konfliktuellen und öffentlichen Charakter der Diskursproduktion.

Diskurse sind zum einen Gegenstand von Konflikten, weil in und mit Diskursen Deutungsvorgaben für politische und soziale Ereignis- und Handlungszusammenhänge produziert werden, die darüber entscheiden, wie diese Ereignis- und Handlungszusammenhänge wahrgenommen und bewertet werden. Diese Deutungsvorgaben sind umstritten, weil sie das Richtige vom Falschen, das Gute vom Bösen, das Angemessene vom Unangemessenen oder das Normale vom Abweichenden trennen und damit soziales und politisches Handeln legitimieren. Wie Foucault in der ‚Ordnung des Diskurses' schreibt, wird deshalb auch „die Produktion des Diskurses zugleich kontrolliert, selektiert, organisiert und kanalisiert (…)" – der Diskurs „(…) ist dasjenige, worum und womit man kämpft; er ist die Macht, deren man sich zu bemächtigen sucht" (Foucault 1991: 11). Diskurse sind zum anderen ein öffentliches Gut, das nur in öffentlichen Auseinandersetzungen produziert werden kann, weil nur öffentlich diskutierte und innerhalb einer mehr oder weniger breiten Öffentlichkeit kollektiv angenommene Deutungsangebote als Deutungsvorgaben funktionieren können. Wie auch immer diese Öffentlichkeit beschaffen ist – ob es sich hierbei um einen Freundeskreis, eine soziale Bewegung, ein politisches Gremium oder die politische Öffentlichkeit, die uns tagtäglich in den Medien begegnet, handelt – Diskursbeiträge entfalten ihre Wirkungen nur dort, wo Deutungen öffentlich gemacht werden. Deutungsangebote können nur dann als Deutungsvorgaben institutionalisiert werden, wenn diese Angebote ‚veröffentlicht', diskutiert und angenommen werden.[3]

Anders und grundlegender formuliert: Der Begriff des Diskurses setzt die Öffentlichkeit und Konflikthaftigkeit diskursiver Prozesse voraus. Er setzt Öffentlichkeit voraus, weil Diskurse per definitionem nicht aus einem Text bestehen,

[3] Schließlich findet die gesamte Diskursanalyse in der Öffentlichkeit von Diskursen die Bedingung ihrer Möglichkeit. Was sollte der Diskursanalytiker analysieren, wenn ihm der Gegenstand seiner Analyse nicht zugänglich wäre?

sondern aus einem Ensemble von Texten, die in Beziehungen untereinander stehen und sich zu spezifischen Diskursen verschränken. Es ist das große Verdienst Foucaults, darauf aufmerksam gemacht zu haben, daß die Bedeutung eines Diskursbeitrags nicht in diesem Beitrag selbst liegt – sie erwächst vielmehr aus spezifischen Beziehungen der Konkurrenz, des Widerspruchs oder auch der Koalition, die Diskursbeiträge und ihre Träger innerhalb eines spezifischen Diskurses oder aber diskursübergreifend mit und gegeneinander eingehen. Der Begriff des Diskurses setzt mit der Öffentlichkeit zugleich die Konflikthaftigkeit diskursiver Prozesse voraus, weil nur dort, wo konkurrierende Ansprüche auf Definitionsmacht erhoben werden, diskursive Prozesse vorangetrieben werden. Wo jedermann davon überzeugt ist, daß weiß weiß und schwarz schwarz ist und auf der Grundlage dieser Überzeugung handelt, braucht niemand mehr zu sagen, daß weiß weiß und schwarz schwarz ist. Der Diskurs bestünde in diesem Fall aus einem verbindlichen und ‚geheiligten' Text, der allenfalls kommentarlos weitergeschrieben würde. Die allgemeinen Parameter, die sich aus dem skizzierten öffentlichen und konfliktuellen Charakter der Diskursproduktion für die Diskursanalyse ableiten lassen, lassen sich wie folgt zusammenfassend skizzieren:

- Diskursanalyse ist erstens Konfliktanalyse – sie rekonstruiert diskursive Auseinandersetzungen, in denen die Diskursteilnehmer Deutungen für soziale und politische Handlungszusammenhänge entwerfen und um die kollektive Geltung dieser Deutungen ringen.
- Damit ist Diskursanalyse zweitens stets Prozeßanalyse – sie untersucht die Entstehung, die Verbreitung, die Institutionalisierung und den historischen Wandel mehr oder weniger kollektiv geteilter Deutungen für politische Ereignis- und Handlungszusammenhänge.
- Diskursanalyse ist drittens vor allem eine Analyse öffentlicher Auseinandersetzungen – sie begreift Diskurse als ein öffentliches Gut, das in Auseinandersetzungen zwischen administrativen oder politisch-kulturellen Eliten hergestellt und reproduziert wird.
- Als Analyse öffentlicher Auseinandersetzungen ist Diskursanalyse viertens eine Analyse der Beziehungen, die Diskursbeiträge und ihre Träger in ihren Auseinandersetzungen eingehen – sie rekonstruiert Diskursordnungen, in die sich Diskursbeiträge einschreiben.
- Diskursanalyse ist fünftens auf die Legitimität sozialer und politischer Ereignis- und Handlungszusammenhänge bezogen – sie untersucht, wie Diskurse soziales oder politisches Handeln legitimieren und welche Deutungen als legitime Deutungsvorgaben institutionalisiert werden.
- Diskursanalyse ist sechstens Einzelfallanalyse – ihr primärer Untersuchungsgegenstand sind spezifische diskursive Ereignisse, in denen die an diesen

Ereignissen beteiligten Akteure Deutungen entwickeln und um die Anerkennung ihrer Deutungen ringen.

- Als Analyse diskursiver Ereignisse ist Diskursanalyse schließlich siebtens stets vergleichende Analyse – erst im Vergleich gewinnt sie die Fähigkeit, die Prozesse, die in und durch diskursive Ereignisse angestoßen werden, zu identifizieren und zu bestimmen.

Das Diskurskonzept Foucaults hat im Zuge der ‚kulturalistischen Wende' der Soziologie und ihrer Nachbardisziplinen eine mittlerweile nicht mehr überschaubare Anzahl theoretischer und empirischer Arbeiten zu den verschiedensten Gegenstandsbereichen provoziert. Die Probleme, die eine vorbehaltlose Orientierung an diesem Konzept für eine primär soziologisch orientierte Analyse diskursiver Auseinandersetzungen aufwirft, hat Jean K. Chalaby in einem Artikel mit dem Titel „Beyond the prison-house of language: discourse as a sociological concept" klar herausgearbeitet (Chalaby 1996). Chalaby gelangt zu dem Schluß, daß die linguistischen Wurzeln der Diskursanalyse dazu führen, daß Diskurse primär als Sprach- oder Textphänomene begriffen werden, daß damit ihre sozialen Produktionsbedingungen ausgeklammert werden, und daß eine Analyse diskursiver Auseinandersetzungen, die den Diskursbegriff als soziologisches Konzept verwenden will, eine Perspektivenverschiebung vornehmen muß.[4] Chalaby schlägt deshalb auch vor, Diskurse über die externen Bedingungen ihrer Produktion zu definieren und Diskursanalyse als eine Analyse von Textsorten zu begreifen:

[4] Diskursanalytiker werden den Vorwurf, daß sich die Diskursanalyse überwiegend auf die sprachliche Erscheinungsform diskursiver Prozesse konzentriert, empört zurückweisen. Hat nicht Foucault selbst bereits in seinen Studien zum Gefängnis und zur Sexualität eine Soziologisierung der Diskursanalyse betrieben und sowohl soziale als auch politische Koordinaten in die Diskursanalyse integriert? Hat Foucault Diskurse nicht als Zusammenspiel einer diskursiven und sozialen Praxis bestimmt? Sind die vielfachen Äußerungen Foucaults über das produktive Verhältnis, in dem Wissen und Macht zueinander stehen, nicht Ausweis einer Soziologisierung der Diskursanalyse? So richtig all diese Einwände gegen den Vorwurf der Textlastigkeit diskursanalytischer Studien sind; sie verdecken den Umstand, daß bislang eine systematische Verbindung diskursanalytischer und soziologischer Kategorien noch aussteht, daß zum Beispiel die Verschränkung von Macht und Wissen, von der die Diskursanalyse ausgeht, oder die Bedeutung von Diskursen für soziales und politisches Handeln eher metaphorisch behauptet als empirisch ausgewiesen wird. Dies gilt vor allem für die in der Nachfolge Foucaults wohl prominenteste Form der Diskursanalyse – die Analyse massenmedial initiierter und vorangetriebener Diskurse. Ist etwa die Beziehung zwischen Diskurs und Handeln wie die Verflechtung von Macht und Wissen in einer Analyse des Gefängnisses, die Richtlinien für den Umgang mit Gefangenen und Verhaltensvorschriften für die Insassen des Gefängnisses untersucht, noch relativ unproblematisch, weil in diesem Fall Diskurse unmittelbar handlungsrelevant werden und in eine soziale Praxis integriert sind oder werden, so wird diese Beziehung im Fall massenmedialer Diskurse, deren Verhältnis zum sozialen oder politischen Handeln wesentlich vermittelter ist, gänzlich zum Mysterium.

> „(...) a discourse is defined by the external – external because social – conditions of formation and production that make a class of texts a coherent and constructed sociological object (...) texts belong to the same discourse as long as particular relations of production condition the set of discursive practices which produces a class of texts (...)." (Chalaby 1996: 690)

Obwohl Chalaby am Beispiel des journalistischen Diskurses die Produktionsbedingungen dieses Diskurses herausarbeitet und die Bedeutung des Konflikts für die Entstehung dieses Diskurses betont, zeigt gerade die Wahl seines Beispiels jedoch auch, daß die Perspektivenverschiebung auf externe Faktoren und eine Analyse von Textsorten sowohl den zentralen als auch den empirisch fruchtbarsten Gedanken der Diskursanalyse verspielt – die relative Eigenständigkeit diskursiver Prozesse und die Möglichkeit, Diskurse als ein Ensemble diskursiver Beiträge zu untersuchen, die den unterschiedlichsten institutionellen Feldern und Praxisbereichen entstammen. Ich werde deshalb im folgenden einen anderen Weg beschreiten und versuchen, einige Bausteine für eine soziologisch orientierte Diskursanalyse zu entwickeln, die zwar die Kritik Chalabys aufgreifen, hierbei Diskurse jedoch als eigenständigen Untersuchungsgegenstand behandeln und mit einer soziologischen Perspektive auf diesen Gegenstand verbinden. Hierbei schlage ich vor, Diskursanalyse als eine spezifische Form politischer Soziologie zu begreifen. Warum politische Soziologie? Weil in der öffentlichen und konfliktuellen Produktion von Diskursen Deutungen produziert werden, die soziales und politisches Handeln zugleich anleiten und legitimieren. Weil die Akteure diskursiver Auseinandersetzungen in ihren Auseinandersetzungen um Macht, Legitimität und Anerkennung ringen. Schließlich weil die Entstehung, die Institutionalisierung, die Verbreitung und der Wandel kollektiv mehr oder weniger verbindlicher Deutungen für politische oder soziale Ereignis- und Handlungszusammenhänge aufs Engste mit der Anerkennung dieser Ereignis- und Handlungszusammenhänge verflochten ist.

Meine Überlegungen untergliedern sich in vier Teile. In einem ersten Schritt werde ich einige Koordinaten diskursiver Ordnungen diskutieren, die Diskurse auf die kollektiven Träger diskursiver Auseinandersetzungen und die institutionalisierten Räume der Diskursproduktion beziehen. Im zweiten Teil meiner Überlegungen werde ich mich mit den elementaren Bausteinen beschäftigen, aus denen sich Diskurse zusammensetzen. Der dritte Teil führt diese beiden Perspektiven zusammen und diskutiert die Möglichkeiten, die sich aus dem skizzierten Diskursmodell ergeben. Im abschließenden vierten Teil werden die Möglichkeiten und Grenzen der skizzierten Bausteine anhand eines empirischen Beispiels illustriert.

2 Diskursive Formationen, Felder und Gemeinschaften

Die einleitend formulierten Parameter der Diskursanalyse können lediglich einen allgemeinen Orientierungsrahmen für eine Analyse diskursiver Auseinandersetzungen abgeben. Sie betonen vor allem, daß Diskurse in Konflikten hergestellt werden, daß in diesen Konflikten legitime Sichtweisen für Ereignis- und Handlungszusammenhänge institutionalisiert werden, und daß die Institutionalisierung solcher Sichtweisen kulturellen Wandel produziert. Sie lassen jedoch unbeantwortet, wie Diskurse intern strukturiert sind, wie Diskurse kulturellen Wandel produzieren und wie sich der kulturelle Wandel, den Diskurse produzieren, empirisch vollzieht. Anders und als Frage formuliert: Wie kann der kulturelle Wandel, den Diskurse auf den Weg bringen, als Wandel erfaßt, und wie kann der Geltungsbereich, auf den dieser Wandel sich erstreckt, konkret bestimmt werden? Um der Diskursanalyse die Möglichkeit zu eröffnen, nicht pauschal von kulturellem Wandel sprechen zu müssen, die kollektive Reichweite diskursiver Auseinandersetzungen konkret angeben zu können und die sozialen Produktionsbedingungen in die Diskursanalyse zu reintegrieren, möchte ich deshalb im folgenden zunächst drei diskursanalytische Koordinaten für eine Analyse diskursiver Auseinandersetzungen einführen – erstens: die Produktion legitimer Sichtweisen; zweitens: die institutionellen Räume der Diskursproduktion; drittens: die Hauptakteure diskursiver Auseinandersetzungen.

2.1 Diskursive Formationen

Diskursive Auseinandersetzungen reproduzieren oder verändern die dominanten und kollektiv mehr oder weniger verbindlichen Sichtweisen sozialer oder politischer Ereignis- und Handlungszusammenhänge. Solche dominanten Sichtweisen bezeichne ich in Anlehnung an Michel Foucault als „diskursive Formationen“ (Foucault 1990: 48 ff). Anders als Foucault, der in der ‚Archäologie des Wissens‘ den Begriff des Diskurses als Oberbegriff benutzt und diesen Begriff in die diskursiven Formationen der Gegenstände, Begriffe, Äußerungsmodalitäten und Strategien untergliedert, schlage ich jedoch vor, diskursive Formationen als Endprodukte eines Prozesses zu konzeptualisieren, in dem mehr oder weniger verwandte, benachbarte oder auch sehr heterogene Diskurse miteinander verknüpft werden. Diskursformationen organisieren Diskurse, die in Konkurrenz-, Dominanz- oder Koalitionsbeziehungen zueinander stehen. Ebenfalls anders als Foucault, der davon ausgeht, daß diskursive Formationen und mit ihnen die Diskurse, die diese Formationen konstituieren, durch formale Operationsregeln bestimmt werden können, möchte ich vorschlagen, Diskurse immer als inhaltlich bestimmte und damit thematisch gebundene Diskurse zu begreifen. Entsprechend begreife ich diskursive Formationen als institutionalisierte und legitimierungsfähige Formen des Sprechens über spezifische Themenfelder und Gegenstandsbereiche, in denen verschiedene thematisch gebundene Diskurse aufgegriffen, in Beziehung zueinander gesetzt und auf spezifische Weise organisiert werden.

Diskursive Formationen sind historische Ordnungen. Ihre Historizität drückt sich zum einen im Prozeßcharakter diskursiver Formationen aus. Als öffentlich umkämpftes Gut sind Diskursformationen einem beständigen Wandel unterworfen. Zum anderen produzieren die Diskursteilnehmer ihre Deutungsangebote nicht in einem ahistorischen Raum. Diskursbeiträge greifen historisch gewachsene Deutungen und Diskurse auf, verbinden diese Deutungen und Diskurse miteinander und verdichten sie zu spezifischen Diskursformationen. Schließlich organisieren die Akteure diskursiver Auseinandersetzungen in ihren Auseinandersetzungen die Vergangenheit. Im Kampf um die legitime Sichtweise sozialer und politischer Ereignisse werden Vergangenheitsdeutungen aktualisiert und zu legitimen Sichtweisen verdichtet – Sichtweisen, die die Vergangenheit benutzen, um die Gegenwart zu erklären und zu rechtfertigen. Entsprechend verlaufen die Prozesse der Reproduktion und Transformation diskursiver Formationen typischerweise als Aufnahme und Fortführung bereits bestehender Deutungen für spezifische Themenfelder. Diskursformationen behandeln Themenfelder, die historisch gewachsen und intern bereits strukturiert sind. Im Kampf um die legitime Sichtweise sozialer und politischer Ereignisse werden diese Themenfelder reinterpretiert, in Beziehung zu anderen Themenfeldern gesetzt und zu kollektiv mehr oder weniger anerkannten Deutungsvorgaben verdichtet. Diskursive Formationen institutionalisieren legitime Sichtweisen zu Themenfeldern wie Krieg, Gewalt, Nationalsozialismus, Ökologie oder soziale Ungleichheit. Sie interpretieren, erklären und rechtfertigen soziale und politische Handlungszusammenhänge und sind das Produkt eines Interpretationsprozesses, in dem Diskurse miteinander verbunden oder voneinander abgegrenzt werden.

Die Diskurse, aus denen diskursive Formationen bestehen, wie die diskursiven Formationen selbst, die in diskursiven Auseinandersetzungen produziert werden, weisen viele Erscheinungsformen auf. Ihr gemeinsamer Fluchtpunkt ist jedoch immer die Legitimität sozialer oder politischer Ereignis- und Handlungszusammenhänge. Auf diesen gemeinsamen Fluchtpunkt sind sie in doppelter Weise bezogen. Zum einen werden in und durch Diskurse Deutungen für soziale und politische Handlungsweisen produziert. Diskurse legitimieren soziales und politisches Handeln. Zum anderen werden in diskursiven Auseinandersetzungen legitime Deutungen für politische Ereignis- und Handlungszusammenhänge erzeugt. Diskurse institutionalisieren kollektiv anerkannte und mehr oder weniger verbindliche Deutungsvorgaben. Diese beiden Dimensionen sind untrennbar miteinander verschränkt. Legitime Deutungen sind kollektiv anerkannte Deutungen und als kollektiv anerkannte Deutungen sind sie legitimierungsfähige Deutungen – Deutungen, die dazu benutzt werden können, soziales und politisches Handeln zu legitimieren. In diesem doppelt motivierten Legitimationspotential von Diskursen gründet der politische Kern der Diskursanalyse.

2.2 Diskursfelder

Diskursive Formationen werden in Konflikten zwischen politischen Akteuren erzeugt und verändert. Diese Konflikte werden nicht in einem unstrukturierten und voraussetzungslosen Raum ausgetragen. Sie finden in mehr oder weniger öffentlichen Arenen statt, die den Akteuren dieser Konflikte spezifische Rollen zuweisen, ihre Zugangschancen zum Diskurs und ihre diskursiven Möglichkeiten vorstrukturieren. Diese öffentlichen Arenen bestimmen in entscheidender Weise sowohl die Chancen der Diskursteilnehmer, in der Öffentlichkeit Gehör zu finden, als auch ihre Chancen, sich mit ihren Deutungsangeboten gegen konkurrierende Deutungsangebote anderer Akteure durchzusetzen. Ich bezeichne solche Arenen diskursiver Auseinandersetzungen in Anlehnung an Bourdieu als ‚Diskursfelder'.

Bourdieu unterscheidet Felder vorrangig nach den in diesen Feldern vorherrschenden und anerkannten Machtmitteln sowie den Spielregeln, die über den richtigen Einsatz dieser Machtmittel entscheiden. Zu diesen Machtmitteln zählen bekanntermaßen die Kapitalarten des ökonomischen, kulturellen und sozialen Kapitals wie ihre Transformation in symbolisches Kapital im Akt ihrer Anerkennung (Bourdieu 1992). Anders als Bourdieu, der in seinen Studien – z. B. über ‚Die feinen Unterschiede' (Bourdieu 1982) – auf sozialstatistische Daten zurückgreifen kann, um die Ausstattung der Akteure mit Machtmitteln, die Verteilung der Kapitalarten in spezifischen Feldern und die Positionen der Akteure in diesen Feldern zu bestimmen, kann die Diskursanalyse öffentlicher Auseinandersetzungen ihre Daten zumeist nur diesen Auseinandersetzungen selbst entnehmen. In diskursiven Auseinandersetzungen kommen die Beziehungen zum Ausdruck, die zwischen den Diskursteilnehmern bestehen und im Zuge dieser Auseinandersetzungen verändert werden, in ihnen werden Konfliktlinien beständig aufs Neue geordnet und verschoben, werden Konsens und Dissens produziert sowie Koalitionen und politische Lager gebildet. Dies ist die konfliktuelle und dynamische Seite diskursiver Felder. Zum anderen zeichnen sich Diskursfelder über den bevorzugten Gebrauch bestimmter Diskursformen aus und legen damit die Spielregeln fest, denen die Diskursteilnehmer in ihren Diskursbeiträgen folgen müssen, wenn sie Erfolg haben wollen – wissenschaftliche Diskurse unterscheiden sich von literarischen Diskursen, und literarische Diskurse unterscheiden sich von politischen Diskursen. Entsprechend zwingen die unterschiedlichen Logiken diskursiver Felder die Autoren diskursiver Beiträge zu einer Gratwanderung – sie müssen Beiträge produzieren, die zugleich dem diskursiven Feld, in dem sie beheimatet sind, und dem Feld, in dem sie agieren, angepaßt sind.

Diskursfelder besitzen also feldspezifische Diskursordnungen. Diese Diskursordnungen bilden die soziopolitische Ordnungsebene des Diskurses. Sie sind das stets umkämpfte Produkt einer Differenzierung und Institutionalisierung von Handlungsrollen. Diskursfelder reglementieren die Zugangschancen zum Diskurs und gewichten den Wert wie die angemessene Form diskursiver Beiträge. Ihre soziale Struktur besteht aus den Machtverteilungen, Bündniskonstellationen und Konfliktlinien zwischen politischen Akteuren. Ihre diskursive Struktur besteht aus Konventionen und Regeln für eine diesen Feldern angemessene Produktion diskursiver Beiträge. Als institutionalisierte Ordnungen bilden Diskursfelder geregelte Arrangements der Diskursproduktion, aus denen die Diskursteilnehmer ihre Autorität beziehen. Da die Grenzen solcher Felder fließend sind und die Akteure sowohl in wie im Wechsel zwischen Diskursfeldern agieren und ihre Diskursbeiträge sowohl innerhalb eines einzigen als auch in mehreren Diskursfeldern diskutiert werden können, kann die kollektive Reichweite diskursiver Beiträge variieren. Sie kann auf ein spezifisches diskursives Feld beschränkt bleiben oder in andere Felder diffundieren.

2.3 Diskursive Gemeinschaften

Die Produktion und Transformation diskursiver Formationen ist, wie bereits mehrfach betont, ein konfliktueller Prozeß. Die Legitimität wie die Dominanz spezifischer Sichtweisen sozialer und politischer Handlungszusammenhänge bestehen immer relativ zu widerstreitenden Sichtweisen. Diskursive Formationen und Felder untergliedern sich deshalb auch intern in konkurrierende Deutungen und deren Trägergruppen. Diese Trägergruppen konkurrierender Deutungen bezeichne ich als ‚Diskursgemeinschaften'.

Diskursgemeinschaften besitzen soziale und/oder diskursive Wurzeln. Sie weisen unterschiedliche Grade der Institutionalisierung auf und können aus organisierten Kollektiven oder aus einem lediglich diskursiv verbundenen politisch-kulturellen Milieu bestehen. Entsprechend umfaßt das Spektrum diskursiver Gemeinschaften auf der einen Seite politische Parteien, Gewerkschafts- und Arbeitgeberverbände, kirchliche Organisationen und andere organisierte Kollektive, die sich durch klare Strukturen im Innern und eine durch Mitgliedschaftsregeln eindeutig fixierte Grenze nach außen auszeichnen. Es umfaßt auf der anderen Seite Gemeinschaften, die zwar über eine gemeinsame Diskurspraxis verfügen, aber keine Organisationsstruktur, keine Mitgliedschaftsregeln und keine eindeutigen Grenzen besitzen. Diese Diskursgemeinschaften besitzen eher den Charakter politisch-kultureller Milieus. Sie bilden jedoch Diskursgemeinschaften, weil solche politisch-kulturellen Milieus sich dadurch ausbilden, daß ihre Mitglieder sich im öffentlichen Diskurs wechselseitig identifizieren und aneinander orientieren. Beispiele für solche lose strukturierte und diffuse Diskursgemeinschaften liefern die gebräuchlichen Untergliederungen des öffentlichen Raumes in ‚Die Rechte', ‚Die Linke' oder ‚Die Intellektuellen'. Zwischen diesen beiden Eckpunkten, die die extremen Pole möglicher Formen diskursiver Gemeinschaften markieren, liegen eine Vielzahl mehr oder weniger lose strukturierter Kollektive mit mehr oder weniger eindeutigen Grenzen und Mitgliedschaftsregeln. Diese Diskursgemeinschaften repräsentieren beispielhaft Bürgerinitiativen oder soziale Bewegungen.

Wie diskursive Felder feldspezifische Diskursordnungen ausbilden, so besitzen Diskursgemeinschaften gemeinschaftsspezifische Diskursordnungen. Diese gemeinschaftsspezifischen Diskursordnungen sind das Produkt einer Diskursgeschichte, in deren Verlauf das thematische Spektrum, das argumentative Repertoire und die Form des Diskurses sowie die Eliten oder Wortführer diskursiver Gemeinschaften ausdifferenziert werden. Diskursive Gemeinschaften gewinnen ihre Identität als *diskursive* Gemeinschaften durch diskursive Prozesse der Abgrenzung und Integration. Sie konstituieren sich nach außen in Abgrenzung zu anderen Diskursgemeinschaften, die konkurrierende Lesarten zum gleichen Themengebiet entwickeln, und nach innen durch den mehr oder weniger identischen Gebrauch verwandter Argumente. Als Diskursgemeinschaften verfügen sie über ein kollektiv geteiltes argumentatives Repertoire und reproduzieren sich im Gebrauch dieses Repertoires. Entsprechend vollzieht sich der kulturelle Wandel innerhalb diskursiver Gemeinschaften in der Aufnahme neuer Argumente in das argumentative Repertoire dieser Gemeinschaften oder im veränderten Gebrauch bisher gebräuchlicher Argumente. Er kann sich innerhalb einer solchen Gemeinschaft ereignen oder auf andere Gemeinschaften übergreifen, in Konflikten mit anderen Diskursgemeinschaften entstehen oder aus eigener Initiative hervorgehen. In jedem Fall verändert der Wandel diskursiver Gemeinschaften jedoch die Beziehungen, die zwischen diesen Diskursgemeinschaften bestehen, und wirkt damit zurück auf die Struktur diskursiver Felder.

3 Elementare Bausteine diskursiver Ordnungen

Diskursformationen bestehen aus einer schier unüberschaubaren Menge diskursiver Beiträge, die den unterschiedlichsten Diskursfeldern und -gemeinschaften entstammen können und im Zusammenspiel dieser Beiträge entstehen. Diskursgemeinschaften sind kollektive Akteure, die sich aus einer mehr oder weniger organisierten und einer mehr oder weniger großen Anzahl individueller Akteure zusammensetzen. Diskursfelder sind institutionelle Räume der Diskursproduktion. Diskursive Formationen, Felder und Gemeinschaften sind damit analytische Kategorien, die – wie etwa die Kategorien der Sozialstrukturanalyse – dazu benutzt werden können, die Strukturen diskursiver Ordnungen abzubilden, diskursive Prozesse zu ordnen und zusammenfassend zu beschreiben. Was aber analysiert der Diskursanalytiker, wenn er Diskurse untersucht? Anders formuliert: Womit wird der Diskursanalytiker konfrontiert, wenn er die Zeitung aufschlägt, eine Abhandlung liest oder sich die Reden der Abgeordneten im Bundestag anhört? Es sind einzelne Diskursbeiträge, vorgetragen von individuellen Akteuren. Entsprechend manifestieren sich Diskurse und Diskursformationen empirisch in den Diskursbeiträgen spezifischer Akteure. Diese Beiträge und ihre Träger bilden die empirisch greifbaren und materiellen wie elementaren Bausteine diskursiver Formationen und Ordnungen. Ich werde deshalb im folgenden zwei weitere Dimensionen einführen – die individuellen Hauptakteure diskursiver Auseinandersetzungen und die Diskursbeiträge dieser Akteure.

3.1 Diskursive Eliten

Als kollektive Akteure besitzen diskursive Gemeinschaften i. d. R. Wortführer, die sie in der Öffentlichkeit vertreten und im Namen und mit mehr oder weniger kollektiver Unterstützung dieser Gemeinschaften Deutungsangebote für soziale und politische Handlungszusammenhänge entwerfen und Forderungen stellen. Diese Wortführer können zum einen gewählte Vertreter ihrer Diskursgemeinschaften sein – z. B. bekannte Politiker politisch organisierter Diskursgemeinschaften. Es kann sich jedoch zum anderen bei diesen Wortführern ebenso um vermeintlich individuelle Akteure handeln – z. B. bekannte Intellektuelle, die spezifische politisch-kulturelle Milieus repräsentieren. Ich bezeichne diese Wortführer diskursiver Gemeinschaften und Hauptakteure diskursiver Auseinandersetzungen als ‚diskursive Eliten'.

Diskursive Eliten stehen i. d. R. für spezifische Diskursgemeinschaften und politisch-kulturelle Milieus oder werden zumindest in der Öffentlichkeit als Vertreter solcher Gemeinschaften und Milieus wahrgenommen. Zum Personenkreis diskursiver Eliten gehören die bekannten Repräsentanten der politischen Parteien und zentraler politischer Institutionen; bekannte Intellektuelle, die ihre Reputation in speziellen Diskursfeldern wie der Wissenschaft oder im Kunstbetrieb erworben haben; schließlich Medienakteure, die als Leitartikler oder Moderatoren ihre politische Meinung in Presse, Rundfunk und Fernsehen lancieren können. Wie im Falle der klassischen Eliten der soziologischen Theorie können der Einfluß und die Autorität diskursiver Eliten auf vielen Quellen beruhen. Im Kontext der Diskursanalyse besitzt eine dieser Quellen jedoch eine besondere Bedeutung. Diskursive Eliten sind vor allem deshalb Eliten, weil sie im Bourdieuschen Sinne über ein ‚symbolisches Kapital' verfügen, das sie in diskursiven Auseinandersetzungen einsetzen können und das ihren Deutungsangeboten Gewicht verleiht (Bourdieu 1992). Dieses symbolische Kapital beruht zum einen auf der öffentlichen Anerkennung besonderer Leistungen innerhalb spezifischer Diskursfelder, wie der Politik oder der Wissenschaft. Es beruht zum anderen auf der Repräsentationsbeziehung, in der diskursive Eliten zu jenen Diskursgemeinschaften stehen, die sie in der Öffentlichkeit repräsentieren.

Diskursteilnehmer werden zu diskursiven Eliten in einem politischen Sinne, wenn ihnen aufgrund ihrer Tätigkeit in spezifischen Diskursfeldern Autorität zugeschrieben und diese spezifische Autorität auf politische Fragestellungen verallgemeinert wird; wenn sie als Repräsentanten spezifischer Diskursgemeinschaften auftreten können oder wahrgenommen werden; wenn sie ihr symbolisches Kapital in politischen Auseinandersetzungen um die Deutung politischer Ereignisse einsetzen. Diskursanalytisch sind vor allem vier Dimensionen diskursiver Eliten bedeutsam: Diskursive Eliten können erstens Öffentlichkeit herstellen, Themen forcieren und der öffentlichen Diskussion die Richtung weisen. Sie initiieren Diskurse und tragen zur Institutionalisierung neuer oder zur Veränderung bestehender kollektiv mehr oder weniger anerkannter Sichtweisen bei. Zweitens repräsentieren diskursive Eliten i. d. R. spezifische Diskursgemeinschaften oder werden in der öffentlichen Wahrnehmung solchen Gemeinschaften zugeordnet. Ihre Beiträge sind deshalb Indikatoren für die politischen Positionen und den kulturellen Wandel dieser Gemeinschaften. Weil diskursive Eliten diskursive Gemeinschaften repräsentieren, sind ihre Beiträge drittens ein Bezugspunkt für die Beiträge anderer Diskursteilnehmer. Sie werden von anderen Akteuren benutzt, um Konfliktlinien zu aktualisieren, zu symbolisieren, zu ordnen oder zu kapitalisieren. Schließlich besitzen diskursive Eliten viertens ein symbolisches Kapital, das auch von anderen Diskursteilnehmern in Anspruch genommen werden kann. Ihre Beiträge sind ‚wertvoll', weil sie mit der Autorität ihrer Urheber aufgeladen sind und von anderen Diskursteilnehmern aufgegriffen und weiterverarbeitet werden können, um eigene Deutungsangebote zu befördern.

3.2 Diskursive Strategien

In diskursanalytischer Perspektive sind Diskursbeiträge vor allem eines – Einsätze im ‚Kampf der Interpretationen' um die legitime Sichtweise sozialer und politischer Ereignis- und Handlungszusammenhänge. Ihre Produktion gehorcht einer Logik der Intervention und sie selbst besitzen die Form diskursiver Strategien. Dies hat vornehmlich drei Gründe. Diskursbeiträge schreiben sich zum einen in ein Feld diskursiver Aussagen ein, in dem sie Beziehungen der Konkurrenz, des Widerspruchs oder der wechselseitigen Unterstützung eingehen. Sie empfangen ihre Bedeutung von den Beziehungen, die sie mit- und gegeneinander eingehen. Zum anderen sind Diskursbeiträge die Instrumente, die die politischen Akteure dazu benutzen, legitime Sichtweisen zu institutionalisieren und konkurrierende Deutungsangebote zu entwerten. Sie sind das Medium, in dem der politische Gestaltungswille ihrer Urheber zum Ausdruck kommt. Schließlich verorten sich drittens die Träger diskursiver Beiträge mit ihren Beiträgen im politischen Raum. Diskursbeiträge sind Strategien der Konsens- und Dissensbildung, mit denen die politischen Akteure Konfliktlinien kapitalisieren und ihre Zugehörigkeit zu politisch-kulturellen Milieus signalisieren. Deshalb besitzen Diskursbeiträge auch immer zugleich eine sprachliche und eine ‚interfraktionelle' Seite.

Die sprachliche Seite diskursiver Beiträge, wie sie sich in der Institutionalisierung neuer oder der Veränderung bestehender Deutungen niederschlägt, bildet den primären Gegenstand der Diskursanalyse. Diskursive Strategien manifestieren sich in den Texten, die Diskursteilnehmer produzieren. Wo solche Strategien zur Veränderung bestehender oder zur Institutionalisierung neuer Deutungen für politische Ereignisse eingesetzt werden, entsteht für die Träger dieser Deutungen ein Problem. Sie werden mit der Frage konfrontiert, wie bislang gültige Deutungen entwertet und neue Deutungen kollektiv zur Geltung gebracht werden können. Die Lösung dieses Problems besteht im Anschluß an Deutungen, die bereits kollektiv anerkannt sind. Die politischen Akteure müssen Deutungen benutzen, die zugleich kulturell vertraut und hinreichend offen für neue Deutungsvorschläge sind. Hierfür stehen ihnen grundsätzlich zwei Wege offen. Zum einen können Diskursteilnehmer die Legitimationspotentiale bereits institutionalisierter und kollektiv mehr oder weniger anerkannter Diskurse und Deutungen adoptieren und bei den Trägern dieser Diskurse und Deutungen Zustimmungsbereitschaften abrufen. In diesem Fall werden etablierte Deutungen aufgegriffen, auf spezifische Weise arrangiert und als Transportmittel benutzt, um neue Deutungen zu institutionalisieren oder bestehende Deutungen zu verändern. Zum anderen können Diskursteilnehmer auf vorgefertigte, kulturell vertraute und standardisierte Muster zurückgreifen. Ich bezeichne solche Muster in Anlehnung an die von Sykes/Matza (1968) und von Scott/Lyman (1977) entwickelten ‚Techniken der

Neutralisierung‘ als ‚Techniken der Legitimierung‘. Techniken der Legitimierung sind, wie Sykes/Matza und Scott/Lyman dies für die Techniken der Neutralisierung gezeigt haben, innerhalb einer Kultur weitestgehend terminologisch stabilisiert und werden routinemäßig erwartet, wo die Bewertung von Handlungen und Ereignissen fragwürdig ist. Sie bestehen aus mehr oder weniger standardisierten Verfahren der Erklärung und Rechtfertigung von Ereignissen und Handlungen. Beispiele für solche Techniken, die Scott/Lyman geben, sind die ‚Leugnung eines Schadens‘ oder die ‚Leugnung der Unschuld des Opfers‘ (Scott/Lyman 1977). Ein anderes Beispiel für eine solche Technik ist die Strategie der ‚Historischen Kontextualisierung‘. Sie benutzt Vergangenheitsdeutungen als Argument für das politische Handeln in der Gegenwart und produziert im Rückgriff auf die Vergangenheit einen normativen Rahmen zur Beurteilung gegenwärtiger Ereignisse und Handlungen (Schwab-Trapp 1999).

Anders die ‚interfraktionelle‘ Seite diskursiver Beiträge – die Rekonstruktion der Beziehungen, die die politischen Akteure im Gebrauch diskursiver Strategien mit- und gegeneinander eingehen. Die Verschiebung von Konfliktlinien, die Konsolidierung oder das Auseinanderbrechen diskursiver Gemeinschaften und die Prozesse der Abgrenzung vom oder der Annäherung an den politischen Gegner spiegeln vor allem die dynamische, prozessuale und konfliktuelle Dimension diskursiver Auseinandersetzungen wider. Sie wird empirisch greifbar in diskursiven ‚Abgrenzungs- und Kopplungsmanövern‘, in denen sich die Diskursteilnehmer aufeinander beziehen, sich wechselseitig ihre Positionen zuweisen, Bündnisse eingehen oder bestehende Konfliktlinien konsolidieren. Diskursive Abgrenzungs- und Kopplungsmanöver sind Strategien der Konsens- und Dissensbildung, in denen die politischen Akteure zugleich ihren Argumenten ‚Gewicht‘ verleihen und Konfliktlinien ordnen. Die Abgrenzung vom oder die Kopplung an die Diskurse politischer Gegner und Freunde tangiert die kollektive Reichweite und Legitimität spezifischer Argumente. Wie häufig – und ob ablehnend oder zustimmend – Argumente und Diskursbeiträge diskutiert werden, sagt etwas über ihren Geltungsbereich und ihren Institutionalisierungsgrad aus. Diskursive Abgrenzungs- und Kopplungsmanöver finden zum einen überall dort statt, wo inhaltlich verwandte oder gegensätzliche Sichtweisen vertreten werden. Dies wäre die objektive Dimension diskursiver Abgrenzungs- und Kopplungsmanöver, wie sie von einem Beobachter wahrgenommen werden kann. Es gibt jedoch diskursive Strategien, die zugleich eine Technik der Legitimierung und ein diskursives Abgrenzungs- oder Kopplungsmanöver sind. Ihr Gebrauch vollzieht die diskursive Abgrenzung vom oder die Kopplung an den Diskurs des politischen Gegenspielers explizit, weil sie sich auf diesen Gegenspieler beziehen. Die Zitierung anderer Diskursbeiträge, die Berufung auf Dritte oder die Abwertung des politischen Gegners sind Beispiele für solche Strategien, mit denen die Diskursteilnehmer die von ihnen vertretene Sichtweise und Bewertung eines Ereignisses untermauern, indem sie die Sichtweisen und Bewertungen anderer Diskursteilnehmer ins Spiel bringen.

4 Methodologische und methodische Konsequenzen

Diskursanalytische Studien sprechen zumeist davon, daß bestimmte Deutungen institutionalisiert werden, daß bestehende Deutungsvorgaben verändert werden oder behandeln die Konsequenzen, die sich aus der Anerkennung spezifischer Deutungen ergeben. Hierbei stehen diese Studien zumeist vor einem grundsätzlichen Dilemma. Einerseits erfordern die Einzelfallorientierung, die Rekonstruktion von Bedeutungen und die konfliktuelle Dimension diskursiver Prozesse eine detaillierte Analyse diskursiver Auseinandersetzungen. Hierfür sind qualitative Analyseverfahren prädestiniert. Andererseits ist die Summe der Diskursbeiträge zu diskursiven Auseinandersetzungen meist Legion und übersteigt die Reichweite qualitativer Analyseverfahren. Hierdurch entsteht für den Diskursanalytiker geradezu zwangsläufig das Problem, auf der Grundlage einer eingeschränkten Datenbasis allgemeine Aussagen über den kulturellen Wandel formulieren zu müssen, den diskursive Auseinandersetzungen auf den Weg bringen. Diskursanalytische Studien bewegen sich damit in einem Spannungsfeld zwischen Detaillierungszwang und Verallgemeinerungsgebot. Die vorgeschlagene Untergliederung des Diskurses in diskursive Formationen, Felder und Gemeinschaften, in diskursive Eliten und ihre Beiträge zielt auf dieses Spannungsfeld. Die entwickelten Koordinaten der Diskursanalyse besitzen eine empirische und eine methodische Dimension. Ihre empirische Dimension bezieht sich auf die kollektive Reichweite diskursiver Prozesse. Ihre methodische Dimension bezieht sich dagegen auf den Geltungsbereich diskursanalytischer Aussagen.

Kultureller Wandel entfaltet sich zunächst stets innerhalb oder bezogen auf spezifische Sektoren einer kulturellen Ordnung. Seine kollektive Reichweite variiert mit der Begrenzung auf diese Sektoren oder der Grenzüberschreitung zu anderen Sektoren. Entsprechend eingeschränkt oder erweitert ist der Geltungsbereich unserer Aussagen über den Wandel dieser Ordnungen. In der empirischen Dimension bezieht sich die Unterscheidung von Diskursformationen, -gemeinschaften und -feldern auf die Sektoren, an und in denen sich kultureller Wandel vollzieht. Es geht um Grenzen und Grenzüberschreitungen zwischen Diskursgemeinschaften und Feldern. So kann sich beispielsweise kultureller Wandel innerhalb einer Diskursgemeinschaft – etwa einer politischen Partei – ereignen und auf diese Gemeinschaft beschränkt bleiben oder auf andere Diskursgemeinschaften übergreifen. Ebenso verhält es sich im Falle diskursiver Felder. Kultureller Wandel kann innerhalb eines Feldes initiiert werden und auf dieses Feld beschränkt bleiben oder in andere Felder diffundieren. Auf diese Weise können sowohl sehr unterschiedliche als auch nahezu identische Sichtweisen sozialer und politischer Ereignisse in einzelnen Diskursgemeinschaften und -feldern entstehen und neben-, mit- oder gegeneinander existieren. Anders im Fall diskursiver Formationen: Hier geht es um das Verhältnis, in dem konkurrierende Sichtweisen zueinander stehen – um die strukturelle Dominanz einer Sichtweise gegenüber konkurrierenden Sichtweisen. Kultureller Wandel manifestiert sich in dieser Dimension als Hervortreten, Zurückweichen und Neubewertung spezifischer Deutungen.

Die Analyse diskursiver Auseinandersetzungen ist zunächst und vor allem Einzelfallanalyse. Sie ist auf spezifische Akteure und ihre Argumente, auf spezifische Konfliktkonfigurationen und historisch spezifische Situationen bezogen. Als Einzelfallanalyse ist der Geltungsbereich diskursanalytischer Ergebnisse auf den untersuchten Einzelfall in seiner Besonderheit beschränkt. Die methodische Dimension der Unterscheidung zwischen diskursiven Formationen, Gemeinschaften und Feldern bezieht sich auf diese Beschränkung diskursanalytischer Aussagen. Sie bezeichnet Stufen theoretischer Verallgemeinerung, die durch die Interpretation und Integration diskursanalytischer Ergebnisse in umfassendere Kontexte gewonnen werden und gleichsam von der Mikro- über die Meso- zur Makroebene fortschreiten (vgl. Klüver 1995). Die Interpretation einer diskursiven Auseinandersetzung in ihrer Bedeutung für die von dieser Auseinandersetzung betroffenen Diskursgemeinschaften integriert den untersuchten Einzelfall in die Geschichte und den Wandel dieser Gemeinschaften. Ähnlich verhält es sich im Falle diskursiver Felder. Indem der Einzelfall in seiner Bedeutung für die betroffenen Diskursfelder rekonstruiert wird, werden die Veränderungen innerhalb dieser Felder bestimmt – die Machtverteilungen und -umverteilungen sowie die Reproduktion und Veränderung von Bündniskonstellationen und Konfliktlinien. Mit der Interpretation des untersuchten Einzelfalls in seiner Bedeutung für spezifische Diskursformationen ist schließlich die umfassendste Ebene der Verallgemeinerung erreicht. Auf dieser Ebene geht es um die kollektive Geltung von Interpretationsangeboten – die Einordnung diskursiver Ereignisse in die kulturelle Ordnung einer Gesellschaft.

5 Ein empirisches Beispiel: Der ‚grüne' Diskurs über den Jugoslawienkrieg

Die skizzierten Koordinaten für eine politische Soziologie diskursiver Auseinandersetzungen sollen vor allem eine Frage beantworten: Wie können diskursive Ereignisse und die Deutungen, die in diesen Ereignissen entwickelt werden, in ihrer Bedeutung für Prozesse sozialen und politischen Wandels bestimmt und

‚bewertet' werden? Ob sie eine mögliche Antwort auf diese Frage enthalten, kann nur die Umsetzung der vorgeschlagenen Unterscheidungen in der empirischen Analyse diskursiver Ereignisse erweisen. Abschließend möchte ich deshalb anhand eines Beispiels die skizzierten Dimensionen der Diskursanalyse und ihre mögliche Bedeutung für eine Analyse diskursiver Auseinandersetzungen kurz veranschaulichen. Ich habe hierfür den Diskurs über den Jugoslawienkrieg und im besonderen innerhalb dieses Diskurses Joschka Fischers Plädoyer für militärische Einsätze in Jugoslawien gewählt. Fischers Plädoyer und die Kontroversen, die dieses Plädoyer ausgelöst hat, sind für eine Illustration des skizzierten Diskurskonzepts vor allem deshalb außerordentlich instruktiv, weil sich mit Fischer einer der bekanntesten Politiker der Bündnisgrünen zu Wort meldet und eine Position zum Ausdruck bringt, die von der vergangenen Politik der Bündnisgrünen abweicht; weil Fischers Beitrag von zahlreichen politischen Akteuren der Bündnisgrünen und anderer Parteien aufgegriffen und diskutiert wird; weil Fischer mit seinem Beitrag einen sukzessiven Wandel bündnisgrüner Positionen auf den Weg bringt; weil dieser Wandel innerhalb der Bündnisgrünen die Konfliktlinien und Mehrheitsverhältnisse im politischen Feld verändert; schließlich weil eines der Hauptargumente Fischers und seiner Parteigänger einen der zentralen Bausteine der deutschen diskursiven Formation des Krieges verändert.

Mit Fischer meldet sich unmittelbar nach der Einnahme der UN-Schutzzone Srebrenica durch die Serben der prominenteste Politiker der Bündnisgrünen zum Jugoslawienkonflikt zu Wort. Auf seine Person treffen ohne Zweifel die oben skizzierten Überlegungen über *diskursive Eliten* zu. Als Fraktionsvorsitzender und Vertreter des ‚Realo-Flügels' der Bündnisgrünen repräsentiert Fischer in der Öffentlichkeit nicht nur die im politischen Alltag unter Bewährungszwang gestellte Politik der Fraktion gegenüber der Partei und die ‚realistische' Strömung innerhalb der Bündnisgrünen. Fischer repräsentiert vielmehr auch eine Politik, der in der öffentlichen Wahrnehmung und in der Auseinandersetzung mit Politikern anderer Parteien Politikfähigkeit zugeschrieben wird. Er ist nicht nur der prominenteste Politiker der Bündnisgrünen. Er ist zugleich einer der wenigen bündnisgrünen Politiker, die in der politischen Öffentlichkeit Zustimmung mobilisieren und in parteiinternen Auseinandersetzungen einsetzen können. Entsprechend fährt Fischer mit seinem Plädoyer auch zweigleisig. Er wendet sich an die Partei der Bündnisgrünen, die er mit seinem Plädoyer explizit anspricht. Zugleich damit wird sein Plädoyer am 2.8.1995 in der taz und der Frankfurter Rundschau in Auszügen veröffentlicht. Fischers Vorstoß besitzt mithin die Form eines ‚Offenen Briefes', mit dem ein öffentliches Forum eingerichtet und eine breitere politische Öffentlichkeit in die bündnisgrüne Diskussion um die Legitimität militärischer Interventionen in Jugoslawien eingebunden wird. Fischer weitet in einer doppelten Wendung an die Partei und die Öffentlichkeit die ‚Konfliktarena'

(Nedelmann 1986) aus und sucht in der Öffentlichkeit Unterstützung, um eine Diskussion zu eröffnen, in der die parteiintern umstrittene Frage militärischer Einsätze in Jugoslawien erörtert werden soll. Sein Plädoyer bezieht sich zudem auf einen Handlungszusammenhang, der in der öffentlichen Wahrnehmung bereits als außergewöhnliches Ereignis markiert und diskutiert wurde – das Massaker von Srebrenica. Wie Daniel Cohn-Bendit in einem Interview mit der taz vom 2.11.95 bemerkt, hat Fischer damit ‚den richtigen' [erfolgversprechendsten – S.-T.] Zeitpunkt für die Initiierung einer solchen Debatte bei den Grünen gewählt.

> „Liebe Freundinnen und Freunde, spätestens mit der Geiselnahme der Blauhelme und der Eroberung der moslemischen Enklaven und ‚Schutzzonen' (…) ist die bisherige Bosnienpolitik (…) gescheitert. In Bosnien zeichnet sich ein Sieg derjenigen ab, die auf brutale und grausame Gewalt setzen, während sich die Politik der Friedensbewegung als hilflos und die sie tragenden Vereinten Nationen sich als uneinig, deshalb nahezu handlungsunfähig und in ihren politischen Absichten (…) als doppelbödig (…) erweisen (…) Diese bittere Erkenntnis zwingt deshalb jetzt alle (…) zu einer grundsätzlichen Überprüfung und Neupositionierung ihrer Politik (…) Europa ist (…) fünfzig Jahre nach dem Ende des Zweiten Weltkriegs nicht wiederzuerkennen. Der Krieg ist mit all seiner Grausamkeit zurückgekehrt (…) Mit Krieg (…) scheinen (…) erfolgreich wieder Grenzen gezogen und mit völkischer Politik erneut politische Fakten geschaffen werden zu können (…) Und so stellt sich heute (…) die Frage: (…) Läuft die deutsche Linke jetzt nicht massiv Gefahr, ihre moralische Seele zu verlieren, wenn sie sich (…) vor diesem neuen Faschismus und seiner Politik der Gewalt wegduckt? (…) Wie also geht eine Politik der Gewaltfreiheit mit dieser neuen Form von Faschismus um (…)?" (taz v. 2.8.1995)

Fischer entwickelt in der zitierten Textpassage eine Deutung des Jugoslawienkonflikts, die die Politik der UNO als gescheitert ausweist und die Bündnisgrünen dazu auffordert, ihre Position der Ablehnung des Einsatzes militärischer Gewaltmittel zu überdenken. Welche institutionalisierten Bedeutungen ruft Fischer mit seinen Argumenten ab und wer wird mit diesen Argumenten angesprochen? Anders formuliert: Welchen ‚argumentativen Wert' besitzen die Deutungsvorschläge Fischers? Zum einen verwendet Fischer eine *Technik der Legitimierung*, die ich oben beispielhaft angeführt und als historische Kontextualisierung charakterisiert habe. Er *verbindet den Diskurs über den Jugoslawienkrieg mit dem Diskurs über die deutsche Vergangenheit* und aktualisiert in dieser Verbindung Deutungen, die sich in den zahllosen Auseinandersetzungen seit 1945 über den richtigen Umgang mit der Vergangenheit mit normativen Bedeutungen aufgeladen haben, sowie Konfliktlinien, die sich in diesen Auseinandersetzungen ausgebildet haben. Dieser Bezug zwischen Vergangenheit und Gegenwart, den Fischer im Verlauf seines

Plädoyers herstellt, unterstützt seine Forderung nach einer Überprüfung bündnisgrüner Positionen. Er bezieht seinen ‚argumentativen Wert' aus der normativen Bedeutung des Nationalsozialismus in unserer politischen Kultur – dem in der deutschen diskursiven Formation des Krieges institutionalisierten Gebot ‚Nie wieder Krieg'. Zum anderen unterbreitet Fischer mit seinem Faschismusvorwurf an die Serben ein Deutungsangebot, das in der politischen Auseinandersetzung vornehmlich im ‚linken' Diskurs institutionalisiert ist. Seine Verwendung dieses Begriffs wendet sich an *diskursive Gemeinschaften*, die traditionell eher dem Lager der Gegner militärischer Interventionen zugerechnet werden können. Er wirbt um Unterstützung mit einem Argument, das sowohl innerhalb der Bündnisgrünen als auch – allgemeiner – den Trägern einer ‚linken' diskursiven Praxis wohlvertraut ist. Es ruft Legitimationspotentiale und Zustimmungsbereitschaften bei Diskursgemeinschaften ab, bei denen dieser Begriff als politischer Kampfbegriff institutionalisiert ist, und signalisiert Zugehörigkeit zu diesen Gemeinschaften. Fischers Argument signalisiert damit Kontinuität in der Diskontinuität, weil der von ihm gegen die Serben erhobene Faschismusvorwurf den Einsatz militärischer Gewaltmittel zum antifaschistischen Kampf stilisiert.

Fischers Plädoyer für militärische Interventionen entwickelt sein Transformationspotential erst durch die Reaktionen auf dieses Plädoyer. Ob ein Diskursbeitrag kulturellen Wandel erzeugen kann, spiegelt sich in diesen Reaktionen wider. Diese prozessuale Dimension diskursiver Ereignisse habe ich oben als ‚diskursive Abgrenzungs- und Kopplungsmanöver' bezeichnet. Fischers Plädoyer fordert zahlreiche solcher Abgrenzungs- und Kopplungsmanöver heraus. Als Deutungsangebot des prominentesten Wortführers *der* Oppositionspartei gegen den Einsatz militärischer Gewalt wird es von Vertretern aller Parteien, von Intellektuellen und von den Kommentatoren der großen deutschen Tages- und Wochenzeitungen diskutiert.

Die *diskursiven Kopplungsmanöver* innerhalb der Bündnisgrünen, die in der Diskussion um Fischers Positionspapier vollzogen werden und seine Position mittragen, schließen nahezu sämtlich an Fischers Gebrauch der Vergangenheit an. So vergleicht etwa Fischers Parteikollege Hubert Kleinert den Jugoslawienkrieg mit dem Beginn des Zweiten Weltkrieges und die internationalen Reaktionen auf diesen Krieg mit der damaligen Appeasement-Politik des Völkerbundes (FR v. 9.9.1995), Daniel Cohn-Bendit und der parlamentarische Geschäftsführer der Bündnisgrünen Werner Schulz schließen sich Fischers Faschismusvorwurf an die Serben an (taz v. 2.11.1995, taz v. 16.8.1995), Marieluise Beck charakterisiert die Politik der Serben als ‚Nationalsozialismus' (taz v. 4.9.1995) und Krista Sager – zum damaligen Zeitpunkt Bundesvorstandssprecherin der Bündnisgrünen – greift die Debatte um Fischers Plädoyer auf, um über alternative Formen des Umgangs mit der deutschen Vergangenheit und die Geschichte der Bündnisgrünen nachzudenken (taz v. 14.9.1995). Innerhalb wie außerhalb der Bündnisgrünen gibt Fischers Plädoyer darüber hinaus Anlaß dazu, die Konfliktlinien zwischen den Bündnisgrünen und anderen Parteien zu aktualisieren oder zu thematisieren. So geht Oskar Lafontaine in einem ‚Plädoyer für friedliche Außenpolitik' auf Distanz zu Fischer (FR v. 3.8.1995), Heiner Geißler nimmt unter der Überschrift „Die Grünen sind in der Außenpolitik weiter als die SPD" (taz v. 5.8.1995) Fischers Plädoyer zum Anlaß, um über eine Verfassungsänderung nachzudenken, und Ludger Volmer benutzt in der innerparteilichen Auseinandersetzung die möglichen Konflikte, die sich durch Fischers Papier zwischen SPD und Bündnisgrünen eröffnen, als Argument gegen Fischer (taz v. 12.8.1995). Schließlich wirkt Fischers Deutungsangebot über die *Grenzen des politischen Feldes* hinaus. Fischer selbst beruft sich in einem Interview mit dem Spiegel vom 31.8.1995 auf Diskursbeiträge von Jürgen Habermas, Günther Grass und Ralph Giordano. Habermas diskutiert in einem unmittelbar vorangegangenen Interview mit dem Spiegel vom 7.8.1995 Fischers Plädoyer und ‚Die Zeit' verbindet in einem Artikel vom 11.8.1995 die Positionen, die Fischer und Habermas in der Diskussion über Srebrenica beziehen, miteinander und stellt fest, daß sich mit Fischer und Habermas ‚zwei Leitfiguren der deutschen Linken aus dem pazifistischen Konsens verabschiedet' haben.

Welche Bedeutung besitzen der Diskursbeitrag Fischers und die an diesen Beitrag anschließenden Abgrenzungs- und Kopplungsmanöver für die oben skizzierten Koordinaten – für den kulturellen Wandel von Diskursgemeinschaften, -feldern und -formationen?

Diskursgemeinschaften besitzen eine gemeinsame Interaktionsgeschichte, die normative Vorgaben für das politische Handeln dieser Gemeinschaften in der Gegenwart enthält. Die Bedeutung der skizzierten Kontroverse der Bündnisgrünen läßt sich nur vor dem Hintergrund dieser Geschichte rekonstruieren. Die Entstehungs- und Diskursgeschichte der Bündnisgrünen hat zu einer Diskursordnung geführt, die spezifische Themen fokussiert, die Form des Diskurses bestimmt und den politischen Akteuren ihre Positionen in dieser Ordnung zuweist. Ökologie, Atomkraft, Gewalt und Emanzipation bilden thematische Koordinaten dieser Diskursordnung. Der Diskurs über diese Themen besitzt die Form eines kritischen Diskurses. Die politischen Akteure, die im Rahmen dieser Ordnung agieren, verteilen sich zugleich entlang der Achsen ‚Realos' und ‚Fundies' sowie Partei und Fraktion und sind in diskursive Eliten und Parteibasis ausdifferenziert. Das Plädoyer Fischers leitet einen Identitätswandel ein, in dem die Einschränkungen der Handlungsspielräume durch die etablierten Deutungsvorgaben dieser Ordnung überwunden und mit neuen Handlungsoptionen versöhnt werden. Hierbei integriert Fischer zum einen die von ihm erhobenen Forderungen in die gemeinsame Geschichte der Bündnisgrünen und benutzt zum anderen die bündnisgrüne Ordnung des Diskurses als Argument für seine Forderungen (vgl. zur gemeinsamen Interaktionsgeschichte und ihrer Anpassung an die Erfordernisse der Gegenwart Gumbrecht 1996).

Die Integration in die Geschichte der Bündnisgrünen vollzieht Fischer im Rekurs auf die Situation in Jugoslawien. Die Situation in Jugoslawien besitzt die ‚Normativität des Faktischen' und läßt keine alternativen Handlungsmöglichkeiten zu. Fischers Situationsdefinition erlaubt ihm die Integration seines Plädoyers ins Spektrum grüner Politik, weil sie die Legitimität militärischer Interventionen über die besondere Situation in Jugoslawien begründet und damit die Einmaligkeit militärischer Einsätze garantiert. Fischers Gebrauch der bündnisgrünen Diskursordnung als Argument für seine Forderungen bedient sich der Fraktionierung der bündnisgrünen Diskursgemeinschaft in die *diskursiven Gemeinschaften* ‚Realos' und ‚Fundies'. Fischer wie in der Folge Kleinert, Cohn-Bendit und andere, argumentieren als verantwortungsbewußte ‚Realpolitiker', die Wahrheiten aussprechen, die andere nicht sehen wollen. Ihre Selbstdarstellung benutzt die gemeinschaftsspezifische Diskursordnung der Bündnisgrünen, um Forderungen zu legitimieren, die mit der Geschichte der Bündnisgrünen inkompatibel sind. So formuliert Fischer zwei Tage vor einem Parteitag der Bündnisgrünen, der im Anschluß an die Diskussion über Srebrenica und unmittelbar vor der Entscheidung des deutschen Bundestages über eine deutsche Beteiligung an IFOR stattfindet: „Immer sind wir vorgeprescht, pragmatisch und prinzipienfest, (...) bis auch die Parteilinke dort angekommen war" (FAZ v. 1.12.1995). Hinzu kommt der extensive Gebrauch des Faschismusvorwurfs an die serbische Politik, der ebenfalls mit im bündnisgrünen Diskurs institutionalisierten Deutungen spielt. Auf dem angesprochenen Parteitag im Anschluß an die Kontroverse, auf dem die Bündnisgrünen darüber entscheiden, wie sich die Fraktion zur deutschen Beteiligung an IFOR verhalten und in der bevorstehenden Bundestagsdebatte über diese Beteiligung abstimmen sollte, erfahren Fischer und seine Parteifreunde mit ihrem Antrag zwar eine Niederlage; ihr Antrag erreicht jedoch 38 % der Stimmen. Die Niederlage wird deshalb auch folgerichtig von dem Grünen Wolfgang Schmitt mit den Worten kommentiert: „Das ist die süßeste Niederlage der Realos und der bitterste Sieg der Linken" (FR v. 4.12.1995).

Der skizzierte Identitätswandel der Bündnisgrünen impliziert eine *Umstrukturierung des politischen Feldes.* Grüne Politik war bis in die jüngere Vergangenheit eine Politik, die Gewaltfreiheit postulierte und zentrale Bestandteile des staatlichen Gewaltmonopols wie die Bundeswehr in Frage stellte. Sie war, wie es die Selbst- und Fremdbeschreibungen der parteiinternen Fraktionen als ‚Realos' und ‚Fundis' nahelegen, immer auch ein Stück fundamentale Opposition und erzeugte eine politische Gegenkultur. Die Forderung nach einer Umsetzung des staatlichen Gewaltmonopols in militärisches Handeln seitens führender Vertreter der Bündnisgrünen signalisiert vor diesem Hintergrund eine Vereinheitlichung politischer Kultur. Heiner Geißlers Lob der Bündnisgrünen und Lafontaines Kritik an Fischer belegen diese ‚Neupositionierung' grüner Politik im politischen Feld und die Verschiebung vorherrschender Konfliktlinien, die damit einher geht. Die Bundestagsdebatte am 6. Dezember 1995, in der über die deutsche Beteiligung an IFOR entschieden wird, spiegelt diese Umstrukturierung des politischen Feldes wider. In ihr stimmen bei 5 Enthaltungen 22 der 49 Bündnisgrünen für und 22 gegen eine Entsendung deutscher Soldaten (FR v. 7.12.1995). Auch außerhalb des im engeren Sinne politischen Feldes bleiben Fischers Diskursbeiträge zum Jugoslawienkrieg nicht ohne Folgen. Wie der oben zitierte Beitrag der Zeit belegt, produziert die Presse in ihrer Beobachtung diskursiver Auseinandersetzungen aus den diskursiven Abgrenzungs- und Kopplungsmanövern, die die politischen Akteure herstellen, wie aus den Diskursbeiträgen, die diese Akteure produzieren, ein politisches Stimmungsbild, in dem Diskursteilnehmer, die zumindest offiziell unterschiedlichen Diskursgemeinschaften angehören, als Repräsentanten desselben politisch-kulturellen Milieus identifiziert und die Ordnung des Diskurses in politische Lager untergliedert wird, die quer zu Partei- und Feldzugehörigkeiten verlaufen. So werden dort die Diskursbeiträge von Habermas und Fischer auf die Verfassung der ‚deutschen Linken' hochgerechnet und aus der Bedeutung ihrer Träger werden Rückschlüsse gezogen, die den diskursiven Kontext verändern, in den sich die Diskursbeiträge anderer Diskursteilnehmer einschreiben.

Die deutsche *diskursive Formation des Krieges* wird durch diese gemeinschafts- und feldspezifischen Veränderung nachhaltig geprägt. Zum einen bricht mit dem Identitätswandel der Diskursgemeinschaft der Bündnisgrünen der ‚Träger' eines dezidiert antimilitaristischen Diskurses sukzessive weg. Damit wird die Opposition gegen militärische Interventionen in die außerparlamentarische Opposition verwiesen und verändern sich die Konfliktlinien und Mehrheitsverhältnisse innerhalb des politischen Feldes. Die Veränderung der deutschen diskursiven Formation des Krieges kommt zum anderen und am prägnantesten in dem Gebrauch zum Ausdruck, den die Diskursteilnehmer von der NS-Zeit machen. Der Nationalsozialismus ist einer der zentralen Bausteine der deutschen diskursiven Formation des Krieges, weil die Abgrenzung vom Nationalsozialismus bis in die jüngste Vergangenheit ein Gebot militärischer Selbstbeschränkung begründete. In Fischers Plädoyer und in den zahlreichen Abgrenzungs- und Kopplungsmanövern, die in der Folgediskussion vollzogen werden, erfährt diese normative Bedeutung der deutschen Vergangenheit eine Umdeutung. Der Nationalsozialismus wird durch die Projektion auf die Kriegsparteien in Jugoslawien seiner restriktiven Rolle entkleidet und in ein Argument für militärische Interventionen transformiert. Der Gebrauch der nationalsozialistischen Vergangenheit im Diskurs über den Jugoslawienkrieg unterwirft die Bedeutung dieser Vergangenheit einer ‚funktionalen Umwertung' (Sahlins 1992a, 1992b). Er verwandelt die restriktive Bedeutung des Nationalsozialismus in ein Gebot zum Handeln – die NS-Zeit wird zu einem Argument für militärische Interventionen. Drei Jahre später hat sich der Gebrauch der deutschen Vergangenheit als Argument für militärische Interventionen endgültig konsolidiert, das Deutungsangebot Fischers ist kollektiv angenommen und als Deutungsvorgabe institutionalisiert. Im Kosovokrieg werden sich Vertreter aller Parteien auf die Geschichte des Nationalsozialismus berufen, um die deutsche Beteiligung an diesem Krieg zu legitimieren.

Literatur

Bourdieu, P. (1982): Die feinen Unterschiede. Kritik der gesellschaftlichen Urteilskraft. Frankfurt/Main: Suhrkamp

Bourdieu, P. (1992): Ökonomisches Kapital – Kulturelles Kapital – Soziales Kapital. In: Ders.: Die verborgenen Mechanismen der Macht. Hamburg: VSA-Verlag, S. 49–81

Chalaby, J. K. (1996): Beyond the prison-house of language: discourse as a sociological concept. In: British Journal of Sociology, 47, 4, S. 685–698

Foucault, M. (1976): Die Geburt der Klinik. Eine Archäologie des ärztlichen Blicks (2. Aufl.). Frankfurt/Main: Ullstein

Foucault, M. (1983): Sexualität und Wahrheit I. Der Wille zum Wissen. Frankfurt/Main: Suhrkamp

Foucault, M. (1989a): Überwachen und Strafen. Die Geburt des Gefängnisses. Frankfurt/Main: Suhrkamp [1975]

Foucault, M. (1989b): Wahnsinn und Gesellschaft. Frankfurt/Main: Suhrkamp [1961]

Foucault, M. (1989c): Die Ordnung der Dinge. Frankfurt/Main: Suhrkamp [1966]

Foucault, M. (1990): Archäologie des Wissens (4. Aufl.). Frankfurt/Main: Suhrkamp [1967]

Foucault, M. (1991): Die Ordnung des Diskurses, Frankfurt/Main: Fischer [1972]

Gumbrecht, H. U. (1996): Über die allmähliche Verfertigung von Identitäten in politischen Reden. In: Marquard, O./Stierle, K. (Hrsg.): Identität, Poetik und Hermeneutik 8 (2. Aufl.). München: Fink, S. 107–133

Klüver, J. (1995): Das Besondere und das Allgemeine: Über die Generalisierbarkeit in der qualitativen Sozialforschung. In: König, E./Zedler, P. (Hrsg.): Bilanz qualitativer Forschung. Band 1: Grundlagen qualitativer Sozialforschung. Weinheim: Deutscher Studien Verlag, S. 285–309

Nedelmann, B. (1986): Das kulturelle Milieu politischer Konflikte. In: Neidhardt, F./Lepsius, R. M./Weiß, J. (Hrsg.): Kultur und Gesellschaft. Kölner Zeitschrift für Soziologie und Sozialpsychologie, Sonderheft 27. Opladen: Westdeutscher Verlag, S. 397–415

Sahlins, M. (1992a): Inseln der Geschichte. Hamburg: Junius

Sahlins, M. (1992b): Die erneute Wiederkehr des Ereignisses: Zu den Anfängen des großen Fidschikrieges zwischen den Königreichen Bau und Rewa 1843–1855. In: Habermas, R./Minkmar, N. (Hrsg.): Das Schwein des Häuptlings. Beiträge zur Historischen Anthropologie. Berlin: Wagenbach, S. 84–130

Schwab-Trapp, M. (1999): Historische Argumente im politischen Diskurs. Über den Gebrauch der deutschen Vergangenheit im Diskurs über den Jugoslawienkrieg. In: Sozialwissenschaftliche Informationen, 27, 4, S. 265–272

Scott, M. B./Lyman, S. M. (1977): Praktische Erklärungen. In: Auwärter, M./Kirsch, E./Schröter, K. (Hrsg.): Seminar: Kommunikation, Interaktion, Identität. Frankfurt/Main: Suhrkamp, S. 73–115

Sykes, G. M./Matza, D. (1968): Techniken der Neutralisierung: Eine Theorie der Delinquenz. In: Sack, F./König, R. (Hrsg.): Kriminalsoziologie. Frankfurt/Main: Akademische Verlagsgesellschaft, S. 360–371 [1957]

Politikwissenschaft auf dem Weg zur Diskursanalyse?

Frank Nullmeier

Die Prominenz der Begriffe ‚Diskurs' und ‚Diskursanalyse' verdankt sich grundlegenden Wandlungen in der Disziplinenlandschaft der Humanwissenschaften im vorigen Jahrhundert. Der Aufstieg von Sprachwissenschaft, Semiotik und Ethnologie hat im Gefolge strukturalistischer und poststrukturalistischer Ansätze auch dem Begriff ‚Diskurs' zum Durchbruch verholfen. In der Politikwissenschaft, insbesondere der bundesdeutschen, sind Diskursanalysen aber auch heute noch ein randständiges Thema. Weder ist ein Konzept diskursanalytisch verfahrender Politikwissenschaft ausgearbeitet worden, noch läßt sich eine spezifisch politikwissenschaftlich ausgerichtete Diskursanalyse ausmachen. Drei Rahmenbedingungen haben zu dieser geringen aktuellen Bedeutung der Diskursanalysen für die Politikwissenschaft beigetragen:

- die geringe Vernetzung und Verbindung der Politikwissenschaft mit den genannten Disziplinen,
- eine geringe Rezeption bzw. weitgehende Ablehnung postpositivistischer (poststrukturalistischer, sozialkonstruktivistischer, interpretativer, hermeneutischer, wissenssoziologischer) Theorien und Methodologien (einschließlich grober Mißverständnisse: Manow/Plümper 1998 in Diskussion mit Rieger/Leibfried 1997 und Rieger 1998),
- eine hohe Abstinenz in der Politikwissenschaft gegenüber Methodenreflexionen jenseits des Bereichs der Wahl- und Einstellungsforschung.

Heute setzt eine weitere Zuwendung zur Diskursanalyse neben einem stärkeren Methodeninteresse die langsame Lösung aus den konzeptionellen Bindungen der dominierenden Rational Choice-Ansätze und des (Neo-)Institutionalismus voraus. Erst eine Relativierung dieses Analyse-Mainstreams schafft den erforderlichen Raum für eine Politikanalyse, die die wirklichkeitskonstituierende und -gestaltende Kraft von Ideen, Wissen, Frames, Deutungsmustern oder eben Diskursen ins Zentrum stellt. Bislang sind Diskursanalysen aber nur als Praxis vereinzelter politikwissenschaftlicher Arbeiten existent. Es fehlt die Etablierung als Kernbestandteil der Disziplin. Einige wissenschaftliche Tendenzen der letzten zehn Jahre weisen allerdings in die Richtung einer Öffnung zur Diskursanalyse, eine grundlegende Verschiebung in den Dominanzverhältnissen hat sich jedoch nicht eingespielt. Der Durchbruch zur Offenheit gegenüber allen Formen der ‚Konstruktion von Wirklichkeit' erfolgte nicht über den Terminus ‚Diskurs' (vgl. aber Nonhoff 2006). Weitaus prägender waren die Begriffe ‚Ideen', ‚Wissen', ‚Argumente', ‚Interpretationen'. So macht die Politikwissenschaft seit Anfang der 90er Jahre in eher gemäßigtem Umfange einen ‚cognitive turn', einen ‚argumentative turn', seltener einen ‚interpretive turn' durch, allein ein ‚discursive turn' fehlt weithin. Als Sammelbegriff für alle Bestrebungen unter diesen Begrifflichkeiten soll für diesen Aufsatz der Terminus ‚wissensorientierte Ansätze' verwendet werden.[1]

1 Entwicklungstendenzen der Policy-Forschung

Wissensorientierte Ansätze in der Policy-Forschung sind eine recht neue Entwicklung. M. G. Schmidt (1993) hat in einem Überblick zur Policy-Forschung noch sechs Schulen dieser Forschung unterschieden: von der sozio- bzw. politökonomischen Schule über die Parteiendifferenz-These bis zu Theorien der institutionellen Rahmenbedingungen politischer Entscheidungsprozesse. Diese Aufschlüsselung nach Schulen war deutlich faktoriell ausgerichtet: Welchem Faktor, welchen gesellschaftlichen oder politischen Kräften wird die größte Erklärungskraft für Entwicklungen in einzelnen Politikfeldern zugeschrieben? Wissen und Diskurse spielten keine bedeutende Rolle, ein wissensorientierter Ansatz

[1] Es wird in der folgenden Betrachtung nicht das gesamte Spektrum der Politikwissenschaft erörtert werden können: Unberücksichtigt bleiben insbesondere die Arbeiten zu politischen Ideologien wie vor allem zum Rechtsextremismus (im Sinne eines kohärenten Einstellungs- und Weltbildkomplexes), Konservatismus etc. und zur politischen Theorien- und Begriffsgeschichte. Nur vereinzelt Berücksichtigung finden auch Arbeiten, die zum Teilgebiet der Internationalen Beziehungen gerechnet werden – die Fülle der Beiträge aus diesem Bereich verlangte eine eigene Untersuchung. Im Zentrum steht dagegen die politikwissenschaftliche Erforschung einzelner Politikfelder wie der Sozialpolitik, der Umweltpolitik, der Technologiepolitik usw., d. h. der sogenannten Policy-Forschung. Da sie eines der zentralen Forschungsgebiete der jüngeren Politikwissenschaft darstellt und zugleich wesentliche Anstöße für eine Diskussion über wissenszentrierte Forschungsansätze und ein entsprechendes methodisches Vorgehen geliefert hat, soll sie hier exemplarisch betrachtet werden.

war noch nicht identifiziert. Das hat sich seitdem deutlich geändert, wobei 1993 für die Bundesrepublik das Jahr des Umschwungs – bei Vorläufern in den späten 80er Jahren – gewesen sein dürfte. Die ersten wissensorientierten Ansätze in der angelsächsischen Policy-Forschung reichen bis in die Mitte der 80er Jahre zurück. Dominant ist jedoch in der Bundesrepublik bis heute ein weiches institutionalistisches Programm, sei es in einer eher kausalanalytischen Fassung oder einer Version unter Einsatz spieltheoretisch modellierter Akteurskonstellationen (der sogenannte akteurszentrierte Institutionalismus des Kölner Max-Planck-Instituts für Gesellschaftsforschung: Mayntz/Scharpf 1995).

Zunächst war es die Rolle der Wissenschaften und wissenschaftlichen Experten in übergreifenden Policy-Entwicklungen, wie z. B. der Entfaltung keynesianischer Finanzpolitik oder dem ordnungspolitischen Wechsel in der Wirtschaftspolitik der 80er Jahre, die die Frage nach Funktion und Bedeutung von Ideen, Wissen und Deutungen für Policy-Entwicklungen bedeutsamer werden ließ. Wissenschaftliches Wissen, politische Wissensproduktion und Politikberatung fanden in der bundesdeutschen Policy-Forschung im Rahmen des Projektes zu wirtschaftspolitischen Strategiewechseln[2] erhöhte Beachtung. Auch wenn es dort um eine vorrangig institutionelle Erklärung der Abwendung von keynesianischen Wirtschaftspolitiken ging, wurde bereits gefordert, sich nicht nur auf die politischen Verarbeitungsformen wissenschaftlicher Ideen in politischen Kontexten zu beschränken, sondern eine umfassende Erklärung der Rolle von Ideen und Wissen in der Politik bei Einbeziehung der Entstehungsbedingungen von Expertise im wissenschaftlichen Bereich wie im Zwischenfeld von Politik und Wissenschaft zu liefern, also eine umfassende Betrachtung der Wissenschaft-Politik-Relationen vorzunehmen (Singer 1993b: 103).

Weitergehende wissensorientierte Ansätze (‚knowledge perspective' – Radaelli 1995: 178) in der Politikwissenschaft sind Endprodukt einer theoretischen Bewegung, die sich zunächst gegen die diversen Spielarten pluralistischer bis marxistischer Politikerklärungen durch soziale Kräfteparallelogramme (Hall 1986, 1993, Majone 1993) stellte. Die Hinwendung zu Ideen und Wissen ist dabei schon die zweite Welle dieser Gegenbewegung zum tradierten Rekurs auf Interessengruppen, Klassen und deren Konflikte. Zur ersten Welle können der Neo-Institutionalismus und staatszentrierte Ansätze (‚Statism') gerechnet werden, die beide die Annahme der Neutralität und des fehlenden Eigengewichts von politischen Institutionen und speziell des Staates zu widerlegen suchten. Die Frage, wie in staats- und institutionsorientierten Ansätzen noch Wandel erklärt werden könne, trug zur Entstehung der zweiten Welle der ‚antipluralistischen' Bewegung in der Politikwissenschaft bei (vgl. Hall 1986, 1989). Zum anderen

[2] Lehmbruch/Singer/Grande/Döhler (1988), Singer (1990, 1993a, 1993b).

sind wissensorientierte Arbeiten aus einer Kritik an den der Ökonomie entlehnten Modellen des rationalen, eigeninteressierten Akteurs mit gegebenen Präferenzen und gegebenem Weltwissen entstanden. Die Genese von Präferenzen ebenso wie die Veränderung und Bedeutung des Wissens aufzuklären und in die politikwissenschaftliche Analyse zu integrieren – das war das zentrale Anliegen beim Entstehen dieser Forschungsansätze. Öffentlichkeit und Wissen kommen in den zunächst noch kausalanalytisch gehaltenen Beiträgen zur Policy-Forschung immer dann in den Blick, wenn sie einen ‚Faktor' zur Erklärung einer Policy-Entwicklung darstellen. Diese Isolation von Ideen und Wissen als Faktor gilt dagegen in neueren Beiträgen als Problem, da Wissen mit allen Elementen des Policy-Prozesses verbunden ist, mit ihnen interagiert, von ihnen nicht getrennt werden kann oder in ihnen wirksam wird – wie zuerst die Thesen von Politiken als impliziten Theorien (Haas 1990, Hofmann 1993) oder von Institutionen als Verkörperungen von Wissen und Normen belegen (vgl. Nullmeier/Rüb 1993, Radaelli 1995: 178).

Aufgrund dieser Problematik kausalanalytischer Erklärungen ist mit den Ansätzen *interpretativer und diskursanalytischer Policy-Analyse* eine zweite Strömung innerhalb der kognitiven Wende entstanden, die sich umfassend des Wissens, der Diskurse, Bedeutungen und Deutungsmuster, der Ziele und Interpretationen politischer Akteure – verstanden als ‚soziale Konstruktionen' – annimmt.[3] Ohne hier auf die postpositivistischen methodologischen Hintergründe dieser interpretativen Forschungsrichtung einzugehen, liegt der Kerngedanke darin, ein gesellschaftliches Problem nicht mehr als gegeben vorauszusetzen (quasi in ‚Naturalform') und sich politikwissenschaftlich den Formen administrativer Bearbeitung zuzuwenden, sondern die Wahrnehmung der Beteiligten und ihre Kausalannahmen bei der Konstruktion und politischen Bearbeitung des Problems zu erfassen. ‚Bedeutung', ‚Interpretation' und die politisch-diskursive ‚Konstitution von Wirklichkeiten' sind die Schlüsselvokabeln. Politikverläufe lassen sich nicht aus Nutzenmaximierungskalkülen erklären, sondern nur als Interpretationsprozesse und -kämpfe. Zum Teil liefern die in dieser Linie angelegten Arbeiten minutiöse Rekonstruktionen der politischen Sprache und der sozial konstruierten Deutungsmuster, in denen ein politisches Problem traktiert wird (z.B. Chock 1995). Bei allem sprachlich formulierten Wissen ist immer mit „multiple meanings and multiple interpretations (…) as a norm" (Yanow 1993: 55) zu rechnen. Jedes perzipierte Wissen findet sich zugleich in einen Raum vielfacher Deutungen und Interpretationen hineingestellt, die es verändern, ohne daß die Möglichkeit seitens einer Instanz, und sei es der Wissenschaft, existiert, diese Deutungsprozesse zu kontrollieren.

[3] Früh bereits: Torgerson (1986), Schneider/Ingram (1993), Yanow (1993, 1995, 1996).

Während die im angelsächsischen Kontext stehenden Arbeiten ihre methodologische Differenz und Sonderstellung betonen (z. B. Hajer 1995, Yanow 1996, umfassend: Wendt 1999), verbleiben im bundesdeutschen Kontext entstandene Arbeiten stärker im Umfeld traditioneller Policy-Forschung, zum Teil mit Nähen zu Rational Choice-Konzepten (Braun 1998, Braun/Busch 2000), zum Teil sich stärker auf ein argumentatives, lernendes Verständnis von Politikprozessen einlassend (Kohler-Koch/Edler 1998, Bandelow 1999) oder sich über Konzeptdiskussion (Maier 1998), reichhaltige materiale Analysen[4] in Richtung eines konstruktivistischen Verständnisses vortastend. Die Verwendung (z. B. Wogawa 2000) und Weiterentwicklung (Gerhards/Neidhardt/Rucht 1998) inhaltsanalytischer Verfahren unter Beibehaltung tradierter methodologischer Überzeugungen bahnt gleichwohl auch Wege für wissenszentrierte Politikanalysen. Eine methodologische Debatte ist im Feld der Internationalen Beziehungen intensiv geführt worden. Diese hat sich aber stark mit der materialen Frage der Rolle von Argumentationen/Kommunikationen einerseits, Verhandlungen/instrumentellen Machtstrategien andererseits im internationalen System (zusammenfassend: Risse 2000) verknüpft.

Eine im engeren Sinne eigenständige ‚politikwissenschaftliche Diskursanalyse‘ hat vielleicht am ehesten Maarten Hajer (1995, 1997) vorgelegt. Spezifisch politikwissenschaftlich ist sein Vorgehen deshalb, weil er in der Diskursanalyse die institutionelle Dimension betont. Sein ‚institutioneller Konstruktivismus‘ (Hajer 1997) kommt einem soziologischen und organisationstheoretischen Institutionalismus recht nahe, der sich in vielerlei Hinsicht kaum von konstruktivistischen Überlegungen unterscheidet, aber durch die Zentralstellung des Wortes ‚Institution‘ immer ein Changieren zwischen traditioneller Institutionenanalyse und interpretativem Vorgehen ermöglicht. Die Verwirrung über Begriff und Konzepte des Institutionalismus ist auch nach dem Versuch der Klärung und Sortierung durch Hall/Taylor (1996) noch nicht abgeklungen und beeinflußt die Frage nach der Stellung von Diskursanalysen in der Politikwissenschaft.[5]

Im folgenden Teil (2.) werden vier Grundthemen diskutiert, denen sich alle Formen wissenszentrierter, interpretativer oder diskursanalytischer Policyforschung stellen müssen. Das abschließende Kapitel (3.) versucht, Diskursanalyse vor allem als Methode der Policyforschung zu profilieren.

---

[4] Bleses/Offe/Peter (1997), Bleses/Peter (1998), Behning (1999).

[5] Vgl. jüngst den Versuch von Vivien A. Schmidt zur Etablierung eines „discursive institutionalism“ als viertem Institutionalismus, z. B. Schmidt (2006).

2 Wissensorientierte Ansätze und ihre Grundthematiken

Jede konzeptionelle Öffnung politikwissenschaftlicher Analyse in Richtung auf Wirklichkeitskonstitution durch ‚Ideen', ‚Wissen' oder ‚Diskurse' setzt Festlegungen und Entscheidungen in einer größeren, aber begrenzten Anzahl von Forschungsdimensionen voraus. Zumeist sind in einem diskursanalytischen, interpretativen oder sozialkonstruktivistischen Ansatz simultan Festlegungen in mehreren, wenn nicht in allen Dimensionen zu beobachten. Die nachstehende Betrachtung möchte diese Bündelungen ein wenig entflechten, um so aufmerksam zu machen auf die durch eine politikwissenschaftliche Analyse von Wissen und Diskursen zu leistenden Aufgaben. Vier Grundthemen oder Forschungsdimensionen lassen sich unterscheiden. Erstens müssen wissenszentrierte oder diskursanalytische Ansätze entscheiden, mittels welchen Begriffs ihr Gegenstand bestimmt wird: Konstituieren ‚Diskurse', ‚Ideen' oder ‚Wissen' politische Realitäten (2.1)? Jenseits dieser konstitutionstheoretischen Fragestellung muß eine differenzierte Untersuchung politischer Prozesse über eine ebenso differenzierte Analytik des Wissens, der Diskurse, der Ideen verfügen. Welche weiteren Kategorien stehen bereit, das Feld Diskurs/Wissen/Ideen detailliert zu untersuchen (2.2)? Drittens muß plausibel gemacht werden, wie politische Gemeinschaften, Koalitionen und Konfliktlinien entstehen. In einem wissenszentrierten Konzept müssen politische Koalitionen als Wissensvergemeinschaftungen begriffen werden. Welche Termini verwenden die einzelnen Ansätze, um Konsens und Konflikt im politischen Raum zu kennzeichnen (2.3)? Viertens muß politischer Wandel als Wissens-/Diskurs-/Ideenwandel erklärt werden können. Kann Politik daher als Lernprozeß verstanden werden? Wie lassen sich diskursive Dynamiken beschreiben und erklären (2.4)?

2.1 Gegenstandskonstitution: ‚Ideen' und Politikentwicklung

‚Diskurs' ist keineswegs der zentrale Ausdruck der kognitiven Wende in der Politikwissenschaft. ‚Kognitive Strukturen', ‚Belief Systems', ‚Ideen', ‚Wissen', ‚Deutungsmuster', ‚Argumentationen' werden sehr häufig als Grundbegriffe jener ‚konstruktivistisch-diskursiv-interpretativen' Ansätze der Politikanalyse verwendet. Der ‚Kampf der Ansätze' wird zudem aufgrund der mangelnden Rezeption poststrukturalistischer Überlegungen nicht mittels des Begriffs ‚Diskurs', sondern noch mittels des Begriffspaares ‚Ideen versus Interessen' in einem stark kausalanalytischen Rahmen ausgefochten. Solange Interessen als wissensjenseitig erscheinen bzw. Wissen nur instrumentell als Kausalwissen zur besseren technischen Umsetzung des von Interessen Angestrebten begriffen wird, liegt auch eine diskursanalytische Betrachtungsweise noch fern.

Die frühe Form der Annäherung an den Themenkomplex Wissen/Diskurs bot folgende Fragestellung: Spielen Ideen überhaupt eine Rolle für die Policy-Entwicklung? Oder sind sie nur Legitimationsfiguren, ‚hooks', die interessenbestimmten Entscheidungen zur symbolischen Garnierung beigefügt werden? Für eine Wende hin zu Ideen und ihrem politischen Einfluß steht beispielhaft der Sammelband von Peter A. Hall (1989) über den Einfluß des Keynesianismus auf die Politik der westlichen Industrieländer. Dort wird die Thematik ‚Ideen' aber nicht konzeptionell, sondern in enger Bindung an die kausalanalytisch gefaßte Frage politisch dominierender Gruppierungen und an die ebenso auf Kausalitäten zielende Frage der Einflußkanäle politikrelevanten Wissens eingeführt. Im Bereich der internationalen Policy- und Regimeforschung fand eine analoge Zuwendung zur Rolle von Ideen im politischen Prozeß statt, die in einem Sammelband von Goldstein/Keohane (1993) ihre Zusammenfassung fand. Die dort versammelten Untersuchungen konzentrieren sich auf den Nachweis, daß Ideen wichtige Determinanten der Entwicklung in den Politikfeldern sind. Ideen muß danach ebenso wie Interessen kausale Bedeutung für die Politikerklärung zugesprochen werden. Ideen spielen eine eigenständige Rolle, sie sind nicht ein bloßer Blickfang, eine Fassade zur Rationalisierung, Legitimierung oder Verschleierung von Interessen. Und sie spielen selbst dann eine eigenständige Rolle, wenn man am Modell des rationalen, eigeninteressierten Akteurs festhält. Drei ‚causal pathways' der Beeinflussung von Policies durch Ideen finden sich bei Goldstein/Keohane: 1. Ideen liefern ‚Landkarten', die es den politischen Akteuren ermöglichen, Klarheit über ihre Ziele zu erreichen. Dazu müssen sie diese in Beziehung zu normativen Prinzipien setzen. 2. Ideen sind prägend für die Ergebnisse strategischer Interaktionen, für die es nicht nur ein durch objektive Rahmenbedingungen und Handlungsmöglichkeiten vorstrukturiertes Gleichgewicht gibt. Hier fungieren Ideen als ‚Brennpunkte', die für die Bündelung von Interessen, für Koalitionsbildungen oder für das Finden einer kooperativen Lösung auch in Abwesenheit äußeren Zwangs und eindeutiger Konflikt- bzw. Kooperationskonstellationen sorgen. 3. Ideen wirken auf Dauer über ihre Einbettung in Institutionen (z. B. Verwaltungen, Gesetze). Sie werden als Ergebnis von politischen Prozessen ‚institutionalisiert', auf Dauer gestellt und beschränken dann in ihrer institutionellen Eingefaßtheit solange die weitere Politikentwicklung, wie es nicht zu Innovationen kommt. Institutionen werden hier als abgelagertes, mit Geltungsmacht versehenes Wissen verstanden. Die Arbeiten in diesem Sammelband zielen darauf zu klären, *wann* mit einem erhöhten Einfluß *welchen* Wissens in der politischen Öffentlichkeit zu rechnen ist. Die ‚Landkartenfunktion' kann Wissen erst bei Unsicherheit der politischen Akteure über die Auswirkungen des eigenen Handelns erfüllen. Nur dann wird Kausalwissen politisch bedeutsam. Auch für Prinzipien und normatives Wissen gilt, daß sie in der Funktion als Landkarte und Wegweiser nur relevant werden, wenn Unsicherheit über die Verfolgung bisheriger Eigeninteressen entsteht oder durch äußere Ereignisse und größere gesellschaftliche Wandlungen bisherige Interessen entwertet werden. Nur dann kann Wissen die Interessenlage und Zielrichtung direkt verändern. Politische Handlungen werden deswegen je nach Situation stärker von Ideen oder stärker von Interessen bestimmt. Die Gegenstandskonstitution bleibt daher dem Dualismus von Ideen und Interessen verpflichtet, der Übergang zu einem Denken in Kategorien der kognitiven, diskursiven Konstitution des Politischen wird verfehlt, die kognitive Wende wird nur partiell vollzogen.

Einen anderen Weg zur Klärung der Frage, wann Wissen in der Öffentlichkeit bedeutsam werden kann, hat Giandomenico Majone mittels der Unterscheidung von Allokation und (Re-)Distribution geliefert. Er vertritt die These, daß Ideen nur in Fragen der Effizienz bzw. der Allokation politisch mächtig werden können, in Verteilungsfragen aber aufgrund des Nullsummenspiel-Charakters keine große Rolle spielen (Majone 1993). Wissen hat entsprechend weniger Wirkungsmöglichkeiten, wenn es sich auf redistributive Fragen konzentriert, die in Mehrheitsentscheidungen durch Parteien, Parlamente, Regierungen behandelt werden. Viel größer ist die Fähigkeit zur Politikbeeinflussung wie zur Übernahme durch politische Akteure, wenn sich wissenschaftliches Wissen auf Themen bezieht, die in expertenorientierten, unabhängigen Institutionen verhandelt und entschieden werden. An diese Überlegungen knüpfen später die Arbeiten von Braun (1998) und Maier (1998) an, wenn sie die Güte des Ideenkonzeptes vor dem Hintergrund der Frage zu klären versuchen, wann Ideen politisch wirken.

Maier (1998) widerspricht jedoch dieser vorgängigen Aufspaltung des faktoriellen Raums in Ideen und Interessen und verlangt eine diskursive Fassung des Ideenbegriffs als Interessen übergreifende Gestalt der Wirklichkeitskonstitution. Die Debatte über die Rolle von Ideen in der Politik mündet so in eine Wiederaufnahme jener Frage, die auch die Max Weber-Interpretation bis heute beschäftigt, die nach dem Verhältnis von Ideen und Interessen.[6] Trotz vorhandener Uneindeutigkeiten und vielfältigen Positionen wird die Fassung von Ideen als bloßer Fassade von Interessen in einer konsequent wissenszentrierten bzw. diskursanaly-

[6] Beispielhaft die Rolle der Interessen gegenüber den Ideen hervorhebend: Pontusson (1995: 143); vgl. auch die Kompromißformulierung bei Peters (1994: 23): „Knowledge and ideas are, of course, put to the use of societal interests, but they can also have influence of their own" oder den Versuch von Sabatier/Jenkins-Smith (1993b: 223 ff), den Interessenbegriff in den weiteren der Überzeugungssysteme zu integrieren.

tischen Policy-Forschung abgewiesen.[7] Wo der Begriff der Ideen verwendet wird, sperrt man sich meist gegen die durchgängige Wirklichkeitskonstitution durch Wissen und fällt zurück in einen Dualismus von Interessen und Ideen. Schließlich gelten Interessen als wirklich, während Ideen als ideelle und damit vermeintlich weniger reale Phänomene nur als wirklichkeitsmodifizierender zusätzlicher Faktor erscheinen. Durch die Referenz auf einen tradierten, binären Schematismus scheint der Ideen-Begriff den Zugang zu einer durchgehend konstruktivistischen und damit auch diskursanalytischen Auffassung zu verbauen – deshalb sollte auf ihn als Grundbegriff verzichtet werden.

Neben einem weitgefaßten Begriff des Wissens bietet auch der Diskursbegriff einen Zugang zu einem ganzheitlich konstruktivistischen Verständnis und könnte daher als Grundbegriff fungieren. Allerdings steht dem Alltagsverständnis von Diskursen als thematisch bezogenen öffentlichen Auseinandersetzungen insbesondere im Medium von Schrift und Rede ein in der Policy-Analyse vertretenes engeres Konzept von Diskursen gegenüber (Hajer 1995, 1997, Keller 1997, 1998), das an der inhaltlichen Einheit des durch den Diskursbegriff Bezeichneten festhält. Nicht alles, was gesagt wird, ergibt nach diesem Verständnis bereits einen Diskurs. So fehlt jedoch ein Oberbegriff, der alle Formen sinnhafter Wirklichkeitskonstitution bezeichnet und dann Diskurse als eine spezifische Form der Sinnschließung aus sich entläßt. Die Zentrierung auf Diskurse als ‚Ensembles', als inhaltlich strukturierte Einheiten, als durch eine ‚story line' zusammengehaltenes ‚Interpretationsrepertoire' (Keller 1998) läßt Diskurse als Ausschnitt aus dem Gesamtuniversum der Bedeutungen und Interpretationen erscheinen und wirft Fragen nach Identifizierbarkeit, Abstraktionshöhe sowie Existenz überlappender und nach der Anzahl koexistierender Diskurse auf. Zu fragen ist daher, ob ein solch eng gefaßter Diskursbegriff als Grundbegriff einer wissenszentrierten Politikanalyse taugt, oder anders gesagt, ob eine politikwissenschaftliche Diskursanalyse nicht nur ein kleines Feld im Raum des als Wirklichkeit sozial Konstruierten erfaßt: nämlich Makroeinheiten inhaltlich hoch abstrakt integrierter Wissenswelten.

Blockiert der Ideenbegriff das Verständnis eines nicht-realistischen, postpositivistischen und sozialkonstruktivistischen Herangehens, so beschränkt zumindest ein enger Diskursbegriff den Raum des als sozialkonstruktiv zu Be-

[7] Daß nachträgliche Rechtfertigungen und Rationalisierungen keinen ‚Mehrwert' zur Interessenauseinandersetzung liefern können, hat zudem Majone (1993: 111 f) überzeugend widerlegt. Nachträglich entwickeltes Wissen systematisiert erstens ein bisher eher zusammenhangloses Feld politischer Einzelentscheidungen und erhöht damit für alle weitere Politikentwicklung den Zwang zur Konsistenz und Kohärenz der vorgeschlagenen Maßnahmen. Es hilft zweitens Ideen zu institutionalisieren, sie beständiger und zur Grundlage einer alltäglichen Praxis zu machen. Und drittens leitet es eine Sequenz von Argumentationen bei deutlich erhöhtem Begründungszwang ein.

trachtenden unter der Wirkung seiner Einheitsannahme (als Fortwirkung der strukturalistischen Herkunft dieser Analysetradition). Auch der Wissensbegriff ist als Grundbegriff nicht ohne Schwierigkeiten, ist dieser doch in den Gegensatz zu Meinen und Glauben eingespannt. Doch ist ‚Wissen' als Begriff für die allgemeinste Ebene der sozialen Konstruktion politischer Wirklichkeit eher zu vertreten (vgl. den Beitrag von Keller in diesem Band). ‚Diskurs' erscheint dann als eine Spezifizierung, als Konzentration auf abstrakte inhaltliche Zusammenhänge/Übereinstimmungen im gesamten Wissensuniversum. Damit ist Diskursanalyse dezentriert und kann nicht den Anspruch erheben, alles (dafür ist der Begriff Wissen reserviert) zu analysieren, was die Kraft der sozialen Konstruktion von Wirklichkeit besitzt. Dieses Vorgehen erlaubt aber der Diskursanalyse, weiterhin bestimmte Grundannahmen über die strukturelle Kohärenz des Diskurs Genannten aufrechtzuerhalten und den Diskursbegriff nicht weiter in sein (wissenschaftliches) Alltagsverständnis als ‚Diskussion/Debatte' abgleiten lassen zu müssen.

2.2 Analytiken des Wissens

Wenn ‚Wissen' als allgemeinster Begriff verwendet wird, ist ‚Diskurs' als Spezifizierung zu verstehen und damit ein wesentlicher Begriff innerhalb einer Analytik des Wissens. Die meisten wissenszentrierten Ansätze bieten einfache Versionen von Wissensanalytiken, meist bereits auf die Frage der Veränderbarkeit des jeweiligen Wissens zugeschnitten. Drei Arten des Wissens (belief) werden z. B. bei Goldstein/Keohane (1993) unterschieden: 1. Weltsichten, *world views*, als jene Ideen, die die grundlegenden Möglichkeitsräume einer Kultur vorgeben, die ganze Ontologien und Kosmologien mit tiefliegenden Identitätsbestimmungen verbinden, mithin grundlegende normative wie kognitive Überzeugungen umfassen, 2. Prinzipien, *principled beliefs*, als normative Ideen, die definieren, was Recht und Unrecht, gut und falsch ist (z. B. Meinungsfreiheit), und 3. Kausalwissen, *causal beliefs*, das Annahmen über kausale Effekte und Beziehungen beinhaltet, die ihre Geltung dem Konsens anerkannter Eliten verdanken (heute meist: der wissenschaftlichen Eliten). Die Veränderungswahrscheinlichkeit ist bei Weltsichten recht gering, bei Kausalwissen dagegen am größten. Auch im Feld kleinteiligerer Wissenselemente findet sich dieser vom politikwissenschaftlichen Interesse geprägte Vorrang der politischen Stabilität/Instabilität in der Entwicklung einer Analytik und Typologie der kognitiven Strukturen: Die Hervorhebung von Wissen über Möglichkeiten und Unmöglichkeiten bei Majone wird von Nullmeier/Rüb (1993) erweitert zur generellen Akzentuierung der *Modalität*, die ein Wissen verkörpert. Insbesondere interessiert die Rolle von sozialwissenschaftlichem Wissen bei der Konstruktion von politischen Notwendigkeiten, also Handlungsweisen, die als alternativlos gelten können. Die Modalität, die ein Wissen der Öffentlichkeit nahelegt, ist mitentscheidend für die Perzeption im politischen Raum: Ist es ein Möglichkeiten erweiterndes Wissen oder weist es auf Grenzen des Handelns hin, indem es Unmöglichkeiten statuiert, oder zwingt es gar politisches Handeln in genau eine notwendig einzuschlagende Richtung?

Auch der *Diskursbegriff* scheint Beziehungen zu dieser Denkweise in Veränderungswahrscheinlichkeiten zu besitzen. Diskurs legt – große Textmengen in sich vereinigende – Wissensformationen größerer Stabilität nahe, die allein mittel- und langfristig grundlegenden Umwälzungen unterliegen, die dann allerdings von durchschlagender politischer Bedeutung sind. Eine derartige Spezifizierung des Diskursbegriffs sollte die weitere Arbeit an Wissensanalytiken gerade intensivieren, benötigen doch auch Makroanalysen Kategorien für kleinteiligere Diskurselemente. Keller (1998) verwendet in diesem Sinne einer Untereinheit den Begriff der Frames/Rahmungen. Jedoch sind fast alle Kategorisierungen und wissensanalytischen Ansätze noch höchst uneinheitlich. Jeder Autor, jede Autorin entwickelt eigenständig eine Wissensanalytik, ohne daß aber daraus ein systematisch bearbeitetes Feld mit der Aussicht auf kumulative Entwicklung erwüchse. Hier ist die Arbeit an einer Analytik des Wissens erforderlich, die vielleicht zunächst die Ebenendifferenzierung mit Hilfe der Begriffe Makro, Meso und Mikro fortführen könnte. Während Mikrokategorien einzelne politisch relevante Sinnelemente mit einer besonderen Struktur bezeichnen, sollen Mesokategorien ganze Politikbereiche übergreifende Wissensstrukturen erfassen. Makrokategorien erfassen dagegen Wissen, das ganze politische Kulturen und Traditionen prägt. Diskurse wären danach – je nach Analyseabsicht und Kleinteiligkeit der Untersuchung – sowohl auf einer Mesoebene als auch auf einer Makroebene ‚großer Wisseneinheiten' anzuordnen. Ohne jeden Anspruch auf Vollständigkeit müßte sich eine Analytik des Wissens zumindest mit den nachfolgend aufgelisteten Begriffen und dem Vorschlag einer ersten Grobgliederung auseinandersetzen:

- Mikroebene: u. a. Argumente, Begriffe, Metaphern, Schlagwörter, Narrationen, Mythen, Begriffe, einzelnes Kausalwissen, Theorien, Prinzipien
- Mesoebene: u. a. Policy-Prinzipien, Ordnungsprinzipien, Policy-Identitäten, Policy-Diskurse, Rahmen
- Makroebene: u. a. Sprachen, Diskurse, Weltsichten.

2.3 Politische Koalitionen als Wissensvergemeinschaftungen

Im Zentrum der wissensorientierten Policy-Forschung stehen jene wissenskonstituierten Formen von *Vernetzungen, Gemeinschaften, Koalitionen*, die quer zu

Institutions- und Organisationsgrenzen, quer auch zur Grenze zwischen Wissenschaft und Politik die Entwicklung in einzelnen Politikfeldern bestimmen. Eine Anzahl von neuen Kategorien ist für diese Form der wissensbasierten Vernetzung entwickelt worden: ‚*Epistemic Communities*' beziehen sich vor allem auf inneradministrative und interorganisatorische Vernetzungen, während ‚*Advocacy Coalitions*' und ‚*Diskurskoalitionen*' auch die Grenzen zwischen Staat und Gesellschaft übergreifen. Wissenschaftler werden in diesen Konzepten weniger als Einzelakteure außerhalb der politischen Arena verstanden denn als Mitglieder und Angehörige einer politischen oder politikrelevanten Koalition oder Gemeinschaft. *Epistemic Community*- und *Advocacy Coalitions* Ansatz unterscheiden sich auch in der Rolle, die sie der Sozialwissenschaft in der Öffentlichkeit zuweisen: eine mehr depolitisierende, Kontroversen rational beseitigende Rolle mit erkennbarem ‚cooperative bias' im Ansatz der *Epistemic Communities* und eine mehr in Kontroversen eingespannte, in Gegensätzlichkeiten und Konflikten fortlebende Rolle von Wissenschaft im *Advocacy Coalitions* Ansatz, die nur unter speziellen Bedingungen in professionellen Foren zur Konsensgewinnung und Rationalisierung hin verschoben werden kann (vgl. Radaelli 1995: 179).

Durch Ernst B. Haas (1990), P. M. Haas (1992) und E. Adler (1992, Adler/Haas 1992) wurde in die Diskussion über die Formen internationaler Koordination eine konzeptionelle Bündelung der kognitionsorientierten Debatte eingeführt. Für den Bereich der policy-orientierten Internationalen Beziehungen bestimmten sie *Epistemic Communities* – bei einigen konzeptionellen Differenzen zwischen den genannten Autoren – als wichtige Faktoren der Politikentwicklung. Der Begriff entstammt der wissenschaftssoziologischen Debatte mit Bezügen auf Fleck bzw. Kuhn. Eine *Epistemic Community* ist „a network of professionals with recognized expertise and competence in a particular domain and an authoritative claim to policy-relevant knowledge within that domain or issue-area" (P. M. Haas 1992: 3, vgl. auch Schaber/Ulbert 1994: 15 f). Gemeinsame normative Grundüberzeugungen, geteilte kausale Annahmen, übereinstimmende Bewertungsmaßstäbe für die Gültigkeit von Wissen, aber auch ein gemeinsames politisches Projekt – selbst bei unterschiedlicher Disziplin-Zugehörigkeit – innerhalb des abgesteckten Policy-Feldes kennzeichnen diese nationalen oder transnationalen Verbindungen spezialisierter Expertengruppen. *Epistemic Communities* sind nicht identisch mit Professionen und Disziplinen, sie können mehrere Disziplinen umfassen oder sich nur aus Anhängern einer Theorierichtung innerhalb einer wissenschaftlichen Disziplin zusammensetzen. Sie sind nicht nur über gemeinsames Kausalwissen verbunden, sondern vor allem auch über normative Überzeugungen und politische Interessen. So sind sie nicht mit wissenschaftlichen Gemeinschaften in eins zu setzen, aber auch nicht mit Administratoren. Dennoch dürfte dem Konzept von P. M. Haas folgend (1992) der Schwerpunkt auf Gruppen innerhalb von

Verwaltungen und internationalen Organisationen liegen. Dieser Bias zugunsten von Experten und Professionellen innerhalb von Verwaltungen unterscheidet diesen Ansatz von den *Advocacy Coalitions* Sabatiers, legt aber auch einen weniger direkten Öffentlichkeitsbezug des integrierenden wissenschaftlichen Wissens nahe. Zudem tritt die Frage des Wissenstransfers gar nicht in den Vordergrund, da wissenschaftliche Experten innerhalb von politischen Institutionen und Organisationen als Akteure auftreten, nicht jedoch externe Universitätswissenschaftler. *Epistemic Communities* sind vor allem unter Bedingungen von Unsicherheit wirkungsmächtig, da die Akteure nur durch Zuhilfenahme wissenschaftlicher Interpretationsleistungen wissen können, was ihre Interessen sind und wer ihre Gegner und Verbündeten sein könnten. In Zeiten und auf Gebieten unbefragter Evidenzen und klar strukturierter Deutungen bzw. Interessen und mit kalkulierbaren Ergebnissen politischen Handelns bestehen geringe Wirkungschancen von neuem Wissen und Wissenschaft in der und auf die Öffentlichkeit.

Die Arbeiten von Paul A. Sabatier und Hank Jenkins-Smith[8] zu *Advocacy Coalitions* sind aus einer Unzufriedenheit mit der üblichen Einteilung des Politikprozesses in Problemdefinition, Agenda-Setting, Politikformulierung, Implementation und Evaluation als eines heuristischen Phasenmodells entstanden. Sabatier schlägt ein Modell vor, das den Einfluß von politischen Akteuren an der Übereinstimmung der eigenen Überzeugungen (‚belief systems') mit den in staatlichen Programmen und Gesetzen enthaltenen ‚impliziten Theorien' normativer und kausaler Art ermessen will (Sabatier 1993a: 121). Mit dieser Zentralstellung der ‚belief systems', die weiter in ‚deep core', ‚policy core' und ‚secondary aspects' differenziert werden, wird ein Ansatz zur Erfassung des gesamten politischen Prozesses entwickelt, der Wissen zum grundlegenden Element und nicht zu einem Faktor neben anderen erhebt.[9]

Die zweite – analytische – Weichenstellung dieses Ansatzes liegt darin, die Vielzahl von Akteuren in einem Politikfeld quer zu Institutionen und formellen Organisationen, quer zur Unterscheidung zwischen öffentlichen bzw. staatlichen Institutionen einerseits, privaten Organisationen und Akteuren des politischen Vermittlungssektors (Verbänden, Parteien, Bewegungen) andererseits gemäß ihrer

[8] Jenkins-Smith (1988, 1990), Sabatier (1988, 1991, 1993a, 1993b), Jenkins-Smith/Sabatier (1993), Sabatier/Jenkins-Smith (1993a).

[9] Leslie A. Pal hat an dieser Differenzierung des ‚belief systems' die zu starke Orientierung an instrumenteller Rationalität kritisiert: Für stärker normativ ausgerichtete Politikfelder wie die internationale Menschenrechtspolitik seien hier konzeptionelle Umbauten erforderlich (Pal 1995: 187). Dies verweist auf die Sonderstellung von Politikfeldern, die explizit normativ und nicht durch einen Regelungsgegenstand definiert sind. Hier könnten auch andere Bedingungen für den Wissenschaftstransfer gelten (z. B. leichterer Zugang für normativ ausgerichtete Wissenschaftler), eventuell aber mit einer ähnlichen Abstufung zwischen stabilem Kern und sekundären Elementen, nur auf dem Gebiet ethisch-rechtlicher und politisch-normativer Überlegungen und Theorien.

gemeinsamen Grundüberzeugungen in *Advocacy Coalitions* zusammenzufassen. Personen aus verschiedenen Organisationen und Institutionen bilden gemeinsam eine ‚Überzeugungskoalition': Parlamentarier, Verbandsvertreter, Ministerialbeamte, Wissenschaftler und Fach-Journalisten (Sabatier 1993b: 37), aber auch einzelne Zeitungen und andere Massenmedien (Sabatier/Brasher 1993: 183) können so Teil einer Koalition sein, von denen es in den meisten Politikfeldern zwei bis vier gibt (zur inneren Struktur und zur Entstehung von Koalitionen vgl. Schlager 1995).[10]

Das dritte Grundelement des *Advocacy Coalitions* Ansatzes ist die Konzentration auf politische Lernprozesse. Politische Akteure lernen danach instrumentell. Sie versuchen, die Welt und die Politikprobleme besser zu verstehen, um ihre Ziele zu erreichen. Kernaspekte der Überzeugungssysteme werden aufgrund von neuem verfügbaren (wissenschaftlichen) Wissen nicht aufgegeben. Derartige Tiefenstrukturen lassen sich nur durch Wandlungen in der wirklichen Welt verändern, durch nicht-kognitive Faktoren, die gegenüber einer Policy den Charakter externer Ereignisse haben. Zu diesen politikfeld-externen Ereignissen werden auch grundlegende Wandlungen der öffentlichen Meinung gerechnet, über deren Ursachen im Rahmen einer politikfeldzentrierten Analyse nichts ausgesagt werden kann und deren Wirkung auf das Politikfeld Sabatier/Jenkins-Smith (1993b: 223) eher gering einschätzen. So sind es eher die *politikfeld-internen Öffentlichkeiten*, die die Politikentwicklung bestimmen.

Aber es gibt auch politisches Lernen über die Grenzen der einzelnen Koalitionen hinweg zwischen den Mitgliedern verschiedener Koalitionen. Bedingung eines solchen Lernens direkt voneinander oder als Ergebnis einer gemeinsamen Debatte ist erstens eine hinreichende Ausstattung aller Parteien mit wissenschaftlichen Ressourcen (Wissen, Experten, Infrastruktur), um Argumente in Gutachten, Berichten, Stellungnahmen etc. überprüfen und vorbringen zu können. Zweitens ist eine mittlere Intensität des Konfliktes erforderlich (zur Konfliktintensität und Debattenfähigkeit: Jenkins-Smith 1988), so daß nicht die Kernüberzeugungen der beteiligten Koalitionen in Frage stehen, sondern nur die sekundären Aspekte aller Beteiligten oder allein der ‚policy core' einer Partei, während es für alle anderen nur um sekundäre Aspekte geht. Drittens muß es einen Ort geben, an

[10] Livingston (1992) hat die Bedeutung übergeordneter „multi-issue knowledge communities" (ebd.: 239) hervorgehoben, die auf verschiedenen Politikfeldern auftreten und um Dominanz bei der Grunddeutung (Framing) des dortigen Geschehens kämpfen. Eine derartige Sichtweise sprengt die doch oft auf ein einziges Politikfeld verengte Sicht gerade des Ansatzes von Sabatier. Die Dynamik von Veränderungen im Wissenschaftsfeld über mehrere Politikfelder hinweg kann erst ersichtlich werden, wenn auch Vernetzungen zwischen *Advocacy Coalitions* verschiedener Politikfelder in die Betrachtung einbezogen werden. Dann kann es Personen, Gruppen, Institutionen oder bestimmte wissenschaftliche Wissensbestandteile geben, die in der Öffentlichkeit eine Schlüsselstellung für mehrere Politikfelder gewinnen.

dem diese Debatten ausgetragen werden können. Auf der Basis der gemeinsamen Anerkennung wissenschaftlicher und/oder berufsethischer Standards restringierte, relativ apolitische *Foren* (‚professional forum': wissenschaftliche Zeitschriften, zentrale wissenschaftliche Konferenzen, Akademien, Experten-Kommissionen), die über genügend Reputation verfügen, um Experten und Professionelle aus allen Koalitionen zur Teilnahme zu bewegen, bieten einen solchen Nährboden für Lernprozesse.

Stärker als im Konzept der *Advocacy Coalitions* werden die direkten Koalitionen und historischen Verbindungen zwischen Staat und Sozialwissenschaft im Konzept der *Diskurskoalitionen* betont. Peter Wagner (1990: 31) analysiert die Durchsetzungs- und Akzeptanzbedingungen von Wissen in seinem Werk ‚Sozialwissenschaften und Staat' anhand dreier Legitimitätsformen: wissenschaftlicher (intellektuelle Tradition), institutioneller (wissenschaftliche Institutionen) und politischer Legitimität, womit Prägungen von Wissenschaft und Staat in beiderlei Richtungen erfaßt werden können. Grundbegriff ist der an Anthony Giddens angelehnte Terminus *‚Diskursstrukturierung'*, der die Herstellung und Sicherung von ‚kognitiver Affinität' zwischen gesellschaftlichen Diskursen und in (staatlichen) Institutionen geronnenen Handlungsregeln bezeichnet. Untersucht werden in diesem Konzept auf der Makroebene historischer Veränderungen die *gemeinsamen* Transformationen von Sozialwissenschaft, Staat und ihren Beziehungen. Besonders enge Interaktionen zwischen Sozialwissenschaft und Politik werden mit dem Begriff *Diskurskoalition* bezeichnet (vgl. Hajer 1995), deren zuletzt bedeutendste die sich in den 60er Jahren zwischen einer policy-orientierten Sozialwissenschaft und wissenschaftsoptimistischen Reformpolitikern ergebende Koalition war. Es entstand damals eine enge – soziale wie kognitive – Verbindung zwischen Akteuren aus aufsteigenden Minoritätsgruppen (Sozialwissenschaften hier verstanden als minoritäre Disziplinen), die sich wechselseitig Legitimität und Ressourcen zuführten (Wagner 1990: 391 f). Diese Reformkoalitionen sind inzwischen nach Wagner in der Phase der Pluralisierung von Expertise von Tendenzen der *Diskursregulierung* (d. h. die Realitätsdefinitionen der staatlichen Politik durchdringen die der Sozialwissenschaft) abgelöst worden.[11] So mündet diese Analyse in einer Kritik zeitgenössischer Sozialwissenschaft als kognitiv wie sozial staatsorientierter Forschung, in der die Wirkungsrichtung mehr vom Staat in Richtung Sozialwissenschaft als umgekehrt verläuft. Unterstellt man die Richtigkeit dieser Analyse, dann ist wissenschaftlicher Wissenstransfer in die Öffentlichkeit nur eine ‚Verdoppelung' politisch-administrativer Sichtweisen, also eine wenig bedeutende Wiederholung bzw. Verstärkung dessen, was institutionell schon verankert ist.

[11] Wagner (1990: 499), Wittrock/Wagner/Wollmann (1991: 78), vgl. Wittrock/Wagner (1992).

Einige Autoren versuchen, das *Vorfeld* der Koalitionsbildung mit Hilfe der Metapher bzw. des Begriffs *,Markt'* zu erschließen. Ausgangspunkt für die von Nullmeier/Rüb[12] vorgeschlagene wissenspolitologische Politikanalyse sind die Begriffe ,Wissensmarkt' (für die diversen Öffentlichkeiten, in denen sich Annahme und Ablehnung von Deutungen vollzieht) und ,Schließung/Öffnung'. Während ,Wissensmarktschließung' den sozialen und institutionellen Ausschluß von Teilnehmern an Wissensmärkten bezeichnet und so die ,externen' Begrenzungen erfaßt, sucht der Terminus ,interpretative Schließung' den Fall zu erfassen, daß Gründe und Kognitionen dominant werden, die in sich selbst bereits Alternativlosigkeit behaupten, wie dies bei deterministischen Kausalgesetzlichkeiten, zwingenden ,Logiken' und Verweisen auf ,evidente Erfahrungen' gegeben ist. Geschlossene Wissensmärkte können auch durch relative Isolation von anderen Wissensgebieten auftreten. Auch B. Guy Peters verwendet in einer Analyse des Agenda-Setting-Prozesses in der EU aufgrund der besonderen Offenheit für Themen die Marktanalogie mit dem Begriff „quasi-market in ideas" (Peters 1994: 22). Die größere Breite der auf EU-Ebene auf die Agenda gelangenden Themen eröffnet politischen Akteuren eine größere Chance der Präsentation und Mobilisierung von Handlungsalternativen als auf der nationalen Ebene. Die Vielzahl der nationalen Wissenschaftsstile bietet eine höhere Varianz im angebotenen Wissen und ermöglicht neue Koalitionen. Voraussetzung ist dabei aber, daß der Quasi-Markt für Ideen nicht von einzelnen wissenschaftlichen Disziplinen oder Theorien monopolisiert wird. Der Marktidee in einer nicht-metaphorischen Bedeutung kommt auch von der institutionellen Seite der Organisation von Politikberatungsgremien Bedeutung zu: Im Unterschied zur bundesdeutschen Politikberatungsliteratur wird in der angelsächsischen Debatte die Anwendung der Prinzipien des ,New Public Management' auf Politikberatung, insbesondere die Bildung von externen oder internen *Beratungs-Märkten*, in ihren Vor- und Nachteilen diskutiert (skeptisch: Boston 1994). Die Marktmetapher lädt darüber hinaus dazu ein, auch die Beziehungen zwischen Öffentlichkeit und Wissenschaft in ökonomischen Termini zu fassen, was u. a. bedeuten würde, den Produzenten wissenschaftlichen Wissens *Marketing-Strategien* zuzuordnen oder zu empfehlen.

Vergleicht man die vorgeschlagenen Koalitionsbegrifflichkeiten ungeachtet der sich hinter den Ansätzen verbergenden methodologischen Differenzen, fällt der Grad der Spezifizierung auf bestimmte Akteure ins Gewicht: Die Begriffe Epistemic Community und Diskurskoalition sind in weit stärkerer Art und Weise auf die Rolle von Wissenschaft im Zusammenspiel mit politischen Akteuren

---

[12] Nullmeier (1993), Nullmeier/Rüb (1993), Bleses/Offe/Peter (1997), Bleses/Peter (1998).

abgestellt[13] als das Konzept der *Advocacy Coalitions*, das als das offenste angesehen werden kann – privilegiert es doch keinen Akteurs- und Wissenstyp. Jedoch verwendet insbesondere Hajer (1995: 65 f) Diskurskoalition ohne den bei Wagner dominanten Wissenschafts-Staats-Bezug – auch wenn die analytische Aufmerksamkeit sich mehr zur Seite der Wissensproduktion und ihren Akteuren hin verschiebt, so daß auch für diesen Begriff eine allgemeine politikwissenschaftliche Verwendungsfähigkeit erreicht werden kann.

2.4 Kognitive Affinitäten, Lernen und diskursive Dynamiken

Alle wissenszentrierten Ansätze stellen Wege vor, auf denen Wissen wirksam wird (vor allem: Ideen-Diffusion, Wissens-Transfer), sich politisch stabilisiert oder akzeptabel erscheint (diskursive Affinität, Paßförmigkeit) und zur Veränderung des politischen Geschehens beiträgt (politisches Lernen). Dominanz hat dabei die Terminologie des Lernens erlangt, während in der Frühphase der wissenszentrierten Ansätze die Konzeptualisierung der Einflußnahme von Ideen, die z. B. durch *Epistemic Communities* in politisches Handeln vermittelt wurden, in Anlehnung an Begriffe der Evolutionstheorie mit den Schritten Variation, Innovation, Diffusion, Selektion, Modifikation/Persistenz (Adler 1992: 104, Adler/Haas 1992: 375 ff) erfolgte. Es ist jedoch nicht zu einer allgemeinen Theorie oder zumindest Analytik der Wissensdiffusion gekommen, wieder dominierte das politikwissenschaftliche Interesse am Grad der politischen Veränderung und auch der Rationalität der Veränderungen und ließ den Begriff des Lernens zunächst als Leitbegriff obsiegen.

Politik als Lernprozeß zu betrachten, war einer der Wege, um die Unzulänglichkeiten eines reinen Gruppenkonfliktmodells (neo-)pluralistischer oder (neo-) marxistischer Art zu überwinden. Hugh Heclo (1974) hat in einer vergleichenden Studie zur Entwicklung von Sozialpolitik als erster das Augenmerk der Policy-Forschung auf Lernprozesse gelenkt, ohne damit jedoch insgesamt einen wissens-

---

[13] Die Gegenüberstellung von Politik als allein interesseorientiertem Handlungssystem und rationaler Wahrheitssuche in der Wissenschaft ist in den wissenszentrierten Ansätzen der Policy-Forschung zugunsten der Betonung des beiderseitigen Öffentlichkeitsbezuges meist überwunden (z. B.: Robinson 1992, Alboek 1995). Die einem Modell rationaler Politik verpflichtete Idee, daß ein höheres Maß an Informationen und Wissen politische Entscheidungsprozesse nicht nur beeinflußt, sondern auch verkürzt, beruhigt und gleichmäßiger gestaltet, findet keine empirische Bestätigung (Healy/ Ascher 1995), aber nach wie vor Anhänger. Wissenschaft gilt zudem ebenso als wertgeladen wie Politik als notwendig wissensverwendend. Die wissensorientierten Ansätze haben gezeigt, daß nur bei einer Einbeziehung von normativem und deskriptivem Wissen unterschiedlichster Tiefe, Weite und Abstraktheit (von Daten über Argumente zu Ideen) die Rolle von wissenschaftlichem Wissen analysiert werden kann.

orientierten Ansatz zu verbinden. Die Fragerichtung geht in der sich an Heclo anschließenden Policy Learning-Debatte von den zentralen Akteursgruppen und Veränderungen in einem Politikfeld zurück auf die Bedingungen, unter denen dort Lernprozesse jenseits der bloßen Verschiebung von Machtkonstellationen stattfinden. Man beginnt entsprechend nicht mit den Ideen, dem Wissen, und untersucht die Wirkungswege, sondern fragt nach den Umständen beobachtbarer Veränderungen und Lernprozesse in den Zentren politischer Entscheidungsfindung. Heclo hatte weniger in (Sozial-)Wissenschaftlern und Politikern als in spezialisierten Ministerialbürokraten, die der Wissenschaft offen gegenüberstehen, den Motor von Lernprozessen entdeckt. Der These des innovativen Motors Ministerialbürokratie war bereits früh Peter Hall (1986: 274 f) entgegengetreten, der auch Parteien die Fähigkeit zum Anstoß von Policy-Lernprozessen zuschreiben wollte und damit die staatszentrierte Sicht Heclos attackierte.

Man kann mindestens vier weitere politikwissenschaftliche Lernkonzepte nennen (nach: Bennett/Howlett 1992): ‚policy-orientated learning‘ bei Sabatier (1993a), ‚social learning‘ bei Peter Hall (1993), ‚government learning‘ bei Lloyd Etheridge (1981) und ‚lesson-drawing‘ bei Richard Rose (1991). Umstritten ist in dieser Literatur sowohl, was Lernen ist, als auch, wer lernt oder Lernprozesse anstößt. Hall definiert social learning „as a deliberative attempt to adjust the goals or techniques of policy in response to past experience and new information“ (Hall 1993: 278) und faßt damit Lernen als bewußte Anstrengung, während Heclo im Lernprozeß eine mehr implizite Reaktion auf äußere Veränderungen gesehen hatte. Der sehr engen staatszentrierten Sicht des ‚government learning‘ steht zudem mit dem ‚lesson-drawing‘ ein Konzept gegenüber, das die Übernahme von Erfahrungen in anderen Ländern und die internationale Ideendiffusion akzentuiert.

Ein Großteil der Literatur zum Political Learning konzentriert sich auf die Differenzierung des Lernkonzeptes in Niveaus (meist in Anlehnung an wissenschaftshistorische Konzepte von Kuhn und Lakatos sowie parallel zu Entwicklungen in der Organisationsforschung). Hall (1993) arbeitet mit der Unterscheidung von ‚first‘ (Änderung von Niveaus und Ausgestaltungen bestehender Politikinstrumente), ‚second‘ (Änderung der Politikinstrumente) und ‚third order change‘ (Änderung der Paradigmen und Ziele). Eine ähnliche Dreiteilung der Lernniveaus mit der Reservierung des Lernbegriffs für die anspruchvollste Ebene verwendet Ernst B. Haas (1990). Haas unterscheidet in seiner Untersuchung internationaler Organisationen drei Arten der Veränderung: Anpassung durch inkrementelles Wachstum, wobei neue Aufgaben und Ziele ohne Veränderung oder Infragestellung der alten einfach hinzugefügt werden, Anpassung durch turbulentes Wachstum, bei dem größere Veränderungen ohne Zielwechsel auftreten, und Lernen als Überprüfung der alten Ziele in wissensbasierten Entscheidungsprozessen.

Bennett/Howlett (1992) schlagen in Synthetisierung der bisherigen Lernmodelle ebenfalls ein Dreiermodell vor, das auf der untersten Ebene ‚government learning' von staatlichen Bürokratien mit dem Effekt organisatorischer Veränderungen kennt, auf der mittleren Ebene ‚lesson-drawing' mit der Folge von Programmwechseln, in das ganze Policy-Netzwerke einbezogen sind, und ‚social learning' auf der höchsten, weitreichendsten Ebene mit dem Wandel von ganzen Politikparadigmen. Wiesenthal (1995) und Heinelt/Athanassopoulou/Getimis (2000) haben die Theorien des Organisationslernens (vgl. Albach/Dierkes/Berthoin Antal/Vaillant 1998) für die Politikwissenschaft fruchtbar zu machen versucht, Bandelow (1999) hat eine ‚interpretative Lerntheorie' entwickelt, die im Anschluß an und im Gegensatz zu Sabatier strategisches und taktisches Lernen unterscheidet mit der Möglichkeit, daß langfristig allgemein anerkannte policybezogene Informationen, die Widersprüche im Denk- und Normsystem der politischen Akteure erzeugen, zu grundsätzlichem Wandel führen.

Diskursanalytische Ansätze wie die von Wagner (1990) und Hajer (1995) arbeiten mit leicht unterschiedlich gefaßten Vorstellungen ‚kognitiver' bzw. ‚diskursiver Affinität' oder sprechen bei einem Ineinanderfließen von Diskurselementen und wechselseitiger Begriffsübernahme zwischen verschiedenen Öffentlichkeiten und Diskursarenen von ‚discursive contamination' (Hajer 1995: 67). Doch sind dies wenig konkretisierte und noch weniger operationalisierbare Kategorien. Hinter ihnen verbirgt sich zunächst nicht mehr als eine Hermeneutik der sprachlich-diskursiven Ähnlichkeiten. Weitreichender sind die Überlegungen, die darauf zielen, diskursive Dynamiken sowie politische Veränderung/politisches Lernen auf die Wirkung von diskursiven Mechanismen innerhalb einer Wissenslandschaft zurückzuführen. Hajer (ebd.: 268 ff, 1997: 113 ff) hat hierzu eine ersten Vorschlag gemacht, der als diskursive Mechanismen ‚story lines', ‚disjunction markers' (Zustimmung qua Ableugnung), symbolische Politik, das Bedürfnis nach Sinneserfahrungen, die diskursive Herstellung von Makroakteuren, Unwissenheitskonstruktionen, ‚black boxing' (Produktion von unhinterfragten Selbstverständlichkeiten), institutionalisierte Redeweisen und ‚positioning' (Positionszuweisungen und -verschiebungen im Diskurs) anführt. Schon diese Auflistung zeigt, daß es sich eher um die Sammlung einzelner Diskurseffekte und -strategien auf sehr unterschiedlichen Abstraktions- und Wissensebenen handelt, denn um ein operationalisierbares und so weiterverwendbares Set wissenschaftlich analysierter diskursiver Wirkungsweisen. Zudem schwankt die Verortung derartiger Diskursmechanismen zwischen einer an die Überlegungen Jon Elsters (1999) erinnernden *Konzeption kausaler Mechanismen* (vgl. auch Yee 1996), einer *evolutiven Konzeption* der im Diskurs sich selbst ergebenden Innovations- und Selektionseffekte, einer *strukturalen Konzeption* der vom Diskurs selbst erzeugten Effekte und dem *intentionalen Verständnis* von diskursbezogenen strategischen Handlungen individueller und kollektiver Akteure. Gleichwohl ist es höchst wertvoll, daß hier ein erster Versuch für das offenste, am wenigsten systematisch bearbeitete Feld wissenszentrierter Politikanalyse vorgelegt worden ist. Das Fehlen einer überzeugenden Theorie der diskursiven Mechanismen, der Lernprozesse (nicht der Lernniveaus) oder der Regeln der Wissensdiffusion dürfte zusammen mit grundlegenden methodologischen Vorbehalten und deren ‚Bestätigung' durch den geringen Explikations- und Standardisierungsgrad wissenszentrierter bzw. diskursanalytischer Arbeiten und ihres nicht immer klar erkennbaren Beitrags zu allgemeinen politikwissenschaftlichen Fragen die Ursache dafür sein, daß diesen Ansätzen bisher kein Durchbruch gelungen ist.

3 Politikwissenschaftliche Diskursanalyse als Methodik

Diskursanalysen besitzen insbesondere dann eine Chance, politikwissenschaftliche Forschungen zu bereichern, wenn sie sich als Methodenfeld oder Methodik etablieren. Das impliziert zunächst die Trennung oder zumindest Differenzierung zwischen Diskurstheorie (in einem an Foucault anschließenden Sinne) und Diskursanalyse. Vom *Diskursbegriff* ist in methodischer Einstellung die Vorstellung *möglicher* gemeinsamer inhaltlicher Sinnstrukturen über eine Vielzahl von Texten, Äußerungen und anderen Sinnträgern hinweg zu erhalten. Jedoch bleibt bei Diskursanalysen in der Tradition Foucaults meist ein Zusammenschluß von Sinnebene und Ebene der Praktiken erhalten, der eine weitere Klärung des diskursanalytischen Vorgehens erschwert. So liefert Hajer folgende Definition von Diskurs:

> „Discourse is here defined as a specific ensemble of ideas, concepts, and categorizations that are produced, reproduced, and transformed in a particular set of practices and through which meaning is given to physical and social realities." (Hajer 1995: 44)

Eine rein textzentrierte Diskursanalyse ist mit diesem Diskursbegriff ebenso verneint wie eine alle Formen von Sinnbildung einbeziehende Analyseform: eine Diskursanalyse in der Tradition der Semiotik. Hajer verfaßt den Diskursbegriff so, daß er auch Praktiken umfaßt. Dies kann in zweierlei Varianten geschehen: Neben Ideen, Begriffen, Kategorien können entweder nur direkte, text- oder äußerungsbezogene diskursive Praktiken oder zusätzlich auch noch soziale und politische Institutionen als Praktikfelder treten. Die letztere Variante etwa in der Version des Hajerschen institutionellen Konstruktivismus erzeugt Abgrenzungsprobleme und läßt kaum ein Jenseits des Diskurses erkennen, werden doch

Handlungspraktiken, Sinnstrukturen und Institutionen allesamt Bestandteil des Diskurses. Was einen Diskurs dann noch abgrenzt, ist seine Dominanz, seine autoritative Geltung innerhalb der politischen Sphäre. Diskurs ist der Terminus für das politisch dominant Geltende samt seiner Produktionsbedingungen (ebd.). Dominanz – Nicht-Dominanz ist das Schlüsselpaar, das die Diskursanalyse regiert. Quer zur Differenzierung in Institutionen, Prozesse, Handlungen, Wissen, Ideen wären in der Diskursanalyse alle Felder unter dem Aspekt zu analysieren, wie sie zu der Dominanz eines Verständnisses einer Policy beitragen. Diskursanalyse ist in diesem Sinne die Untersuchung gesellschaftlicher Dominanzverhältnisse, eine differenziertere und kleinteiligere Herrschaftsanalyse unter stärkerer Einbeziehung der kulturellen Sinnelemente. Eine derartige ‚Dominanzanalyse' sperrt sich aber aufgrund ihrer Komplexität und Allumfassendheit dagegen, zur Methode zurechtgeschnitten zu werden. Sie steht auch in Gefahr, in eine allgemeine politische – zweifellos herrschaftskritische und nicht affirmative – Institutionenanalyse überzugehen.

Will man diesen Weg einer allgemeinen Dominanzuntersuchung, die von einem herrschaftskritischen Grundinteresse getragen ist und von dort die analytische Seite der Forschung organisiert, nicht gehen, so verbleiben drei Möglichkeiten, der Diskursanalyse einen Platz in der Politikwissenschaft zu verschaffen, entweder

- als Bezeichnung einer textanalytischen Methodik, die sich auf diskursive Strukturen von großen Textmengen bezieht (da Diskurse auf der Makro- oder Mesoebene von politisch relevanten Sinnstrukturen anzusiedeln sind), als eine Form der ‚Massentextanalyse' und ‚Makrohermeneutik', oder
- als multimediale Symbolanalytik, die Sinnstrukturen aller Art und Medialität betrachtet, oder
- als Analytik des Zusammenspiels von Text/Schrift und diskursiven Praktiken bei Konzentration auf die innertextlichen Wirkungen diskursiver Praktiken und der in ihnen angewendeten Regeln der Sag- und Schreibbarkeit sowie der Form(atier)ung des Geschriebenen. Damit nicht eine Aufspreizung zur allgemeinen Kommunikations- und Medientheorie erfolgt, scheint für diese ‚Diskurspraxisanalyse' die Beschränkung auf das Medium Schrift (einschließlich der Vertextungen des Gesprochenen) sinnvoll.

Die zweite und dritte Variante beinhalten die Massentextanalyse, benötigen deren methodisches Knowhow zur Realisierung ihres eigenen Programms. ‚Massentextanalye' stellt daher – will man Diskursanalyse als Methode fortführen – den Kern des Ansatzes dar. Die bisherigen diskursanalytischen politikwissenschaftlichen Arbeiten müssen entsprechend auf das jeweilige textanalytische Vorgehen befragt werden. Meist findet sich ein Rückgriff auf inhaltsanalytische Verfahren, eine Modifikation eines sehr allgemeinen hermeneutischen Vorgehens oder eine vorgängig Medientexte verwendende, auf sprachwissenschaftliche Analysekategorien weitgehend verzichtende Verfahrensweise. Die methodische Anlage ist im Sinne einer zur kontrollierten Massentextanalyse voranschreitenden Policy-Forschung zu verbessern. Weitere Anregungen sind dabei insbesondere aus der Sprachwissenschaft zu beziehen. Soweit Diskursanalyse sich bestimmter kontrollierter Textanalyseverfahren schon bedient hat, sind diese im Vergleich zu anderen Methoden der Textanalyse zu erproben und zu schärfen (vgl. Titscher/Wodak/Meyer/Vetter 1998, Wodak/de Cillia/Reisigl 1998). Diskursanalytische Politikforschung ist in diesem methodischen Sinne kontrollierte Analyse von politischen und politikrelevanten (Massen-)Texten mit dem Ziel, grundlegende und großflächige Sinneinheiten ausfindig zu machen, die als organisierender Kern einer (dominanten oder unterlegenen) Politik gelten können (Hurrelmann/Krell-Laluhová/Lhotta/Nullmeier/Schneider 2005).

Erforderlich für eine *‚Massentextanalyse'* ist zunächst die Zusammenstellung, Pflege und effektive Bereitstellung von *Standardtextkorpora* für die politikwissenschaftliche Forschung. Fast alle wissenszentrierten Ansätze greifen auf Medientexte zurück, doch existiert in der Bundesrepublik Deutschland – im Unterschied etwa zur Schweiz – keine für die wissenschaftliche Forschung frei zugängliche Datenbank mit den Texten der zentralen überregionalen Medien. Damit sind sowohl eine kommunikationswissenschaftliche Medienanalyse wie eine Analyse politischer Diskurse und Policy-Entwicklungen grundlegend behindert. Die von jedem Forscher, jeder Forscherin jeweils neu zu lösende Aufgabe der Zusammenstellung eines Textkorpus ohne Möglichkeit des Rückgriffs auf zentrale Datenbanken ist ein Entwicklungshemmnis für alle Formen von Massentextanalysen. Auswertungs- und Interpretationsverfahren müssen zudem aus der Falle letztlich subjektiv-hermeneutischer Ad-hoc-Vorgehensweisen befreit werden. Hier vermögen Verfahren der softwaregestützten qualitativen Textanalyse erste Unterstützung zu bieten. Zu fordern wäre jedoch mittelfristig eine gemäßigte Standardisierung der Diskursanalyse bei einer Vielzahl von forschungsprojektspezifischen Anwendungsmöglichkeiten. Hier scheint eine intensivierte methodische Diskussion, Überprüfung und Erprobung der verschiedenen softwaregestützten Textanalyseverfahren durchaus sinnvoll sowie eine gezielte, zwischen verschiedenen Disziplinen koordinierte Entwicklung von Software-Verbesserungen. Dabei sollte zunächst ein Vorrang für das Kriterium der *Offenheit* im Vordergrund stehen. In das Verfahren sollte eine möglichst geringe Anzahl von theoretischen Vorannahmen und eine möglichst wenig verengende Sichtweise auf die möglichen Fragestellungen einer Textanalyse eingehen.

Zudem ist die Textanalyse so weiterzuentwickeln, daß sie es ermöglicht, alle in einer Analytik des Wissens enthaltenen (Such-)Kategorien methodisch zu bedienen. Bisher existieren vor allem Untersuchungen, die entweder Makro- oder Mesogebilde wie Diskurse untersuchen oder kleinteiligere Sinnstrukturen wie Mythen und Narrationen, Metaphern und Begriffe, Argumente und Theorien. Anzustreben wäre eine umfassende Textanalyse, die die verschiedenen Ebenen und Einheiten miteinander in Verbindung bringt und die Organisierung von Makroeinheiten über den spezifischen Einsatz von Mikroelementen belegen könnte, so daß eine Politik als Ausdruck eines höchst spezifischen und durchstrukturierten Sprach- und Textspiels beschrieben werden kann (vgl. Nullmeier 1999).

Der zweite Entwicklungspfad verlangt weit mehr, insbesondere die Auseinandersetzung mit den verschiedenen Methodiken der Bildanalyse sowie der Analysetechniken von Raum und Objekten, z. B. politischer Architektur. In diese Richtung weist vor allem die Arbeit von Yanow (1996). Beziehungen zur Semiotik und zu den Cultural Studies wären zu prüfen (vgl. Dörner 2000), bevor eine derart verstandene Diskursanalyse einen zentralen Beitrag zur Analyse politischer Kultur liefern könnte. Diese Methodik legt auch eine reflexive Wendung nahe: ein Nachdenken über die *mediale Transformationsarbeit* der Sozialwissenschaft von Schrift in Schrift, von Bild in Schrift, von Schrift in Graphik, von Schrift in Zahlen, Ziffern, mathematische Formeln, von Zahlenwerken z. B. statistischen Erhebungen in Schrift, zunehmend vielleicht auch von Schrift in multimediale Präsentationen. Sinn ergeben alle diese Verschiebungen von Medium zu Medium nur, wenn ein wissenschaftlich betrachteter Sinn-Mehrwert erzielt wird, wenn der Mediumswechsel wie die Transformation innerhalb eines Mediums Erkenntnisgewinn erbringt, etwas in einem neuen Licht erscheinen läßt. Methodiken wie die hier skizzierten Varianten der Diskursanalyse müssen sich fragen lassen, welche medialen Transformationen sie mit welchen Erkenntnisgewinnaussichten vornehmen wollen. Diskursanalyse scheint angesichts des geringen Grades an Standardisierung und quantifizierender Arbeit, dem weitgehenden Verzicht auf graphische Visualisierung (vgl. Ansätze bei Keller 1998 zur Darstellung eines öffentlichen Diskursraumes), aber auch der gegenüber Foucault verstärkten Textorientierung der nachfolgenden und sich aus anderen Theorieschulen rekrutierenden DiskursanalytikerInnen, auf die Präsentation der Ergebnisse in Form von Schrift zu setzen, ein vielleicht allzu verengtes Vorgehen. Diskursanalyse muß über die Art der Ergebnispräsentation intensiver nachdenken – die tabellarische Übersicht und die Zusammenfassung in ‚story lines' müssen noch nicht die bestmögliche Darstellungsform ergeben.

Die dritte Variante überschreitet die innersymbolische Analyse und untersucht Beziehungen zwischen den diskursiven Strukturen großer Textmengen und den typischen diskursiven Praktiken als Produktions-, Distributions- und Konsumptionspraktiken dieser Texte. Die Symbolanalyse ist entsprechend zu ergänzen durch eine Analytik der Praktiken, die eine Typologie derselben einschließen dürfte. Hier böten sich gerade für eine politikwissenschaftlich ausgerichtete Diskursanalyse Kontakte zur Medientheorie, zur Medienwissenschaft und zur Analyse politischer Kommunikation an. Zu erschließen wären diskursive Praktiken allerdings eher durch ethnographische Methoden und historische Analysen. Die Methodizität der Diskurspraxisanalyse läge in der Herstellung von Beziehungen zwischen Praxistypen und Textstrukturen.

Politikwissenschaftlich höchst interessant können alle drei Varianten dadurch werden, daß sie einen Zugang zu Konstitution, Stabilisierung und Zusammenbruch von politischen Koalitionen ermöglichen. *Nicht die Beschreibung* von Sprachveränderungen, von politischen Symbolsystemen und Sinnkulturen oder Formen und Praktiken der öffentlichen Diskursivität *allein* vermag zu überzeugen, wenn es um die Frage nach den grundlegenden und zukünftig dominierenden politikwissenschaftlichen Analysekonzepten geht. Erforderlich scheint das Vordringen zu den Kräften politischer Kongruenz und Konflikthaftigkeit zu sein, zu den Orten der Koalitions- und Konsensbildung, der Zusammenführung oder Zerstreuung von politiktragenden Akteuren und Gruppen. Als Beschreibungstechniken zu Zusammenhalt oder Bruch in diesen Koalitionen vermögen alle drei Varianten beizutragen, wobei nicht längerfristig angelegte Veränderungen wohl am ehesten in einer reinen Textanalyse zu erkennen sind. Wird aber die Frage nach dem Wandel so gestellt, daß Wandel auch erklärt werden soll, rücken die diskursiven Mechanismen, die Formen der Diffusion von Wissen, der Erzeugung von neuem Wissen und der gezielte Transfer von Wissen, das Marketing, die Diskursstrategien einzelner Akteure in den Vordergrund. Die Erforschung der politisch-diskursiven Mechanismen dürfte daher die größte Herausforderung für alle Formen wissenszentrierter Konzeptionen darstellen.

Literatur

Adler, E. (1992): The emergence of cooperation: national epistemic communities and the international evolution of the idea of nuclear arms control. In: International Organization, 46, 1, S. 101–145

Adler, E./Haas, P.M. (1992): Conclusion: Epistemic communities, world order, and the creation of a reflective research program. In: International Organization, 46, 1, S. 367–390

Albach, H./Dierkes, M./Berthoin Antal, A./Vaillant, K. (Hrsg.) (1998): Organisationslernen – institutionelle und kulturelle Dimensionen. WZB-Jahrbuch 1998. Berlin: edition sigma

Alboek, E. (1995): Between Knowledge and Power: Utilization of Social Science in Public Policy Making. In: Policy Sciences, 28, 1, S. 79–100

Bandelow, N. C. (1999): Lernende Politik. Advocacy-Koalitionen und politischer Wandel am Beispiel der Gentechnologiepolitik. Berlin: edition sigma

Behning, U. (1999): Zum Wandel der Geschlechterrepräsentation in der Sozialpolitik. Ein policy-analytischer Vergleich der Politikprozesse zum österreichischen Bundespflegegeldgesetz und zum bundesdeutschen Pflege-Versicherungsgesetz. Opladen: Leske + Budrich

Bennett, C. J./Howlett, M. (1992): The lessons of learning: Reconciling theories of policy learning and policy change. In: Policy Sciences, 25, 3, S. 275–294

Bleses, P./Offe, C./Peter, E. (1997): Öffentliche Rechtfertigungen auf dem parlamentarischen ‚Wissensmarkt' – Argumentationstypen und Rechtfertigungsstrategien in sozialpolitischen Bundestagsdebatten. In: Politische Vierteljahresschrift, 38, 3, S. 498–529

Bleses, P./Peter, E. (1998): Deutungswandel der Sozialpolitik. Die Arbeitsmarkt- und Familienpolitik im parlamentarischen Diskurs. Frankfurt/Main: Campus

Boston, J. (1994): Purchasing Policy Advice: The Limits of Contracting Out. In: Governance, 7, 1, S. 1–30

Braun, D. (1998): Der Einfluß von Ideen und Überzeugungssystemen auf die politische Problemlösung. In: Politische Vierteljahresschrift, 39, 4, S. 797–818

Braun, D./Busch, A. (Hrsg.) (2000): Public Policy and Political Ideas. Cheltenham: Edward Elgar Pub

Chock, P. P. (1995): Ambiguity in Policy Discourse: Congressional Talk about Immigration. In: Policy Sciences, 28, 2, S. 165–184

Dörner, A. (2000): Politische Kultur und Medienunterhaltung. Zur Inszenierung politischer Identitäten in der amerikanischen Film- und Fernsehwelt. Konstanz: UVK Universitäts-Verlag

Elster, J. (1999): Alchemies of the Mind. Rationality and the Emotions. Cambridge: Cambridge University Press

Etheridge, L. (1981): Government Learning: An overview. In: Long, S. L. (Hrsg.): The Handbook of Political Behavior 2. New York: Plenum Press

Gerhards, J./Neidhardt, F./Rucht, D. (1998): Zwischen Palaver und Diskurs: Strukturen öffentlicher Meinungsbildung am Beispiel der deutschen Diskussion zur Abtreibung. Opladen: Westdeutscher Verlag

Goldstein, J/Keohane, R. O. (Hrsg.) (1993): Ideas and Foreign Policy. Beliefs, Institutions, and Political Change. Ithaca: Cornell University Press

Haas, E. B. (1990): When Knowledge Is Power. Three Models of Change in International Organizations. Berkeley: University of California Press

Haas, P. M. (1992): Introduction: Epistemic communities and international policy coordination. In: International Organization, 46, 1, S. 1–35

Hajer, M. A. (1995): The Politics of Environmental Discourse. Ecological Modernization and the Policy Process. Oxford: Clarendon Press

Hajer, M. A. (1997): Ökologische Modernisierung als Sprachspiel. Eine institutionell-konstruktivistische Perspektive zum Umweltdiskurs und zum institutionellen Wandel. In: Soziale Welt, 48, 2, S. 107–132

Hall, P.A. (1986): Governing the Economy. The Politics of State Intervention in Britain and France. Cambridge: Polity Press

Hall, P.A. (Hrsg.) (1989): The Political Power of Economic Ideas. Keynesianism across Nations. Princeton: Princeton University Press

Hall, P.A. (1993): Policy Paradigms, Social Learning and the State: The Case of Economic Policy-making in Britain. In: Comparative Politics, 25, 3, S. 275–296

Hall, P.A./Taylor, R.C.R. (1996): Political science and the three institutionalisms. In: Political Studies, 44, 5, S. 936–957

Healy, R.G./Ascher, W. (1995): Knowledge in the Policy Process: Incorporating New Environmental Information in Natural Resources Policy Making. In: Policy Sciences, 28, 1, S. 1–19

Heclo, H. (1974): Modern Social Politics in Britain and Sweden. From Relief to Income Maintenance. New Haven: Yale University Press

Heinelt, H./Athanassopoulou, E./Getimis, P. (Hrsg.) (2000): Prozedurale Umweltpolitik der EU. Umweltverträglichkeitsprüfungen und Öko-Audits im Ländervergleich. Opladen: Leske + Budrich

Hofmann, J. (1993): Implizite Theorien in der Politik. Interpretationsprobleme regionaler Technologiepolitik. Opladen: Westdeutscher Verlag

Hurrelmann, A./Krell-Laluhová, Z./Lhotta, R./Nullmeier, F./Schneider, S. (2005): Is There a Legitimation Crisis of the Nation-State? In: Leibfried, S./Zürn, M. (Hrsg.): Transformations of the State?, Cambridge: Cambridge University Press, S. 119–137

Jenkins-Smith, H.C. (1988): Analytical Debates and Policy Learning: Analysis and Change in the Federal Bureaucracy. In: Policy Sciences, 21, 2-3, S. 169–211

Jenkins-Smith, H.C. (1990): Democratic Politics and Policy Analysis. Pacific Grove, CA: Brooks/Cole

Jenkins-Smith, H.C./Sabatier, P.A. (1993): The Dynamics of Policy-Oriented Learning. In: Sabatier, P.A./Jenkins-Smith, H.C. (Hrsg.): Policy Change and Learning. An Advocacy Coalition Approach. Bolder/Colorado: Westview Press, S. 41–56

Keller, R. (1997): Diskursanalyse. In: Hitzler, R./Honer, A. (Hrsg.): Sozialwissenschaftliche Hermeneutik. Opladen: Leske + Budrich, S. 309–333

Keller, R. (1998): Die gesellschaftliche Konstruktion des Wertvollen. Opladen: Westdeutscher Verlag

Kohler-Koch, B./Edler, J. (1998): Ideendiskurs und Vergemeinschaftung. Erschließung transnationaler Räume durch europäisches Regieren. In: Politische Vierteljahresschrift-Sonderheft 29, S. 169–206

Lehmbruch, G./Singer, O./Grande, E./Döhler, M. (1988): Institutionelle Bedingungen ordnungspolitischen Strategiewechsels im internationalen Vergleich. In: Schmidt, M.G. (Hrsg.): Staatstätigkeit. International und historisch vergleichende Analysen. Politische Vierteljahresschrift-Sonderheft 19. Opladen: Westdeutscher Verlag, S. 251–283

Livingston, S.G. (1992): Knowledge Hierarchies and the Politics of Ideas on American International Commodity Policy. In: Journal of Public Policy, 12, 3, S. 223–242

Maier, M. L. (1998): Programme, Kognitionen, Diskurse. Drei Aspekte von Ideen in der Politikforschung. Beitrag zur 2. Arbeitstagung der Ad-hoc-Gruppe ‚Politik und Kognition' in der DVPW, 30.10–1.11.1998 Universität Hamburg, Ms. (unveröff.)

Majone, G. (1993): Wann ist Policy-Deliberation wichtig? In: Héritier, A. (Hrsg.): Policy-Analyse. Kritik und Neuorientierung. Politische Vierteljahresschrift-Sonderheft 24. Opladen: Westdeutscher Verlag, S. 97–115

Manow, P./Plümper, T. (1998): Die Erkenntnisgrenzen der Diskursanalyse. Ein Kommentar zu Elmar Rieger und Stephan Leibfried. In: Politische Vierteljahresschrift 39, S. 590–601

Mayntz, R./Scharpf, F. W. (1995): Der Ansatz des akteurzentrierten Institutionalismus. In: Dies. (Hrsg.): Gesellschaftliche Selbstregulierung und politische Steuerung. Frankfurt/Main: Campus, S. 39–72

Nonhoff, M. (2006): Politischer Diskurs und Hegemonie. Das Projekt Soziale Marktwirtschaft. Bielefeld: Transcript

Nullmeier, F. (1993): Wissen und Policy-Forschung. Wissenspolitologie und rhetorisch-dialektisches Handlungsmodell. In: Héritier, A. (Hrsg.): Policy-Analyse. Kritik und Neuorientierung. Politische Vierteljahresschrift-Sonderheft 24. Opladen: Westdeutscher Verlag, S. 175–196

Nullmeier, F. (1999): Interpretative Politikanalyse in der Theorienkonkurrenz. In: Reckwitz, A./Sievert, H. (Hrsg.): Interpretation, Konstruktion, Kultur. Ein Paradigmenwandel in den Sozialwissenschaften. Wiesbaden: Westdeutscher Verlag, S. 219–238

Nullmeier, F./Rüb, F. W. (1993): Die Transformation der Sozialpolitik. Vom Sozialstaat zum Sicherungsstaat. Frankfurt/Main: Campus

Pal, L. A. (1995): Competing paradigms in Policy Discourse: The Case of International Human Rights. In: Policy Sciences, 28, 2, S. 185–207

Peters, B. G. (1994): Agenda-setting in the European Community. In: Journal of European Public Policy, 1, 1, S. 9–26

Pontusson, J. (1995): From Comparative Public Policy to Political Economy: Putting Political Institutions in their Place and Taking Interests Seriously. In: Comparative Political Studies, 28, 1, S. 117–147

Radaelli, C. M. (1995): The Role of Knowledge in the Policy Process. In: Journal of European Public Policy, 2, 2, S. 159–183

Rieger, E. (1998): Wohlfahrtsstaat und Globalisierung. Antikritisches zu Erklärungsproblemen und Interpretationsversuchen. In: Politische Vierteljahresschrift 39, S. 819–828

Rieger, E./Leibfried, S. (1997): Die sozialpolitischen Grenzen der Globalisierung, In: Politische Vierteljahresschrift 38, S. 771–796

Risse, T. (2000): „Let's Argue!": Communicative Action in World Politics. In: International Organization, 54, 1, S. 1–39

Robinson, J. B. (1992): Risks, Predictions and other Optical Illusions: Rethinking the Use of Science in Social Decision-making. In: Policy Sciences, 25, 3, S. 237–254

Rose, R. (1991): What is Lesson-Drawing? In: Journal of Public Policy, 11, 1, S. 3–30

Sabatier, P.A. (1988): An Advocacy Coalition Framework of Policy Change and the Role of Policy-oriented Learning therein. In: Policy Sciences, 21, 2-3, S. 129–168
Sabatier, P.A. (1991): Toward Better Theories of the Policy Process. In: PS – Political Science and Politics, 24, 2, S. 147–156
Sabatier, P.A. (1993a): Advocacy-Koalitionen, Policy-Wandel und Policy-Lernen: Eine Alternative zur Phasenheuristik. In: Héritier, A. (Hrsg.): Policy-Analyse. Kritik und Neuorientierung. Politische Vierteljahresschrift-Sonderheft 24. Opladen: Westdeutscher Verlag, S. 116–148
Sabatier, P.A. (1993b): Policy Change over a Decade or More. In: Sabatier, P.A./Jenkins-Smith, H.C. (Hrsg.): Policy Change and Learning. An Advocacy Coalition Approach. Bolder/Colorado: Westview Press, S. 13–39
Sabatier, P.A./Brasher, A.M. (1993): From vague consensus to clearly differentiated coalitions: Environmental policy at Lake Tahoe 1964–1985. In: Sabatier, P.A./Jenkins-Smith, H.C. (Hrsg.): Policy Change and Learning. An Advocacy Coalition Approach. Bolder/Colorado: Westview Press, S. 177–208
Sabatier, P.A./Jenkins-Smith, H.C. (Hrsg.) (1993a): Policy Change and Learning. An Advocacy Coalition Approach. Bolder/Colorado: Westview Press
Sabatier, P.A./Jenkins-Smith, H.C. (1993b): The Advocacy Coalition Framework: Assessment, Revisons, and Implications for Scholars and Practitioners. In: Sabatier, P.A./Jenkins-Smith, H.C. (Hrsg.): Policy Change and Learning. An Advocacy Coalition Approach. Bolder/Colorado: Westview Press, S. 211–235
Schaber, T./Ulbert, C. (1994): Reflexivität in den Internationalen Beziehungen. Literaturbericht zum Beitrag kognitiver, reflexiver und interpretativer Ansätze zur dritten Theoriedebatte. In: Zeitschrift für Internationale Beziehungen, 1, 1, S. 139–169
Schlager, E. (1995): Policy Making and Collective Action: Defining Coalitions within the Advocacy Coalition Framework. In: Policy Sciences, 28, 3, S. 243–270
Schneider, A./Ingram, H. (1993): Social Construction of Target Populations: Implications for Politics and Policy. In: American Political Science Review, 87, 2, S. 334–347
Schmidt, M.G. (1993): Theorien in der vergleichenden Staatstätigkeitsforschung. In: Héritier, A. (Hrsg.): Policy-Analyse. Kritik und Neuorientierung. Politische Vierteljahresschrift-Sonderheft 24. Opladen: Westdeutscher Verlag, S. 371–394
Schmidt, V.A. (2006): Institutionalism. In: Hay, C./Lister, M./Marsh, D. (Hrsg.): The State. Theories and Issues. Basingstoke: Palgrave, S. 98–117
Singer, O. (1990): Policy Communities and Discourse Coalitions. The Role of Policy Analysis in Economic Policy Making. In: Knowledge: Creation, Diffusion, Utilization, 11, 4, S. 428–458
Singer, O. (1993a): Policy Communities und Diskurs-Koalitionen: Experten und Expertise in der Wirtschaftspolitik. In: Héritier, A. (Hrsg.): Policy-Analyse. Kritik und Neuorientierung. Politische Vierteljahresschrift-Sonderheft 24. Opladen: Westdeutscher Verlag, S. 149–175
Singer, O. (1993b): Die Wirtschaftspolitik und ihre Experten. In: Czada, R./Schmidt, M.G. (Hrsg.): Verhandlungsdemokratie, Interessenvermittlung, Regierbarkeit. Festschrift für Gerhard Lehmbruch. Opladen: Westdeutscher Verlag, S. 101–122

Titscher, S./Wodak, R./Meyer, M./Vetter, E. (1998): Methoden der Textanalyse. Leitfaden und Überblick. Opladen: Westdeutscher Verlag

Torgerson, D. (1986): Between Knowledge and Politics: Three Faces of Policy Analysis. In: Policy Sciences, 19, 1, S. 33–59

Wagner, P. (1990): Sozialwissenschaften und Staat. Frankreich, Italien, Deutschland 1870–1980. Frankfurt/Main: Campus

Wendt, A. (1999): Social Theory of International Politics. Cambridge: Cambridge University Press

Wiesenthal, H. (1995): Konventionelles und unkonventionelles Organisationslernen. Literaturreport und Ergänzungsvorschlag. In: Zeitschrift für Soziologie, 24, 2, S. 137–155

Wittrock, B./Wagner, P. (1992): Policy Constitution Through Discourse: Discourse Transformations and the Modern State in Central Europe. In: Ashford, D. E. (Hrsg.): History and Context in Comparative Public Policy. Pittsburgh: University of Pittsburgh Press, S. 227–246

Wittrock, B./Wagner, P./Wollmann, H. (1991): Social Science and the Modern State: Policy Knowledge and Political Institutions in Western Europe and the United States. In: Wagner, P./Weiss, C. H./Wittrock, B./Wollmann, H. (Hrsg.): Social Sciences and Modern States. National Experiences and Theoretical Crossroads, Cambridge: Cambridge University Press, S. 28–85

Wodak, R./de Cillia, R./Reisigl, M. (1998): Zur diskursiven Konstruktion nationaler Identität, Frankfurt/Main: Suhrkamp

Wogawa, D. (2000): Missbrauch im Sozialstaat. Eine Analyse des Missbrauchsarguments im politischen Diskurs. Opladen: Westdeutscher Verlag

Yanow, D. (1993): The Communication of Policy Meanings: Implementation as Interpretation and Text. In: Policy Sciences, 26, 1, S. 41–61

Yanow, D. (1995): Editorial: Practices of policy interpretation. In: Policy Sciences, 28, 2, S. 111–126

Yanow, D. (1996): How Does a Policy Mean? Interpreting Policy and Organizational Actions. Washington, D. C.: Georgetown University Press

Yee, A. S. (1996): The Causal Effect of Ideas on Policies. In: International Organization, 50, 1, S. 69–108

Diskursive Psychologie und Diskursanalyse[1]

Jonathan Potter

Unter *Diskursiver Psychologie* versteht man die Anwendung diskursanalytischer Perspektiven auf zentrale Themen und Gegenstände der Psychologie. Es handelt sich dabei nicht um eine Psychologie *der* Sprache, sondern um eine Herangehensweise an Sprache und Psychologie, für die sowohl der Aspekt der Handlungsorientiertheit von Diskursen als auch die in Diskursen stattfindenden Prozesse der Realitätskonstruktion grundlegend sind. Im Unterschied zum kognitiven Paradigma der Psychologie, das Verhalten auf der Grundlage der Informationsverarbeitung von Wahrnehmungs-Inputs darstellt (z. B. Fiske/Taylor 1991), zielt das Narrativ der Diskursiven Psychologie auf die Aktivitäten, die durch Diskurse – als Bestandteile situierter Praktiken – vollzogen werden (Edwards/Potter 1992). Während die kognitionsbezogenen Theorien und Methoden von der Voraussetzung einer Realität ‚dort draußen' ausgehen, die den Input für kognitive Operationen liefert, konzentriert sich die Diskursive Psychologie darauf, wie Akteure, die ihren unterschiedlichen praktischen Aufgaben nachgehen, dabei sowohl ‚Realität' als auch ‚Bewußtsein' (mind)[2] sprachlich-begrifflich konstruieren.[3] Sie

[1] Übersetzung: R. Keller und A. Hirseland.
[2] Anm. der Übersetzer: Hier wie im Folgenden wird da, wo eine eindeutige Übersetzung nicht möglich bzw. mit Bedeutungsverlusten verbunden ist, in Klammern der englische Ausdruck angegeben.
[3] Potter/Edwards/Wetherell (1993), Potter (1996a), Edwards (1997).

lehnt den Einsatz von Experimenten, Umfragen sowie der meisten Interviewformen ab und präferiert die genaue empirische Analyse von Aufzeichnungen natürlicher Interaktionen.

Innerhalb der Diskursiven Psychologie wird unter dem Begriff Diskurs Gesprochenes (talk) oder Geschriebenes (text) verstanden und als soziale Praxis untersucht. In dieser Definition ist ein Begriffsverständnis enthalten, das sich auf die Gegenständlichkeit und gleichzeitig auch auf den Handlungsaspekt von Diskursen bezieht. Aus metatheoretischen, theoretischen, methodologischen und empirischen Gründen geht die Diskursive Psychologie davon aus, daß Diskurse von zentraler Bedeutung für das soziale Leben sind. Zum Beispiel beziehen die meisten sozialen Aktivitäten Diskurse ein oder werden direkt durch Diskurse vollzogen. Darüber hinaus wird selbst der Sinn nicht-verbaler Tätigkeiten (Körperausdruck, Körpertechniken, körperliche Betätigungen und ihre Kontexte)[4] meist erst durch die Diskurse der daran beteiligten Handelnden wirklich verständlich. Der Diskurs ist das Hauptmedium sozialer Interaktionen. Wenn wir Menschen untersuchen, die in soziale Handlungs- und Interaktionszusammenhänge eingebunden sind, dann muß folglich die Diskursebene im Mittelpunkt dieser Untersuchung stehen. Daher haben Diskursive Psychologen der Neigung der Psychologie widerstanden, Personen losgelöst von Kontexten, Organisationen und Kulturen zu betrachten.

1 Metatheoretische Grundlagen der Diskursiven Psychologie

Neben den durch die Arbeiten von Gergen (1973), Harré/Secord (1972) und Shotter (1977) eröffneten Perspektiven hat vor allem die ‚Krise der Sozialpsychologie' (Parker 1989) in den 70er Jahren eine ‚Problematisierungsstimmung' (Curt 1994) erzeugt und damit die Entstehung und Verbreitung eines diskursiven Ansatzes in der Psychologie gefördert. Unmittelbare theoretische und analytische Vorläufer waren jedoch Entwicklungen innerhalb der Soziologie wissenschaftlichen Wissens (Gilbert/Mulkay 1984), der Ethnomethodologie und der Konversationsanalyse (Garfinkel 1967, Sacks 1992) sowie eine Reihe poststrukturalistischer Ideen, wobei insbesondere die Arbeiten von Foucault und Barthes zu erwähnen sind. Die Diskursive Psychologie nimmt eine konstruktivistische Perspektive ein und ist überwiegend – wenn auch nicht immer – mit einer ‚relativistischen Meta-Theorie' verbunden; sie lehnt die in der experimentellen Psychologie immer noch vorherr-

[4] Anm. der Übersetzer: Der englische Begriff ‚embodiment' wurde hier als ‚Körperausdruck, Körpertechniken' übersetzt.

schende, positivistisch ausgerichtete ‚realistische Meta-Theorie' ab (Gergen 1994, 1999).[5]

1.1 Diskursive Psychologie und Relativismus

Die relativistische – ‚nicht-erkenntnisfundamentalistische' (anti-foundationa-list) bzw. anti-objektivistische – Meta-Theorie der Diskursiven Psychologie läßt sich aus ihrem systematischen Konstruktivismus (constructionism) ableiten. Aus dieser Perspektive ist es notwendig, die Konstruktion von Ereignis- bzw. Sachverhaltsbeschreibungen als Bestandteil menschlichen Handelns zu untersuchen. Das hat Diskursanalytiker dazu ermuntert, sich mit den Praktiken der Produktion wissenschaftlicher und philosophischer ‚Erkenntnisse' ebenso zu befassen wie mit den Texten, in denen diese wiedergegeben, gerechtfertigt und für gültig erklärt werden (Gilbert/Mulkay 1984, Myers 1990). Dadurch hat die Diskursanalyse hervorgehoben, wie notwendig und wichtig es ist, die Implikationen der Forschungspraxis für die Wissenschaft und damit auch für natur- und sozialwissenschaftliche Texte, einschließlich des hier vorliegenden, einer reflexiven Betrachtung zu unterziehen (Ashmore 1989).

Edwards/Ashmore/Potter (1995) haben bspw. die Rhetorik bekannter Schlußstrich-Argumente des realistischen Denkens beschrieben – etwa das ‚Möbel-Argument' („Sehen Sie diesen Tisch? – Peng!!! – Sie werden mir doch nicht erzählen wollen, dies sei eine soziale Konstruktion!") oder das ‚Totschlags-Argument' („Aber was ist mit Unterdrückung oder Vergewaltigung oder den toten Irakern auf der Straße nach Basra? – Sie werden doch sicherlich nicht deren Realität leugnen!"). Auch wurde in vielen Veröffentlichungen betont, daß relativistische Theoriepositionen mit politischen oder moralischen Stellungnahmen vereinbar sind. Dadurch läßt sich die irrige Behauptung widerlegen, Relativisten würden einen Standpunkt des ‚anything goes' vertreten.[6]

Hepburn (2000) hat eine Kritik von vier Argumenten vorgelegt, die (einige) feministische Forscherinnen gegen die relativistische Meta-Theorie in der Diskursforschung vorgebracht haben, und dazu ein paar Gegenargumente entwickelt. An dieser Diskussion läßt sich veranschaulichen, was aus Sicht von Gegnern und

---

[5] Allerdings verbinden nicht alle Forscher einen diskursiven Ansatz der Sozialpsychologie mit einer relativistischen Meta-Theorie; dieses komplexe Thema kann hier nicht im Detail diskutiert werden. Vgl. dazu etwa Billig (1991), Harré (1992), Parker (1992, 1999) oder Gill (1995).

[6] Potter (1998a), Potter/Edwards/Ashmore (1999), Hepburn (2000). Einige der Konsequenzen und Themen, die sich aus relativistischen Arbeiten ergeben, sowie ihre Bezüge zur breiteren Postmodernismus-Diskussion werden von Gergen (1991, 1994, 1999), Shotter (1993a, 1993b) und Hepburn (1999) diskutiert.

Befürwortern bei der Ausarbeitung eines relativistischen Standpunktes alles auf dem Spiel zu stehen scheint:

1. Der Relativismus bietet keine Entscheidungsgrundlagen für die Auswahl zwischen unterschiedlichen Darstellungen eines Sachverhalts (durch verschiedene Forscher oder beteiligte Akteure). Dagegen argumentiert Hepburn, daß derartige Auswahlprozesse typischerweise sehr viel komplexer sind als dies in ‚realistischen' Erklärungen angenommen wird, und daß sie auf breitgefächerten Abwägungen beruhen. Somit sind Auswahlprozesse stets eine Frage der Rhetorik.
2. *Der Relativismus fördert einen Text-Idealismus, der die Existenz von Macht oder die Erfahrung von Vergewaltigung leugnet.* Nach Hepburn handelt es sich hierbei um ein Mißverständnis der Bedeutung des Relativismus im Rahmen diskursanalytischen Arbeitens. Statt die Existenz von Prozessen, Objekten oder symbolisch-imaginären Entitäten zu leugnen, behandelt die Diskursive Psychologie diese Dinge als relevant für die Analyse, insofern sie für die Akteure ‚wirklich' sind, d. h. soweit man sich auf sie hin orientiert und sie ausgedrückt, gehandhabt oder auch untergraben werden usw.
3. *Der Relativismus liefert keine Grundlage für (gesellschaftliches) Engagement und eine Selbstverpflichtung von Individuen auf Gesellschaft.* Hepburn erläutert dazu, daß ein solches Engagement mit einer relativistischen Perspektive in völligem Einklang steht; tatsächlich mag dieses für Relativisten sogar mehr Sinn machen als für Objektivisten, aus deren Sicht Standpunkte durch die objektive Realität determiniert werden.
4. *Der Relativismus stellt keine Mittel zur Verfügung, um die sozialwissenschaftliche oder breitere Öffentlichkeit zu beeinflussen.* Während die Sorge, eine relativistische Meta-Theorie könne komplex und selbstwidersprüchlich erscheinen, als berechtigt anerkannt wird, verweist Hepburn darauf, daß insbesondere europäische Sozialwissenschaftler zur Übernahme relativistischer Perspektiven bereit waren, und daß es kaum Belege dafür gibt, daß solche Positionen in breiteren öffentlichen Zusammenhängen weniger einflußreich sind.

Trotz der hitzigen Atmosphäre, die in den Auseinandersetzungen über diese Fragen zeitweise herrscht, sind die sich aus einem relativistischen metatheoretischen Standpunkt ergebenden analytischen und praktischen Konsequenzen jedoch meist ziemlich gering.

1.2 Diskursive Psychologie, Kognitivismus und soziale Praktiken

Seit einigen Jahren setzen Psychologen zunehmend auf die kognitive Psychologie und die Theorie sozialer Kognition als Erklärungsperspektiven, auf das ganze Begriffsinstrumentarium von Skripts, Schemata, Heuristiken, Einstellungen, Überzeugungen, sozialen Repräsentationen, Gedächtnisspeichern, Kategorien, Prototypen usw. (Fiske/Taylor 1991). Diese Konzepte werden zu den eigentlichen Akteuren einer Geschichte, in der Menschen lediglich in der Rolle informationsverarbeitender Prozessoren vorkommen, die Inputs zunächst ausfiltern, dann auswerten und schließlich eine Reihe von Outputs erzeugen. Michael Billig (1996) hat dies als ‚bürokratisches Modell des Bewußtseins' bezeichnet. Im Gegensatz dazu ist die zentrale theoretische Stoßrichtung der Diskursiven Psychologie *anti*-kognitivistisch. Das impliziert keineswegs die Annahme, daß in den Köpfen der Menschen nichts vorginge. Vielmehr verlagert die diskursive Sozialpsychologie sowohl den *analytischen* wie auch den *erklärenden* Fokus von kognitiven Prozessen und Einheiten hin zu diskursiven Praktiken und den hierzu herangezogenen Ressourcen (Edwards 1997, Potter 1998c). Die Diskursive Psychologie untersucht folglich den Handlungsvollzug selbst, anstatt – wie in der Mainstream-Psychologie üblich – Handlungsfolgen oder Berichte über Handeln._

Damit soll nicht behauptet werden, die Psychologen hätten kein Interesse an anwendungsbezogenen und praktischen Fragestellungen oder daran, was Menschen tun. Sie verbringen im Gegenteil viel Zeit damit, die Relevanz ihrer Arbeit für solche Probleme zu rechtfertigen. Die in der Psychologie tief verwurzelten kognitivistischen Grundannahmen erschweren jedoch die Entwicklung ernstzunehmender wissenschaftlicher Untersuchungsansätze menschlichen Handelns. Dort wird menschliches Tun und Handeln *entweder* theoretisch modelliert, wobei die so gewonnenen Modelle dann Experimente anleiten; *oder* man nähert sich ihm durch Auskünfte, die in Fragebögen, Umfragen und Interviews gewonnen werden. Oder aber, sofern überhaupt eine Aufzeichnung tatsächlichen Handelns in den Forschungsprozeß Eingang findet (durch eine Tonaufzeichnung oder ein Transkript), dann wird diese unter Rückgriff auf irgendeine Art von Inhaltsanalyse (oder bestenfalls ‚Grounded Theory') ausgezählt und vercodet, die für die Aufdeckung von Hintergrundfaktoren oder -themen entwickelt wurde.

Psychologen haben sich mit (sozialen) Praktiken nicht in einer Weise beschäftigt, die deren Status *als Praktiken* gerecht wird. Wie soziale Praktiken auf sinnhaftes *Handeln* bezogen sind, wie sie in *Interaktionssequenzen* situiert und gemeinsam konstruiert werden, und wie ihnen schließlich durch die *Kategorien*, *Formulierungen* und *Orientierungen* von Interaktionsteilnehmern Sinn zugeschrieben wird – an der Erfassung all dieser grundlegenden Merkmale von Praktiken ist die herkömmliche Psychologie auf der ganzen Linie gescheitert.

Hingegen ist die Diskursive Psychologie aufgrund ihrer metatheoretischen Annahmen, ihrer theoretischen Kategorien und ihrer analytischen Vorgehensweisen darauf ausgerichtet, eine Untersuchung von Praktiken zu ermöglichen, die deren zentralen Eigenschaften gerecht wird.

2 Theoretische Grundannahmen der Diskursiven Psychologie

Die Besonderheiten des Ansatzes der Diskursiven Psychologie lassen sich verdeutlichen, wenn man drei primäre Kennzeichen von Diskursen hervorhebt: ihre *Situiertheit*, *Handlungsorientiertheit* und *Konstruiertheit*. Im folgenden werden diese Merkmale diskutiert.

2.1 Diskurse sind situiert

Die Diskursive Psychologie richtet ihren Fokus auf Diskurse und betrachtet diese in zweierlei Hinsicht als situiert: Erstens werden Diskurse im konversationsanalytischen Sinne als *situativ veranlaßt* (occasioned) (vgl. Hutchby/Wooffitt 1998) begriffen. Sprachliche und schriftliche Äußerungen sind also stets in eine bestimmte Interaktionssequenz und in einen bestimmten Kontext eingebunden. Daraus folgt keineswegs ein mechanistischer Kontext-Determinismus, denn jedes Sprechen ist zwar an seiner Position innerhalb einer Sequenz *orientiert*, aber nicht durch diese *determiniert*. So ist in einer ‚Frage' z. B. die normative Bedeutung einer ‚Antwort' angelegt, aber dadurch wird eine Antwort weder erzwungen noch notwendig, und ihr Ausbleiben führt auch nicht zum Zusammenbruch der Interaktionssituation. Antworten können auf später verschoben oder sogar völlig verweigert werden (Heritage 1984). Ebensowenig bedeutet die Tatsache, daß ein Gespräch in einer Schule oder in einer Arztpraxis stattfindet, daß es bereits *deswegen* pädagogischer oder medizinischer Art sein muß. Institutionelle Aktivitäten und Identitäten werden im Rahmen der Diskursiven Psychologie nicht mehr durch den Forscher bezeichnet, ausformuliert und mit allen möglichen Bedeutungen versehen, sondern statt dessen durch die Diskursteilnehmer selbst bedeutsam gemacht, indem sie sich auf diese berufen, sich daran orientieren oder sie auch untergraben und ignorieren (Schegloff 1997).

Zweitens begreift die Diskursive Psychologie Diskurse als durch und durch *rhetorisch* (Billig 1991, 1996). Oft sollen die in Gesprächen vorgebrachten Behauptungen und Beschreibungen möglichen alternativen Darstellungen *widersprechen* und (aktuellen oder potentiellen) Versuchen *entgegenwirken*, sie als falsch, unvollständig oder interessegeleitet zu disqualifizieren (Edwards/Potter 1992). Also können Diskurse sowohl über eine defensive wie über eine offensive Rhetorik verfügen (Potter 1996b). So argumentiert auch Billig (1991), daß die Abgabe einer Einschätzung über einen Sachverhalt in der Regel eine Entgegnung auf eine andere Beurteilung darstellt. Im Rahmen der Diskursiven Psychologie muß die Analyse von Diskursen beide Aspekte der Situiertheit, d. h. ihre situative Veranlassung und ihren rhetorischen Charakter, berücksichtigen.

2.2 Diskurse sind handlungsorientiert

Die Diskursive Psychologie konzentriert sich darauf, wie in und durch Diskurse unterschiedliche Arten von Praktiken oder Handlungen vollzogen werden: Beschuldigungen, Einladungen, Neutralitätsbekundungen usw. Die Begriffe ‚Handlung' oder ‚Praktiken' – auf die genaue Bezeichnung kommt es hier nicht an – verweisen auf die große Bandbreite praktischer, technischer und interpersoneller Aufgaben, die Menschen ausführen, während sie ihrer Arbeit nachgehen, ihre Beziehungen leben und an verschiedenen kulturellen Bereichen teilhaben. Diskurse sind von zentraler Bedeutung für das menschliche Leben und deswegen auch für das wissenschaftliche Verstehen dieses Lebens. Im Anschluß an den Sprachgebrauch der Konversationsanalyse benutzt die Diskursive Psychologie den Begriff der *Handlungsorientiertheit*, um zu betonen, daß Handlungen sogar in scheinbar rein faktisch-beschreibenden Diskursen vollzogen werden. Sie distanziert sich damit gleichzeitig von einem ‚sprechakttheoretischen' Ansatz, der unterstellt, daß ein abgrenzbares Set von Wörtern einer abgrenzbaren einzelnen Handlung entspricht.

Als logische Folge der Konzentration auf den Diskurs ergibt sich eine Neubestimmung des Begriffs der Kognition. Während in der Kognitionsforschung kognitive Entitäten und Prozesse eine *analytische* Ressource bilden, nähert sich die Diskursive Psychologie ihnen empirisch, nämlich auf der Ebene der *Art und Weise, in der Diskursteilnehmer sprechen.* Der Blick richtet sich darauf, wie Kognitionen im Sprechen konstruiert werden und wie man sich auf ihre Implikationen bezieht. So betrachtet die Diskursive Psychologie Einstellungen nicht als innere kognitive Einheiten, die das Verhalten steuern, sondern als Einschätzungen, die als Bestandteil diskursiver Praktiken untersucht werden (Potter 1998c). Ein solcher Ansatz ermöglicht bspw. Analysen der interaktiven Organisation von Bewertungen (z. B. in der Untersuchung von Komplimenten durch Pomerantz 1978), der interaktiven Erzeugung von Einstellungen durch sozialpsychologische Methoden (Myers 1998, Puchta/Potter 2002) oder der Transformation negativer

Urteile über Angehörige gesellschaftlicher Minderheiten von potentiell begründungspflichtigen persönlichen Einstellungen hin zu Tatsachenbeschreibungen, die mit geringerem persönlichen Risiko ‚aussprechbar' sind.[7]

Diese nicht-kognitivistische Reformulierung des Einstellungsbegriffs vermeidet die Zirkularität vieler Studien der sozialen Kognitionsforschung, in denen bewertende *Diskurse* (in Form von Antwortskalen) in dahinter stehende *kognitive* Entitäten (Einstellungen) verwandelt werden, die man dann ihrerseits benutzt, um *Handlungen* zu erklären (wobei in dieser Erklärung wiederum weitere Diskurse involviert sind). Sie entgeht auch der problematischen Vermischung von Alltags- und Fachsprache in der Forschung über Einstellungen und Überzeugungen, indem sie die von den Akteuren für ihre Einschätzungen verwendete Alltagsterminologie (Einstellung, Glaube, Meinung, Position, Sichtweise etc.) selbst als *Forschungsgegenstand* (topic) betrachtet, und nicht als eine konkurrierende, aber weniger adäquate (unwissenschaftliche) Verhaltenstheorie. Sie arbeitet schließlich den Sinn der irritierenden Variabilität der (be)wertenden Alltagsrede heraus, die daher rührt, daß Akteure Bewertungen von Personen, Sachverhalten oder Ereignissen als Teile unterschiedlicher diskursiver Praktiken produzieren, statt auf die Aufforderung irgendeines Forschers hin vorgeformte, für jeden beliebigen Zweck geeignete mentale Einheiten hervorzuholen. Die Diskursive Psychologie richtet die Aufmerksamkeit auf das Leben als Praxisfeld, in dem Bewertungen dazugehören, um Dinge ‚zu erledigen', und in dem sie nicht als kontextlose Einschätzungen existieren, die darauf warten, daß sie in Momenten der Reflexion produziert werden.

2.3 Diskurse sind konstruiert

Die Diskursive Psychologie versteht sich in zweifacher Hinsicht als konstruktivistisch. Erstens untersucht sie, wie Diskurse selbst konstruiert werden. Wörter, Metaphern, Idiome, rhetorische Mittel, Beschreibungen, Berichte, Geschichten usw. werden im Interaktionsverlauf und beim Vollzug spezifischer Handlungen benutzt und aufgebaut. Eine Forschungsfrage der Diskursiven Psychologie könnte sich z. B. darauf richten, wie Beschreibungen so zusammengetragen werden, daß ein bestimmtes Verhalten als normal und durch die Umstände erfordert präsentiert wird, also als genau das, was jeder getan hätte, oder aber – im Gegensatz dazu – als ungewöhnlich, spezifisch motiviert und Ausdruck der besonderen psychischen Verfassung des Handelnden (Edwards 1994, 1997). Zweitens untersucht die Diskursive Psychologie, wie Diskurse unterschiedliche Versionen der Welt

[7] Z. B. Potter/Wetherell (1988), Wetherell/Potter (1992), Edwards (2003).

konstruieren, d. h. wie Darstellungen des Innenlebens, lokaler Umstände, der Geschichte und größerer sozialer Gruppen und Strukturen produziert werden, um in Interaktionen etwas Bestimmtes zu bewirken. Aus dieser Perspektive sind Diskurse also sowohl konstru*iert* als auch konstru*ierend.*

Obwohl es sich bei der Diskursiven Psychologie um einen konstruktivistischen Ansatz handelt, unterscheidet sie sich durch ihre Betonung der Konstruktion *unterschiedlicher Darstellungen im Diskurs* von den kognitiv-konstruktivistischen Ansätzen von Neisser (1967) über Moscovici (1984) bis hin zu Berger/Luckmann (1966). Eines ihrer zentralen Merkmale ist eben die Untersuchung von Konstruktionsprozessen: wie Darstellungen der Wirklichkeit zusammengesetzt und als real sowie unabhängig von ihrem jeweiligen Produzenten existierend stabilisiert werden. Während der kognitive Konstruktivismus die psychologische Forschung tendenziell von der Betrachtung menschlicher Praktiken wegführt, ermuntert die Diskursive Psychologie die Forscher im Gegenteil dazu, eben gerade auch die Praxiszusammenhänge zu untersuchen, deren Bestandteil solche Darstellungen sind und nach der besonderen Funktion zu fragen, die sie erfüllen.

Im Kern des Ansatzes der Diskursiven Psychologie findet sich eine konzeptuelle Umkehrung, die zunächst kontraintuitiv erscheint. In der traditionellen kognitiven Psychologie gibt es einerseits die *Realität*, d. h. das die Akteure umgebende Setting bzw. die ‚Stimulusbedingungen', und andererseits den Bereich der *Kognition*, der als etwas tatsächlich Existierendes begriffen wird, das im Inneren der Akteure still und leise Reize auswertet. Aktivitäten gelten als etwas Sekundäres, als Output dieses Systems. Die Diskursive Psychologie dreht dieses Verhältnis um – hier werden Aktivitäten nun als das Primäre behandelt, Realität und Kognition dagegen als sekundär. Damit konzentriert sie sich darauf, was die Menschen tun, und wie sie im Verlauf ihrer Diskurspraktiken Darstellungen der externen Realität und psychischer Zustände produzieren. Sie fragt danach, wie Menschen die Welt kategorisieren und beschreiben, indem sie bestimmte Einzelheiten als ‚relevant' institutionalisieren und deren moralische Qualitäten charakterisieren, und sie interessiert sich dafür, wie die Menschen gleichzeitig eine relevante Innenwelt von Überzeugungen, Werten, Gefühlen und Dispositionen formulieren, die ihre Handlungen begründet erscheinen lassen.

3 Analytische Prinzipien der Diskursiven Psychologie

Die erwähnten theoretischen Grundannahmen der Diskursiven Psychologie führen zu einer Reihe von analytischen Prinzipien. Im Folgenden werden sieben Aspekte besonders hervorgehoben: es geht um die Betonung der Empirie, die Kritik am hypothesengeleiteten Deduktivismus, die Ablehnung des herkömmlichen

Ursache-Wirkungs-Modells, die Bevorzugung natürlicher Daten, die Bedeutung empirischer Details, das analytische Vorgehen und die Formen der Validierung.

Betonung der Empirie
Die Diskursive Psychologie ist streng empirisch ausgerichtet. Daher spielt die Materialanalyse ein zentrale Rolle bei der Theorieentwicklung und der Formulierung von Aussagen. Forscher, die mit diesem Ansatz arbeiten, versuchen nicht, Forschung durch Theorie, Begriffsanalyse, Intuition oder politische Überzeugung zu ersetzen. Allerdings führt die Berücksichtigung wissenschaftsphilosophischer und -soziologischer Einsichten (Woolgar 1988, Chalmers 1992) zur Vorsicht gegenüber der Annahme theorie- oder methodenunabhängiger Daten. Daher unterscheiden sich die analytischen Vorgehensweisen der Diskursiven Psychologie stark von jenen, die innerhalb der Hauptströmungen der Kognitionsforschung gebräuchlich sind.

Kritik am hypothesengeleiteten Deduktivismus
Der Analysestil der Diskursiven Psychologie folgt nicht dem in den Ursache-Wirkungs-Ansätzen der kognitiven Psychologie gebräuchlichen hypothetisch-deduktiven Vorgehen. Es hat sich im Gegenteil vielfach als produktiv erwiesen, Ausgangsmaterial zu sammeln und zu untersuchen, ohne dabei durch eine spezifische Hypothese eingeschränkt zu sein. Häufig enthüllt die intensive Auseinandersetzung mit einer Tonaufzeichnung, einem Transkript oder einer Dokumentensammlung Phänomene, die zuvor unbemerkt blieben und nicht erwartet wurden. Nicht mit einer a priori Hypothese, sondern beim Ausgangsmaterial selbst *anzufangen*, macht es möglich, derartige Phänomene in die Analyse einzubeziehen. Konnten interessante Phänomene oder Muster erkannt werden, wird die Analyse mit der Durchsuchung des Materialkorpus nach weiteren relevanten Beispielen und Gegenbeispielen fortgesetzt.

Ablehnung des Ursache-Wirkungs-Modells
Die Diskursive Psychologie weist das Ursache-Wirkungs-Modell, auf dem ein Großteil der Kognitionsforschung beruht, entschieden zurück. Sie begreift das soziale Leben nicht als Folge einer Wechselwirkung kausaler Faktoren, die mehr oder weniger regelhafte Muster aufweisen und bestimmte Wirkungen determinieren. Statt dessen geht sie davon aus, daß das Soziale grundlegend anders organisiert ist und produziert wird, nämlich in erster Linie durch Normen und durch Rhetorik; daraus ergeben sich die Unterschiede bzgl. der verwendeten Daten, des theoretischen Rahmens und der methodischen Vorgehensweise der Analyse. Die Regeln des sozialen Lebens funktionieren nicht als interaktionssteuernde Schablonen, sondern sie bilden die Handlungs- und Deutungsressourcen, über

die Akteure verfügen, um das Leben erklärbar (beschreibbar und sanktionsfähig; Garfinkel 1967) zu machen. So ist z. B. das Ausbleiben der Erwiderung einer Begrüßung kein Anlaß dafür, diese Norm aufzugeben, sondern Grundlage einer möglichen Reihe von Folgerungen über die Person und den Kontext: ist sie unhöflich, schwerhörig, eingeschnappt, schüchtern oder was auch immer (Heritage 1988). In ähnlicher Weise sieht die Diskursive Psychologie in der Rhetorik auch kein Mittel, das zwangsläufig sicherstellt, daß jemand überzeugt wird; eher läßt sich sagen, daß sich ihr Gebrauch genau an diesem Ziel orientiert. Jedes rhetorische Mittel kann eine Reihe möglicher Erwiderungen nach sich ziehen. So kann z. B. einer Verallgemeinerung mit einer Besonderung entgegnet werden (Billig 1985).

Bevorzugung natürlicher Daten

Die Zurückweisung des Ursache-Wirkungs-Modells ist einer der Gründe für die Ablehnung von Versuchen, Variablen durch den Gebrauch künstlich erzeugter Daten experimentell zu kontrollieren. Die Diskursive Psychologie zieht es vor, ‚natürliches' statt ‚inszeniertes' Ausgangsmaterial zu untersuchen. Dies stellt kein Bekenntnis zur unhaltbaren Philosophie einer natürlichen, von Beobachtereinflüssen freien Welt dar. Vielmehr handelt es sich um eine – auf den Annahmen über das Funktionieren von Diskursen gründende – Präferenz für die Untersuchung von Dokumenten und Aufzeichnungen des alltäglichen Lebens: etwa wie Menschen von Ereignissen erzählen, über ihre Beziehungen streiten, parlamentarische Anfragen beantworten und anderes mehr – statt Forscherfragen zu beantworten, den Aufforderungen von Versuchsleitern nachzukommen oder auf Textbausteine zu reagieren, die für Forschungszwecke konstruiert wurden. Wenn man die Bedeutung der Bestimmungsmerkmale von Diskursen – daß sie situativ veranlaßt, handlungsorientiert und konstruiert sind – erst einmal vollständig erkannt hat, wird diese Konzentration auf natürliche Ausgangsmaterialien unvermeidlich. Bei der Bevorzugung natürlicher Daten handelt es sich schließlich auch um eine Reaktion auf erweiterte technische und analytische Möglichkeiten. Wenn derart reichhaltiges Ausgangsmaterial zunehmend handhabbarer wird, es erfolgreich aufgezeichnet, digitalisiert, gescannt, transkribiert und im Anschluß an die Forschungsarbeit mehrerer Jahrzehnte genauestens untersucht werden kann – warum sollte man etwas anderes tun?

Bedeutung von empirischen Details

Die Diskursive Psychologie fordert Aufmerksamkeit für die Einzelheiten von Interaktionen. Harvey Sacks (1992) hat darauf hingewiesen, daß kein noch so kleines Detail eines Interaktionsprozesses, egal ob es sich um Pausen und Verbesserungen, die Auswahl besonderer Wörter oder die Plazierung von Unterbrechungen und Überlappungen handelt, von vornherein als für diese Interaktion irrelevant ausgeschlossen werden sollte. Manchmal ist ein Schniefen einfach nur ein Schniefen, die Folge einer laufenden Nase; aber ein Schniefen an der richtigen Stelle, mit dem richtigen Einatmen, könnte auch etwas anderes anzeigen, z. B. ein indirekte Mißbilligung (Roffe 1996). Solche Einzelheiten erfordern eine sehr gute Transkription; die Diskursive Psychologie verwendet ein Transkriptionssystem, das von der Konversationsanalytikerin Gail Jefferson entwickelt wurde (vgl. zum Überblick Hutchby/Woofitt 1998). Bei der Analyse wird üblicherweise mit dem Transkript und zugleich mit der entsprechenden Audioaufzeichnung gearbeitet – idealerweise ist die Aufzeichnung in digitalisierter Form in einem PC gespeichert, wodurch ein schneller Zugriff ermöglicht und verschiedene Segmente mühelos miteinander verglichen werden können.

Analytisches Vorgehen
Bei der Analyse wird eine Kombination von Audio- und Videobändern, Transkripten und/oder Texten verwendet. Je nach Fragestellung und Forschungsinteresse ergeben sich unterschiedliche Vorgehensweisen – manchmal wird ein einziges Transkript intensiv durchgearbeitet, manchmal auf einen großen Materialkorpus zurückgegriffen. Das analytische Vorgehen selbst ist ein ‚Handwerk', das in unterschiedlichen Kompetenzgraden erlernt werden kann. Man kann sich darunter die zunehmende Sensibilisierung für den auf bestimmte Anlässe und Handlungen bezogenen Charakter von Diskursen vorstellen. Deswegen muß oft eine ganze Reihe von Diskursmerkmalen in die Analyse einbezogen werden: Ebenso wie bestimmte *Details* – Zögern, Verbesserungen, Wortwahl usw. – so kann auch die *Variabilität* innerhalb und zwischen verschiedenen Texten und Gesprächsabschnitten wichtige Aufschlüsse über die Handlungsorientiertheit und die rhetorische Organisation des Diskurses (wie er aufgebaut ist, um anderen möglichen Aussagen entgegenzutreten) sowie für seine Interpretation und Erklärung liefern.

Formen der Validierung
Die von der Diskursiven Psychologie vertretene Auffassung von Validität unterscheidet sich von derjenigen vieler anderer Ansätze der Kognitionsforschung. In der Diskursiven Psychologie ist die Validität bereits sichtbar auf der Ebene des zugrundeliegenden Untersuchungsdesigns verankert – indem z. B. naturalistische Materialien in einer Form ausgewählt und präsentiert werden, die ihrem Ausgangszustand nahe kommt – und stellt sich daher weniger als Problem der Übertragung von Erkenntnisansprüchen und Ergebnissen aus einem bestimmten Forschungsbereich auf die relevanten Schauplätze des Alltagslebens. In der Diskursiven Psychologie wird die Analyse an den Details des empirischen Materials belegt und dieses wird so präsentiert, daß die *Leser selbst ihre eigenen Überprü-*

fungen vornehmen und sich so ein Urteil bilden können. Diese Art der Validierung hebt sich ab von vielen experimentellen und inhaltsanalytischen Arbeiten, die nur selten etwas enthalten, was dem ‚Ausgangsmaterial' vergleichbar wäre, oder in denen kaum mehr als ein oder zwei Kodierbeispiele zu Illustrationszwecken vorgelegt werden. Sie ermöglicht zudem die Akkumulation von empirischen Daten und Untersuchungen, mit denen neue Ergebnisse auf ihre *Kohärenz* hin verglichen werden können. So stützen sich z. B. Forschungsarbeiten über die Konstruktion von ‚Tatsachen' auf Erkenntnisse über Formen angemessener Darstellung und Erklärung (accountability), die in früheren Untersuchungen gewonnen wurden, und die Erträge dieser neueren Forschungen liefern wiederum eine zusätzliche Bestätigung der Validität jener Studien (Edwards/Potter 1993).

Zur Validierung analytischer Behauptungen sind zwei spezifische Prinzipien der Konversationsanalyse nützlich: die *Analyse abweichender Fälle* (die Überprüfung von Behauptungen anhand potentieller Gegenbeispiele) und das *Beweisverfahren* (die Überprüfung der Analyse eines Sprecherwechsels daran, wie sich die Teilnehmer selbst bei den folgenden Sprecherwechseln darauf beziehen; vgl. Schegloff 1992, Heritage 1995). Beide Prinzipien werden z. B. in Studien über Interviews in Fernseh- und Radionachrichten illustriert; darin wird gezeigt, daß Interviewte es in der Regel vermeiden, die Interviewer für die in den Fragen zum Ausdruck gebrachten Ansichten verantwortlich zu machen. Dieses normative Muster wird durch die Untersuchung abweichender Fälle, in denen die Interviewten ihre jeweiligen Interviewer so behandeln, als brächten diese ihre persönlichen Meinungen zum Ausdruck, eher gestützt als widerlegt – denn daraufhin entstehen in den nachfolgenden Sprecherwechseln beachtliche Interaktionsprobleme (Heritage/Greatbatch 1991, Potter 1996a).

4 Ein Analysebeispiel: die Ausarbeitung von Fragen in Fokusgruppen

Die erwähnten methodologischen Prinzipien der Diskursiven Psychologie können am Beispiel einer Untersuchung von Puchta/Potter (1999) über die Fragekonstruktion in Fokusgruppen aus dem Marktforschungsbereich illustriert werden.[8] Ziel dieser Studie war es, zu klären, *wie* Fragen in diesen Gruppen gestellt wurden und *was* die verschiedenen Fragebestandteile bewirken sollten. Dabei zeigte sich, daß die Fragen – insbesondere wenn sie neue Themen einführten – tendenziell

[8] Dieses Beispiel verdeutlicht einige der spezifischen Merkmale der angewandten Diskursiven Psychologie. Für genauere Erläuterungen von Methoden und Analysen vgl. Potter/Wetherell (1987, 1994, 1995), Woffitt (1990, 1993), Wetherell/Potter (1992), Coyle (1995), Widdicombe/Wooffitt (1995), Gill (1996), Potter (1996b, 1997, 1998d) und Billig (1997). Einen vollständigen Überblick über dieses Forschungsprogramm gibt Puchta/Potter (2004).

sehr komplex waren und eine Reihe unterschiedlicher Elemente enthielten, die jeweils verschiedene Aufgaben erfüllten: Sie zielten bspw. darauf, die Teilnehmer der Fokusgruppen zu instruieren und Probleme zu vermeiden, wenn ungewöhnliche oder ‚nicht-alltägliche' Fragetypen verwendet wurden. Auch stellten die verschiedenen Fragebausteine ein Bündel alternativer thematischer Angebote bereit; sie sollten dadurch mithelfen, die Diskussionsbeteiligung zu sichern und die Teilnehmer zu einem breit gefächerten, für die Ermittlung von Einstellungen und Meinungen relevanten Antwortspektrum veranlassen. Schließlich ging es in den verschiedenen Fragebestandteilen um die Lösung des Dilemmas, daß das Gespräch einerseits stark auf vordefinierte Themen und Gegenstände fokussiert sein sollte, andererseits zugleich aber auch spontan und ungezwungen. Damit kein Mißverständnis entsteht: Gegenstand dieses Forschungsprojektes waren die Fokusgruppen-Gespräche selbst; es handelt sich um eine Studie *über* Gespräche in Fokusgruppen und nicht um eine Untersuchung, die *mittels* Fokusgruppen durchgeführt wurde.

In den Begriffen der Diskursiven Psychologie lag die Betonung also auf Fokusgruppen-Gesprächen als *situierten*, *handlungsorientierten* und *konstruierten* Diskursen. Folglich wurden die Fokusgruppen-Fragen in den Settings untersucht, in denen sie auch verwendet wurden. Die Fragen wurden im Hinblick darauf analysiert, wie sie innerhalb von Interaktionssequenzen *situiert* waren: durch das vorgängige Geschehen veranlaßt und das nachfolgende wiederum veranlassend. Auch die *Handlungsorientiertheit* der Fragen wurde untersucht. Welche Aufgabe erfüllten sie in den Fokusgruppen? Offensichtlich stellten sie Fragen (obwohl das eine viel komplexere Angelegenheit ist, als es zunächst erscheinen mag). Sie organisierten auch die Reaktionsweisen, indem sie angemessene Antwortmöglichkeiten veranschaulichten. Zusätzlich waren sie so gestaltet, daß sie Informalität signalisieren und eine entspannte und freundliche Umgebung für ihre Beantwortung schaffen sollten. Die Fragen wurden außerdem bezüglich ihrer *Konstruktion* analysiert, etwa dahingehend, welche Elemente für welche Zwecke eingeführt wurden.

Anhand dieser Studie lassen sich nochmals die analytischen Prinzipien der diskursiven Psychologie veranschaulichen:

- *Erstens* handelte es sich um eine empirische Untersuchung der Art und Weise, wie Fragen innerhalb von existierenden Fokusgruppen tatsächlich gestellt wurden. Das heißt, es ging nicht um die Anwendung eines begriffsanalytischen Instrumentariums auf Fragesätze oder um die Durchführung einer Stilanalyse von Sprechakten anhand zurechtgelegter Sätze.
- *Zweitens* verzichtete die Untersuchung auf ein hypothetisch-deduktives Vorgehen. Statt mit einer vordefinierten Hypothese zu beginnen und die-

se zu testen, bestand die Untersuchungsstrategie in der Entwicklung eines Verständnisses der Funktion von Fragemerkmalen, das zunächst anhand der Analyse des Materialkorpus gewonnen und dann wiederum an Eigenschaften dieses Korpus überprüft wurde.

- *Drittens* wurden die Phänomene nicht im Rahmen des Ursache-Wirkungs-Modells betrachtet. Statt dessen konzentrierte sich die Untersuchung darauf, in welcher konkreten Weise die Fokusgruppenteilnehmer mit bestimmten Eigenschaften der Fragen umgegangen sind. Die Verbindung ist eher normativer und rhetorischer als kausaler Art.
- *Viertens* verwendete die Studie natürliches Ausgangsmaterial. Anstatt die Fokusgruppenteilnehmer dazu aufzufordern, die Ereignisse ex post in einem Interview bzw. Fragebogen zu rekonstruieren oder eine experimentelle Simulation aufzubauen, benutzte die Studie direkte Aufzeichnungen von ‚echter, guter Fragepraxis' in aktuellen, tatsächlich existierenden Fokusgruppen aus der Marktforschung.
- *Fünftens* befaßte sich die Studie mit dem Ausgangsmaterial auf der für die Teilnehmer wichtigen Detailebene. Der Korpus der untersuchten Fragen wurde durch die Transkription 30minütiger Segmente aus verschiedenen, jeweils von unterschiedlichen Moderatoren geleiteten Fokusgruppen gebildet. Dabei zeigte sich, daß verschiedene Intonationsmerkmale und kurze Pausen folgenreich für die Interaktion waren.
- *Sechstens* wurden in der Analysepraxis Ideen über die Funktionsweise der Fragen entwickelt. Diese Annahmen wurden dann anhand anderer Merkmale des Materialkorpus getestet. Beispielsweise hätte eine Form der Fragepräsentation darin bestehen können, daß die Moderatoren schrittweise neue Fragebausteine hinzufügten, um dadurch Reaktionen von anfangs eher unwilligen Gruppenteilnehmern hervorzurufen. Allerdings stimmte diese zunächst plausibel erscheinende Möglichkeit nicht mit anderen Aspekten des Materials überein. So signalisierte etwa die Intonation beim Zusammenfügen der verschiedenen Teilfragen jeweils die direkte Weiterführung der Frage; es gab keine Hinweise auf Moderatoren, die zunächst einen Fragebaustein in sich abgeschlossen präsentierten und dann angesichts ausbleibender Antworten von neuem begannen.
- *Siebtens* beinhaltete die Studie vier Arten der Validierung:
  (a) *Überprüfungen durch die Leser:* Es wurde genügend Material reproduziert, um den Lesern ein genaues Urteil über die Adäquatheit der formulierten Behauptungen zu ermöglichen.
  (b) *Kohärenz:* Die Analyse baute auf anderen Studien der Konversationsanalyse und der Diskursiven Psychologie auf und entwickelte sie weiter.

(c) *Analyse abweichender Fälle:* Die Auswertung berücksichtigte alle abweichenden Fälle im Korpus sowie deren Implikationen für die Schlußfolgerungen.
(d) *Beweisverfahren:* Zur Begründung ihrer Aussagen über die Funktion der Fragen bezog sich die Analyse detailgenau darauf, wie die Teilnehmer auf die jeweiligen Fragen reagierten.

5 Reformulierungen der Psychologischen Theorie

Der Ansatz der Diskursiven Psychologie läßt sich durch eine vergleichende Gegenüberstellung mit zwei aktuellen psychologischen Ansätzen, die ebenfalls einen besonderen Bezug auf Sprache haben, weiter erläutern: dem Linguistic Category Modell der kausalen Attribution (Brown/Fish 1983, Semin/Fiedler 1989) und der Theorie Sozialer Repräsentationen (Moscovici 1984).

5.1 Kausale Attribution und das Linguistic Category Modell

Das Linguistic Category Modell der Attribution befaßt sich mit der Art und Weise, wie Kausalzusammenhänge durch verschiedene Verbarten semantisch vorausgesetzt werden. Legt man bspw. Untersuchungspersonen den Satz „John ruft Mary an“ vor, dann werden sie die Frage „Warum?“ mit einer Aussage über John beantworten; aber wenn sie mit dem Item „John dankt Mary“ konfrontiert werden, beantworten sie die Frage nach dem „Warum?“ mit einer näheren Aussage über Mary. Solche Studien beanspruchen, viele Grundphänomene von Attributionsprozessen als Folge der Verbsemantik zu erklären.

Zunächst bestehen einige Übereinstimmungen zwischen der Diskursiven Psychologie und dem Linguistic Category Modell. Beide Ansätze betrachten Wörter und Beschreibungen als grundlegend für das Verständnis von Prozessen der Kausalattribution. Der Gebrauch grammatischer Kategorien wird als aktiver und kreativer Teil von kausalen Erklärungen behandelt, und nicht als bloße Widerspiegelung der Struktur von Ereignissen oder als Folge irgendwelcher nichtlinguistischer kognitiver Prozesse.

Aber es gibt auch bedeutsame Unterschiede. Um diese zu erläutern, ist es sinnvoll, drei Typen der Ursachenzuschreibung (responsibility) zu unterscheiden:

1. Ursachenzuschreibung, wie sie durch die Verbsemantik unterstellt wird;
2. Ursachenzuschreibung, wie sie durch die umfassende Beschreibung einer Interaktion hergestellt wird;

3. Ursachenzuschreibung durch den jeweils aktuellen Sprecher, der eine Darstellung konstruiert, um in spezifischer Weise kausale Verantwortung zuzuweisen.

So kann man am Beispiel des Satzes „John dankt Mary" unterscheiden zwischen erstens der Unterstellung, daß Mary etwas Bedankenswertes getan haben muß; zweitens wie diese Wörter Teil einer Darstellung sein könnten, die *entweder* Mary *oder* John oder auch jemand anders bzw. etwas anderem die Verantwortlichkeit für diese Handlung zuschreibt; und drittens der Verantwortlichkeit des Erzeugers der Darstellung für die Verantwortungszuschreibung an Mary oder John.

Aus Sicht der Diskursiven Psychologie unterstreicht die Anerkennung des situierten, handlungsorientierten und konstruierten Charakters von Diskursen die Notwendigkeit, alle drei Arten von Ursachenzuschreibungen zu berücksichtigen, wenn wir Attributionsprozesse in ‚natürlichen' Diskursen verstehen wollen. Menschen verwenden Wörter, um ihre Darstellungen zu konstruieren; deswegen tragen die semantischen Voraussetzungen, die durch das Linguistic Category Modell identifiziert werden, einen wichtigen Teil zum Verständnis dessen bei, welche spezifischen Wörter verwendet werden könnten, um etwas Bestimmtes zu erreichen (Ursachenzuschreibung vom Typ 1). Allerdings betont die Diskursive Psychologie, daß der Sinn von Diskursen aus einer Folge situativer Veranlassungen heraus entsteht. Semantiken bestimmen nicht, was vor sich geht, vielmehr werden sie modifiziert oder sogar umgekehrt, wenn die Sprache die Lexika und Grammatikbücher (als ob dort alles angefangen hätte!) verläßt und in praktischen Settings zum Leben erweckt wird (Ursachenzuschreibung vom Typ 2). Darüber hinaus legt die Diskursive Psychologie jedoch besonderes Augenmerk auf die Art und Weise, wie Darstellungen als Bestandteile von Interaktionen *selbst* Handlungen vollziehen, einschließlich derjenigen, den Anteil oder das Interesse des Sprechers am Geschehen zu handhaben (Ursachenzuschreibung vom Typ 3).[9]

5.2 Darstellungen und Soziale Repräsentationen

Die Theorie Sozialer Repräsentationen hat eine innovative Sichtweise alltäglicher Verstehensprozesse erschlossen (Moscovici 1984). Aus der Perspektive dieser Theorie werden neue Informationen durch einen Doppelprozeß von Verankerung und Objektivierung an bestehende Repräsentationen assimiliert. Repräsentatio-

---

[9] Ausführliche Analysebeispiele zur Verdeutlichung der Grenzen des Linguistic Category Modells und anderer sprachbasierter Attributionstheorien im Vergleich zur Diskursiven Psychologie finden sich in Edwards/Potter (1993, 1999).

nen zirkulieren durch Konversationsprozesse und Massenmedien, und sie entwickeln sich dabei weiter. Repräsentationen sind nicht einfach nur Hilfsmittel zur Wahrnehmung sozialer Welten – vielmehr konstruieren sie die Merkmale und den Wertgehalt dieser Welten.

Auch hier sollen zunächst wichtige Übereinstimmungen mit der Diskursiven Psychologie hervorgehoben werden. Bei beiden Theorien handelt es sich um konstruktivistische Ansätze. Beide betonen die Bedeutung der (symbolischen) Repräsentation und die zentrale Rolle von Diskursen im sozialen Leben. Daher weist die Diskursive Psychologie sehr viel mehr Gemeinsamkeiten mit dieser Theorie auf als mit vielen anderen sozialkognitiven Ansätzen. Aber es gibt auch wichtige Divergenzen:

- *Erstens* unterscheiden sie sich in ihrem jeweiligen Verständnis von ‚Konstruktion'. Während diese in der Theorie Sozialer Repräsentationen primär als perzeptiv-kognitiver Prozeß betrachtet wird, der die schematischen Mechanismen der Verankerung und Objektivierung beinhaltet, erfolgen Konstruktionsprozesse aus Sicht der Diskursiven Psychologie durch Sprechen (talk) und Schreiben (text), in deren Verlauf spezifische Darstellungen der Welt entwickelt und (andere) rhetorisch untergraben werden. Das Verständnis der Diskursiven Psychologie bietet verschiedene Vorteile, von denen einer darin besteht, Konstruktionen analytisch besser handhaben zu können. Die Prozesse der Bildung, Durchsetzung und Unterhöhlung (symbolischer) Repräsentationen können mit Hilfe von Interaktionsaufzeichnungen und verfeinerten konversations- und diskursanalytischen Instrumenten untersucht werden.
- *Zweitens* wird auch der Begriff der Repräsentation unterschiedlich gefaßt. In der Theorie Sozialer Repräsentationen gelten Repräsentationen als primär kognitive Phänomene, die es Menschen ermöglichen, der Welt Sinn zuzuschreiben. Der kollektive Charakter dieser Sinnzuschreibung wird zur Erklärung der Möglichkeit intra-gruppenspezifischer Kommunikation und als Grundlage einer technischen Definition von Gruppengrenzen herangezogen. Im Gegensatz dazu sind Repräsentationen für die Diskursive Psychologie diskursive Objekte, die von Menschen im Sprechen und Schreiben hergestellt werden. Die Diskursive Psychologie konzentriert sich darauf, wie Repräsentationen als stichhaltig und faktisch wahr (factual) konstruiert werden, und wie die Diskursteilnehmer sie jeweils im Hinblick auf die konkreten Umstände ihres Gebrauchs sowie hinsichtlich ihrer Funktion in unterschiedlichsten Aktivitäten auswählen und anpassen. Deswegen ist das Verstehen diskursiver Handlungen der Schlüssel zum Verstehen von (symbolischen) Repräsentationen.

- *Drittens* schließlich ist festzuhalten, daß sich die Theorie Sozialer Repräsentationen – trotz der mit ihr ebenfalls verbundenen Betonung der Bedeutung von Diskursen – stark auf eine herkömmliche Metaphorik des Kommunikationsprozesses stützt, die davon ausgeht, daß ‚Botschaften' von Sprecher zu Sprecher ‚übermittelt' werden. Dies paßt zu ihrer Hervorhebung kognitiver Prozesse der Sinnstiftung. Obwohl also die Theorie Sozialer Repräsentationen Konversationsprozesse in theoretischer Hinsicht als grundlegend für die Erzeugung und Verfeinerung von Repräsentationen behandelt, wurde diesem Gegenstand praktisch keine methodologische oder analytische Aufmerksamkeit zuteil. Tatsächlich haben ihre Vertreter, wenn sie qualitative Verfahren wie z.B. Interviews oder Ethnographie eingesetzt haben, diese tendenziell eher als Wege zur Aufdeckung zugrundeliegender Repräsentationen behandelt und nicht als eigenständige Bereiche konversationeller Interaktion (vgl. Potter 1996a bzgl. Jodelet 1991).

Mit diesen wenigen Hinweisen wird schon deutlich, daß die Theorie Sozialer Repräsentationen nicht die volle Bedeutung der Art und Weise erkennt und erfaßt, in der Diskurse als situativ veranlaßt, handlungsorientiert und konstruiert anzusehen sind.[10]

6 Die Zukunft der Diskursiven Psychologie

Bei der Diskursiven Psychologie handelt es sich um einen relativ neuen Forschungsansatz. Dennoch verbreitet sie sich schnell, liefert einerseits herausfordernde neue Analysen zu traditionellen Forschungsgegenständen und erschließt andererseits neue Forschungsfelder. Für das nächste Jahrzehnt lassen sich eine Reihe von Entwicklungen erwarten:

- Es wird zu einer weiteren produktiven Ausarbeitung der Beziehung zwischen der Diskursiven Psychologie und der Konversationsanalyse kommen (Edwards 1995, Frith/Kitzinger 1998). Die Erklärungs- und Überzeugungskraft der sequentiellen Analyse wird zusammen mit ihrer umfassenden Verwertung des in Aufzeichnungen natürlicher Interaktionen enthaltenen Detailreichtums vermutlich mehr Diskursive Psychologen dazu bringen, sich auf die konversationsanalytischen Einsichten von Sacks, Schegloff und anderen zu beziehen. Es gibt bereits Arbeiten, die sich an der Grenze zwischen

[10] Eine aktuelle Diskussion der Beziehung zwischen der Theorie Sozialer Repräsentationen und der Diskursiven Psychologie liefern Potter/Wetherell (1998) sowie Potter/Edwards (1999).

Konversationsanalyse und Diskursiver Psychologie bewegen und bei denen nicht mehr deutlich ist, ob es sich um das eine oder das andere handelt.

- Darüber hinaus wird es auch weitere theoretische Klärungen des Verhältnisses zwischen der Diskursiven Psychologie und stärker an Foucault angelehnten Ansätzen der Diskursanalyse geben (Wetherell/Potter 1992, Widdicombe/Wooffitt 1995). Zwischen den (wahrgenommenen) politischen und soziologischen Erträgen der Verwendung eines an Foucault angelehnten Diskursbegriffs und dem analytischen Reichtum eines stärker durch die Konversationsanalyse beeinflußten Begriffsverständnisses besteht ein Spannungsverhältnis. Die theoretische Spezifizierung des Diskursbegriffs in Arbeiten Foucaultscher Prägung erfaßt kaum etwas von den praktischen, handlungsorientierten Vorgängen des Sprechens und Schreibens im Rahmen von Interaktionen. Zudem läßt sich ein Großteil des Erfolges der Konversationsanalyse darauf zurückführen, daß ihre analytische Ausrichtung die je spezifische Orientierung der Akteure auf Merkmale des Diskurses betont – etwas, das in der Foucaultschen Tradition eher ignoriert wird.[11] Ähnliche Spannungen treten zwischen der Diskursiven Psychologie und soziolinguistischen Arbeiten auf (vgl. Potter/Edwards 2001).
- Zukünftig werden Interviewmethoden an Bedeutung verlieren; die Forschung wird sich zunehmend auf natürliche Datenmaterialien konzentrieren und dabei die technischen Möglichkeiten der Ergänzung von Audio- durch Videoaufzeichnungen nützen (z. B. Goodwin/Goodwin 1996). Natürliches Ausgangsmaterial stellt eine überaus reichhaltige Datenquelle dar und trägt zur Vermeidung vieler Probleme bei, die beim Gebrauch von Interviews auftreten (vgl. dazu Potter/Hepburn 2005).
- Schließlich wird es weitergehende Debatten über die Rolle des Kognitivismus in Sozialpsychologie und Sprachwissenschaft geben, ebenso wie über die Möglichkeit, kognitive Phänomene als Untersuchungsgegenstand zu wählen, ohne zugleich kognitivistische Erklärungsansätze anzuwenden (vgl. z. B. Edwards 1997, Potter 1998b und die Beiträge in te Molder/Potter 2005).

Das Ziel der Diskursiven Psychologie besteht darin, ein Verständnis und eine Darstellung derjenigen Psychologie auszuarbeiten, die von den Menschen in und für ihre Praxis erzeugt wird.

---

[11] Für eine erhellende Debatte zwischen einer Schlüsselfigur der Konversationsanalyse und der Vertreterin einer stärker an Foucault angelehnten Diskursiven Psychologie vgl. Schegloff (1997) und Wetherell (1998).

Literatur

Ashmore, M. (1989): The reflexive thesis: Wrighting sociology of scientific knowledge. Chicago: University of Chicago Press

Berger, P. L./Luckmann, T. (1966): The social construction of reality. Garden City: Doubleday [dt.: Berger, P. L./Luckmann, T. (1969): Die gesellschaftliche Konstruktion der Wirklichkeit. Frankfurt/Main: Fischer]

Billig, M. (1985): Prejudice, categorization and particularization: From a perceptual to a rhetorical approach. In: European Journal of Social Psychology, 15, S. 79–103

Billig, M. (1991): Ideologies and beliefs. London: Sage

Billig, M. (1996): Arguing and thinking: A rhetorical approach to social psychology (2. Aufl.). Cambridge: Cambridge University Press

Billig, M. (1997): Rhetorical and discursive analysis: How families talk about the royal family. In: Hayes, N. (Hrsg.): Doing qualitative analysis in psychology. London: Psychology Press, S. 39–54

Brown, R. W./Fish, D. (1983): The psychological causality implicit in language. In: Cognition, 14, S. 237–273

Chalmers, A. (1992): What is this thing called science?: An assessment of the nature and status of science and its methods (2. Aufl.). Milton Keynes: Open University Press

Coyle, A. (1995): Discourse analysis. In: Breakwell, G. M./Hammond, S./Fife-Schaw, C. (Hrsg.): Research Methods in Psychology. London: Sage, S. 243–258

Curt, B. C. (1994): Textuality and tectonics: Troubling social and psychological science. Buckingham, UK and Philadelphia, PA: Open University Press

Edwards, D. (1994): Script formulations: A study of event descriptions in conversation. In: Journal of Language and Social Psychology, 13, S. 211–247

Edwards, D. (1995b): Sacks and psychology. In: Theory and Psychology, 5, S. 579–596

Edwards, D. (1997): Discourse and cognition. London: Sage

Edwards, D. (2003): Analyzing racial discourse: The discursive psychology of mind-world relationships. In: Berg, H. van den/Houtkoop-Steenstra, H./Wetherell, M. (Hrsg.), Analyzing Race Talk: Multidisziplinary Approaches to the Interview (pp. 31–48). Cambridge, UK: Cambridge University Press

Edwards, D./Ashmore, M./Potter, J. (1995): Death and furniture: The rhetoric, politics and theology of bottom line arguments against relativism. In: History of the Human Sciences, 8, S. 25–49

Edwards, D./Potter, J. (1992): Discursive psychology. London: Sage

Edwards, D./Potter, J. (1993): Language and causation: A discursive action model of description and attribution. In: Psychological Review, 100, S. 23–41

Edwards, D./Potter, J. (1999): Language and causal attribution: A rejoinder to Schmid and Fiedler. In: Theory & Psychology, 9, S. 849–63

Fiske, S. T./Taylor, S. E. (1991): Social cognition (2. Aufl.). New York: McGraw Hill

Frith, H./Kitzinger, C. (1998): ‚Emotion work' as a participant resource: A feminist analysis of young women's talk-in-interaction. In: Sociology, 32, S. 299–320

Garfinkel, H. (1967): Studies in ethnomethodology. Englewood Cliffs, NJ: Prentice-Hall

Gergen, K. J. (1973): Social psychology as history. In: Journal of Personality and Social Psychology, 26, S. 309–20
Gergen, K. J. (1991): The saturated self: Dilemmas of identity in contemporary life. New York: Basic Books
Gergen, K. J. (1994): Realities and relationships: Soundings in social construction. Cambridge, MA: Harvard University Press
Gergen, K. J. (1999): An invitation to social constructionism. London: Sage
Gilbert, G. N./Mulkay, M. (1984): Opening Pandora's box: A sociological analysis of scientists' discourse. Cambridge: Cambridge University Press
Gill, R. (1995): Relativism, reflexivity and politics: Interrogating discourse analysis from a feminist perspective. In: Wilkinson, S./Kitzinger, C. (Hrsg.): Feminism and Discourse: Psychological Perspectives. London: Sage, S. 165–186
Gill, R. (1996): Discourse analysis: Methodological aspects. In: Richardson, J. E. (Hrsg.): Handbook of qualitative research methods for psychology and the social sciences. Leicester: British Psychological Society, S. 141–156
Goodwin, C./Goodwin, M. H. (1996): Seeing as situated activity: Formulating planes. In: Engeström, Y./Middleton, D. (Hrsg.): Cognition and communication at work. Cambridge: Cambridge University Press, S. 61–95
Harré, R. (1992): What is real in psychology? A plea for persons. In: Theory and Psychology, 2, S. 153–158
Harré, R./Secord, P. F. (1972): The explanation of social behaviour. Oxford: Blackwell
Hepburn, A. (1999): Derrida and Psychology: Deconstruction and its ab/uses in critical and discursive psychologies. In: Theory and Psychology, 9, S. 639–666
Hepburn, A. (2000): On the alleged incompatibility between relativism and feminist psychology. In: Feminism & Psychology, 10, S. 91–106
Heritage, J. C. (1984): Garfinkel and ethnomethodology. Cambridge: Polity
Heritage, J. C. (1988): Explanations as accounts: A conversation analytic perspective. In: Antaki, C. (Hrsg.): Analysing everyday explanation: A casebook of methods. London: Sage, S. 127–144
Heritage, J. C. (1995): Conversation analysis: Methodological aspects. In: Quasthoff, U. (Hrsg.): Aspects of oral communication. New York: De Gruyter, S. 391–418
Heritage, J. C./Greatbatch, D. L. (1991): On the institutional character of institutional talk: The case of news interviews. In: Boden, D./Zimmerman, D. H. (Hrsg.): Talk and social structure: Studies in ethnomethodology and conversation analysis. Oxford: Polity, S. 93–137
Hutchby, I./Wooffitt, R. (1998): Conversation analysis: Principles, practices and applications. Cambridge: Polity
Jodelet, D. (1991): Madness and social representations. London: Harvester Wheatsheaf
Moscovici, S. (1984): The phenomenon of social representations. In: Farr, R. M./Moscovici, S. (Hrsg.): Social representations. Cambridge: Cambridge University Press, S. 3–70
Myers, G. (1990): Writing biology: Texts in the construction of scientific knowledge. Madison: University of Wisconsin Press
Myers, G. (1998): Displaying opinions: Topics and disagreement in focus groups. In: Language in Society, 27, S. 85–111

Neisser, U. (1967): Cognitive psychology. New York: Appleton-Century-Crofts
Parker, I. (1989): The crisis in modern social psychology – and how to end it. London: Routledge
Parker, I. (1992): Discourse dynamics: Critical analysis for social and individual psychology. London: Routledge
Parker, I. (1999): Introduction: Varieties of discourse and analysis. In: Parker, I./the Bolton Discourse Network (Hrsg.): Critical textwork: An introduction to varieties of discourse and analysis. Buckingham: Open University Press, S. 1–12
Pomerantz, A. M. (1978): Compliment responses: Notes on the co-operation of multiple constraints. In: Schenkein, J. (Hrsg.): Studies in the organization of conversational interaction. London: Academic Press, S. 79–98
Potter, J. (1996a): Representing reality: Discourse, rhetoric and social construction. London: Sage
Potter, J. (1996b): Discourse analysis and constructionist approaches: Theoretical background. In: Richardson, J. E. (Hrsg.): Handbook of qualitative research methods for psychology and the social sciences. Leicester: British Psychological Society, S. 125–140
Potter, J. (1997): Discourse analysis as a way of analysing naturally occurring talk. In: Silverman, D. (Hrsg.): Qualitative analysis: Issues of theory and method. London: Sage, S. 144–160
Potter, J. (1998a): Fragments in the realization of relativism. In: Parker, I. (Hrsg.): Social Constructionism, Discourse and Realism. London: Sage, S. 27–45
Potter, J. (1998b): Beyond cognitivism. In: Research on Language and Social Interaction, 32,1&2, S. 119–128
Potter, J. (1998c): Discursive social psychology: From attitudes to evaluations. In: European Review of Social Psychology, 9, S. 233–266
Potter, J. (1998d): Qualitative and discourse analysis. In: Bellack, A. S./Hersen, M. (Hrsg.): Comprehensive clinical psychology. Oxford: Pergamon, Vol. 3, S. 117–144
Potter, J./Edwards, D. (1999): Social representations and discursive psychology. In: Culture & Psychology, 5, S. 445–456
Potter, J./Edwards, D. (2001): Sociolinguistics, cognitivism and discursive psychology. In: Coupland, N./Sarangi, S./Candlin, C. (Hrsg.): Sociolinguistics and Social Theory. London: Longman, S. 88–103
Potter, J/Edwards, D./Ashmore, M. (1999): Regulating criticism: some comments on an argumentative complex. In: History of the Human Sciences 12 (1999), S. 79–88
Potter, J./Edwards, D./Wetherell, M. (1993): A model of discourse in action. In: American Behavioural Scientist, 36, S. 383–401
Potter, J./Hepburn, A. (2005): Qualitative interviews in psychology: problems and possibilities. In: Qualitative research in Psychology, 2, S. 281–307
Potter, J./Wetherell, M. (1987): Discourse and social psychology: Beyond attitudes and behaviour. London: Sage
Potter, J./Wetherell, M. (1988): Accomplishing attitudes: Fact and evaluation in racist discourse. In: Text, 8, S. 51–68
Potter, J./Wetherell, M. (1994): Analyzing discourse. In: Bryman, A./Burgess, B. (Hrsg.): Analyzing qualitative data. London: Routledge, S. 47–56

Potter, J./Wetherell, M. (1995): Discourse analysis. In: Smith, J./Harré, R./Langenhove, L. van (Hrsg.): Rethinking methods in psychology. London: Sage, S. 80–92
Potter, J./Wetherell, M. (1998): Social representations, discourse analysis and racism. In: Flick, U. (Hrsg.): The psychology of the social. Cambridge: Cambridge University Press, S. 138–55 [dt.: Potter, J./Wetherell, M. (1995): Soziale Repräsentationen, Diskursanalyse und Rassismus. In: Flick, U. (Hrsg.): Psychologie des Sozialen. Repräsentationen in Wissen und Sprache. Reinbek bei Hamburg: Rowohlt, S. 177–199]
Puchta, C./Potter, J. (1999): Asking elaborate questions: Focus groups and the management of spontaneity. In: Journal of Sociolinguistics, 3, S. 314–35
Puchta, C./Potter, J. (2002): Manufacturing individual opinions: Market research focus groups and the discursive psychology of attitudes. In: British Journal of Social Psychology, 41, S. 345–363
Puchta, C./Potter, J. (2004): Focus Group Practice. London: Sage
Roffe, M. (1996): The social organisation of social work. Diss. A. Loughborough: Loughborough University
Sacks, H. (1992): Lectures on conversation. 2 Bde. Oxford: Basil Blackwell
Schegloff, E.A. (1992): Repair after next turn: The last structurally provided defence of intersubjectivity in conversation. In: American Journal of Sociology, 97, S. 1295–1345
Schegloff, E.A. (1997): Whose text? Whose Context? In: Discourse and Society, 8, S. 165–187
Semin, G./Fiedler, K. (1989): Relocating attributional phenomena within a language-cognition interface: The case of actors' and observers' perspectives. In: European Journal of Social Psychology, 19, S. 491–508
Shotter, J. (1977): Images of Man in Psychological Research. London: Methuen
Shotter, J. (1993a): Conversational realities: Constructing life through language. London: Sage
Shotter, J. (1993b): Cultural politics of everyday life: Social constructionism, rhetoric and knowing of the third kind. Buckingham: Open University Press
Te Molder, H./Potter, J. (Hrsg.) (2005): Conversation and Cognition. Cambridge: Cambridge Universität Press
Wetherell, M. (1998): Positioning and interpretative repertoires: Conversation analysis and post-structuralism in dialogue. In: Discourse and Society, 9, S. 387–412
Wetherell, M./Potter, J. (1992): Mapping the language of racism: Discourse and the legitimation of exploitation. New York: Harvester Wheatsheaf
Widdicombe, S./Wooffitt, R. (1995): The language of youth subcultures: Social identity in action. Hemel Hempstead, UK: Harvester Wheatsheaf
Wooffitt, R.C. (1990): On the analysis of interaction: An introduction to conversation analysis. In: Luff, P./Frohlich, D./Gilbert, G.N. (Hrsg.): Computers and conversation. New York: Academic Press, S. 7–38
Wooffitt, R. (1993): Analysing accounts. In: Gilbert, N. (Hrsg.): Researching social life. London and Beverly Hills, CA: Sage, S. 287–305
Woolgar, S. (1988): Science: The very idea. Chichester: Horwood

Globaler Kapitalismus und kritisches Diskursbewußtsein[1]

Norman Fairclough

Vor mehr als 10 Jahren wurden auf der Jahreskonferenz der British Association for Applied Linguistics erste programmatische Überlegungen zum Konzept des ‚kritischen Sprachbewußtseins' (critical language awareness (CLA)) vorgestellt.[2] Die Arbeiten an diesem Konzept beruhten auf der Überzeugung, daß kritisches Sprachbewußtsein angesichts der derzeitigen gesellschaftlichen Veränderungsprozesse, die auch die Rolle der Sprache im sozialen Leben berühren, „eine Vorbedingung für eine wirksame demokratische Staatsbürgerschaft darstellt und daher als Anrecht von Bürgern und insbesondere von Kindern, die sich im Ausbildungssystem befinden und sich dort zu Staatsbürgern entwickeln, gesehen werden muß" (Fairclough 1992: 2 f). Wir haben damals die Auffassung vertreten, daß die Förderung kritischen Sprachbewußtseins ein grundlegendes Anliegen der Sprachausbildung sein müsse. Hat diese Forderung seitdem an Bedeutung gewonnen oder verloren? Ich möchte die These vertreten, daß in dem Maße, in dem die Konturen der neuen globalen sozialen Ordnung klarer hervortreten, auch deutlich wird, daß kritisches Sprachbewußtsein Teil derjenigen Ressourcen ist, welche die Menschen benötigen, um unter den veränderten Umständen auf neue

---

[1] Engl. Orig.: Global Capitalism and Critical Awareness of Language, Language Awareness, 8, 2, 1999, S. 71–83, Abdruck mit freundlicher Genehmigung von Multilingual Matters, Übersetzung: A. Hirseland und R. Keller.

[2] Später veröffentlicht in Clark et al. (1990, 1991), vgl. auch Ivanic (1990), Fairclough (1992).

Art und Weise leben zu können. Unsere Bildungspraxis muß noch einen langen Weg zurücklegen, bis sie unseren Bildungsbedürfnissen entspricht. Obwohl ich auch weiterhin – wegen seiner relativ großen Bekanntheit – den Ausdruck ‚kritisches Sprachbewußtsein' verwende, wurde gleichzeitig deutlich, daß eigentlich ein kritisches Diskursbewußtsein notwendig ist, welches neben der Sprache auch andere Spielarten der Semiose einschließt, denn in den gegenwärtigen Diskursen nehmen insbesondere Formen bildhafter Visualisierungen an Bedeutung zu (Kress/van Leeuwen 1996).

1 Ein Beispiel: Der Diskurs über ‚Flexibilisierung'

Ich beginne mit einem Beispiel, das auf eine Vielzahl von Lebensumständen in der heutigen (‚spätmodernen') Gesellschaft verweist, die ein kritisches Diskursbewußtsein erforderlich machen. Die meisten Analysen der gegenwärtigen gesellschaftlichen Veränderungsprozesse weisen den ökonomischen Veränderungen eine mehr oder weniger zentrale Rolle zu: dem Wechsel vom ‚Fordismus' zur ‚flexiblen Akkumulation', so wie er von Harvey (1990) herausgearbeitet wurde. Unter (dem nach dem Automagnaten Henry Ford so benannten) ‚Fordismus' versteht man jene kapitalistische Form der Massenproduktion, welche die erste Hälfte des 20. Jahrhunderts dominiert hat. Auch wenn es sich bei der ‚flexiblen Akkumulation' um ein komplexeres Konzept handelt, so ist darunter im wesentlichen größere Flexibilität auf verschiedenen Ebenen zu verstehen – der Produktion (der Produktionsprozeß kann schnell auf die Herstellung kleinerer Stückzahlen verschiedener Produkte umgestellt werden), der Belegschaften (Teilzeit- und Kurzzeitbeschäftigung, extensive Requalifizierung von Arbeitnehmern), der Zirkulation des Finanzkapitals usw. Harvey weist darauf hin, daß einige wissenschaftliche Beobachter in der ‚Flexibilisierung' nicht mehr als einen neuen ideologisch motivierten Diskurs sehen – wenn Arbeitnehmer davon überzeugt werden können, daß ‚Flexibilität' ein unvermeidbares Merkmal der gegenwärtigen Ökonomie ist, werden sie wahrscheinlich ebenfalls bereit sein, ‚flexibler' auf ihre verschwindenden Jobs, auf die Notwendigkeit von Umschulungen, auf Lohnsenkungen und verschlechterte Arbeitsbedingungen usw. zu reagieren. Harvey stimmt dieser These nicht zu – Flexibilisierung ist nicht nur bloße Ideologie, sondern ein tatsächliches Merkmal der gegenwärtigen Volkswirtschaften, für das es hinreichende wissenschaftliche Belege gibt, obwohl dies nicht bedeutet, die ‚flexible Akkumulation' habe den ‚Fordismus' vollständig ersetzt; vielmehr besteht die Wirklichkeit aus einer Mischung alter und neuer Regimes. Umgekehrt bedeutet dies aber ebenso wenig, daß der Diskurs über Flexibilisierung für die Wirklichkeit der flexiblen Akkumulation irrelevant wäre. Ganz im Gegenteil: *der*

Diskurs ist ein irreduzibler Teil der Wirklichkeit. Der Wandel vom Fordismus zum Regime flexibler Akkumulation ist ohne den Wandel des ökonomischen Diskurses unvorstellbar. Warum? Weil die entstehende globale Ökonomie das Feld eines Kampfes zwischen dem Alten und dem Neuen ist, stellt in dieser Auseinandersetzung der Diskurs über Flexibilisierung eine mächtige symbolische Waffe dar. In den Worten Bourdieus (1998) handelt es sich um einen ‚starken Diskurs'. Darunter ist ein Diskurs zu verstehen, der von der Stärke derjenigen ökonomischen und sozialen Kräfte (den Banken, den multinationalen Konzernen, Politikern etc.) getragen wird, die der ‚Flexibilisierung' – dem neuen globalen Kapitalismus – zu noch mehr Wirklichkeit verhelfen wollen, als dieser ohnehin schon hat. Der neoliberale Diskurs hat durch seine besondere, ihm eigene symbolische Form von Stärke Anteil an der Stärke dieser sozialen Kräfte.

Ich möchte mein Beispiel kurz erläutern. Der Fokus meiner Ausführungen liegt auf der Metapher der ‚Flexibilisierung', die im Zentrum des ökonomischen Diskurses über die von Harvey (1990: 47 ff) untersuchte ‚flexible Akkumulation' steht, einschließlich z.B. ihrer Gestaltung des Arbeitsmarktes in Form von ‚Kern-' und Randbelegschaften. Elemente dieses Diskurses, und besonders die Metapher der ‚Flexibilisierung' selbst, sind in vielen nicht-ökonomischen Diskursen weit verbreitet (Beispiele folgen). Der Diskurs der flexiblen Akkumulation tritt in komplexe und sich verändernde Konfigurationen mit anderen Diskursen innerhalb eines Feldes ein, das ich den ‚neoliberalen Diskurs' nenne, zum Beispiel mit einem Management-Diskurs, der sich um das von Swales und Rogers (1995) beschriebene ‚mission statement' – den durch das Management definierten gesellschaftlichen Unternehmensauftrag – dreht. Diese Zusammenhänge bilden ein komplexes und instabiles Feld, das einer ausführlichen Untersuchung bedürfte.

Ein leicht zugänglicher Ort, an dem sich der Diskurs über Flexibilisierung – als Teil der Auseinandersetzung über die globale Ökonomie – finden läßt, sind die von Management-‚Gurus' geschriebenen Bücher, welche die Auslagen der Flughafen- und Bahnhofsbuchläden zu beherrschen scheinen (z.B. Peters 1998). Aber es handelt sich um einen Diskurs, der ebenso in vielen anderen Kontexten in Erscheinung tritt. Einer davon ist die Politik – New Labours ‚Dritter Weg' beispielsweise kann folgendermaßen zusammengefaßt werden: ökonomische Flexibilität (nach dem Modell der Weltbank und des IWF) ist unvermeidlich, aber die Regierung muß bestrebt sein, diejenigen zu inkludieren, die dadurch sozial ausgeschlossen werden. So äußert sich Tony Blair in seiner ersten großen Rede, nachdem er Premierminister geworden ist, folgendermaßen:

> „Wir dürfen niemals vergessen, daß eine starke, wettbewerbsfähige und flexible Wirtschaft die Voraussetzung für die Schaffung von Arbeitsplätzen und neuen Chancen ist. Aber ebenso dürfen wir nie vergessen, daß das nicht genügt. Die Wirtschaft kann

> wachsen und dennoch eine Klasse von Arbeitslosen zurücklassen, deren Mitglieder so weit von der gesellschaftlichen Entwicklung abgetrennt werden, daß sie keine vollwertigen Staatsbürger mehr sind." (Blair 1997)

Aber der Flexibilisierungsdiskurs dringt ebenso in die Alltagssprache ein. Als Beispiel soll hier ein Auszug aus einem ethnographischen Interview mit ‚Stephen' aus Cleveland im Nordosten Englands dienen, der illegal in der Schattenwirtschaft Gelegenheitsjobs ausführt und zugleich Sozialhilfe bezieht. Er spricht über seine Arbeit:

> „Es geht darum, daß wir billiger sind. Es ist bestimmt einfacher, als eine Menge von Leuten ständig einzustellen. Es würde sie mehr kosten, sie auf der Gehaltsliste zu haben oder sie auszuzahlen. Es ist eben die Flexibilisierung. Du bist halt da, wenn Arbeit anfällt und er (der ‚hirer and firer') kommt und nimmt Dich, wenn Du gebraucht wirst. Du mußt stempeln gehen, um das tun zu können. Andernfalls würdest du das halbe Jahr ohne Arbeit und ohne Geld herumsitzen." (Zitiert in MacDonald, 1994: 515)

In einer eher pessimistischen Interpretation könnte man nun denken, die Alltagssprache sei – was zweifellos zumindest teilweise zutrifft – vom Diskurs der Mächtigen kolonisiert, aber es gibt nun einmal auch ‚Stephen', der sich diesen Diskurs aneignet, um seine eigene, völlig kohärente Begründung für seine (illegale) Lebensweise zu konstruieren. Aus seiner Sicht liegt ein Aspekt der ökonomischen Flexibilisierung darin, daß Firmen eben die Flexibilität der Schwarzarbeiter benötigen.

Wie andere bedeutende Diskurse auch, löst der Diskurs über Flexibilisierung Kommentare und Kritik aus – kritisches Sprachbewußtsein ist nichts, daß den Menschen gänzlich von außen nahe gebracht werden muß; es entsteht vielmehr beim ganz normalen alltäglichen Nachdenken über das Leben, das ja selbst ein Bestandteil dieses Alltagslebens ist. Aber diese gewöhnliche Form der Kritik hat ihre Grenzen. Die Menschen müssen über Diskurse wie diesen Bescheid wissen – bspw. darüber, welche Einsichten er uns darüber eröffnet, wie Volkswirtschaften funktionieren oder funktionieren könnten, und welche anderen Einsichten er uns verschließt; um wessen Diskurs es sich handelt und welche Vorteile sich für diese Träger des Diskurses daraus ergeben; welche anderen Diskurse es sonst noch gibt und weshalb gerade dieser Diskurs so dominant geworden ist. Menschen sind aus praktischen Gründen darauf angewiesen, so etwas zu wissen, denn fehlendes Wissen über derartige Zusammenhänge erschwert es ihnen, in den verschiedenen Bereichen ihres Lebens erfolgreich zurecht zu kommen: als Gewerkschafter – etwa ob es sich beim Widerstand gegen Tendenzen zur Teilzeitarbeit und

Kurzarbeit um einen Kampf gegen das Unvermeidliche handelt; als Manager – welche Stärken, aber auch Schwächen die Anwendung der Metapher der Flexibilisierung auf ihre Organisationen mit sich bringt; als Staatsbürger – ob es so etwas wie einen ‚Dritten Weg' gibt; als Eltern – auf welche Welt sie ihre Kinder vorbereiten sollen. Aber ein derartiges Wissen über den Diskurs muß von außen, aus Theorie und Forschung kommen und über Bildung vermittelt werden.

Ich möchte nun unter Diskursgesichtspunkten verschiedene Schlüsselmerkmale der spätmodernen Gesellschaft diskutieren, die von diesem Beispiel berührt werden und von denen ich annehme, daß sie die Notwendigkeit der Schaffung eines kritischen Diskursbewußtseins verdeutlichen. Dabei gehen die zuerst genannten Aspekte offensichtlicher aus dem Beispiel des Flexibilisierungsdiskurses hervor als die späteren. Ich werde diese Merkmale der Spätmoderne unter den folgenden Stichworten diskutieren: zunächst geht es um die Beziehung zwischen Diskurs, Wissen und sozialem Wandel in unserer ‚Informations-' oder ‚Wissensgesellschaft' – Smith (1990) spricht in diesem Zusammenhang von dem ‚text-vermittelten' Charakter des modernen Lebens; dann werde ich auf den Zusammenhang von Diskursen und sozialen Unterschieden eingehen; weitere Punkte betreffen die Kommodifizierung des Diskurses und das Verhältnis von Diskurs und Demokratie. Anschließend werde ich diese Gesichtspunkte verbinden, indem ich die Anwendungsbedingungen für das Projekt ‚kritisches Sprachbewußtsein' (CLA) mit den Wesensmerkmalen des neuen globalen Kapitalismus zusammenbringe. Der Aufsatz schließt mit einer Diskussion über die Verankerung des Projektes ‚kritisches Sprachbewußtsein' im Rahmen ‚kritischer Diskursanalyse' (und darüber hinaus kritischer Sozialwissenschaft ganz allgemein), kritischen Diskursbewußtseins und kritischer Pädagogik.

2 Diskurs, Wissen und sozialer Wandel

Das Beispiel der Flexibilisierung verweist auf eine Beziehung zwischen dem Wandel des ökonomischen Diskurses, neuem ökonomischen Wissen und einer Veränderung der wirtschaftlichen Praxis. Weiter oben wurde schon betont, daß es hier um die Diskursebene geht, nicht nur um Sprache – Wissensbestände werden in der modernen Gesellschaft zunehmend in multisemiotischer Weise gebildet (Kress/van Leeuwen 1996, New London Group 1996). Wie Giddens gezeigt hat, sind die informations- und wissensbasierten spätmodernen Gesellschaften durch gesteigerte Reflexivität charakterisiert – wir gestalten unsere sozialen Praktiken auf der Grundlage unseres Wissens über eben diese Praktiken ständig um. Dies trifft auf den Bereich der Arbeit ebenso zu wie bspw. auf die Gestaltung persönlicher Beziehungen – die Medien sind voll von diesbezüglichen Expertenratschlägen. In gewisser Hinsicht ist Reflexivität eine inhärente Eigenschaft aller sozialen Praktiken; jede soziale Praxis beinhaltet die Konstruktion eben jener Praxis durch diejenigen, die sie vollziehen, als Bestandteil jener Praxis. Davon unterscheidet sich die Spätmoderne vor allem durch die verschiedenen Formen der systematischen Integration von ‚Expertensystemen' (z. B. Natur- und Sozialwissenschaften) in Reflexionsprozesse (Giddens 1991). Die Funktion dieser Expertensysteme läßt sich darin sehen, daß sie der Evaluation bereits bestehender Wissensbestände in den jeweils interessierenden Praxisfeldern (zum Beispiel der Wirtschaft) und der Produktion neuer Wissensbestände dienen. Da Wissensbestände als Diskurse, d. h. durch spezifische Formen des Sprachgebrauchs konstituiert werden, bedeutet dies auch, daß Expertensysteme am Geschäft der Evaluation und der Veränderung von Diskursen beteiligt sind. Evaluation von Diskursen bedeutet, sie mit sich ändernden Auffassungen über die im betreffenden Praxisfeld (zum Beispiel der Wirtschaft) vorhandenen materiellen Möglichkeiten zu konfrontieren, die selbst wiederum innerhalb neuer Diskurse geschaffen werden. In derartigen praktischen Kontexten werden Diskurse nicht in dem Sinne evaluiert, daß sie am unmöglichen Kriterium ‚absoluter Wahrheit' geprüft würden, sondern im Sinne des mit ihnen verbundenen ‚Erkenntnisgewinns' – ob sie Wissensbestände hervorbringen, die es den Menschen ermöglichen, ihre Lebensgestaltung zu verbessern.

In das Geschäft der Evaluierung und Veränderung von Wissensbeständen und Diskursen wird eine steigende Anzahl von Menschen im Rahmen ihrer jeweiligen Berufsarbeit einbezogen. Ein Hauptanliegen der Bildungsinstitutionen besteht darin, ihnen beizubringen, wie sie das machen sollen; und daher rührt auch ein Teil der gegenwärtigen intensiven Beschäftigung mit Fragen des ‚Lernen-Lernens' und anderen Thematisierungen des ‚Lernens' im heutigen Bildungswesen und in der Wirtschaft – man denke an Schlagworte wie ‚lernende Gesellschaft', ‚lernende Organisation' im Zusammenhang mit Wirtschaftsunternehmen oder ‚lebenslanges Lernen'.[3] Im folgenden möchte ich das Argument vertreten, daß kritisches Diskursbewußtsein zu den Ressourcen des Lernens und Arbeitens in einer wissensbasierten Ökonomie gehört; es handelt sich dabei um ein Bewußtsein davon,

- welche Rolle Diskurse innerhalb sozialer Praktiken spielen,
- daß jedes Wissen über einen Bereich des sozialen Lebens als ein spezifischer Diskurs neben einer Vielzahl koexistenter oder alternativ dazu vorstellbarer Diskurse konstituiert wird,

[3] Vgl. dazu etwa den Dearing Report „Higher Education in the Learning Society" über die Universitäten (National Committee of Inquiry into Higher Education 1997).

- daß unterschiedliche Diskurse mit unterschiedlichen Perspektiven und Interessen bezüglich des jeweiligen Praxisbereichs einhergehen,
- wie Diskurse in sozialen Machtbeziehungen ideologisch wirken können usw.

Auf der Grundlage eines derartigen Verständnisses der Wirkung von Diskursen innerhalb sozialer Praktiken können Menschen anfangen, bestehende Diskurse oder Dominanz- und Ausgrenzungsverhältnisse zwischen Diskursen zu hinterfragen, über sie hinaus zu blicken, und so das Wissen vorantreiben. Wenn statt dessen Sprache und andere semiotische Modalitäten einfach als transparente Medien der Widerspiegelung des Gegebenen angesehen werden, wird die Weiterentwicklung des Wissens wahrscheinlich behindert.

3 Modernes Leben: durch Texte vermittelt

Die Präsenz des Flexibilisierungsdiskurses in Stephens Rede veranschaulicht die Textvermitteltheit des sozialen Lebens: in modernen Gesellschaften dringen die durch Expertensysteme erzeugten Wissensbestände/Diskurse in unser Alltagsleben ein und gestalten unsere Lebensweise. Moderne Gesellschaften sind wissensbasiert nicht nur in ihrem Wirtschaften, sondern bspw. sogar hinsichtlich der verschiedenen Ausgestaltungen persönlicher Beziehungen. Expertenwissen und -diskurse erreichen uns durch verschiedenste Textsorten, die unser soziales Leben medialisieren – Bücher, Zeitschriften, Radio- und Fernsehprogramme usw. Diese Prozesse textförmiger Vermittlung verbinden Menschen, die über verschiedene Gesellschaften verstreut leben, und integrieren sie in soziale Systeme; eines der von Smith angeführten Beispiele beschreibt, wie textförmig verbreitete Konstruktionen von Weiblichkeit Frauen über alle Distanzen des sozialen Raumes hinweg in das ökonomische System der Warenproduktion und des Konsums einsperren, indem die Bedeutung von Weiblichkeit durch den Erwerb und Gebrauch bestimmter Waren (wie z. B. Kleidung) konstruiert wird (Smith 1990). Zudem nehmen die räumlichen und zeitlichen Entfernungen zu, in denen diese Prozesse textlicher Vermittlung wirken. Die Moderne kann als Prozeß der ‚Raum-Zeit-Kompression', der Überwindung räumlicher und zeitlicher Distanzen begriffen werden, und die Spätmoderne ist durch eine Wendung innerhalb dieses Prozesses gekennzeichnet, die gemeinhin als ‚Globalisierung' verstanden wird (Harvey 1990, Giddens 1991). Die neuen Medien – Radio, Fernsehen und die Informationstechnologien – sind die Instrumente dieser raum-zeitlich ausgedehnten, textgebundenen Mediatisierung.

In dem Maße, in dem solche textförmigen Medialisierungen zunehmend das Alltagsleben durchdringen, wird das Leben der Menschen durch Repräsentationen geformt, die anderswo hergestellt werden: Repräsentationen der Welt, in der sie leben, der Aktivitäten, an denen sie beteiligt sind, ihrer Beziehungen zueinander und selbst der Vorstellungen darüber, wer sie sind und wie sie sich selbst sehen (sollten). Die Politik der Repräsentation gewinnt immer mehr an Bedeutung; aber wessen Repräsentationen sind das eigentlich, wer erlangt daraus welche Vorteile, in welche Art sozialer Beziehungen ziehen sie die Menschen hinein, was sind ihre ideologischen Wirkungen und welche alternativen Repräsentationsformen gibt es außerdem noch? In diesem Zusammenhang sind die oben erwähnten Erläuterungen von Stephen beispielhaft. Stephens Repräsentation seines eigenen Lebens in der Schattenwirtschaft stützt sich auf den Flexibilisierungsdiskurs. Wir könnten fragen, inwieweit diese Konstruktion seines Lebens und seiner Identität ideologisch verschleiert ist und hineingezogen wurde in die sozialen Beziehungen zwischen den mächtigen Gruppen, welche die Wirtschaft kontrollieren sowie den Neoliberalismus unterstützen, und dem Rest von uns. Aber das Bild ist komplexer und gibt mehr Anlaß zur Hoffnung. Ich habe bereits darauf hingewiesen, daß Stephens Rede nicht einfach den Flexibilisierungsdiskurs reproduziert. Sie arbeitet diesen Diskurs vielmehr auf eine besondere – und ironische – Weise zu einer Begründung seines eigenen Lebensstils um, die auf einer völlig kohärenten, wenngleich ungewöhnlichen Sicht des neuen Kapitalismus beruht – ein Teil der von den Firmen benötigten Flexibilität ist diejenige der illegalen Schwarzarbeit. Das Beispiel zeigt, daß die Menschen durch derartige Diskurse nicht einfach kolonialisiert werden; sie eignen sie sich an und bearbeiten sie in je besonderer Weise. Die textliche Vermitteltheit des sozialen Lebens ist also eine zweischneidige Angelegenheit: sie eröffnet einerseits nie da gewesene Ressourcen für eine neue Lebensgestaltung, wobei auf Wissensbestände, Perspektiven und Diskurse zurückgegriffen werden kann, die überall auf der Welt erzeugt werden. Aber damit erschließt sie dem Spiel der Macht andererseits weitere Bereiche des Lebens. Darin wirkt eine Dialektik von Kolonialisierung und Aneignung. Wer am Ende davon profitiert oder dadurch verliert, hängt von der sozialen Position ab – die Tatsache, daß sich neue Möglichkeiten auftun, bedeutet nicht, daß die Menschen über die unbedingte Freiheit verfügen, sie auch zu ergreifen. Aber mir geht es hier hauptsächlich um folgendes Argument: wenn Menschen in dieser komplexen Welt wirklich *leben* sollen, statt sich von ihr nur mitreißen zu lassen, dann benötigen sie Ressourcen, um ihre Positionierung innerhalb dieser Dialektik des Globalen und des Lokalen untersuchen zu können – und zu diesen Ressourcen gehört ein kritisches Bewußtsein von Sprache und Diskurs, das nur aus Spracherziehung entstehen kann.

4 Diskurs, soziale Identität und Differenz

Diskurse sind parteiisch und auf spezifische soziale Positionen bezogen; soziale Unterschiede manifestieren sich in der Diskursvielfalt innerhalb spezifischer sozialer Praxen. Der neoliberale ökonomische Diskurs beispielsweise ist nur einer unter vielen ökonomischen Diskursen; er korrespondiert, wie schon erwähnt, mit einer bestimmten Perspektive und spezifischen Interessen. Kritisches Bewußtsein bedeutet hier, die Vielfalt der Diskurse und ihre jeweilige Positionierung im sozialen Raum wahrzunehmen.

Aber es gibt auch weitere Aspekte sozialer Ungleichheit. Spätmoderne Gesellschaften sind durch zunehmende soziale Verschiedenartigkeit gekennzeichnet, und das nicht nur, weil Migrationsbewegungen zu größerer ethnischer und kultureller Vielfalt geführt haben, sondern auch, weil verschiedene Differenzierungsdimensionen, die bislang eher verdeckt waren, deutlicher hervortreten (z. B. Geschlechtsunterschiede und unterschiedliche sexuelle Orientierungen). Solche Unterschiede sind teilweise semiotischer Art – unterschiedliche Sprachen, Soziolekte, Kommunikationsstile, Stimmen (voices) oder Diskurse. So besteht etwa das vorherrschende Ethos der europäischen Gesellschaften darin, daß in der Vergangenheit unterdrückte Verschiedenheiten nun beachtet werden sollten. Aber da Menschen darauf angewiesen sind, über alle Unterschiede hinweg zu kooperieren, muß deren Bedeutung ausgehandelt werden. Menschen müssen am Arbeitsplatz, in der Politik, bei ihren kulturellen Aktivitäten und im Alltagsleben solche Differenzen überbrücken. Wir begreifen zunehmend auch, daß Unterschiede nicht nur zwischen Menschen bestehen, sondern ebenso innerhalb der Menschen selbst. Tatsächlich bildet die Erkenntnis dieser inneren Heterogenität die Grundlage dafür, die Bedeutung von Unterschieden zwischen Menschen und Gruppen auszuhandeln, ohne andere zu unterdrücken (Barát 1998). Die Zusammenarbeit über alle Unterschiede hinweg ist ein Prozeß, der sowohl innerhalb unseres individuellen Lebens stattfindet wie innerhalb der Gruppen, denen wir angehören und ebenso auch zwischen Gruppen. Sie bringt semiotische Hybridisierungen mit sich – das Auftauchen neuer Kombinationen von Sprachen, Soziolekten, Stimmen, Genres und Diskursen. Hybridität, Heterogenität und Intertextualität sind auch deshalb hervorstechende Merkmale moderner Diskurse, weil die Grenzen zwischen verschiedenen Wirklichkeitsbereichen und Praktiken im Kontext des schnellen und durchgreifenden sozialen Wandels vielfach fließend und offen werden. Zur Aushandlung sozialer Unterschiede gehört – z. B. innerhalb der Bildungseinrichtungen, die zunehmend marktförmig funktionieren sollen und müssen – die Verhandlung dessen, was den Unterschied zwischen Erziehern, Werbern in eigener Sache und Managern sowie zwischen Studenten und Warenkonsumenten ausmacht. Aber das Aushandeln von Unterschieden bedeutet gleichzeitig auch,

Identitäten auszuhandeln. Wenn ich oder wir unsere Beziehung zu den anderen herausarbeiten, bestimmen wir gleichzeitig, wer ich bin bzw. wer wir sind. Die radikalen Dis- und Reartikulationen des modernen Lebens erschüttern soziale Identitäten grundlegend; die Suche nach bzw. die Konstruktion von Identitäten ist ein kontinuierlicher Prozeß und eine unserer heutigen Hauptsorgen, aber sie sollte im Zusammenhang mit dem Problem gesehen werden, daß wir lernen müssen, mit all den sich ergebenden Verschiedenheiten zu leben (New London Group 1996). Auch hier benötigen die Menschen von den Bildungseinrichtungen eine große Menge an Ressourcen, um innerhalb sozial und kulturell diversifizierter Gesellschaften leben zu können und deren Gefahren – einschließlich des Chauvinismus und des Rassismus – umgehen zu können. Ein kritisches Diskursbewußtsein gehört zu diesen notwendigen Kompetenzen.

5 Der Diskurs als Ware

Auch zwischen meinem nächsten Thema und dem Beispiel des Flexibilisierungsdiskurses besteht eine – wenngleich schwache – Verbindung. Weiter oben habe ich auf die von Management-Gurus verfaßten, mit dem neoliberalen ökonomischen Diskurs vollgestopften Bücher hingewiesen, welche die Flughafenbuchhandlungen füllen. Diese Bücher handeln vom Big Business und sind selbst ebenfalls ein großes Geschäft. Allgemein betrachtet, handelt es sich um ziemlich erfolgreiche Waren, wie aus den eindrucksvollen Verkaufszahlen, die häufig die Buchdeckel zieren, ersichtlich wird. Der Stoff, aus dem diese Waren gefertigt sind, ist natürlich Papier, Tinte usw., ebenso aber auch Sprache und anderes semiotisches Material. All diese Materialien werden zusammen zur Ware verarbeitet und dabei sorgfältig dafür konzipiert, sich möglichst gut zu verkaufen. Semiotisches Material ist heutzutage Bestandteil enorm vieler Waren, denn ihr Charakter hat sich geändert – es findet eine allgemeine Bedeutungsverlagerung statt, weg von mehr physisch-materiellen als kulturellen Gütern (wie Autos) hin zu eher kulturellen als physisch-materiellen Gütern (wie Bücher, Fernsehprogramme oder Werbung). Viele der gegenwärtigen Güter sind Dienstleistungen, so daß man z. B. in einem feinen Restaurant nicht nur das Essen selbst bezahlt, sondern das Ambiente, worin das Auftreten, Verhalten und Reden des Personals enthalten ist – Sprache ist Teil der Dienstleistung, Teil der Güter. In dem Maße, in dem Waren semiotisiert werden, wird der Diskurs selbst warenförmig (Lyotard, 1986b), d. h. er öffnet sich dem ökonomischen Kalkül und wird für den Markterfolg designed. So ist der Bereich der Dienstleistungsindustrien voll von Formen vorgeblich alltäglicher Redeweisen, die gerade zu dem Zweck entwickelt wurden, alltäglich und gewöhnlich zu erscheinen, um die volle Verkaufskraft des Gewöhnlichen in einer

Gesellschaft, die Gewöhnlichkeit sogar in institutionalen und organisationalen Kontexten schätzt, zu mobilisieren.

Man kann die Unterwerfung von Diskursen unter die Warenform als Teil einer allgemeineren Anwendung von instrumenteller oder Zweck-Mittel-Rationalität auf Diskurse begreifen, wie sie auch in Form ihrer zunehmenden Bürokratisierung durch Regierungsinstitutionen und andere Organisationen auftritt. Ich habe dies an anderer Stelle als ‚Technologisierung des Diskurses' bezeichnet (Fairclough 1996) und darunter die Anwendung instrumenteller Rationalität auf die Formung und Umgestaltung diskursiver Praktiken (wie Interviews) begriffen. Diese findet im Rahmen allgemeinerer Prozesse der technisch-rationalen Gestaltung von Organisationskulturen statt, die deren ‚Performativität' erhöhen soll (Lyotard 1986a). Die Technologisierung des Diskursiven – und damit von Kultur – erzeugt allgemeine Formeln für Veränderungsprozesse, die dazu neigen, Kontextunterschiede zu ignorieren, und deren Folge u. a. die Normalisierung, Homogenisierung und Reduktion von Unterschieden ist. Ein Beispiel hierfür ist die Durchsetzung einer standardisierten Prüfkultur (audit culture) und des sie begleitenden Diskurses (der Diskurs der ‚Qualitätskontrolle') in allen öffentlichen Institutionen, einschließlich jenen des Bildungssektors. Dieser Prozeß basiert zwar auf einem kritischen Diskursbewußtsein, aber er erfordert dieses gleichzeitig auch von denjenigen, an die er adressiert ist und die ihn umsetzen sollen, d.h. von Menschen, die in kommerziellen, regierungseigenen oder öffentlichen Dienstleistungsorganisationen eine Vielzahl unterschiedlicher Funktionen ausüben.

6 Das Verhältnis von Diskurs und Demokratie

Der Flexibilisierungsdiskurs dominiert innerhalb der politischen Systeme bspw. Großbritanniens oder der USA – alle großen Parteien bedienen sich seiner und halten ihn für selbstverständlich. Er ist Teil einer weithin beobachteten Verengung des politischen Spektrums: die Parteien ähneln sich immer mehr in ihrer praktischen Politik, und die Unterschiede zwischen ihnen werden zunehmend zu solchen des Stils. Ein Aspekt dieses Prozesses ist die von Marcuse vor 30 Jahren festgestellte „Absperrung des Universums der Rede" (Marcuse 1967: 103) – d.h. die Vorherrschaft eines einzigen politisch-ökonomischen Diskurses quer durch das politische Spektrum.

Wir könnten in der Verengung des politischen Diskurses ein Symptom dafür sehen, daß das politische System von den Quellen der politischen Vielfalt und des Wandels im sozialen Leben abgeschnitten ist. Dies wurde in den vergangenen Jahren als ‚Krise der Öffentlichkeit' breit diskutiert (Habermas 1990, Calhoun 1992); es geht dabei um Probleme, die damit zu tun haben, daß offensichtlich wirkungsvolle Räume und Praktiken fehlen, in und mit denen Menschen als Staatsbürger über Themen von allgemeinem sozialen und politischen Belang diskutieren können, und durch die ihre Überlegungen die getroffenen politischen Entscheidungen gestalten können. Die Nachrichtenmedien sind voller Debatten über solche Fragen, aber es handelt sich dabei um eine Form des öffentlichen Dialogs, die schwere Defizite hinsichtlich der glaubwürdigen Darstellung von Öffentlichkeit aufweist – im Sinne dessen, wer an diesem Dialog teilnehmen kann, was auf die Tagesordnung gesetzt wird, wer seinen Verlauf kontrolliert und auch aufgrund seiner am Zweck der Maximierung von Publikumszahlen und der Unterhaltung ausgerichteten Gestaltung. Die Wiederherstellung von Öffentlichkeit steht im Zentrum der Verteidigung und Förderung von Demokratie. Diese Aufgabe wird in den sozialen Bewegungen, die außerhalb des offiziellen politischen Systems aktiv sind, bereits angegangen. Aber sie ist genauso ein Auftrag von Bildungseinrichtungen einschließlich der Schulen und Universitäten, deren Ansehen als Orte von ‚Öffentlichkeit' durch die jüngsten institutionellen Veränderungsprozesse untergraben wurde (Giroux 1997). Einen Schritt in die richtige Richtung hat Billig (1991) vorgeschlagen: Wir müssen begreifen, daß, wenn wir den Menschen das Denken beibringen wollen, wir ihnen das Argumentieren beibringen müssen, und wir sollten unsere Energien dafür einsetzen, Bildungseinrichtungen so zu gestalten, daß sie zu Räumen werden, die so offen wie möglich für den Austausch von Argumenten sind. Verhandlungsprozesse über Unterschiede hinweg sind, um noch einmal darauf hinzuweisen, ein zentrales Anliegen für die Schaffung einer modernen Öffentlichkeit – der politische Dialog in soziokulturell diversifizierten Gesellschaften muß darauf hin ausgerichtet werden, Allianzen um bestimmte Themenbündel herum zu ermöglichen. Hier ist kritisches Diskursbewußtsein von zentraler Bedeutung für die Erprobung, Entwicklung und Gestaltung wirkungsvoller Dialogformen, die Unterschiede nicht unterdrücken, sondern den offenen Austausch von Argumenten und gemeinschaftliche Handlungsformen fördern (Fairclough 1999).

7 Kritisches Diskursbewußtsein und der neue globale Kapitalismus

Ich bin von dem Beispiel des neoliberalen Wirtschaftsdiskurses ausgegangen. Die Wahl dieses Beispiels war kein Zufall, denn der neue globale Kapitalismus, der durch diesen Diskurs zugleich repräsentiert und konstituiert wird, läßt kritisches Diskursbewußtsein zu einer immer wichtigeren Ressource für die Menschen werden. Der neue globale Kapitalismus eröffnet neue Möglichkeiten, doch er erzeugt gleichzeitig neue Probleme. Kritisches Diskursbewußtsein ist in zweierlei Hinsicht notwendig: einerseits, um neue Wissensbestände in der wissensbasierten Ökonomie zu erschließen und neue Möglichkeiten für soziale Beziehungen und Identitäten in sozial diversifizierten Gemeinschaften zu erkunden; andererseits, um dem Eindringen der Interessen und Rationalitätsformen ökonomischer, administrativer und anderer organisationaler Systeme in das Alltagsleben zu widerstehen, wie z. B. der Unterwerfung der Alltagssprache unter die Warenform, dem kolonialisierenden Eindringen textvermittelter Repräsentationen und der Bedrohung der Demokratie durch den globalen Kapitalismus, die etwa in seiner Art der Manipulation nationaler Regierungen zum Ausdruck kommt. Die Spätmoderne ist durch steigende Reflexivität – wozu auch Sprachreflexivität gehört – gekennzeichnet. Die Menschen müssen sowohl für die zunehmende wissensbasierte Erzeugung und Gestaltung diskursiver Praktiken innerhalb der Wirtschafts- und Regierungssysteme gerüstet sein, wie auch – als Arbeiter, Konsumenten, Staatsbürger, Mitglieder von sozialen und Lebensstil-Gruppen (z. B. als Frauen, Schwarze, Gewerkschafter, Umweltaktivisten usw.) – für die Kritik und Umgestaltung dieser künstlich geschaffenen und oft globalisierten Praktiken.

8 Zur Bedeutung des Attributes ‚kritisch': Sozialwissenschaft, Diskursanalyse, Diskursbewußtsein

Der Bedarf der modernen Gesellschaft an kritischem Diskursbewußtsein sollte dieses zu einem zentralen Gegenstand der Sprachausbildung an Schulen, Fachhochschulen und Universitäten machen.[4] Ein derartiges Bildungsprogramm zum Erwerb kritischen Diskursbewußtseins würde auf der kritischen Forschung über Diskurse, die selbst wiederum in den kritischen Traditionen der Sozialwissenschaften verankert ist, aufbauen und diese rekontextualisieren (Bernstein 1990). Zwar stehen die erwähnten Ansätze nicht im Mittelpunkt dieses Aufsatzes, aber es könnte hier dennoch aufschlußreich sein, kurz einen Ansatz kritischer Diskursanalyse und kritischer Sozialwissenschaft vorzustellen; ich beginne mit letzterer.

Das soziale Leben wird durch Netzwerke sozialer Praktiken konstituiert, die jeweils aus verschiedenen Elementen bestehen, zu denen auch Diskurse (ebenso wie materielle Tätigkeiten, institutionale Rituale, soziale Beziehungen, Überzeugungen und Werte) gehören. Diese Bestandteile sind miteinander in einem dialektischen Verhältnis verbunden, so daß jedes Element alle anderen in sich aufnimmt, ohne jedoch auf diese reduzierbar zu sein – jedes Element verfügt über seine eigene besondere Logik und produktive Kraft (Collier 1994, Bourdieu/Wacquant 1996, Chouliaraki/Fairclough 1999). Eine kritische Sozialwissenschaft expliziert sowohl die in solchen Netzwerken bestehenden strukturellen Beziehungen

[4] Ich werde auf Bildungsfragen später noch genauer eingehen.

zwischen und innerhalb sozialer Praktiken, wie auch die dialektische Spannung zwischen Struktur und Ereignis, die Strukturen einerseits als Vorbedingung für Ereignisse und andererseits als deren (transformierte) Resultate begreift (Bourdieu/Wacquant 1996, Chouliaraki/Fairclough 1999). Eine mögliche Form von ‚Kritik' ist das Konzept einer ‚erläuternden Kritik', wie sie im Zusammenhang mit dem ‚kritischen Realismus' formuliert wurde (Bhashkar 1986, Collier 1994): Dieses Kritikverständnis bezieht vier Stufen ein – die Identifikation eines Problems, die Identifikation seines Stellenwerts innerhalb des Netzwerkes sozialer Praktiken, die das Problem entstehen ließen, die Reflexion darüber, ob und inwiefern das Problem funktional für die Aufrechterhaltung des Systems ist (z. B. ob es eine ideologische Funktion hat), und die Identifikation der innerhalb des betreffenden sozialen Feldes bestehenden realen Möglichkeiten zur Überwindung des Problems. Das, was ein Problem ausmacht bzw. ob ein Problem vorliegt, kann nur im Dialog zwischen denjenigen, die darin involviert sind, herausgefunden werden – dies ist häufig kein einfacher Prozeß bzw. keiner, der klare Antworten hervorbringt.

Kritische Forschungen über Diskurse wurden unter den Bezeichnungen ‚kritische Diskursanalyse' und ‚kritische Linguistik' durchgeführt (Fairclough/Wodak 1997).[5] Die ‚kritische Diskursanalyse' zielt auf die Entwicklung eines Analyserahmens, der in systematischer Weise die Eigenschaften diskursförmiger Interaktionen und Texte mit Merkmalen der jeweiligen sozialen und kulturellen Kontexte verknüpft. Das Netzwerk sozialer Praktiken wird aus der spezifisch diskursorientierten Perspektive als eine ‚Diskursordnung' beschrieben, die aus Diskursen und Genres besteht, die in je spezifischen Verhältnissen zueinander stehen. Dabei richtet sich die analytische Orientierung vor allem auf Grenzverschiebungen innerhalb und zwischen Diskursordnungen, die als Teil sozialer und kultureller Veränderungsprozesse begriffen werden. Einzelne diskursive Ereignisse und längerfristige Ereignisreihen, die an besondere soziale Umstände gebunden sind, werden im Hinblick auf die potentiell innovative Weise beschrieben, in der sie sich auf diejenigen Diskursordnungen beziehen, durch die sie bedingt sind. Gerade dieses Verhältnis zu Diskursordnungen vermittelt die Verbindung zwischen den einzelnen semiotischen oder linguistischen Merkmalen von Texten und Interaktionen, und den sozialen sowie kulturellen Strukturen und Prozessen. Der Fokus der ‚kritischen Diskursanalyse' richtet sich auf zwei Arten von Problemstellungen: zum einen geht es um bedürfnisbezogene Probleme, d. h. diskursive

[5] Anm. der Hrsg.: Die ‚critical discourse analysis' wurde vor allem von Norman Fairclough in den 90er Jahren entwickelt; obwohl die Bezeichnung mit der von Siegfried Jäger ebenfalls im letzten Jahrzehnt ausgearbeiteten ‚kritischen Diskursanalyse' (vgl. dazu den Beitrag von Jäger in diesem Band) übereinstimmt, handelt es sich doch um zwei Ansätze, die unabhängig voneinander entstanden sind und unterschiedliche Profile haben.

Praktiken, die in irgendeiner Weise menschlichen Bedürfnissen entgegenstehen (z. B. Formen der Arzt-Patient-Kommunikation, die es Patienten nicht gestatten, alle aus ihrer Sicht wichtigen Aspekte ihrer Gesundheitsprobleme zu erzählen); zum anderen geht es um Probleme, die sich aus sozialen Repräsentationen ergeben (etwa sozial konstruierte Vorstellungen über spezifische soziale Gruppen wie z. B. Frauen oder kulturelle Minderheiten, die nachteilige gesellschaftliche Folgen für diese haben).

Es wird Aufgabe der Programme zur Förderung kritischen Diskursbewußtseins sein, diesen Forschungszusammenhang und seine Resultate so zu rekontextualisieren, daß er – vielleicht durch eine ziemlich radikale Umgestaltung in eine für Bildungszwecke verwendbare Form gebracht wird, die eine eigene Metasprache enthält.

9 Kritisches Diskursbewußtsein und Bildung/Erziehung[6]

Die jüngsten Reformen des Bildungsbereichs haben unvermittelt die Frage aufgeworfen, wozu und wem Bildung dient. Das (in Großbritannien, die Übers.) herrschende Bildungsverständnis – erkennbar zum Beispiel im kürzlich vorgelegten Dearing Report „Höhere Bildung in der Lernenden Gesellschaft" (National Committee of the Inquiry into Higher Education, 1997) – betrachtet Bildung als berufsbezogene Vermittlung bestehender Wissensbestände und Fertigkeiten. Vielleicht am bezeichnendsten dafür ist die Konzentration auf das Lehren und Lernen von ‚Schlüsselkompetenzen', die als von einem Lebensbereich auf den anderen übertragbar, sowie als Grundlage für zukünftigen Erfolg und die Befähigung zu ‚lebenslangem Lernen' begriffen werden. Da davon ausgegangen wird, daß ‚Kommunikation' eine dieser Schlüsselkompetenzen ist (die anderen sind rechnerische Fähigkeiten, Beherrschung von Informationstechnologien und das ‚Lernen des Lernens'), beruht dieses Bildungsverständnis auf einem bestimmten Diskursverständnis – Diskurse werden mit ‚Kommunikationskompetenzen' gleichgesetzt.

Was ist an dieser Sichtweise verkehrt? Ich möchte mich auf drei Probleme konzentrieren. *Erstens* wird angenommen, daß eine einmal erlernte kommunikative Kompetenz ohne weiteres von einem Kontext auf einen anderen übertragen werden kann. Ich denke, es gibt einen interessanten Zusammenhang zwischen dieser Annahme und jenen Tendenzen, die ich als Textvermitteltheit des sozialen Lebens und als Technologisierung von Diskursen gekennzeichnet habe – diskursive Praktiken werden im spätmodernen Leben tatsächlich quer durch die Kontexte

---

[6] Vgl. New London Group (1996).

übertragen. Aber diese erste Annahme übersieht die oben angesprochene Dialektik von Kolonialisierung und Aneignung (die ebenso eine Dialektik des Globalen und Lokalen ist) – selbst wenn derartige Übertragungen stattfinden, bedeutet dies nicht, daß wir in allen Kontexten die gleiche diskursive Praxis vorfinden, denn selbst die global am weitesten verbreitete diskursive Praxis wird immer lokal rekontextualisiert, verändert und angeeignet. Man beschwört geradezu Unheil herauf, wenn man unterstellt, daß die Beherrschung von Interviewtechniken für Aufnahmegespräche an Hochschulen auch dazu befähigt, Prominente in einer Fernseh-Talk-Show zu interviewen. *Zweitens* wird ein einfacher Zusammenhang unterstellt zwischen dem, was man im Verlauf irgendeiner sozialen Praxis tatsächlich sagt (oder allgemeiner: tut), und den erworbenen Fertigkeiten, also verinnerlichten Modellen davon, wie man etwas sagen oder tun soll – d.h. es wird angenommen, wirkliche Diskurse seien eine bloße Aktualisierung derartiger Modelle (Fairclough 1988). Diskurse sind im Gegenteil ein komplexer Anpassungsprozeß zwischen allgemeinen Modellen und unmittelbaren Bedürfnissen, in dessen Verlauf etwas entsteht, was sich radikal von irgendeinem Modell unterscheiden kann oder mehrdeutig zwischen verschiedenen Modellen steht oder eine verwirrende Mischung aus unterschiedlichen Modellen darstellt, wobei persönliches Gespür und Kreativität größeren Einfluß haben können als erlernte Fertigkeiten. *Drittens* – und das ist vielleicht am bedeutsamsten – wird angenommen, es gäbe eine vorgegebene und akzeptierte Art Sprache zu verwenden, um bestimmte Dinge zu tun, ganz so, als ob Diskurse lediglich eine Frage der Technik wären; doch wird jede Art vorgegebener und akzeptierter Sprachverwendung eben dies erst durch die Anwendung von Macht, die gewaltsam andere Möglichkeiten ausschließt; daher ist jede Art der Sprachverwendung innerhalb jeder sozialen Praxis anfechtbar und wird wahrscheinlich auch angefochten. Von diesem Standpunkt aus ist jede Reduktion von Diskursprozessen auf erlernbare Fertigkeiten den Bemühungen der Mächtigen dienlich, die von ihnen bevorzugten sozialen Praktiken durchzusetzen, indem sie die Menschen dazu bringen, diese als bloße Techniken zu begreifen.

Indem ich das Verständnis von Diskursen als kommunikative Kompetenzen kritisiere, kritisiere ich zugleich das Verständnis von Bildung als einer Vermittlung von Wissensbeständen und Fertigkeiten. Denn die Betrachtung von Diskursen als Ansammlung von Fertigkeiten, ist nur ein Aspekt jener Sichtweise, die Wissensbestände und Fertigkeiten allgemein als eindeutig, unumstritten und dem Lernenden von außen vorgegeben versteht; und nur vor dem Hintergrund solcher Annahmen darüber, was gelehrt und gelernt werden soll, kann der Bildungsprozeß überhaupt als ‚Vermittlung' begriffen werden. Wir können das Argument gegen die Betrachtung von Diskursen als ‚Fertigkeiten' ausweiten und zu einem anderen Verständnis von Wissen und Kompetenzen im Rahmen der Ausbildung gelangen: Sie sind immer nur vorläufig und uneindeutig, umstritten und werden zudem in den sozialen Beziehungen, innerhalb derer alle Lehrenden und Lernenden positioniert sind, problematisiert. Aus einer kritischen Perspektive auf Bildungsprozesse werden Wissensbestände und ‚Kompetenzen' zum einen tatsächlich gelehrt und erlernt, aber sie werden auch in Frage gestellt – ein zentrales Anliegen ist daher die Bestimmung dessen, was für wen, warum und mit welchen vorteilhaften oder problematischen Konsequenzen als Wissen oder Kompetenz gilt (und deshalb zugleich auch: was nicht). In der Konzeption des Dearing Reports fördert höhere Bildung Wissen, Fertigkeiten und die Fähigkeit des Nachdenkens; meine Anmerkungen hier konzipieren die Fähigkeit zum Nachdenken als Infragestellung von Wissensbeständen und Kompetenzen, und sie problematisieren, daß der Report die ‚Schlüsselkompetenzen' in den Vordergrund rückt.

Vielleicht war es schon immer so, daß Bildung für einige Menschen relativ kritikfördernd gewesen ist, obwohl dies normalerweise nur auf eine kleine Elite zutrifft. In der neuen Ordnung der Arbeit (Gee/Hull/Lankshear 1996) besteht Bedarf an einer kleinen Elite von Symbol-Analytikern, für die das neue System eine Ausbildung zur Kritikfähigkeit (einschließlich eines kritischen Diskursbewußtseins) fordern mag. Es besteht die Gefahr einer neuen Form von Bildungsungleichheit, die diese Gruppe von jenen trennt, die wahrscheinlich zu einer anderen Klasse von Arbeitern (in der standardisierten Massenproduktion oder in den Dienstleistungsindustrien) oder zur Gruppe der ‚sozial Ausgeschlossenen' (einschließlich der Nichtbeschäftigten) gehören werden. Das würde im Einklang mit der gegenwärtigen Tendenzen stehen, die Zweckbestimmung des Bildungswesens auf die Erfüllung von Bedürfnissen der Wirtschaft zu verengen. Die Alternative hierzu ist die Vision einer Bildung für das Leben, innerhalb derer der Erwerb eines kritischen Diskursbewußtseins für alle Menschen wichtig ist.

Literatur

Barát, E. (1998): Woman's identities: A tension between discourses and experience. Vortrag auf der Tagung ‚Critical Discourse Analysis'. Brasilien

Bernstein, B. (1990): The structuring of Pedagogic Discourse. London: Routledge

Bhaskar, R. (1986): Scientific Realism and Human Emancipation. London: Verso

Billig, M. (1991): Ideology and Opinion. London: Sage

Blair, T. (1997): Speech at the Aylesbury Housing Estate am 2. Juni. Southwark

Bourdieu, P. (1998): Eine Utopie grenzenloser Ausbeutung wird Realität. Die Sachzwänge des Neoliberalismus. In: Le Monde Diplomatique, 5481, Beilage zur taz v. 13.3.1998, Berlin, S. 3

Bourdieu, P./Wacquant, L. (1996): Reflexive Anthropologie. Frankfurt/Main: Suhrkamp

Calhoun, C. (1992): Habermas and the Public Sphere. Cambridge, MA: MIT Press

Chouliaraki, L./Fairclough, N. (1999): Discourse in Late Modernity. Edinburgh: University Press

Clark, R./Fairclough, N./Ivanic, R./Martin-Jones, M. (1990): Critical language awareness Part 1: A critcal review of three current approaches. In: Language and Education, 4, 4, S. 249–260

Clark, R./Fairclough, N./Ivanic, R./Martin-Jones, M. (1991): Critical language awareness Part 2: Towards critical alternatives. Language and Education, 5, 1, S. 41–54

Collier, A. (1994): Critical Realism. London: Verso

Fairclough, N. (1988): Register, power and sociosemantic change. In: Birch, D./O'Toole, M. (Hrsg.): The Functions of Style. London: Pinter Publications, S. 111–125

Fairclough, N. (1992): Critical Language Awareness. London: Longman

Fairclough, N. (1996): Technologisation of discourse. In: Caldas-Coulthard, C./Coulthard, M. (Hrsg.): Texts and Practises: Readings in Critical Discourse Analysis. London: Routledge, S. 71–83

Fairclough, N. (1999): Democracy and the Public Sphere in Critical Research on Discourse. In: Wodak, R./Ludwig, Chr. (Hrsg.): Callenges in a changing world: issues in critical discourse analysis. Wien: Passagen-Verlag, S. 63–86

Fairclough, N./Wodak, R. (1997): Critical discourse analysis. In: van Dijk, T.A. (Hrsg.): Discourse as Social Interaction. London: Sage, S. 258–284

Gee, J./Hull, G./Lankshear, C. (1996): The New Work Order: Behind the Language of the New Capitalism. London: Allen & Unwin

Giddens, A. (1991): Modernity and Self-Identity. Cambridge: Polity Press

Giroux, H. (1997): Pedagogy and the Politics of Hope. Boulder, CO: Westview Press

Habermas, J. (1990): Strukturwandel der Öffentlichkeit. Frankfurt/Main: Suhrkamp

Harvey, D. (1990): The Conditions of Postmodernity. Oxford: Blackwell

Ivanic, R. (1990): Critical language awareness in action. In: Carter, R. (Hrsg.): Knowledge about Language – The LINC Reader. London: Hodder & Stoughton, S. 122–132

Kress, G./van Leeuwen, T. (1996): Reading Images: The Grammar of Visual Design. London: Routledge

Lyotard, J.-F. (1986a): Das postmoderne Wissen. Ein Bericht. Graz: Edition Passagen

Lyotard, J.-F. (1986b): Rules and Paradoxes and Svelte Appendix. In: Cultural Critique, 5, S. 209–219

MacDonald, R. (1994): Fiddly Jobs, Undeclared Working and the Something for Nothing Society. In: Work, Employment and Society, 8, 4, S. 507–530

Marcuse, H. (1967): Der eindimensionale Mensch. Studien zur Ideologie der fortgeschrittenen Industriegesellschaft. Neuwied: Luchterhand

New London Group (1996): A Pedagogy of Multilateracies: Designing Social Futures. In: Harvard Educational Review, 66, 1, S. 60–92

Peters, T. (1998): Das Tom Peters Seminar. 2 Bde., München: Heyne

Smith, D. (1990): Texts, Facts and Feminity. London: Routledge

Swales, J./Rogers, P. (1995): Discourse and the projection of corporate culture: The mission statement. In: Discourse and Society, 6, 2, S. 223–242

Feministische Theorie – Diskurs – Dekonstruktion

Produktive Verknüpfungen[1]

Sabine Hark

„Die Frage der Frau im allgemeinen ist ihre Frage, nicht unsere."
Gayatri Chakravorty Spivak (1983: 184)

1 Einleitung

Diskursanalytische Ansätze Foucaultscher Provenienz, aber auch an Jacques Derridas Philosophie der Dekonstruktion orientierte Herangehensweisen gewannen im vergangenen Jahrzehnt in der sozialwissenschaftlichen feministischen Theorie zunehmend an Bedeutung. Denn insofern sich diskurstheoretische und dekonstruktivistische Herangehensweisen vor allem auf Sprache, Wissen, Diskurse und deren Bedeutung für die *Gegenstandskonstitution* konzentrieren, mithin davon ausgehen, daß alle sozialen Phänomene und Unterscheidungen hergestellt und nicht gegeben sind, sind sie besonders dazu geeignet, bestimmte Aporien zu durchdenken, welche die feministische Theorie seit ihren Anfängen begleiten. Es handelt sich hierbei um Aporien, die in doppelter Hinsicht aus dem spezifischen Verhältnis feministischer Theorie zu ihrem Gegenstand – Geschlecht bzw. dem Geschlechterverhältnis – resultieren. Erstens, Geschlecht, Geschlechterverhältnis, Geschlechterdifferenz wird in der Frauen- und Geschlechterforschung zwar als Erkenntnisgegenstand vorausgesetzt, muß aber zugleich als etwas kontinuierlich Hergestelltes, in sozialen und kulturellen Praxen Gemachtes und nicht per se Gegebenes begriffen werden. Daraus resultiert zweitens, daß Geschlecht auch im und durch feministisches Wissen in einer spezifischen Weise konstruiert wird, mithin Teil hat an der Produktion der Unterscheidung nach Geschlecht. Feministische

[1] Für produktive und kritische Interventionen danke ich Ilona Pache.

Theorie ist daher mit der Anforderung konfrontiert, in den eigenen Analysen der Geschlechterwirklichkeit sich zugleich reflexiv und kritisch zum eigenen Wissen verhalten zu müssen. Diskursanalytische und dekonstruktivistische Perspektiven ermöglichen es nun, nicht nur die Frage nach der Konstitution von Geschlecht und der Geschlechterdifferenz zu stellen, indem der Modus der Herstellung und des Unterscheidens selbst zum Gegenstand der Untersuchung wird, sie liefern auch Werkzeuge für die kritische Arbeit der Befragung der eingesetzten Erkenntnismittel sowie der Konstitution des Forschungsgegenstandes.

Im vorliegenden Text wird es darum gehen, den erkenntniskritischen Wert herauszustellen, der in diskursanalytischen bzw. dekonstruktivistischen Herangehensweisen für die skizzierten Problemstellungen feministischer Theorie liegt. Ich werde mich dafür auf zwei Themen konzentrieren: eine diskurstheoretische Reformulierung von Geschlecht als ein durch Repräsentationsstrukturen erzeugter Sinneffekt einerseits, d. h. es wird zu zeigen sein, daß es *Bezeichnungspraxen* sind, die in einem durchaus buchstäblichen Sinne Männer, Frauen, Sexualität und Geschlecht erst produzieren, und die Skizzierung eines aus der widersprüchlichen Position des *outsiders within* (Hill Collins 1986) produzierten, dekonstruktivistischen Projekts *exzentrischen Wissens* andererseits, in dem es um die Bearbeitung der im eigenen Wissen produzierten Ausschlüsse geht.

Dafür werde ich in Abschnitt (2) zunächst kurz in die so genannte *sex/gender*-Problematik einführen, um im nächsten Schritt auf die aus dieser Problematik resultierende Aporie, Erkenntnismittel verwenden zu müssen, die zugleich Erkenntnisgegenstände sind, einzugehen. In Abschnitt (3) werde ich dann eine diskurstheoretische Reformulierung von Geschlecht vorschlagen, um im Abschnitt (4) diese Reformulierung für die Idee dekonstruktiven, *exzentrischen Wissens* produktiv zu machen. Abschließend werden einige Richtungen für die zukünftige Entwicklung feministischer Theorie skizziert, die sich an zwei Kriterien für *kritische* Theorien orientieren: die machtkritische Analyse von Prozessen der Differenzierung und der Versuch der Autorisierung marginalisierter Positionen (5).

2 Problematiken der Unterscheidung: *sex/gender trouble*

„Aber es gibt doch nun einmal Männer und Frauen. Worüber muß man da noch nachdenken?“ Spontan würde wohl die Mehrzahl von uns dieser Feststellung eines Studierenden in einem Seminar zu feministischer Theorie zustimmen. In der Tat: Es gibt Männer und Frauen. Das scheint in den Gesellschaften, in denen wir leben, unumstößliche Gewißheit zu sein, so wie es Bäume und Flüsse gibt. Mehr noch: Spontan teilen wir wohl auch (fast) alle die Annahme, daß es spezifische Merkmale gibt, die jeweils allen Männern und Frauen gemeinsam sind, insbesondere daß alle Frauen gebär- und alle Männer zeugungsfähig sind. Gegen diese so genannte „Alltagstheorie der Zweigeschlechtlichkeit", d.h., daß es genau zwei Geschlechter gibt und darüber hinaus die Zugehörigkeit zu einem von diesen beiden Geschlechtern eindeutig, sich gegenseitig ausschließend, naturhaft-körperlich-biologisch begründet und unveränderbar ist (Hagemann-White 1988: 228), setzte die feministische Theorie die Erkenntnis, daß wir ‚nicht als Frauen geboren, sondern dazu gemacht werden', wie die französische Philosophin Simone de Beauvoir in ihrem epochemachenden Werk *Le deuxieme sexe* bereits 1949 (dt.: *Das andere Geschlecht* 1992) schrieb.

Der Unterschied der Geschlechter und insbesondere die angebliche Unhintergehbarkeit der Differenz zwischen Frauen und Männern ist die zentrale Problematik feministischer Theoriebildung. Statt diese als gegeben hinzunehmen, fragt feministische Theorie nach dem *wie*, d.h. in welcher Form die Differenz existiert, aber auch nach dem *warum*, d.h. nach ihrer Funktion für soziale und kulturelle Ordnungen. Feministische Wissenschaftlerinnen beschäftigen sich daher theoretisch und empirisch intensiv mit der Beschaffenheit der Zweigeschlechtlichkeit und der Frage, ob sich die Geschlechter nachweislich und nachhaltig unterscheiden, sie genuin über kontrastierende Eigenschaften verfügen, ob diese qua Sozialisation erworben oder in gewalt- bzw. herrschaftsförmig organisierten Verhältnissen durchgesetzt werden, ob die Unterschiede – so sie denn ausmachbar sind – sozialer, psychischer, kultureller, ideologischer oder symbolischer Art sind und welche Funktion ihnen zukommt.[2]

Aber noch in einer zweiten Hinsicht ist die Geschlechterdifferenz für die feministische Theoriebildung ein Problem. Denn, worauf feministische Sozialwissenschaftlerinnen wie Carol Hagemann-White (1984, 1988), Regine Gildemeister und Angelika Wetterer (1992) wiederholt hingewiesen haben, es dominiert nicht nur in der Alltagserfahrung die ‚Alltagstheorie der Zweigeschlechtlichkeit', auch in das feministische wissenschaftliche Denken fließt sie, trotz deren antibiologistischer und antiessentialistischer Haltung und der Zurückweisung einer gegebenen Natur der Frau bzw. des Mannes, oft genug unbemerkt – die Theorien und Ergebnisse aber wesentlich beeinflussend – ein. Carol Hagemann-White konstatierte hier bereits Mitte der achtziger Jahre eine ‚Rezeptionssperre' gegenüber solchen Ansätzen, die die Begründetheit von Geschlecht in einer jenseits von Kultur bzw.

[2] Neben einer Vielzahl von Sammelbänden (siehe u.a. Becker-Schmidt/Knapp (1995), Fischer/Kampshoff/Keil/Schmitt (1996), Hornscheidt/Jähnert/Schlichter (1998), Janshen (1999), Knapp/Wetterer (1992), Scheich (1996), Wobbe/Lindemann (1994), die die Entwicklung und den Stand der Frauen- und Geschlechterforschung dokumentieren, liegen mittlerweile etliche Überblicke über die Geschichte feministischer Theoriebildung vor. Siehe u.a. Bußmann/Hof (1995), Braun/Stephan (2000), Hark (2001), Kroll (2002), Becker/Kortendiek (2004), Braun/Stephan (2005).

Sozialität liegenden Natur bestritten. Doch auch in der sozialkonstruktivistisch bzw. ethnomethodologisch informierten[3] Reformulierung der Geschlechterdifferenz, die in *sex* und *gender* unterscheidet, spielt der Natur/Kultur-Dualismus noch eine Rolle insofern es sich um einen, wie Gildemeister/Wetterer schreiben, ‚verlagerten Biologismus' handelt, in dem (kulturelles) *gender* immer noch auf (biologisches) *sex* bezogen bleibt.

Mit dem Buch der US-amerikanischen Philosophin Judith Butler, *‚Gender Trouble. Feminism and the Subversion of Identity'* aus dem Jahre 1990, das in deutscher Übersetzung – und ohne den englischen Untertitel – als *‚Das Unbehagen der Geschlechter'* erschien (Butler 1991), wurde die seit de Beauvoir auf der feministischen Agenda stehende Frage nach dem Verhältnis von Natur/Kultur und der Tatsächlichkeit von Geschlecht erneut adressiert. *Gender Trouble* artikulierte kein neues Problem, radikalisierte aber eine Frage, die die feministische Theorie seit ihren Anfängen umtrieb – und die schon Simone de Beauvoir in *‚Das andere Geschlecht'* Ende der vierziger Jahre beschäftigt hatte: Was bedeutet die Erkenntnis, daß ‚die Frau nicht existiert', d. h. sie eine Erfindung ist, für das feministische Projekt, eine Theorie sexueller Differenz zu schreiben? Mit anderen Worten, kann die sexuelle Differenz überhaupt gedacht werden, ohne die Natur der Dinge, das, was Pierre Bourdieu *Doxa* nennt, also die „in die Objektivität der sozialen Strukturen und in die Subjektivität der mentalen Strukturen" (Bourdieu 1997: 153) eingeschriebenen und stillgeschwiegenen Vorannahmen zu wiederholen? Mehr noch: Wie entgeht feministische Theorie dem Dilemma, in der eigenen Theoriebildung den Dualismus von Natur/Kultur zu wiederholen, ergo selbst naturalisierend zu wirken und eine Natur des Geschlechts vorgängig zu setzen? Denn noch die konstruktivistisch informierte These der Unterscheidung in *sex* und *gender*, in biologisches und soziales Geschlecht, setzt bereits eine kulturell vorgängige Realität der anatomisch organisierten Geschlechterdifferenz – *sex* – voraus, die später in den Repräsentationssystemen der Kultur lediglich neu besetzt und in das soziale Geschlecht – *gender* – verwandelt wird. Selbst in dieser theoretisch avancierten Fassung sexueller Differenz bleibt also die sozio-kulturelle Differenz der Geschlechter an ihren natural gedachten Grund kausal rückgekoppelt. Die Dekonstruktionen der kulturellen Formen, so das kritische Fazit, führen so lange immer wieder nur auf so genannte Natur als Letztbegründung zurück, wie der Dualismus von Natur/Kultur selbst nicht in Frage gestellt wird.

[3] Ethnomethodologische Ansätze versuchen, den *empirischen* Nachweis der gesellschaftlichen Konstruiertheit von sozialen Tatbeständen zu erbringen, während der Sozialkonstruktivismus diese Konstruiertheit *theoretisch* unterstellt. Zum Unterschied zwischen ethnomethodologischen und sozialkonstruktivistischen Ansätzen vgl. Wartenpfuhl (2000: 87 ff).

Die stetige Problematisierung der Fundierungen des Feminismus – wie die *sex/gender*-Differenz – erwies sich als theoretisch folgenreich: Hatten sich Frauenforschung und feministische Theorie ursprünglich formiert als Reaktion auf die Marginalisierung von Fragen des Geschlechterverhältnisses und die Ausblendung von Gewalt und Hierarchien zwischen den Geschlechtern, so wurde sie zunehmend mit der Kritik konfrontiert, selbst in die Produktion des eigenen Gegenstandes und damit der Grenze zwischen Denkbarem (Kontingenz) und Gedachtem (Formation) involviert zu sein; folglich eigene Ausschlüsse zu produzieren, die aber konstitutiv sind für das, was im Wissen repräsentiert ist. Dies betrifft, wie wir gesehen haben, die Kohärenz von Geschlecht bzw. *gender* als tragfähigen Analysekategorien, aber auch die die Theoriebildung fundierenden Prämissen und Präsuppositionen. So stützt z. B. die Nichtberücksichtigung von Heterosexualität als einem von Macht durchzogenen gesellschaftlichen Ordnungsprinzip die Vorstellung einer quasi naturhaft gegebenen wechselseitigen Ergänzung der beiden Geschlechter; eine Vorstellung, deren Geschichte gerade Gegenstand feministischer Untersuchung sein müßte.[4]

Insgesamt speiste sich die Kritik im wesentlichen aus zwei Quellen: Wurde etwa aus postkolonialen[5] und queeren[6] Perspektiven kritisiert, daß die Konzentration auf Geschlecht als Kategorie sozialer Schließung es erschwert, wenn nicht gar verunmöglicht, die Komplexität und Modi von *sui generis* verschiedenen Machtverhältnissen (etwa Sexualität, Klasse, Nationalität, Rasse) zu denken, so konzentrierte sich eine zweite Linie der Kritik auf den ontologischen, erkenntnistheoretischen und politischen Status von Geschlecht selbst: Ist Geschlecht eine Kategorie der Natur oder Kultur? Wenn Geschlecht gänzlich kulturell sein sollte, eine soziale Konstruktion, wie können wir dann im Namen von Geschlecht, d. h., im Namen von Frauen politisch sprechen und handeln? Mehr noch: Wenn Judith Butlers These zutrifft, daß ‚Frau' eine regulatorische Fantasie ist, durch deren Gebrauch unweigerlich die normativen Beziehungen zwischen *sex, gender* und Begehren reproduziert werden, wie kann ‚Frau' dann als begründende Kategorie feministischer Theorie dienen? Wenn also weder *gender* noch ‚Frau' als privilegierte Kategorien taugen, auf welcher Grundlage insistiert feministische Theorie auf ihrem Existenzrecht? Kurzum: Wenn das Projekt, die Erfahrungen von Frauen in feministischer Perspektive und herrschaftskritischer Absicht zu rekonstruieren, dennoch Gefahr läuft, in den eigenen Begrifflichkeiten die hierarchische Dichotomie der Geschlechter zu wiederholen, die es zu verändern gilt,

---

[4] Für diese Kritik an der feministischen Theorie vgl. Hänsch (1998), Ott (1998).

[5] Zu postkolonialen Ansätzen, die rassisierende bzw. ethnisierende Erfahrungen thematisieren vgl. Küster (1998) sowie Gutiérrez-Rodríguez (1999).

[6] Für das Projekt der (hetero-)sexualitätskritischen *queer theory* vgl. Hark (1993, 2005), Genschel (1997), Jagose (1997), Quaestio (2000).

wie begegnet man dann der „Neigung, Wahrnehmungs- und Denkkategorien als Erkenntnismittel zu verwenden, die (...) als Erkenntnisgegenstand zu behandeln wären"? (Bourdieu 1997: 153)

3 Geschlecht diskurstheoretisch: *always already gender*

Ich komme damit zum Thema der diskurstheoretischen Reformulierung von Geschlecht als ein durch Repräsentationsstrukturen erzeugter Sinneffekt. Die der *sex/gender*-Dichotomie inhärenten Begrenzungen und Problematiken, namentlich die Tatsache, daß dadurch, wie Teresa de Lauretis argumentiert, „kritisches feministisches Denken im begrifflichen Rahmen eines universalen Geschlechtergegensatzes gefangen" (de Lauretis 1996: 59) gehalten werde, sucht die feministische Theorie unter anderem mit repräsentationskritisch verfahrenden Herangehensweisen zu überwinden.[7] Repräsentationskritische Verfahren zeichnen sich dadurch aus, daß sie Repräsentationen – von Weiblichkeit und Männlichkeit, von Sexualität, Geschlecht, Nation, Kultur usw. – nicht als Abbildungen von gegebener Wirklichkeit begreifen, vielmehr wird diese durch Repräsentationen erst geschaffen. Repräsentation ist also Konstruktion, sie schafft Wirklichkeit und Wahrnehmungsweisen von Welt *als so und nicht anders gegebene*, wirkt folglich ausschließend.

Repräsentationskritische Herangehensweisen schließen sowohl *semiotische* (Relationen von Zeichen) wie *diskurstheoretisch* orientierte (Relation von Macht und Wissen) Ansätze ein. Ihr gemeinsamer Ausgangspunkt ist die These, daß Sprache konstitutiv für Geschichte und Gesellschaft ist. Es gibt keine Möglichkeit, aus der Welt der Kommunikation und der kulturellen Bezeichnungen, aus dem Universum von Sprache und Bedeutung herauszutreten. Es läßt sich nichts denken, das nicht durch seine Vermittlung, seine Bezeichnung bedingt wäre, durch seine sprachliche oder auch nicht-sprachliche Repräsentation.

---

[7] Die Frauen- und Geschlechterforschung blickt mittlerweile auf eine lange Tradition diskurstheoretisch bzw. -analytisch orientierter empirischer Studien wie Theoriekonzeptionen zurück. In der deutschsprachigen sozialwissenschaftlichen Geschlechterforschung sind insbesondere zu nennen: Landweer (1990), Treusch-Dieter (1990), Honegger (1991), Bührmann (1995), Maihofer (1995), Bublitz (1998), Ott (1998), Gutiérrez-Rodriguez (1999), Hark (1999), Villa (2000). Auf eine Überblicksdarstellung wurde an dieser Stelle verzichtet, da sie anderenorts bereits vorliegen. Siehe insbesondere Seifert (1992: 270–282), Knapp (1994: 271–282, 1997), Raab (1998), Becker-Schmidt/Knapp (2000: 63–102), Villa (2000: 121–178). Eine immer noch sehr gute Einführung in Poststrukturalismus und Feminismus stellt Weedon (1990) dar. Eine Einführung in verschiedene Diskursbegriffe bietet Mills (1997). Zur Repräsentationsproblematik in der feministischen Theorie vgl. auch Schlichter (2000).

Während semiotische Ansätze sich in einem engeren Sinne auf die Untersuchung von Bedeutungs- und Sinngebungsprozessen konzentrieren, rücken diskurstheoretische Zugriffsweisen in der feministischen Theorie die Produktion von Wissen z. B. um geschlechtliche Unterschiede sowie die Frage, wie dieses Wissen in sozialen Praktiken und Institutionen, die das Verhältnis der Geschlechter festlegen, ebenso wie in Subjektivitäten verankert wird, in den Vordergrund. Diskurstheoretisch kann Geschlecht bzw. *gender* daher, so noch einmal de Lauretis, verstanden werden als „Technologie des Geschlechtes“: Sowohl als Repräsentation wie als Selbstrepräsentation sei Geschlecht „ein Produkt verschiedener sozialer Technologien wie Kino und institutionalisierter Diskurse, Erkenntnistheorien, Praxisformen und auch von Alltagspraxis“ (de Lauretis 1996: 59).

De Lauretis sucht mit dieser, direkt an Foucaults in *‚Der Wille zum Wissen‘* entfalteten ‚Technologie des Sexes‘ (Foucault 1983) anschließende Fassung von *gender* die Auflösung und Dekonstruktion der problematischen Bindung von *sex/gender* zu bewerkstelligen. Denn, so de Lauretis' Argument, wie die Sexualität sei auch „das Geschlecht keine Eigenschaft der Körper oder etwas ursprünglich im Menschen Existierendes, sondern, mit Foucault gedacht, ‚ein Ensemble von Auswirkungen, die in den Körpern, den Verhaltensweisen, den gesellschaftlichen Beziehungen durch das Dispositiv einer komplexen politischen Technologie herbeigeführt werden‘“ (de Lauretis 1996: 59, Foucault 1983: 153). Dieses Ensemble von Technologien produziert also nicht nur das, was wir gemeinhin das soziale Geschlecht – *gender* – nennen, es bewirkt auch, wie wir unsere Körperlichkeit, Emotionalität usw. wahrnehmen, das also, was wir als das unverwechselbar uns zugehörige erkennen. Mit anderen Worten, Geschlecht – ebenso wie etwa Sexualität – ist zu verstehen als diskursives Regime, das – in Foucaultscher Terminologie – systematisch die Gegenstände bildet, von denen es spricht: die Erfahrung unserer Körper, unser Begehren, unser Handeln, unsere sozialen Beziehungen, unsere kulturellen Ordnungen.

Auch Judith Butler insistiert in *‚Das Unbehagen der Geschlechter‘* (Butler 1991) ebenso wie in *‚Körper von Gewicht‘* (Butler 1995) darauf, daß alle Aussagen über Identität und das ‚natürliche‘ Geschlecht letztlich durch kulturelle und wissenschaftliche Diskurse erst ermöglicht werden. *Gender* ist nicht Ausdruck eines inneren Kerns oder einer statischen Essenz, sondern eine wiederholte Einsetzung von Normen, die nachträglich das Erscheinen von *gender* als einer dauernden inneren Tiefe produziert. Vorgeblich essentielle Geschlechtsidentitäten – *sex* – sind also als Effekte kultureller Normen zu lesen; jeglicher Rekurs auf vordiskursive Geschlechtskörper ist somit eine Strategie der enthistorisierenden Naturalisierung – „perhaps it was always already gender“, wie Butler vermerkt (1990: 7).

So wird die Differenz von *sex* und *gender* lesbar als eine Praxis der Unterscheidung, die auch auf der Seite der so genannten Natur bezeichnet, ergo nur *gender* hervorbringt. Dadurch tritt die Unterscheidung von Natur/Kultur, die die *sex/gender*-Dichotomie implizit beherrscht, hervor als gleichursprünglich mit Geschichte. Wir können – und das mag tautologisch klingen, trifft aber den Sachverhalt genau – über Natur und den vermeintlichen Unterschied zwischen Natur und Kultur nur in der Sprache sprechen, jenseits davon existiert beides für uns in einem strikten Sinne nicht. Damit wird nicht die Realität oder auch die Materialität von Geschlecht bestritten, sondern die ganz andere Behauptung, daß es sich außerhalb jeder diskursiven Bedingung des Auftauchens – etwa als innerster, authentischer Kern des Individuums, der vor und jenseits aller Sozialität liegt – konstituieren könnte. Denn die Frage ist nicht, ob es Geschlecht gibt. Natürlich gibt es Geschlecht. Die Frage ist vielmehr, *wie* existiert es: als wesensmäßige, überhistorische und/oder transkulturelle Erfahrung oder als Effekt der Formierung und Verschränkung verschiedener Wissensbereiche.

Allen repräsentationskritischen, feministischen Ansätzen ist daher nicht nur die Suspendierung abbildtheoretischer Modelle für die Konzeption des Verhältnisses von *sex* und *gender* gemeinsam, sondern letztlich die Suspendierung der *sex/gender*-Differenz selbst. So schlußfolgert die Literaturwissenschaftlerin Renate Hof:

> „Wenn die Bedeutung, die der geschlechtlichen Differenzierung beigemessen wird, nicht auf anthropologische, biologische oder psychologische Gegebenheiten zurückgeführt werden konnte, sondern von kulturellen Klassifikationen abhängig war, so konnte auch die Beziehung der Geschlechter zueinander nicht länger als Ausdruck oder Repräsentation einer statischen, naturgegebenen Ordnung verstanden werden. Geschlechterbeziehungen sind *Repräsentationen von kulturellen Regelsystemen.*" (Hof 1995: 16, Hervorhebung i. O.)

Damit ist zweierlei ausgesagt: Geschlechterunterschiede repräsentieren kulturelle Regelsysteme – in und durch Geschlecht werden gesellschaftliche Beziehungen von Unter- und Überordnung, aber auch von Gleichrangigkeit konstruiert und legitimiert; Geschlechterunterschiede müssen aber auch als durch und in Repräsentationssystemen und diskursiven Praktiken produziert begriffen werden. Geschlecht ist hier also nicht die Repräsentation – im einfachen Sinne eines Abbildes – eines anthropologisch, biologisch, psychologisch oder auch *quasi*-historisch gedachten Vorgängigen;[8] vielmehr wird Geschlecht verstanden als

[8] Etwa im Sinne einer transhistorisch und transkulturell gedachten oder einer sich gleichsam evolutionär entwickelt habenden geschlechtlichen Arbeitsteilung.

- sozio-symbolische Matrix, die soziale Beziehungen und kulturelle Ordnungen produziert,
- als ein innerhalb der symbolischen Ordnung hergestelltes, kulturelles Konstrukt
- und als Effekt und Zeichen von Machtrelationen.

Diskurstheoretische Ansätze verstehen Geschlecht mithin als variable Konfiguration diskursiv erzeugter Positionierungen. Es wird formiert im Wechselspiel semiotischer und institutioneller Verhältnisse und entsteht innerhalb von Aushandlungs- und Bezeichnungspraxen, die ineinander verwoben und in einem ständigen wechselseitigen Bestimmungsverhältnis begriffen sind. Umgekehrt wirkt es als Raster, das Erfahrung ermöglicht und organisiert. Von einer Vorgängigkeit von *sex* vor *gender* kann daher sinnvoll nicht gesprochen werden. In diesem Sinne ist auch der Dualismus von Natur/Kultur eine kategoriale Konstruktion, in die einerseits der Geschlechterdualismus eingeschrieben ist und die andererseits dazu beiträgt, den Dualismus von Männlichkeit und Weiblichkeit fortzuschreiben.

Damit ist ein diskurstheoretisch wie dekonstruktivistisch informiertes Programm avisiert, wie die Differenz der Geschlechter gedacht werden kann, ohne diese – ob gewollt oder nicht – immer wieder an ihren natural gedachten Grund kausal rückzukoppeln und ohne Natur schlicht durch Kultur zu substituieren. Nämlich nicht durch die Ersetzung des biologischen oder evolutionistischen Mythos durch einen kulturalistischen, in denen die Geschlechter im ersten Fall als „zivilisatorische Elaborate eines biologischen Substrats“ und im zweiten Fall etwa als „bloße Interaktionsprodukte“ (Runte 1996: 45) gedacht werden, sondern durch die dekonstruktive, doppelte Geste der gleichzeitigen *Umkehrung und Verschiebung* des Natur/Kultur-Dualismus. Die Geschlechterdifferenz ist weder in Natur noch gänzlich in Kultur verankert. Da die Trennung von Natur/Kultur selbst eine Unterscheidung *innerhalb* der Kultur ist, liegt sie der Geschlechterdifferenz nicht voraus. In Erweiterung des Satzes, daß der Natur/Kultur-Dualismus gleichursprünglich mit Geschichte ist, kann daher formuliert werden, daß er auch gleichursprünglich mit Geschlecht ist. Butler schreibt:

> „So wie ich sie verstehe, ist die Geschlechterdifferenz ein Ort, an dem wieder und wieder die Frage in bezug auf das Verhältnis des Biologischen zum Kulturellen gestellt wird, an dem sie gestellt werden muß und kann, wo sie aber, strenggenommen, nicht beantwortet werden kann.“ (Butler 1997: 36)

„Geschlechter“, so noch einmal Runte (1996), können daher verstanden werden als „historisierbare Sinneffekte eines ‚multi-medialen‘ Konstitutionsprozesses“. Dessen außerdiskursive ‚Aufzeichnungstechniken‘ reichen von „Körperbearbeitung über die Organisation von Arbeits- und Lebensformen bis zur differentiellen Distribution von Technologien" (ebd.). Denn „die konkreten und kulturell wie historisch bekanntlich variablen Geschlechtsunterschiede werden durch ‚Repräsentationsstrukturen' erst generiert. Dadurch erst werden ‚Geschlechter' zu Kategorien mit hohem Referentialitätspotential" (ebd.: 44). Nur weil der Unterschied der Geschlechter in spezifischer Weise relevant gemacht wird, durch Relevanzsetzung erst produziert wird, erfahren wir ihn als bedeutsam.

Das, was uns Heutigen insofern so evident zu sein scheint, nämlich das Gefühl, nicht nur ein Geschlecht zu *haben*, sondern es wesentlich zu *sein*, wird so rekonstruierbar als Effekt des Zusammenwirkens verschiedener Diskurse und Kulturtechnologien, eben auch solcher, die als Natur bzw. natürlich gelten, etwa die Verankerung von Geschlecht in einer als historisch, kulturell, sozial, aber auch psychisch und physiologisch invariabel gedachten Körperlichkeit.

4 Exzentrisches Wissen: *the outsider within*

Ich komme damit zum nächsten Thema. Vor dem Hintergrund der diskurstheoretischen Reformulierung von Geschlecht stellt sich nun die Frage, was es bedeutet, zu sagen, daß Diskurs „nicht bloß gesprochene Wörter ist?" (Butler 1993: 129), Realität nicht repräsentiert, sondern in den Repräsentationen produziert wird und welche Relevanz dies für die Produktion feministischer Theorie hat?

Mehr noch: Wenn Diskurse prinzipiell durch Praktiken des Ausschlusses organisiert sind, dadurch daß sie Wahrnehmungsmöglichkeiten artikulieren und zugleich andere verunmöglichen, mithin was gesagt werden kann, gestaltet ist von dem, was nicht (mehr) gesagt werden kann, wenn folglich die kritische Aufgabe darin besteht, die Bedingungen zu rekonstruieren, unter denen diskursive Ordnung durch Möglichkeitsreduktion entsteht, wie begegnen wir dann der Ordnung und Wirklichkeit erzeugenden Macht im *eigenen* Denken? Um an die Warnung Bourdieus zu erinnern: Wie begegnet man der Neigung, Wahrnehmungskategorien als Erkenntnismittel zu verwenden, die Erkenntnisgegenstände sein sollten?[9]

Diskurs muß dafür als wirklichkeitserzeugender Modus verstanden werden, d. h. als gesellschaftlich-institutionell verankertes Raster des Verstehens, Ordnens und Hierarchisierens, das Möglichkeiten der Wahrnehmung von Realität generiert, das die Gegenstände des Wissens kreiert, indem Aussagen über diese gemacht und sie somit der Betrachtung erst zugänglich werden. Denn es wird keine vorgängig vorhandene Wirklichkeit interpretiert, sondern eine ganz bestimmte Wirklichkeit und keine andere geschaffen. Diskurse definieren und begrenzen

[9] Zur Reflexivitäts-Problematik vgl. insbesondere Bourdieu/Wacquant (1996).

folglich die Domäne dessen, was wahrnehmbar ist, was sinnvoll ist. Das ist die Macht des Diskurses: Wirklichkeit so und nicht anders zu erzeugen (vgl. auch Seifert 1992, Maihofer 1995). „Die Macht des Diskurses", schreibt Butler, „seine Wirkungen zu materialisieren, stimmt somit überein mit der Macht des Diskurses, den Bereich der Intelligibilität einzugrenzen." (Butler 1995: 249)

Folglich sind Diskurse unmittelbar mit Ermöglichungs- und Ausschlußkriterien verkoppelt. Sie sind das Medium, mit Hilfe dessen soziale Beziehungen und Verhältnisse sinnvoll gemacht werden: sie schaffen Ordnung, bilden sie nicht ab. Insofern entsteht soziale Ordnung aus der Unsichtbarmachung von Möglichkeiten, sie resultiert aus der Bändigung des Möglichkeitsspielraums (vgl. Foucault 1974: 7).

Diese erkenntnistheoretische Herausforderung (nicht nur) des feministischen Theorieprojektes, nämlich Begriffe wie Frau bzw. *gender* oder Geschlecht als *Erkenntnismittel* verwenden zu müssen, die zugleich auch *Erkenntnisgegenstände* sind bzw. sein sollten, basiert auf dem theoretisch wie politisch bedeutsamen Paradox, ein weibliches Subjekt vorauszusetzen und zugleich zu dekonstruieren, die Kategorie Frau also schon im Moment ihrer theoretischen Aufrufung auch in Frage zu stellen und zu destabilisieren.[10] Denn jede Fixierung eines Subjekts Frau bzw. jede Fixierung des Erkenntnisgegenstandes Geschlecht ist immer schon von Ausschlüssen konfiguriert, die als stillgeschwiegene Vorannahmen das Feld des Sichtbaren regieren: Alles, was wir sehen, sehen wir so, wie wir es sehen. Was wir nicht sehen, sind die gleichsam unsichtbar gemachten Fundierungen jeglicher Konstruktion, die gleichwohl Bestandteil dieser Konstruktion sind. Anders gesagt: Jede Aufrufung von Geschlecht ist eine Rekonstruktion von Geschlecht, die in je eigener Weise Möglichkeiten formuliert und ausschließt, und die gerade deswegen auf diese verschwiegenen Möglichkeiten hin befragt werden muß.

Insofern es folglich gilt, die eigenen Diskurse zum Sprechen zu bringen, um sie auf ihre konstitutiven Ausschlüsse hin befragen zu können (vgl. Hark 1999: 28), braucht es Praxen der Reflexion über die sozialen und diskursiven Bedingungen der Artikulation sowie über den Geltungsbereich von Aussagen. Denn, worauf Judith Butler hinweist:

[10] Dies gilt für das theoretische *und* das politische Projekt des Feminismus. Für letzteres hat Joan Scott in historischer Perspektive überzeugend argumentiert, daß „die Notwendigkeit, die ‚sexuelle Differenz' zu akzeptieren und zurückzuweisen, die konstitutive Bedingung des Feminismus ‚als politischer Bewegung' gewesen ist" (Scott 1996: 3 f, Übersetzung S. H.). Ebenso hat Teresa de Lauretis diese Spannung, „die kritische Negativität der Theorie und die affirmative Bejahung der Politik", als die historische Bedingung der Existenz des Feminismus und als die theoretische Bedingung seiner Möglichkeit bezeichnet (vgl. de Lauretis 1993: 101).

> „(…) was tatsächlich denkbar oder intelligibel ist oder nicht, was sagbar ist oder nicht, wird durch ein variables Set von Begrenzungen fixiert, die Verschiebungen unterliegen, die mit stärkerer und schwächerer Rigidität aufscheinen. Diese Begrenzungen werden Effekte spezifischer Machtstrategien sein. Wenn wir die Beschränkungen des Denkbaren als *historische Beschränkungen* denken, fragen wir, wie Machtverhältnisse bestimmte Objektarten als denkbar und wißbar konstruieren und wie diese Konstruktion durch die simultane und begleitende Konstruktion des Undenkbaren und Unwißbaren stattfindet." (Butler 1998: 222, Hervorhebung S. H.)

Es handelt sich hierbei insofern um ein dekonstruktivistisches Projekt, als es Differenzen ermöglicht, indem die Kategorien des Wahrnehmens, Erkennens und Analysierens auf die in sie eingegangenen Präkonstruktionen, die als unbewußte Konstruktionswerkzeuge fungieren, hin untersucht werden. Dekonstruktion ist also mit der Entzifferung des Nicht-Offensichtlichen befaßt (vgl. Wartenpfuhl 2000: 123). Untersucht wird etwa, wie die binäre Opposition von Geschlecht durch andere binär organisierte Differenzen, wie sexuelle oder rassisierende Oppositionen, organisiert wird, wie „Rasse in der Modalität von Sexualität gelebt wird oder das soziale Geschlecht in der Modalität von Rasse" (vgl. Butler 1995: 160 f). Die Haltung, die ein solches Projekt erfordert, hat Gayatri Chakravorty Spivak folgendermaßen umschrieben: „This impossible no to a structure which one critiques, yet inhabits intimately, is the deconstructive philosophical position." (Spivak 1990: 794)[11] Dekonstruktion greift, wie Birgit Wartenpfuhl ausführt,

> „(…) in die Anordnung hierarchischer Gegensätze ein und versucht, durch eine doppelte Geste – *einerseits* die Umkehrung (…) der hierarchischen Gegensätze und *andererseits* die allgemeine Verschiebung dieses Systems – die oppositionelle Logik zu subvertieren. Durch die doppelte Geste – die Umkehrung und Verschiebung – hierarchischer Anordnungen von Gegensätzen legt die Dekonstruktion frei, was durch die Konstituierung binärer Oppositionen (…) innerhalb historisch spezifischer Kontexte verschwiegen wird. Allgemeiner formuliert: Es geht um die Freilegung des Nicht-Gedachten oder Nicht-Gesagten, um das Unterdrückte oder auch Verdrängte, also um das, was innerhalb von spezifischen Diskursen, wie zum Beispiel dem (…) Diskurs des Feminismus, verschwiegen, idealisiert oder sublimiert wird." (Wartenpfuhl 1999: 74, Hervorhebung i. O.)

---

[11] Biddy Martin beschreibt den Ausgangspunkt des Foucaultschen Projekts in ähnlicher Weise als einen der *internal exclusion*: „The point from which Foucault deconstructs is off-center, out of line, apparently unaligned. It is not the point of an imagined absolute otherness, but an ‚alterity' that understands itself as an internal exclusion. From that perspective, it is possible to grasp and restructure the organization of our bodies, psyches, and lives through discourse." (Martin 1988: 10)

Für die feministische Theorie forderte Joan Scott bereits 1986 die Einbeziehung dekonstruktiver Verfahren, die auf die Kritik homogenisierender und identitätslogisch operierender Diskurse und die Problematisierung aller Formen von *foundationalism* zielen (Scott 1994). Scott plädierte sehr strikt für „die Ablehnung der festgeschriebenen und permanenten Eigenschaft des binären Gegensatzes, eine echte Historisierung und die Dekonstruktion der Bedingungen des geschlechtlichen Unterschieds“ (ebd.: 49). Für ein solches Projekt sollte sich, so Scott weiter, die feministische Theorie der Derridaschen Dekonstruktion binärer Gegensätze bedienen:

> „Wenn wir dabei Jacques Derridas Definition der Dekonstruktion anwenden, so bedeutet diese Kritik eine Analyse der Funktionsweise des binären Gegensatzes in einem Kontext, indem man die hierarchische Konstruktion umkehrt und aus den Fugen hebt, und nicht, indem man den Gegensatz als echt oder selbstverständlich oder sogar als in der Natur der Dinge liegend akzeptiert.“ (ebd.)

Scott treibt die Erkenntnis, daß ‚die Frau nicht existiert', logisch über sich hinaus, indem sie die *Produktion* der sexuellen bzw. geschlechtlichen Differenz selbst zum Gegenstand der Analyse macht. Die Frage sei nicht, warum die Dinge geschehen sind, vielmehr sollten wir fragen, „wie die Dinge geschehen sind, um dann herausfinden zu können, warum sie geschehen sind“ (ebd.: 52). Statt nach der universellen Kausalität, sollten wir nach der bedeutungsvollen Erklärung suchen. Statt nach der Situation von Frauen zu fragen, so Scott an anderer Stelle, sollten wir *Prozesse der Differenzierung* untersuchen, z. B. danach fragen, wie und unter welchen Umständen die Geschlechterdifferenz sich auf die Behandlung von Frauen auszuwirken begann. Dabei ginge es in der Analyse von Differenzierungsprozessen nicht darum, anzunehmen, daß Differenzen, „die unsere sozialen Beziehungen ordnen, immer dieselben gewesen seien oder sein werden“. Es sei deshalb notwendig, die Bedingungen für Differenz selbst zu historisieren (vgl. Scott 1997: 18 f.).

Dekonstruktion wird hier von Scott als Weg der kritischen Relektüre gesellschaftlicher Phänomene – wie der Geschlechterdifferenz – und ihrer diskontinuierlichen Gewordenheit verstanden. Gefragt wird nach der Funktion der Konstitution und Reproduktion binärer Oppositionen, nach ihrem historisch-spezifischen Zusammenhang und nicht zuletzt danach, in wessen Interesse Oppositionen konstituiert werden.

In der feministischen Theorie setzt Dekonstruktion mithin an bei der Umkehrung und Verschiebung von dichotomen, hierarchisch angeordneten Geschlechtsbedeutungen und der Problematisierung von Identitäten, deren Fundierungen und den daraus resultierenden Politiken. Sämtliche Identitätsunterstellungen, einschließlich der Geschlechtsidentität, werden daraufhin befragt, auf welchen Voraussetzungen, Ausschlüssen und Verwerfungen sie beruhen.

Allerdings ist auch jede *De*konstruktion – die feministischen eingeschlossen –, und darauf hat Teresa de Lauretis in ihrem einflußreichen Text ‚*Technologien des Geschlechts*' (de Lauretis 1996 [1987]) wiederholt hingewiesen, eine *Re*konstruktion, hat also selbst wiederum Teil an der Produktion von Wahrnehmungsmöglichkeiten und Sichtbarkeiten:

> „Wenn die Dekonstruktion des Geschlechts unvermeidbar ihre Neuerschaffung bewirkt, dann ist die Frage, unter wessen Bedingungen und in wessen Interesse die De-Rekonstruktion erfolgt? (…) die Aufgabe wird entsprechend dringlicher, wenn die fragliche Subjektivität eine (…) ist, die in den Begriffen der hegemonialen Diskurse über Sexualität und Geschlecht völlig unrepräsentierbar ist (…) Dies ist der Grund, weshalb *die Kritik jedes Diskurses, der sich mit dem Geschlecht befaßt, einschließlich derjenigen, die als feministisch produziert oder angeboten werden, weiterhin einen lebenswichtigen Teil des Feminismus darstellt*, ebenso wie die fortwährende Anstrengung, neue Diskursräume zu schaffen, die kulturellen Erzählungen neu zu schreiben und die Begrifflichkeiten einer neuen Perspektive zu definieren – eines Blicks von anderswo." (de Lauretis 1996: 87, Hervorhebung S. H.)

De Lauretis argumentiert hier also nicht nur dafür, Kategorien wie *gender* nicht als gegeben zu behandeln, sie plädiert darüber hinaus dafür, fortwährend neue Diskursräume zu schaffen, in denen neue Erzählungen ebenso wie die Begrifflichkeiten einer neuen Perspektive möglich werden. Sie bestimmt feministische Theorie als ein Projekt der fortwährenden De-Re-Konstruktion von Wissen. Ich will dies ein Projekt der Produktion *exzentrischen Wissens* – ein Blick von anderswo – nennen, insofern die Reflexion auf die *Bedingtheit des Wissens*, also auf die Ein- und Ausschluß organisierenden Grenzen Teil der Produktion von Wissen sind. Unabdingbare Voraussetzung eines solchen Projektes ist es, die Bedingungen, Kontexte und Diskurse – die historischen Beschränkungen, wie Butler es nannte – im Blick zu behalten, die zur Etablierung der Begriffe und Kategorien beigetragen haben. Auch die eigene wissenschaftliche Tätigkeit ist insofern als eine der *Repräsentation* zu begreifen, in der Unterschiede produziert werden, deren Relation zu den Unterschieden, die durch und in anderen Repräsentationssystemen produziert werden, nicht eine der Abbildung ist, sondern der konkurrierenden Interaktion.[12] Anders gesagt: Wissenschaftliches Wissen produziert ein Wissen z. B. des ge-

[12] Für die Soziologie hat zuletzt Armin Nassehi dafür plädiert, die soziologische Tätigkeit selbst zum Gegenstand zu machen, „unsere Aufmerksamkeit nicht nur auf die Beobachtung unseres *Gegenstandes* zu richten, sondern zunehmend auf die *Beobachtung* unseres Gegenstandes" (Nassehi 1999: 359).

schlechtlichen Unterschieds, das in Konkurrenz tritt zu anderem Wissen – Alltagswissen, religiösem Wissen, literarischem Wissen – um diesen Unterschied, und deshalb muß auch dieses Wissen als Diskurs – als ein geregeltes System von Aussagen wovon, wie, zu welcher Zeit, an welchem Ort gesprochen werden kann und wovon deshalb nicht gesprochen werden kann – behandelt werden.

Was folgt hieraus? Wenn das Ziel eine, mit Foucault gesprochen, *Analytik* des Wissens ist, also die Rekonstruktion jener Praktiken, durch die bestimmte Elemente so miteinander verbunden werden, daß nachträglich ein ‚Objekt' erscheint, von dem angenommen werden kann, daß es dem historischen Prozeß vorausgeht, bedeutet das vor allem, Kontingenz zu denken: Vom Standpunkt des Möglichen das historisch Gewordene betrachten, „einen Blick auf die alltäglichen Routinen des Unsichtbaren und der Ausschließung anderer Möglichkeiten riskieren" (Nassehi 1999: 359); Differenzen – sexuelle, geschlechtliche und andere – insofern nicht als gegeben anzunehmen, sondern als Effekt spezifisch historischer und institutioneller Schauplätze, spezifisch historischer diskursiver Formationen und Praxen und spezifischer Äußerungsstrategien und Modalitäten von Macht zu verstehen; Differenzen also als Momente disziplinierender Konstruktionen zu analysieren und die Prozesse der Differenzierung noch in jenen Diskursen und Praktiken wahrzunehmen, die – wie der Feminismus – affirmativ im Namen einer Differenz operieren oder sie auch kritisch befragen. Es bedeutet aber auch, wie de Lauretis ausführte, Raum für andere Differenzen zu ermöglichen, die sich der Ordnung von Natur/Kultur und anderen, damit verwandten Oppositionen, wie weiblich/männlich, hetero/homo, schwarz/weiß, entziehen.

Dekonstruktive Verfahren sind insofern paradigmatische Verfahren für die Produktion kritischen, selbstreflexiven Wissens. Dieses ist sich nicht nur seiner Bedingtheit bewußt, sondern unternimmt immer wieder die Anstrengung, gerade die Bedingungen des eigenen Sprechens transparent zu machen – auch wenn es, da es im Feld der Repräsentationen keine Öffnung gibt ohne gleichzeitige Schließungen und Auslöschungen, um die letztendliche Uneinlösbarkeit dieses Unterfangens weiß. „Im Idealfall", so Wolfgang Welsch, führe „solche Bedingungstransparenz zur ausdrücklichen Konturierung der Grenzen und Ausschlüsse des jeweiligen Bedingungsrahmens" (Welsch 1996: 938).

5 Resümee

Wie die vorangegangene Diskussion gezeigt hat, sind diskursanalytische und dekonstruktivistische Herangehensweisen besonders dazu geeignet, bestimmte Aporien zu durchdenken, die feministische Theorie seit ihren Anfängen begleiten. Sie ermöglichen es, nicht nur die Frage nach der Beschaffenheit und der Konstitution von Geschlecht und Geschlechterdifferenz zu stellen, indem der Modus der Herstellung und des Unterscheidens selbst zum Gegenstand wird, sie liefern auch die Instrumente für die kritische Arbeit der Befragung sowohl der eingesetzten Erkenntnismittel und der Konstitution der Erkenntnisgegenstände als auch der im eigenen Wissen produzierten Ausschlüsse.

Ich will abschließend einige Momente skizzieren, die für die weitere Entwicklung feministischer Theorie als *kritischer* Theorie unabdingbar sind. Aus dem Vorangegangenen folgt m. E., daß es Aufgabe einer kritischen feministischen (Kultur-)Theorie ist, die hegemonialisierten Repräsentationen von Geschlecht – und dies gilt auch für die feministischen, wie de Lauretis betont hat – zu dekonstruieren. Denn diese können immer nur durch Ausschluß anderer Repräsentationen in die hegemoniale Position einrücken. Darüber hinaus besteht für feministische Theorie, wie im übrigen für jedes kritische Theorieprojekt, die Aufgabe, die eigenen Fraglosigkeiten, die eigene Nomenklatur immer wieder aufs Neue – wie ein glücklicher Sisyphos[13] – gegen den Strich zu bürsten, gilt es doch, nicht „das Werkzeug dessen zu sein, was man zu denken meint" (Bourdieu 1996: 271).

Die Erkenntnis, daß ‚die Frau nicht existiert', erweist sich so womöglich als Standortvorteil. Befreit davon, die Wirklichkeit des Geschlechts finden zu müssen, bedeutet das nicht nur eine ungeheure Bewegungsfreiheit „vorwärts und rückwärts zwischen der Repräsentation des Geschlechts und dem, was diese Repräsentation ausläßt" (de Lauretis 1996: 89), sondern auch die Chance, andere Geschichten von Geschlecht erzählen zu können. Geschichten, in denen Geschlecht nicht irrelevant wäre, aber in immer neuen und ungeahnten Repräsentationen erscheinen würde. Denn Geschlecht ist zugleich mehr und weniger als wir daraus machen. Es ist mehr als bedeutete Materie, die leichthin durch Resignifizierung überwunden werden kann, es ist aber auch weniger als die Meisterstruktur, die alles determiniert und der deshalb nicht zu entkommen ist. Wir sollten Geschlecht daher zum Gegenstand kontextualisierter und kontextualisierender Lesarten machen, die die Komplexität der Verhältnisse und Diskurse nicht zum Verschwinden bringt. Diese kontextualisierten und kontextualisierenden Lesarten wären ein Weg, den homogenisierenden und identitätslogischen Tendenzen einer Verabsolutierung der Zweigeschlechtlichkeit entgegenzuwirken. Das heißt nicht, einer radikalen Beliebigkeit, bar jeglicher Vermittelheit durch Macht- und Unterwerfungsverhältnisse, das Wort zu reden; es wäre aber ein Versuch, das theoretische Postulat der wechselseitigen Formierung von Geschlecht und Sexualität, Ethnizität, Klasse, geopolitischer Positionierung usw. in einer Weise zu artikulieren, daß wir in der Lage wären, die verschiedenen ‚Technologien des

[13] Für den ‚glücklichen Sisyphos' danke ich Christel Eckart und Angelika Diezinger.

Geschlechts‘ in ihrem gespannten Zugleich aus langweiliger Monotonie und dynamischer Heterogenität analytisch aufzuschlüsseln.

Unabdingbar scheint mir darüber hinaus, im Befragen der *differentia specifica* von Geschlecht zugleich präsent zu halten, daß dies selbst ein Akt der Produktion der Differenz ist, der immer Gefahr läuft, diese Differenz entweder als räumlich absteckbare und/oder als ontologisierende Kategorie zu verdinglichen. Feministische Theorie kann insofern nur nach-metaphysische und deontologisierende Theorie sein: „Die Frage der Frau im allgemeinen ist ihre Frage, nicht unsere.“

Literatur

Althoff, M./Bereswill, M./Riegraf, B. (Hrsg.) (2001): Methodologische Erörterungen. Feministische Traditionen, Konzepte, Dispute. Opladen: Leske + Budrich

Beauvoir, S. de (1992): Das andere Geschlecht. Sitte und Sexus der Frau. Hamburg: Rowohlt [1951]

Becker, R./Kortendiek, B. (Hrsg.) (2004): Handbuch Frauen- und Geschlechterforschung. Theorie, Methoden, Empirie, Opladen: VS Verlag für Sozialwissenschaften

Becker-Schmidt, R./Knapp, G.-A. (Hrsg.) (1995): Das Geschlechterverhältnis als Gegenstand der Sozialwissenschaften. Frankfurt/Main: Campus

Becker-Schmidt, R./Knapp, G.-A. (2000): Feministische Theorien zur Einführung. Hamburg: Junius

Bourdieu, P. (1996): Die Praxis der reflexiven Anthropologie. In: Ders./Wacquant, L. J. D.: Reflexive Anthropologie. Frankfurt/Main: Suhrkamp, S. 251–294

Bourdieu, P. (1997): Die männliche Herrschaft. In: Dölling, I./Krais, B. (Hrsg.): Ein alltägliches Spiel. Geschlechterkonstruktion in der sozialen Praxis. Frankfurt/Main: Suhrkamp, S. 153–217

Bourdieu, P./Wacquant, L. J. D. (1996): Reflexive Anthropologie. Frankfurt/Main: Suhrkamp

Braun, C. von/Stephan, I. (Hrsg.) (2000): Gender Studien. Eine Einführung. Stuttgart: Metzler

Braun, C. von/Stephan, I. (Hrsg.) (2005): Gender@Wissen. Ein Handbuch der Gender-Theorien, Köln/Weimar/Berlin: Böhlau (UTB)

Bublitz, H. (Hrsg.) (1998): Das Geschlecht der Moderne. Genealogie und Archäologie der Geschlechterdifferenz. Frankfurt/Main: Campus

Bührmann, A. (1995): Das authentische Geschlecht. Die Sexualitätsdebatte der Neuen Frauenbewegung und die Foucaultsche Machtanalyse. Münster: Westfälisches Dampfboot

Bührmann, A./Diezinger, A./Metz-Göckel, S. (Hrsg.) (2000): Zentrale Felder der Frauen- und Geschlechterforschung: Arbeit, Sozialisation und Sexualität. Opladen: Leske + Budrich

Bußmann, H./Hof, R. (Hrsg.) (1995): Genus. Zur Geschlechterdifferenz in den Kulturwissenschaften. Stuttgart: Kröner [Neuauflage 2005]

Butler, J. (1990): Gender Trouble. Feminism and the Subversion of Identity. New York: Routledge

Butler, J. (1991): Das Unbehagen der Geschlechter. Frankfurt/Main: Suhrkamp

Butler, J. (1993): Für ein sorgfältiges Lesen. In: Benhabib, S./Butler, J./Cornell, D./Fraser, N. (Hrsg.): Der Streit um Differenz. Feminismus und Postmoderne in der Gegenwart. Frankfurt/Main: Suhrkamp, S. 122–132

Butler, J. (1995): Körper von Gewicht. Die diskursiven Grenzen des Geschlechts. Berlin: Berlin Verlag

Butler, J. (1997): Das Ende der Geschlechterdifferenz. In: Museum für Gestaltung Zürich (Hrsg.): Konturen des Unentschiedenen, Zürich: Stroemfeld, S. 29–41

Butler, J. (1998): Poststrukturalismus und Postmarxismus. In: Dies./Critchley, S./Laclau, E./ Zizek, S.: Das Undarstellbare der Politik. Zur Hegemonietheorie Ernesto Laclaus. Wien: Turia + Kant, S. 209–224

De Lauretis, T. (1987): Technologies of Gender. In: Dies.: Technologies of Gender. Essays on Theory, Film, and Fiction. Bloomington: Indiana UP, S. 1–30 [dt. De Lauretis 1996]

De Lauretis, T. (1993): Der Feminismus und seine Differenzen. In: Feministische Studien, 11/2, S. 96–102

De Lauretis, T. (1996): Technologien des Geschlechts. In: Scheich, E. (Hrsg.): Vermittelte Weiblichkeit: Feministische Wissenschafts- und Gesellschaftstheorie. Hamburg: Hamburger Edition, S. 57–93

Fischer, U./Kampshoff, M./Keil, S./Schmitt, M. (Hrsg.) (1996): Kategorie: Geschlecht? Empirische Analysen und feministische Theorie. Opladen: Leske + Budrich

Foucault, M. (1983): Sexualität und Wahrheit. Der Wille zum Wissen. Frankfurt/Main: Suhrkamp [1977]

Foucault, M. (1974): Die Ordnung des Diskurses. Frankfurt/Main: Fischer

Genschel, C. (1997): Umkämpfte sexualpolitische Räume. Queer als Symptom. In: Etgeton, S./Hark, S. (Hrsg.): Freundschaft unter Vorbehalt. Chancen und Grenzen lesbisch-schwuler Bündnisse. Berlin: Querverlag, S. 77–98

Gildemeister, R./Wetterer, A. (1992): Wie Geschlechter gemacht werden. Die soziale Konstruktion der Zweigeschlechtlichkeit und ihre Reifizierung in der Frauenforschung. In: Knapp, G.-A./Wetterer, A. (Hrsg.): Traditionen Brüche. Entwicklungen feministischer Theorie. Freiburg: edition kore, S. 201–254

Gutiérrez-Rodríguez, E. (1999): Intellektuelle Migrantinnen – Subjektivitäten im Zeitalter von Globalisierung. Opladen: Leske + Budrich

Hänsch, U. (1998): Ein erotisches Verhältnis – Lesbische Perspektiven und feministische Theoriebildung. In: Feministische Studien, 16, 2, S. 135–141

Hagemann-White, C. (1984): Thesen zur kulturellen Konstruktion der Zweigeschlechtlichkeit. In: Schaeffer-Hegel, B./Wartmann, B. (Hrsg.): Mythos Frau. Projektionen und Inszenierungen im Patriarchat. Berlin: publica, S. 137–139

Hagemann-White, C. (1988): Wir werden nicht zweigeschlechtlich geboren… In: Dies./ Rerrich, M. S. (Hrsg.): FrauenMännerBilder. Männer und Männlichkeit in der feministischen Diskussion. Bielefeld: AJZ-Verlag, Forum Frauenforschung 2, S. 224–235

Hark, S. (1993): Queer Interventionen. In: Feministische Studien, 11, 2, S. 103–109

Hark, S. (1999): Deviante Subjekte. Die paradoxe Politik der Identität (2. überarb. Aufl.). Opladen: Leske + Budrich

Hark, S. (Hrsg.) (2001): Dis/Kontinuitäten: Feministische Theorie. Opladen: Leske + Budrich

Hark, S. (2005): Dissidente Partizipation. Eine Diskursgeschichte des Feminismus. Frankfurt/Main: Suhrkamp

Hill Collins, P. (1986): Learning from the Outsider Within: The Sociological Significance of Black Feminist Thought. In: Social Problems, 33, 6, S. 14–32

Hof, R. (1995): Die Entwicklung der Gender Studies. In: Bußmann, H./Hof, R. (Hrsg.): Genus. Zur Geschlechterdifferenz in den Kulturwissenschaften. Stuttgart: Kröner, S. 2–33

Honegger, C. (1991): Die Ordnung der Geschlechter. Die Wissenschaften vom Menschen und das Weib. Frankfurt/Main: Campus

Hornscheidt, A./Jähnert, G./Schlichter, A. (Hrsg.) (1998): Kritische Differenzen – geteilte Perspektiven. Zum Verhältnis von Feminismus und Postmoderne. Opladen: Westdeutscher Verlag

Jagose, A. (1997): Queer Theory. Melbourne: Melbourne UP

Janshen, D. (Hrsg.) (1999): Frauen über Wissenschaften. Die widerspenstigen Erbinnen der Männeruniversität. Weinheim: Juventa

Knapp, G.-A. (1994): Politik der Unterscheidung. In: Institut für Sozialforschung Frankfurt (Hrsg.): Geschlechterverhältnisse und Politik. Frankfurt/Main: Suhrkamp, S. 262–287

Knapp, G.-A. (1997): Differenz und Dekonstruktion. Anmerkungen zum „Paradigmenwechsel“ in der Frauenforschung. In: Hradil, S. (Hrsg.): Differenz und Integration. Die Zukunft moderner Gesellschaften. Verhandlungen des 28. Kongresses der Deutschen Gesellschaft für Soziologie 1996 Dresden. Frankfurt/Main: Campus, S. 497–513

Knapp, G.-A./Wetterer, A. (Hrsg.) (1992): Traditionen Brüche. Entwicklungen feministischer Theorie. Freiburg: edition kore

Kroll, R. (Hrsg.) (2002): Metzler Lexikon Gender Studies. Geschlechterforschung. Ansätze Personen Grundbegriffe, Stuttgart/Weimar: Metzler

Küster, S. (1998): Wessen Postmoderne? Facetten postkolonialer Kritik. In: Knapp, G.-A. (Hrsg.): Kurskorrekturen. Feminismus zwischen Kritischer Theorie und Postmoderne. Frankfurt/Main: Campus, S. 178–215

Landweer, H. (1990): Das Märtyrerinnenmodell. Zur diskursiven Erzeugung weiblicher Identität. Pfaffenweiler: Centaurus

Maihofer, A. (1995): Geschlecht als Existenzweise. Frankfurt/Main: Ulrike Helmer Verlag

Martin, B. (1988): Feminism, Criticism, and Foucault. In: Diamond, I./Quinby, L. (Hrsg.): Feminism and Foucault. Reflections on Resistance. Boston: Northeastern UP, S. 3–20

Mills, S. (1997): Discourse. London: Routledge

Nassehi, A. (1999): Die Paradoxie der Sichtbarkeit. Für eine epistemologische Verunsicherung der (Kultur-)Soziologie. In: Soziale Welt, 50, S. 349–362

Ott, C. (1998): Die Spur der Lüste. Sexualität, Geschlecht und Macht. Opladen: Leske + Budrich

Quaestio (Hrsg.) (2000): Queering Demokratie. Sexuelle Politiken. Berlin: Querverlag

Raab, H. (1998): Foucault und der feministische Poststrukturalismus. Dortmund: edition ebersbach

Runte, A. (1996): Biographische Operationen. Diskurse der Transsexualität. München: Wilhelm Fink Verlag

Scheich, E. (Hrsg.) (1996): Vermittelte Weiblichkeit: Feministische Wissenschafts- und Gesellschaftstheorie. Hamburg: Hamburger Edition

Schlichter, A. (2000): Die Figur der verrückten Frau. Weiblicher Wahnsinn als Kategorie der feministischen Repräsentationskritik. Tübingen: edition diskord

Scott, J. (1994): Gender: Eine nützliche Kategorie der historischen Analyse. In: Kaiser, N. (Hrsg.): Selbst Bewußt. Frauen in den USA. Leipzig: Reclam, S. 27–75

Scott, J. (1996): Only Paradoxes to Offer: French Feminists and the Rights of Man. Cambridge: Harvard UP

Scott, J. (1997): Nach der Geschichte? In: Werkstatt Geschichte, 17, S. 5–23

Seifert, R. (1992): Entwicklungslinien und Probleme der feministischen Theoriebildung. Warum an der Rationalität kein Weg vorbeiführt. In: Knapp, G.-A./Wetterer, A. (Hrsg.): Traditionen Brüche. Entwicklungen feministischer Theorie. Freiburg: edition kore, S. 255–285

Spivak, G. C. (1983): Displacement and the Discourse of Woman. In: Krupnick, M. (Hrsg.): Displacement: Derrida and after. Bloomington: Indiana UP, S. 169–196

Spivak, G. C. (1990): The Post-Colonial Critic: Interviews, Strategies, Dialogues. New York: Routledge

Treusch-Dieter, G. (1990): Von der sexuellen Rebellion zur Gen- und Reproduktionstechnologie. Tübingen: Konkursbuch Verlag

Villa, P.-I. (2000): Sexy Bodies. Eine soziologische Reise durch den Geschlechtskörper. Opladen: Leske + Budrich

Wartenpfuhl, B. (1999): Dekonstruktive Bestimmungen von Geschlecht – Identität – Differenz jenseits metaphysischer Gewißheiten. Herausforderungen für feministische Politik und Wissenschaft. In: Bauhardt, C./von Wahl, A. (Hrsg.): Gender and Politics. ‚Geschlecht' in der feministischen Politikwissenschaft. Opladen: Leske + Budrich, S. 65–82

Wartenpfuhl, B. (2000): Dekonstruktion von Geschlechtsidentität – Transversale Differenzen. Eine theoretisch-systematische Grundlegung. Opladen: Leske + Budrich

Weedon, C. (1990): Wissen und Erfahrung. Feministische Praxis und poststrukturalistische Erfahrung. Zürich: eFeF-Verlag

Welsch, W. (1996): Vernunft. Die zeitgenössische Vernunftkritik und das Konzept der transversalen Vernunft. Frankfurt/Main: Suhrkamp

Wobbe, T./Lindemann, G. (Hrsg.) (1994): Denkachsen. Zur theoretischen und institutionellen Rede vom Geschlecht. Frankfurt/Main: Suhrkamp

Wahrheit, Ideologie und Diskurse

Zum Verhältnis von Diskursanalyse und Ideologiekritik[1]

Andreas Hirseland, Werner Schneider

1 Die gesellschaftliche Produktion von Wahrheit

Der Begriff ‚Ideologie' – wörtlich die ‚Lehre von den Ideen' – steht in einer kontroversen Tradition, die von der Aufklärung über Marx bis in die Gegenwart reicht. In seinem theoretisierenden Gebrauch ein ‚nomadisierender Begriff', an dem sich „zahllose Bedeutungen und Gebrauchsweisen" anlagern (Haug 1995: 46), problematisiert der Ideologiebegriff den Zusammenhang zwischen menschlichem Denken (den vorherrschenden Wissensformen, den gültigen ‚Ideen und Theorien') und der jeweiligen konkreten gesellschaftlichen Situation, zwischen gesellschaftlich produziertem ‚wahrem' oder ‚falschem' Bewußtsein und politisch-sozialen Machtverhältnissen.[2] Bis heute dient der Begriff ‚Ideologie' in seinem veralltäglichten Sprachgebrauch als ein beliebtes politisches ‚Bezichtigungsinstrument' (Sandkühler 1990: 617), da er gemeinhin individuelle und/oder kollektive Selbsttäuschungen bzw. gezielte ‚Wirklichkeitsverschleierungen' aufgrund von Herrschaftsinteressen bezeichnet, die das ‚objektive' Erkennen der ‚tatsächlichen Verhältnisse', der ‚Realität', der ‚Wahrheit' verstellen und die es – ideologie*kritisch* – zu hinterfragen und zu überwinden gilt.

Entgegen einem solchen (Alltags-)Verständnis von Ideologie, welches entlang der Prädikation ‚wahr' oder ‚falsch' die Möglichkeit eines unverzerrten Zugangs zur Wirklichkeit ‚wie sie tatsächlich ist' unterstellt, lautet ein Grundsatz

---

[1] Für hilfreiche und geduldige Diskussionen danken wir Alexandra Göschl, Reiner Keller und Willy Viehöver.

[2] Für einen grundlegenden theoriegeschichtlichen Überblick zu ‚Ideologie' bzw. ‚Ideologiekritik' vgl. z. B. Projekt Ideologie-Theorie (1979), Lenk (1984), McLellan (1986), Zima (1989), Dant (1991), Eagleton (1991), Hauck (1992), Salamun (1989, 1992a), Haug (1993), Zizek (1994), Bay/Hamann (1995), Roters (1998), van Dijk (1995, 1998).

einer an Michel Foucault orientierten sozialwissenschaftlichen Diskursanalyse: ‚Wahrheit' – verstanden als gültiges, Geltung beanspruchendes Wissen über die Welt, an dem sich soziales Handeln orientiert und damit ‚Wirklichkeit' schafft – ist der gesellschaftliche Effekt machtvoller diskursiver Praktiken. Denn nicht die Gegenstände, nicht die Objekte des Denkens (gedacht als das ‚tatsächlich Gegebene') initiieren und formieren die darüber geführten Diskurse, sondern umgekehrt: Diskurse produzieren, formen ihre Gegenstände, Objekte, indem sie entlang ‚machtvoller Regeln' über sie sprechen, und indem die jeweiligen diskursiven Praktiken bestimmen, was in welchem Diskurs gesprochen, was verschwiegen, was als wahr anerkannt und als falsch verworfen wird. So hat „jede Gesellschaft ihre eigene Ordnung der Wahrheit, ihre ‚allgemeine Politik' der Wahrheit" (Foucault 1978: 51).[3]

Damit läge es nahe, die diskursanalytische Untersuchung solcher ‚machtvollen Wahrheitspolitiken' als eine neue, moderne Form von Ideologieanalyse/-kritik zu verstehen und zu betreiben.[4] Jedoch hat z. B. Foucault sich einer einfachen theoretischen Bezugnahme auf das Ideologiekonzept verweigert,[5] da es sich für ihn um einen Begriff handelt, der „nur mit Vorsicht zu verwenden" sei (Foucault 1978: 34). Gleichwohl greifen verschiedene aktuelle diskursanalytische Ansätze Ideologiekonzepte auf,[6] so daß im folgenden zu klären ist, worin die Kon- und Divergenzen zwischen ‚Diskurstheorie' einerseits und andererseits den Kontroversen um das ‚Ideologieproblem' liegen. Im Kern drehen sich diese Auseinandersetzungen um das Verhältnis zwischen Subjekt, Wissen, Wahrheit und gesellschaftlicher Praxis, welches auch innerhalb der Soziologie als einer Handlungs- und Strukturwissenschaft, insbesondere im Kontext soziologischer Diskursanalyse, eine zentrale Rolle einnimmt.

In einem ersten Schritt soll das Ideologieproblem anhand einer kurzen, selektiven Theoriegeschichte skizziert und in einer Zwischenbetrachtung auf das Spannungsverhältnis zwischen Ideologiekritik und Diskursanalyse eingegangen werden (Kap. 2). Der zweite Schritt präsentiert unter Bezug auf Michel Pêcheux und insbesondere Ernesto Laclau und Chantal Mouffe einen Ansatz zu einer konsequent diskurstheoretischen Konzeption des Sozialen mit Anschlußmöglichkei-

---

[3] Foucault (1978, 1988a, 1988b, 1988c, 1991), vgl. auch Dreyfus/Rabinow (1987: 69 ff), Marti (1988: 36 ff) sowie die Beiträge von Jäger und Bublitz in diesem Band.

[4] Vgl. hierzu z. B. auch Donati in diesem Band.

[5] Wie auch andere sogenannte Theoretiker der Postmoderne/des Poststrukturalismus wie z. B. Jacques Lacan oder Jean Baudrillard (vgl. für eine ‚ideologiekritische' Diskussion dieser Autoren z. B. Larrain 1994).

[6] Vgl. hierzu die verschiedenen diskurstheoretischen Ansätze einer ‚Kritischen Diskursanalyse': Link (1986), Wetherell/Potter (1988), Link/Link-Heer (1990), Fairclough (1992 und in diesem Band), van Dijk (1995, 1998), Wodak (1996), Fairclough/Wodak (1997), Jäger (1999 und in diesem Band), Wodak/Ludwig (1999).

ten für eine ‚ideologie-kritische' Diskursanalyse (Kap. 3). Der letzte Schritt bietet abschließend eine Zusammenschau soziologisch relevanter theoretischer und methodologischer ‚Prämissen' für ein solches Vorgehen und stellt eine Position vor, mit welcher eine diskursive Trennlinie zwischen ‚Ideologie' und ‚Theorie/Wissenschaft' – als Bedingung eines ‚ideologie-kritischen' Ansatzes in der Diskursanalyse – begründet werden kann (Kap. 4).

2 Wahres Wissen versus Ideologie? – Das Ideologieproblem

a) Wahrheit und Herrschaftsinteressen: Vom Vernunftgebot der Aufklärung zur Ideologiekritik

Was waren die gesellschaftlichen Voraussetzungen, die ‚Ideologie' und ‚ideologiekritisches Denken' überhaupt erst ermöglichten? Während vormoderne Gesellschaften ihre ‚Ordnung der Wahrheit' über eine letztbegründende religiöse Dogmatik und damit korrespondierende Institutionen, die als ‚Dogmenwächter' fungierten (z.B. die katholische Kirche), konstituierten und absicherten, übernehmen in modernen Gesellschaften mit ihrem säkularisierten Weltbild die Wissenschaften diese Funktion. Dabei garantiert nicht mehr der (religiöse) Glaube das richtige, weil ‚Wahrheit' produzierende Wissen über die gottgegebene Welt und bietet in dieser Wertegewißheit auch Handlungssicherheit. Sondern der (säkularisierte) Glaube an das jetzt ‚wertfrei' gedachte, weil allein der Rationalität des vernunftbegabten Subjekts verpflichtete und deshalb ‚wahre' Wissen produziert in seiner gedachten Wertfreiheit jene Handlungssicherheit, die das moderne Subjekt für sein ‚Projekt der Moderne', die säkulare Gestaltung von Gesellschaft, benötigt. Nun ist es also der Mensch, der allein durch seine Vernunft (und nicht mehr durch den Willen Gottes und den rechten Glauben) die Welt erkennt. Und mit solcher Einsetzung des ‚Wahrheit' über die Welt erkennenden Subjekts als vernunftbegabtes Erkenntnissubjekt geht eine *sich neu formierende gesellschaftliche Kontrolle der nun ‚subjekt-begründeten' Ideen-, Erkenntnis- und Wahrheitsproduktion* (im Sinne einer eigenständigen, auf nichts anderes als auf Vernunft zurückzuführenden Leistung des denkenden, wahrnehmenden Subjekts) einher, die in der Folge mit einer grundlegenden *Trennlinie zwischen ‚Ideologie' und ‚Wissenschaft'* operiert. Dies ist der erkenntnistheoretische Boden, auf dem die ‚Geburt der Ideologie' als einem ‚Kind der Neuzeit' in der philosophischen Tradition der Aufklärung erfolgt und von dem aus sich im Kontext der Auseinandersetzungen nach der Französischen Revolution aufklärerisches Denken den im ‚Ideologischen' sich artikulierenden ‚Ideen' zuwendet (Lenk 1984: 13ff).

Die Wurzeln dieser ‚Geburt der Ideologie' reichen dabei von Bacons ‚Idolenlehre', mit der er sogenannte ‚Idole' als kollektive Verstellungen und Befangenheiten des menschlichen Erkenntnisvermögens kritisiert, die nur durch offene und auf Erfahrung gegründete, empirische Wissenschaft überwunden werden können, bis zu jenen ‚Priestertrugtheorien' (Holbach, Helvetius), in deren Visier dann das ‚ancien régime' stand: Entsprechend ihrer Herrschaftsinteressen verbreiten die Mächtigen – Priester und Adel – (falsche) Vorstellungen und Ideen, die es den (prinzipiell vernunftbegabten) Menschen verhindern, die gesetzmäßigen Zusammenhänge in der äußeren und inneren Natur des Menschen, in den sozialen Prozessen zwischen den Menschen zu erkennen und ihr Handeln zum Wohl aller danach auszurichten (ebd.). Im Unterschied zu Bacon geht es hier also bereits nicht mehr um ‚falsche', weil erkenntnishemmende Vorstellungen über die Welt, sondern um gesellschaftlich produziertes ‚falsches' Bewußtsein, welches bestimmten Zwecken, nämlich den Herrschaftsinteressen der Mächtigen dient. Der damit hergestellte Zusammenhang zwischen dem Bewußtsein, dem Denken des Menschen und seiner gesellschaftlichen Existenz bleibt aber noch ein kausales und geradliniges Verhältnis zwischen Herrschenden und Beherrschten, in dem „der Priestertrug der Lüge näher [steht] als dem falschen Bewußtsein" (ebd.: 19).

Einer solchen ‚positivistischen' Lesart von ‚falschem Bewußtsein' steht das bis heute politisch wie theoretisch folgenreiche marxistische Ideologiekonzept entgegen, in dessen Kern es um ein ‚notwendig' falsches Bewußtsein geht, welches der Dynamik des gesellschaftlichen Prozesses, d. h. den materiellen Lebensbedingungen der Menschen entspringt.[7] Die Frage nach wahrem oder falschem Bewußtsein ist für Karl Marx keinesfalls eine theoretische, sondern immer die Frage nach einem bestimmten Bewußtsein, bezogen auf eine bestimmte historische Situation, in der es sich praktisch bewähren muß. ‚Bewußtsein' – in expliziter Frontstellung zur damals zeitgenössischen Philosophie – kann nie etwas anderes sein, als ein ‚bewußtes Sein', und ‚das Sein' der Menschen wiederum ist ihr wirklicher Lebensprozeß. Insofern ist Marx jede Form des (theoretischen) Denkens suspekt, welches sich auf apriorische Setzungen der Vernunft zu gründen sucht, denn das Denken und die Theorien über die Welt stehen für ihn in engem Zusammenhang einerseits mit den jeweils historisch realisierten Formen der materiellen Produktion, andererseits mit den zu ihrer Aufrechterhaltung erforderlichen Herrschaftsverhältnissen.

Konkret ging es Marx dabei insbesondere um die Ideologie des Bürgertums, um das bürgerliche Bewußtsein, deren gegen den Feudalismus gerichtete revolutionäre Grundideen von Freiheit, Gleichheit, Brüderlichkeit etc. unter kapitalisti-

[7] Für die folgenden Ausführungen vgl. insbes. ‚Die deutsche Ideologie' (in Marx/Engels 1969) sowie Marx (1985, 1988); außerdem z. B. Projekt Ideologie-Theorie (1979: 7 ff), Lenk (1984: 26 ff), McLellan (1986: 10 ff), Hauck (1992: 8 ff), Bay (1995: 18 ff), Brunkhorst (1995: 79 ff), Haug (1995: 42 ff), Roters (1998: 28 ff und 132 ff).

schen Verhältnissen zur Herrschaftsideologie werden. Der mit der kapitalistischen Produktionsweise einhergehende Entfremdungsprozeß, praktisch wie sinnbildlich sich vollziehend als Auseinanderfallen von ‚Kopf- und Handarbeit' und basierend auf der Akkumulation und privaten Aneignung des gesellschaftlich produzierten Reichtums durch die Ausbeutung von Arbeitskraft seitens der Bourgeoisie, bringt das hervor, was Marx mit dem Begriff ‚Ideologie' kennzeichnet: Eine „bestimmte Art von falschem Bewußtsein, ein Bewußtsein, das sich von der gesellschaftlichen Praxis losgelöst, sich ihr gegenüber verselbständigt hat" (Hauck 1992: 10). Die dieses Bewußtsein bestimmenden, gesellschaftlich ‚gültigen' (geltenden) Theorien und Ideen sind dabei immer zugleich ‚richtig' und ‚falsch' – d. h.: ihre Richtigkeit besteht in ihrer Funktionalität für den gesellschaftlichen Gesamtzusammenhang, ihre Falschheit darin, daß sie diesen nur soweit durchschauen können, wie das jeweilige Herrschaftsinteresse reicht, womit diese Falschheit selbst nur aus der Klassenlage seiner Träger zu erklären ist.

Festzuhalten ist hierbei, daß mit Marx ‚Ideologie' zum einen – in *herrschaftskritisch-normativer* Perspektive – die jeweils ‚herrschenden' Ideen, Weltvorstellungen etc. immer schon als ‚Ideen der Herrschenden' begreift, welche der Aufrechterhaltung und Legitimation einer bestimmten historischen (Produktions-)Ordnung dienen. Zum anderen ist Ideologie – in *erkenntniskritischer* Perspektive – auch immer ‚falsches Bewußtsein', zu dessen Erkennen (und darin liegt die zentrale Verknüpfung dieser beiden Dimensionen) die Analyse der *praktischen* Möglichkeits- und insbesondere Notwendigkeitsbedingungen eben dieses ‚verkehrten' Bewußtseins unabdingbar ist. Im Gegensatz zur ‚Priestertrugtheorie' mit ihrer unterstellten ‚bewußten Verstellung' von Wirklichkeit, die wider besseres Wissen aus strategischem Interesse verbreitet wird, sitzen der Ideologie als ‚notwendig falschem Bewußtsein' sowohl die Beherrschten (jedenfalls solange, bis das Proletariat als Klasse mit ‚Klassenbewußtsein' selbst zum ‚historischen Subjekt' geworden ist) wie auch die Herrschenden auf, weil sie die gesellschaftlichen Verhältnisse, in denen sie leben, aufgrund ihrer Eingebundenheit in eben diese gar nicht anders wahrzunehmen und zu denken vermögen. Der (erkenntnistheoretische) Ort, von dem aus diese gesellschaftlichen Verhältnisse bzw. die so in den (Be-)Griff genommene ideologische Ordnung des Denkens wahrgenommen, analysiert und damit auch kritisiert werden kann, ist – vereinfacht gesagt – das eigene theoretisch-philosophische Fundament, welches als solches die Wahrheit der eigenen Position garantiert.

Mit dieser Marxschen ‚Ideologiekritik des bürgerlichen Bewußtseins' war deutlich folgender Problemkreis artikuliert: Wie ist ein analytischer Zugriff auf gesellschaftliche Wirklichkeit (bei Marx: die ‚tatsächlichen gesellschaftlichen Verhältnisse') möglich?; wie läßt sich dabei ‚Wissenschaftlichkeit' sichern bzw. wo ist die Trennlinie zwischen Ideologie und Wissenschaft (als Wahrheit) zu ziehen?; wie läßt sich eine Kritik der herrschenden gesellschaftlichen Praxis begründen?

Die Marxschen Positionen hierzu riefen mit Blick auf den Ideologiebegriff zwei gegensätzliche Reaktionen hervor: Zum einen hielt eine positivistische Ideologiekonzeption (Vilfredo Pareto, Theodor Geiger, Ernst Topitsch) in Frontstellung zur ‚Ideologie des Marxismus' vor allem fest an der prinzipiellen Möglichkeit nicht-ideologischen Wissens als jenem, der ‚Realität' angemessenen, weil in ‚unvoreingenommener Empirie' zu ‚ent-deckenden positiven Wissen', welches seine Wahrheit gleichsam in sich selbst trägt. Das Erkenntnissubjekt hat sich diesem naturwissenschaftlichen Erkenntnisideal zufolge strikt von allen ‚subjektiven' Komponenten (individuellen Anschauungen und Werturteilen, politischen Interessen, Gefühlen etc.) zu befreien.[8] Zum anderen hinterfragt eine sich in der Zwischenkriegszeit des 20. Jahrhunderts etablierende Wissenssoziologie (Max Scheler, Karl Mannheim) insbesondere die Marxsche Forderung, die Analyse des Denkens der Menschen, ihrer Vorstellungen, ihrer ‚Ideen und Theorien' immer unter den Primat der ökonomischen Verhältnisse zu stellen und dabei letztlich für diese Analyse die Unterscheidung zwischen (eigenem) richtigem (weil wissenschaftlichen) und falschem (weil ideologischen) Denken (der Anderen) als unhintergehbar zu setzen.

b) Von der ‚Seinsverbundenheit' des Wissens und der entideologisierten Wirklichkeit des Alltagswissens

Mannheim verweist mit seinem Diktum von der *‚Seinsverbundheit des Wissens'* auf die soziale Bedingtheit jeglicher Wissens- und Denkformen (Mannheim 1952: 229 ff):

> „Geht man von einer dynamischen Konzeption der Wahrheit und des Wissens aus, so konzentriert sich (...) das Interesse einer Soziologie des Wissens auf das Werden, und zwar auf das seinsverbundene Werden der Standorte, von denen aus zu denken einem jeweiligen Zeitalter allein gegeben ist." (Mannheim 1964: 373)[9]

Während für Mannheim ein ‚partikularer Ideologiebegriff' noch ein Denken bezeichnet und entlarven soll, welches in bestimmten Ausschnitten, z. B. in spezifischen Aussagen politischer Gegner, den je eigenen Herrschafts- und Machtansprüchen folgt, basiert sein ‚totaler Ideologiebegriff' auf eben jener Annahme

---

[8] Für einen Überblick vgl. z. B. die Beiträge in Lenk (1984: 156 ff), Schmid (1989: 149 ff), auch Hauck (1992: 28 ff), Roters (1998: 72 ff), grundlegender z. B. Zima (1989: 127 ff).

[9] Einführend zu Mannheim vgl. z. B. Hofmann (1996), Kettler/Meja (1995), Kettler/Meja/Stehr (1984), auch Roters (1998: 48 ff).

der notwendigen und unausweichlichen Seinsverbundenheit des Denkens schlechthin. Jegliche Weltanschauung von Menschen sowie ihre Denkkategorien insgesamt müssen demzufolge als ‚ideologisch' verstanden werden. Und folglich kann es hier weder um die Aufdeckung von ‚Lügen' des politischen Gegners noch um die immer schon von einer bestimmten Position aus zu formulierende Kritik von ‚notwendig falschem Bewußtsein' gehen, sondern grundsätzlich um die Erforschung der standortabhängigen ‚Bewußtseinsstrukturen' von Menschen als Angehörige von Gruppen, Schichten, Klassen oder Generationen und den damit einhergehenden, zu beobachtenden Handlungsmustern.

Diese unaufhebbare, weil aus der Verankerung in den jeweils gegebenen historisch-gesellschaftlichen Prozeß resultierende *Perspektivität von Denken, Wissen und den darauf beruhenden Aussagen, Handlungen* gilt dabei eben *nicht* nur für weltanschauliche bzw. politische Ideen, sondern genauso für wissenschaftliche Theorien und ihre Erkenntnismethoden. Die grundsätzliche Seinsverbundenheit des Denkens führt Mannheim konsequent weiter zu der Erkenntnis der ebensolchen sozialen Bedingtheit des je eigenen Denkens, der prinzipiellen Standortverbundenheit auch des eigenen (soziologischen) Erkennens und damit zu einer gleichsam ‚reflexiven' Soziologiekonzeption: Die Wissenssoziologie hat die ‚soziale Gleichung' also auch für sozialwissenschaftliches Wissen herauszuarbeiten (als Wissenschaftssoziologie und schließlich als ‚Soziologie der Soziologie') auf der Basis eines damit ebenso für die Wissenschaft als ‚sozial generiert' gedachten, *‚relationistischen'* (nicht relativistischen!) *Wahrheitsbegriffs*. Nicht ‚richtig' versus ‚falsch' sind für die Wissenssoziologie die relevanten Analysekategorien, sondern für sie ist jede Aussage (ob im Alltag oder in der Wissenschaft) mit ihrem Aussagegehalt in Beziehung zu setzen (zu relationieren) mit der sozialen ‚Seinslage', in die sie eingebettet ist.

Mit dieser Position ist eine entscheidende Differenz zur Marxschen Ideologieanalyse formuliert: Die Wissenssoziologie weist die Idee einer sich relativ autonom, eigengesetzlich verändernden (ökonomischen) ‚Basis' als Generator von Ideologie zurück. Nun ist es *das Wissen* selbst, welches *in seiner Wechselwirkung zur sozialen Lagerung* den Gegenstand der soziologischen Analyse markiert. Was im Vergleich zu Marx auf der einen Seite die Analysebasis entscheidend erweitert, indem es den Zusammenhang zwischen Denkkategorien, Wissensansprüchen und gesellschaftlicher Wirklichkeit aus theoretischen apriori-Verengungen befreit, bleibt jedoch auf der anderen Seite unterbelichtet. Denn Mannheim verliert mit seiner – vor allem auch auf wissenschaftliche Erkenntnis hin gemünzten – ‚relationistischen Lösung des Wahrheitsproblems' insofern gesellschaftliche Herrschafts- und Machtaspekte aus den Augen, als er – in seiner Terminologie ausgedrückt – beim ‚Kampf der verschiedenen seinsgebundenen Weltwollungen' (ebd.: 379) die *praktische* Seite vernachlässigt, *wie ein bestimmtes Wissen* sich jenseits der eigenen sozialen Lagerung, mit der es verbunden ist, *Geltung verschafft*. Der Marxsche Anspruch einer sich ihrer außerwissenschaftlichen Konstitutionsbedingungen bewußten Ideologie*kritik* wird so zurückgefahren auf eine soziogenetische Ideologie*analyse*, die mit ihrem ‚Panideologismus' sowohl ihre eigene (Erkenntnis-)Theoriebildung wie auch ihren praktisch-aufklärerischen Ambitionen vom Standpunkt einer ‚freischwebenden Intelligenz' aus zu betreiben versucht: So ist es nach Mannheim der Gruppe der Intellektuellen infolge ihrer im Vergleich zu anderen Schichten und Gruppen relativen sozialen Ungebundenheit und Heterogenität potentiell eher möglich, Ideologien zu durchschauen und zu überwinden.[10]

In der neueren – von Peter L. Berger und Thomas Luckmann (1987) als ‚Allgemeine Soziologie' konzipierten – Wissenssoziologie verschiebt sich der Fokus schließlich von Ideologien als systematisierten Gedankengebilden (wissenschaftliche Theorien, politische Weltanschauungen, religiöse Kosmologien) auf (letztlich jegliche Formen von) Wissen *im alltäglichen Gebrauch*. Berger und Luckmann geht es darum, die Grundlagen der gesellschaftlichen Konstitution von Wirklichkeit, und zwar verstanden als die ‚Wirklichkeitsordnung der Alltagswelt durch den in ihr lebenden Jedermann' (ebd.: 21 ff), im Medium der Sprache zu verorten, die nach Alfred Schütz jene ‚Typisierungen' bereitstellt, anhand derer sich Akteure im Wissen um eben diese Typisierungen in ihrem Alltagsleben wechselseitig orientieren.

Zwar fragen Berger und Luckmann danach, welche Gruppen sich aufgrund welcher Umstände welches Wissen zu welchem Gebrauch aneignen, mittels welchen Wissens sie ihre (Sinn-)Welten aufbauen, welche symbolischen Sinnwelten diese legitimieren und mit welchen Ideensystemen oder gar Ideologien sie ihrer Welt Kohärenz zu verleihen suchen. Damit ist jedoch – ähnlich zu Mannheim – keineswegs schon folgende, mit dem Begriff der *‚Geltung'* verbundene Frage *systematisch* in den Blick genommen: Welches Wissen (ob wissenschaftliche Theorie, alltägliches ‚Rezeptwissen' etc.) kann mittels welcher gesellschaftlicher Prozeduren in welchen gesellschaftlichen Handlungsfeldern und mit welchen praktischen Folgen für wen ‚Gültigkeit' erlangen? So bleibt – erstens – nicht nur die von Marx explizit in die Diskussion geworfene ‚herrschaftskritische Dimension' des Zusammenhangs von Wissen und Wahrheit unterbelichtet, sondern zweitens auch jene ‚erkenntniskritische' Frage nach der Genese bzw. gesellschaftlichen Position der *Wissens- bzw. Erkenntnissubjekte* – z. B. als Jedermann in seiner Alltagswirklichkeit oder, worauf Mannheim verwies, als Wissenschaftler, der Wissen über das gesellschaftliche Wissen produziert (und dieses so mitkonstituiert; vgl. Schneider 1994: 71 ff). Drittens schließlich ignorieren bzw. vernachlässigen beide wissenssoziologische Ansätze, wenngleich aus entgegengesetzten Gründen, weitgehend

[10] Mannheim (1952: 134 ff), für eine Kritik vgl. z. B. Horkheimer (1987) sowie die Beiträge in Lenk (1984: 212 ff), Roters (1988: 75 ff, 1998: 63 ff), auch Zima (1989: 90 ff).

jene in der Marxschen Ideologie-Argumentation angelegte *Durchdringung ‚des Alltagsweltlichen' und ‚des Ideologischen':* Mannheims ‚Panideologismus' befaßt sich nicht systematisch mit dem Alltagswissen, Berger und Luckmann wiederum weisen ‚Ideologien' nur dort eine gewisse Bedeutung für die ansonsten entideologisierte Alltagswelt zu, wo ideologische Vorstellungen als bereits präfigurierte Formen sich einer utilitaristisch-intentionalen Verwendung bestimmter Gruppen anbieten (z. B. als ‚Doktrinen', die dann zur Ideologie für eine soziale Gruppe werden; ebd.: 132 ff).

c) Die Ideologisierung des Alltagslebens

In der Fortführung einer marxistischen Ideologiekonzeption bis hin zur Kritischen Theorie hingegen blieb die ‚Totalisierung des Ideologischen' und damit die ‚Ideologisierung' des Alltags der Menschen ein zentraler Aspekt zur Kennzeichnung der kapitalistischen Gesellschaftsentwicklung. Z. B. verweist bereits Georg Lukács in seiner Theorie der ‚Verdinglichung' darauf, daß das Ideologische sich in der warenförmigen Erscheinung der Dinge selbst, also in ihrer von der kapitalistischen Warentauschökonomie geprägten ‚Gegenständlichkeitsform' materialisiert, und so zu einer ‚Verdinglichung des Bewußtseins' führt (Lukács 1988: 170 ff; vgl. auch Barrett 1991: 18 ff, Roters 1998: 39 ff). Allgemeiner gesagt: Das Ideologische charakterisiert nicht nur das Denken der Menschen und bestimmt dadurch ihre gesellschaftliche Praxis, sondern die Dinge präformieren in ihrer Warenförmigkeit das (ideologiekonforme) Handeln der Subjekte. So wie zum einen ‚das Ideologische' bis in die tagtägliche Verwendungspraxis der Alltagsgegenstände reicht (z. B. Haug 1972), entfesselt es sich auf der anderen Seite quasi von jeglicher Konkretion in Form bestimmter Ideologien, wird abstrakt und legt sich als ein alles umfassender Schleier über die moderne Gesellschaft insgesamt: Angesichts der Durchsetzung bürokratisch-technologisch-massenkommunikativ geprägter Gesellschaftsformen löst sich das Ideologische von seiner Anbindung an soziale (Klassen-)Gegensätze und gewinnt gerade dadurch seine totalisierende Qualität, etwa in der sich ausbreitenden Herrschaft des Sachzwangs in einer ‚total verwalteten' (Adorno), ‚eindimensionalen' (Marcuse) Gesellschaft, in welcher einerseits Aufklärung in den unreflektierten positivistischen „Mythos dessen, was der Fall ist" (Horkheimer/Adorno 1978: IX) umschlägt, sich anderseits in der umfassenden Vereinnahmung des gesellschaftlichen Bewußtseins durch eine omnipräsente ‚Kulturindustrie' zeigt (ebd.).

Diese Verschiebung des Fokus und der Logik der Ideologiekritik von der bei Marx im Vordergrund stehenden ‚Kritik der politischen Ökonomie' hin zur ‚Kritik der instrumentellen Vernunft' – und damit auch der positivistischen Wissenschaften – basiert auf einer grundlegenden Kritik der okzidentalen Identitätslogik, die, wie die ökonomische Tauschlogik, eine Logik der Abstraktion darstellt, welche die Andersheit des Anderen verschwinden läßt, indem sie der begrifflichen Vereinheitlichung unterworfen wird. Die rationale Betrachtung der Welt durch und ihre Gestaltung gemäß abstrahierender Begriffslogiken kann das zugrundeliegende Konkrete jeweils nur in einer zugerichteten Form erfassen. Allerdings führt dieses Programm insofern in eine Aporie, als Kritik gerade mit den Mitteln des Kritisierten betrieben wird. Kritik sei daher, so Adorno, letztlich nur als ein ‚Aufdecken der Dissonanzen' zwischen Denken und Aktualität, (begrifflichem) Konzept und Objekt, Identität und Nicht-Identität möglich, was sich praktisch weniger in Formen widerständigen kollektiven Handelns zeigt als vielmehr auf Ebene alltäglicher Gesten, etwa des ironisierenden, Distanz schaffenden Lachens, das die Totalität der Strukturierung des Lebens durchbricht (vgl. auch Benhabib 1994: 66ff).

Auch Jürgen Habermas schließt an die Vernunftkritik der ‚alten' Frankfurter Schule an, wenngleich nicht bruchlos. Seinem Konzept einer Dichotomisierung von ‚System und Lebenswelt' liegt die Behauptung einer für die fortschreitende Moderne charakteristischen ‚Kolonisierung' lebensweltlicher Sinnressourcen und Handlungszusammenhänge zugrunde, in welche eine an abstrakter Zweck-Mittel-Rationalität ausgerichtete ‚systemische' Logik als machtvolle ‚Hintergrundideologie' immer weiter eindringt.[11] Habermas operiert hier mit der Annahme, daß Sprache als grundlegende lebensweltliche Ressource auf eine zwanglose Verständigung über normativ-praktische Fragen des sozialen Lebens angelegt sei, so daß sich das Ideologische als Form einer strategisch verzerrten Kommunikation bestimmen läßt, die unter der Vorgabe der regulativen Idee einer zwangfreien rationalen Auseinandersetzung – eines ‚herrschaftsfreien Diskurses' – kritisierbar ist.

d) Ideologie und die Produktion von Subjekten

Während die Kritische Theorie mit unterschiedlichen Akzentsetzungen nach ‚ideologischen Verzerrungen' suchte, fand im strukturalistisch-neomarxistischen Ansatz Louis Althussers (1977) eine deutliche Verschiebung hin zu der Frage der Subjektbildung durch Ideologie als ‚materielle Praxis' statt. Für Althusser wird alles Bewußtsein sowohl als durch Ideologie konstituiert wie auch als in das Feld des Ideologischen eingeschrieben begriffen, so daß auch für ihn die aufklärerische Frage der Trennung von ‚wahrem' und ‚falschem' Bewußtsein hinfällig wird – Ideologie mithin auch nicht auf dieser Ebene kritisiert werden kann. Was im Bewußtsein repräsentiert wird, ist weder die ‚Realität per se' noch deren Verstellung, sondern, unter Bezug auf Lacan, eine immer schon *imaginäre* Vorstellung des jeweiligen *Verhältnisses von Subjekten* zur gesellschaftlichen Realität. Damit wird ‚Ideologie im allgemeinen' als eine transhistorische strukturelle Form begriffen, welche sich aber in Gestalt konkreter Ideologien und ideologischer Effekte in den jeweiligen historischen Kontexten unterschiedlich präsentiert. Althus-

[11] Adorno/Horkheimer (1978), Horkheimer (1987, 1988), Habermas (1968, 1973, 1985).

sers Interesse richtet sich nun in erster Linie auf die Untersuchung der Funktion und Wirkungen von Ideologie, die er als notwendigen Bestandteil der Praxis einer jeden Gesellschaft begreift, wodurch ihren konkreten, historisch-sozialen Ideologien selbst eine produktive, wirklichkeitsschaffende Rolle zukommt.[12]

Somit wird Ideologie als *praktisch-materielle* Wirklichkeit untersucht, wie sie sich in institutionell gesicherten Ritualen und Handlungsmustern darstellt. Für Althusser erschafft das Ideologische erst jene ‚Subjekte', welche die Gesellschaft – konkret: die kapitalistische – zur Reproduktion ihrer Produktionsverhältnisse benötigt, indem es das (Alltags-)Leben der Menschen spezifischen Institutionen unterwirft. Entscheidend für die Produktion von Subjekten sind dabei nicht jene sog. ‚repressiven Staatsapparate' (z. B. Regierung, Militär, Polizei etc.), sondern die von ihm so bezeichneten *‚ideologischen Staatsapparate'*, die in Form spezifischer, unmittelbar in das Alltagsleben eingreifender Institutionen wie Religion, Bildungseinrichtungen, Familie, Medien etc. in Erscheinung treten. Deren Aufgabe besteht darin, bei den zu vergesellschaftenden Individuen die Bereitschaft zur quasi-freiwilligen Übernahme ihrer jeweiligen Funktionen innerhalb des Systems zu erzeugen.

Dies geschieht dadurch, daß die Ideologie aus den ursprünglich unspezifischen Individuen spezifische ‚Subjekte' formt, indem sie die einzelnen in einer spezifischen Weise ‚interpelliert' (‚anruft') und dadurch gewissermaßen erst als Subjekte ‚ins Leben ruft', sie formt und mit einer bestimmten Identität versieht, welche die Subjekte – ohne daß sich diese dessen bewußt sein müssen – innerhalb der zur Aufrechterhaltung der Produktionsverhältnisse notwendigen Beziehungsgeflechte verortet. Anders ausgedrückt adressiert sich die Ideologie an die einzelnen Individuen, ruft sie an als Kinder ihrer Familie, Mitglieder ihrer Religionsgemeinschaften, Schüler, Mitarbeiter, Staatsbürger etc. und bindet sie ein in die Praktiken, die zur Reproduktion der damit einhergehenden Beziehungsstrukturen erforderlich sind (etwa durch Befolgung der entsprechenden Rituale der bürgerlichen Familie, der Schule etc.). Dabei besteht ein weiterer ideologischer Effekt gerade darin, daß Subjekte sowohl diese Praktiken als auch die darin enthaltenen Bedeutungen und Subjektpositionen für ‚offensichtlich' und ‚selbstverständlich' halten. In dieser scheinbaren Selbstevidenz des Bedeutens und der Subjektpositionen zeigt sich für Althusser „die praktische Verneinung des ideologischen Charakters der Ideologie durch die Ideologie" (ebd.: 143). So wenig, wie Praxis ohne Ideologie bestehen kann, so wenig ist Ideologie ohne die durch sie erzeugten Subjekte denkbar, die stets ‚Subjekte-in-Ideologie' sind.

---

[12] Für eine Fortführung der Althusserschen Argumentationslinie vgl. z. B. das von Wolfgang F. Haug u. a. Autoren dann Ende der 70er Jahre ausgearbeitete Projekt Ideologie-Theorie (1979; vgl. auch Roters 1998: 109 ff und 103 ff).

Althussers Ideologiekonzept rückt zwar die theoretische Frage nach der konkreten gesellschaftlichen Erschaffung des (Erkenntnis-)Subjekts in den Vordergrund. Deutlich wird aber, daß sein strukturalistisch-neomarxistischer ‚Panideologismus' letztlich keine empirisch zu klärende Differenz mehr offen läßt zwischen dem ‚Ideologischen' und dem Wissen, Bewußtsein von Subjekten sowie deren (Alltags-)Handeln. Nicht zuletzt durch die theorie-architektonische Einebnung dieser Differenz muß Althusser gemäß seinem Theorierahmen ‚Ideologie' (als immer schon Gegebenes und den Subjekten Vorgängiges) auf ein Außerideologisches beziehen (die ökonomische ‚Basis' und deren Reproduktionsanforderungen; vgl. ebd.: 154 ff.) und benötigt dabei die Erkenntnisposition des ideologiefreien marxistischen Theoretiker-Subjekts mit seinem ausschließlichen Wahrheits- und Kritikanspruch (ebd.: 141 ff). Insofern verwundert es auch nicht, daß er die Vergesellschaftung der (Erkenntnis-)Subjekte durch Ideologie nicht als einen offenen (reflexiven) sozialen Prozeß konzipiert, sondern letztlich als eindimensionales „Grundverhältnis von Herrschaft und Subordination" (Roters 1998: 109) denken muß, zu dem die ‚ideologischen Staatsapparate' die Erzeugung des ‚zwanglosen Zwangs zur freiwilligen Unterwerfung' (ebd.: 102) beitragen.[13]

e) Das ‚Ideologieproblem' – eine Zwischenbetrachtung

Der hier vorgestellte Überblick zeigt folgende Entwicklung des Ideologieproblems: Bei Marx findet das Ideologische eine sozialtheoretische Verortung auf einer herrschaftssoziologischen und erkenntniskritischen Grundlage. Zentrum seiner Betrachtung sind die (zu Ideologien systematisierten) Ideen der bürgerlichen Klasse, welche mit universalistischem Anspruch und als ‚herrschende' Ideen die ‚tatsächlichen', politisch-ökonomischen Verhältnisse der gesellschaftlichen Basis als letztem Referenten nur verzerrt reflektieren. Die wissenssoziologische Antwort darauf führte bei Mannheim zu einer Erweiterung des Fokus: nicht nur die bürgerliche Klasse verfügt über Ideologie, vielmehr weist jede gruppenspezifische Weltsicht eine perspektivische Gebundenheit auf. Der Preis einer solchen panideologischen Öffnung besteht in einer ‚Relationierung' des Wahrheitsbegriffs, die letztlich zu einer Aufweichung theoretisch zu begründender Maßstäbe von Kritik führt. Die Reformulierung der wissenssoziologischen Perspektive bei Berger und Luckmann eröffnet den Blick auf das handlungsleitende Alltagswissen gegenüber dem Fokus auf ‚Ideen', ‚Theorien' – dies jedoch vor allem auf Kosten eines Verschwindens der Marxschen herrschaftskritischen Dimension im Blick auf Ideologien. Der Anspruch der Kritischen Theorie, die Durchdringung von Alltag und Ideologie ‚vernunftkritisch' zu fassen, verfängt sich letztlich ei-

[13] Letztlich markiert diese Position den ‚ideologiekritischen' Gegenpol zu einer – an Talcott Parsons orientierten – affirmativen struktur-funktionalistischen Sozialisationstheorie.

nerseits – bei Horkheimer und Adorno – in bewußtseinskritischen Aporien, andererseits – bei Habermas – in einer aus diskurstheoretischer Sicht problematischen, weil selbst unter Ideologieverdacht geratenden Annahme der Möglichkeit einer unverzerrten, transparenten sprachlichen Kommunikation (vgl. Zizek 1994: 10), während der Ansatz Althussers in einer Determinationslogik des Ideologischen zur Erzeugung von systemkonformer Subjektivität verbleibt.

Nicht zuletzt wegen dieser (auch erkenntnistheoretischen) Heterogenität der ‚ideologiekritischen' Diskussionen erscheinen die bereits von Foucault ins Feld geführten Bedenken gegenüber einer unreflektierten theoretischen Bezugnahme auf ‚das Ideologische' angebracht[14] – und zwar umso mehr, sofern diese nicht beachtet, daß der Begriff der ‚Ideologie' selbst wiederum eine Machtwirkung spezifischer historischer Diskurse darstellt, letztlich also ein Effekt jener Wahrheitspolitik der Moderne ist, die er zu analysieren und kritisieren beansprucht. Für eine, im Kern marxistisch-verkürzte Lesart des Ideologiekonzepts zeigen sich demnach mit Foucault (1978: 34) folgende Probleme:

Ideologie zu denken, etwas als ‚Ideologie', als ‚ideologisch' wahrzunehmen, benötigt zum einen immer einen Gegensatz, ‚die Wahrheit'. Deshalb läßt sich mit einem Ideologiekonzept als Analysekategorie eben *nicht* analysieren, wie solche Differenzen zwischen Wahrheit und Ideologie bzw. zwischen ‚richtigem' und ‚falschem' Bewußtsein überhaupt erst entstehen, sich transformieren und womöglich wieder verschwinden. Zum anderen gründet das ‚Ideologie-Konzept' auf einem Erkenntnissubjekt, welches einerseits die Differenz von ‚Ideologie' und ‚Wahrheit' qua besserem Wissen (durch rationale Erkenntnis, mit Hilfe der ‚richtigen' Theorie) erkennen kann, andererseits aber in und mit dieser Vorstellung selbst wiederum Effekt der neuzeitlichen Wahrheitspolitik mit seiner spezifischen Subjekt-Konzeption ist. Und schließlich kritisiert Foucault die dabei inhärente Vorstellung von Ideologie als Folge von etwas Vorgängigem, von ökonomisch bedingten politischen Herrschaftsverhältnissen, deren Erkenntnis jenseits einer diskursiven Ordnung aber nicht möglich ist. Daraus erklärt sich die Fragwürdigkeit des Konzepts ‚Ideologie', denn von welcher (privilegierten, weil als nichtideologisch gesetzten) Position aus könnte ‚das Ideologische' analysiert und kritisiert werden?

Der Grund für diese Problematik ist, daß der Ideologiekritik in zweifacher Hinsicht der Referent verloren gegangen ist, der ihren eigenen Wahrheitsanspruch verbürgt hat. In *empirischer* Hinsicht tritt zum einen in der (post-)modernisierten Welt das Ideologische immer weniger in Form von ‚Großideologien', gründend in den Herrschaftsinteressen ökonomisch präkonstituierter Klassen, in Erscheinung, sondern verästelt sich, formiert sich neu und durchdringt das Alltagswissen. Weil

---

[14] Vgl. auch Macdonnell (1986: 24 ff), Purvis/Hunt (1993), Barrett (1991: 123 ff).

somit das ‚Ende der Ideologien'[15] – verstanden als Zusammenbrechen der Dominanz von ‚Großideologien' – jedoch keineswegs das Ende der ‚Ideologisierung' von Wirklichkeit bedeutet, muß sich vielmehr die Perspektive auf Ideologie von einem ‚restriktiven', auf diese geschlossenen, kohärenten ‚Großideologien' gerichteten Verständnis zu einem ‚inklusiven' verändern, welches die partikulare, vielschichtige Durchdringung des Alltags mit ‚Ideologischem' empirisch in den Blick nimmt (Steuter 2000). Indem in *theoretischer* Hinsicht die Wende hin zum Begriff der ‚Repräsentation' der herkömmlichen Ideologiekonzeption den Boden entzogen hat, zielt – im Gegensatz zur Ideologiekritik – die ‚Kritik der Repräsentation' nicht mehr auf eine Wahrheit jenseits der Vorstellung, der Deutung von Wirklichkeit (Deuber-Mankowsky 2000), sondern auf die soziale Konstruktion der Repräsentation (für eine kritische Diskussion vgl. auch Eagleton 1991: 193 ff).

Um diesen Konstruktionsprozeß ‚kritisch' analysieren zu können, muß es für eine Soziologie, die das Subjekt als Akteur im Blick halten will, einerseits um eine Überwindung des letztlich aus dem strukturalistischen Ansatz folgenden rigiden Subjektkonzepts gehen, welches das Subjekt als durch und durch ideologisch determiniert betrachtet (vgl. auch Zima 1995: 70). Andererseits ist es erforderlich, Wissen und Handeln im Alltag und als gesellschaftliche Praxis – kurzum: ‚das Soziale' – in einer Weise mit einem Konzept ‚des Ideologischen' zu verbinden, die letztlich keine außerdiskursive Determiniertheit von Ideologien mehr braucht. Wie eine solche diskurstheoretische Konzeption, die als ‚Sozialtheorie' beides auf eine Praxis des Bedeutens – also auf das Diskursive – bezieht, formuliert werden kann, soll im nächsten Schritt gezeigt werden.

3 Diskurs und Ideologie – Zur Diskurstheoretischen Kritik der Ideologiekritik

a) Ideologie, Diskurs und Subjektposition

Eine Sichtweise des Ideologischen, die in erster Linie auf die Reproduktion eines bestehenden gesellschaftlichen Herrschaftszusammenhangs durch die Erzeugung und Sicherung eines (ideologischen) Common Sense abzielt, erweist sich als ungeeignet, sowohl die vielen unterschiedlichen Facetten und Variationen bestehender partikularer Ideologien, die damit einhergehenden multiplen und teils widersprüchlichen ‚Interpellationen' wie auch die sich gegen diese entwickelnden Widerstände theoretisch zu fassen. Michel Pêcheux (1982, vgl. auch Montgomery/Allan 1992) entwickelt einen Rahmen, der gegenüber Althusser eine dynamisierte

[15] Vgl. kritisch dazu z.B. Eagleton (1991: 4 ff), Salamun (1992b: 31 ff), Bay/Hamann (1995), Haug (1995: 46 ff), Zima (1995: 66 ff), Roters (1998: 9 ff).

Sicht der ideologisch – hier: diskursiv – erzeugten Subjektpositionen ermöglicht, indem er drei verschiedene Positionen annimmt, welche das individuelle Subjekt gegenüber der herrschenden gesellschaftlichen Ideologie einnehmen kann.

Dabei nimmt Pêcheux das Althussersche Problem der ‚Interpellation' und der Bedeutung zunächst linguistisch in den Blick. Worte, Ausdrücke und Propositionen haben, wie er in Anschluß an sprachwissenschaftliche Überlegungen betont, keine ‚buchstäbliche' Bedeutung, sondern beziehen diese immer erst durch ihren Verweis auf andere Worte, Ausdrücke, Propositionen (Pêcheux 1982: 188). ‚Bedeutung' ist somit selbst eine Relation, ein (interdiskursives) Verhältnis zwischen Zeichen eines Diskurses, die wiederum eingebunden ist in andere Diskurse und in die durch diese vorkonstruierten Bedeutungen. ‚Bedeutung' ist also weder einfach ‚da', noch läßt sie sich aus der Intentionalität des Aussagesubjekts ‚individualistisch' begreifen (beide Vorstellungen sind ideologische Effekte), sondern Bedeutung ist immer ‚sozial hergestellt', d. h. der Effekt eines diskursiven Prozesses, in den daher Machtverhältnisse *und* Widerstände gegen diese Verhältnisse eingeschrieben sind.[16] Vor diesem Hintergrund erweitert sich das Feld des Ideologischen, indem das Wechselspiel von Macht und Widerstand zu dominierenden und dominierten Ideologien führt. In diesem *‚machtvollen' Beziehungsverhältnis von Bedeutungspraktiken* kann die Operationsweise des Ideologischen selbst nie ‚lückenlos' sein, können die (unbewußten) Regeln der dominierenden Bedeutungsproduktion durch widerständige Bedeutungspraxis – etwa durch den Witz – in Frage gestellt werden (Gadet/Pêcheux 1981; Pêcheux 1983).

Entsprechend schlägt Pêcheux (1982) vor, die tatsächlichen *Subjektpositionen in Wechselwirkung mit der (dominierenden) Ideologie* zu bestimmen. Erstens können Subjekte mit der dominanten Ideologie ‚identifiziert' sein. Im Sinne einer herrschenden Ordnung sind sie dann die ‚guten' Subjekte, welche ihren Platz innerhalb der Gesellschaft und der sozialen Ordnung akzeptieren und sich selbst entsprechend interpretieren. Dem entgegen können angetragene Subjektposition ebenso abgelehnt werden. Pêcheux spricht in diesem – zweiten – Fall von ‚Gegenidentifikation'. Das Subjekt verneint die bestehende Ideologie, sagt sich von ihr los und stellt sich ihr gegenüber, wird zum ‚schlechten' Subjekt, das jedoch gerade dadurch die Macht der herrschenden Ideologie und der sie tragenden scheinbaren ‚Unmittelbarkeit der Bedeutung' indirekt bestätigt, indem es in einem Gegen-Diskurs gegen die ideologisch behauptete Wirklichkeit opponiert, sich also in seiner Gegen-Identifikation an diese bindet (ebd.: 157, Pêcheux

[16] Von Weber bis Foucault beruht jede Machttheorie darauf, daß es Macht nur dort geben kann, wo es zugleich auch Widerständiges gibt, das qua Macht in eine Ordnung gebracht wird. Macht ist zugleich kreativ, weil sie überhaupt Ordnung durchsetzt und stabilisiert, als auch repressiv, weil sie zur Verwirklichung einer Ordnung andere mögliche Ordnungen unterdrücken muß (vgl. Foucault 1978, Laclau 1996: 103).

1984: 63 f). Als eine dritte Position, welche die Verklammerung von Identifikation und Gegen-Identifikation aufbrechen kann, sieht Pêcheux (1982: 159, 1984: 64) die Möglichkeit einer ‚Disidentifikation' des Subjekts: einen Wandel sowohl der Art, in welcher Ideologie Subjekte anspricht, als auch der damit einhergehenden veränderten Subjektpositionen und Subjektformen einschließlich der hinter diesen Prozessen stehenden Machtbeziehungen. Aus der Annahme der Verschiebbarkeit von Bedeutungen und Subjektpositionen ergibt sich nicht nur, daß Sinn und Bedeutung von Aussagen kontextspezifisch variieren können, sondern daß der gesamte Bereich des Ideologischen und damit auch der insgesamt möglichen Bedeutungen von gesellschaftlicher Wirklichkeit einer beständigen Transformation unterworfen ist. Betrachtet man Ideologie nicht nur vom Althusserschen Standpunkt der Reproduktion, sondern vom Standpunkt des damit immer auch verbundenen Widerstandes gegen die Reproduktion, dann muß sich die Analyse auch auf jene „Vielzahl heterogener Widerstände und Revolten richten, die unter der dominanten Ideologie schlummern und diese beständig bedrohen [Übers. d. Verf.]" (Pêcheux 1983: 27), womit letztlich die Möglichkeit angedacht wird, Subjekte könnten sich ihrer Konstitution durch die herrschenden Diskurse, in die sie eingebunden sind, zumindest partiell entziehen.

Eine konsequente Fortsetzung dieser Abkehr von ideologiekritischen Theoriekonzeptionen, welche Gesellschaft von einer letzten, determinierenden Grundlage und einer präkonstituierten Subjektivität aus begreifen, findet sich in der anti-essentialistischen Diskurstheorie von Ernesto Laclau und Chantal Mouffe.[17]

b) Das Soziale als das Diskursive

Sowohl die essentialistische Verortung der Ideologie auf Ebene eines einer ökonomischen Basis gegenübergestellten ‚Überbaus' bzw. einer ‚Superstruktur', welche das Bewußtsein der Subjekte bestimmt, erweist sich aus diskursanalytischer Sicht als ebenso wenig stichhaltig, wie die der These von Ideologie als ‚falschem Bewußtsein' zugrundeliegende Wahr-Falsch-Dichotomie. Vielmehr läßt sich mit Laclau und Mouffe ‚das Ideologische' als mögliche Tendenz eines jeden Diskurses begreifen – eine Perspektive, die ihrerseits jedoch auf einem bestimmten, unter Rückgriff auf die Arbeiten Derridas, Foucaults und Lacans entwickelten Diskursverständnis aufbaut, das den Begriff des Sozialen ablöst.[18] Davon ausgehend wird eine Sozialtheorie entwickelt, die sich grundlegend von sozialwissenschaftlichen Theoriekonzeptionen unterscheidet, welche zwischen einer sozial-strukturellen, materialen, kulturellen und diskursiven Ebene unterscheiden. In diesem Rahmen

[17] Vgl. z.B. Laclau/Mouffe (1995), vgl. auch Stäheli (1999), Torfing (1999) sowie Sarasin in diesem Band.

[18] Vgl. Laclau (1990, 1996), auch Barrett (1991: 51 ff), Torfing (1999: 113 ff).

zielt *Diskursanalyse* (hier einer wissenssoziologischen Perspektive ähnelnd) nicht lediglich auf die Untersuchung von sprachlichen Aussagen ‚über' die Realität, sondern auf die Herstellung von Wirklichkeit durch die *diskursive* Erzeugung von Bedeutungen, da jede soziale Praxis Produktion von Sinn ist (vgl. auch Barker 2000).

Diskurse umfassen nicht nur sprachliche Elemente, sondern zugleich immer auch soziale Handlungen und Objekte,[19] wie sich unter Rückgriff auf Wittgenstein etwa am Beispiel eines Fußballs zeigen läßt. Wird irgendwo ein rundes Objekt mit dem Fuß herumgetreten, dann handelt es sich um eine physische Tatsache, ohne daß das fragliche Objekt deswegen bereits ein Fußball wäre. Zu einem solchen wird das runde Objekt erst, wenn es ein System mit anderen Objekten bildet. Dessen Relationen lassen sich nicht aus der bloßen materiellen Existenz der Objekte ableiten, sondern aus der jeweiligen sozial konstruierten Bedeutung. Diese beruht auf regelgeleiteten Praktiken (dem Fußballspiel) sowie auf dem Vorhandensein entsprechender Akteure bzw. Subjektpositionen:

> „This systematic set of relations is what we call discourse…it is the discourse which constitutes the subject position of the social agent (…) the same set of rules that makes that spherical object into a football, makes me a player" (Laclau/Mouffe 1987: 166).

Diskurse lassen sich folglich ganz allgemein als Differenzsysteme verstehen, welche es ermöglichen, das Soziale zunächst unter dem Gesichtspunkt der *Sinnerzeugung* zu betrachten und so soziale und kulturelle Identitäten als durch diskursive Artikulationsprozesse, d. h. durch den Zusammenschluß verschiedener Elemente in einem diskursiven System hergestellt, zu begreifen. Aus dieser Sicht beruht Identität (von Akteuren und Objekten) nicht auf irgendeinem referentiellen Fundament, sondern ergibt sich einerseits aus den daher prinzipiell kontigenten Beziehungen der konstitutiven Elemente untereinander – dem was in einem Diskurs zusammengeführt wird[20] –, die andererseits aber gerade erst dadurch ‚bedeuten', daß andere Elemente aus dem Diskurs (logisch) ausgeschlossen bzw. (praktisch) ausgegrenzt werden. Identität oder Bedeutung stellt sich also nicht positiv durch das ein, was sie zu sein beansprucht (was an obige Überlegungen anknüpfend, eben ein ideologischer Effekt wäre), sondern definiert sich erst über ihren negativen Bezug zu dem, was sie *nicht* ist. Innerhalb eines solchen Systems intra- und

---

[19] Daher ist der hier vertretene Diskursbegriff nicht ‚idealistisch' im Sinne einer Gegenüberstellung von Diskurs ‚hier' und ‚dort' dem, was gemeinhin unter der ‚realen Welt' verstanden wird. Diskurse *sind* real, weil sie Wirklichkeit schaffen und formen, und sie können somit nicht auf ‚lediglich' sprachliche Phänomene reduziert werden (vgl. auch Barrett 1991).

[20] Dadurch wird aus dem unfixierten ‚Element' ein fixiertes ‚Moment' des Diskurses.

interdiskursiver Differenzen wäre der Sinn fixiert (und die so erzeugte Ordnung von Praktiken und Subjektpositionen als stabil zu denken), oder anders ausgedrückt: Der Diskurs wäre ‚geschlossen', was allerdings eine Unmöglichkeit ist. Ebenso unmöglich, weil zur Auflösung des Sozialen führend, ist allerdings auch eine völlige Offenheit des Diskurses, in der es keinerlei auch nur vorübergehende Identitäts- bzw. Bedeutungsfestlegungen gibt. Angesichts prinzipieller Kontingenz ist also immer eine mehr oder weniger stabile *Sinnfixierung* notwendig, da es ohne diese immer fiktive Fixierung von Bedeutung überhaupt keine Bedeutung gäbe (Laclau 1996b: 205).

Die zumindest partielle Schließung von Diskursen beruht auf dem Prinzip des *‚leeren Signifikanten'* (Laclau 1996a: 36 ff, Zizek 1989), der besser als ‚entleerter' Signifikant bezeichnet werden müßte, welcher die Identität des Diskurses selbst bezeichnet und seine imaginäre Allgemeinheit postuliert. Ein Beispiel hierfür ist etwa der Diskurs um ‚Freiheit', der so unterschiedliche Positionen wie die Freiheit des Individuums und zugleich die von Organisationen etc. bündelt, so daß letztlich unklar wird, was ‚eigentlich' darunter zu verstehen sei, weil der Signifikant Freiheit mit so viel Bedeutung aufgeladen wird, daß er letztlich alles und damit nichts bezeichnet. Um die Einheit des Diskurses sicherzustellen, bedarf es daher einer Grenzziehung durch die diskursive Produktion eines definierten Außen, etwa der ‚Feinde der Freiheit' wie sie lange Zeit in Form der Alternative ‚Freiheit oder Sozialismus' oder neuerdings in Form der ‚Schurkenstaaten' etc. auftreten – eines Außen, das im Diskurs zugleich repräsentiert als auch ausgegrenzt werden muß. Die Einheit des Diskurses läßt sich also einerseits nur über die Herstellung einer *antagonistischen* Beziehung zu etwas anderem (bzw. zwischen ‚guten' und ‚schlechten' Subjekten) definieren, das die vollständige Realisierung der diskursiv postulierten Identität beschränkt: Freiheiten müssen wegen der ‚Gegner der Freiheit' eingeschränkt werden – wodurch das ‚Außen' zugleich im ‚Innen' des Diskurses vorhanden ist –, andererseits ist dieses Andere zugleich notwendig, um die eigene Identität überhaupt zu definieren (Laclau 1990: 21).

Laclau und Mouffe zeigen jedoch gerade die *Unmöglichkeit einer dauerhaften Sinnfixierung* auf, die sich aus der dargestellten Operationsweise von Diskursen ergibt. Jeder Diskurs faßt in sich heterogene Elemente zusammen, deren jeweilige Bedeutung nur durch den paradigmatischen (damit Heterogenes homogenisierenden) Verweis auf andere Bedeutungen verständlich wird. D. h. in Diskursen werden Bedeutungen (von Objekten, Subjektpositionen, Praktiken) erzeugt, die in einer – je diskursspezifischen – Hinsicht gleich und in anderer Hinsicht zugleich durchaus unterschiedlich sind. So ist z. B. der oben angesprochene Fußballdiskurs dadurch gekennzeichnet, daß alle am Spiel teilnehmenden Spieler ‚Fußballer' sind, in dieser Hinsicht also ‚gleich', egal z. B. aus welchem Land sie kommen oder in welchem Verein oder welcher Mannschaft sie spielen. Zugleich aber sind diese Spieler bspw. aber auch ‚ethnisch' definiert, z. B. als Deutsche oder Brasilianer. Vielfach wird von ersteren erwartet, sich durch besonderen ‚kämpferischen Einsatz' auszuzeichnen, von letzteren, besonders ‚trickreich' zu spielen usw. – d. h. der Umstand, daß die Spieler in anderen Hinsichten ‚ungleich' sind, öffnet den Diskurs anderen Bedeutungszuweisungen, hier denen eines ethnisierenden Diskurses im Wechselspiel z. B. mit einem ‚Gleichheitsdiskurs', der aus ‚Deutschen' oder ‚Brasilianern' eben ‚Fußballer' macht.

Wie das Beispiel zeigt, operiert jeder Diskurs, d. h. die Konstruktion bzw. spezifische Ordnung von Sinn und Bedeutung, aufgrund seiner Konstitution durch zwei gegensätzliche Logiken – einer *Äquivalenzlogik* und einer *Differenzlogik* (Laclau/Mouffe 1995: 183 ff) – in einem Feld der grundsätzlichen *Unentscheidbarkeit*, weil seine Elemente ‚an sich' unbestimmbar sind: es ist keine eindeutige Antwort auf die Frage ‚gleich' *oder* ‚ungleich' möglich. Vor diesem Hintergrund läßt sich die in und durch Diskurse hergestellte Ordnung immer als *politisch*[21] verstehen, da sie auf einer kontingenten Entscheidung *für* bestimmte und *gegen* andere (dadurch unterdrückte und ausgeschlossene), unbestimmt bleibende Ordnungsmöglichkeiten, beruht, weshalb *Macht* einen immanenten Bestandteil *jeglicher* diskursiver Ordnung bildet. Die jeweils vorhandene Ordnung – als Machteffekt vergangener Entscheidungen – verdeckt wegen der sie tragenden Sinnfixierungen ihre historische Kontingenz, weswegen sich hier ein präkonstruierter, scheinbar unverrückbarer Horizont der Bedeutung und des Handelns aufspannt, der im Handeln beständig rekursiv bestätigt wird.

Werden (heterogene) Elemente gemäß der Äquivalenzlogik geordnet, indem sie innerhalb der Grenzen des Diskurses gleichgesetzt werden, dann bleibt zugleich ein ‚Bedeutungsüberschuß' zurück, der im jeweiligen Diskurs nicht ‚fixiert' wurde. Es entsteht also an den Rändern der Diskurse ein Feld des Unbestimmten, nicht vollständig Festgelegten, nicht gänzlich in einen Diskurs Integrierbaren, so daß sich hier, zwischen den Fixierungen bestehender Diskurse, ein nicht reduzierbares Feld der *Diskursivität* erstreckt, an dem stets neue Versuche der Bedeutungsgebung ansetzen und sich neue Diskurse formieren. Wie Laclau und Mouffe in Weiterentwicklung der Hegemonietheorie Gramscis (1971, Mouffe 1979, vgl. auch Barrett 1994: 141 ff) ausführen, ist dies das Terrain, auf dem die diskursive Bewältigung neu auftretender Problemlagen erfolgt (Laclau/Mouffe 1995: 192 ff). Diskurse lassen sich unter diesem Aspekt als *‚artikulatorische Praxis'* begreifen, die versucht, zwischen verschiedenen Elementen eine neue Beziehung herzustellen, welche die Identität beider Elemente verändert (ebd.: 155), um so einen neuen

---

[21] D. h. das Politische wird zur zentralen Bedingung der Möglichkeit des Sozialen und wird nicht, wie etwa in den theoretischen Konzeptionen von Parsons bis Habermas oder Luhmann, als gesellschaftliches Teilsystem betrachtet.

Sinnhorizont zu konstruieren, welcher die in einer noch offenen Situation wirkenden unterschiedlichen Bestrebungen gewissermaßen bündelt und in eine um einen neuen ‚Knotenpunkt' herum konstruierte diskursive Formation integriert. Dies kann nur gelingen, wenn die artikulatorischen Bemühungen auf dem prinzipiell umstrittenen Terrain der Diskursivität eine hegemoniale Stellung erlangen, d. h. eine ‚umfassende Antwort' auf eine historische Problemlage zu geben vermögen. *Hegemoniale Diskurse* haben daher die Tendenz, sich auszuweiten, das Feld der Normen, Werte, Sichtweisen und Wahrnehmungen – und damit der sozialen Beziehungen – durch eine (totalisierende) Neubeschreibung der Welt neu zu ordnen.

Die grundsätzliche Diskursivität des Sozialen wird so zur Konstitutionsbedingung von *Subjektivität*. In einem vollkommen von Sinnfixierungen bestimmten Feld wäre das Subjekt völlig durch die diskursiv präkonstruierten Subjektpositionen, an denen Subjekte und ihre Interessen hergestellt werden, bestimmt. Eine solche Subjekttheorie, die das Subjekt zwar nicht als ‚Einheit', sondern als über die unterschiedlichen Subjektpositionen zerstreut denkt, kann jedoch nicht erklären, wie es angesichts der irreduziblen Unentscheidbarkeit von Situationen zu dem praktischen Eintreten für oder gegen die (hegemonialen) Bestrebungen zur Neuordnung der sozialen Beziehungen kommt (was einer Disidentifikation des Subjekts entspricht). Erst die Offenheit und Unabschließbarkeit, die das Feld des Sozialen/Politischen kennzeichnet, ermöglicht Subjektivität, weil für das Neue, das Nicht-Entschiedene, Unentscheidbare eben noch keine institutionalisierte Routine, keine bekannten Problemlösungsverfahren und noch keine vorgegebenen Subjektpositionen greifen. Gerade deswegen ist das Politische, der Diskurs auch weniger in rationalen Maßstäben zu fassen, sondern durch die ihm innewohnende Tendenz der Persuasion. Subjektivität tritt also nicht in dem Moment zutage, in dem bereits entschieden ist, sondern in dem entschieden wird. Sie zeigt sich in der Entscheidung, die über die – nach Zizek (1989) – letztlich nie vollständig gelingende *Identifikation* mit diskursiv erzeugten Inhalten bzw. Sinnangeboten zustande kommt, welche auf die Überwindung der unentscheidbaren Situation zielen (Laclau/Zak 1994).

c) Ideologiekritik aus diskurstheoretischer Perspektive

Teilt man die anti-essentialistische theoretische Prämisse, daß die Welt sich nur in und durch diskursive Formationen zu erkennen gibt, dann gibt es keinen außerdiskursiven Zugang zum Realen, sondern lediglich mehr oder weniger ideologisch konstruierte Systeme der Repräsentation des Imaginären. Dem trägt eine – im Sinne der hier vorgetragenen Überlegungen – diskurstheoretische Reformulierung des Ideologiebegriffs insofern konsequent Rechnung, als sie *Ideologie* als den Versuch begreift, die *zwangsläufig partikulare Perspektive jeder Diskursformation mit dem (hegemonialen) Anspruch zu versehen, einen totalisierenden und universalisierbaren Sinnhorizont aufzuspannen*, eine Darstellung der Welt zu liefern, wie sie vorgeblich ‚wirklich' so und nicht anders ist.

In diesem Sinne läßt sich die Diskurstheorie zunächst auf theoretischer Ebene als Kritik der Ideologiekritik verstehen, etwa wenn sie marxistische Essentialismen über Klasse und Ökonomie und darauf gründende sozio-ökonomische Entwicklungsgesetze zurückweist. Als ebenfalls ideologisch erweist sich der Versuch des Neoliberalismus, wahrgenommene gesellschaftliche Probleme auf Störungen der prästabilierten Harmonie ‚freier Märkte' durch ‚Regierungsversagen' und ‚Überregulierung' des öffentlichen und privaten Sektors zurückzuführen (was eben als ein spezifischer Diskurseffekt zu betrachten ist), oder die korporativistische Repräsentation des Kapitalismus als eines ‚organischen Systems' welches durch besonnenes Handeln verantwortungsvoller Akteure im Gleichgewicht gehalten wird (Torfing 1999: 114). Wie diese Beispiele andeuten, besteht das Ideologische gerade darin, eine vorhandene gesellschaftliche Situation in einer ‚mythischen' Weise *lesbar* zu machen (Laclau 1990: 61). Der ‚Mythos' als ideologische Figur läßt sich also als eine ‚Leseanweisung' verstehen, die auf einer Reihe zusammenhängender (impliziter) Normen, Werte und Vorannahmen beruht, durch welche ‚Objektivität' generiert wird. Die Form des Mythos hat die Funktion, einer vorherrschenden diskursiven Ordnung den Anschein von Dauerhaftigkeit zu verleihen, indem er sie, einschließlich der durch sie konstituierten Identitäten, als ‚natürlich', als immer schon so gegeben erscheinen läßt und so den politischen, in der Kontingenz und prinzipiellen Unentscheidbarkeit der Ausgangssituation gründenden Charakter ihrer Durchsetzung (und damit die Verdrängung anderer Möglichkeiten) vergessen macht (vgl. auch Barthes 1998).[22]

Im Gegensatz zu den Ansätzen einer marxistisch simplifizierenden Ideologiekritik jedoch sind derartige Versuche zur mythischen Festschreibung bestimmter Vorstellungen über die ‚Natur der Dinge' für jede soziale Ordnung notwendig, also eben nicht allein als bloße Verzerrung einer unabhängig davon bestehenden ‚Wahrheit' zu begreifen. Vielmehr gründet und bezieht sich jede Vorstellung über die (soziale) Welt auf ein soziales Imaginäres, welches den Bedeutungs- und Handlungshorizont bildet, der um die leeren Signifikanten des hegemonialen Diskurses herum strukturiert ist (Laclau 1990: 65) – etwa die Idee einer göttlichen Ordnung oder die ‚Aufklärung' oder der inzwischen verblaßte Glaube an die revolutionäre Aufhebung aller sozialen Gegensätze (vgl. Torfing 1999: 115). Wenn, wie eingangs gezeigt wurde, Diskurs mehr umfaßt, als das Sprechen selbst, d. h. die Herstellung von Bedeutung einschließlich der mit ihr einhergehenden sozialen Beziehungen, Subjektformen und Objekte, dann wird verständlich, daß das Ideologische mehr ist als ein Bewußtseinsphänomen, eine Frage des falschen oder richtigen ‚Wissens',

[22] Vgl. zu den damit verbundenen narrativen Strategien auch Viehöver in diesem Band.

weil es die Ebene des Handelns selbst erreicht (vgl. insbes. Zizek 1989): In gewissem Sinne trifft die These eines post-ideologischen Zeitalters zu, in welchem das Bewußtsein über die Partikularität jeder Repräsentation gewachsen ist (Lyotard 1986), und der Bruch zwischen Ideologie(n) und sozialer Realität sich in Form einer ‚zynischen Vernunft' (Sloterdijk 1983) verallgemeinert hat. Zizek folgend beruht das Handeln jedoch nicht auf dem Wissen um diesen Umstand, sondern darauf, daß es von ‚ideologischen Fantasien' geleitet wird, mit denen sich die Subjekte praktisch so verhalten, *als ob* die Ideologie(n) eine vollständige Repräsentation der Wirklichkeit darstellten – so *wissen* wir z. B., daß Geld die zeichenhafte Darstellung bestimmter sozialer Relationen ist, *tun* aber so, als wäre es die Verkörperung von Wert (z. B. Zizek 1989: 30 f, auch Hirseland 1999: 27 ff); so wissen wir, daß Werbung manipulativ ist, orientieren unsere Konsumentscheidungen und Lebensgestaltung an ihren Vorgaben (Schulze 1992: 442 f) usw. – kurzum: ‚Ideologiekritik' bezieht sich so auch und vor allem auf die impliziten Vorannahmen, Überzeugungen und Praktiken, welche die Grundlage der Reproduktion der ‚objektiven Wirklichkeit' bilden (vgl. Zizek 1994: 15).

4 Zur soziologischen Relevanz einer ‚ideologie-kritischen' Diskursanalyse

a) Zusammenfassung: Theoretisch-methodologische Prämissen
Erstens läßt sich zunächst folgende, gleichermaßen gegen subjektivistische wie objektivistische Positionen gerichtete *erkenntnistheoretische These* anführen: Das Erkennen von Welt kann – in Anlehnung an Foucault wie auch eine wissenssoziologische Perspektive – in unserem Blick auf sie weder von der Welt selbst (also z. B. von den ‚Dingen' als solchen) noch von uns selbst her (im Sinne eines die wahre, wirkliche Welt erkennenden Subjekts) gedacht werden. Der Blick, mit dem wir die Welt als ‚objektiv gegeben' erschließen, ist vielmehr der Ausdruck einer jeweils bestimmten, objektivierten kulturspezifischen ‚Wissens-Ordnung', welche uns diesen je besonderen Blick verleiht, ihn uns gleichsam einsetzt (vgl. auch Weiss 1993: 143, Schneider 1999: 70 ff, Schneider 2005). In erkenntniskritischer Hinsicht vereinfacht ausgedrückt: Eine Welt jenseits gesellschaftlich gegebener Wissens-Ordnungen ist uns nicht zugänglich.

Zweitens: *Diskurse* bilden vor dem Hintergrund dieser epistemologischen Grundannahme die Instanz, welche sowohl die konkreten gesellschaftlich-sozialen Subjekte als auch die sie umgebende Welt (Objekte) als sinnhaft geordnete Wirklichkeit produziert und beidem eine bestimmte historische Form verleiht. Der diskursive Charakter der Objekte bedeutet nun nicht, daß deren Existenz fraglich wäre, wohl aber, daß deren Bedeutung als kontingent betrachtet und in Relation zu einem ebenso kontingent zu denkenden Subjekt zu setzen ist. Erzeugt werden beide – Subjekte wie Objekte – durch die entlang sozial konstruierter Regeln der Bedeutungsverleihung geordnete soziale (diskursive) Praxis. Diskursanalyse nimmt also eine trianguläre Beziehung zwischen ‚Subjekt', ‚Objekt' und ‚Regel/Praxis' in den Blick, wobei konkrete Diskurse sich in ihrer Arbeit an den Bedeutungen mal mehr, mal weniger auf je einen dieser drei Pole beziehen können, gleichzeitig jedoch stets eine Veränderung der Gesamtrelation dieses Dreiecks implizieren.

Drittens: *Ideologie* ist ein Konzept, das sich als durchaus hilfreich sowohl bei der Verdeutlichung diskursanalytischer Erkenntnisinteressen als auch bei der konkreten Durchführung entsprechender Forschungsvorhaben erweisen kann. Denn es schärft den erkenntnis- und herrschaftskritischen Blick auf die in Diskursen (auch in wissenschaftlichen) enthaltenen impliziten Theorien und Annahmen über die ‚wahre Wirklichkeit', die Durchdringung des Alltäglichen mit diesen Vorstellungen sowie die darauf bezogene Produktion von Subjektpositionen. Dabei besteht eine gewisse Affinität zwischen Mannheims ‚panideologischer' Sicht, welche den Gegenstandsbereich des Ideologischen über die Analyse von Herrschaftsideologien hinaus auf die Perspektivität jeglicher Weltsicht erweitert und einer an Laclau und Mouffe orientierten Diskurstheorie, in welcher Diskurse nicht gleichsam als Werkzeug von Ideologie, als Produkte, Effekte von Ideen gesehen werden, denen eine ‚Realität' gegenübersteht, die sie verschleiern sollen (und dabei ‚falsches Bewußtsein' produzieren). Vielmehr stellt jeder Diskurs selbst die Quelle ‚des Ideologischen' dar, meint: der partikularistischen Sicht auf die Wirklichkeit, die sich – hegemonialisierend – mit universalistischen Ansprüchen umgibt, sowie der quasi-natürlichen Evidenz des Wissens der Subjekte (über sich selbst und die Welt), des Imaginären und der (latenten) handlungsleitenden Fantasien (oder ‚Utopien', vgl. Zizek 1989, zum Begriff ‚Utopie' schon Mannheim 1952). Die Wirkung des Ideologischen liegt dann darin, daß deren notwendige diskursive Fixierung eben nicht als kontingente – und damit in latenten wie manifesten historischen Auseinandersetzungen erzeugte – Artikulationen von Bedürfnissen und Interessen, also als Diskurs*effekte* ausgewiesen werden.

Zusammengefaßt: Im Rahmen der Soziologie als Handlungs- und Strukturwissenschaft geht es einer Diskursanalyse somit also nicht ‚nur' um die Analyse von ‚Texten', sondern um die in diesem Sinne ‚ideologie-kritische' Rekonstruktion von Strukturbildungs- und Transformationsprozessen des Sozialen (Subjekte, Objekte, Regel/Praxis) in und durch Diskurse. Dabei kann sie sich an folgenden theoretisch-methodologischen Prämissen orientieren (vgl. hierzu auch Diaz-Bone/Schneider 2004):

– *Kontextualisierung und Historisierung:* Aus der Annahme der prinzipiellen Kontingenz und damit des politischen Charakters von diskursiven Prozessen folgt, daß diskursiv erzeugte (Bedeutungs-)Ordnungen durch partielle Sinnfixierungen bestimmte Formen der Problemlösung institutionalisiert und damit zugleich andere Möglichkeiten ausgeschlossen haben. In diesem Sinne sind Diskurse und Diskursformationen als historisch kontingente, aber (infolge ihrer Durchsetzung immer schon) hegemoniale Artikulationen von bestimmten Interessen und Bedürfnissen zu verstehen, über die Identitäten konstruiert werden. Weil diese nur über die Konstruktion eines jeweiligen ‚Außen' zu verstehen sind, das unausgesprochen im Inneren des jeweiligen Diskurse operiert, erfordert Diskursanalyse, nicht nur den einzelnen empirischen (Spezial-)Diskurs zu rekonstruieren, der ihren jeweils konkreten Forschungsgegenstand darstellt, sondern diesen in seine historischen und politischen, in Gegendiskursen oder anderen Diskursformationen aufscheinenden Kontexte zu setzen.

– *Offenlegung von Latenz:* Da Diskurse sich stets auf die bedeutungsvolle Relationierung von Subjekt – Objekt – Regel/Praxis beziehen und ihrerseits in bestimmte Kontexte eingebunden sind, ohne diese vielfältigen Verweise selbst zu thematisieren und explizit zu machen, beinhalten sie eine latente Dimension: Sie ‚bedeuten' immer mehr als sie sagen, indem sie sichtbar machen, verbergen sie zugleich. Aufgabe einer ‚ideologie-kritischen' Diskursanalyse ist es, diese latenten Bezüge offenzulegen.
– *Analyse von Macht als Zeichenpraxis:* Da Diskurse auf die Erzeugung antagonistischer Relationen hinwirken, umfaßt eine ‚kritische' Diskursanalyse stets auch die Analyse von in und durch Diskurse konstituierter Macht. Die Einbeziehung des Machtaspekts von Diskursen in die Analyse richtet den Blick darauf, wie durch Zeichenpraxis ‚bedeutungsvolle' (Subjekt-Subjekt und Subjekt-Objekt) Beziehungen als Machteffekte geschaffen, strukturiert, stabilisiert und/oder transformiert werden. Dabei wirkt aus diskurstheoretischer Perspektive Macht immer strukturierend (gleichviel ob strukturerhaltend oder -verändernd), wobei sie keine dem Diskursiven vorgängige Ressource darstellt, die einzelnen Akteuren in Beziehungen zur Verfügung steht. Vielmehr ist Macht jeder (empirisch zu bestimmenden) mehr oder weniger hegemonialen Zeichenpraxis immanent (siehe auch Schneider/Hirseland 2005).
– *De-Ontologisierung und Subjektrekonstruktion:*[23] Diskurse liefern eine immer nur perspektivische Repräsentation ihres durch sie konstruierten Gegenstandes, der ‚objektiviert' und als ‚so und nicht anders' institutionalisiert werden soll (z. B. durch die ideologischen Strategien der Mythifizierung, Naturalisierung, Verdrängung des Ausgeschlossenen). Das schließt ein bestimmtes Bild des ‚Subjektes' ein, das auf der Grundlage einer prinzipiell

[23] Vgl. hierzu auch Bublitz in diesem Band.

unvollständigen Repräsentation seinerseits Objekt einer gesellschaftlichen Bearbeitung wird. Diskurse produzieren bestimmte Formen von Subjektpositionierungen, beinhalten immer schon bestimmte Konzepte darüber, wie Subjekte zu sein haben, d. h. sie beinhalten einerseits Identifikationsangebote und Integrationsprozeduren, andererseits aber auch Zumutungen an Subjekte und Ausschluß- bzw. Ausgrenzungsprozeduren. Da darüber hinaus nicht von der Annahme einer völligen Identifikation des Subjekts mit dem jeweiligen Diskurs auszugehen ist, muß sich die diskursanalytische Rekonstruktion des Subjekts ebenso mit den ‚Brüchen', Gegen- und Disidentifikationstendenzen, also mit dem ‚Überschüssigen' des Diskursiven befassen.

- *Kritik durch Kontrastierung:* Aus den genannten Grundannahmen folgt diskurstheoretisch formuliert: Es gibt keinen nicht-diskursiven Zugang zu einem ‚Außen' des Diskurses. Das Verhältnis der Subjekte zu sich selbst und der sie umgebenden Welt ist ein immer auch ‚imaginäres', in dem somit nicht die Welt ‚an sich' abgebildet, wohl aber eine bestimmte ideologische Vorstellung von Welt transportiert und praktisch umgesetzt wird. Entgegen den alltagsweltlichen und theoretischen Evidenzannahmen und Identifikationen der Subjekte ist dieses Bild zwar nicht per se als ‚wahr' oder ‚falsch' qualifizierbar, wohl aber aus der Perspektive anderer Diskurse hinterfragbar und kritisierbar.
- *Vermittlung von Makro- und Mikroperspektive:* Bislang in der Soziologie populäre theorie-architektonische Unterscheidungen etwa zwischen einer sozial-strukturellen, ökonomisch-materiellen, kulturellen und personalen Ebene, welche dann durch eine diskursive (kommunikative) Ebene ergänzt werden, erscheinen in ihrer geläufigen Mikro-/Makro-Dichotomisierung fragwürdig. Bei ihrem Blick auf die Auswirkungen von Diskursen auf die Strukturierung sozialer Beziehungen geht Diskursanalyse nicht nur von der Frage aus, wie makroperspektivisch (hegemoniale) diskursive Strukturen das Alltagsreden und -handeln bis hin zur personalen Ebene der Selbstkonzepte von Subjekten bestimmen, sondern sucht umgekehrt auch aus einer Mikroperspektive danach, wie dort diskursive Strukturen adaptiert, transformiert und gebrochen werden.[24]

b) Zur Differenz zwischen Ideologie und Theorie

Der herkömmliche Weg der herrschenden Wahrheitspolitik der Moderne, entlang der Trennlinie von wahr/falsch ‚ideologische' Diskurse von wissenschaftlich-

[24] Deshalb kann der ‚materiale Ort des Diskurses' nicht prinzipiell auf öffentliches, institutionalisiertes Reden und Schreiben eingegrenzt werden, sondern das Diskursive durchzieht das gesamte Alltagsleben, bindet ‚Privates' an ‚Öffentliches' und umgekehrt.

theoretischen abzugrenzen, läßt sich aus diskurstheoretischer Sicht *nicht* beschreiten. Wenn alle Wirklichkeit diskursiv strukturiert ist, dann steht auch der Diskurs des Diskursanalytikers in der ‚Ordnung der Wahrheit', die er zu rekonstruieren sucht.[25] Auch für ihn existiert kein ‚neutraler Beobachter- und Sprecherort' außerhalb des Diskursiven, von dem aus eine im hier skizzierten Sinne mit ‚ideologiekritischem' Anspruch versehene Analyse zu betreiben möglich wäre – weder in der von Mannheim gedachten Position der ‚freischwebenden' Intelligenz noch mit der in marxistischer Tradition stehenden ‚Theorie-Ideologie'. Auch der Diskursanalytiker muß sich der (Beobachtungs-)Sprache bedienen, mittels derer er die ihn umgebende Welt nicht einfach erfaßt, sondern mit konstruiert. Er ist, wie jedes Individuum, dazu „verdammt zu sprechen", weil er „nur auf diese Weise an der kollektiven Praxis des gesellschaftlichen Prozesses teilhat" (Demirovic 1988: 66). Somit stellt sich die Frage, inwieweit der theoretische Diskurs des Analytikers sich von jenen unterscheidet, die Gegenstand seiner Untersuchung sind. Da Diskurse über eigene Begrifflichkeiten und semantische Verfahren verfügen, „mit deren Hilfe ein Diskurs seinen Gegenstand konstituiert und – global betrachtet – die Wirklichkeit in Übereinstimmung mit bestimmten Interessen formt und modelliert" (Zima 1992: 53), sind *alle* Diskurse (im Prinzip) ‚ideologisch'.

Einem Vorschlag von Peter V. Zima (1989, 1992) folgend läßt sich dennoch eine Grenzziehung zwischen ‚ideologischen' und ‚theoretisch-wissenschaftlichen' Diskursen versuchen. Dazu ist es allerdings erforderlich, zur Bestimmung des theoretischen Standorts des Analytikers statt des allgemeinen – panideologischen – Ideologiebegriffs eine negativ-kritische Definition von Ideologie heranzuziehen (Zima 1992: 56 f). Derzufolge ist der ideologische Diskurs gekennzeichnet durch entsprechende narrative Verfahren, die semantische Dichotomisierungen erzeugen, und dessen ‚Aussagesubjekt' seine semantischen und syntaktischen Verfahren nicht ausweist und reflektiert:

> „Statt dessen stellt es seinen Diskurs (…) monologisch als die einzig möglichen (wahren, natürlichen) dar und identifiziert sie mit der Gesamtheit seiner wirklichen und potentiellen Referenten." (ebd.: 58)

Wissenschaft und Wissenschaftler sind dabei ebenso ‚ideologieanfällig' wie jeder andere Bereich des Lebens auch, etwa in dem Glauben, der positiven Wahrheit Ausdruck zu verleihen, der Ausbildung von (wissenschaftlichen) Glaubensgemeinschaften, die sich um hermetisch abgeschlossene Theoriegebäude gruppieren etc. Eine Differenz zum Ideologischen kann sich in erster Linie nicht auf Ebene der ‚Ergebnisse' als Behauptungen über Wirklichkeit ergeben, sondern nur über die

[25] Wir verzichten hier zugunsten besserer Lesbarkeit auf die weibliche Form.

Ebene des Zustandekommens dieser Behauptungen, also über die (Verfahrens-) *Form des Diskurses* selbst (vgl. auch Schmid 1992): Auch beim theoretischen Diskurs der Wissenschaft handelt es sich um einen aus dem ideologischen Diskurs hervorgegangenen speziellen Diskurs, der ebenfalls nicht universell ist, sondern als ‚Partialsystem' kollektive Standpunkte und Interessen ausdrückt, sich hingegen aber durch eine *dialogische, reflexiv-kritische* Positionierung des Aussagesubjekts zu unterscheiden sucht. Der theoretische Diskurs weist dem Forscher eine bestimmte Subjektposition zu, ‚interpelliert' ihn, und erzeugt durch seine auf die Institutionalisierung von Zweifel und Kritik an der eigenen Aussage gerichteten Regeln die (wissenschaftliche) Aussage und deren Aussagesubjekt. Aber:

> „Im Gegensatz zum ideologischen Aussagesubjekt stellt das theoretische Subjekt den Dualismus der theoretischen Rede dialektisch in Frage und reflektiert seinen sozialen und sprachlichen Standort sowie seine semantischen und syntaktischen Verfahren, die es in ihrer Kontingenz zum Gegenstand eines offenen Dialogs macht: Dadurch strebt es eine Überwindung der eigenen Partialität durch dialogische Objektivierung und Distanzierung an." (Zima 1992: 59)

Vereinfacht ausgedrückt besteht die innere Haltung des theoretisch redenden Subjekts also zum einen darin, *selbstreflexiv* gerade auch die Gemeinsamkeiten seines theoretischen Diskurses mit den untersuchten (ideologischen) Diskursen in den Blick zu nehmen und ironisch zu brechen. Zum anderen ist sich das theoretische Subjekt darüber im Klaren, daß seine Kategorien, Definitionen und Klassifikationen auf einem (reflexiven) *Verfahren der Objektkonstruktion* beruhen und sich von daher von dem ideologischen *Verfahren der Naturalisierung* unterscheiden. Als drittes kommt hinzu, daß die Teilnehmer an theoretischen Diskursen willens und in der Lage zu einem theoretischen *Dialog* sind, dessen Voraussetzung in einem Durchbrechen der ‚naturalistischen Verblendung' liegt. Dies beinhaltet – ähnlich zu Mannheims Forderung nach ‚Relationierung der eigenen Aussage' – zum einen ein Nachdenken über die ‚sprachlichen Situationen', aus denen heraus der (theoretische) Diskurs gebildet wurde, zum anderen ein Nachdenken über den jeweils eigenen ‚Soziolekt', also über die gesellschaftlichen Rahmenbedingungen des eigenen Sprechens (ebd.: 61); und zuletzt auch und vor allem ein Nachdenken über sich selbst, denn:

> „Das Ideologische ist nicht nur der Gegenstand, dem man sich als beobachtendes Subjekt bloß äußerlich annähern könnte, sondern stets auch das Subjektive, das man mehr oder weniger auch in sich selbst vorfindet." (Roters 1998: 169)

Literatur

Althusser, L. (1977) [1970]: Ideologie und ideologische Staatsapparate (Anmerkungen für eine Untersuchung). In: Ders.: Ideologie und ideologische Staatsapparate. Aufsätze zur marxistischen Theorie. Hamburg: VSA

Barker, C. (2000): Cultural Studies. London: Sage

Barrett, M. (1991): The Politics of Truth. From Marx to Foucault. Stanford: University Press

Barrett, M. (1994): Ideology, Politics, Hegemony: From Gramsci to Laclau and Mouffe. In: Zizek, S. (Hrsg.): Mapping Ideology. London: Verso, S. 235–264

Barthes, R. (1998) [1957]: Mythen des Alltags. Frankfurt/Main: Suhrkamp

Bay, H. (1995): Erzählpanzer. Überlegungen zu Ideologie und Erfahrung. In: ders./Hamann, C. (Hrsg.): Ideologie nach ihrem ‚Ende'. Gesellschaftskritik zwischen Marxismus und Postmoderne. Opladen: Westdeutscher Verlag, S. 17–41

Bay, H./Hamann, C (Hrsg.) (1995): Ideologie nach ihrem ‚Ende'? Gesellschaftskritik zwischen Marxismus und Postmoderne. Opladen: Westdeutscher Verlag

Benhabib, S. (1994): The Critique of Instrumental Reason. In: Zizek, S. (Hrsg.): Mapping Ideology. London: Verso, S. 66–92

Berger, P. L./Luckmann, T. (1987) [1966]: Die gesellschaftliche Konstruktion der Wirklichkeit. Eine Theorie der Wissenssoziologie. Frankfurt/Main: Fischer

Brunkhorst, H. (1995): Ist die Ideologiekritik am Ende? In: Bay, H./Hamann, C (Hrsg.): Ideologie nach ihrem ‚Ende'? Gesellschaftskritik zwischen Marxismus und Postmoderne. Opladen: Westdeutscher Verlag, S. 79–96

Dant, T. (1991): Knowledge, Ideology and Discourse. London: Routledge

Demirovic, A. (1988): Ideologie, Diskurs und Hegemonie. In: Zeitschrift für Semiotik, 10, 1-2, S. 63–74

Deuber-Mankowsky, A. (2000): Repräsentationskritik und Bilderverbot. In: Textual Reasoning (Journal des Postmodern Jewish Philosophy Network), http://www.bu.edu/mzank/tr-deutsch/

Diaz-Bone, R./Schneider, W. (2004): Zum Einsatz qualitativer Datenanalysesoftware in der sozialwissenschaftlichen Diskursanalyse. In: Keller, R./Hirseland, A./Schneider, W./Viehöver, W. (Hrsg.): Handbuch Sozialwissenschaftliche Diskursanalyse Band 2: Forschungspraxis. 2. Aufl., Opladen: VS-Verlag, S. 457–494

Dreyfus, H. L./Rabinow, P. (1987): Michel Foucault. Jenseits von Strukturalismus und Hermeneutik, Frankfurt/Main: Athenäum

Eagleton, T. (1991): Ideology – An Introduction. London: Verso

Fairclough, N. (1992): Discourse and Social Change. Cambridge: Polity Press

Fairclough, N./Wodak, R. (1997): Critical Discourse Analysis. In: van Dijk, T.A. (Hrsg.), Discourse as Social Interaction. Discourse Studies: a Multidisciplinary Introduction Bd. 2 London: Sage, S. 258–284

Foucault, M. (1978): Wahrheit und Macht. In: ders.: Dispositive der Macht. Über Sexualität, Wissen und Wahrheit. Berlin: Merve, S. 21–54

Foucault, M. (1988a): Archäologie des Wissens (3. Aufl.). Frankfurt/Main: Suhrkamp

Foucault, M. (1988b): Die Ordnung der Dinge. Eine Archäologie der Humanwissenschaften (7. Aufl.). Frankfurt/Main: Suhrkamp

Foucault, M. (1988c): Der Wille zum Wissen. Sexualität und Wahrheit, Bd. 1. Frankfurt/Main: Suhrkamp

Foucault, M. (1991): Die Ordnung des Diskurses (Mit einem Essay von Ralf Konersmann). Frankfurt/Main: Fischer

Gadet, F./Pêcheux, M. (1981): La Langage Introuvable, Paris: Maspero

Gramsci, A. (1971) [1948–51]: Selections from Prison Notenbooks. London: Lawrence & Wishart

Habermas, J. (1968): Technik und Wissenschaft als ‚Ideologie'. In: Ders.: Technik und Wissenschaft als ‚Ideologie'. Frankfurt/Main: Suhrkamp

Habermas, J. (1973): Legitimationsprobleme im Spätkapitalismus. Frankfurt/Main: Suhrkamp

Habermas, J. (1985): Theorie des kommunikativen Handelns, 2 Bde. (3. durchges. Aufl.). Frankfurt/Main: Suhrkamp

Hauck, G. (1992): Einführung in die Ideologiekritik. Bürgerliches Bewußtsein in Klassik, Moderne und Postmoderne (Argument-Sonderband AS 209). Hamburg: Argument-Verlag

Hauck, G. (1995): Zur Ideologiekritik der Postmoderne. In: Bay, H./Hamann, C (Hrsg.): Ideologie nach ihrem ‚Ende'? Gesellschaftskritik zwischen Marxismus und Postmoderne. Opladen: Westdeutscher Verlag, S. 97–115

Haug, W. F. (1988): Kritik der Warenästhetik. Frankfurt/Main: Suhrkamp

Haug, W. F. (1993): Elemente einer Theorie des Ideologischen (Argument-Sonderband AS 203). Hamburg: Argument-Verlag

Haug, W. F. (1995): Theorie des Ideologischen, In: Bay, H./Hamann, C. (Hrsg.): Ideologie nach ihrem ‚Ende'. Gesellschaftskritik zwischen Marxismus und Postmoderne. Opladen: Westdeutscher Verlag, S. 42–63

Hirseland, A. (1999): Schulden in der Konsumgesellschaft. Eine soziologische Analyse. Amsterdam: Fakultas

Hofmann, W. (1996): Karl Mannheim zur Einführung. Hamburg: Junius

Horkheimer, M. (1987) [1930]: Ein neuer Ideologiebegriff? In: Ders.: Gesammelte Schriften. Bd. 2: Philosophische Frühschriften 1922–1932. Frankfurt/Main: Fischer, S. 271–295

Horkheimer, M. (1988) [1937]: Traditionelle und Kritische Theorie. In: Ders.: Gesammelte Schriften. Bd. 4: Schriften 1936–1941. Frankfurt/Main: Fischer, S. 162–225

Horkheimer, M./Adorno Th. W. (1978) [1947]: Dialektik der Aufklärung, Frankfurt/Main: Fischer

Jäger, S. (1999): Kritische Diskursanalyse. Eine Einführung (aktualisierte Neuauflage). Duisburg: DISS

Kettler, D./Meja, V. (1995): Karl Mannheim and the Crisis of Liberalism: the Secret of these New Times. New Brunswick: Transaction Publ.

Kettler, D./Meja, V/Stehr, N. (1984): Karl Mannheim. Chichester: Horwood

Laclau, E. (1990): New reflections on the revolutions of our time. London: Verso

Laclau, E. (1996a): Emancipation(s). London: Verso

Laclau, E. (1996b): The Death and the resurrection of the theory of ideology. In: Journal of Political Ideologies, 1, 3, S. 201–220

Laclau, E./Mouffe, C. (1987): Post-Marxism without Apology. In: New Left Review, 166, S. 79–106

Laclau, E./Mouffe, C. (1995): Hegemonie und radikale Demokratie. Zur Dekonstruktion des Marxismus. Wien: Passagen Verlag

Laclau, E./Zac, L. (1994): Minding the gap: The subject of politics. In: Laclau, E. (Hrsg.): The Making of political identities. London: Verso, S. 11–39

Larrain, J. (1994): The Postmodern Critique of Ideology. In: The Sociological Review, 42, 2, S. 289–314

Lenk, K. (1984) (Hrsg.): Ideologie – Ideologiekritik und Wissenssoziologie (9. überarb. u. erw. Aufl.). Frankfurt/Main: Campus

Link, J. (1985), Warum Foucault aufhörte, Symbole zu analysieren. Mutmaßungen über ‚Ideologie' und ‚Interdiskurs'. In: Dane, G. (Hrsg.), Anschlüsse. Versuche nach Michel Foucault, Tübingen: Edition Discord, S. 105–114

Link, J. (1986): Noch einmal: Diskurs, Interdiskurs, Macht. In: KultuRRevolution, 11, S. 4–7

Link, J./Link-Heer, U. (1990): Diskurs/Interdiskurs und Literaturanalyse. In: LiLi, 77, S. 88–99

Lukács, G. (1988) [1923]: Geschichte und Klassenbewußtsein. Darmstadt: Luchterhand

Lyotard, J. F. (1986): Das postmoderne Wissen: ein Bericht. Graz: Böhlau

Macdonnell, D. (1986): Theories of Discourse: An Introduction. Oxford: Blackwell

Mannheim, K. (1964) [1925]: Das Problem einer Soziologie des Wissens. In: ders.: Wissenssoziologie. Auswahl aus dem Werk (eingel. und hrsg. von Kurt H. Wolff). Berlin: Luchterhand, S. 308–387

Mannheim, K. (1952) [1929]: Ideologie und Utopie (3. Aufl.). Frankfurt/Main: Vittorio Klostermann

Marti, U. (1988): Michel Foucault. München: Beck

Marx, K./Engels, F. (1969) [1845/1846]: Die deutsche Ideologie. In: Dies.: Werke. Berlin: Dietz, Bd. 3, S. 9–533

Marx, K. (1985) [1857]: Einleitung zur Kritik der Politischen Ökonomie, In: Marx, K./ Engels, F.: Werke., Berlin: Dietz Verlag, Bd. 13, S. 615–642

Marx, K. (1988) [1867]: Der Fetischcharakter der Ware und sein Geheimnis. In: ders.: Das Kapital. Kritik der politischen Ökonomie. Bd. 1. Berlin: Dietz Verlag, Bd. 23, S. 85–98

McLellan, D. (1986): Ideology. Concepts in Social Thought. Minneapolis: University of Minnesota Press

Montgomery, M./Allan, S. (1992): Ideology, Discourse, and Cultural Studies: The Contribution of Michel Pêcheux. In: Canadian Journal of Communication, 17,2 (http://www.cjc-online.ca/~cjc/BackIssues/17.2/index.html)

Mouffe, C. (Hrsg.) (1979): Gramsci and Marxist Theory. London: Routledge & Paul

Pêcheux, M. (1982): Language, Semantics, and Ideology. Stating the Obvious. London: Macmillan

Pêcheux, M. (1983): Ideology: Fortress or Paradoxical Space. In: Hänninen, S./Paldán, S. (Hrsg.): Rethinking Ideology: A Marxist Debate (Argument Sonderband AS 84). Berlin: Argument Verlag, S. 31–35

Pêcheux, M. (1984): Zu rebellieren und zu denken wagen! Ideologien, Wderstände, Klassenkampf, In: Kulturrevolution 5/6, S. 63–66 (Teil 1), S. 61–65 (Teil 2)

Projekt Ideologie-Theorie (1979): Theorie über Ideologie (Argument Sonderband AS 40). Berlin: Argument-Verlag

Purvis, T./Hunt, A. (1993): Discourse, Ideology, Discourse, Ideology, Discourse, Ideology… In: British Journal of Sociology, 44, 3, S. 473–499

Roters, K.-H. (1988): Idee, Wissen und Mitteilung in der kritischen Theorie von Max Horkheimer. Frankfurt/Main: Peter Lang

Roters, K.-H. (1998): Reflexionen über Ideologie und Ideologiekritik. Würzburg: Königshausen und Neumann

Salamun, K. (Hrsg.) (1989): Aufklärungsperspektiven: Weltanschauungsanalyse und Ideologiekritik. Tübingen: Mohr

Salamun, K. (Hrsg.) (1992a): Ideologien und Ideologiekritik. Ideologietheoretische Reflexionen. Darmstadt: Wissenschaftliche Buchgesellschaft

Salamun, K. (1992b): Ist mit dem Verfall der Großideologien auch die Ideologiekritik zu Ende? In: ders. (Hrsg.): Ideologien und Ideologiekritik. Ideologietheoretische Reflexionen. Darmstadt: Wissenschaftliche Buchgesellschaft, S. 31–49

Sandkühler, H. J. (1990): Ideologie. In: ders. (Hrsg.): Europäische Enzyklopädie zu Philosophie und Wissenschaften. 4 Bde. Hamburg: Felix Meiner Verlag, Bd. 2, S. 616–639

Schmid, M. (1992): Formen der Ideologiekritik. In: Salamun, K. (Hrsg.): Aufklärungsperspektiven: Weltanschauungsanalyse und Ideologiekritik. Tübingen: Mohr, S. 149–162

Schneider, W. (1994): Streitende Liebe. Zur Soziologie familialer Konflikte. Opladen: Leske + Budrich

Schneider, W. (1999): „So tot wie nötig – so lebendig wie möglich!“ Sterben und Tod in der fortgeschrittenen Moderne. Eine Diskursanalyse der öffentlichen Diskussion um den Hirntod in Deutschland. Münster: Lit-Verlag

Schneider, W. (2005): Der ‚gesicherte‘ Tod – Zur diskursiven Ordnung des Lebensendes in der Moderne. In: Knoblauch, H./Zingerle, A. (Hrsg.): Thanatosoziologie: Tod, Hospiz und die Institutionalisierung des Sterbens. Berlin: Duncker & Humblot, S. 55–79

Schneider, W./Hirseland, A. (2005): Macht – Wissen – gesellschaftliche Praxis. Dispositivanalyse und Wissenssoziologie. In: Keller, R./Hirseland, A./Schneider, W./Viehöver, W. (Hrsg.): Die diskursive Konstruktion von Wirklichkeit. Zum Verhältnis von Wissenssoziologie und Diskursforschung. Konstanz: UVK, S. 251–275

Schulze, G. (1992): Erlebnisgesellschaft, Frankfurt/Main: Campus

Sloterdijk, P. (1983): Kritik der zynischen Vernunft. 2. Bde. Frankfurt/Main: Suhrkamp

Stäheli, U. (1999): Die politische Theorie der Hegemonie: E. Laclau und Ch. Mouffe. In: Brodocz, A./Schaal, G. S. (Hrsg.): Politische Theorien der Gegenwart, Opladen: Leske + Budrich, S. 143–166

Steuter, E. (2000): Inclusive and Restrictive Views of Ideology over Time. Mount Allison University, Canada. www.sspp.net/archive/papers/3(2) steuter.htm

Torfing, Jacob (1999). New Theories of Discourse. Laclau, Mouffe an Zizek. Oxford: Blackwell Publishers
van Dijk, T.A. (1995): Discourse Semantics and Ideology. In: Discourse & Society, 6, 2, S. 243–289
van Dijk, T.A. (1998): Ideology – A Multidisciplinary Approach. London: Sage
Weiss, H. (1993): Soziologische Theorien der Gegenwart. Darstellung der großen Paradigmen. Wien: Springer
Wetherell, M./Potter, J. (1988): Discourse Analysis and the Identification of Interpretative Repertoires. In: Antaki, C. (Hrsg.): Analysing Everyday Explanation, London: Sage, S. 168–183
Wodak, R. (1996): Disorders of Discourse, Harlow: Addison Wesley
Wodak, R./Ludwig, C. (Hrsg.) (1999): Challenges in a Changing World. Issues in Critical Disourse Analysis. Wien: Passagen
Zima, P.V. (1989): Ideologie und Theorie. Eine Diskurskritik, Tübingen: Francke Verlag
Zima, P.V. (1992): Ideologie und Theorie: Zum Verhältnis von ideologischen und theoretischen Diskurs. In: Salamun, K. (Hrsg.): Ideologien und Ideologiekritik: Ideologiekritische Reflexionen. Darmstadt: Wissenschaftliche Buchgesellschaft, S. 50–62
Zima, P.V. (1995): Ideologie: Funktion und Struktur. In: Bay, H./Hamann, C (Hrsg.): Ideologie nach ihrem ‚Ende'? Gesellschaftskritik zwischen Marxismus und Postmoderne. Opladen: Westdeutscher Verlag, S. 64–78
Zizek, S. (1989): The sublime object of ideology (7. Aufl.). London: Verso.
Zizek, S. (1990): Beyond discourse analysis. In Laclau (Hrsg.): New Reflections in the Revolutions of our Time. London: Verso, S. 249–260
Zizek, S. (1994) (Hrsg.): Mapping Ideology. London: Verso

Diskursanalyse unter besonderer Berücksichtigung von Interdiskurs und Kollektivsymbolik

Jürgen Link

‚Das Wuchern der Diskurse‘ heißt eine Sammlung von Beiträgen zur Diskursanalyse (Bublitz/Bührmann/Hanke/Seier 1999) – mit dem gleichen Recht könnte man längst vom Wuchern der Diskursanalysen sprechen. Es ist ein nicht geringes Verdienst des vorliegenden, in erster Auflage 2001 erschienenen Bandes, ein weitgehend repräsentatives Panorama sich als diskursanalytisch begreifender sozialwissenschaftlicher Ansätze in Selbstdarstellungen präsentiert zu haben. Würde man eine Art systematische Klassifizierung im Gesamtfeld objektsprachlicher „Diskursanalysen“ versuchen, so könnte als wichtigste erste Weichenstellung sicher die Alternative „Diskurs à la Habermas“ vs. „Diskurs à la Foucault“, anders gesagt „Diskurs qua Dialog/Debatte über ein Problem“ vs. „Diskurs qua geregelte Redeweise mit Machteffekt in einem beschränkten Sagbarkeitsraum“ gelten (vgl. dazu auch die Einführung zu diesem Band). Der erste Ast dieser Bifurkation würde sich weiter in die von Habermas selbst und die an ihn anschließenden philosophischen Diskurstheorien auf der einen Seite sowie die zahlreichen linguistischen Konversationsanalysen auf der anderen verzweigen. Dabei spielen im ersten Fall elaborierte rationale Argumente, im zweiten alltägliche Gesprächsregularien eine dominante Rolle. Wie eine Reihe der im vorliegenden Band versammelten Beiträge zeigen, führt die von Foucault selbst nicht praktizierte Diskursanalyse im Bereich aktueller „öffentlicher Meinung", etwa im Bereich massenmedial vermittelter Politik, mehr oder weniger spontan zu Kombinationen zwischen der Analyse von Sagbarkeitsräumen und der von themenorientierten Debatten. Bevor jedoch der „Trend zu Vermittlungen" (Keller/Hirseland/Schneider/Viehöver in der Einführung zum vorliegenden Band) zum Programm erhoben werden kann, sollte zunächst die Spezifik der jeweiligen Ansätze möglichst trennscharf transparent werden. Deshalb der im folgenden präsentierte Vorschlag, den Bereich der „öffentlichen Meinung" systematisch auf der Basis foucaultscher Prämissen als „interdiskursiv" zu begreifen.

Die im folgenden darzustellende Spielart von Diskursanalyse[1] versteht sich also zunächst einmal als „foucaultistisch" in einem sozusagen ‚strengen' Sinne, wenn sie auch nicht bei Foucault stehen bleibt. Wie andernorts ausgeführt, handelt es sich bei den themenfokussierten „öffentlichen Debatten" dann unter systematischen Gesichtspunkten nicht um „Diskurse" (qua Sagbarkeitsräume mit Machteffekt), sondern um „diskursive Ereignisse" (Link 1999) eines besonderen, interdiskursiven Typs. Die durchaus konstitutive Kategorie des „diskursiven Ereignisses" (es handelt sich schließlich um eine historische Theorie!) changiert bei Foucault zwischen der Mikro- und der Makroebene: Auf der Mikroebene zählen dazu bereits einfache, zum Beispiel häufig wiederholte „Aussagen" – auf der Makroebene geht es z. B. um die großen historischen Diskontinuitäten der Diskurse um 1650 und 1800, wie sie in der ‚Ordnung der Dinge' beschrieben werden. Die im vorliegenden Band erwähnten Debatten, etwa „*der* frauen-, wirtschafts-, umweltpolitische Diskurs" (Jung: 33), wären dementsprechend als diskursive Ereignisse auf einer mittleren Ebene bzw. als Kette solcher Ereignisse („Diskursstrang" nach Siegfried Jäger: im vorliegenden Band) aufzufassen.

1 Einige Spezifika von Foucaults Diskursbegriff

Wenn zwischen den beiden ‚Kontinenten' von Diskursanalysen unter theoretisch-systematischen Aspekten insgesamt eine Art von Berührungsangst zu herrschen scheint, so liegt das nicht zuletzt an den Gegenständen von Foucaults Untersuchungen: Es handelt sich um historische, diachronische Diskurse, meistens vor

[1] In einer kurzen Präsentation müssen nolens volens selektive Akzente gesetzt werden. Daher sei die ergänzende Lektüre von Link (2003, 2004 und 2005) sowie von Jäger (in diesem Bande) empfohlen. Wer sich darüber hinaus auch für Fallanalysen, historische Beispiele sowie die Entwicklung der Interdiskurstheorie interessiert, kann die vollständige Bibliographie von Parr/Thiele (2005) konsultieren.

dem 20. Jahrhundert situiert, und es geht um Diskurse des Wissens, ja der Wissenschaften. Was also fehlt, sind Diskurse aktueller Synchronien, und zwar solche des „Alltagswissens“ bzw. der „öffentlichen Meinung“, etwa mediopolitische und mediounterhaltende Diskurse. Foucault hat seinen Diskursbegriff theoretisch und methodisch am strengsten in der ‚Archäologie des Wissens‘ zu fassen gesucht. Dabei handelte es sich im wesentlichen um eine ex post unternommene Systematisierung seiner vorhergehenden umfangreichen diskursanalytischen Praxis, insbesondere in der ‚Ordnung der Dinge‘. Diese Systematisierung zielte nicht zuletzt auf eine Abgrenzung gegen frühere, historizistische Versionen einer Ideen- und Wissenschaftsgeschichte, die die Entwicklung des Wissens entweder als progressive Annäherung an irgendwann erreichbare und dann stabil verharrende Wahrheiten oder als Folge jeweils sämtliche Wissensbereiche erfassender, wechselnder „Zeitgeister“ oder als „dialektische“ Kombination aus beidem (wie Hegel) begriffen hatten. Insbesondere war das Konzept einer „Archäologie“ gegen das Konzept des „Zeitgeistes“ gerichtet, zumal die Kategorie der „Episteme“ aus der ‚Ordnung der Dinge‘, die Foucault deshalb nun fallen ließ, in einem Teil der Rezeption im Sinne von „Zeitgeist“ mißdeutet worden war. Diese Mißdeutung wiederum hatte sich auf Foucaults Betonung historischer Diskontinuitäten des Wissens um 1650 und um 1800 berufen, die gegen die Auffassung von linear-progressiver Annäherung des Wissens an die Wahrheit gerichtet war. Dagegen betonte Foucault nun im Konzept einer „Archäologie“ nicht bloß Diskontinuitäten in der Diachronie, sondern auch in der Synchronie: Er habe seine drei Phasen (Ähnlichkeit, Repräsentation, Historizismus) keineswegs für alle Wissensbereiche, sondern nur für spezifische „diskursive Formationen“ intendiert. Indem er sich explizit zum „glücklichen Positivismus“ bekannte, betonte er die empirische und operative Fundierung seiner Spielart von Diskursanalyse. Er habe nichts anderes unternommen, als die tatsächliche Streuung von Aussagen und deren zeitliche (diachronische) und räumliche (synchronische) Diskontinuitäten (Grenzen) zu bestimmen. Wenn dieses Programm der linguistischen „discourse analysis“ nahezustehen schien, so unterschied Foucault aber seine Kategorie der „Aussage“ (énoncé) strikt von logischen oder sprachlichen „Sätzen“ wie auch von „Sprechakten“. Eine foucaultsche „Aussage“ ist als Element einer „diskursiven Formation“, also einer historisch spezifischen Formation von Wissen bestimmt – insofern sind auch „eine Graphik, eine Wachstumskurve, eine Alterspyramide“ (Foucault 1973: 120) „Aussagen“. Da im folgenden illustrative Beispiele aus den Bereichen Sport und Ökonomie verwendet werden, wäre zu ergänzen: Auch die Aufstellung einer Fußballmannschaft oder eine Tabelle der Fußballbundesliga können in diesem Sinne als Aussagen fungieren.

Als Element einer „diskursiven Formation“ ist die Aussage durch eine spezifische historische Situation gekennzeichnet: Sie bezieht sich auf spezifische Gegenstände, die sie stets mit konstituiert (bei der „Analyse der Reichtümer“ zum Beispiel auf „Handelsbilanzen“) – sie kann nur von bestimmten Sprecherpositionen effektiv geäußert werden (zum Beispiel von „Autoren“), sie verwendet spezifische Begriffe und selegiert das Wissen nach bestimmten „Strategien“, wodurch wiederum anderes mögliches Wissen strikt „ausgeschlossen“ (unsagbar und unwißbar) wird. Die systemtheoretische „Selektivität“ ist in der Diskurstheorie demnach eine Funktion der „Strategien“, besonders der diskurskonstituierenden. Wenn beispielsweise die Aufstellung des 1. FC Nürnberg vom 27.1.1968 statt (in aktueller Nähe zum Ereignis) von einer Sportzeitung oder dem Sportteil einer Zeitung von Peter Handke in einem Lyrikband von 1969 geäußert und in späteren Auflagen wörtlich wiederholt wird (Handke 1969: 59), so handelt es sich nicht um die gleiche Aussage, da sie nun im Rahmen einer literarischen statt einer sportlichen Strategie selegiert wurde.

In seiner Definition von „Diskurs“ (als Kurzform für „diskursive Formation“) betont Foucault die historische Spezifik und Spezialität des jeweiligen Wissens: „eine Menge von Aussagen, die einem gleichen Formationssystem zugehören. Und so werde ich von dem klinischen Diskurs, von dem ökonomischen Diskurs, von dem Diskurs der Naturgeschichte, vom psychiatrischen Diskurs sprechen können“ (Foucault 1973: 156).

2 Kategorien der Diskurs- und Interdiskursanalyse

Ich versuche nun eine ‚freie‘, möglichst systematische Definition, die auch die spätere machtanalytische Entwicklung Foucaults bereits einbezieht.

2.1 Diskurs

Diskurse sind im Unterschied zu natürlichen Sprachen historisch-kulturell sehr viel stärker variabel und legen (sprachübergreifend) jeweils spezifische Sagbarkeits- und Wissensräume sowie deren Grenzen fest. Es sind institutionalisierte, geregelte Redeweisen als Räume möglicher Aussagen, die an Handlungen gekoppelt sind. Dazu gehört insbesondere die Konstitution von spezifischen historischen Objektivitäten und Subjektivitäten:

– Objektivitäten im Sinne sozialer Gegenstände und Themen, Begriffe, Klassifikationen und Argumente;

– Subjektivitäten im Sinne von legitimen Sprecherpositionen sowie Gender- und anderen Sprecher- und Rezipientinnenrollen einschließlich spezifischer körperlicher Prägungen (Habitus).

Aus der Eingrenzung von Sag- und Wißbarkeit, der Sprechersubjektivität sowie den Kopplungsflächen zur Handlung generiert sich der Machteffekt der Diskurse.

2.2 *Spezialdiskurs*

Zwecks Einführung des Interdiskurs-Begriffs schlage ich nun in einem ersten Schritt vor, Foucaults „diskursive Formationen" bzw. „Diskurse" als „Spezialdiskurse" zu spezifizieren. Es dürfte einleuchten, daß Foucaults „Diskurse" als eng begrenzte Sagbarkeits- und Wißbarkeitsräume Objekte und Subjekte eines jeweils sehr speziellen Wissens generieren. Das gleiche gilt für auf dieser Basis institutionalisierte spezielle Wissenschaften. Die Logik der Wissensspezialisierung zielt dabei tendenziell auf Eindeutigkeit, spezielle Definition der Begriffe, Dominanz der Denotation und möglichst Beseitigung aller Uneindeutigkeiten und Konnotationen mit dem Idealtyp der mathematischen Formel.

2.3 *Interdiskursivität*

Nun läßt sich jedoch, in seiner kulturellen Gesamtheit betrachtet, der Prozeß der diskursiven Produktion und Reproduktion keineswegs allein von der Tendenz zur Spezialisierung her begreifen. Neben der stets zunehmenden Tendenz zur Spezialisierung und Differenzierung existiert eine gegenläufige, entdifferenzierende, partiell reintegrierende Tendenz der Wissensproduktion, die ich in Systematisierung foucaultscher Hinweise die interdiskursive[2] nenne.

Auf einer zunächst elementaren Ebene lassen sich in allen wissensgeteilten Bereichen, bis hin zu den eigentlichen Spezialdiskursen, eine Fülle von Diskursparzellen beobachten, die mehreren Wissensbereichen und darüber hinaus dem sog. Alltagswissen (dem Elementardiskurs: s. u.), gemeinsam sind. Zu solchen Wissenskomplexen mit spezialdiskursübergreifender Verwendbarkeit gehören neben tragenden Grundbegriffen etwa Exempel, symbolische Modelle, systema-

[2] Ich definiere „interdiskursiv" also (wie Foucault) bezüglich der ‚horizontalen' Achse der Wissensteilung. Ein Beispiel wäre die „Fairneß zwischen den Geschlechtern" als Kombinat aus Sport und Sozialpolitik. Anders und gerade umgekehrt meint der Begriff des „interdiscours" bei Michel Pêcheux eine Interferenz auf der ‚vertikalen' Achse: vgl. zur Abgrenzung Link (1983: 16).

tische und narrative Schemata. So läßt sich das Schema des „Ranking", der nach Leistungsgraden geordneten Rangtabelle, sowohl in der Ökonomie wie im Sport wie bei der Publikumspräferenz von Fernsehprogrammen oder bei der Bewertung der „Exzellenz" von Universitäten verwenden – so changiert die Kategorie des „Charakters" zwischen Psychologie, Pädagogik, Geschichte, Politik, Literatur und Kunst – die der „Entwicklung" zwischen Biologie, Geschichte, Pädagogik, Literatur und Kunst, die des „Wachstums" zwischen Biologie, Ökonomie und Psychologie („personal growth"). Die auch bei Foucault zentrale interdiskursive Kategorie der „normalisation" habe ich in meiner Studie ‚Versuch über den Normalismus' zusammen mit der der Normalität u. ä. exemplarisch rekonstruiert (Link 1996). Obwohl die Spezialdiskurse solche Begriffe jeweils möglichst speziell zu definieren suchen, bilden sie im Interdiskurs netzartige Konnotationsknoten, die sich typischerweise mit Kollektivsymbolen kombinieren (s. u.).

2.4 Interdiskurse

Diese der Wissensspezialisierung gegenläufige, entdifferenzierende, partiell reintegrierende Tendenz der Wissensproduktion führt zur paradoxen Konstitution eigener Diskurse, deren Spezialität sozusagen die Nicht-Spezialität ist und die ich Interdiskurse zu nennen vorgeschlagen habe (vgl. Link 1988). Bekannte Beispiele sind Populärreligion, Populärphilosophie, Populärgeschichte, Pädagogik, Publizistik, Konversation (heute Talkshows), Kunst und Literatur, später dann Populärwissenschaft, Mediopolitik und Mediounterhaltung.[3] Offensichtlich können moderne differenziert-spezialistische Kulturen sich nicht ausschließlich auf spezielle Wissensbereiche beschränken, sondern benötigen zu ihrer Reproduktion zusätzlich umgekehrt als eine Art Korrelat bzw. Kompensation immer auch reintegrierende Wissensbereiche, die zwischen den Spezialitäten vermitteln und ‚Brücken schlagen'. Diese reintegrierenden Wissensbereiche oder Interdiskurse sind nicht etwa als wirkliche Totalisierungen von Spezialwissen mißzuverstehen. Solche Totalisierungen, wie sie Schiller, Goethe und die Humboldts oder Hegel und die Bildungsidealisten sich noch vorstellen konnten, sind heute schlicht unmöglich. Die wesentliche Funktion von Interdiskursen besteht demnach nicht in professionellen Wissenskombinaten, sondern in selektiv-symbolischen, exemplarisch-symbolischen, also immer ganz fragmentarischen und stark imaginären Brückenschlägen über Spezialgrenzen hinweg für die Subjekte. Je differenzierter

[3] Am Schluss dieses Beitrags soll ein Beispiel aus dem Wirtschaftsteil einer Zeitung, also aus einem besondere Segment des mediopolitischen Interdiskurses, das man als medioökonomischen Interdiskurs bezeichnen kann, analysiert werden.

das moderne Wissen und je weltkonstitutiver seine technische Anwendung, um so wissensdefizitärer, wissensgespaltener, orientierungsloser und kulturell peripherer sind moderne Subjekte. Wenn Luhmanns Theorie[4] zu implizieren scheint, daß die Ausdifferenzierung die jeweiligen Anteile der „Personen" mehr oder weniger friktionslos auf die Teilsysteme verteile, so daß es eigener symbolisch reintegrierender[5] Instanzen strukturell und funktional gar nicht bedürfe, so scheint mir das wenig plausibel. Realistischer erscheint es, grundsätzlich zwischen speziellen und symbolisch-partiell integrierenden Wissensbereichen (zwischen Spezial- und Interdiskursen) zu unterscheiden (was eine Kritik an der theoretischen Gleichbehandlung beider Wissenstypen bei Luhmann impliziert: „Religion", „Kunst", „Massenmedien" oder gar „Liebe" wären dann wegen ihrer interdiskursiven Basis strukturell-funktional von „Wirtschaft", „Wissenschaft" und „Recht" prinzipiell zu trennen[6]).

2.5 Kollektivsymbolik

Auch die Interdiskurse produzieren Wissen. Dieses Wissen wird durch Kombination, Kopplung und Integration von Spezialdiskursen generiert. Ein wesentlicher Typ solcher Kopplung besteht in der Herstellung von Analogien: Ein Diskurselement des Spezialdiskurses A wird als Modell für den Spezialdiskurs B verwendet. „Agrarsubventionen sind Fouls im internationalen Handel und müssen mit der Roten Karte sanktioniert werden" (ökonomischer Diskurs). Das interdiskursive Konzept „Fairness" (Sport-Justiz-Psychologie-Ökonomie) wird hier zu einem „Modellsymbol" expandiert. Unter Kollektivsymbolik sei also die Gesamtheit der am weitesten verbreiteten Allegorien und Embleme, Vergleiche und metaphorae continuatae, Exempelfälle, anschaulichen Modelle und Analogien einer Kultur verstanden. Ein großer Teil des entsprechenden Materials wird sowohl in der philosophischen Metaphorologie Hans Blumenbergs (Blumenberg 1960) wie in der linguistischen George Lakoffs (Lakoff/Johnson 1980) als auch in der historischen Alexander Demandts (Demandt 1978) unter die Kategorie „Metapher" subsumiert. Ich habe statt dessen für die Kategorie „Symbol" als übergreifenden Terminus optiert, weil es m. E. dabei erstens nicht um einzelne Metaphern, sondern bloß um expandierte metaphorische Komplexe geht (metaphorae continuatae) und weil es zweitens inadäquat wäre, die vielen und wichtigen Fälle synekdochi-

---

[4] Zur Kompatibilität/Inkompatibilität zwischen Diskurstheorie und Luhmannscher Systemtheorie (sowie auch Bourdieuscher Habitustheorie) vgl. Link (2004).

[5] Nicht zu verwechseln (wozu Luhmann tendiert) mit totalisierenden!

[6] Theorieimmanent erweist sich diese prinzipiell irrige Gleichbehandlung der dominant spezialdiskursgestützten und der dominant interdiskursgestützten „Teilsysteme" in den notorischen Dissensen über die „Medien" und „Codes" der letztgenannten.

scher (repräsentativer) oder metonymischer Bilder unberücksichtigt zu lassen, wie es beim Oberbegriff „Metapher“ der Fall ist. Ein Kollektivsymbol besteht dann ganz allgemein aus einem rudimentär expandierten, zumindest potentiell ikonisch realisierbaren Symbolisanten (dem „Bild“, der Pictura, zum Beispiel einem ‚Fußballspiel‘ mit ‚Steilvorlage für den Gegner‘ und ‚Selbsttor‘) sowie einem bzw. in der Regel mehreren Symbolisaten (dem „Sinn“, den Subscriptiones, z. B. einem ‚Wahlkampf‘ mit ‚ungeschickter Formulierung‘ und ‚Sinken in den Meinungsumfragen‘).

2.6 Elementar-literarische Formen

Das Kollektivsymbol zählt zu den „elementar-literarischen Formen“ – neben weiteren Kategorien wie Polysemie, „Reizwort“, „Charakter“, prägnanter Subjekt-Situation, ferner elementaren Erzählformen, die Narrative heißen sollen: z. B. Mythen im Sinne von Claude Lévi-Strauss (1980) (also Vermittlungsmythen), insbesondere auch in modernen Spielarten (Parr 1992), darunter „Mythen des Alltags“ (Roland Barthes 1964) – bzw. einem Spektrum von Narrativen, das man als progreßdialektisches Spektrum zusammenfassen kann (worin auch bestimmte Rankings als „Aussagen“ fungieren können).

All diese elementar-literarischen Formen entspringen aus dem interdiskursiven Mechanismus der Kultur und bedienen sowohl einzeln wie in toto die Funktion partiell-symbolischer Reintegration der Wissens- und Diskursteilung für die Subjekte und damit der Subjektivierung des Wissens.

2.7 Elementardiskurs

Im Elementardiskurs schließlich werden sogenannte anthropologischen Konstanten (wie allgemeinste Lebensstrategien, Liebe, Generationen, Feindschaft, Kampf, Arbeit, rudimentäre as-sociative Solidaritäten, Krankheit und Tod) mit dominanten interdiskursiven Komplexen kombiniert und dadurch aktualisiert und historisiert. Dabei spielt seit geraumer Zeit der interdiskursive Komplex des Sports eine herausragende Rolle: Zu den Stars, die heute als exemplarische ‚Helden‘ der massenmedialen Narrative von Liebe, Kampf, Krankheit und Tod fungieren, zählen insbesondere Spitzensportler, über deren Kopulationen und Kollisionen Millionen von Zuschauern heute besser informiert sind als über ihr eigenes Leben. Wie das Beispiel allerdings zeigt, gibt es streng genommen gar keine anthropologischen Konstanten, da auch Liebe und Tod diskursiv und also soziokulturell spezifisch konstitutiert werden: Auch Liebe und Tod folgen einem jeweiligen historischen Apriori.

3 Soziologische Situierung: Wissensteilung und Machtteilung

Die gerade erwähnte von den heutigen Massenmedien wesentlich mitproduzierte Kombination von Elementar- und Interdiskurs wird häufig, exemplarisch etwa in der interaktionistischen Wissenssoziologie von Peter Berger und Thomas Luckmann (Berger/Luckmann 1970), als „Alltagswissen" bezeichnet. Es ist nicht zuletzt die Tatsache, daß Foucault selbst weder Inter- noch Elementardiskurse analysiert hat, die die Herausgeber des vorliegenden Sammelbandes dazu veranlaßt hat, eine Ergänzung der foucaultschen Diskursanalyse durch die interaktionistische Wissenssoziologie anzuregen (dazu ausführlich Link 2005). Da ein entsprechendes Defizit bei Foucault nicht zu übersehen ist, das womöglich durch ein Defizit bei der soziologischen Verortung der Diskurse vergrößert wird, sei in aller Kürze versucht, sowohl die foucaultsche Diskursanalyse im allgemeinen wie die Interdiskursanalyse im besonderen grob in einem übergreifenden soziologischen Rahmen zu situieren.

Um die entsprechende Problematik klären zu können, sei der Gegensatz zwischen hierarchischer Stratifikation und funktionaler Differenzierung zunächst als zweidimensionale symbolische Topik kodiert (vgl. Abb. 1). Die Stratifikation sei (entsprechend einer uralten Tradition) als symbolisch „vertikal", die Funktionsdifferenzierung komplementär dazu als symbolisch „horizontal" bezeichnet. Offensichtlich sind zunächst alle Auffassungen irrig, die die zwei ‚Dimensionen' bzw. ‚Achsen' voneinander isolieren möchten: Es handelt sich stets um ein synchronisches Kombinat beider Achsen, und gerade auch im Fall unserer heutigen konkurrenzliberalen und binär-demokratisch parlamentarischen Gesellschaften. Es ginge dann also darum, die je konkrete Struktur, Funktion und Verknüpfung der beiden Achsen in jeder konkret-historischen Kultur zu analysieren. Nicht weniger irrig aber sind auch all jene Auffassungen, die ein einseitiges Determinationsverhältnis zwischen den Achsen postulieren – so als ob die Kultur, also das Wissen und die verschiedenen wissensgestützten Funktionen (‚horizontale' Achse), eine abhängige Variable der Klassenstruktur wäre: „bürgerliche Gesellschaft" macht „bürgerliche Kultur" inkl. „bürgerliche Wissenschaft", „bürgerliche Technik", „bürgerliche Religion", „bürgerliche Musik" usw. Wiederum kann erst die Analyse der je konkreten Struktur, Funktion und Verknüpfung der beiden Achsen in einer bestimmten Kultur aufweisen, was an einer Religion usw. ggf. bürgerlich ist und was nicht und durch welchen Prozeß der Interferenz zwischen den beiden Achsen ein ggf. bürgerliches Element generiert wurde.

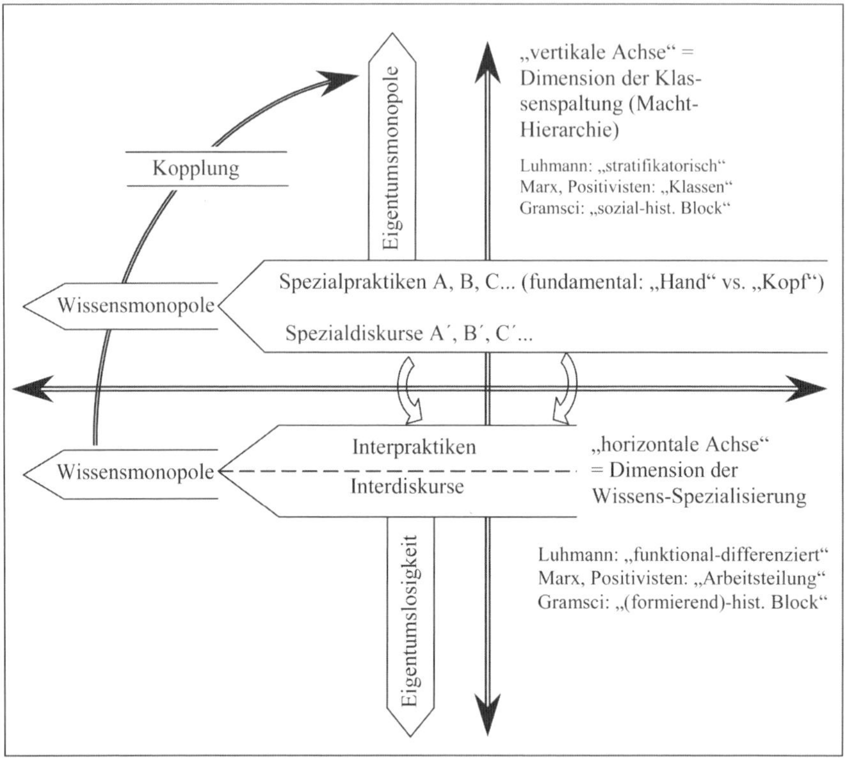

Abb. 1

Ich nehme demnach an, daß es in jeder hochkulturellen Gesellschaft Wissensteilung (‚horizontal‘) und Machtteilung (‚vertikal‘) gibt und daß beide zwar prinzipiell verschieden und damit auch prinzipiell voneinander unabhängig sind, daß sie aber notwendig interferieren müssen und dadurch historisch je verschiedene Kopplungen und Interdependenzen ausbilden. Es kann im Extremfall machtloses Wissen und unwissende (ignorante) Macht geben, in der Regel generieren Wissensmonopole Macht und Machtmonopole Wissen (siehe Hegels Herr und Knecht).

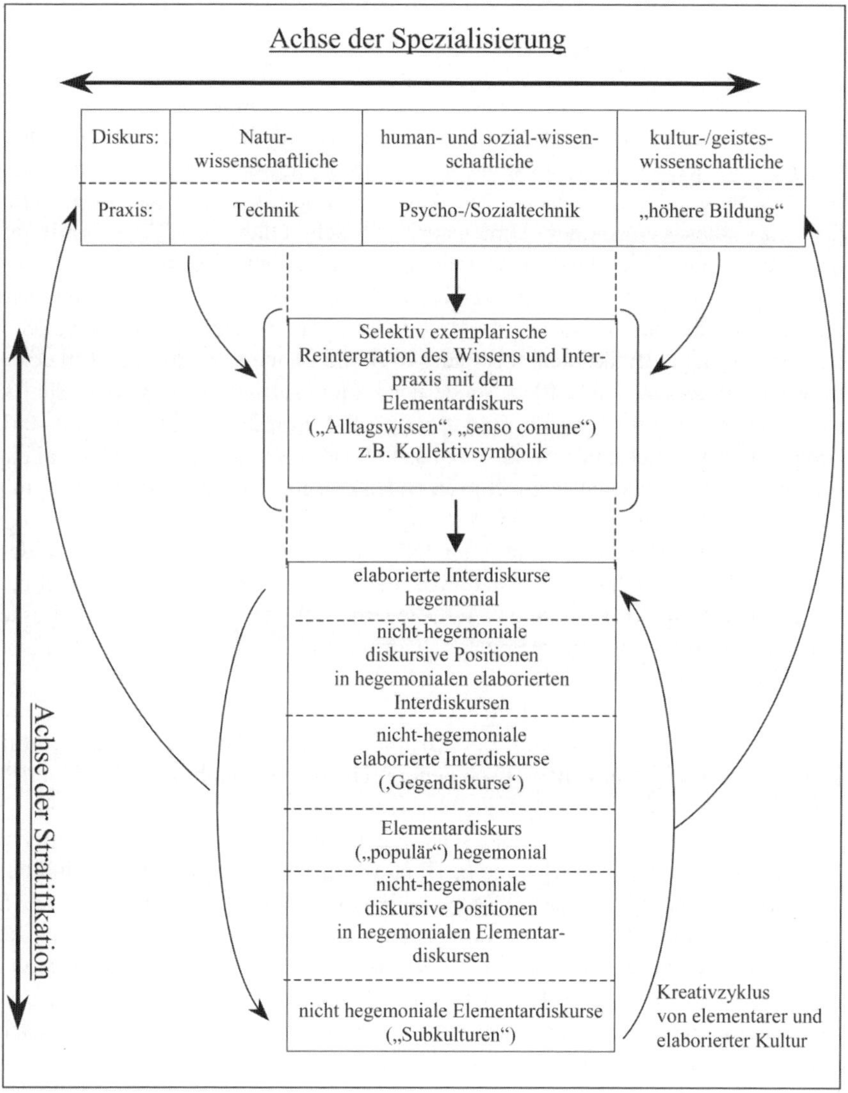
Achse der Spezialisierung
Diskurs:
Natur-wissenschaftliche
human- und sozial-wissen-schaftliche
kultur-/geistes-wissenschaftliche
Praxis:
Technik
Psycho-/Sozialtechnik
„höhere Bildung“
Selektiv exemplarische Reintergration des Wissens und Interpraxis mit dem Elementardiskurs („Alltagswissen“, „senso comune“) z.B. Kollektivsymbolik
elaborierte Interdiskurse hegemonial
nicht-hegemoniale diskursive Positionen in hegemonialen elaborierten Interdiskursen
nicht-hegemoniale elaborierte Interdiskurse (‚Gegendiskurse‘)
Elementardiskurs („populär“) hegemonial
nicht-hegemoniale diskursive Positionen in hegemonialen Elementar-diskursen
nicht hegemoniale Elementardiskurse („Subkulturen“)
Achse der Stratifikation
Kreativzyklus von elementarer und elaborierter Kultur

Abb. 2

Zuvor gilt es nun aber zu skizzieren, wie aus Sicht der Interdiskurstheorie die ‚vertikale' Achse berücksichtigt werden muß. Abb. 2 (in T-Form) stellt im oberen, ‚horizontalen' Abschnitt dar, wie auf der Basis der Achse der Spezialdiskurse durch exemplarische Selektion, Kombination und Dominanzbildung zunächst das interdiskursive Material (die elementar-literarischen Formen) und dann die Interdiskurse generiert werden. Diese Interdiskurse gliedern sich ‚abwärts vertikal' in hierarchische Stufen (mit Anschluß an die ‚vertikale', stratifikatorische Achse). Oben befindet sich in dieser ‚vertikalen' Dimension eine mehr „elaborierte" („informierte", „gebildete", „intellektuelle") Stufe und darunter eine mehr „elementare" („alltägliche", „populäre" usw.). Diese beiden hierarchischen kulturellen Stufen sind nicht einfach abbildbar auf die soziale Achse der Stratifikation: Vielmehr sind beide Stufen gleichermaßen funktional notwendig, weil die Elementarkultur nicht in erster Linie als Kultur sozialen Defizits, sondern vor allem als Kultur intensivster Subjektivierung des Wissens fungiert. In der Elementarkultur kombiniert sich das stark komplexitätsreduzierte historisch-spezifische Wissen (seit geraumer Zeit vor allem von den naturwissenschaftlich-technischen Diskursen und Praktiken gespeist) mit dem sogenannt anthropologischen Alltagswissen.

Zwischen der obersten und untersten Stufe der ‚vertikalen' Dimension des T-Schemas sind „nicht-hegemoniale diskursive Positionen in hegemonialen elaborierten Interdiskursen" und „nicht-hegemoniale elaborierte Interdiskurse (‚Gegendiskurse')" markiert. Beide Kategorien (wie auch die analogen Elementardiskurse) können Vehikel antihegemonialer „Resistenz" (Foucault) bzw. antihegemonialer „Fluchtlinien" (Deleuze/Guattari 1992) werden und sich dabei mit dominierten sozialen Gruppen bzw. Gruppierungen auf der Achse der Stratifikation koppeln. Literaturtheoretisch generieren solche Kopplungen Publiken (rezeptionstheoretischer Aspekt). Zunächst sind entsprechend der Unterscheidung zwischen Spezial- und Interdiskursen verschiedene mehr oder weniger spezialisierte Publiken zu unterscheiden (z. B. ökonomische oder juristische Publiken, die ökonomische oder juristische Spezialdiskurse rezipieren können). Daneben gibt es offensichtlich auch „generalistische", nicht-spezialistische Publiken, die entsprechende „generelle" (Inter-)Diskurse der „öffentlichen Meinung" bzw. der „Unterhaltung" (exemplarisch Sport) rezipieren. Die verschiedenen Publiken, von denen je mehrere die gleichen Individuen umfassen können, sind nicht einfach homolog mit sozialen Gruppen (z. B. Klassen) bzw. Gruppierungen (z. B. „historischen Blöcken" nach Antonio Gramsci 1999[7]). Für die Kopplungsverhältnisse zwischen Publiken, Intelligenzen (als produzierendem Personal der verschiedenen Diskurse) und sozialen Gruppen gibt es keine generellen Regeln. Jede einzelne dieser Kopplungen ist als ein je historisch-spezifisches „Ereignis" (Foucault 1973)

[7] Siehe dazu ausführlich Link/Link-Heer (1980).

zu analysieren, das von spezifischen Kräfte-, Macht- und Resistenzverhältnissen abhängt. Relativ generell läßt sich lediglich sagen, daß sowohl auf dem Weg von der ‚horizontalen' zur ‚vertikalen' Achse wie auf dem umgekehrten Weg der Kopplung Monopolisierungen und Blockierungen der Proliferation (von Wissen bzw. von Macht) eine entscheidende Rolle spielen: Alle Spezialisierungen von Wissen tendieren zur Monopolisierung und damit zur Er-Mächtigung – alle Monopolisierungen von Reichtum und Eigentum tendieren zur Indienstnahme monopolisierten Wissens.

4 Foucaults machtanalytische Präzisierung und der Dispositivbegriff

Während Foucaults „Archäologie" trotz der Betonung von Kopplungen an nichtdiskursive Praktiken den Hauptakzent dennoch auf eine Art immanente Diskursanalyse gelegt hatte, stellte die ab 1968 dominierende „Genealogie" diese Kopplungen sowie die damit verbundenen Machteffekte in den Mittelpunkt (Brieler 1998). Diese als Präzisierung oder eher als „Diskontinuität" zu bewertende Neuausrichtung ging mit einer gewissen Lockerung des Diskursbegriffs und der Einführung und Privilegierung des Begriffs „Dispositiv" einher. Wie ich andernorts im einzelnen ausgeführt habe (Link 2006), betont dieser Begriff die einzelnen operationalen Faktoren einer „strategischen" (selegierenden) Subjektivität und schließt insofern an das Kapitel „Die Formation der Strategien" aus der ‚Archäologie des Wissens' (Foucault 1973) an. Ich versuche wiederum eine zusammenfassende, systematische Definition unter Einbeziehung interdiskurstheoretischer Einsichten, die zum Verständnis des Dispositivbegriffs wesentlich sind.

4.1 Dispositiv

Es handelt sich um ein spezifisches, historisch relativ stabiles Kopplungs-Kombinat aus einem spezifischen interdiskursiven Kombinat (‚horizontal') sowie einem spezifischen Macht-Verhältnis (‚vertikal'). Diese sozusagen gleichrangige Berücksichtigung der ‚vertikalen' Macht-Dimension ist die entscheidende Innovation der „Genealogie" gegenüber der „Archäologie". Dabei umfaßt das interdiskursive Kombinat Wissenselemente aus operativen Spezialdiskursen, insbesondere aus natur- und humanwissenschaftlichen einschließlich der spezifischen Techniken, während das ‚vertikale' Machtverhältnis sich längs einer Polarität von disponierender und disponierter Subjektivität aufbaut: Justiz/Polizei-Krimineller, Arzt-Patient, Psychiater-Neurotikerin, Pädagoge-Zögling, allgemein: Experte-Laie. Gleichzeitig damit expliziert Foucault im Begriff des Dispositivs also die 'vertikale' Dimension der Sagbarkeit als Wissensmonopol monopolistischer Sprecher (Experten) – so wie er die subjektbildende Effektivität der Diskurse betont, was ebenfalls die 'vertikale' Dimension einschließt: das disziplinierte oder sexualisierte Subjekt als freiwilliges Ansatzprofil spezifischer Machtwirkungen (sujet als Subjekt und Unterwerfungsobjekt gleichzeitig).

Im Dispositivbegriff werden also mindestens drei Aspekte betont und auch für den Diskursbegriff reklamiert, die bei der früheren Fassung des Diskursbegriffs defizitär zu sein schienen:

- die dominant subjektivierende, Subjekte konstituierende und formierende Macht der Diskurse (in der polemischen Rezeption als 'Leugnung des Subjekts' im Sinne eines konstituierenden Subjekts beredet);
- die stärkere Betonung „nicht-diskursiver Praktiken" (wobei Unklarheiten impliziert waren, die etwa von Laclau/Mouffe (1985) kritisiert wurden);
- die stärkere Betonung der 'vertikalen' sozialen Achse, d. h. der Stratifikation (wobei die genauen Regeln der Transformation und Kopplung zwischen Typen der Subjektivität, diskursiven Positionen und sozialen Gruppen bzw. Strata implizit und daher undeutlich blieben).

Mit einer gewissen Vereinfachung ließe sich demnach sagen, daß Foucault mit dem Dispositivbegriff die Diskursanalyse (genauer: einschließlich der Interdiskursanalyse) in erster Linie zu einer soziologischen Theorie der Expertokratie erweitert hat (Herrschaft durch Diskurse des Wissens und ihre subjektivierende Kraft). Der Zugang zu der aktiven, „disponierenden" Seite der Dispositive, zu ihren effektiven „strategischen Klaviaturen", ist streng selektiv beschränkt: Nur Ärzte können gültige Diagnosen stellen und Medikamente gültig „verschreiben" – nur sie können dabei die effektiven Institutionen Krankenkasse, Apotheke, Krankenhaus usw. 'ins Spiel bringen' – gleichzeitig gibt es andere, ökonomisch-politische Dispositive, in denen die Ärzte als „disponierte" Subjekte fungieren. Insgesamt haben wir es also mit komplexen Verschachtelungen von Dispositiven zu tun, deren Kristallisierungen zu gruppen- und klassenspezifischen sozialen Machtpositionen um so schwieriger zu beschreiben sind, als sie ständig evoluieren und fluktuieren. Bei diesen Kristallisierungen spielen Institutionen, interdiskursive Kopplungen und diskursive Positionen die entscheidende Rolle.

4.2 Diskursive Position

Diskursive Positionen werden durch die gegensätzlich wertende und subjektiv gegensätzliche Besetzung konstitutiver Oppositionen eines Diskurses (oder Interdiskurses) generiert. Dies lässt sich am Beispiel des ökonomischen Diskurses und des Dispositivs ‚Ranking' illustrieren, auf das ich in Kapitel 6 zurückkomme. Im heute hegemonialen medioökonomischen Interdiskurs spielt die Binäropposition ‚ökonomisch' vs. ‚sozial' eine diskurskonstitutive Rolle (sie organisiert Klassifikationen und Aussage-Serien, Themen und Argumente). Es handelt sich um das Beispiel eines ‚Rankings' der Länder der Welt, das nach ökonomischen Kriterien erstellt wurde (einen sog. „Index of Economic Freedom"). Einem solchen Ranking läßt sich ein Ranking aufgrund „sozialer" Kriterien entgegensetzen, bei dem etwa einer positiv gewerteten „Deregulierung" des Arbeitsmarkts (Möglichkeit kurzfristiger Entlassungen) das Kriterium des Kündigungsschutzes (als positiv) entgegengesetzt wird. So entstehen zwei ganz verschiedene Rankings als entgegengesetzte „Aussagen", die sich in aller Regel mit konfliktuellen sozialen Gruppen koppeln (z. B. Unternehmer vs. Gewerkschaften). Es gehört zu den wichtigen Einsichten Foucaults, daß solche konfliktuellen Positionen sich in aller Regel innerhalb des gleichen (Inter-)Diskurses artikulieren und nicht etwa zwei verschiedene Sagbarkeitsräume konstituieren. Beide Positionen bewegen sich im gleichen „normalistischen", statistisch argumentierenden ökonomischen Diskurs und beruhen auf den gleichen kategoriellen Oppositionen, wenn auch mit entgegengesetzter Wertung und entgegengesetztem subjektivem ‚Engagement'. Der Diskurs als Sagbarkeitsraum dient den Positionen wie eine Art gemeinsames Spielfeld (ähnlich der bourdieuschen „Feld"-Kategorie).

Subjektiv stehen sich dabei, wie Michel Pêcheux (1984) entwickelt hat, je umgekehrt „Identifikation" und „Gegenidentifikation" gegenüber – nur in seltenen Fällen kann sich ein solcher Konflikt der Diskurspositionen zur „Entidentifizierung" radikalisieren, die mit der Einsicht in die Diskursgrenze und ihrer Überschreitung zusammenfiele und die möglicherweise zur Emergenz eines neuen Diskurses beitragen könnte.

5 Hinweise zur Technik der Analyse

Die Analyse der Kollektivsymbolik (und des Katachresen-Mäanders: siehe dazu Link 1984) bildet bereits einen wesentlichen Bestandteil des technischen Verfahrens der Interdiskursanalyse. Foucault selbst hat seine Technik weitgehend implizit gehalten, auch was die analytischen Kategorien wie „Aussage", „Thema", „Begriffe" und „Strategien" betrifft. Technisch entscheidend wären die „Strategien", d. h. die Regeln der Auswahl von Begriffen, Themen und Aussagen sowie der entsprechenden Klassifikationen und Serienbildungen. Es sind diese diskursiven Strategien, die über Ein- und Ausschlüsse und damit über Sag- und Unsagbarkeiten (die „Selektivität" in einem sehr operativen, Machtverhältnisse berücksichtigenden Sinne) entscheiden und auf diese Weise den Diskurs als Sagbarkeitsraum und seine Grenze konstituieren. Siegfried Jäger hat dazu ein technisches Instrumentarium vorgeschlagen, das auf einer Kombination foucaultscher und linguistischer Konzepte beruht: Dabei dient das „Thema“ als Element, durch das sich „Diskursfragmente“ generieren, die entlang thematischer Verknüpfung im zeitlichen Nacheinander einen „Diskursstrang“ bilden können. Zur Feinanalyse von Diskurssträngen wird zusätzlich ein systematisches Instrumentarium entworfen, das auch Kategorien der Interdiskursanalyse wie die Kollektivsymbolik einbezieht (Jäger im vorliegenden Band sowie Jäger 1999).

Für die Interdiskursanalyse läßt sich vor allem die Isotopie-Analyse im Anschluss an Greimas technisch nutzen (Greimas 1971; Link 1974): Da die Isotopie als rekurrente semantische Achse eines Textes definiert ist, so dass ein durchschnittlicher Text aus mehreren Isotopien nahezu wörtlich ‚gestrickt‘ ist (Text und Textil sind ja verwandt), lässt sich die interdiskursive Kombination mehrerer Spezialdiskurse immer auch als Kombination entsprechender Isotopien analysieren. Dabei bildet die Isotopie jedoch eine – unter Umständen mikrologische – Teilmenge des Spezialdiskurses, der mithin viele Isotopien umfasst. Je größer die semantische Distanz zwischen zwei Isotopien, um so mehr nähert sich ihre Kombination dem interdiskursiven Effekt an. Metaphern sind nichts anderes als punktuelle Verknüpfungen (bzw. Schnittstellen) zweier deutlich distinkter Isotopien – bei Kollektivsymbolen handelt es sich darüber hinaus bereits um systematische interdiskursive Verknüpfungen, woraus sich ihre auch technische Bedeutung für die Interdiskursanalyse erklärt.

6 Eine exemplarische Textanalyse

Wie die bisherigen Ausführungen gezeigt haben, sind Diskursanalysen im Anschluss an Foucault auf materialreiche Korpora verwiesen, um jene übergreifenden Grundstrukturen von Spezial- und Interdiskursen erfassen zu können, an denen die einzelnen Texte partizipieren, ohne daß sie einzeln diese Grundstrukturen auch nur annähernd repräsentativ reproduzieren würden. Insofern mag der Versuch paradox erscheinen, abschließend die Probe aufs Exempel der Interdiskursanalyse mit der Analyse eines kurzen Einzeltextes zu bestreiten. Dabei mußte der gewählte Beispieltext nach Möglichkeit durchschnittliches Diskursmaterial seines Mediums, seines medialen Formats und seiner diskursiven Position repräsentieren. Er mußte sozusagen ein exemplarisches Konglomerat hoch repetitiver und in dem entsprechenden Sagbarkeitsraum weit verbreiteter Aussageformen darstellen. Nicht zuletzt mußte es sich aus praktischen Gründen um einen möglichst kurzen Text handeln. Deshalb wurde das Beispiel aus dem Genre Glosse (Kurzkommentar) gewählt:

Kein Zweifel

(1) In jüngster Zeit gibt es viel Anlaß, über China zu staunen.

(2) Sein Wachstum erreicht knapp 10 Prozent, in der Weltwirtschaft rangiert das Reich der Mitte auf dem vierten Platz.

(3) Dabei ist China auch heute noch kein freiheitlicher Staat, weder politisch noch ökonomisch; Demokratie und Rechtsstaat lassen ebenso auf sich warten wie eine echte Marktwirtschaft.

(4) Im „Index of Economic Freedom“ steht China auch nur auf einem kläglichen Rang 111 (von 161 Ländern), wobei die Autoren neben politischen Repressionen vor allem Staatseingriffe, Steuerlast und Regulierung rügen.

(5) Beweist China also, daß ein Land ökonomisch aufholen kann, ohne sich institutionell zu zivilisieren?

(6) Gibt es gar keinen strengen positiven Zusammenhang zwischen der – wirtschaftlichen wie politischen – Freiheit und dem Wohlstand?

(7) Doch.

(8) Der Index zieht jedem Zauderer den Zahn des Zweifels.

(9) Die – ohnehin plausible – Korrelation zwischen wirtschaftlicher Freiheit und Pro-Kopf-Einkommen erweist sich abermals als robust:

(10) Je höher der Grad an wirtschaftlicher Freiheit, desto größer der Wohlstand.

(11) Zugleich gilt: Je größer die Zunahme des Grades an Freiheit, desto stärker das Wachstum.

(12) Dies erklärt das Phänomen China.

(13) Das Land profitiert von den Lockerungen der vergangenen Jahre und der somit freigesetzten Dynamik.

(14) Aber um dauerhaft Erfolg zu haben, sind weitere und umfassendere Freiheiten nötig.

Es handelt sich um eine Glosse von „orn“ im Wirtschaftsteil der FAZ (5.1.2006), die einen nebenstehenden Artikel über die Ergebnisse des „Index of Economic Freedom“ bezüglich Chinas kommentiert. „Thema“ ist also das sogenannte „chinesische Wirtschaftswunder“: Dieses Thema wird entsprechend dem Titel und Satz 8 auf den „Zweifel“ hin fokussiert, ob „Erfolg“ (Satz 14 sowie eine im folgenden darzustellende durchgehende Isotopie) auch ohne „Freiheit“ möglich sein könnte. „Freiheit“ bildet eine dominante Isotopie (wörtlich okkurrent in den Sätzen 3, 4, 6, 9, 10, 11, 13, 14, d. h. durchschnittlich in etwas mehr als jedem zweiten Satz). Die Verzweigung der Isotopie „Freiheit“ in die Seme „politisch“ und

„ökonomisch“ (Sätze 3 und 6) ist gleichzeitig eine interdiskursive Verzweigung zwischen dem mediopolitischen und dem medioökonomischen (Inter-)Diskurs, die jeweils auf den politologischen und den ökonomischen Spezialdiskurs verweisen. Bei dem kommentierten „Index of Economic Freedom“ handelt es sich um ein Diskursfragment, das mit dem Anspruch des Spezialdiskurses auftritt (wenn es sich tatsächlich auch eher um einen medioökonomischen Gag handeln dürfte).

Interessant ist die weitere Verzweigung der Isotopie „Freiheit“:

Freiheit

politisch	ökonomisch
Staat	echte Marktwirtschaft
Demokratie	politische Repressionen
Rechtsstaat	Staatseingriffe
	Steuerlast
	Regulierung
	Lockerungen
	freigesetzte Dynamik

zivilisierte Institutionen

Auffällig ist hier die kontrafaktische Zuordnung eindeutig politischer Elemente wie „politische Repressionen“ (4) zum ökonomischen Zweig von „Freiheit“ sowie die eklatanten Widersprüche zwischen „Staatseingriffe“/„Regulierung“ (4) und „Lockerungen“/„freigesetzte Dynamik“ (13). Ist China nun (trotz fehlender „Freiheit“) eine „Marktwirtschaft“ oder nicht? Die so formulierte Frage ist im Diskurs offensichtlich nicht sagbar. Als Symptom der Unsagbarkeit, d. h. der Diskurs-Grenze, kann die Floskel gelten, China sei keine „echte Marktwirtschaft“ (3). Woran würde man die „Echtheit“ erkennen können? Vielleicht an ‚zivilisierten Institutionen‘ (5)? Wären die aber politisch oder ökonomisch? Auch das ist unentscheidbar, so daß die Frage nach dem genauen Verhältnis von politischer und ökonomischer Freiheit überall an eine Sagbarkeitsgrenze zu stoßen scheint.

Außer der Isotopie „Freiheit“ ist der Text aber aus zwei weiteren dominanten Isotopien gestrickt, und zwar den Isotopien Statistik und Leistungskonkurrenz. Zur ersten zählen: „Wachstum“, „10 Prozent“, „vierter Platz“ (2), „Index of Economic Freedom“, „kläglicher Rang 111 (von 161 Ländern)“ (4), „gar keinen strengen positiven Zusammenhang zwischen“ (6), „Index“ (8), „Korrelation zwischen [...] robust“ (9), „Je höher der Grad [...], desto größer“ (10), „Zugleich gilt: Je größer die Zunahme des Grades [...], desto stärker“ (11). Mit diesen statistischen Elementen ist der Text eng an den Artikel über den „Index of Economic Freedom" und indirekt an die statistische Komponente des ökonomischen Spezialdiskurses gebunden. Das geht bis zu quasi mathematischen Formeln von der Art: „es gilt:" – „je größer x, desto stärker y". Hier handelt es sich also um eine auffallende und geradezu „robuste" interdiskursive Kopplung; ganz offensichtlich möchte der medioökonomische Text sich den „wissenschaftlichen" Macht-Effekt des ökonomischen Spezialdiskurses aneignen[8].

Eng damit verbunden ist jedoch eine noch wichtigere interdiskursive Kopplung, die über eine Isotopie Leistungskonkurrenz läuft. Dazu zählen die Lexeme „staunen" (1), „Wachstum", „10 Prozent", „vierter Platz" (2), „kläglicher Rang 111" (4), „aufholen" (5), „je höher der Grad, desto größer" (10), „je größer die Zunahme des Grades, desto stärker" (11), „freigesetzte Dynamik" (13), „Erfolg" (14). Die enge Verbindung zwischen den beiden Isotopien ‚Statistik' und ‚Leistungskonkurrenz' erweist sich in der doppelten Lesbarkeit mehrerer Elemente. Das Spezifische der Isotopie Leistungskonkurrenz liegt in ihrer ‚sportlichen' Farbe: „staunen", „aufholen", „Erfolg". Tatsächlich greift der Text auf ein interdiskursives Dispositiv im prägnanten Sinne zurück, das insbesondere im Sport als einem dominanten Sektor des mediounterhaltenden Interdiskurses ubiquitär eingesetzt wird: das Ranking, die Rangliste der „Cracks" bzw. „Spitzenmannschaften", „Top Ten", „Profiligen" usw. Ich habe in anderem Zusammenhang gezeigt, wie das Ranking der wirtschaftlichen Leistung aller Mitgliedsländer der UNO im mediopolitischen und medioökonomischen Diskurs tatsächlich mit Vorliebe mittels des Kollektivsymbols der Sportligen-Hierarchie beredet wird: „Italien droht der Abstieg in die 2. Liga", „Korea möchte in die 1. Liga aufsteigen", „Deutschland will wieder an die Spitze" usw. (Link 1996a: 405–417). Auf das entsprechende Kontextwissen der Leser kann und muß sich die Glosse von „orn" schon wegen ihrer Kürze stützen: Das „Thema chinesisches Wirtschaftswunder" umfasste bereits die stereotypen Aussagen: „China rückt beim BSP auf Rang 4 der Weltliga vor und überholt England und Frankreich", „China wird Weltmeister im Wachstum", „Ist das kommunistische China das kapitalistischste Land der Welt geworden?" usw. Es ist insbesondere das Paradox der letzten Frage, das den hegemonialen mediopolitischen und medioökonomischen Diskurs einer Art „Stress" aussetzt. Genau dieser Stress wird mit dem Titel der Glosse, „Zweifel", artikuliert. Wie stark dieser „Zweifel" sein muss, zeigen die zentralen Sätze 7 und 8 der Glosse: Satz 7 besteht nur aus einem einzigen Wort, dem trotzigen „Doch" – Satz 8 ist mit seiner vierfachen Alliteration und seiner dentistischen, fast schon ‚kühnen' Metapher hochgradig „poetisch" im Sinne von Roman Jakobson (1990). Zugleich gilt

[8] Marxistische Ansätze würden derartige Effekte als „ideologisch" kennzeichnen. Zum Verhältnis von Interdiskurs und Ideologie siehe Link (1996b), vgl. auch Link/Link-Heer (1980).

für ihn das literarische Gesetz, daß die sekundäre Semantisierung der Lautebene eine Desemantisierung des Wortsinns nach sich zieht: Es wird nicht so recht klar, was orn eigentlich sagt.

Führt wenigstens das statistische Argument weiter? In Satz 9 ist impliziert (ohne daß es expliziert wird, was verblüfft), daß China im durchschnittlichen Pro-Kopf-Einkommen, gleichgesetzt mit „Wohlstand" (wobei das BSP grob gesehen durch 1,3 Milliarden zu teilen ist), noch weit von Platz 4 der Weltrangliste entfernt ist. Bekanntlich ist die Gleichsetzung des Durchschnittseinkommens mit „Wohlstand" ohne Angabe der Spreizung und der Kurvenschiefe absurd, da der Durchschnitt zwischen einem Milliardär und zehntausend Hungerleidern „hoch" liegt. Der genaue Wert dieses Durchschnitts und der entsprechende Rang wird aber nicht einmal angegeben – er wird unter der Hand ersetzt durch den Rang bei der „Economic Freedom", der aber durch eine undurchsichtige Mischung mit „politischen Repressionen" und „Steuerlast" (!) errechnet wurde. Noch Zweifel? Doch?

Wie die Interdiskursanalyse zeigen konnte, soll der „Zweifel", der sich aus der Bifurkation der Isotopie „Freiheit" ergibt, durch das wissenschaftliche Prestige von ‚Statistik' und das allgemein kulturelle Prestige von ‚Leistungskonkurrenz' und insbesondere von ‚Sport' beseitigt werden.

Die Diskursanalyse im Anschluss an Foucault liest diese semantische Sackgasse als Symptom des Umstands, daß der „orn" zur Verfügung stehende Diskurs hier an die Grenze seiner Sagbarkeit gestoßen ist. Diese Grenze wäre mit der Gleichung „Kommunismus gleich Kapitalismus" manifest erreicht, weshalb orn wohlweislich oder auch spontan beide Begriffe vermeidet. Statt Kommunismus heißt es „politische Repressionen, [...] Staatseingriffe, Steuerlast (!) und Regulierung" (4) – statt Kapitalismus „Lockerungen [...] und die somit freigesetzte Dynamik" (13) bzw. „echte Marktwirtschaft" (3). Von diesen beiden Paraphrasen für Kapitalismus wird die eine aber bejaht, die andere dagegen verneint. Nach der Glosse fast noch mehr „Anlaß, über China zu staunen", als vor ihr?

Das Beispiel zeigt, daß es im Einzelfall kontrovers sein dürfte, den Text in „Aussagen" nach Foucault zu segmentieren (weshalb zunächst einmal Sätze als analytische Einheiten dienten). Eine wesentliche „Aussage" besteht sicherlich im Ranking Chinas (einer hochgradig interdiskursiven „Aussage"), eine zweite in dem dadurch ausgelösten „Zweifel" an der Gültigkeit der diskursiven Position des Schreibers, eine dritte schließlich in dessen Widerlegung des Zweifels. Der „Zweifel" bezieht sich auf die Gültigkeit einer Basis-Opposition des Diskurses und der darauf gegründeten Klassifikation: ‚Es gibt freie und unfreie Wirtschaften, und zwar so, daß ausschließlich freie Wirtschaften Erfolg in der Leistungskonkurrenz haben können, während unfreie niemals Erfolg haben können'. Diese Basis-Opposition ist diskurskonstitutiv, da sie alle möglichen Klassifikationen steuert. Anders gesagt: Diese Basis-Opposition steuert die Ein- und die Ausschließungen, die Sagbarkeiten und Unsagbarkeiten, die Wißbarkeiten und Unwißbarkeiten. (Sie schließt zum Beispiel aus zu wissen, daß freie Marktwirtschaft mit einem sich selbst als „kommunistisch" bezeichnenden politischen Regime empirisch kompatibel sein könnte.) Erfolge in der Leistungskonkurrenz werden durch ein statistisches Ranking bestimmt. Chinas Platz im Ranking provoziert demnach einen „Zweifel" an der Gültigkeit der Basis-Opposition – anders gesagt: Er berührt die Sagbarkeitsgrenze des Diskurses. Die Widerlegung, als „Aussage" betrachtet, wäre gleichzeitig ein „Argument". Dessen Brüchigkeit ist Symptom der Sagbarkeits- und damit der Diskursgrenze.

Der „Aussage"-Charakter des Rankings bestätigt sich durch dessen konstitutive Macht: Es ist das diskursive Ritual des Rankings, das allererst „Plätze" als soziale Gegenstände (Referentiale) schafft. Beim „4. Platz in der Weltwirtschaft" handelt es sich ebenso wie beim „111. Platz bei der Economic Freedom" um rein soziale Gegenstände, denen keinerlei prädiskursive „objektive Realität" zukommt. Wenn das einzelne konkrete Ranking eine „Aussage" im Sinne Foucaults ist, so das entsprechende Rankings herstellende Verfahren insgesamt ein typisches Dispositiv: Es kombiniert verschiedene (‚horizontale') Spezial- und Interdiskurse (Statistik, Ökonomie, Sport) und übt eine ‚vertikale' Machtwirkung aus, indem es „rankende" und „gerankte" Subjektivitäten konstituiert, was wiederum direkte Folgen für die Ankopplung nicht-diskursiver (monetärer) Praktiken hat: Es kann Chinas „Bonität" beeinflussen und zum Beispiel „Risikoaufschläge" von Anleihen vergrößern bzw. Aktienkurse drücken.

7 Wie weiter?

Unter soziologischem Aspekt hieße es Eulen nach Athen tragen, wenn man die Verortung der Glosse als unternehmernah ausführlich begründen wollte. Diese diskursive Position ist evident – eine kontroverse, etwa gewerkschaftsnahe diskursive Position könnte den empirischen Befund betonen, daß offenbar ‚totalitäre Kommunisten' eine besonders brutale freie Marktwirtschaft schätzen und daß dadurch insofern eine Nähe zwischen neoliberaler Wirtschaftsauffassung und Totalitarismus ‚bewiesen' werde. Beide diskursiven Positionen können sich des gleichen, statistikgestützten und mit Regulierung vs. Deregulierung argumentierenden Interdiskurses bedienen – lediglich mit entgegengesetzter Wertung. Beide Positionen können sich selbstverständlich auch der sportlichen Isotopie bedienen – die gewerkschaftsnahe Position etwa, indem sie sowohl China wie dem Globalkapital ‚mangelnde Fairneß' ankreiden würde. Das Beispiel läßt sich, wie bereits im theoretischen Teil im Anschluß an Foucault ausgeführt wurde, generalisieren:

Konflikte zwischen sozialen Gruppen bzw. Institutionen (z. B. Medienorganen) werden in aller Regel nicht mittels verschiedener, sondern innerhalb des gleichen (Inter-)Diskurses ausgetragen. Daraus erklärt sich jene ‚zeittypische' Farbe der Diskurse, die insbesondere im historischen Rückblick so deutlich zutage tritt (etwa die durchgängig stark vom militärischen Diskurs bestimmte Farbe aller Diskurspositionen der ersten Hälfte des 20. Jahrhunderts – linker wie rechter wie solcher der ‚Mitte'). Aus polemischen Motiven wird aus dieser Beobachtung zuweilen die Formel ‚links gleich rechts' abgeleitet – zu unrecht, soweit die diskursiven Positionen deutlich entgegengesetzt werten.

Das Paradox entgegengesetzter Diskurspositionen im gleichen Diskurs ist symptomatisch für einige grundlegende Probleme sozialhistorischer Textanalyse, die mittels des Interdiskursansatzes gelöst werden können, wie am Beispiel der Glosse zu zeigen war. Das erste Problem besteht in der Art der Korrelation zwischen Wissen und Macht, zwischen ‚horizontaler' und ‚vertikaler' Dimension der soziologischen Analyse. Hier schlägt die Interdiskursanalyse ein Kopplungsmodell statt eines von zwei denkbaren Ableitungsmodellen vor: Obwohl sowohl Marx wie Max Weber ihre jeweiligen „Basis-Überbau"- bzw. „Geist-des-Kapitalismus"-Modelle eher als heuristische Rahmen für konkrete Untersuchungen aufgefaßt haben dürften, wurden beide Modelle in der Folge im Sinne einer Ableitbarkeit des Wissens aus der Macht oder umgekehrt der Macht aus dem Wissen systematisiert. Wenn die Glosse auf statistisches und sportliches Wissen zurückgreift und es interdiskursiv mit ökonomischem integriert, so ist weder das statistische (normalistische: dazu ausführlich Link 1996a) noch das sportliche aus dem ökonomischen (kapitalistischen) ableitbar, etwa im Sinne eines entweder „interesse"-generierten Wissens oder umgekehrt einer „geist"-generierten Macht. Vielmehr erweist sich das „Interesse" als strategisch-selektives Prinzip, das eine konkrete Kopplung Kapitalismus-Statistik-Sport auswählt. (Falls umgekehrt ein kalvinistischer „Habitus der Leistung" ‚vor' dem Kapitalismus existiert haben sollte, so wäre die Vereinigung ebenfalls als historisches Kopplungs-Ereignis zu begreifen.)

Außer dieser generellen diskursgeschichtlichen Analytik (diskursive Ereignisse auf der Makro-Ebene) kann die Glosse zweitens exemplarisch für ein diskursives Ereignis auf der Mikro-Ebene stehen: die Berührung der Sagbarkeits-Grenze des Diskurses. Hier würde man üblicherweise von der Text-Kontext-Problematik sprechen: Wie „sitzt" der Text „im Leben", wie ist er „eingebettet" in seinen soziokulturellen Kontext? Statt der nicht weniger als „Basis" und „Überbau" irreführenden Metaphern des „Sitzes" bzw. der „Bettung", die Text und Kontext als zwei trennbare jeweilige Ganzheiten gegenüberstellen, weist die Interdiskursanalyse den „Kontext" (qua Pluralität von Isotopien und Diskursen) als integrale Teilstruktur *im* Text auf. Wie gezeigt werden konnte, stieß in der Glosse ein etabliertes interdiskursives Spiel bei der Verarbeitung eines außerdiskursiven Ereignisses (des „chinesischen Wirtschaftswunders") an die Grenze seiner Kapazität, so daß die diskursive ‚Maschine' sozusagen vernehmlich ‚knirschte'. Ein solches diskursives Ereignis würde, falls es proliferierte, die Aufmerksamkeit auf die Sagbarkeitsgrenze eines etablierten (hegemonialen) Diskurses lenken und u. U. die Emergenz neuer Diskurse (womöglich „Gegendiskurse") stimulieren (wofür der vorliegende analytische Spezialdiskurs ein Beispiel liefert).

Insofern eignet sich die Interdiskursanalyse ferner als Paradigma einer kulturwissenschaftlichen Theorie, die den schwer faßbaren Begriff der „Kultur" operativ als je historisch spezifisches synchrones Ensemble von Spezial- und Interdiskursen behandelt.

Eine solche (Inter-)Diskursanalyse kann schließlich gar nicht „unkritisch" sein, so daß ein entsprechender Zusatz m. E. pleonastisch wäre. Allerdings stellt sich die Frage nach ihrem Verhältnis zu den verschiedenen Spielarten von „Ideologiekritik". Wie ich andernorts begründet habe (Link 1996b), schillert der Begriff der Ideologie bei Marx und seinen Nachfolgern zwischen verschiedenen Bedeutungen: Soweit er als ein Wissen verstanden wird, dessen Funktion darin liege, „Interessen zu verschleiern", gilt das oben über das Problem der „Ableitung" Gesagte – soweit er jedoch spezifische Wissens-Integrationen meint (wenn in der ‚Deutschen Ideologie' eine „deutsche", philosophisch dominierte, einer „englischen", ökonomisch dominierten, und einer „französischen", politisch dominierten, „Ideologie" entgegengesetzt wird) – so weit läßt sich sein operativer Aspekt eben als ein historisch spezifischer Interdiskurs neu fassen. Die Opposition zwischen Interdiskursen und Spezialdiskursen tritt dann an die Stelle der bei Marx (und Althusser) herrschenden Opposition zwischen Ideologie und Wissenschaft, wodurch ein fragwürdiger Szientismus vermieden werden kann. Beim Begriff eines „notwendig falschen Bewußtseins" schließlich ist weniger die ‚Falschheit' problematisch (da ein Interdiskurs aus dem Wissen der Spezialdiskurse notwendig aufs gröbste selegieren muß, handelt es stets um extreme und also immer ‚schiefe' „Komplexitätsreduktion") als das „Bewußtsein": Die wesentliche Funktion der Interdiskurse liegt nicht im „Bewußtsein", sondern in der Kopplung an Handlungen, in der Kraft, soziale Gegenstände (mit) zu konstituieren.

Wie weiter? Wie Foucaults historische Arbeiten praktisch gezeigt haben, kann sich die Diskursanalyse (und das gilt ebenso für die Interdiskursanalyse) nur an umfangreichem empirischem Material bewähren. Empfehlenswert wäre es also, wenn möglichst viele der an der Analyse aktueller diskursiver Ereignisse Interessierten ihre jeweiligen konkreten Fallstudien gleichzeitig auf den übergreifenden Fragehorizont einer aktualgeschichtlichen Rekonstruktion des Systems heutiger Interdiskurse (als des konkreten Inbegriffs der heutigen „Kultur") beziehen könnten. Daran könnten sich die verschiedenen Ansätze von Diskursanalysen gleichermaßen beteiligen – nicht im Sinne einer Exzellenz-Konkurrenz mit Ranking (die historische Beschränktheit dieses Dispositivs war ja gerade Gegenstand der vorliegenden Analyse), sondern im Sinne von Anschließbarkeit. Ein Teilprojekt könnte die möglichst ‚flächendeckende' Rekonstruktion heutiger synchroner Systeme von Kollektivsymbolen sein. Was die Synchronie heutiger Interdiskurse betrifft, so besteht ein substanzieller Forschungsbedarf – nicht bloß an größeren Fallstudien wie der über den „Normalismus", sondern sogar an Klärung von Grundbegriffen wie den dominanten Interdiskursen selbst und ihren Abgrenzungen („mediopolitisch"? „mediounterhaltend"? „medioökonomisch"?). Weitere Desiderate bestehen in der zusätzlichen Operativierung der detailanalytischen Instrumentarien von der Art „Strategien", „Themen", „Argumente", „Isotopien".

Literatur

Barthes, R. (1964): Mythen des Alltags. Frankfurt/Main: Suhrkamp

Berger, P./Luckmann, T. (1970): Die gesellschaftliche Konstruktion der Wirklichkeit. Eine Theorie der Wissenssoziologie. Frankfurt/Main: Fischer

Blumenberg, H. (1960): Paradigmen zu einer Metaphorologie. In: Archiv für Begriffsgeschichte Jg. 6, S. 7–142

Brieler, U. (1998): Die Unerbittlichkeit der Historizität. Foucault als Historiker. Köln u. a.: Böhlau

Bublitz, H./Bührmann, A. D./Hanke, C./Seier, A. (Hrsg.) (1999): Das Wuchern der Diskurse. Perspektiven der Diskursanalyse Foucaults. Frankfurt/Main/New York: Campus

Deleuze, G./Guattari F. (1992): Tausend Plateaus. Kapitalismus und Schizophrenie II, Berlin: Merve

Demandt, A. (1978): Metaphern für Geschichte. Sprachbilder und Gleichnisse im historisch-politischen Denken. München: Beck

Foucault, M. (1973): Archäologie des Wissens. Frankfurt/Main: Suhrkamp

Gramsci, A. (1994): Gefängnishefte (10 Bde.). Hamburg: Argument Verlag

Greimas, A. J. (1971): Strukturale Semantik. Methodologische Untersuchungen. Braunschweig: Vieweg

Handke, P. (1969): Die Innenwelt der Außenwelt der Innenwelt. Frankfurt/Main: Suhrkamp

Jacobson, R. (1990): Poetik. Ausgewählte Aufsätze 1921–1971. Frankfurt/Main: Suhrkamp

Jäger, S. (1999): Kritische Diskursanalyse. Eine Einführung. 2., überarbeitete und erweiterte Auflage. Duisburg: DISS

Keller, R./Hirseland, A./Schneider, W./Viehöver, W. (Hrsg.) (2005): Die diskursive Konstruktion von Wirklichkeit. Zum Verhältnis von Wissenssoziologie und Diskursforschung. Konstanz: UVK

Laclau, E./Mouffe, Ch. (1985): Hegemonie und radikale Demokratie. Zur Dekonstruktion des Marxismus. Wien: Passagen

Lakoff, G./Johnson, M. (1980): Metaphors we live by. Chicago: University of Chicago Press

Lévi-Strauss, C. (1980): Mythos und Bedeutung, Frankfurt/Main: Suhrkamp

Link, J. (1974): Literaturwissenschaftliche Grundbegriffe. Eine programmierte Einführung auf strukturalistischer Basis. München: Fink

Link, J. (1983): Elementare Literatur und generative Diskursanalyse (mit einem Beitrag von Jochen Hörisch und Hans-Georg Pott). München: Fink

Link, J. (1984): Über ein Modell synchroner Systeme von Kollektivsymbolen sowie seine Rolle bei der Diskurs-Konstitution. In: Link, J./Wülfing, W. (Hrsg.): Bewegung und Stillstand in Metaphern und Mythen. Fallstudien zum Verhältnis von elementarem Wissen und Literatur im 19. Jahrhundert. Stuttgart: Klett-Cotta, S. 63–92

Link, J. (1988): Literaturanalyse als Interdiskursanalyse. Am Beispiel des Ursprungs literarischer Symbolik in der Kollektivsymbolik. In: Fohrmann, J./Müller, H. (Hrsg.): Diskurstheorien und Literaturwissenschaft. Frankfurt/Main: Suhrkamp, S. 284–307

Link, J. (1996a): Versuch über den Normalismus. Wie Normalität produziert wird. Opladen: Westdeutscher Verlag (jetzt erweiterte u. aktualis. 3. Aufl. Göttingen 2006: Vandenhoeck u. Ruprecht)

Link, J. (1996b): Wie „ideologisch" war der Ideologie-Begriff von Marx? Zur verkannten Materialität der Diskurse und Subjektivitäten im marxschen Materialismus. In: Scholz, R./Bogdal, K.-M. (Hrsg.): Literaturtheorie und Geschichte. Zur Diskussion materialistischer Literaturwissenschaft. Opladen: Westdeutscher Verlag, S. 132–148

Link, J. (1999): Diskursive Ereignisse, Diskurse, Interdiskurse: Sieben Thesen zur Operativität der Diskursanalyse, am Beispiel des Normalismus. In: Bublitz, H./Bührmann, A. D./ Hanke, C./Seier, A. (Hrsg.): Das Wuchern der Diskurse. Perspektiven der Diskursanalyse Foucaults. Frankfurt/Main/New York: Campus, S. 148–161

Link, J. (2003): Kulturwissenschaft, Interdiskurs, Kulturrevolution. In: kulturrevolution. zeitschrift für angewandte diskurstheorie, Jg. 2003, Heft 45/45, S. 10–23

Link, J. (2004): Kulturwissenschaftliche Orientierung und Interdiskurstheorie der Literatur zwischen ‚horizontaler' Achse des Wissens und ‚vertikaler' Achse der Macht. Mit einem Blick auf Wilhelm Hauff. In: Mein, G./Rieger-Ladich, M. (Hrsg.): Soziale Räume und kulturelle Praktiken. Über den strategischen Gebrauch von Medien. Bielefeld: transcript, S. 65–83

Link, J. (2005): Warum Diskurse nicht von personalen Subjekten ‚ausgehandelt' werden. Von der Diskurs- zur Interdiskurstheorie. In: Keller, R./Hirseland, A./Schneider, W./ Viehöver, W. (Hrsg.): Die diskursive Konstruktion von Wirklichkeit. Zum Verhältnis von Wissenssoziologie und Diskursforschung. Konstanz: UVK, S. 77–99

Link, J. (2006): Dispositiv und Interdiskurs – mit Überlegungen zum ‚Dreieck' Foucault – Bourdieu – Luhmann. In: Kammler, C./Parr, R. (Hrsg.): Foucault in den Kulturwissenschaften. Eine Bestandsaufnahme. Heidelberg: Synchron [im Erscheinen]

Link, J./Link-Heer, U. (1980): Literatursoziologisches Propädeutikum. München: Fink

Parr, R. (1992): „Zwei Seelen wohnen, ach! in meiner Brust!" Strukturen und Funktionen der Mythisierung Bismarcks (1860–1918). München: Fink

Parr, R./Thiele, M. (2005): Link(s). Eine Bibliographie zu den Konzepten ‚Interdiskurs', ‚Kollektivsymbolik' und ‚Normalismus' sowie einigen weiteren Fluchtlinien. Heidelberg: Synchron

Pêcheux, M. (1984): Zu rebellieren und zu denken wagen! Ideologien, Widerstände, Klassenkampf. In: kulturrevolution. zeitschrift für angewandte diskurstheorie, Jg. 1984, Heft 5, S. 61–65, Heft 6, S. 63–66

Grundzüge der Wiener Kritischen Diskursanalyse

Martin Reisigl

1 Einleitung

Seit Mitte der 80er Jahre des letzten Jahrhunderts wird in Wien ein spezifischer Zugang zur Kritischen Diskursanalyse methodologisch entwickelt und forschungspraktisch erprobt, zeitweilig in enger Zusammenarbeit mit Exponenten anderer Spielarten der sich als „kritisch" apostrophierenden Diskursanalyse – namentlich mit Franz Januschek (Matouschek/Wodak/Januschek 1995), Teun A. van Dijk (Wodak/van Dijk 2000), Norman Fairclough (Fairclough/Wodak 1997) und Theo van Leeuwen (Van Leeuwen/Wodak 1999). Neben Wien bildet Lancaster seit 2004 das zweite wichtige Zentrum für diese Form von linguistisch fundierter, aber stets auch sozialwissenschaftlich orientierter Diskursforschung.[1] Daß es mittlerweile zwei geographische Hauptbezugspunkte dieser Variante von Kritischer Diskursanalyse gibt, läßt die örtliche Kennzeichnung als „Wiener Ansatz" als zu restringiert erscheinen. Dies ist mit ein Grund dafür, daß sich im englischsprachigen Raum die Bezeichnung „Discourse Historical Approach" etabliert hat. Allerdings leidet auch diese Etikettierung an einem Benennungsdefizit, weil nicht

[1] Zuvor hatte bereits Norman Fairclough in Lancaster ein Zentrum für Kritische Diskursanalyse aufgebaut. Vgl. dazu den Beitrag von Fairclough (in diesem Band). Vgl. auch Siegfried Jäger (in diesem Band) und dessen Duisburger Ansatz einer Kritischen Diskursanalyse.

alle Analysen, die im theoretischen und methodischen Framework des Ansatzes durchgeführt werden, eine historische Ausrichtung aufweisen. Als dritter Name kursiert zudem, vor allem auch in Italien, die Bezeichnung „kritische Politolinguistik" („politolinguistica critica"). Diese Kennzeichnung setzt sich bewußt von der Politolinguistik Armin Burkhardts ab, für die eine „engagierte Neutralität" (Burkhardt 1996: 85) charakteristisch sein soll. Die Bezeichnung „kritische Politolinguistik" deckt mit ihrem primären Fokus auf politische Fragestellungen ebenfalls nur einen Teil dessen ab, was der Ansatz insgesamt an unterschiedlichen sprachlich-sozialen Problemlagen in den Blick nimmt. Mithin sind alle drei Selbst- und Fremdbezeichnungen des diskursanalytischen Ansatzes, dessen Grundzüge in diesem Beitrag zur Sprache gebracht werden, synekdochische Verengungen des forscherischen Gesamtbereichs des Ansatzes. Dies gilt es mitzudenken, wenn im folgenden der Einfachheit halber, unter Betonung des genetischen Aspekts und unter Berücksichtigung der eingespielten Sprachkonvention, zumeist vom „Wiener Ansatz" oder von „Wiener Kritischer Diskursanalyse" gehandelt wird.

Daß dabei von „Diskursanalyse" und nicht etwa – wie bei Jürgen Link oder Ernesto Laclau und Chantal Mouffe – von „Diskurstheorie" die Rede ist, verdankt sich der stark empirischen Ausrichtung des „Wiener" Zugangs, dem es um die Beforschung konkreter semiotischer (vor allem sprachlicher, visueller und interaktionaler) Manifestationen von Diskursen in je spezifischen historischen, gesellschaftlichen und politischen Zusammenhängen geht. Das Bedürfnis nach Theoriearbeit sieht der Ansatz daher überwiegend in der operationalisierenden Integration von Theorien mittlerer Reichweite befriedigt, obwohl bisweilen auch der Anschluß an sozialwissenschaftliche Großtheorien gesucht wird – zumeist allerdings, ohne daß diese empirisch häufig abgehobenen Großtheorien theoretisch eigenständig weiterentwickelt würden.[2] Trotz dieser Gewichtung von Theorie und empirischer Analyse steht für mich außer Zweifel, daß Diskursanalyse nicht lediglich eine sprachanalytische Methode oder ein sprachanalytischer Methoden- oder Verfahrenskomplex ist, sondern daß es im Bereich der Diskursforschung folgenschwer wäre, Theorie, Analysemethoden, methodologische Metareflexion und konkrete empirische Forschungsarbeit als strikt voneinander abgekoppelte Dimensionen wissenschaftlicher Praxis anzusehen. Von daher ist Teun van Dijks Entscheidung gut nachvollziehbar, das Projekt der Diskursforschung in seiner Benennung nicht auf die „analytische" Dimension zu reduzieren, indem es lediglich als „Diskursanalyse" bezeichnet wird, sondern in einem umfassenden Sinn von „discourse studies" bzw. „critical discourse studies" zu

[2] Vgl. zur begrifflichen Unterscheidung von „Diskurstheorie" und Diskursanalyse" auch die Einleitung in diesem Band.

sprechen. Es wird sich weisen, ob sich diese Diktion gegen den eingespielten Sprachgebrauch, der zumeist von „Diskursanalyse“ spricht, durchsetzen kann.

Insofern, als von einer unauflöslichen Verquickung der genannten Dimensionen ausgegangen werden muß, ist in erkenntnistheoretischer und forschungspraktischer Hinsicht die Anwendung des funktional-pragmatischen Prinzips der (theoretisch und methodologisch) reflektierten Empirie (Ehlich 1982: 298–312) zu fordern. Darüber hinaus sprechen VertreterInnen des Wiener Ansatzes einem sozialkonstruktivistischen Denken zu, das sich dessen bewußt ist, daß das diskursanalytische Untersuchungsobjekt über die Formation der analytischen Begriffe mitkonstituiert wird (Foucault 1992a: 61–74, bes. 74; Busse 2000: 47). In dieser Hinsicht unterscheidet sich der Wiener Ansatz von den vermeintlich theorieabstinenten interaktionsbezogenen Zugängen zur Analyse menschlicher Kommunikation, darunter auch von orthodoxen Ausprägungen der Konversationsanalyse. Diese stehen im Verdacht, sich einem geheimen Positivismus verschrieben zu haben, der nicht wahrhaben will, daß die Rekonstruktion kommunikativer und interaktionaler Abläufe nie einer völlig ikonischen Abbildung der Realitäten der InteraktionsteilnehmerInnen gleichkommt und daß eine Analyse – entgegen dem konversationsanalytischen Credo – nie nur aus der Perspektive der TeilnehmerInnen, sondern in jedem Fall auch vom Standpunkt der Analysierenden aus erfolgt.

Bei der Bestimmung des innerdisziplinären wissenschaftstheoretischen Status des Ansatzes wird zuweilen behauptet, daß es eine „Wiener Schule der (Kritischen) Diskursanalyse“ gebe. Diese Charakterisierung ist unzutreffend, da der Begriff der „Schule“ einen sehr hohen Grad an institutionalisierter Disziplinierung impliziert, die zur Reproduktion eines sehr homogenen fachlichen Sprachspiels führt, das dazu tendiert, bestimmte theoretische, methodische sowie forschungspraktische Setzungen fraglos zu stellen, wodurch das Moment unabhängigen und kritischen wissenschaftlichen Forschens an Bedeutung verliert, das für eine sich als „kritisch“ verstehende Diskursanalyse bestimmend sein sollte.[3] Wie ein Blick in die Geschichte des Wiener Ansatzes rasch zeigt, ist die Disziplinierung und Kanonisierung der Wiener Diskursanalyse nie so weit getrieben worden, daß es zu einer schulenartigen Formation im strengen Sinne kam. Dieser Zugang zur Diskursforschung hat über die Jahrzehnte hinweg immer wieder markante Wandlungen hinsichtlich seiner transdisziplinären, theoretisch-begrifflichen, methodologischen und empirischen Ausrichtungen erfahren, ist also durch einen Grad an Offenheit und Vielfalt geprägt, den eine Schule für gewöhnlich nicht aufweist. Gleichwohl treten in der synoptischen Rückschau auf die vergangenen 25 Jahre über alle Heterogenitäten hinweg wichtige verbindende Gemeinsamkeiten und

[3] Siehe dazu auch Van Dijk (2001: 95), der es ablehnt, seine soziokognitiv orientierte Kritische Diskursforschung als „Schule“ anzusehen.

Kontinuitäten hervor. Sie sollen in der nachfolgenden Darstellung thematisiert werden, ohne daß der vorliegende Beitrag die Wiener Kritische Diskursanalyse in ihrer gesamten Entwicklung, Komplexität und empirischen Bandbreite zu erfassen vermag.

Die folgenden Ausführungen zeichnen zunächst die Geschichte des Ansatzes nach. Dabei umreiße ich wichtige Forschungsschwerpunkte, auf die sich das Interesse der Kritischen Diskursanalyse Wiener Provenienz seit zweieinhalb Jahrzehnten mit zum Teil gleichbleibender und zum Teil veränderter Gewichtung richtet. Im zweiten Abschnitt wird der Ansatz in theoretischer, methodischer und forschungspraktischer Hinsicht allgemein charakterisiert. Dabei wird er zuerst im Feld der Kritischen Diskursforschung verortet, bevor zentrale Kennzeichen und Grundbegriffe – allen voran Diskurs und Kritik – erläutert und wichtige forschungspraktische Schritte konturiert werden. Den Schluß bildet ein kurzer Ausblick auf künftige Herausforderungen.

2 Die Geschichte des Ansatzes

Vielen historischen Periodisierungen haftet der Makel einer willkürlichen zeitlichen Segmentierung und Bündelung um der Übersichtlichkeit willen an. Sonach steht auch die folgende Historisierung des Wiener Ansatzes unter dem Vorbehalt der Komplexitätsreduktion.[4]

2.1 Vorgeschichte

Für die spezifische Ausprägung der diskursanalytischen Vorgehensweise, wie sie in Wien praktiziert wird, ist die Vorgeschichte des Ansatzes bedeutsam. Sie reicht bis in die 70er Jahre des 20. Jahrhunderts zurück, als es vor allem Ruth Wodak war, die sich am Institut für Sprachwissenschaft der Universität Wien für die Analyse von Sprache in spezifischen gesellschaftlichen Zusammenhängen – insbesondere in mehreren Bereichen der institutionellen Kommunikation – zu interessieren begann. Sie verfaßte Mitte der 70er Jahre eine Dissertation über die Sprache von Angeklagten vor Gericht (Leodolter [= Wodak] 1975). Darin arbeitete sie heraus, daß Angehörige der oberen Mittelschicht, die wegen ähnlicher Verkehrsvergehen angeklagt waren wie Angehörige der Unterschicht und unteren Mittelschicht, aufgrund dessen, daß sie den Rollenerwartungen der Richter (es

[4] Für eine ähnliche, aber weit kürzere Darstellung der Geschichte des Wiener Ansatzes vgl. Reisigl (2007a).

waren nur Männer) eher entsprachen als Angeklagte aus der Unterschicht und unteren Mittelschicht, für gewöhnlich zu milderen Strafen verurteilt wurden als diese. Aus unteren sozialen Schichten kommende Angeklagte gestalteten ihre Selbstdarstellung und ihren Sprechstil vor Gericht weniger situationsrollenkonform und weniger den „Alltagstheorien“ der Richter angemessen als Angehörige der oberen Mittelschicht, die demselben sozialen Umfeld wie die Richter entstammten und auf diese daher überzeugender wirkten. Diese Studie zeichnete sich bereits durch ein gesellschaftskritisches Engagement aus, das den Finger auf die Verletzung des Prinzips der Gleichheit vor dem Gesetz legte. Wodaks Untersuchung nahm die Arbeiten des Soziolinguisten Basil Bernstein als theoretischen Ausgangspunkt. Kritisch setzte sie sich mit dessen Code- und Defizittheorie auseinander, welche den sprachlichen „Code der Unterschicht“ gegenüber dem „Code der Mittelschicht“ als restringiert und defizitär einstufte (Leodolter 1975: 50–70). Wodak problematisierte die begrifflich unscharfe, arbiträre und situationsübergreifende Konzeption der beiden „Codes“ ebenso wie ihre dichotome sozialstrukturelle Zuordnung. Sie regte ein soziolinguistisches Modell an, das über die Schichtzugehörigkeit hinaus noch weitere soziale Variablen wie z. B. das Geschlecht in die Analyse mit einbezog und der Rollen- sowie Situationsgebundenheit sprachlichen Handelns stärker Rechnung zu tragen bemüht war.

Ruth Wodaks Habilitationsschrift, die für die Entwicklung der Kritischen Diskursanalyse in Wien ebenfalls von Bedeutung war, befaßte sich aus psycho- und soziolinguistischer Perspektive mit therapeutischer Kommunikation und im konkreten mit gruppentherapeutischen Problemdarstellungen (Wodak 1981). In dieser Studie untersuchte Wodak die Interaktion zwischen PatientInnen und TherapeutInnen in sechzehn offenen gruppentherapeutischen Sitzungen von Suizidgefährdeten, die sich an das Kriseninterventionszentrum der Stadt Wien gewandt hatten. Die Studie identifizierte schicht- und geschlechtsbezogene Größen, die das Gesprächsverhalten der an den Therapiegesprächen Beteiligten beeinflußten. Sie zeigte, daß Angehörige der Mittelschicht – vor allem Männer – in den offenen Therapiesitzungen bei Problemdarstellungen stärker zu systematischen, emotional verhaltenen, stark gegliederten, symptomorientierten Zustandsschilderungen tendierten als Angehörige der Unterschicht (Frauen ebenso wie Männer), die häufiger zu szenischen, weniger stark strukturierten, aber gefühlsbetonteren Darstellungen neigten. Die Ergebnisse der Untersuchung legten zudem nahe, daß Frauen in therapeutischen Gruppengesprächen insgesamt stärker auf Erzählungen zurückgriffen, während Männer Symptombeschreibungen bzw. Zustandsberichte vorzogen, wenn sie ihre Probleme thematisierten. Diese vorwiegend qualitative, teilweise aber auch quantitative Untersuchung, für welche auch Interviews mit den PatientInnen und TherapeutInnen ausgewertet wurden, strebte – im Sinne einer „humaneren Wissenschaft" – danach, Sprachbarrieren in der Psychotherapie aufzuzeigen und Vorschläge zu ihrer Beseitigung zu formulieren.

Eine dritte Untersuchung, die viele Charakteristika der späteren Kritischen Diskursanalyse in Wien vorwegnimmt und bereits explizit an kritische Linguistik anschließt – die Vorläuferin der Kritischen Diskursanalyse –, ist die Studie zum österreichischen Diskurs über den „Fall Hainburg". Dieser „Fall" konstituierte sich als politisch-ökologischer Konflikt, der sich im Dezember 1984 zwischen Polizei und NaturschüzerInnen zuspitzte, als letztere durch die Besetzung der Donauau verhindern wollten, daß in einem Gebiet bei Hainburg, das als Teil eines Nationalparks geplant war, ein Wasserkraftwerk errichtet wird, und die Polizei gewaltsam gegen die BesetzerInnen vorging (vgl. Wodak/Menz/Benedikt/Gruber 1985; Menz 1987). Die Studie stand ganz im Geiste der Ideologiekritik und der Kritik an Manipulation durch massenmediale Berichterstattung. Die Untersuchung von sieben einflußreichen Printmedien, von live ausgestrahlten Studionachrichten sowie Diskussionsrunden des ORF und von 12 halbstandardisierten Interviews mit verschiedenen RepräsentantInnen der in den Konflikt involvierten Gruppen zielte darauf ab, ideologischen Sprachgebrauch, im besonderen Trivialmythen als Mittel der Ideologisierung und verschiedene diskursive Strategien der Durchsetzung gesellschaftlicher, politischer und verlegerisch-medialer Interessen kritisch zu beleuchten. Viele der für die Studie entwickelten diskursanalytischen Untersuchungsmethoden und Analysekategorien sollten auch in nachfolgenden Forschungen zum Einsatz kommen.

2.2 *Phase 1: Wiener Kritische Diskursanalyse ante litteram (1986–1993)*

Die Geschichte der Wiener Kritischen Diskursanalyse im engeren Sinn beginnt mit der interdisziplinären Studie zur „Waldheim-Affäre", wenngleich diese 1987 bis 1989 durchgeführte Untersuchung noch nicht explizit im Zeichen der „Kritischen Diskursanalyse" stand. Gegenstand der Untersuchung war der Präsidentschaftswahlkampf des ÖVP-Politikers und langjährigen UNO-Generalsekretärs Kurt Waldheim im Jahre 1986 und dessen lange Zeit verheimlichte und dann bestrittene nationalsozialistische Vergangenheit. Die Studie befaßte sich sozialkritisch mit dem österreichischen Antisemitismus der Nachkriegszeit und dem verharmlosenden Umgang mit nationalsozialistischer Vergangenheit in Österreich. Sie war stark sozialpsychologisch orientiert und rekurrierte auf soziologische Zugänge. Zudem wurde die interdisziplinäre Herangehensweise an Diskursanalyse, und dies war nun neu in Wien, um eine geschichtswissenschaftliche Forschungsdimension erweitert. Die historisch situierende Analyse der Konstitution antisemitischer Vorurteile im Diskurs über den Wahlkampf des Präsidentschaftskandidaten Kurt Waldheim markierte den Beginn der Ausarbeitung des „diskurshistorischen Ansatzes“ Wiener Prägung. Der kritische Anspruch, der in den drei vorangegangenen Studien bereits erkennbar war, verstärkte sich in Anbetracht der brisanten Thematik, um sich zu politischem und didaktischem Engagement zu steigern, das sich nicht zuletzt in der Mitwirkung an einer gegen antisemitische Vorurteile gerichteten Ausstellung und in einem Handbuch für Lehrkräfte der Mittelschule über Antisemitismus niederschlug. Das fachübergreifende Team setzte sich aus SprachwissenschaftlerInnen, Historikern, PsychologInnen und SoziologInnen zusammen. In diesem Forschungsprojekt differenzierte sich neben der trans- bzw. interdisziplinären Ausrichtung und dem problemorientierten Streben nach praktischer Relevanz (die sich am besten in der Auflösung oder Reduktion sprachlicher Barrieren und Diskriminierungen manifestieren sollte) ein weiteres Charakteristikum des Wiener Ansatzes deutlich aus: Triangulation und Methodenpluralismus.

Der Forschungsstrategie der Triangulation folgend wurde in diesem Projekt versucht, sich dem Zusammenhang von diskursiven Praktiken und gesellschaftlichen Strukturen multiperspektivisch, aus der Warte verschiedener Disziplinen und Theorien, mit unterschiedlichen Methoden und auf der Grundlage einer großen Datenvielfalt, anzunähern. So erschien es möglich, im konkreten Untersuchungszusammenhang den synkretistischen Charakter des Antisemitismus zu analysieren, der sich zur Zeit der „Waldheim-Affäre“ in einer Verbindung von religiösen, wirtschaftlichen und politisch-ideologischen Feindseligkeiten gegenüber Juden und Jüdinnen zeigte.

Um den Untersuchungsgegenstand von mehreren Seiten aus einzukreisen, zogen die ForscherInnen verschiedene Datengrundlagen zur Analyse heran, darunter mediale Textarten und Genres (Fernsehsendungen, vor allem Fernsehnachrichten und politikbezogene Sendeformate, Zeitungsartikel und Zeitschriftenbeiträge), verschiedene Reden und schriftliche Texte von PolitikerInnen und „Alltagsgespräche“ auf der Straße (vor allem solche, die im Rahmen und am Rande von Mahnwachen in der Wiener Innenstadt stattfanden). Außerdem wurden in den Analysen Meinungsumfragen als Hintergrundinformationen ausgewertet und kritisch hinterfragt.

Die methodische Forschungsgrundlage in linguistischer Hinsicht bildeten für diese Studie die Soziolinguistik, Textlinguistik, linguistische Vorurteilsforschung, Argumentationstheorie, Erzähltheorie, Stilistik und Rhetorik. Darüber hinaus war Teun van Dijks sozio-kognitives Modell der Diskursanalyse aus den 1980er Jahren einflußreich. Die Hauptergebnisse dieser Untersuchung erschienen 1990 unter dem Titel „Wir sind alle unschuldige Täter“ (Wodak/Nowak/Pelikan/Gruber/de Cillia/Mitten 1990) und in Gruber (1991).

Ein zweijähriges Forschungsprojekt über Diskurse im österreichischen Gedenkjahr 1988 sollte folgen und den öffentlichen Umgang mit dem Nationalsozialismus nach der Wahl Waldheims zum Bundespräsidenten beleuchten. Untersucht wurde die Veröffentlichung des Berichts der internationalen Historikerkommission zur nationalsozialistischen Vergangenheit Waldheims im Februar 1988. Darüber hinaus richtete sich der empirische Fokus auf eine Reihe von Diskursfragmenten zum 50. Jahrestag des „Anschlusses" Österreichs an das Deutsche Reich. In den Blick genommen wurden (1) das offizielle Gedenken im März 1988 an den sogenannten „Anschluß" im März 1938, (2) die heftig geführte öffentliche Debatte um die Enthüllung des „Denkmals gegen Krieg und Faschismus" des Bildhauers Alfred Hrdlicka im November 1988, (3) die Kontroverse um die Premiere des Theaterstücks „Heldenplatz" von Thomas Bernhard im November 1988 im Wiener Burgtheater (das Drama hat unter anderem den österreichischen Antisemitismus und seine traumatisierende Wirkung auf überlebende jüdische Opfer zum Inhalt) und (4) das Gedenken an das antisemitische Novemberpogrom im Jahre 1938 (in diesem Zusammenhang wurde auch Philipp Jenningers Rede im Deutschen Bundestag analysiert).

Das Forschungsteam setzte sich aus zwei LinguistInnen und zwei Historikern zusammen. Die untersuchten Kommunikationstypen umfaßten Printmedien, Radioberichte, Fernsehnachrichten, Fernseh- und Zeitungsserien sowie unterschiedliche Statements und Ansprachen österreichischer PolitikerInnen. Der Datenreichtum erlaubte eine mehrschichtige Untersuchung gegensätzlicher historischer Narrative über die Rolle der ÖsterreicherInnen in den Jahren der nationalsozialistischen Diktatur, insbesondere des Widerstreits zwischen BefürworterInnen der Opferthese, also der Behauptung, Österreich sei das erste Opfer „Hitlerdeutschlands" gewesen, und jenen, die – was längst überfällig war – die bereitwillige Ausführung nationalsozialistischer Verbrechen von seiten vieler ÖsterreicherInnen beklagten. Die wichtigsten Ergebnisse der Untersuchung sind in Menz (1991a) und Wodak/Menz/Mitten/Stern (1994) zusammengefaßt.

Sprache, Diskurs und Geschichte war in den späten 1980er Jahren nicht der einzige diskursanalytische Schwerpunkt am Wiener Institut für Sprachwissenschaft. Zudem galt das sozialkritische und gleichzeitig anwendungsorientierte Interesse auch der medizinischen Kommunikation zwischen PatientInnen und ÄrtzInnen in der Ambulanz (Lalouschek/Menz/Wodak 1990; Menz 1991b), der Verständlichkeit von Gesetzestexten und Radionachrichten (Lutz/Wodak 1987; vgl. auch Wodak/Menz/Lalouschek 1989) und der Ausarbeitung von Leitlinien zur Vermeidung sexistischen Sprachgebrauchs in der österreichischen Verwaltungssprache (Wodak/Feistritzer/Moosmüller/Doleschal 1987). Diese Arbeiten firmierten zwar noch nicht unter dem Label der Kritischen Diskursanalyse, schöpften aber aus demselben gesellschaftskritischen Engagement wie die Studien über den österreichischen Umgang mit dem Nationalsozialismus. Das Ziel, zur Verbesserung kommunikativer Verhältnisse in wichtigen Institutionen der österreichischen

Gesellschaft beizutragen, wurde in theoretischer Hinsicht weniger unter Rückgriff auf Foucault als vielmehr auf Habermas formuliert. Dessen Diskursethik wurde nicht von vornherein als normatives und kontrafaktisches Modell verworfen.[5] Zwar wurde in Wien Habermas' handlungsentbundenes und idealisiertes Konzept von „Diskurs“ als „unempirischer“ Begriff abgelehnt; gleichwohl erkannte man im diskursethischen Modell einen normativen Fluchtpunkt, der klare Kriterien vorgab, die als mögliche Basis zur Bewertung öffentlicher Auseinandersetzungen bzw. Diskurse herangezogen werden können, in denen Entscheidungen getroffen werden, von denen viele BürgerInnen betroffen sind.

2.3 Phase 2: Die Etablierung der Kritischen Diskursanalyse in Wien (1993–1997)

Wenngleich die Selbstcharakterisierung als „Critical Discourse Analysis“ im englischen Sprachraum bereits Ende der 1980er Jahre stärker zu kursieren begann,[6] sollte das Fahnensyntagma im deutschen Sprachraum erst einige Jahre später Bedeutung erlangen. Mit der zunehmenden Konsolidierung, Ausweitung und Internationalisierung des gesellschaftskritischen Projekts und der erfolgreichen Verbreitung der Selbstbezeichnung als „Kritische Diskursanalyse“ Anfang der 1990er Jahre etablierte sich auch der in Wien verfolgte Ansatz allmählich als eigene Variante der Kritischen Diskursanalyse. Gleichwohl firmierte der Wiener Zugang zur Diskursanalyse zu dieser Zeit oft noch unter „Diskurssoziolinguistik“ (z.B. Matouschek/Wodak 1995 und Wodak 1996: 1–8). Mit den Kritischen DiskursanalytikerInnen, die im englischen Sprachraum publizierten,[7] waren Wodak und ihre MitarbeiterInnen seit dem ersten, von Teun A. van Dijk in Amsterdam ausgerichteten „CDA Meeting“ über gemeinsame Forschungsinteressen und ihr Selbstverständnis als gesellschaftkritische Intellektuelle eng verbunden. Besonders in der ersten Hälfte der 90er Jahre des 20. Jahrhunderts kam es zudem auch zu einem regen Austausch mit der Duisburger Gruppe (Siegfried und Margare-

[5] Darin unterscheidet sich die Wiener Kritische Diskursanalyse, aber teilweise auch die Oldenburger Kritische Diskursanalyse Klaus Gloys, von Ansätzen der Diskursanalyse, die an Postrukturalismus und Postmoderne anknüpften, welche von Habermas heftig kritisiert worden waren – eine Kritik, die dazu führte, daß der Theoretiker des kommunikativen Handelns in der französisch ausgerichteten sozialwissenschaftlichen Diskursforschung oft zur *persona non grata* erklärt wurde.

[6] Norman Fairclough verwendet „critical discourse analysis“ als Antonym zu „descriptive discourse analysis“ und „non-critical discourse analysis“ bereits in einem immer noch lesenswerten Artikel mit dem Titel „Critical and descriptive goals in discourse analysis“. Der Artikel erschien 1985 in der Zeitschrift „Journal of Pragmatics“ (Fairclough 1985: 752; 759). Gleichwohl ist „critical discourse analysis“ zu diesem Zeitpunkt noch nicht strikt terminologisiert.

[7] Darunter sind Norman Fairclough, Teun A. van Dijk, Theo van Leeuwen und Gunther Kress.

te Jäger; vgl. den Beitrag von Jäger in diesem Band) und mit Franz Januschek, einem Repräsentanten der Oldenburger Variante der Kritischen Diskursanalyse. Vor allem in den Jahren, als Bernd Matouschek am Wiener Institut für Sprachwissenschaft tätig war, wurden dort auch vermehrt post- und neostrukturalistische sowie kulturwissenschaftliche Zugänge zu Diskurstheorie und Diskursanalyse rezipiert. Speziell im Rahmen von zwei Forschungsprojekten entwickelte sich der Wiener Ansatz weiter.

Die Studie über fremdenfeindliche und rassistische Diskriminierung rumänischer ImmigrantInnen zur Zeit des Falls des Eisernen Vorhangs, deren Hauptergebnisse unter dem Titel „Notwendige Maßnahmen gegen Fremde?“ publiziert wurden (Matouschek/Wodak/Januschek 1995), richtete ihr Augenmerk auf den Wandel der Einstellungen von ÖsterreicherInnen gegenüber ost- bzw. südosteuropäischen NachbarInnen und insbesondere RumänInnen während der politischen Umwälzungen zwischen Dezember 1989 und März 1990. Die diskurshistorische Untersuchung verschiedener medialer Ausschnitte des Diskurses über Rumänien und RumänInnen in Österreich förderte zutage, wie sich der öffentliche Diskurs in politischen Debatten, Reden und Interviews sowie in der Presseberichterstattung im Laufe weniger Monate stark veränderte. Auf eine anfängliche Phase vorherrschenden Mitleids mit den unter Ceauscescus Diktatur Geplagten folgte eine Diskursphase, in der eine paternalistische Haltung überwog, aus der heraus bevormundende Ratschläge darüber erteilt wurden, wie politische, wirtschaftliche und soziale Reformen und die Implementierung demokratischer Strukturen in Rumänien am besten zu erfolgen hätten. In einer dritten Diskursphase nahm die ökonomistische Sichtweise überhand. Sie suchte die Ablehnung der Aufnahme rumänischer Flüchtlinge mit abstrakten wirtschaftsbezogenen Argumenten zu rechtfertigen. Um ihre Ablehnung von AsylbewerberInnen aus Rumänien zu begründen, führten österreichische PolitikerInnen und JournalistInnen vorgeblich zu hohe Kosten ins Feld und eine die sozio-ökonomische Stabilität Österreichs angeblich gefährdende Überzahl an Flüchtenden. Die Notwendigkeit der Flucht stellten sie in Abrede, indem sie den Asyl beantragenden RumänInnen ökonomische Gründe für die Emigration unterstellten (Stichwort: „Wirtschaftsflüchtlinge“). Die Studie beleuchtete mithin, wie nach der rumänischen „Revolution“ eine kurz anhaltende Sympathie vehementen Protesten gegen rumänische AsylbewerberInnen wich und wie diese zuweilen auf rassistische Weise dargestellt wurden, indem ihnen ein auffälliges und unangenehmes Äußeres, kriminelle Verhaltensdispositionen und – den Männern – die Neigung zu sexueller Gewalt als „phänotypische“ Eigenschaften zugeschrieben wurden.

Die zweite wichtige Studie, die in dieser Phase durchgeführt wurde, nahm das österreichische Gedenkjahr 1995 (Stichwort: „50 Jahre Zweite Republik“) zum Anlaß triangulatorischer Analysen von Diskursen über die österreichische

Nation und Identität. Dieses zweijährige Forschungsprojekt wandte sich der Analyse der diskursiven Konstruktion von nationaler Identität zu. Die Untersuchung beschäftigte sich damit, wie die vorgestellte Gemeinschaft der österreichischen Nation und nationale Identität von ÖsterreicherInnen in politischen und halböffentlichen Diskursen konstituiert wird. Sie fragte im speziellen danach, welche Diskursthemen, Strategien und sprachlichen Realisierungsmittel zum Einsatz kommen, wenn nationale Gleichheit und Einzigartigkeit auf der einen und Differenz zu anderen nationalen Kollektiven auf der anderen Seite versprachlicht und in Bildern visualisiert werden. Diesen Fragen ging das aus SprachwissenschaftlerInnen und PolitologInnen zusammengesetzte Team in einer theoretisch und methodisch verklammerten Serie von fünf Fallstudien nach. Untersucht wurden politische Gedenkreden, Fokusgruppendiskussionen, Einzelinterviews, Zeitungsartikel und eine politische Werbekampagne. Die Ergebnisse der Fallstudien lieferten einen Einblick in verschiedene diskursive Strategien der Konstruktion, Bewahrung, Reproduktion, Transformation und Destruktion nationaler Vorstellungen und Narrative. Je nach sozialem Handlungsfeld, in dem die nationsbezogenen Diskursfragmente situiert waren, je nach Sprech- oder Schreibanlaß, je nach Thema, je nach politischer Affinität und Funktion der SprecherInnen und je nach Auditorium kamen die Strategien unterschiedlich zum Einsatz. Die Untersuchung förderte zutage, daß die idealtypischen Konzepte der „Staats-" und „Kulturnation" nicht als disjunktive Beschreibungskategorien auf einen Nationalstaat wie Österreich bezogen werden können, da viele der analysierten Texte und Reden auf „staatsnationale" und „kulturnationale" Elemente gleichermaßen rekurrierten, wenngleich in den politischen Gedenkreden, Zeitungsartikeln und Werbetexten der Bezug auf Kultur insgesamt weniger prominent war als in den Fokusgruppendiskussionen und Einzelinterviews. Insofern erwies sich die in der sozialwissenschaftlichen und geschichtswissenschaftlichen Literatur oftmals aufgestellte Behauptung, die ÖsterreicherInnen seien eine „Staatsnation", als politisch korrekte Wunschvorstellung, die einer empirischen Diskursanalyse nicht standhielt.[8]

Zusätzlich zu den diskurshistorischen Arbeiten blieben in dieser zweiten Phase auch frühere Forschungsschwerpunkte relevant: Die Analyse medizinischer Kommunikation wurde fortgesetzt (z. B. Lalouschek 1995), neue Richtlinien zum geschlechtergerechten Formulieren wurden ausgearbeitet (Kargl/Wodak/Meyer/Vetter 1997). Ein zweijähriges linguistisch-soziologisches Projekt zur „Sprache

[8] Vgl. Wodak/de Cillia/Reisigl/Liebhart/Hofstätter, Kargl (1998); Wodak/de Cillia/Reisigl/Liebhart (2009). Eine Weiterentwicklung des diskursanalytischen Instrumentariums zum Studium von Diskursen über Nationen und nationale Identitäten wird in Reisigl (2007b) und Reisigl (in Vorbereitung) vorgestellt.

der Diplomatie" mündete unter anderem in die vergleichende Synopsis von „Methoden der Textanalyse" (Titscher/Wodak/Meyer/Vetter 1998).

2.4 *Phase 3: Der Forschungsschwerpunkt „Diskurs, Politik, Identität" (1997–2003)*

1996 wurde Ruth Wodak der Wittgenstein-Preis zuerkannt, das österreichische Pendant zum deutschen Leibniz-Preis. Dadurch war es ihr möglich, das Forschungszentrum „Diskurs, Politik, Identität" (kurz: DPI) einzurichten und mehrere neue Forschungsprojekte zu finanzieren. Die Themen und gesellschaftlichen Probleme, die zwischen 1997 und 2003 von zum Teil unterschiedlichen Forschungsgruppen einer Kritischen Diskursanalyse unterzogen wurden, waren

1. offene und verdeckte Formen von Rassismus in politischen Diskursen, vor allem in Debatten über Asyl und Einwanderung in sechs Parlamenten der Europäischen Union (Wodak/Van Dijk 2000);
2. die interne Kommunikation in Organisationen der Europäischen Union und Diskurse über Arbeitslosigkeit in EU-Gremien und insbesondere Ausschüssen der Kommission (Muntigl/Weiss/Wodak 2000);
3. die diskursive Konstruktion europäischer Identitäten in deutschen, britischen und französischen Diskursen von PolitikerInnen (z.B. Wodak/Weiss 2005);
4. der österreichische Diskurs über die Erweiterung der Europäischen Union;
5. der kontrovers geführte Diskurs über die „immerwährende österreichische Neutralität", die im Oktober 1945 als Zugeständnis an die vier Siegermächte gesetzlich verankert worden war (Bischof/Pelinka/Wodak 2001; Kovács/Wodak 2003);
6. der Diskurs über die Rolle der Wehrmacht im Zweiten Weltkrieg und über die beiden vom Hamburger Institut für Sozialforschung organisierten Ausstellungen über die „Verbrechen der Wehrmacht" (Heer/Manoschek/Pollak/Wodak 2003).

Verbindendes Moment der sechs Forschungsprojekte war die Frage nach dem Zusammenhang von Diskurs, Politik, Geschichte und Identität innerhalb und jenseits der nationalstaatlichen Grenzen Österreichs. In diesen Jahren wurde der Forschungsfokus zunehmend auch auf die Europäische Union und den Vergleich von Diskursen in unterschiedlichen EU-Staaten gerichtet – eine empirische Orientierung, die bis heute sehr wichtig bleibt. Gleichwohl sind die thematischen Anknüpfungspunkte an die früheren Forschungen aus der zweiten Phase unübersehbar.

Die an den sechs Forschungsprojekten Beteiligten kamen vorwiegend aus der Linguistik, Politikwissenschaft, Soziologie und Geschichtswissenschaft. Die disziplinären Konstellationen der interdisziplinären Teams variierten von Projekt zu Projekt und führten zu vielfältigen theoretischen und methodischen Anleihen und Verknüpfungen. Dieser Theorie- und Methodenpluralismus sowie die multiple Anschlußfähigkeit innerhalb des allgemeinen gemeinsamen Analyserahmens stellen eine Stärke des Ansatzes dar. Allerdings kann der Eklektizismus, zu dem sich etwa auch Kritische DiskursanalytikerInnen wie Teun van Dijk explizit bekennen, ForscherInnen vor das Problem stellen, daß die mannigfaltigen theoretischen und methodischen Anschlüsse nicht zu einer integrativen wissenschaftlichen Synthese, sondern zur Verbindung schwer miteinander vereinbarer theoretischer Modellierungen führen. Dies zeigt sich etwa da, wo man im sozialwissenschaftlichen Bereich an Foucault, Habermas, Bourdieu, Giddens und Luhmann anknüpft, aber auch dort, wo innerlinguistisch auf die „Toolkits" der Systemisch Funktionalen Linguistik, Soziosemiotik, Konversations- bzw. Gesprächsanalyse und Funktionalen Pragmatik zurückgegriffen wird. Dieser methodologischen Herausforderung gilt es, sich künftig vermehrt selbstkritisch zu stellen.[9]

2.5 *Phase 4: Die Wiener Kritische Diskursanalyse wird plurizentrisch (2004–heute)*

Das Jahr 2004 markiert für den Ansatz insofern eine wichtige Zäsur, als 2003 die Phase der Forschung im Rahmen des Wittgenstein-Preises zu Ende gegangen und die Sicherung des Fortbestands des Forschungszentrums für „Diskurs, Politik und Identität" durch eine längerfristige institutionelle Eingliederung in die Österreichische Akademie der Wissenschaften gescheitert war. Deswegen nahm Ruth Wodak bereitwillig einen Ruf nach Lancaster an, wo sie 2004 Norman Fairclough nachfolgte. Seitdem entwickelte sich Lancaster zusätzlich zu Wien zum zweiten Zentrum der Diskursforschung in der Wiener Tradition. Zudem wurde der Ansatz von einer Reihe anderer DiskursanalytikerInnen aufgegriffen, darunter von Christine Anthonissen (Stellenbosch) und John E. Richardson (derzeit Newcastle).

So schreitet die Internationalisierung des Ansatzes fort und wird der Kontakt zu englischsprachigen DiskursanalytikerInnen intensiv gepflegt – anders als in den beiden anderen Spielarten der Kritischen Diskursanalyse im deutschen Sprachraum, dem Duisburger und dem Oldenburger Ansatz. Am Wiener Institut

[9] Siehe dazu auch Wodak/Weiss (2005: 124): „However, we would like to emphasize that researchers need to be conscious of such eclecticism and justify it for each distinctive issue. Only a constant reflection of the research processes avoids epistemological contradictions."

für Sprachwissenschaft werden indessen frühere Forschungsinteressen weiterverfolgt und zum Teil neu ausgerichtet, unter anderem im Bereich der medizinischen Kommunikation, der Kritischen Feministischen Diskursanalyse und der Untersuchung von politischer Gedenkrhetorik. Neue Akzente setzen die Studien zur medizinischen Kommunikation, die sich nunmehr vor allem auf Schmerzdarstellungen und Krankheitserzählungen (Menz/Lalouschek/Sator/Wetschanow 2010) und auf Fragen des Dolmetschens sowie Verfahren der Verständnisförderung in Gesprächen zwischen ärztlichem Personal und PatientInnen mit geringen Deutschkenntnissen konzentrieren (Reisigl 2011 in Druck). Zusätzlich zur Kritischen Feministischen Diskursanalyse, die im Schwerpunktfach „Sprachwissenschaft und Geschlechterforschung" unterrichtet wird, gewinnt in Wien die diskursanalytische Queer- und Transgenderforschung an Bedeutung. Die Analyse des mehrfachen Gedenkjahres 2005 („60 Jahre Zweite Republik", „50 Jahre Staatsvertrag", „10 Jahre Mitgliedschaft Österreichs in der EU") stützt sich auf die im Rahmen der früheren diskurshistorischen Studien zum politischen Gedenken in Österreich entwickelte Methodologie. Sie vollzieht kontrastiv nach, wie sich österreichische Gedenkrhetorik und öffentliche Erinnerungsrituale zwischen 1995 und 2005 verändert haben (De Cillia/Wodak 2009; Wodak/de Cillia/Reisigl/Liebhart 2009: 203–245).

Neue Forschungsakzente zeichnen sich zudem da ab, wo Mehrsprachigkeit in gegenwärtigen Migrationsgesellschaften und konkret am Beispiel Österreichs, aber auch anderer europäischer Staaten zum Gegenstand diskursanalytischer Forschung gemacht wird.[10] Neu ist auch, daß die Frage nach dem Verhältnis von Cultural Studies und Diskursanalyse gestellt wird (vgl. dazu Rheindorf 2007; Rheindorf in Vorbereitung) und daß methodologische, wissenschaftstheoretische und forschungspraktische Fragen insgesamt stärker ins Blickfeld rücken (siehe z. B. Reisigl 2007c; Reisigl 2008; Wodak/Kryżanowski 2008). In anwendungsbezogener Hinsicht wird zudem seit Jahren um die Institutionalisierung einer sprachwissenschaftlichen Schreibforschung und universitären Schreibdidaktik gekämpft (Gruber/Rheindorf/Wetschanow/Reisigl/Muntigl/Czinglar 2006; Gruber/Huemer/Rheindorf 2009).

Den Übergang von der dritten zur vierten Phase markieren zwei europabezogene Forschungsprojekte. Das eine befaßte sich mit dem Diskurs über die Verfassung der Europäischen Union in der Presse (vgl. Oberhuber/Kryżanowski/Schönbauer/Wodak 2005; Krzyżanowski/Oberhuber 2007, Kryżanowski 2010), das andere mit dem Diskurs über Integration, Diskriminierung und Migration in der EU (Krzyżanowski/Wodak 2008).[11]

[10] Derartige kritische Diskursforschung betreiben unter anderem Katharina Brizic, Brigitta Busch und Rudolf de Cillia.

[11] Vgl. zu dieser Thematik auch Galasinska/Krzyżanowski (2008).

In Lancaster beteiligten sich Wodak und ihre MitarbeiterInnen in den letzten Jahren unter anderem an drei großen Forschungsprojekten, die mit Kritischer Diskursanalyse verbunden waren:

1. an einer zwischen 2005 bis 2007 durchgeführten korpuslinguistischen Studie zu Diskursen über Flüchtlinge und AsylbewerberInnen in Großbritanniens Presse von 1996 bis 2006 (z. B. Delanty/Wodak/Jones 2008);
2. an einem in das 6. Rahmenprogramm der EU integrierten, zwischen 2006 und 2011 laufenden Projekt über „Language Dynamics and the Management of Diversity" (DYLAN), das sich mit der Sprach- und Sprachenpolitik der EU und ihrer Implementierung auf nationaler, regionaler und lokaler Ebene auseinandersetzte (vgl. Krzyżanowski/Wodak 2010; Hülmbauer, Vetter/Böhringer 2010);
3. an einem ebenfalls im 6. Rahmenprogramm der EU geförderten, zwischen 2004 bis 2007 laufenden Projekt über Medienethik und die Entwicklung einer europäischen Medienöffentlichkeit, das die Zeit von den Römischen Verträgen im Jahre 1953 bis 2004 untersuchte (vgl. z. B. Triandafyllidou/Wodak/Kryżanowski 2009).

Außerdem weitete sich Wodaks Interesse an politischer Kommunikation immer mehr auch auf den Bereich des beruflichen Alltags von PolitikerInnen sowie auf massenmediale Repräsentationen des politischen Alltags, z. B. in politikbezogenen Fernsehserien, aus (Wodak 2009). Mit dieser Ausrichtung tritt die Ethnographie, die als Forschungszugang schon in früheren Projekten zum Einsatz kam (vgl. z. B. Muntigl/Weiss/Wodak 2000), wieder stärker in den Vordergrund.

3 Allgemeine Charakterisierung des Wiener Ansatzes

3.1 Positionierung im Feld der Diskursforschung

Der Wiener Ansatz gründet in der linguistischen Diskursanalyse, ist aber sehr trans- bzw. interdisziplinär orientiert. Er reiht sich zusammen mit zumindest fünf weiteren Spielarten der Kritischen Diskursanalyse bzw. Critical Discourse Studies in das Feld der Kritischen Diskursforschung ein. Diese sind der an Foucault und Link orientierte Duisburger Ansatz (die Gruppe um Siegfried und Margarete Jäger) (1), der Oldenburger Ansatz (Klaus Gloy, Franz Januschek, Carolin Ködel, Anette Wenderoth),[12] (2), der soziokognitive Zugang van Dijks (2001) (3), der

[12] Vgl. Januschek (1986), Januschek (1992), Januschek (2007), Bredehöft (1994), Gloy (1998), Wenderoth (1999), Ködel (2007).

soziosemiotische, auf Systemisch Funktionaler Linguistik fußende Ansatz van Leeuwens, Gunther Kress' und David Machines (z. B. Leeuwen 2005) (4) und der ebenfalls an Systemisch Funktionale Linguistik anschließende, dabei aber auch stark sozialtheoretisch orientierte Ansatz Norman Faircloughs (vgl. Reisigl 2009).[13]

Die weitere Entwicklung wird zeigen, welche Varianten der Kritischen Diskursforschung sich zusätzlich zu den sechs hier unterschiedenen herausbilden werden. Seit Jahren ist zum Beispiel auch von „Feminist Critical Discourse Analysis" (z. B. Lazar 2005) zu lesen. Feministische Kritische Diskursanalyse sollte meines Erachtens grundlegender Bestandteil jeder kritischen Diskursforschung sein, da sie sich mit einer Querschnittsthematik und -problematik befaßt. Aufgrund der teilweisen Vernachlässigung genderbezogener Anliegen in manchen Varianten der Kritischen Diskursanalyse wird sie jedoch im Zuge der fortschreitenden Binnendifferenzierung immer öfter als eigenständige Form der Kritischen Diskursanalyse postuliert und konzipiert. Die interne Auffächerung hat in den letzten Jahren zudem auch dazu geführt, daß sich neben dem soziokognitiven Ansatz van Dijks eine oder gar mehrere weitere kognitiv orientierte Varianten der Kritischen Diskursanalyse herauskristallisieren. Sie sind stark von der neueren kognitiven Linguistik und vor allem von der kognitiven Pragmatik geprägt. Zu derart ausgerichteten DiskursforscherInnen zählen unter anderem Piotr Cap, Paul Chilton, James Paul Gee, Christopher Hart, Veronika Koller und Dominique Lukeš. Allerdings schließen ihre Zugänge oft eng an bereits bestehende Ansätze der Kritischen Diskursanalyse an, weshalb es vermutlich noch verfrüht wäre, sie als eigenständige Ausprägungen zu betrachten. Zeitweilig gab es auch zwischen Kritischer Diskursanalyse und diskursiver Psychologie (Billig, Potter, Whetherell) so starke Berührungspunkte, daß zumindest vorübergehend der Eindruck entstand, die diskursive Psychologie der „Loughborough Group" könne ebenfalls eine Spielart der Kritischen Diskursanalyse sein oder werden. Allerdings scheinen sich die ProponentInnen der diskursiven Psychologie (vgl. dazu den Beitrag von Jonathan Potter in diesem Band) in den letzten Jahren von der Kritischen Diskursanalyse wieder entfernt zu haben. Die von Ron Scollon betriebene mediatisierte Diskursanalyse ist schließlich ebenfalls eine Form von Diskursanalyse, die über Jahre hinweg ein Nahverhältnis zur Kritischen Diskursanalyse unterhielt, wenngleich sich Ron Scollon selbst nicht als Kritischer Diskursanalytiker im engeren Sinn sah, obwohl er in der ersten Ausgabe von „Methods of Critical Discourse Analysis" (Wodak/Meyer 2001) noch mit einem eigenen Beitrag vertreten war.

---

[13] Vgl. dazu auch die Beiträge von Siegfried Jäger, Jürgen Link und Norman Fairclough im vorliegenden Band sowie von Margarete Jäger im Band 2 des Handbuches Sozialwissenschaftliche Diskursanalyse.

Die meisten Spielarten der Kritischen Diskursanalyse verbindet eine problembezogene Herangehensweise, also der Umstand, daß ihre Forschung durch die Wahrnehmung eines sozialen Problems mit einem sprachlichen oder sonstigen semiotischen Bezug angestoßen wird. Gemeinsam ist ihnen auch, daß sie sich für Sprache bzw. andere (z. B. visuelle) semiotische Medien respektive Modi und deren Zusammenspiel in ganz konkreten gesellschaftlichen Gebrauchs- und Interaktionszusammenhängen interessieren und damit bewußt nicht (nur) Sprach- bzw. Zeichensysteme analysieren wollen, die von praktischen Verwendungskontexten abstrahiert sind. Zudem verbindet die unterschiedlichen Varianten der Kritischen Diskursforschung, daß sie – in kritischer Volte gegen kontextabgewandte „deskriptive Linguistik" – die soziale und politische Situiertheit und Kontextabhängigkeit von Diskursen betonen, daß sie den sozial konstruktiven ebenso wie sozial konstruierten Charakter von Diskursen hervorheben und die Handlungsqualität von Diskursen herausstreichen, das heißt, Diskurs als soziale Praxis bestimmen. Mit diesem Diskursverständnis schließen sie teilweise an Foucaults archäologische Bestimmung von Diskurs an, der zufolge „Diskurs" eine regulierte Praxis sei, die von einer bestimmten Zahl von Aussagen berichte – im Original, eine „pratique réglée rendant compte d'un certain nombre d'énonces" (Foucault 1992a: 116; 2004: 106). Die Anknüpfung an Foucaults Begriffsbestimmung ist hier nur partiell, weil sie nicht so weit geht, auch die für Foucaults archäologische Diskursanalyse zentrale Kategorie der „Aussage" als bestimmende analytische Größe zu übernehmen. So klammert auch die Wiener Spielart der Diskursanalyse den Bezug auf „Aussagen" aus. Sie vertritt vielmehr ein semiotischeres und sprachbezogeneres Konzept von „Diskurs" als Foucault und versucht daher, manchen ihrer Fragestellungen auch unter Einbeziehung ganzer Texte bzw. integraler „Diskursfragmente" bzw. „Kommunikationsereignisse" nachzugehen und nicht lediglich „Aussagen" oder „Gruppen singulärer Aussagen" analytisch in den Blick zu nehmen.[14]

In sprachwissenschaftlicher Hinsicht strebt der Wiener Ansatz nach einer Verbindung von Soziolinguistik (nicht umsonst wurde der Ansatz einige Jahre lang auch als „Diskurssoziolinguistik" bezeichnet), linguistischer Pragmatik (insbesondere der Gebrauchstheorie der Bedeutung, der Sprechakttheorie und der Funktionalen Pragmatik), Textlinguistik (vor allem jener Wolfgang Dresslers, vgl.

[14] Sprachwissenschaftlich ist Foucaults schleierhaftes Konzept der „Aussage" schwer zu fassen, da Foucault den Begriff unter anderem als etwas bestimmt, was weder mit einer logischen Proposition noch mit einem Satz noch mit einem Sprechakt gleichzusetzen sei, wenngleich eine Aussage die Funktionen aller drei linguistischen Einheiten erfüllen könne. In der linguistischen Diskursforschung werden „Aussagen" unter anderem als Topoi, Metaphern, Kollektivsymbole oder Wissenselemente operationalisiert. Siehe dazu Reisigl (2006a: 99 ff.).

Dressler 2004), linguistischer Diskurs- und Gesprächsanalyse, Argumentationstheorie und Rhetorik (in einem umfassenden Sinn).

Um einen argumentationstheoretisch informierten Zugang zur Analyse von Argumentation bemühte sich der Wiener Ansatz früher als die meisten anderen Ansätze der Kritischen Diskursanalyse (vgl. Reisigl/Wodak 2001: 69–80).[15] Dabei sucht er in bezug auf die funktionale Analyse von Argumentation unter anderem Anschluß an Stephen Toulmin (1996), aber auch an Josef Kopperschmidt (1989, 2000), dessen Projekt es ist, Habermas argumentationstheoretisch zu beerben. Die formale Analyse beruft sich unter anderem auf Manfred Kienpointners (1992, 1996) Unterscheidung zwischen grundlegenden formalen Argumentationschemata, und in materialer Hinsicht wird stark an Martin Wengelers (2003) inhaltlicher Topik angeknüpft. Der schwierigen Frage der Unterscheidung von rationaler und trugschlüssiger Argumentation nähern sich die mit Argumentationsanalyse befaßten Wiener DiskursanalytikerInnen vorwiegend aus der Perspektive der pragmadialektischen Theorie der Trugschlüsse (s. u.). Daß sich der empirische Fokus häufig auf Argumentation richtet, rührt daher, daß der Wiener Ansatz schon immer sehr stark mit dem persuasiven Gehalt von Diskursen befaßt war. Die Argumentationsanalyse erfolgt, anders als bei Martin Wengeler, nicht primär „deskriptiv", weil eine sich als „kritisch" verstehende Diskursanalyse nicht damit zufrieden sein kann, argumentative Strukturen, Muster und Verfahren lediglich zu „beschreiben". Schließlich verfolgt sie kritische Ansprüche und versucht, mit plausiblen Argumenten Stellung zu beziehen. Will sie die persuasive Qualität von Diskursen nachvollziehbar beurteilen, muß sie über explizite normative Maßstäbe verfügen, die ihr – wenn auch nicht in allen, so doch in vielen Fällen – eine begriffliche Unterscheidung zwischen schlüssiger und trugschlüssiger Argumentation, zwischen plausiblen Topoi und argumentativen Fehlschlüssen ermöglichen. Maßstäbe, an denen sich der Wiener Ansatz unter anderem orientiert, stellt die Pragmadialektik mit ihren Regeln des konstruktiven Streitens bereit.[16] Allerdings wird die philosophische Verankerung der

[15] Gezielt Anschluß an Argumentationstheorien (und zwar an die Pragmadialektik und die Theorie Douglas Waltons) suchen in jüngster Zeit auch Isabela Ieţu-Fairclough und Norman Fairclough (2010). Teilweise rekurrierten der Oldenburger Ansatz und Van Dijk schon in den 1990er Jahren auf argumentationstheoretische Grundlagen. Dagegen berücksichtigen die beiden anderen Spielarten der Kritischen Diskursanalyse, also die Duisburger Gruppe und der soziosemiotische Ansatz, Argumentation bisher kaum.

[16] Vgl. van Eemeren/Grootendorst (1992), van Eemeren/Grootendorst (1994), van Eemeren/Grootendorst/Snoeck Henkemans (1996), van Eemeren/Houtlosser (2007). Die Pragmadialektik entwirft ein normatives dialogisches Modell von Argumentation. Zu den Regeln vernünftigen Argumentierens zählt sie – sehr vereinfacht gesagt – die Redefreiheit, die Begründungspflicht, die redliche Bezugnahme auf Gesagtes, die Orientierung an Sachlichkeit, die redliche Bezugnahme auf implizite Voraussetzungen, das Akzeptieren gemeinsamer Ausgangspunkte, die Verwendung plausibler Argumentationsmuster, logische Gültigkeit, die Akzeptanz des Ergebnisses der Diskussion und die Klarheit im Ausdruck sowie korrektes Verstehen. Vgl. dazu auch Kienpointner (1996: 11–72).

Pragmadialektik im Kritischen Rationalismus genauso wenig übernommen wie die These, wonach es sich bei einer Argumentation um einen Makrosprechakt handle.[17] Das besondere Interesse einer Kritischen Diskursanalyse, die – wie der Wiener Ansatz – einen themenbezogenen Diskursbegriff favorisiert, an einer inhaltsbezogenen, feldabhängigen Argumentationsanalyse leitet sich davon ab, daß jede Argumentation feld- und themenabhängig ist. Die Analyse der inhaltlichen Dimension von Argumentation lehrt viel über den funktionalen Einsatz bestimmter Wissensstrukturen und ideologischer Hintergrundannahmen in Diskursen.

Zuweilen wird bei der Analyse grammatikalischer Strukturen auch auf Systemisch Funktionale Linguistik zurückgegriffen. Wenn zudem immer wieder auf Rhetorik Bezug genommen wird, dann nicht in dem pejorativen und selektiven Sinn, wie er dem Begriff in den meisten anderen Spielarten der Kritischen Diskursforschung anhaftet, sondern in einem viel umfassenderen Sinn, wie er bereits in der antiken Rhetorik vertreten wurde, die Argumentation von vornherein als zentralen Bestandteil von Rhetorik begriff. In dieser Auffassung unterscheidet sich die Wiener Kritische Diskursanalyse von Faircloughs negativer Konnotierung der Rhetorik (z. B. Fairclough 2000) ebenso wie von van Dijks Reduktion der Rhetorik auf die Figurenlehre (z. B. van Dijk 2008).

In sprachphilosophischer Hinsicht knüpft der Ansatz an die Kritische Theorie und Wittgensteins Spätphilosophie der „Philosophischen Untersuchungen" (Wittgenstein 1989) an. Wie aus dem Abriß über die Geschichte des Ansatzes schon hervorgegangen sein sollte, wird je nach Fragestellung und disziplinärer Zusammensetzung der Forschungsteams außerdem auf unterschiedliche geschichtswissenschaftliche Untersuchungen (z. B. zum Nationalismus und Nationalsozialismus) und politikwissenschaftliche, soziologische sowie (sozial)psychologische Theorien Bezug genommen. Dabei erweisen sich Theorien von mittlerer Reichweite für die empirische Diskursforschung oft als anschlußfähiger als sozialwissenschaftliche Großtheorien.

Der Wiener Ansatz ist vorwiegend qualitativ ausgerichtet, obwohl immer wieder quantitative und in den letzten Jahren zunehmend auch korpuslinguistische Forschungsmethoden Anwendung finden. „Wissenschaftliche Wertfreiheit" und „Neutralität" hält er für eine positivistische und deskriptivistische Fiktion, wenngleich er damit keinesfalls die wissenschaftlichen Kriterien der begrifflichen Präzision, analytischen Sorgfalt und Nachvollziehbarkeit verabschiedet. Den Wiener Ansatz kennzeichnet in diesem Zusammenhang zudem ein gemäßigter Konstruk-

[17] Bernhard Forchtner (2010; 2011) setzt sich kritisch-konstruktiv mit Fragen nach der Vereinbarkeit der im Wiener Ansatz vorgenommenen Anknüpfung an Pragmadialektik und Habermas' Diskursethik auseinander. Igor Žagars (2010) polemische Auseinandersetzung mit der Verwendung des Toposbegriffs im Wiener Ansatz beruht auf einer Reihe von Mißverständnissen, die zum Teil auf die Nichtrezeption der auf Deutsch verfaßten Texte zur Argumentationsanalyse, z. B. von Reisigl (2004), Reisigl (2006b) Reisigl (2007d), zurückzuführen sind.

tivismus. Er distanziert sich von einem naiven Abbildrealismus als epistemischer Grundhaltung traditioneller Soziolinguistik und versucht die konstruktive Rolle der Forschenden im Forschungsprozeß, insbesondere bei der abstrahierenden und abduktiven Gewinnung seiner diskursanalytischen Kategorien und Hypothesen, aber auch bei der begrifflichen Formation und Durchdringung des Untersuchungsgegenstands, immer stärker mitzureflektieren. Herkömmliche soziolinguistische Grundannahmen wie die, daß soziologische Kategorien wie „Geschlecht", „Schicht", „ethnische Zugehörigkeit" sozial vorgegebene, von der Analyse unabhängige, prädiskursive Variablen seien, von denen das Sprachverhalten der Sprecherinnen und Sprecher unidirektional abhänge oder determiniert werde, gelten ihm als überholt. Aufgrund des diskurssoziolinguistischen Hintergrunds und der semiotischen Anbindung an die evolutionäre Erkenntnistheorie von Charles Sanders Peirce (Stichwort „dynamisches Objekt")[18] ist der Ansatz andererseits aber auch gegen einen radikal-solipsistischen Konstruktivismus gefeit.

Seine hermeneutische Ausrichtung, die den Ansatz von vielen tendenziell asemantischen Spielarten der spät- und poststrukturalistischen Diskursanalyse, aber auch vom textgrammatisch ambitionierten Distributionalisten Zellig Harris (1952) unterscheidet, geht nicht zuletzt auf den schon erwähnten sprachphilosophischen und textlinguistischen Hintergrund zurück. Damit die hermeneutische Orientierung nicht in „Subjektivismus" mündet, kommen in der Forschungspraxis neben dem Prinzip der nachvollziehenden Rekonstruktion und Explikation die Forschungsprinzipien der Triangulation und Teamforschung zum Einsatz, zumindest in den größeren Forschungsprojekten.

Die anwendungsbezogene und problemorientierte Zugangsweise ist bei dieser Art von kritischer Diskursforschung stärker ausgeprägt als bei den meisten anderen Varianten der Kritischen Diskursanalyse. Wie der historische Abriß zeigt, war bereits den frühen Proponentinnen und Proponenten des Wiener Ansatzes

---

[18] Der pansemiotische Ansatz von Peirce, der weit umfassender und komplexer als Saussures Semiologie ist, geht davon aus, daß wir zur Realität nur über Zeichen Zugang finden, es also überhaupt keine zeichenlose Perzeption von Wirklichkeit geben kann. Peirce nimmt einen zweifachen Objektbegriff an. Das „unmittelbare Objekt" ist das Objekt, „welches das Zeichen erschafft, indem es dieses darstellt" (Peirce 2000: 283). Es ist das Objekt, wie es mittels Zeichen aktuell und in unserem Bewußtsein erfaßt ist – z. B. das Objekt „AIDS" als Krankheit, wie wir sie gegenwärtig wissenschaftlich begriffen haben. Mit anderen Worten: Das „unmittelbare Objekt" ist das semiotisch repräsentierte Objekt, wie es als Ergebnis der Formation des Gegenstands durch die Begriffe vorliegt. Das „dynamische Objekt" ist das Objekt, „dessen Sein nicht von dem Zeichen abgeleitet ist, das aber das Zeichen beeinflusst, es darzustellen" (Peirce 2000: 284). Es ist – anders gesagt – jenes „nicht repräsentierte", „externe" Objekt, das sich unserem Versuch, es in komplexen Prozessen der Semiose möglichst „gut" zu begreifen, immer wieder entzieht – z. B. jene „widerständige" Dimension der Krankheit namens AIDS, die wir wissenschaftlich nicht begriffen haben, weshalb wir sie (noch?) nicht heilen können. Diese dynamische Widerständigkeit erfahren wir ebenfalls über Zeichen.

viel daran gelegen, konkrete Beiträge zur Verbesserung der Kommunikationsverhältnisse in bestimmten Institutionen zu leisten.[19]

3.2 *Der Begriff des Diskurses*

Im Wiener Ansatz wird „Diskurs" als empirischer Beschreibungsbegriff konzipiert und als kontextgebundene sprachliche oder sonstige semiotische Form sozialer Praxis begriffen.[20] Spezifischer habe ich selbst in diesem Zusammenhang folgendes Verständnis des Diskursbegriffs vorgeschlagen: „Diskurs" bezeichnet einen Komplex funktional und thematisch zusammenhängender, simultan oder sequentiell organisierter, mündlicher, schriftlicher oder sonstwie semiotisch manifest werdender Sprachhandlungen und Sprachhandlungsabfolgen, die pragmatisch zu größeren kommunikativen Einheiten (schriftlichen Texten oder mündlichen Kommunikationssequenzen) verwoben sind, welche als semiotische Tokens (Sinzeichen) musterhaften semiotischen Types (Legizeichen)[21] zugeordnet werden können, die der Erfüllung spezifischer kommunikativer respektive sozialer Aufgaben dienen. Als kommunikative Großeinheit ist ein Diskurs dieser Auffassung nach eine problembezogene, in sozialen Handlungsfeldern situierte und diachron veränderliche semiotische Praxis, die sozial konstitutiv und sozial konstituiert ist und in der einen oder anderen Form argumentativ um Geltungsansprüche wie Wahrheit und normative Richtigkeit kreist (Reisigl/Wodak 2001: 35 ff.; Reisigl 2007b: 28 ff.). Markante Charakteristika dieses Diskursverständnisses sind mithin:

[19] Eine knappe Zusammenfassung allgemeiner Kennzeichen des Ansatzes findet sich auch in Reisigl/Wodak (2009: 95).

[20] Trotz der Bestimmung als „soziale Praxis" sind die meisten Kritischen DiskursanalytikerInnen, darüber hinaus aber überhaupt die meisten DiskursanalytikerInnen, in ihren Analysen primär produkt- und nicht prozeßorientiert, analysieren also – ungeachtet der theoretischen Begriffsbestimmung – nicht die Praxis, sondern das semiotisch auf Dauer gestellte Ergebnis der Praxis, das heißt Texte.

[21] Ein „Sinzeichen" (lat. „sin" steht für „nur einmal vorkommend" im Sinne von „singulär") ist ein aktual, einmalig, singulär vorkommendes Zeichen (Peirce 1993: 123 f.), z. B. der ganz spezifisch materialisierte Fußnotenverweis „21" im Fließtext auf genau dieser Seite des spezifischen Buchexemplars, das Sie jetzt gerade lesen. Peirce bezeichnet das Sinzeichen oft auch als „token". Ein „Legizeichen" (von lat. lex, „Gesetz") ist ein über die Aktualität eines spezifischen Vorkommens hinausgehendes, allgemeines, durch Typizität und Gewohnheit bestimmtes, gesetzmäßiges Zeichen (Peirce 1993: 124), z. B. der Fußnotenverweis „21" als allgemeines, konventionell festgelegtes indexikalisches Zeichen, wie es nicht nur in jedem Beitrag des vorliegendes Bandes vorkommt, der mindestens 21 Fußnoten beinhaltet, sondern wie es in allen schriftlichen Texten vorkommt, die mindestens 21 Fußnoten enthalten. Peirce bezeichnet das Legizeichen oft auch als „type".

- *Themenbezogenheit von Diskursen:* Aus ihr leitet sich eine Präferenz für Diskursnamen ab, die der semantisch transparenten syntaktischen Form „Diskurs über x" folgen.
- *Handlungs- und Praxisbezug von Diskursen:* Der Begriff der „Praxis" impliziert zweierlei. Erstens kann ein Diskurs nicht bloß eine kommunikative Einheit auf der Ebene individueller Parole sein, da eine Praxis als Handlungs- und Gebrauchsweise etwas ist, dem ein habitualisierter, im überindividuellen sozialen Zusammenhang erworbener *modus operandi* inhäriert. Zweitens verweist „Praxis" auf spezifische Art auf den Begriff des Akteurs und der Akteurin als HandlungsträgerInnen.[22]
- *Situierung von Diskursen in sozialen Handlungsfeldern* (wo Diskurse teilweise öffentlich stattfinden).
- *Soziale Wirklichkeit konstituierender* und *von sozialer Wirklichkeit konstituierter Charakter von Diskursen.*
- *Problem- und Geltungsbezogenheit* sowie die *Argumentativität von Diskursen:* Damit ist gemeint, daß in Diskursen epistemische, deontische oder andere Geltungsansprüche präsuppositional oder explizit erhoben, problematisiert, begründet und akzeptiert werden. Man beachte dabei, daß diese Diskurskonzeption weiter gefaßt ist als diejenige von Habermas, der die fraglose Akzeptanz von Geltungsansprüchen unter dem Titel „kommunikatives Handeln" erörtert und die Konsensfindung als *conditio sine qua non* für einen Diskurs postuliert, während hier auch dann von einem „Diskurs" zu sprechen ist, wenn lediglich widerstreitende Geltungsansprüche erhoben, aber kein Konsens angestrebt oder gefunden wurde.[23]
- *Multiperspektivität von Diskursen* im Unterschied zu Faircloughs und Van Leeuwens monoperspektivischer Auffassung von Diskurs, wonach ein „Diskurs" die aus einer spezifischen Perspektive erfolgende und an eine bestimmte soziale

---

[22] Hinsichtlich der Frage der Autonomie von AkteurInnen lehnt der Wiener Ansatz einen totalitären diskursiven Determinismus ob seiner problematischen ethischen und politischen Implikationen ab, die den Status quo tendenziell affirmieren und eine exkulpatorische Tendenz aufweisen. Unter derartigen Grundannahmen erübrigt sich Kritik. Im Rekurs auf den sozial situierenden Begriff der Praxis erkennt der Wiener Ansatz die sozialisatorische bzw. diskursive Konstituiertheit von AkteurInnen an. Gleichwohl wird ein individueller Handlungsspielraum und damit auch eine Eigenverantwortlichkeit der in sozialen Feldern Agierenden angenommen. Hier trifft sich der Wiener Ansatz also mit der Wissenssoziologischen Diskursanalyse, die von „relativ individuierten (sozialen) Akteuren" ausgeht, „die sich in der aktiven Auseinandersetzung mit solchen Strukturvorgaben [wie den soziohistorisch kontingenten Wissensvorräten, Motivvokabularien und Handlungsweisen, M. R.] befinden" (Keller 2005: 214; vgl. auch den Beitrag von Keller im vorliegenden Band).

[23] Vgl. dazu auch die Einleitung der Herausgeber zum vorliegenden Band.

Position gebundene Repräsentation sozialen Lebens sei (Fairclough 1995: 135; ähnlich Van Leeuwen 2005: 275).[24]

Daß Argumentativität bzw. Persuasivität zu einem konstitutiven Element von Diskursen erklärt wird, bedeutet – wie teilweise schon ausgeführt – nicht, daß Habermas' Diskurskonzept in toto übernommen würde. Habermas' Diskursmodell gibt für den Wiener Ansatz einen normativen Orientierungsrahmen ab, innerhalb dessen sich konkrete Verständigungsverhältnisse, also empirische Diskurse, kritisch prüfen und beurteilen lassen. Allerdings läßt sich die Abweichung von dieser Optimalitätsvorstellung unter anderem auch gut vor dem Hintergrund mancher der von Foucault vorgeschlagenen Analysekategorien (z. B. mit Hilfe des Konzepts der Kontrollprozeduren; Foucault 1991) vornehmen. Wo Habermas „Diskurs" dem „Handeln" gegenüberstellt und über die Aufhebung von Handlungs- und Erfahrungsdruck bestimmt, sei erwidert, daß diese völlig unpragmatische Auffassung durch eine linguistische beerbt werden soll, die „Diskurs" sehr wohl als eine, wenngleich spezifische Form sprachlichen Handelns, das heißt als Praxis begreift (vgl. auch die Einleitung der Herausgeber im vorliegenden Band).

Diskurse entfalten sich in und entlang verschiedener sozialer Handlungsfelder und verlaufen quer zu diesen. Handlungsfelder lassen sich in Anknüpfung an Bourdieus „Sozialtopologie" (Bourdieu 1991: 9) als „Orte sozialer Praxisformen" auffassen, die den Habitus und das Handeln der sozialen AkteurInnen entscheidend beeinflussen und mitprägen. Hinsichtlich der politischen Handlungsfelder im engeren Sinne (vgl. Girnth 1996) unterscheide ich zwischen (I) dem Gesetzgebungsverfahren, (II) der öffentlichen politischen Meinungs-, Einstellungs- und Willensbildung, (III) der innerparteilichen Meinungs-, Einstellungs- und Willensbildung, (IV) der zwischenparteilichen Meinungs-, Einstellungs- und Willensbildung, (V) der zwischenstaatlichen bzw. internationalen Beziehungsgestaltung, (VI) der politischen Werbung, (IIV) der politischen Exekutive/Vollziehung und Administration sowie (IIIV) der politischen Kontrolle und dem politischen Protest.[25]

---

[24] Neben dieser Konzeption findet sich im Wiener Ansatz oft auch eine Auffassung von „Diskurs" als „Text(e) im Kontext" bzw. „Text(e) plus Kontext(e)" (siehe hierzu auch Dressler 2004). Diese inklusive bzw. additive Bestimmung wirft die Frage auf, was unter „Text" zu verstehen sei. Mein eigenes Textverständnis orientiert sich an dem der Funktionalen Pragmatik. Sie begreift Texte als Komplexe „zerdehnter Sprechhandlungen" beziehungsweise Produkte des sprachlichen Handelns und zugleich als Medien der Verdauerung solchen Handelns, die sowohl schriftlich als auch mündlich sein können und über die Dissoziierung der Kommunikationssituation, über die zeitliche und/ oder räumliche Trennung von Sprachproduktion und Sprachrezeption charakterisiert sind. Siehe Ehlich (1983: 26); Graefen (1997: 26).

[25] Das hier vertretene Feldkonzept ist mit demjenigen Bourdieus nicht völlig kongruent. Während Bourdieu etwa ein einziges „politisches Feld" mit einzelnen Teilfeldern wie der „Partei" oder der „Gewerkschaft" ansetzt, in dieser Hinsicht also die „kollektiven AkteurInnen" zum charakteristischen Merkmal des Feldes auserwählt hat, gehe ich mit Girnth (1996; 2002) von einer Pluralität

Im Anschluß an die eben dargelegte Diskursbestimmung sollen nun interdiskursive und intertextuelle Beziehungen zwischen Diskursen, Diskursthemen, Textarten bzw. Subgenres (als Types) und Texten (als Tokens) diagrammatisch veranschaulicht werden (vgl. Reisigl/Wodak 2001: 39; Reisigl/Wodak 2009: 92 f.). In der folgenden Darstellung symbolisieren die beiden sich überlappenden Ellipsen, genauer gesagt, deren Schnittflächen, das Verhältnis der Interdiskursivität. Intertextuelle Beziehungen im allgemeinen – mögen sie explizit in Form von Verweisen realisiert sein, mögen sie formal oder struktureller ikonischer Natur sein, mögen sie sich in thematischen Korrelationen ausdrücken oder aber in Anspielungen, Evokationen bzw. direkten, indirekten oder sonstigen Formen der Zitierung – sind durch die fett gepunkteten Pfeile indiziert. Das Verhältnis der Zuordnung konkreter Einzeltexte (als Tokens) zu bestimmten Textarten, Genres bzw. Subgenres (als Types) wird durch einfache durchgehende Pfeile symbolisiert, die auf die gestrichelt umgrenzten Ellipsen zeigen. Themen, die in einem Text zur Sprache gebracht werden, sind durch kleine Ellipsen mit durchgehender Umgrenzungslinie dargestellt, zu denen Pfeile mit einfach gepunkteten Linien hinführen. Thematische Überschneidungen zwischen unterschiedlichen Texten sind durch die Überlappungen dieser kleinen Ellipsen mit den durchgehenden Umgrenzungslinien angezeigt. Schließlich ist die spezifische intertextuelle Relation zwischen zwei Texten, die in einer explizit verweisenden thematischen Bezugnahme besteht, durch Pfeile mit einfach gestrichelten Linien ausgedrückt, die einzelne Ellipsen miteinander verbinden. Der fettgedruckte Pfeil mit der gestrichelten Linie, der die Einzeltexte miteinander verbindet, steht für die Zeitachse, an der abgelesen werden kann, welcher Text einem anderen vorangeht bzw. nachfolgt:[26]

politischer Handlungsfelder aus und bestimme diese unterschiedlichen Felder primär über ihre funktionale Charakteristik als kommunikative und institutionelle Rahmenbedingungen beziehungsweise politische Interaktionsrahmen, innerhalb derer sich politische AkteurInnen bewegen. Vgl. dazu auch ausführlich Reisigl (in Vorbereitung, Kapitel 2); Reisigl/Wodak (2009: 90 ff.).

[26] Vgl. dazu auch die Überblicksdarstellung zum Zusammenhang von Diskurs und diskursivem Ereignis im Zeitverlauf bei Keller (2005: 195).

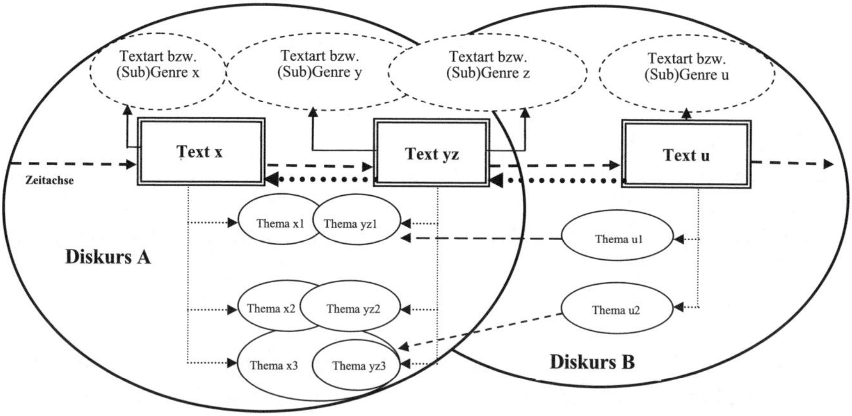

3.3 Der Begriff der Kritik

Das Konzept der „Kritik", dem sich die Wiener Kritische Diskursanalyse verschrieben hat, ist auf epistemische ebenso wie praktische Fragen bezogen. Im wissenschaftlichen Forschungsprozeß bezieht es sich nicht lediglich auf den Verwertungszusammenhang, sondern auch auf den Entdeckungs- und Begründungszusammenhang. Mindestens drei miteinander zusammenhängende Dimensionen schließt es mit ein:

(1) *„Text-"* oder *„diskursimmanente Kritik"* zielt darauf ab, Widersprüche, Inkonsistenzen, Paradoxien und Dilemmata in den text- oder diskursinternen, beispielsweise logisch-semantischen, kohäsiven, syntaktischen, performativen, präsuppositionalen, implikativen, (pseudo-)argumentativen und interaktionalen Strukturen aufzudecken. „Immanent" ist dabei nicht im eng gefaßten Sinne von „ohne Vorwissen und vorangehende Kenntnisse" mißzuverstehen. Außer Frage steht, daß die Analytikerin und der Analytiker dem hermeneutischen Zirkel nicht zu entfliehen vermögen, der immer schon ein bestimmtes Vorverständnis und eine damit zumindest implizit verknüpfte theoretische Ausrichtung oder Einfärbung der spezifischen, in der Interpretation verwendeten Analysewerkzeuge voraussetzt.

(2) *„Sozio-diagnostische Kritik"* befaßt sich mit der Bloßlegung des häufig verdeckten persuasiven, propagandistischen oder „manipulativen"[27] Charakters

[27] Die Verbalmetaphern des „Aufdeckens", „Bloßlegens", „Demaskierens" und „Entlarvens" bergen zumindest zwei epistemologische Schwierigkeiten in sich: (a) Konnotativ kann in der visuellen Metapher des „Aufdeckens" eine besserwisserische Haltung mitklingen. Diese Attitüde wird spätestens dann zum Problem, wenn die mit der kritischen Aktivität der „Entlarvung" assoziierten Ansprüche der Kenntnis der Wahrheit fraglos vorausgesetzt und einer reflexiven Problematisierung enthoben

diskursiver Praktiken. Diese Form der Kritik ist darauf hin orientiert, (ethisch) „problematische" Funktionen und Effekte diskursiver Praktiken offenzulegen, Verantwortlichkeiten aufzuzeigen und die bisweilen verborgenen, widersprüchlichen, ambivalenten oder „polyphonen" Interessen und Ansprüche der SprecherInnen zu enthüllen. Mit einer solchen sozio-diagnostischen Form der Kritik transzendieren die Analysierenden die sprachinterne oder rein textuelle Sphäre. Sie betten die sprachlichen, textuellen, interaktionalen Strukturen und diskursiven Ereignisse in den weiteren Rahmen gesellschaftlicher und politischer Verhältnisse, Prozesse und Umstände ein. Insofern zielt ein kritischer Blick auf die Identifikation von Widersprüchen und Gegensätzen zwischen diskursiven und anderen mit diesen in Zusammenhang stehenden sozialen Praktiken.

(3) *„Prospektive praktische Kritik"* betrifft primär die praktische, ethische Dimension. Insofern, als sie kontra-präsentisch ist und einen sozialen Wandel bzw. eine gesellschaftliche Transformation anstrebt, indem sie zur Verbesserung sozialer und insbesondere kommunikativer Verhältnisse beizutragen versucht, ist sie „politisch" im handlungsbezogenen Sinn, teilweise vielleicht auch im Sinne der Foucaultschen „Kunst, nicht dermaßen regiert zu werden" (Foucault 1992b: 12). Ethisch speist sich diese Form der praktischen Kritik aus einem Sinn für Gerechtigkeit, der auf der normativen Überzeugung der Gültigkeit von demokratischen Grund- und Menschenrechten beruht, und aus Empathie, dem Mitgefühl mit Opfern von sozialer Diskriminierung.

Eine spezielle Form kritischer gesellschaftlicher Praxis ist die gegen den Status quo (zum Beispiel bestimmter Erinnerungsverhältnisse) gerichtete *„retrospektive Kritik"*. Die Kritik am Status quo ante, das heißt, die kritische Rekonstruktion der Vergangenheit, die immer noch negative Folgen für die Gegenwart zeitigt, und die Kritik am gegenwärtigen Umgang mit der Vergangenheit, das heißt die Kritik am kommemorativen Status quo, haben den Charakter einer prospektiven Kritik, da sie auf eine „Korrektur" eines aktuellen „Geschichtsbildes" oder gegenwärtigen „Narrativs" abstellen, die zu einem verantwortungsvolleren Umgang mit der Vergangenheit führt.

Obwohl die Möglichkeit von Kritik immer einen Grad an sozialer Distanz voraussetzt, ist das kritische Unterfangen, verstanden als Versuch eines „Ein-

---

sind. (b) Die anklagende Rede von der aufgedeckten Manipulation – und dies hängt mit der eben erwähnten Schwierigkeit zusammen – kann die Form einer reduktionistischen, schwer be- oder widerlegbaren Kausalargumentation in der Frage nach der Wirkung von Sprache annehmen, bei der ein zu simpler und direkter Zusammenhang zwischen sprachlichen und anderen Formen der sozialen Praxis unterstellt wird. Eine solche Vereinfachung läuft Gefahr, die HörerInnen, SeherInnen und LeserInnen zu beliebig lenkbarem Menschenmaterial zu entmündigen. Beide Schwierigkeiten lassen sich durch analytische Sorgfalt einhegen. Diese liegt leider nicht allen im Rahmen Kritischer Diskursforschung durchgeführten Studien zugrunde.

griffs“ (im Sinne von Adorno 1963) mit dem Streben nach gesellschaftlichem Wandel – beispielsweise in Richtung mehr sozialer Gerechtigkeit –, stets situiert. KritikerInnen sind keine sozial isolierten und körperlosen Lebewesen, sondern interessengeleitete Mitglieder spezifischer Gesellschaften und sozialer Gruppen mit spezifischen Standpunkten (vgl. Walzer 1990: 43–79).

Manche der hier angesprochenen Dimensionen von Kritik werden auch in linguistischen Varianten der Diskursanalyse praktiziert, die sich das Epitheton des Kritischen nicht explizit auf die Fahnen heften. Gleichwohl findet sich die strikte Entgegensetzung von Kritik und Deskription in der Linguistik bis heute als vehement verfochtene Grenzziehung zwischen zwei asymmetrischen Gegenbegriffen. Für die stereotype Reproduktion der strikten begrifflichen Opposition sind Mißverständnisse auf beiden Seiten der verfeindeten Lager verantwortlich. Dabei läßt sich die apodiktische Entgegensetzung an sehr vielen Punkten hinterfragen. Drei Punkte sollen im vorliegenden Zusammenhang ausreichen, um das Selbstverständnis der VerfechterInnen deskriptiver Ansätze in der Linguistik zu unterminieren:

- Erstens stecken viele verborgene normative Annahmen in linguistischen Theorien, die sich als deskriptiv verstehen. Grammatische Kriterien wie Wohlgeformtheit und Akzeptabilität, textlinguistische Konzepte wie Kohärenz, Kohäsion und Akzeptabilität und ein pragmatisches Konzept wie Kooperativität – all das sind Konzepte, die kritische Maßstäbe etablieren, an denen sprachliche Realität gemessen wird.
- Zweitens ist keine sich als deskriptiv begreifende linguistische Theorie tatsächlich jemals lediglich beschreibend. Verstehen wir unter „Deskription“[28] die beschreibende Präsentation eines Objekts in seiner sinnlich wahrnehmbaren Gestalt und Oberflächenform, dann ist schnell gezeigt, daß die angeblich „deskriptiven Ansätze“ bei der Formation ihrer theoretischen Grundlagen und bei der begrifflichen Erfassung ihres empirischen Untersuchungsgegenstands weit mehr tun, als nur zu beschreiben: Ohne Explikation und Argumentation ist keine Wissenschaft möglich.
- Drittens ist das Geschäft der wissenschaftlichen Beschreibung selbst als kritisches Unterfangen zu begreifen. Zielt die Beschreibung auf die gegenstandsadäquate – das heißt ikonische – Darstellung, dann ist die Methode, um dieses Ziel zu erreichen, die des kritisch vergleichenden Prüfens der Ähnlichkeit zwi-

[28] Dies gilt etwa auch unter Berücksichtigung der Bedeutung des Wortes in der Textlinguistik, in der die Deskription als eines von fünf „Vertextungsmustern“ neben die Narration, Argumentation, Explikation und Instruktion gestellt wird.

schen Repräsentamen und Repräsentiertem. Auch der Beschreibung liegt also eine kritische Norm zugrunde, nämlich diejenige der Präzision.

Eben diese Genauigkeit, so der von deskriptivistischer Seite immer wieder erhobene Vorwurf, lasse die Kritische Diskursforschung in ihren Diskursanalysen oft vermissen, weil sie vorschnell ins Politisieren abgleite und es daher versäume, dem empirischen Untersuchungsgegenstand analytisch gerecht zu werden. Diese Kritik ist meines Erachtens sehr ernst zu nehmen. Allerdings sollte sich auch die Gegenseite der DeskriptivistInnen der kritischen Implikationen und perspektivischen Gerichtetheit ihres niemals wertfreien wissenschaftlichen Tuns stärker bewußt werden – durchaus auch in Anlehnung an Kant (1988 [1787]: 62 ff.), der Kritik bekanntlich u. a. als Propädeutik im Sinne der reflexiven Untersuchung der Bedingungen der Möglichkeit von Erkenntnis verstand. Würde die Kritik der jeweiligen Gegenseite konstruktiv verarbeitet, würde sich die Opposition von Deskription und Kritik als noch weniger strikt erweisen, als sie es bei genauerem Hinsehen eigentlich jetzt schon ist.

Was die poststrukturalistische Kritik an der in der Kritischen Diskursforschung häufig praktizierten Ideologiekritik angeht, so erscheinen mir zumindest drei Punkte sehr bedenkenswert:

- Das *epistemologische Problem der Wahrheit:* Da Wahrheit keine simple Frage von Objektivität im Sinne der größtmöglichen ikonischen Repräsentation ist, sondern sehr stark auch eine Frage der Definitionsmacht, wird die Kritik der Ideologie als „falsches Bewußtsein“ zweifelhaft, beansprucht sie doch einen privilegierten Zugang zur Wahrheit.
- Eng verknüpft mit diesem Einwurf ist die *Zurückweisung von simplifizierenden Modellen der Manipulation.* Zumindest mit drei Schwierigkeiten müssen sich AnalytikerInnen der ideologischen Manipulation konfrontieren: (a) Welche Gründe können DiskursanalytikerInnen für ihren Geltungsanspruch der Wahrheit anführen, der im Vorwurf der Manipulation steckt? (b) Gibt es klare Evidenz für eine Manipulationsabsicht, die ja eine notwendige Voraussetzung für die Erfüllung des Tatbestands der Manipulation ist? (c) Wie läßt sich empirisch nachweisen, daß ein manipulativer Effekt vorliegt, vor allem dann, wenn keine Rezeptionsforschung betrieben wird?
- *Ablehnung eines simplifizierten und ausschließlich negativen Konzepts von „Macht“:* Macht ist nicht immer nur eine negative und repressive soziale Relation und „Kraft“, sondern – wie Foucault betonte – auch ein positives und produktives soziales Moment.

Werden diese drei wichtigen Einwände berücksichtigt, kann Ideologiekritik aus meiner Sicht auch heute zu den Kernanliegen Kritischer Diskursforschung gehören.

3.4 Forschungspraxis

Der hier vorgestellte diskursanalytische Forschungs- und Lehrzusammenhang ist – wie schon dargelegt – nicht als „Schule“ im strengen Sinn anzusehen. Der Ansatz verfügt trotz der vielen Überlieferungen und theoretischen sowie methodischen Kontinuitäten über keinen strikt kanonisierten diskursanalytischen Wissensbestand und über keine rigorose Organisation der Wissensweitergabe in hierarchischen Lehr- und Lernkontexten, welche die Offenheit kritischer Wissenschaft gefährden würde. Und auch die folgende Gliederung möglicher forschungspraktischer Analyseschritte, die im Rahmen empirischer Diskursanalysen gesetzt werden, stellt keine strikte sequentielle Vorgabe dar, sondern ist vielmehr eine heuristische Vereinfachung, welche den Forschungsprozeß in seiner Kreativität und Freiheit nicht beschneiden soll – sind doch beispielsweise die hier skizzierten acht Schritte über Rekursionsmöglichkeiten verschiedenster Art miteinander vermittelbar (siehe genauer Reisigl 2008: 100–117; Reisigl/Wodak 2009: 96–119):

1. *Aktivierung des theoretischen Vorverständnisses* zu einer bestimmten Problemstellung, Literaturrecherche, Formulierung einer allgemeinen Fragestellung auf der Grundlage der Sichtung von relevanter Literatur;
2. *Triangulatorische Datenerhebung (einschließlich Datengenerierung durch Interviews, Fokusgruppendiskussionen etc.) und Sammlung von Kontextinformationen:* Quellenrecherche, Archivsuche, Ton- und/oder Videoaufnahme etc.;
3. *Materialaufbereitung:* Sichtung der erhobenen bzw. gesammelten Daten und – wo bei mündlichen bzw. körpersprachlichen Daten für nötig befunden – Verschriftung (Transkription) in einer von der Fragestellung abhängigen Genauigkeit;
4. *Einengung des Themas und Hypothesenformulierung auf der Grundlage der Aufbereitung der Daten;*
5. *Qualitative Pilotanalyse* zum Zweck der weiteren begrifflichen „Operationalisierung“ und Erarbeitung spezifischer Analysekategorien: Kontextanalyse, Makroanalyse (Struktur- und Musteranalyse), Mikroanalyse (Oberflächen- u. Tiefenanalyse);

6. *Detaillierte qualitative und gegebenenfalls quantitative Analysen* einschließlich der Interpretation der Ergebnisse durch den Rückbezug auf den sozialen, politischen und historischen Kontext (vgl. dazu die unten anschließenden Ausführungen);
7. *Sorgfältige Formulierung der Kritik:* Erarbeitung von Verbesserungsvorschlägen;
8. *Gesellschaftliche Verwertung der Forschungsergebnisse:* Publikation von Empfehlungen, Schulungen (Fortbildungskurse, Seminare), Ausstellungen etc.

Der erwähnte sechste forschungspraktische Schritt, also die Umsetzung detaillierter qualitativer und zum Teil auch quantitativer Analysen, läßt sich idealtypisch folgendermaßen systematisieren:

a. *Makroanalyse* (sie verschränkt sich an mehreren Punkten mit der Kontextanalyse):
   i. Bestimmung von Diskurskonturen und Segmentierung des Diskurses in Phasen,
   ii. Klärung des Verhältnisses des Diskurses zu den sozialen Handlungsfeldern, in denen er situiert ist, sowie zu den semiotischen Typen (Textarten und Kommunikationstypen bzw. Genres), auf die im Diskurs zurückgegriffen wird,
   iii. Klärung des Verhältnisses des Diskurses zu anderen Diskursen,
   iv. Bestimmung sprachlicher Handlungsmuster bzw. funktionaler Textabschnitte, Analyse von Mustern der Argumentation, Explikation, Deskription, Narration, Instruktion etc.,
   v. Analyse von rhetorischen Mustern, z. B. der im Diskurs musterhaft auftretenden Tropen wie Metaphern, Metonymien und Synekdochen,
   vi. Wortfrequenzanalysen,
   vii. semantische Isotopieanalysen etc.
b. *Mikroanalyse:* Viele der in der Makroanalyse verwendeten Untersuchungskategorien liefert die Mikroanalyse. Die Mikroanalyse hängt in besonderem Maße vom je spezifischen (z. B. linguistischen) Spezialwissen und wissenschaftlichen Abduktionsvermögen der Analysierenden ab. Wer in diesem Bereich einen ein für allemal feststehenden analytischen Werkzeugkasten erwartet, muß enttäuscht werden. Einige ausgewählte Analysekategorien, die auch für die Makroanalyse relevant sind, lassen sich nach dem folgenden Fragekatalog systematisieren:
   i. Wie werden soziale AkteurInnen – Individuen und Gruppen – benannt bzw. sprachlich konstruiert? (Nomination)

ii. Welche (positiven oder negativen) Eigenschaften werden den im Diskurs positionierten sozialen AkteurInnen zugeschrieben? (Prädikation)
iii. Welche Handlungen werden mit den sozialen AkteurInnen sprachlich bzw. anderweitig semiotisch verbunden, welche Prozesse sprachlich bzw. anderweitig semiotisch dargestellt? (Handlungs- und Prozeßcharakterisierung)
iv. Mittels welcher Argumente werden im Diskurs vorgebrachte Thesen (die z. B. Prädikationen beinhalten) begründet oder in Frage gestellt? (Argumentation)
v. Welchen Standpunkt nimmt ein/e RednerIn oder SchreiberIn in bezug auf die von ihr oder ihm dargestellten, erzählten, berichteten oder zitierten Ereignisse, Äußerungen bzw. Benennungen, Prädikationen, Handlungs- bzw. Prozeßcharakterisierungen und Argumentationen ein? (Perspektivierung)
vi. Kommen die sprachlichen Darstellungen (z. B. Benennungen, Prädikationen, Argumentationen) abgeschwächt oder verstärkt zur Sprache? (Abschwächung vs. Verstärkung)

c. *Kontextanalyse:* Verknüpfung der detaillierten Ergebnisse mit dem sprachlichen sozialen, politischen, historischen Kontext; dies umfaßt die Analyse
i. des unmittelbaren sprachlichen „Kotexts“ (des textinternen sprachlichen Kontexts) bzw. „Kodiskurses“ (Vor- und Nachdiskurses),
ii. des intertextuellen und interdiskursiven Zusammenhangs,
iii. soziologischer Größen und institutioneller Äußerungsbedingungen und
iv. des soziopolitischen und historischen Kontexts.

4 Schlußbemerkung

Wie die meisten anderen Spielarten der Kritischen Diskursanalyse auch sieht sich die Wiener Diskursanalyse seit einigen Jahren mit der Frage konfrontiert, ob die zunehmende Etablierung und damit einhergehende Institutionalisierung diskurskritischer Anliegen und Praktiken den kritischen Charakter verändert, abschwächt oder vielleicht gar unterwandert (Billig 2003). Darüber zu reflektieren, wie das sozialkritische Potential von Diskursanalyse erhalten werden kann, obwohl Kritische Diskursforschung – vor allem im englischsprachigen Raum – bereits in den Sog des linguistischen und sozialwissenschaftlichen Mainstreams geraten ist, wird zu einer immer wichtigeren Aufgabe, die vor allem die nachfolgenden Generationen diskursanalytischer ForscherInnen fordert.

Eine wichtige weitere Herausforderung, nicht nur für den Wiener Ansatz, sondern auch für viele andere Varianten der Kritischen Diskursanalyse, sehe ich zudem darin, die jeweiligen innerlinguistischen und interdisziplinären Anschlußfähigkeiten eingehender zu prüfen. Das bedeutet etwa, die unterschiedlichen theoretischen Hintergründe sowie disziplinären Anleihen und – damit zusammenhängend – etwaige Schwierigkeiten des eklektischen Vorgehens, das zuweilen zu Inkonsistenzen und Widersprüchen führen kann, künftig noch stärker zu reflektieren.

Die größte Herausforderung schließlich liegt meines Erachtens im Versuch einer schlüssigen Vermittlung zwischen sozialwissenschaftlicher bzw. philosophischer und linguistischer Diskursforschung – eine Vermittlung, die einen konstruktiven Dialog mit anderen diskursanalytischen Ansätzen und Diskurstheorien voraussetzt. Diese Vermittlungsarbeit sollte sich in linguistischer Hinsicht nicht lediglich mit dem Rekurs auf sprachwissenschaftliches Schulwissen begnügen, das den aktuellen Stand der innerlinguistischen Forschung in der Regel nicht zu berücksichtigen vermag. Vielmehr muß sie sich angesichts der stetig in Veränderung begriffenen Kommunikationsbedingungen und Kommunikationsverhältnisse um eine differenzierte soziosemiotische Erschließung ihres Untersuchungsgegenstands bemühen. Ziel dieser dringend anstehenden Vermittlungsarbeit wäre es, die wechselseitigen Mißverständnisse und Fehlrezeptionen unaufgeregt aufzuklären und den VertreterInnen einer „rein" sozialwissenschaftlichen Diskursanalyse verständlich zu machen, daß die grundlegende Berücksichtigung der linguistischen Dimension für eine sozialwissenschaftliche Diskursanalyse einen weit größeren Gewinn verspricht, als sie derzeit glaubt. Außerdem wäre ein Bewußtsein für das forschungspraktische Problem zu schaffen, daß interdisziplinäre Teamarbeit häufig zu einem Verzicht auf disziplinäres Spezialwissen führt, das in Diskursanalysen durchaus zu wichtigen Ergebnissen führen könnte, die so aber oft der leichteren Verständigung innerhalb der Forschungsgruppe geopfert werden. Schon in den 50er Jahren des letzten Jahrhunderts metaphorisierte Adorno dieses Problem sehr treffend als „bottleneck effect" (Adorno 1995a [1957]: 497). Langfristiger Fluchtpunkt, auf den eine derartige Vermittlungsarbeit zulaufen könnte, wäre eine neue Art integrativer interdisziplinärer Diskursforschung, die arbiträre Theorienklitterung und additives Patchwork möglichst hinter sich läßt und philosophisch bzw. diskurstheoretisch sowie linguistisch konsistenter begründet in Erscheinung tritt, als es zur Zeit noch der Fall ist.

Literatur

Adorno, T.W. (1963): Eingriffe. Neun kritische Modelle. Frankfurt a.M.: Suhrkamp

Adorno, T.W. (1995a): Teamwork in der Sozialforschung. In: Adorno (1995b): 494–499 [1957]

Adorno, T. W. (1995b): Soziologische Schriften 1. Frankfurt a. M.: Suhrkamp [1957]
Assmann, A./Assmann, J./Hardmeier, C. (Hrsg.) (1983): Schrift und Gedächtnis. Beiträge zur Archäologie der literarischen Kommunikation. München: Fink
Billig, M. (2003): Critical Discourse Analysis and the Rhetoric of Critique. In: Weiss/Wodak (Hrsg.) (2003): 35–46
Bischof, G./Pelinka, A./Wodak, R. (Hrsg.) (2001): Neutrality in Austria. Contemporary Austrian Studies. Bd. 9. New Brunswick/London: Transaction Publishers
Bourdieu, P. (1991): Sozialer Raum und „Klassen". Leçon sur la leçon. Zwei Vorlesungen. 2. Aufl. Frankfurt a. M.: Suhrkamp
Burkhardt, A. (1996): Politolinguistik. Versuch einer Ortsbestimmung. In: Klein/Diekmannshenke (Hrsg.) (1996): 75–100
Bredehöft, S. (1994): Diskurse über Arbeitslosigkeit. Gesprächsanalyse als Handlungsforschung. Wiesbaden: Deutscher Universitätsverlag
Busse, D. (2000): Historische Diskurssemantik. Ein linguistischer Beitrag zur Analyse gesellschaftlichen Wissens. In: Sprache und Literatur in Wissenschaft und Unterricht 31 (86): 37–52
De Cillia, R./Wodak, R. (Hrsg.) (2009): Gedenken im „Gedankenjahr". Zur diskursiven Konstruktion österreichischer Identitäten im Jubiläumsjahr. Innsbruck: Studienverlag
De Cillia, R./Gruber, H./Krzyżanowski, M./Menz, F. (Hrsg.) (2010): Diskurs, Politik, Identität./Discourse, Politics, Identity. Festschrift für Ruth Wodak. Tübingen: Stauffenburg
Delanty, G./Wodak, R./Jones, P. (Hrsg.) (2008): Identity, Belonging and Migration. Liverpool: Liverpool University Press
Dressler, W. U. (2004): Textlinguistik mit und ohne Kontext. Text versus Diskurs. In: Panagl/Wodak (Hrsg.) (2004): 11–22
Ehlich, K. (1982): ‚Qualitativ' oder ‚quantitativ'? Bemerkungen zur Methodologiediskussion in der Diskursanalyse." In: Köhle/Raspe (Hrsg.) (1982): 298–312
Ehlich, K. (1983): Text und sprachliches Handeln. Die Entstehung von Texten aus dem Bedürfnis nach Überlieferung. In: Assmann/Assmann/Hardmeier (Hrsg.) (1983): 24–43
Fairclough, N. (1985): Critical and descriptive goals in discourse analysis. In: Journal of Pragmatics 9 (1985): 739–763
Fairclough, N. (1995): Critical Discourse Analysis. The critical study of language. London/New York: Longman
Fairclough, N./Wodak, R. (1997): Critical discourse analysis. In: Van Dijk (Hrsg.) (1997): 258–284
Fairclough, N. (2000): New Labour, New Language? London, New York: Routledge
Fairclough, N./Fairclough, I. (2010): Argumentation Analysis in CDA: Analyzing Practical Reasoning in Political Discourse. In: De Cillia et al. (Hrsg.) (2010): 59–70
Foucault, M. (1991): Die Ordnung des Diskurses. Frankfurt a. M.: Fischer
Foucault, M. (1992a): Archäologie des Wissens. 5. Aufl. Frankfurt a. M.: Suhrkamp
Foucault, M. (1992b): Was ist Kritik? Berlin. Merve
Foucault, M. (2004): L'archéologie du savoir. Paris: Gallimard
Forchtner, B. (2010): Jürgen Habermas and the critical study of language. In: CADAAD – Critical Approaches to Discourse Analysis across Disciplines 4 (1): 18–37

Forchtner, B. (2011): Critique, the discourse-historical approach and the Frankfurt School. In: Critical Discourse Studies. 8 (1): 1–14

Galasinska, A./Krzyżanowski, M. (Hrsg.) (2008): Discourse and Transformation in Central and Eastern Europe. Basingstoke: Palgrave Macmillan

Girnth, H. (1996): Texte im politischen Diskurs. Ein Vorschlag zur diskursorientierten Beschreibung von Textsorten. In: Muttersprache 1996 (1): 66–80

Girnth, H. (2002): Sprache und Sprachverwendung in der Politik. Eine Einführung in die linguistische Analyse öffentlich-politischer Kommunikation. Tübingen: Niemeyer

Gloy, K. (1998): Ethik-Diskurse. Praktiken öffentlicher Konfliktaustragung. Skizze eines Forschungsvorhabens. Oldenburg: Universität Oldenburg

Göpferich, S./Engberg, J. (Hrsg.) (2004): Qualität fachsprachlicher Kommunikation. Tübingen: Narr

Graefen G. (1997): Der Wissenschaftliche Artikel – Textart und Textorganisation. Frankfurt a. M. et al.: Lang

Gruber, H. (1991): Antisemitismus im Mediendiskurs. Die Affäre „Waldheim" in der Tagespresse Wiesbaden/Opladen: Deutscher Universitätsverlag/Westdeutscher Verlag

Gruber, H./Rheindorf, M./Wetschanow, K./Reisigl, M./Muntigl, P./Czinglar, C. (2006): Genre, Habitus und wissenschaftliches Schreiben. Eine empirische Untersuchung studentischer Texte. Münster et al.: LIT Verlag

Gruber, H./Doleschal U. (Hrsg.) (2007): Academic Writing in Languages other than English/ Wissenschaftliches Schreiben abseits des englischen ‚Mainstreams'. Frankfurt a. M. et al.: Lang

Gruber, H./Huemer, B./Rheindorf, M. (2009): Wissenschaftliches Schreiben. Ein Praxisbuch für Studierende. Wien: Böhlau (UTB)

Harris, Z. S. (1952): Discourse analysis. In: Language 28 (1): 1–30.

Heer, H./Manoschek, W./Pollak, A./Wodak, R. (Hrsg.) (2003): Wie Geschichte gemacht wird. Zur Konstruktion von Erinnerungen an Wehrmacht und Zweiten Weltkrieg. Wien: Czernin Verlag

Hülmbauer, C./Vetter, E./Böhringer, H. (Hrsg.) (2010): Mehrsprachigkeit aus der Perspektive zweier EU-Projekte. DYLAN meets LINEE. Frankfurt a. M. et al.: Lang

Jäger, S./Halm, D. (Hrsg.) (2007): Mediale Barrieren. Rassismus als Integrationshindernis. Münster. Unrast

Januschek, F. (1986): Arbeit an Sprache. Konzept für die Empirie einer politischen Sprachwissenschaft, Opladen: Westdeutscher Verlag

Januschek, F. (1992): Rechtspopulismus und NS-Anspielungen am Beispiel des österreichischen Politikers Jörg Haider. Duisburg: DISS

Januschek, F. (2007): Warum sprachwissenschaftliche Analyse unverzichtbar ist. Diskursbegriff und Zielsetzungen des Oldenburger Ansatzes der KDA. In: DISS-Journal. Zeitung des Duisburger Instituts für Sprach- und Sozialforschung (DISS) 16: 15–18

Kant, I. (1988 [1787]): Kritik der reinen Vernunft. Band 1. Werkausgabe Band III. Herausgegeben von Wilhelm Weischedel. Frankfurt a. M.: Suhrkamp.

Kargl, M./Wetschanow, K./Wodak, R./Perle, N. (1997): Kreatives Formulieren. Anleitungen zu geschlechtergerechtem Sprachgebrauch. Wien: Bundesministerium für Frauenangelegenheiten und Verbraucherschutz

Keller, R. (2005): Wissenssoziologische Diskursanalyse. Grundlegung eines Forschungsprogramms. Wiesbaden: VS Verlag für Sozialwissenschaften

Keller, R., Hirseland, A., Schneider, W., Willy, V. (2001a): Zur Aktualität sozialwissenschaftlicher Diskursanalyse – Eine Einführung. In: Keller, R. et al. (Hrsg.) (2001b): 7–27 [als überarbeitete Einleitung im vorliegenden Band]

Keller, R./Hirseland, A./Schneider, W./Willy, V. (Hrsg.) (2001b): Handbuch Sozialwissenschaftliche Diskursanalyse. Bd. 1: Theorien und Methoden. Opladen: Leske + Budrich [= erste Auflage des vorliegenden Bandes]

Kerchner, B./Schneider, S. (Hrsg.) (2006): Foucault: Diskursanalyse der Politik. Eine Einführung. Wiesbaden: VS Verlag für Sozialwissenschaften

Kienpointner, M. (1992): Alltagslogik. Struktur und Funktion von Argumentationsmustern. Stuttgart: frommann-holzboog

Kienpointner, M. (1996): Vernünftig argumentieren. Regeln und Techniken der Argumentation. Reinbek bei Hamburg: Rowohlt

Klein, J./Diekmannshenke, H. (Hrsg.) (1996): Sprachstrategien und Dialogblockaden. Linguistische und politikwissenschaftliche Studien zur politischen Kommunikation. Berlin/New York: de Gruyter

Kopperschmidt, J. (1989): Methodik der Argumentationsanalyse. Stuttgart: frommann-holzboog

Kopperschmidt, J. (2000): Argumentationstheorie zur Einführung. Hamburg. Junius

Kovács, A./Wodak, R. (Hrsg.) (2003): Nato, Neutrality and National Identity: The case of Austria and Hungary. Wien: Böhlau

Ködel, C. (2007): Anti-integrative Integrationsdiskurse in der deutschen Presse am Beispiel der Debatte um den Mord an Theo van Gogh. In: Jäger, S./Halm, D. (Hrsg.) (2007): 147–172

Köhle, K./Raspe, H.-H. (Hrsg.) (1982): Das Gespräch während der ärztlichen Visite. Empirische Untersuchungen. München/Wien/Baltimore: Urban & Schwarzenberg

Kryżanowski, M. (2010): The discursive construction of European identities. A Multi-Level Approach to Discourse and Identity in the Transforming European Union. Frankfurt a. M. et al.: Lang

Krzyżanowski, M./Oberhuber, F. (2007): (Un) Doing Europe. Discourses and Practices of Negotiating the EU Constitution. Brussels et al.: P. I. E.-Peter Lang

Krzyżanowski, M./Wodak, R. (2008): The Politics of Exclusion. Debating Migration in Austria. New Brunswick/NJ: Transaction Publishers

Krzyżanowski, M./Wodak, R. (2010): Hegemonic multilingualism in/of the EU institutions: An inside-outside perspective on European Language Policies and Practices. In: Hülmbauer/Vetter/Böhringer (Hrsg.) (2010): 115–133

Lalouschek, J. (1995): Ärztliche Gesprächsausbildung. Eine diskursanalytische Studie zu Formen des ärztlichen Gesprächs. Opladen: Westdeutscher Verlag

Lalouschek, J./Menz, F./Wodak, R. (1990): „Alltag in der Ambulanz". Gespräche zwischen Ärzten, Schwestern und Patienten. Tübingen: Narr

Lazar, M. M. (2005): Feminist Critical Discourse Analysis. Gender, power and ideology in discourse. Basingstoke: Palgrave Macmillan

Leodolter [= Wodak], R. (1975): Das Sprachverhalten von Angeklagten bei Gericht. Ansätze zu einer soziolinguistischen Theorie der Verbalisierung. Kronberg/Ts.: Scriptor Verlag

Lutz, B./Wodak, R. (1987): Information für Informierte. Linguistische Studien zu Verständlichkeit und Verstehen von Hörfunknachrichten. Wien: Verlag der Österreichischen Akademie der Wissenschaften

Matouschek, B./Wodak, R. (1995): Diskurssoziolinguistik. Theorien, Methoden und Fallanalysen der diskurshistorischen Methode am Beispiel von Ausgrenzungsdiskursen. In: Wiener Linguistische Gazette 1995 (55-56): 34–71

Matouschek, B./Wodak, R./Januschek, F. (1995): Notwendige Maßnahmen gegen Fremde? Genese und Formen von rassistischen Diskursen der Differenz. Wien: Passagen Verlag

Menz, F. (1987): „Und Bäume weinen nicht". Überlegungen zu ideologischem Sprachgebrauch in den Medien. In: Grazer Linguistische Studien 1987 (28): 49–65

Menz, F. (1991a): Der „Historikerbericht" und das Gedenkjahr 1988. Zwischenbericht einer sozio- und textlinguistischen Studie zu Österreichs Diskurs über seine Vergangenheit. In: Wiener Linguistische Gazette, Beiheft 9

Menz, F. (1991b): Der geheime Dialog. Institutionalisierte Verschleierungen in der Arzt-Patient-Kommunikation. Bern: Peter Lang

Menz, F./Lalouschek, J./Sator, M./Wetschanow, K. (2010): Sprechen über Schmerzen. Linguistische, kulturelle und semiotische Analysen. Essen/Duisburg: Universitätsverlag Rhein-Ruhr

Muntigl, P./Weiss, G./Wodak, R. (2000): European Union discourses on un/employment: an interdisciplinary approach to employment policy-making and organizational change. Amsterdam et al.: Benjamins

Oberhuber, F./Bärenreuter, C./Kryżanowski, M./Schönbauer, H./Wodak, R. (2005): Debating the European Constitution. On representations of Europe/the EU in the press. In: Journal of Language and Politics 4 (2): 227–271

Panagl, O./Wodak, R. (Hrsg.) (2004): Text und Kontext. Theoriemodelle und methodische Verfahren im transdisziplinären Vergleich. Würzburg: Königshausen & Neumann

Peirce, Ch. S. (1993): Phänomen und Logik der Zeichen. Frankfurt am Main: Suhrkamp.

Peirce, Ch. S. (2000): Semiotische Schriften. Band 2: 1903–1906. Herausgegeben von Christian J. W. Kloesel und Helmut Pape. Frankfurt a. M.: Suhrkamp.

Redder, A. (Hrsg.) (2007): Diskurse und Texte. Festschrift für Konrad Ehlich zum 65. Geburtstag. Tübingen: Stauffenburg

Reisigl, M. (2004): Argumentation und kausalitätsbezogene Explikation in studentischen Arbeiten – Eine Fallstudie. In: Göpferich/Engberg (Hrsg.) (2004): 151–175

Reisigl, M. (2006a): Sprachkritische Beobachtungen zu Foucaults Diskursanalyse. In: Kerchner/Schneider (Hrsg.) (2006): 85–103

Reisigl, M. (2006b): Argumentation und kausalitätsbezogene Explikation. In: Gruber et al. (2006): 175–204

Reisigl, M. (2007a). Projektbericht: Der Wiener Ansatz der Kritischen Diskursanalyse. In: Forum Qualitative Sozialforschung/Forum: Qualitative Social Research 8 (2). Abzurufen unter http://www.qualitative-research.net/fqs-texte/2-07/07-2-P7-d.htm

Reisigl, M. (2007b): Nationale Rhetorik in Fest- und Gedenkreden. Eine diskursanalytische Studie zum „österreichischen Millennium“ in den Jahren 1946 und 1996. Tübingen: Stauffenburg

Reisigl, M. (2007c): Zum innerlinguistischen Status der Diskursanalyse. In: Redder (Hrsg.) (2007): 71–80

Reisigl, Martin (2007d): Probleme des Argumentierens in Seminararbeiten – Eine schreibdidaktische Herausforderung. In: Gruber/Doleschal (Hrsg.) (2007): 253–284

Reisigl, M. (2008): Analyzing political rhetoric. In: Wodak/Krzyżanowski (Hrsg.) (2008): 96–120

Reisigl, M. (2009): Zur Medienforschung der Kritischen Diskursanalyse. In: Navigationen. Zeitschrift für Medien- und Kulturwissenschaften 9 (2): 43–78 (= In: Habscheid, S., Nett, B. (Hrsg.): Schnitte durch das Hier und Jetzt. Qualitative Methoden medienwissenschaftlicher Gegenwartsforschung)

Reisigl, M. (2011, im Druck): Schwierige Verständigung. Interkulturelle Gespräche auf der Kopfschmerzambulanz. In: Holzer, Peter, Kienpointner, Manfred, Pröll, Julia, Ratheiser, Ulla (Hrsg.): An den Grenzen der Sprache. Kommunikation von Un-Sagbarem im Kulturkontakt. Innsbruck: Innsbruck University Press.

Reisigl, M. (in Vorbereitung): Wie man eine Nation herbeiredet. Ein diskursanalytischer Ansatz zum Studium nationsbezogener Fest- und Gedenkreden. Frankfurt am Main et al.: Lang

Reisigl, M./Wodak, R. (2001): Discourse and Discrimination. Rhetorics of Racism and Antisemitism. London et al.: Routledge

Reisigl, M./Wodak, R. (2009): The discourse-historical approach. In: Wodak/Meyer (Hrsg.) (2009): 87–121

Rheindorf, M. (2007): Die Sprachen, die Filme sprechen: Die Geschichte der deutschsprachigen Filmtheorie als Diskursgeschichte. In: Zeitschrift für Kulturwissenschaften 2007 (2): 11–24 [= Filmwissenschaft als Kulturwissenschaft. Herausgegeben von S. Mattl, E. Timm, B. Wagner.]

Rheindorf, M. (in Vorbereitung): The languages that films speak. Discourse-historical perspectives on film theory: Dis/continuities and contexts. Wien: LIT-Verlag

Toulmin, S. (1996): Der Gebrauch von Argumenten. Weinheim: Beltz Athenäum Verlag

Titscher, S.,/Wodak, R./Meyer, M./Vetter, E. (1998): Methoden der Textanalyse. Opladen: Westdeutscher Verlag

Triandafyllidou, A./Wodak, R./Kryżanowski, M. (Hrsg.) (2009): The European public sphere and the media. Europe in crisis. New York: Palgrave

Van Dijk, T.A. (Hrsg.) (1997): Discourse as Social Interaction. Discourse Studies. A Multidisciplinary Introduction. Bd. 2. London: Sage

Van Dijk, T.A. (2001): Multidisciplinary CDA: a plea for diversity. In: Wodak/Meyer (Hrsg.) (2001): 95–120

Van Dijk, T.A. (Hrsg.) (2007): Discourse Studies. Volume 5. Los Angeles et al.: Sage

Van Dijk, T. A. (2008): Context and Discourse. A Sociocognitive Approach. Cambridge: Cambridge University Press

Van Eemeren, F. H./Grootendorst, R. (1992): Argumentation, Communication, and Fallacies. A Pragma-Dialectical Perspective. Hillsdale/New Jersey: Laurence Erlbaum Associates

Van Eemeren, F. H./Grootendorst, R. (Hrsg.) (1994): Studies in Pragma-Dialectics. Amsterdam: International Centre for the Study of Argumentation (Sic Sat)

Van Eemeren, F. H./Grootendorst, R./Snoeck Henkemans, A. F. (1996): Fundamentals of Argumentation Theory. A Handbook of Historical Backgrounds and Contemporary Developments. Mahwah, New Jersey: Laurence Erlbaum Associates

Van Eemeren, F. H./Houtlosser, P. (2007 [2002]): Strategic manoeuvring. Maintaining a delicate balance. Van Dijk, Teun A. (Hrsg.) (2007): 238–267.

Van Leeuwen, T. (2005): Introducing Social Semiotics. London/New York: Routledge

Van Leeuwen, T./Wodak, R. (1999): Legitimizing immigration control. A discourse-historical analysis. In: Discourse Studies 1 (1): 77–122

Walzer, M. (1990): Kritik und Gemeinsinn. Drei Wege der Gesellschaftskritik. Berlin: Rotbuch [engl. 1987]

Weiss, G./Wodak, R. (Hrsg.) (2003). Critical Discourse Analysis. Theory and Interdisciplinarity. Houndhills et al.: Palgrave Macmillan

Wenderoth, A. (1999): Arbeit an Moral. Prozesse der kommunikativen Konstruktion und Aushandlung von Moral am Beispiel von Talkshows und ihren Zuschauerbriefen, Carl von Ossietzky Universität Oldenburg (Diss), http://katalog.bis.unioldenburg.de/publikationen/dissertation, 20.07.2009.

Wengeler, M. (2003): Topos und Diskurs. Tübingen: Niemeyer

Wittgenstein, L. (1989): Tractatus logico-philosophicus. Tagebücher 1914–1916. Philosophische Untersuchungen. Werkausgabe Band 1. Frankfurt a. M.: Suhrkamp

Wodak, R. (1981): Das Wort in der Gruppe. Linguistische Studien zur therapeutischen Kommunikation. Wien: Verlag der Österreichischen Akademie der Wissenschaften

Wodak, R. (1996): Disorders of discourse. London/New York: Longman

Wodak, R. (2009): The Discourse of Politics in Action. Politics as Usual. New York: Palgrave

Wodak, R./Menz, F./Benedikt, L./Gruber H. (1985): Die Sprache der „Mächtigen“ und „Ohnmächtigen“: Der Fall Hainburg. Eine sozio- und textlinguistische Analyse. Wien: Arbeitsgemeinschaft für staatsbürgerliche Erziehung und politische Bildung

Wodak, R./Feistritzer, G./Moosmüller, S./Doleschal, U. (1987): Sprachliche Gleichbehandlung von Frau und Mann. Wien: Bundesministerium für Arbeit und Soziales

Wodak, R./Pelikan, J./Nowak, P./Gruber, H./de Cillia, R./Mitten, R. (1990): „Wir sind alle unschuldige Täter!“ Diskurshistorische Studien zum Nachkriegsantisemitismus. Frankfurt a. M.: Suhrkamp

Wodak, R./Menz, F./Mitten, R./Stern, F. (1994): Die Sprachen der Vergangenheiten: öffentliches Gedenken in österreichischen und deutschen Medien. Frankfurt a. M.: Suhrkamp

Wodak, R./De Cillia, R./Reisigl, M./Liebhart, K./Hofstätter/K., Kargl, M. (1998): Zur diskursiven Konstruktion nationaler Identität. Frankfurt a. M.: Suhrkamp

Wodak, R./Menz, F./Lalouschek, J. (1989): Sprachbarrieren. Die Verständigungskrise der Gesellschaft. Wien: Edition Atelier

Wodak, R./Weiss, G. (2005): Analyzing European Union Discourses: Theories and applications. In: Wodak/Chilton (Hrsg.) (2005): 121–135

Wodak, R./Chilton, P. (Hrsg.) (2005): A New Agenda in (Critical) Discourse Analysis. Amsterdam: Benjamins

Wodak, R./Krzyżanowski, M. (Hrsg.) (2008): Qualitative Discourse Analysis in the Social Sciences. London et al.: Palgrave

Wodak, R./de Cillia, R./Reisigl, M./Liebhart, K(2009): The Discursive Construction of National Identity. 2. Aufl. Edinburgh: Edinburgh University Press [1999]

Wodak, R./Meyer, M. (Hrsg.) (2001): Methods of Critical Discourse Analysis. London/Thousand Oaks/New Delhi: Sage

Wodak, R./Meyer, M. (Hrsg.) (2009): Methods of Critical Discourse Analysis. 2. Aufl. London/ Thousand Oaks/New Delhi: Sage

Wodak, R./Van Dijk, T.A. (Hrsg.) (2000): Racism at the Top. Parliamentary Discourses on Ethnic Issues in Six European States. Klagenfurt-Celovec: Drava

Žagar, I. Ž. (2010): *Topoi* in Critical Discourse Analysis. In: Lodz Papers in Pragmatics 6/1/2010. S. 3–27. Abzurufen unter http://versita.metapress.com/content/w6745773511l3282/)

Multimodalität im Diskurs: Konzept und Methode einer multimodalen Diskursanalyse

Stefan Meier

1 Einleitung

Der vorliegende Beitrag bringt zwei in der aktuellen Sozialwissenschaft zwar oft thematisierte, jedoch noch selten methodologisch integrierte Forschungsbereiche zusammen: Diskurs und Bildlichkeit.[1] Mit diesem Vorhaben wird eine Forschungsrichtung vorgestellt, die sprachliche und nicht-sprachliche Kommunikation nicht getrennt, sondern in ihrer Korrespondenz betrachtet. Diskursive Praxis ist unter dieser Perspektive als eine regulierte und regulierende Zeichenverwendung zu verstehen, die alle Phänomene umfaßt, denen Bedeutung in Kommunikationsprozessen zugeschrieben wird. Eine daran ausgerichtete Diskursforschung untersucht somit nicht nur sprachliche Äußerungen als empirische Daten, sondern sie nimmt diese in ihrer medialen, musikalischen, architektonischen, räumlichen Modellierung und Kontextualisierung in den Blick (vgl. O'Halloran 2004). Printtexte

[1] Eine Ausnahme bilden die theoretisch-methodologischen Ausführungen im von Maasen/Mayerhauser/Renggli (2006) herausgegebenen Band „Bilder als Diskurse. Bilddiskurse". Die zusammenhängende Bearbeitung von Form und Diskurs hat bereits Foucault (2001) gefordert. Zur Epistemologie des Schauens hat er in seiner Interpretation des „Hoffräuleins" (Foucault 1995) sowie zur disziplinierenden Wirkung des Beobachtens als „Panoptismus" (1994b) eigene Beiträge vorgelegt. Eine zusammenfassende Darstellung zu „Foucault und die Malerei" ist bei Gelhard (2004) zu finden.

werden beispielsweise nicht nur inhaltlich analysiert, sondern auch hinsichtlich ihres Textdesigns (Typographie, Gliederungsstruktur etc.) sowie ihrer möglichen Korrespondenz mit Bildern und/oder anderen layouttechnisch kombinierten Elementen, die bedeutungsstiftend auf den Sprachtext einwirken.

Mag diese Forschungsperspektive vordergründig ‚im Trend' eines *pictorial* (Mitchell 1994) oder *iconic turn* (Böhm 1995) liegen, so nimmt sie hintergründig jedoch die Tatsache ernst, daß Kommunikation seit jeher nicht allein sprachlich, sondern immer mit Hilfe unterschiedlicher Zeichensysteme realisiert wird. Face-to-face-Gespräche führt man nicht nur auf der verbalen Ebene, sondern es tragen paraverbal Intonation und Stimmlage sowie nonverbal Mimik, Gestik, Blickkontakt, Körperhaltungen, Kleidung, Styling etc. zum Informationsaustausch und zur interpersonalen Beziehungsorganisation bei. Mitchell (1994) und Boehm (1995) haben in Abgrenzung zum *linguistic turn* (Rorty 1967) die bildliche Kommunikation nicht einfach dem Verbalsprachlichen übergeordnet. Vielmehr betonen sie die besondere Beschaffenheit der Bilder, die im Vergleich zur Sprache hinsichtlich eigener Funktionalitäten zu untersuchen seien. Die in diesem Beitrag behandelte sozialsemiotisch ausgerichtete multimodale Diskursanalyse knüpft an diese Forderungen an.

Auch vor der aktuellen Hinwendung zur Visualität wurden bereits methodologisch-methodische Ansätze zur visuellen Kommunikation verfolgt. Hier sind prominent die von Barthes (1990) vorgenommenen Übertragungen des strukturalistischen Zeichenbegriffs de Saussures' auf nonverbale Zeichensysteme wie Bild, Mode und Musik zu nennen sowie die sozialwissenschaftlichen Beiträge zu symbolischen Formen von Bourdieu (1974) und zur Werbung von Goffman (1981)[2]. Diskursanalytische Fragestellungen wurden bereits in der deutschsprachigen kritischen Diskursanalyse mit Blick auf (visuelle) Kollektivsymboliken verfolgt (vgl. Link 1982).

Aktuelle sozialwissenschaftliche Verfahren der Analyse von Bildlichkeit beziehen sich vor allem auf die kunstgeschichtliche Ikonographie nach Panofsky (1987) und die weiterentwickelte Ikonik von Imdahl (1995)[3] (vgl. Wulf/Zirfas

[2] Vor allem Goffmans Arbeiten zu Geschlecht in der Werbung hat hinsichtlich Konzeptionalisierung und Interpretation *sozialen Sinns* in bildlichen Darstellungen Maßstäbe gesetzt, die an Innovationskraft kaum verloren haben.

[3] Grund dafür ist u. a., daß Erwin Panofsky seine ikonographische Methode in inhaltlicher Anlehnung und im Austausch mit den Soziologen Karl Mannheim und Georg Simmel erarbeitet hat (vgl. Müller 2003: 206). Dabei fokussiert er drei Sinnebenen von Bildern: *Phänomensinn* impliziert Analysefragen wie ‚was ist zu sehen', ‚wie verteilt sich der Bildinhalt auf der Fläche' ‚welche visuellen Stilelemente lassen sich feststellen'; *Bedeutungssinn* wie ‚was kommt kommunikativ zum Ausdruck'; ‚welche Haltungen werden deutlich', ‚wie ist das Bild entstanden?'; *ikonologischer Sinn* wie ‚warum wurden die sichtbaren Bildobjekte gewählt', wie steht das Bild mit dem historischen und gesellschaftlichen Kontext im Zusammenhang', ‚welche Ideologien bzw. Hegemonien werden deutlich'.

2005) oder verfolgen bildhermeneutische Verfahren (vgl. Peez 2006, Raab 2008, Bohnsack 2008)[4]. Der Nutzen dieser Methoden liegt in deren Handreichung, visuelle Artefakte als Phänomene sozialer Sinnkonstruktion zu operationalisieren. Auch bildanalytische Verfahren der qualitativen (vgl. Bickelhaupt 2008) sowie quantitativen Inhaltanalyse (vgl. Bell 2001) in kultur- (Assmann/Assmann 1994), geschichts- (Burke 2003), politik- (Hofmann/Lesske 2005) und kommunikationswissenschaftlichen (Knieper 2005) Ansätzen fokussieren visuelle Gegenstandsbereiche.

Bis auf das Konzept der Kollektivsymbolik verfolgen die genannten Perspektiven nicht explizit diskursanalytische Fragestellungen. Auch stehen die bedeutungsstiftenden Korrespondenzen von verschiedenen Zeichenmodalitäten wie Sprache und Bild weniger im Mittelpunkt.[5] Die Ansätze thematisieren Bilder hinsichtlich ihrer inhaltlichen Beschaffenheit und ihrer medialen, sozialen und situativen Kontextualisierung. Ergänzend liefert die multimodale Diskursanalyse ein begriffliches und methodisches Instrumentarium, um die stilistische Gestaltung der verwendeten Kommunikationsmittel im Diskurszusammenhang analysieren zu können. Sie bietet die Möglichkeit, das im Akt der Bedeutungszuschreibung realisierte Zusammenwirken unterschiedlicher Zeichentypen sowie ihre bedeutungsstiftende Auswahl, Formung und Verknüpfung systematisch zu erfassen. Dies beruht auf zeichentheoretischen Reflexionen über mögliche Bedeutungspotentiale unterschiedlicher Zeichensysteme und deren medienbedingten Einsatz, woraus Analysekategorien abgeleitet werden.

Die Konversations- bzw. Gattungsanalyse behandelt ebenfalls das Zusammenwirken unterschiedlicher Zeichensysteme wie verbal- und körpersprachliche Signale bei der interpersonalen Kommunikation (vgl. Bergmann 1994; Schmitt 2007) sowie Bild und Ton als mediale Inszenierungen bei der Analyse von Medienbotschaften (vgl. Keppler 2006). Dabei beschränkt sich diese Methodologie hauptsächlich auf die Analyse interpersonaler Kommunikation (Mikro-Ebene). Die Makro-Ebene gesellschaftlicher Kommunikation, die eine Diskursanalyse in der Tradition Foucaults im Blick hat, ist dabei weniger thematisiert. Zudem wird eine schriftliche Transkribierung auch von visuellen Anteilen der Kommunikation favorisiert (vgl. ebd.: 310), so daß die Konversationsanalyse eher auf die Inhalte

[4] Vgl. insbesondere für die wissenssoziologische Analyse visueller Kommunikation Raab (2008), für die Analyse visuell habitualisierter Wissensordnungen Michel (2006), für die dokumentarische Methode Bohnsack (2006).

[5] Ausnahmen bieten die Sammelbände von Hartmann/Haubl (1995) zu Kultur und Werbung, von Fiebertshäuser/von Felden/Schäffler (2006) zur Analyse von Bild und Text in den Erziehungswissenschaften und von Knoblauch/Schnettler (2007) zur Funktion von PowerPoint-gestützten Vorträgen. Allerdings verfolgen die Beiträge keine diskursanalytischen Fragestellungen und untersuchen die genauen Bezugnahmen zwischen Sprache und Bild als verschiedene Zeichensysteme nur in Ansätzen.

der bildlichen Kommunikation fokussiert ist und kommunikative Stilelemente von Bildlichkeit so in den Hintergrund geraten können.

Eine sozialsemiotisch motivierte multimodale Diskursanalyse ist insbesondere auf die Korrespondenz unterschiedlicher Zeichentypen und deren stilistische Gestaltung im diskursiven Kontext fokussiert, die sie als *Multimodalität* konzeptualisiert.

2 Multimodale Kommunikation als diskursive Praxis

Diskursive Praxis wird in diesem Sinne als regulierende und regulierte multimodale Zeichenverwendung verstanden. Nach Keller werden diskursive Praktiken wie folgt konzeptualisiert:

> „Als *diskursive Praktiken* (Hervorhebung im Original; *SM*) bezeichne ich typische realisierte Kommunikationsmuster, sofern sie in einem Diskurszusammenhang eingebunden sind. (…) *Diskursive Praktiken sind beobachtbare und beschreibbare typische Handlungsweisen der Kommunikation, deren Ausführung als konkrete Handlung* – ähnlich wie im Verhältnis zwischen typisierbarer Aussage und konkret-singulärer Äußerung – *der interpretativen Kompetenz sozialer Akteure bedarf und von letzteren aktiv gestaltet wird.* (Hervorhebung im Original; *SM*)" (Keller 2005: 223)

Regulierte multimodale Zeichenverwendungen sind ebenfalls als typisch realisierte Kommunikationsmuster zu verstehen. Der Fokus einer multimodalen Diskursanalyse ist jedoch verstärkt auf ihre zeichenhafte Materialisierung gerichtet, da hierdurch die musterhafte Kommunikation erst wahrnehm- und damit analysierbar wird. Zeichenhaft verwendete Phänomene werden somit als materialisierte Bedeutungsangebote verstanden und können so je nach realisierter Modulierung als lautliche, bildliche etc. Zeichenausdrücke behandelt werden, die durch Bedeutungszuschreibungen Symbolcharakter erhalten. Die Zuschreibungen werden im interaktiv-diskursiven Prozeß entwickelt und durch kollektiv wiederholte Realisierung musterhaft konventionalisiert bzw. durch subjektiv *variierende Übernahmen*[6] in den einzelnen Diskursfragmenten gleichzeitig bestätigt und modifiziert.

[6] Der Begriff der *variierenden Übernahmen* entstammt dem ‚Oldenburger Ansatz', der in den 90er Jahren von Franz Januscheck und Klaus Gloy entwickelt wurde. Bei dem Ansatz handelt es sich um eine Spielart der kritischen Diskursanalyse, die sich als eine ‚politische Sprachwissenschaft' versteht. Er geht davon aus, daß wissenschaftliche Diskursanalysen immer auch eine Beteiligung an den jeweiligen Diskursen darstellen. Der Forschende hat demnach keine distanzierte Perspektive auf den Diskurs, sondern ist entsprechend seinen spezifischen Forschungs- und Publikationsinteressen

Konkret-singuläre Zeichenverwendungen bilden somit subjektiv variierende Musterrealisierungen und wirken wiederum innovativ auf die überindividuell geltenden Verwendungsmuster bzw. -konventionen ein. In diesem Sinn sind Zeichenverwendungen (Signifikationen) und Bedeutungszuschreibungen (Interpretationen) *immer* im Diskurszusammenhang und diskurskonstituiert zu denken.

Die regulierten Verwendungsweisen von Zeichen bilden auch die Materialisierungen des Diskurses und liefern den analytischen Zugang zur Diskursformation. Sie sind in ihrer Musterhaftigkeit mit den im Zitat angesprochenen ‚typisierbaren Aussagen' vergleichbar, so daß die subjektiv variierenden Übernahmen demgemäß mit den ‚konkret-singulären Äußerungen' korrespondieren. Multimodale Diskursanalysen lassen reflektieren, welche kommunikativen Funktionen die unterschiedlichen Zeichen- oder Symbolsysteme wie Sprache und Bild in den Äußerungen ausüben. Was und wie bringt beispielsweise ein Bild einen diskursiven Gegenstand zur Anschauung im Unterschied zu einem Sprachtext, der diesen Gegenstand beschreibt? Und wie korrespondieren diese unterschiedlichen Symbolsysteme bedeutungsstiftend im multimodalen Diskursfragment?[7]

Beispielhaft lassen sich diese in der diskursiven Praxis unterschiedlich zur Anwendung kommenden Zeichenmodalitäten oder Symbolsysteme wie folgt veranschaulichen: Ein relevanter Sprachtext erscheint in Zeitungen oder Online-Magazinen häufig bebildert, so daß seine zum Ausdruck kommende Bedeutung durch die bildlichen Informationen beeinflußt wird. Aufgrund des Layouts, sprich der Positionierung von Sprache und Bild zueinander, wird der jeweilige Einflußgrad aufeinander nahegelegt. Erscheint ein kurzer Sprachtext unter einem Bild, so dient dieser eher der Beschriftung bzw. Bennung des Inhalts. Der kommunikative Fokus ist jedoch auf das Bild gerichtet. Ist ein längerer Sprachtext mit einem Bild kombiniert, so kann dieses als Eyecatcher bzw. Schmuck beigefügt sein. Es kann auch z. B. im Sinne einer Synekdoche als Visualisierung eines sprachlich geäußerten Teilaspektes dienen, der die Gesamtaussage des Textes repräsentieren soll, oder als visueller Beleg des im Text Behaupteten eingesetzt sein.

Neben der Verwendung von Sprache und Bild werden in der multimodalen Praxis weitere Modalitäten (audio-)visueller Kommunikation genutzt, die bedeutungsstiftend in die Diskursfragmente eingebunden sind. Graphiken beispielsweise sind aus Zeichenressourcen wie Linie, Form, Farbe, Fläche und Proportion zusammengesetzt und dienen einer informationseffizienten Darstellung

involviert. Darum muß er ständig seine eigene subjektive Perspektive auf den Diskurs offenlegen und begründen, um intersubjektive Geltung beanspruchen zu können. Zum Oldenburger Ansatz vgl. Bredehöft et al. (1994).

[7] In der deutschsprachigen Pragmalinguistik sind jedoch bereits zahlreiche Arbeiten zur multimodalen Kommunikation entstanden. Vgl. z. B. Fix/Wellmann (2000), Stöckl (2004), Holly/Hoppe/Schmitz (2004), Schmitz (2009).

komplexer Sachverhalte, Wirkzusammenhänge, von Akteursbeziehungen und/oder quantitativer Korrelationen. Sie vermögen im Diskurszusammenhang auch persuasiv zu wirken, da sie vermeintlich komplexe soziale, ökonomische und demographische Zustände ‚auf einen Blick erfassen lassen'. Die Simultanität und semantische Dichte der graphischen Gestalt verursacht eine anschauliche Komplexitätsreduktion, die Verständnis und Überzeugung jenseits logisch-linearer Argumentation stiften kann. Individuelle und kollektive Lebensumstände sind durch repräsentierende Farb- und Formverwendungen abstrahiert. Gleichzeitig können bestimmte Farb- und Kontrasteigenschaften jenseits rationaler Reflektion suggestiv wirken. So hat die Farbe Rot die empirisch nachgewiesene Wirkung des Hervortretens, so daß hiermit Erregung, Aktivität, auch Bedrängung signalisiert werden, während Blau durch seine zurücktretende Wirkung Ruhe, Seriosität, Gelassenheit suggerieren kann (Heller 2000). Repräsentieren Farben bestimmte Akteursgruppen, können diese implizit zu deren Charakterisierungen beitragen. Auch die gezielte typographische Gestaltung ist leseanregend, leseerleichternd oder -erschwerend und lesesteuernd und kann darüber hinaus zielgruppen-, lebensstilorientiert, ja identitätsstiftend eingesetzt sein. Websites, die sich an die Gothic-Szene richten, verwenden demgemäß in ihrem oberen Identifikationsbereich fast immer gebrochene Schriftarten.[8] Da diese im Online-Bereich jedoch schlechter lesbar sind als serifenlose Schriften, kann man eine soziale Markierung unterstellen, die auf kollektive Geschmackslagen anspielt (vgl. dazu Meier 2007).[9] Eine semiotische Perspektive auf Diskurs schafft somit Sensibilität für die kommunikativen Signifikationsvollzüge, die durch bestimmte Gestaltung der Zeichenausdrucksebene und der Sinnkonstruktion auf der Zeicheninhaltsebene der Diskursfragmente realisiert sind.

2.1 Signifikation und Bedeutungszuschreibung

Mit dem Begriff der Signifikation wird formal zwar an den strukturalistischen Zeichenbegriff de Saussures' angeschlossen, der in seinem abstrakten Sprachmodell von einer Ausdrucks- (Signifikant) und einer Inhaltsebene (Signifikat) der (sprachlichen) Zeichen ausgeht (vgl. Nöth 2000: 73–77). Allerdings ist dieses statische Zeichenmodell spätestens mit Eco (1972; 1985; 1987) in einer semiotischen Tradition kulturtheoretisch weiterentwickelt worden (vgl. Nöth 2000: 126–130). Er sieht hierbei im Signifikationsprozeß weniger feste Regeln wirksam, die einem

[8] Vgl. http://www.dark-fashion-shop.de, Aufruf am 01.07.2010.

[9] In diesem Zusammenhang sei auf Wehde (2000) verwiesen, die eine umfassende semiotische Analyse von Typographie als bedeutungsstiftendes Phänomen der Kulturgeschichte vorgelegt hat.

Signifikanten einen konkreten Signifikaten zuordnen lassen. Vielmehr basieren diese Zuordnungen auf abduktiven Interpretationsleistungen, denen Konventionen einer Kultur bzw. Kommunikationsgemeinschaft zugrunde liegen. Interpreten vollziehen diese hypothesenorientierten Sinnschlußverfahren gemäß dem eigenen Wissen um diese Konventionen und eigener Intentionen (nach Eco 1992: 37: intentio lectoris) bei jeder Zeichennutzung. Daran schließt sich die Referenzfrage an, denn beruht die Bedeutungszuschreibung von Zeichen auf subjektiven Geltungsannahmen von kulturellen Konventionen, so ist eine objektiv geltende Verweisfunktion auf außersemiotische Phänomene in Frage gestellt. Für sprachliche Zeichen, die gemeinhin als willkürlich und unähnlich, also arbiträr gegenüber ihren Referenzobjekten gelten, mag dies noch akzeptabel erscheinen. Wie sieht es jedoch mit ikonischen bzw. Bildzeichen aus, die ihre Zeichenfunktion gerade durch die Ähnlichkeit mit ihren vermeintlichen Referenzobjekten erhalten?[10] Diese Frage wurde in der Semiotik bis heute unter dem Label *Ikonizitätsdebatte* behandelt.[11] Der frühe Eco (1972) hat hierzu eine radikale Position bezogen: Für ihn besteht auch bei den ikonischen Zeichen keine Ähnlichkeitsbeziehung zwischen Zeichen und Objekt. (Ebd.: 70 f.) Seiner Meinung nach muß diese Beziehung aus der semiotischen Reflexion gänzlich verschwinden, denn sie verhindere eher die nötige Reflexion über das „kulturelle Wesen der Signifikationsprozesse“ (ebd.: 71). Diese seien eben nicht durch die Objekte determiniert, sondern rein durch kulturelle Kodes bestimmt, die der Interpretierende zur Erkennung des Bildzeichens heranziehe.[12] Sie schlagen sich auch in konventionalisierten Verhaltsweisen wie

[10] Diese Zeichenkategorie schließt an die von Peirce vorgenommene Unterscheidung an (vgl. Nöth 2000): 1) Das *ikonische Zeichen* steht in einem strukturellen Ähnlichkeitsverhältnis zu seinem Referenzobjekt bzw. ist diesem wahrnehmungsnah. Beispiele: Photographien, Bildmetaphern (wie Desktop-Anwendungen: Papierkorb, Ordner etc.), Zeichnungen, Diagramme; 2) Das *indexikalische Zeichen* ist Bestandteil seines Referenzobjektes bzw. ist von ihm unmittelbar motiviert. Beispiele für indexikalische Zeichen: Cursorveränderung bei Linküberfahrt, Spuren im Schnee, rote Flecken für Masern; 3) Das *symbolische Zeichen* steht in einem arbiträren bzw. willkürlichen Verhältnis zu seinem Referenzobjekt. Es ist diesem unähnlich und nicht von ihm verursacht. Nur über erlernte Konventionen ist sein Gebrauch verstehbar, Beispiel: Sprachzeichen.

Vgl. dazu auch die phänomenologische Weiterentwicklung von Schütz: 1) *Merkzeichen* als subjektive Erinnerungsmarkierungen; 2) durch Rezeption verursachte, nicht intentional hergestellte *Anzeichen* (vergleichbar mit indexikalischen Zeichen); 3) *Zeichen* als interaktiv konstituierte und verständnisstiftende Phänomene (vergleichbar mit Kode-System); 4) *Symbole* als interaktiv konstituiertes Mittel des Verweisens (vergleichbar mit semiotischem Zeichen-Begriff) (nach Keller 2005: 71). Schütz unterscheidet somit die Zeichen hinsichtlich ihrer Funktion. Peirce' Unterteilung fokussiert stärker die Konstitution der Zeichen und die damit unterschiedlich strukturierten Gestaltungs-, Wahrnehmungs- und Interpretationsleistungen der Zeichenverwender.

[11] Vgl. einschlägig Blanke (2003).

[12] Der heutige Stand der Ikonizitätsdebatte unterliegt einer *kognitivistischen Wende*. Man kritisiert die rein konventionalistische Argumentation Ecos, ohne das Wort für eine naive Abbildtheorie zu ergreifen. Vielmehr geht man von einer Wahrnehmungsnähe ikonischer Zeichen aus, die ähnliche kognitive Wahrnehmungs- und Verarbeitungsprozesse anregt sowie kognitive Modelle anspricht wie

Gesten, Mimik oder im Habitus nieder, die so ihrerseits zu zeichenhaften Entitäten geworden sind (Eco 1977: 178). Kodes, sprachliche wie ikonische, sind nach semiotischem Verständnis somit korrespondierend mit wissenssoziologischen, handlungstheoretischen sowie Ansätzen des Symbolischen Interaktionismus als soziokulturelle Konventionen der Bedeutungszuschreibung konzeptualisiert. Durch solcherart Zuschreibung (Signifikation) werden Phänomene durch die Rezipierenden und Kommunizierenden zu Signifikanten von Zeichen gemacht, indem sie diese konventionsgestützt mit etwas Bezeichnetem in Beziehung setzen.

Eine multimodale Diskursanalyse expliziert und rekonstruiert diese Konventionalisierungsprozesse ähnlich wie die Diskurssemantik bzw. -linguistik (vgl. Busse 1987; Busse/Teubert 1994), indem sie themenzentrierte Zeichenverwendungen wahlweise nach qualitativen und/oder quantitativen Kriterien auswählt und ihre musterhaften Bezugnahmen aufeinander bzw. ihre diskursiven Intertextualitäten bestimmt. Während sich die Diskurslinguistik dabei jedoch auf die inhaltlich-kommunikative Konstituierung von sprachlichen Zeichenverwendungen beschränkt, verfolgt eine sozialsemiotische die bedeutungsstiftende Gestaltung bzw. Formung aller Zeichentypen diskursanalytisch zu behandeln. Dies wird unten unter dem Terminus *Design* näher vorgestellt.

Grundsätzlich läßt sich feststellen, daß eine semiotisch ausgerichtete Diskursanalyse weniger das individuelle Kommunikat als multikodiertes oder multimodales Zeichen untersucht, vielmehr betrachtet sie Kommunikation und Diskurs als gesellschaftliche Interaktion, die durch unterschiedliche semiotische Ressourcen in thematisch verbundenen multimodalen Texten materialisiert ist, um sozial konstruierte Wissensbestände ermitteln zu können (Kress/van Leeuwen 2001: 4). Damit untersucht sie auf der Inhaltsebene ähnliche Gegenstandsbereiche wie die Diskurslinguistik und die wissenssoziologische Diskursanalyse, sie hebt jedoch bezogen auf die Ausdrucksebene die unterschiedlichen Zeichenformen, -konstitutionen und -korrespondenzen, ihre spezifischen medialen Materialisierungen und die damit verbundenen Wahrnehmungs-, Interpretations- und Gestaltungsleistungen als diskursive Praktiken heraus.

---

die bildlich dargestellten Gegenstände selbst (vgl. dazu Sachs-Hombach 2003, Blanke 2003, Stöckl 2004, Eco 2000). Damit sind kulturelle Zuschreibungen und Kontextualisierungen von bildlichen Zeichen, die ebenfalls kognitiv bzw. emotional vollzogen werden, nicht negiert, sondern als weitere bedeutungsstiftende Komponenten bei der Bildwahrnehmung und -erschließung je nach konkreter kommunikativer Realisierung weiterhin gegeben.

2.2 Zeichen und Medien

Diskursmotivierte Zeichenverwendungen und deren Modalitäten können nicht unabhängig von ihrer medialen Realisierung betrachtet werden. Zeichen und Medien stehen in einem gegenseitigen Abhängigkeitsverhältnis. Wurden die Zeichenverwendungen bereits als Materialisierungen des Diskurses beschrieben, so werden an dieser Stelle die Medien als Instrumente der Materialisierung und Vermittlung von Zeichen und skizzenhaft deren soziale bzw. institutionelle Einbettung thematisiert.

Mit dieser Zielsetzung ist eine Fokussierung auf die Funktionsweisen von Medien vorgegeben. Bis heute gibt es zahlreiche parallel bestehende Mediendefinitionen, die jeweils eigene Perspektiven auf den Gegenstand werfen (vgl. Faulstich 2002; Hickethier 2003; Habscheid 2005). Im Gesamt zeigt sich in den meisten Definitionen allerdings eine Tendenz, die Saxer (1998) als die Doppelnatur der Medien beschrieben hat. Medien verfügen demnach über ein bestimmtes *kommunikationstechnisches Potential.* Sie bieten eine spezifisch technisch determinierte Infrastruktur zur Produktion, Vermittlung und Speicherung von Informationen, die bestimmte Rezeptionsweisen nahelegt. Zudem ist jedes Medium durch *dazugehörige (institutionelle) Sozialsysteme* charakterisiert. Bezogen auf die Zeitung können das zum Beispiel Journalisten, Verlage, Anzeigen-, Abo-Kunden, Kioskkäufer etc. sein, die bestimmte soziale Praktiken der journalistischen Profession, des ökonomischen Handelns, des Kauf- und Leseverhaltens verfolgen, nach denen die inhaltliche Gestaltung der Publikation bestimmt ist. Hickethier hat das (vor-)strukturierende und regulierende Zusammenwirken beider Bereiche bei der Medienproduktion und -rezeption in Anlehnung an Foucault als Mediendispositive beschrieben (vgl. Hickethier 2003; 2010).

Inwiefern stehen die dargestellte Funktion der Medien und die Zeichen als Mittel der Sinn- bzw. Aussagenproduktion in Diskursen im Zusammenhang? Zeichen können nur mit Hilfe von Medien manifest werden.[13] Ein photographisches Zeichen braucht beispielsweise ein Produktionsmedium wie eine (digitale) Photokamera und ein Trägermedium wie Photo- oder Zeitungspapier bzw. Screen, um entstehen zu können und sichtbar zu sein. Es braucht ein Distributionssystem wie eine Online-Redaktion, einen Zeitungsverlag etc., um einem breiteren Publikum zugänglich zu sein. Das kommunikationstechnische Potential der Kamera sowie des Zeitungspapiers bestimmt, daß das Zeichen nur einen bestimmten Ausschnitt der photographierten Welt darstellen kann. Hinzu treten die spezifische Lichtempfindlichkeit und Auflösungskapazität des Films bzw. der Kamera, die Kompetenz

[13] Auch Zeichen, die im Face-to-face-Gespräch produziert und rezipiert werden, sind durch sogenannte primäre Medien wie Stimme, Gesicht, Körper etc. mediengebunden.

des Photographen, die Druckqualität, die Größe des Photos und seine spezifische Kontextualisierung im Ausgabemedium. Außerdem ist z. B. das Pressephoto ein statisches Bild und präsentiert dem Betrachter seine Inhalte jenseits des natürlichen Raum-Zeit-Kontinuums. Während es als Zeitungsbild durch Papier und Druckerfarbe materialisiert und somit zeit- und ortsungebunden rezipierbar ist, wird es als digitales Bild in einem Online-Magazin nur situativ materialisiert. Es erscheint in Abhängigkeit der Publikations- und Darstellungsbedingungen sowie Mobilität des benutzten Ausgabemediums (z. B. PC-Monitor, Laptop- oder Smartphone-Display) und ist nur dementsprechend rezipierbar.

Neben der technischen Disposition des photographischen Zeichens sind auch einige reglementierende Aspekte zu nennen, die aus seiner Eingebundenheit in soziale Systeme verursacht sind. So entscheidet die Zeitungsredaktion hinsichtlich journalistischer Werte und Normen über den Nachrichtenwert der jeweiligen Photographie und damit über die Möglichkeit seiner Veröffentlichung. Hinzu treten allgemeine Redaktionsrichtlinien, Publikationskonzepte und wirtschaftliche Interessen des Verlegers, die über das ‚Schicksal' des Photos entscheiden. Und nicht zuletzt quotiert mittelbar der Zeitungsleser durch sein Kaufverhalten, wie das Photo sein Informationsbedürfnis befriedigt hat.

Medien sind somit die konstitutiven Instrumente der Materialisierung und Distribution von Zeichen und durch ihre soziale Eingebundenheit als diskurskonstituiert bzw. -konstituierend zu betrachten. Adäquate Konsequenz daraus kann nur sein, daß Diskursanalyse immer den determinierenden Einfluß von Medien auch auf die diskursive Praxis mit reflektiert.

Es läßt sich somit zusammenfassen, daß das Vorhaben, diskursive Praxis als multimodale Kommunikation zu verstehen, auf die musterhafte Verwendung von Zeichen abzielt, die unter Einfluß spezifischer medien-, kode- bzw. modalitätsabhängiger Bedingungen diskursiv reguliert ist.

3 Verortung der multimodalen Diskursanalyse in der Forschungslandschaft

Die multimodale Diskursanalyse entstammt einem linguistischen Forschungszusammenhang. Sie untersucht multimodale Zeichenhaftigkeit dabei unter einer pragmatischen Perspektive, indem sie ihren sozialen Gebrauch und ihre soziale Kontextualisierung fokussiert. Dieser Blick auf das Soziale wurde zunächst durch die sozialsemiotischen Arbeiten des Linguisten Halliday motiviert, der im Anschluß an seinen Entwurf einer funktionalen Grammatik des Englischen (Halliday 1985) eine soziolinguistische Theorie zum Verhältnis von Sprache und Gesellschaft (Halliday 1996) entwickelt hat. Seine semiotisch begründeten

Überlegungen zur gesellschaftlichen Kommunikation verbinden bereits ganz unterschiedliche Forschungsansätze und Disziplinen, die unter dem Label der multimodalen Diskursanalyse weiterentwickelt wurden. Multimodale Diskursanalyse ist ferner mit ihrer Perspektive auf Sprache, Visualität und Bild sowie Gesellschaft und Diskurs in einer spezifischen Forschungslandschaft verortet, die nachfolgend grob kartographiert wird.

a) (Medien-)Semiotik

Sozialsemiotische Ansätze, zu denen auch die multimodale Diskursanalyse zu zählen ist, wenden sich zwar explizit gegen einen repräsentationalistischen Zeichen- und einen statischen Kodebegriff,[14] allerdings sehen sie sich in der Analyse visueller Kommunikation von den semiologischen Arbeiten[15] von Barthes inspiriert (vgl. van Leeuwen 2005: XI). Zudem läßt sich die sozialsemiotische Fokussierung auf massenmediale Diskurse und Werbung als eine Spielart der allgemeinen Semiotik bestimmen. Diese gilt als die Wissenschaft von den Zeichen, die von der strukturalistischen Semiologie de Saussures' sowie der pragmatisch und erkenntnistheoretisch orientierten Semiotik Peirce' abgeleitet ist.

Auch eine Mediensemiotik, die sich zeichentheoretisch primär der Medien- bzw. Massenkommunikation zuwendet (vgl. Nöth 2000), fußt auf Peirce' Annahme, daß Zeichenprozesse immer konventionalisierte Vermittlungsprozesse zwischen Welt und Interpret sind. Dabei werden die (Massen-)Medien als bedeutungstragende Vermittlungsinstrumente zwischen Welt und Rezipienten verstanden, die durch bestimmte (massen-)mediale Kodesysteme reguliert sind. Wegen dieser Funktionsgleichheit setzt Peirce Medien und Zeichen in enge Beziehung zueinander: „All my notions are too narrow. Instead ‚Signs', ought I not to say *Medium* [Herv. i. Org., SM]?" (zitiert nach Nöth 2000: 3). Aktuell wird jedoch zwischen medialem Zeichenträger als Vermittler und den Zeichen als Materialisierung von Informationen differenziert.

[14] Mit der Kritik eines repräsentationalistischen Zeichenbegriffs wird einer vermeintlich strukturalistischen Semiotik begegnet, die einen abstrakten Zeichenbegriff annimmt. Dieser unterliege unabhängig von realen Kommunikationsprozessen festen Regeln bzw. Kodes der Bedeutungszuweisung. Damit erhalte ein Zeichenausdruck (Signifikant) einen konkreten Zeicheninhalt (Signifikat) und verweise auf einen präsemiotischen Gegenstand, der durch das Zeichen repräsentiert wird. Im Sinne eines symbolischen Interaktionismus werden jedoch erst im kommunikativen Austausch bestimmte Symbolverwendungen bzw. Bedeutungszuschreibungen hergestellt.

[15] Semiotik und Semiologie werden heute so gut wie synonym gebraucht (vgl. Nöth 2000: 3). Allerdings steht der erste Begriff eher in der pragmatischen Tradition von Peirce und der zweite in der strukturalistischen von de Saussure.

b) Visual Culture, Cultural Studies, Kunstwissenschaft
Eine sozialsemiotisch orientierte Diskursanalyse weist große Überschneidungen mit Ansätzen der Visual Culture auf. Diese eng mit den Begriffen der Cultural Studies verwobene „emergente (Post-)Disziplin" (Holert 2005: 226) behandelt gesellschaftliche Phänomene in ihrer (mediengestützten) primär visuellen Ausprägung. Dabei greift sie je nach Forschungsfrage auf Analysemethoden der Kunstwissenschaft zurück, lehnt jedoch wie die Cultural Studies einen Hochkulturbegriff ab. Sie sieht künstlerische, popkulturelle und gebrauchsorientierte Bilder in ihrer Inhaltskonstitution und Stilausprägung als Ergebnisse und Impulse jeweiliger (ästhetischer oder journalistischer) Diskurstypen. Ähnlich wie die sozialsemiotische Diskursanalyse sieht die Forschungsperspektive der Visual Culture massenmediale Bildlichkeit als Repräsentation und Vollzug von hegemonialen Diskursen, die eine spezifische Sichtweise auf die Welt nahelegen. In Anlehnung an Foucault fokussiert die Visual Culture, was durch soziales Handeln sichtbar gemacht wird, wie es präsentiert wird und welche Begehrlichkeiten bzw. Machtwirkungen hinsichtlich Politik, Geschlecht, Sexualität und Ethnizität damit angeregt sind (vgl. Mitchell 1998).

Vergleichbare Fragestellungen wie die Visual Culture verfolgt auch die sozialsemiotische Diskursanalyse und nimmt vereinzelt ebenfalls methodische Einflüsse aus der Kunstwissenschaft auf (vgl. dazu van Leeuwen 2001). Mit Hilfe sozialsemiotischer Instrumentarien tritt jedoch verstärkter die Stilistik von multimodaler Kommunikation in den Blick.

c) Soziologie
Die Perspektive auf Gesellschaft und insbesondere auf deren durch Interaktion konstituierte Wissensbestände verleiht der sozialsemiotisch orientierten Diskursanalyse große Anschlußfähigkeit zur Kultur-, Kommunikations- und Wissenssoziologie. Dies zeigt sich in dem von van Leeuwen formulierten sozialsemiotischen Diskursbegriff:

> „Discourses are resources for representation, knowledges about some aspects of reality, which can be drawn upon when that aspects of reality have to be represented. They do not determine what we can say about a given aspect of reality, yet we cannot represent anything without them. We need them as frameworks for making sense of things." (van Leeuwen 2005: 95)

Zum einen wird eine sozialkonstruktivistische Auffassung von Realität bzw. dem Wissen über diese deutlich, die durch die diskursive Verwendung von semiotischen Ressourcen gleichermaßen repräsentiert und hergestellt wird. Im Sinne einer kultursoziologischen Auffassung wird Sozialität zum anderen als gemeinschaftliche

Sinnproduktion in Form sozialen Handelns angesehen. Es tritt hinzu die Perspektivierung von Identität, individuellen und sozialen Akteuren sowie deren Rollenzuschreibungen, die anhand materialisierter Interaktion in Form erhobener Daten wie Web- und Zeitungsseiten, Videomitschnitten, Gesprächsprotokollen etc. rekonstruiert werden (vgl. van Leeuwen 2008) und somit große Schnittmengen mit der wissenssoziologischen Diskursanalyse erkennen läßt (vgl. Keller 2005).

d) Kritische Diskursanalyse

Neben der in Deutschland entwickelten Kritischen Diskursanalyse, die von Siegfried Jäger, basierend auf den Foucault-Rezeptionen von Jürgen Link, begründet wurde (vgl. Jäger 2009), gilt im englischsprachigen Raum Norman Fairclough als einer der prominentesten Vertreter der *critical discourse analysis* (CDA). Er weist im Zuge seiner sprachanalytischen Untersuchungen regelmäßig auf die Notwendigkeit hin, auch andere Symbolsysteme in die Diskursanalyse einzubeziehen. Hierfür favorisiert er Ansätze, die im Bereich der Sozialsemiotik entstanden sind.[16] Eine sozialsemiotisch orientierte multimodale Diskursanalyse sieht sich explizit in der von Fairclough vertretenen Kritischen Diskursanalyse (vgl. Kress/van Leeuwen 1996: 13). Sie beansprucht innerhalb dieses Forschungsprogramms, neben sprachlicher Kommunikation auch nonverbale Kommunikation hinsichtlich machtdurchdrungener ideologischer Setzungen zu analysieren (vgl. Kress/van Leeuwen 2001: 34; Kress/van Leeuwen 1996: 13).[17]

e) Pragmalinguistik

Mit der Perspektive auf Zeichen in ihrer kommunikativen Verwendung ist die multimodale Diskursanalyse ebenfalls in der Pragmalinguistik, pragmatischen Sprachwissenschaft oder Pragmatik verortet. Diese schließt zum einen an den Begriff der *parole*, also der Sprache im Gebrauch von de Saussure, vor allem jedoch an die Sprechakttheorie von Austin (1972; 2002) und Searle (1983) an. Die Pragmatik geht davon aus, daß Zeichen weniger über einzelne, isoliert zu betrachtende Bedeutungen verfügen, sondern daß sie erst in der konkreten kommunikativen Handlung ihre Bedeutungen stiften. Kommunikation wird somit zu zeichenhafter Praxis, die auf Situationsveränderung abzielt. Solche Handlungen können beispielsweise Befehle, Entschuldigungen, Feststellungen, Legitimationen etc. sein.

[16] Vgl. Fairclough (1994: 4; 1995a: 17; 1995b: 55), Chouliaraki/Fairclough (2004): 12. Die deutsche Spielart der kritischen Diskursanalyse verweist zwar ebenfalls auf die Wichtigkeit einer Analyse von „Macht-Wirkung, um das Sichtbarmachen ihrer (sprachlichen und ikonographischen) Wirkungsmittel […]" (Jäger 2001: 82) zu erfassen. Jedoch wird dieser Anspruch meist mit der Fokussierung auf Kollektivsymboliken verfolgt, die kaum mit systematischen bildanalytischen Verfahren operieren, sondern eher sprachlich konstituiert untersucht werden.

[17] Unten wird nochmals genauer auf die multimodale Diskursanalyse als Spielart der Kritischen Diskursanalyse eingegangen.

Abweichend von der ursprünglichen Sprechakttheorie sieht die Pragmatik sowie die Sozialsemiotik kommunikatives Handeln nicht unabhängig von den konkreten situativen und sozialen Kontexten.

4 Methodologisches: Kategorien der multimodalen Diskursanalyse

Im vorigen Abschnitt wurde deutlich, daß die multimodale Diskursanalyse eine linguistisch begründete Forschungsperspektive ist, die im Anschluß an die Kritische Diskursanalyse soziale Phänomene fokussiert. Diese erschließt sie über multimodale Zeichenprodukte, welche als Repräsentationen sozialer Praktiken untersucht werden (vgl. van Leeuwen 2008: 6).[18] Soziale Praktiken werden dabei als sozial regulierte Formen des Tuns und Sprechens verstanden (vgl. Reckwitz 2008: 112), die in den multimodalen Kommunikaten ihre zeichenhafte Entsprechung finden. Nachfolgend werden einige Grundkategorien der multimodalen Diskursanalyse vorgestellt, die für die Analysen leitend sind.

4.1 Zeichenressourcen, (Multi-)Modalität, Regeln

a) Ressourcen und Modalitäten

Terminologisch grenzen sich Vertreter der multimodalen Diskursanalyse mit Bezug auf die Sozialsemiotik von strukturalistischen Ansätzen der Semiotik ab (vgl. Jewitt/Oyama 2001: 134; van Leeuwen 2005: 47 f.). Einen pragmatischen Alternativvorschlag dazu formuliert van Leeuwen wie folgt: „In social semiotics the term ‚resource' is preferred, because it avoids the impression that ‚what a sign stands for' is something pre-given, and not affected by its use." (van Leeuwen 2005: 3)

Hiermit ist der pragmatische Sprachbegriff Hallidays aufgenommen, der in ähnlicher Weise Grammatik nicht als ein festes Regelwerk begreift, sondern als „a resource of making meaning" (zitiert nach van Leeuwen 2005: 2).[19] Erst im

[18] Hier deutet sich ebenfalls ein repäsentationalistischer Zeichenbegriff an. Dem kann entgangen werden, indem Zeichenprodukte nicht als Repräsentationen sozialer Praktiken verstanden werden, sondern als eine Form ihres Vollzuges. In Anlehnung an Schatzki versteht Reckwitz (2008: 112) soziale Praktiken als sozialisationsabhängig routinisiertes Sprechen und Tun. Dies bedeutet nicht eine Determination des Sprechenden oder Tuenden durch das Soziale, sondern macht erst eine subjektive Offen- und Veränderbarkeit möglich (ebd.: 122). Akzeptiert man eine Korrespondenz des Sprechens als soziale Praktik mit den oben angesprochenen sozial konstituierten Aussagen und das individuelle Sprechen mit den individuellen Äußerungen, so lassen sich diskursive Praktiken auch als eine Form sozialer Praktiken begreifen, die mittels multimodaler Artefakte ihre Äußerung und Vermittlung erfahren.

[19] In Abgrenzung zu regelzentrierten Grammatikmodellen wie der generativen Grammatik (vgl. Chomsky 1981) und den systemlinguistischen Grammatiken (vgl. z. B. Eisenberg 1998) untersucht die

Gebrauch der Zeichen bzw. Ressourcen bilden sich Konventionen aus, die ihnen bestimmte Bedeutungspotentiale verleihen. Diese Potentiale werden in der wiederholenden kommunikativen Produktion und Rezeption auf bestimmte Bedeutungen konventionalisiert, unterliegen jedoch gleichzeitig durch situative Kontexte sowie subjektive und interaktive Aneignungen ständiger Modifikation. Semiotische Ressourcen wie Geräusche, Klang, Linien, Farben, Formen, Proportionen sind das ‚Rohmaterial', die durch konventionalisiert zeichhaften Gebrauch zu *Zeichenmodalitäten* wie (Bewegt-)Bild, Musik, Sprache, Kleidung etc. gestaltet werden. Der konventionalisierte Gebrauch kombinierter Modalitäten wie Sprache und statisches Bild im Printmedium ist somit ein multimodaler Zeichengebrauch.

Die multimodale Diskursanalyse untersucht insbesondere diesen zusammenwirkenden Gebrauch unterschiedlicher Zeichenmodalitäten. Dies ist jedoch angemessen nur möglich, wenn vorweg auf konzeptueller Ebene klar ist, für welche kommunikativen Funktionen welche Zeichensysteme welche Funktionen übernehmen können. Dies hängt von ihrer jeweiligen Konstitution und ihrem Bedeutungspotential ab. Die folgende Tabelle gibt dazu bezogen auf sprachliche und bildliche Zeichen einen vergleichenden Überblick.

		Bild	**Sprache**
Zeichen-konstitution	**Semiotik** (Zeichen-system)	wahrnehmungsnah, gestalthaft, flächig konfiguriert, syntaktisch dicht	wahrnehmungfern/arbiträr, linear angeordnete Einzelzeichen, syntaktische Abfolge
	Perzeption/ Kognition (Verstehen)	simultane/ganzheitliche/schnelle Wahrnehmung, direkt emotionsverbunden, wirkungsstark	lineare/langsame Wahrnehmung, abstrakte Form, daher weniger direkt emotionsverbunden und wirkungsstark
Bedeutungspotential	**Semantik** (regelhafte Bedeutung)	Bedeutungsüberschuß (semantisch dicht), daher vage/mehrdeutig/unkonkret: Man erkennt nur, was man schon weiß	Bedeutungen sind definiert (semantisch dünn), mehr Eindeutigkeit: Man erfährt Neues
	Pragmatik (konventionalisierte Verwendung)	Detailliertes Anzeigen von Objekt-Aussehen, Positionierungen im Raum zur Dokumentation, Illustration, als Schmuck, Appelle und/ oder Handlungsanweisungen	Handlungen im Raum-Zeit-Kontinuum verorten, logische Bezüge stiften, fast alle Sprechhandlungen sind zu realisieren: Befehlen, Bitten, Informieren etc.

Tabelle nach Stöckl (2011)

Funktionalgrammatik Hallidays (vgl. Halliday/Matthiessen 2004) die bedeutungsstiftenden Funktionen sprachlicher Einheiten wie Phonem, Wort und Satz sowie deren funktionsabhängige Lexik in ihrem kontext- und situationsbedingten Gebrauch. Kress/van Leeuwen (1996, 2001) haben die von Halliday für das Sprachliche entwickelte Metafunktionen auf nichtsprachliche Phäomene übertragen.

In der Analyse von Sprache-Bild-Kommunikaten muß gezielt auf diese unterschiedlichen Funktionen eingegangen werden. Steht demnach ein Bild ohne Kontext, so bietet dieses zwar eine anschauliche, detailreiche und vermeintlich emotionalisierende Vorführung bestimmter Bildobjekte, jedoch bleibt es ohne sprachliche Verortung im Raum-Zeit-Kontinuum sehr vage und mehrdeutig. In Kombination mit entsprechend sprachlich vermittelten Angaben sowie möglicher linear-rationaler Argumentation oder sprachlicher Narrationen kann das Bild seine ganze Wirkmächtigkeit entfalten und diskursbezogen kommunikative Perspektivierungen anzeigen. Es beantwortet Fragen zum Aussehen möglicher Akteure, zu ihrer sozialen Zugehörigkeit und Rolle durch Kleidung, Gesten etc. sowie zu dominanten medialen Inszenierungspraktiken, die mit diesen Akteuren verbunden sind.

b) Konventionen und Regeln
Multimodales Zeichenhandeln, bestehend aus der Auswahl und Formung von Zeichenressourcen in kommunikativer Absicht, erfordert sozial geltende Orientierungssysteme, um überindividuell verstanden zu werden. In der klassischen Semiotik wird hierzu der Kode-Begriff benutzt, der als sozial verbindliche Zuordnungskonvention von Signifikanten- und Signifikatsebene verstanden wird. Die Sozialsemiotik favorisiert jedoch den weniger strukturalistisch und eher soziologisch motivierten Begriff der *Regel*, die als diskursiv hergestellt betrachtet wird:

> „It suggests that rules, whether written or unwritten, are made by people, and can therefore be changed by people. To represent them as if they can *not* (Hervorhebung im Original; SM) be changed – or not changed at will – is to represent human-made rules as though they are laws of nature. On the other hand, two provisos need to be made. First, not everybody can change the rules. To be able to change rules you need power, whether it is the power of governments (…) or the more limited influence of ‚opinion leaders‘ in groups of friends.“ (van Leeuwen 2005: 47 f.)

Es wird deutlich, daß der sozialsemiotische Ansatz Regeln als machtdurchwirkte soziale Konstruktionen begreift, die für die Strukturierung von kommunikativen Handlungen und als Richtlinien bei der Bedeutungszuschreibung von Zeichen prägend sind. Sie werden interaktiv in unterschiedlich großen Gemeinschaften hergestellt und sind dadurch heterogen konstituiert. Ihr Entstehen vollzieht sich zudem nicht in einem herrschaftsfreien Diskurs, sondern schließt im Anspruch an die machttheoretischen Diskurs-Konzepte von Foucault (vgl. z. B. 1978; 1994a; 1994b) an.

Nicht jeder Teilnehmer einer Kommunikationsgemeinschaft hat demnach den gleichen Einfluß auf die Konstitution und Modifikation von Regeln. Vielmehr ist dieser Einfluß machtabhängig verteilt. So befinden sich Vertreter politischer und sozialer Institutionen durch die Möglichkeit von Gesetzesinitiativen und Richtlinienkompetenzen sowie ausgewiesene Meinungsführerschaften durch ihnen zugeschriebenen Expertisen, (moralischen) Vorbildfunktionen, sozialen Erfolg etc. in einer favorisierten Position. Ihr gesteigerter Einfluß wirkt sich face-to-face in kleinen sozialen Gruppen oder bei peers aus. Um breitere Wahrnehmbarkeit zu erlangen, ist jedoch eine mediale Distribution nötig, die in Form von One-way-Kommunikation über die klassischen Massenmedien stattfinden kann oder über Netzwerkstrukturen wie Internet, Telefonie etc. Dabei sind unterschiedliche Autoritäten festzustellen, die die Verbindlichkeit unterschiedlicher Regeln organisieren (vgl. van Leeuwen 2008: 106–111). Lehrer, Eltern und Justiz samt Polizei haben durch ihre persönliche und institutionelle Autorität die Möglichkeit, moralische und soziale Verhaltensregeln explizit zu vermitteln und Sanktionierungen bei Übertritt zu vollziehen. Implizite Regeln werden durch Identifikation mit Vorbildern und dem Streben nach sozialer Anerkennung berücksichtigt, indem man z. B. auf situativ und sozial als angemessen unterstellte Kleidung und Konversationsstile achtet.[20] Solche regelhaften Zeichenverwendungen werden als multimodale Diskursanalysen auch in der Architektur sowie der Gestaltung von öffentlichen, privaten und massenmedialen Räumen untersucht.[21]

4.2 Genre, Design, Produktion, Distribution

a) Genre

Die inhaltliche Organisation der einzelnen Diskursfragmente ist häufig an bestimmten Mustern orientiert, die sich unterteilen lassen. Sie sind als Auswirkungen von Konventionalisierungsprozessen zu begreifen, dienen gleichzeitig der Orientierung und der Komplexitätsreduzierung bei der Zeichenproduktion und -rezeption. So wird bereits in der Schule nahegelegt, wie formal eine Erörterung,

---

[20] Vertreter der multimodalen Diskursanalyse gehen im Sinne von Faircloughs Soziolinguistik (vgl. 1995b) davon aus, daß bestimmte Machtkonstellationen Hegemonien verursacht haben, die zur Dominanz bestimmter Akteure und zur Etablierung bestimmter kommunikativer Praktiken im Sprachgebrauch und/oder der Bild-, Raum-, Architekturkonstituierung führten. Solche Dominanzverhältnisse sind im Vergleich zu vermeintlich marginalisierten Alternativen zu ermitteln. Der kritische Anspruch der multimodalen Diskursanalyse streicht diese marginalisierten Alternativen heraus. Dabei wird jedoch nicht immer deutlich, welche Werte- und Normensysteme für die Bestimmung von Dominanz und Marginalisierung bei den Analysen herangezogen werden. Außerdem wird implizit eine eher dichotome Vorstellung von Herrschaft sichtbar, die von Foucaults inspirierter Machttheorie bisweilen abzuweichen scheint.

[21] Vgl. zur Architektur Alias (2004), zum öffentlichen Raum Scollon/Scollon (2003), zur Museumsarchitektur Meng (2004), zu Internetdiskursen Scollon/Scollon (2004).

ein Bericht, eine Nacherzählung etc. zu verfassen ist. Journalisten haben sich an Strukturelemente journalistischer Darstellungsformen wie Meldung, Nachricht, Reportage etc. zu halten, um ins Blatt genommen und entsprechend positioniert zu werden. In der Sozialsemiotik wird diese musterhafte Produktion von multimodalen Kommunikaten als *Genres* (vgl. van Leeuwen 2005: 117–138; Bateman 2008) bezeichnet.[22]

b) Design
Eng mit dieser Kategorie ist die musterhafte Praxis des *Designs* verbunden. Darunter sind die angesprochenen Inszenierungspraktiken zu verstehen, die die Verbindung zwischen Ausdrucksebene und Inhaltsebene der Kommunikate herstellen. Design ist ebenfalls regelorientiert und damit nicht willkürlich. Anschaulich wird dies an der Praxis des Zeitungs- bzw. Zeitschriften-Designs. Layouter orientieren sich beispielsweise bei der Wahl der Typographie an Vorgaben der Drucktechnik sowie an Erkenntnissen der Wahrnehmungspsychologie, um eine gute Lesbarkeit zu erreichen. Sie berücksichtigen ebenso kulturelle Konnotationen, die mit bestimmten Schriftarten verbunden sind. So wirken gebrochene Schriften durch ihre dominante Verwendung im 19. und im ersten Drittel des 20. Jahrhunderts heute eher als rückwärtsgewandt bis reaktionär. Modern wirken vermehrt serifenlose Schriftarten wie Arial oder Calibri. Serifenlose Schriften wurden in diesem Sinne bereits in den 20er Jahren vom Bauhaus zur markierten Abgrenzung von der zeitgenössischen gebrochenen Schrift und als fortschrittlich konnotiertes Designinstrument benutzt.[23]

Die layouttechnische Kombination von Sprache und Bild-Komponenten sowie ihrer Verteilung auf der Fläche (Makro-Typographie), ihrer jeweiligen Proportionierung sowie die Bildproduktion selbst unterliegen ebenfalls genrespezifischen Gestaltungsmustern, die stilorientiert umgesetzt werden. Stil meint in diesem Zusammenhang nach Stöckl (2004: 18) eine „multistrukturelle, komplexe Gestalt, dem der Charakter von ‚holistischen kommunikativen Zeichen‘ zukommt, die sozialen Sinn übermitteln.“ Mit Fix et al. (2002), die den linguistischen Stil-Begriff ebenfalls mit soziologischen Konzepten verknüpft haben, läßt sich Stil zudem als ein Verweis auf soziale Orientierungen bestimmen, wodurch Zugehörigkeiten und

[22] Der hier angedeutete Genre-Begriff korrespondiert mit dem linguistischen Begriff der Textsorte, der ebenfalls eine musterhafte Lösung kommunikativer Aufgaben umfaßt (vgl. dazu z. B. Fix 2002). Beispiele für Textsorten wären der Geschäftsbericht oder journalistische Darstellungsformen wie die Nachricht, die Reportage etc. Auch das Konzept der kommunikativen Gattungen operiert bezogen auf das mündliche Gespräch auf dieser Ebene. Vgl. dazu z. B. Günthner/Knoblauch (1994).

[23] Der Bauhaus-Lehrer Laszlo Moholy-Nagy hat dies explizit im Bauhausbuch 1923 beschrieben und in Form von Typobildern umgesetzt (vgl. Moholy-Nagy 2000).

Abgrenzungen markiert und somit Beziehungsgestaltung zwischen Produzent und Rezipient realisiert werden.

c) Produktion

Während das Design nach sozialsemiotischem Verständnis eher eine gestalterische Konzeptentwicklung beinhaltet, wird deren Realisierung erst in der konkreten medienbasierten Produktion vorgenommen. Damit sind auch Körpermedien gemeint, die zum Beispiel beim Tanzen oder der Pantomime zum Einsatz kommen. Ihr Ergebnis ist das semiotische Artefakt (vgl. Kress/van Leeuwen 2001: 66), das sich ebenfalls nach den medialen Produktionsbedingungen richtet. Hiermit sind zum einen geplant oder nicht geplant eingesetzte Determinanten der verwendeten Instrumente wie z. B. Strichbreite, Papierstärke und/oder Farbwiedergabe und Auflösungseinstellung von digitalen Schreib- oder Zeichengeräten sowie technischen Aufzeichnungsqualitäten bei der Produktion akustischer sowie visueller Artefakte gemeint. Hinzu treten die Kombination von individuellem und sozialem Stil bzw. Lifestyle des Produzenten, in die alle Formen seiner Produktionskompetenzen mit einfließen.[24] Die begriffliche Trennung zwischen Design und Produktion ist dem Umstand geschuldet, daß möglicherweise ein prototypisches Design-Phänomen wie ein dramatischer Text auf ganz unterschiedliche Weise produzierend umgesetzt werden kann. Design ist stilistische Planung, Produktion ist körperliche bzw. materialisierende Herstellung von Zeichen. Auch die Interpretation von Zeichen gilt für Kress/van Leeuwen (ebd.: 67) als produktiver Akt, denn als Zeichen behandelte Phänomene müssen nicht immer als solche intentional hergestellt sein, sondern werden erst im Zuge der Interpretation zu solchen gemacht.[25] Als Beispiel dafür läßt sich die Wettervorhersage anführen. Hierbei werden nicht intentional entstehende Naturphänomene als Index-Zeichen für bestimmte zu erwartende Wetterverhältnisse behandelt. Diese aktiven Rezeptionshandlungen sind auch für das Verstehen von intentionalen Zeichenphänomenen nötig. Demnach ist jede Form von Zeichennutzung auch als mentale, physische und materialisierende Zeichenproduktion und somit als konkrete Ausdruckspraxis inkorporierten Wissens zu verstehen.[26]

---

[24] Stil ist deshalb bei van Leeuwen (2005: 139–160) in drei Unterkategorien unterteilt: Individueller Stil: individuelle, nicht unbedingt bewußte Zeichenformungen, z. B. Handschrift, Stimmtonlage etc.; sozialer Stil: nicht unbedingt bewußte durch Sozialisierung geprägte Habitualisierung bestimmter Zeichenformungen; Lifestyle: bewußt oder unbewußt an peers ausgerichtete Zeichenformung zur Kommunikation von sozialer Zugehörigkeit, Abgrenzung, Identität, zur Erlangung sozialer Anerkennung.

[25] Vgl. mit den oben vorgestellten *indexikalischen Zeichen* von Peirce und den *Anzeichen* von Schütz.

[26] In diesem Sinne steht die Vorstellung von Zeichenproduktion in hoher Anschlußfähigkeit zu praxeologischen Ansätzen (vgl. dazu z. B. Reckwitz 2008).

d) Distribution
Der Akt der Distribution enthält zwei an die Produktion anschließende Bereiche. Beide sind ebenfalls mediengestützt zu realisieren. Der erste Bereich umfaßt die Vervielfältigung von Produkten und der zweite deren Weitervermittlung bzw. Verbreitung. Je nach Medium vollzieht sich die Kopie entweder im Druck, durch Aufruf des Users bestimmter Seiten im Netz oder durch die Darstellung bestimmter Formate mittels genutzter Rundfunkgeräte. Während Printmedien jedoch Vertriebssysteme wie Verlage, Abo-Services bzw. Buch- oder Zeitschriftenläden benötigen, wird die Verbreitung von Rundfunk- und Internetinhalten durch die Rezipienten selbst organisiert. Hierfür müssen sie sich entsprechende Ausgabeapparaturen wie Radio, Fernseher oder internetfähige Geräte beschaffen und können diese entsprechend den Rezeptionsbedürfnissen nutzen. Für die Diskursanalyse ist diese Konzeptualisierung wichtig, da sich durch die Distribution breite Wahrnehmbarkeit, Vormachtstellungen und Relevanzsetzung bestimmter Gegenstände, Themen und Akteure organisieren lassen. Dies geschieht über die weite Verbreitung bzw. ‚diskursive Wanderung' bestimmter bildlich und sprachlich vermittelter Muster, die sich in den einzelnen Diskursfragmenten manifestieren.

5 Methodisches: Fragestellungen, Instrumentarien und Verfahren der multimodalen Diskursanalyse

5.1 Fokussierende Fragestellungen

Diskursanalyse untersucht Praktiken sozialer Konstruktion, Wissenspolitik und Konventionalisierung anhand aller medienabhängig zum Einsatz kommender Zeichenressourcen. Sie beschäftigt sich dabei mit allen Formen des Zeichenhandelns, die auf ein bestimmtes Diskursthema oder eine Aussagenformation bezogen sind.

Nach sozialsemiotischem Verständnis unterliegen dabei alle kommunikativ zur Anwendung kommenden Phänomene drei semiotischen Metafunktionen (vgl. Halliday 1996; Kress/van Leeuwen 1996), die es in den Analysen zu ermitteln gilt: erstens einer repräsentierenden Funktion *(representational/ideational function)*, die die Sachverhalte, aber auch Begriffe und Konzepte mittels multimodaler Zeichenensembles darstellen läßt. Dabei müssen die denotativen Bildinhalte genauso beschrieben werden wie symbolhafte oder metaphorische Verweisfunktionen und soziale bzw. gruppenspezifische Aussagemöglichkeiten bzw. Inhalte. Die entsprechenden Analysefragen lauten:

- Wer ist dargestellt? (Frage nach möglichen Akteuren)
- Welche sozialen Rollen lassen sich anhand ihres kommunikativen Verhaltens und Aussehens rekonstruieren?
- Was ist dargestellt? (Frage nach möglichem Thema, Ereignis, Situation)
- Welche Begriffe und Konzepte liegen diesem multimodal konstituierten Inhalt zugrunde? (Frage nach der Art der Bezugnahme auf diskursive und kulturelle Wissensbestände)
- Welche kommunikativen Handlungen werden mittels vorliegender multimodaler Zeichenkorrespondenzen realisiert?

Die zweite semiotische Funktion läßt die interaktionale Beziehung zwischen Rezipient und den dargestellten Inhalten mittels Bildausschnitt und Perspektive in den Fokus treten *(interactional/interpersonal function)*. Hiermit werden inhaltliche Inszenierungspraktiken thematisiert, die den Rezipienten als Diskursbeteiligten involvieren. So legt beispielsweise ein Bild ikonisch vermittelt eine Quasi-face-to-face-Situation mit einem Diskursakteur oder eine simulierte Zeugenschaft eines diskursiven Ereignisses nahe. Dies geschieht durch die zeichenspezifische Wahrnehmungsnähe des Bildes (vgl. Sachs-Hombach 2003). So wie der Rezipient das Bild abzüglich der situativen medialen Dispositionen wahrnimmt und kognitiv verarbeitet, so nimmt er auch die außermediale unmittelbare Dingwelt wahr. In Kombination mit Sprache und/oder diskursivem Wissen des Rezipienten wird diese Wahrnehmungsnähe im Diskurs verortet und stiftet so diskursmotiviert handelnde Bedeutung wie Appellierung, Emotionalisierung, Dokumentierung etc. Unter Berücksichtigung des kombinierten Sprachtextes und diskursiven Wissens wird die Bildkommunikation anhand folgender Fragen analysiert:

- Welche Kameraeinstellung bzw. Perspektive ist gewählt und welche (Nähe) Beziehung ergibt sich daraus zur dargestellten Szenerie (Frage nach Totale/ Vogel-Perspektive, Halbtotale, Detail- oder Nahaufnahme und der damit verbundenen Beobachterrolle als unbeteiligt Überblickender, stark angesprochener Augenzeuge, Beteiligter etc.)?
- Welche Ansicht auf Bildobjekte und Kontexte ermöglicht der Bildausschnitt und welche Beziehung läßt sich so zu beidem aufbauen?

Bezogen auf die dritte semiotische Funktion *(compositional/textual function)* wendet sich die Betrachtung auf die Komposition der Bildelemente. Hiermit wird insbesondere die gestalterische Praxis analysiert, die visuelle Zugehörigkeiten, Abgrenzungen und Hierarchien der einzelnen Bildkomponenten durch bestimmte

Bildstrukturen erreicht *(framing)*, die bestimmte Teilbereiche z. B. mit Schärfeverteilung, Lichtführung, Vordergrund-Hintergrund-Inszenierung visuell heraushebt *(salience)* bzw. ihnen Prägnanz verleiht und die den einzelnen Elementen durch die Verteilung auf der Fläche bestimmte Funktionen zuschreibt *(information value)*. Hiermit sind folgende Analysefragen angeregt:

- Welche Bewegungen bzw. Dynamiken lassen sich durch bestimmte Linienführungen (Vektoren) im Bild erkennen?
- Wie ist die vermeintliche Beziehung zwischen dargestellten Akteuren durch angedeutete (Verbindungs-)Linien, Körperhaltung, Größenverhältnisse und Positionierungen auf der Fläche begründbar?
- Wie organisiert die realisierte Formung der Bildobjekte sowie Nähe und Distanz auf der Fläche Zugehörigkeiten und Abgrenzungen?
- Welche Dominanzen, Betonungen und Aufmerksamkeitsorganisationen sind durch Kontrastverwendungen (hell-dunkel, groß-klein, verschwommen-scharf, grell-matt, monochrom-farbig, Vordergrund-Mittelgrund-Hintergrund) erreicht?
- Wie ist das Verhältnis zwischen Bildobjekten und szenischem Kontext organisiert und welche Bedeutungen lassen sich daraus ableiten?

Wichtig ist, daß alle Analysefragen im engen Bezug zum sprachlichen Kontext bzw. zum virulenten Diskurswissen plausibel gemacht werden, da sich hierdurch erst die Multimodalität der Diskursfragmente erfassen läßt. Dies ermöglicht eine Reduktion der Mehrdeutigkeit bildlicher Zeichen sowie deren kommunikative Verortung im diskursiven Zusammenhang.

Zur Veranschaulichung wird nachfolgend anhand eines Beispiels skizzenhaft gezeigt, inwiefern die sozialsemiotischen Metafunktionen analyseorientierend wirken können und inwiefern die Multimodalität der Diskursfragmente im Gesamt als diskursive Praktiken zu untersuchen sind.

5.2 Beispielanalyse

Als Beispielfragment wird ein Spiegeltitel aus dem Jahr 1997 untersucht. Es ist dem Diskurs um die Ausstellung „Vernichtungskrieg. Verbrechen der Wehrmacht 1941 bis 1944“, der sogenannten Wehrmachtsausstellung, entnommen. „Die Kernaussage der Ausstellung lautete, daß die Wehrmacht beim Holocaust eine aktive Rolle spielte.“ (Hamburger Institut für Sozialforschung 2002: 688). Bis zu ihrer Schließung durch den Leiter des veranstaltenden Hamburger Instituts für Sozialforschung Jan Philipp Reemtsma wurde die Wanderausstellung von über

800.000 Menschen besucht und verursachte bundesweit sowie an allen Präsentationsorten starke geschichtspolitische Debatten.

Abb. 1: Spiegel, 10.03.1997 (aus Meier 2008: 153)

Eine multimodale Diskursanalyse hat im Rahmen der Plausibilisierung ihres qualitativen Samplings u. a. die medialen Dispositionen zu reflektieren, die die Auswahl hinsichtlich Medieninstitutionen, Genres und Akteureinfluß transparent werden lassen muß. Mit dem vorliegenden Spiegeltitel ist diesbezüglich eine maximale Relevanzsetzung des Themas für das entsprechende Nachrichtenmagazin festzustellen. Nicht nur der gefettete und in roter Typo übernommene Ausstellungstitel macht das deutlich, sondern auch die Nennung des Autorennamens der Titelgeschichte. Es handelt sich um den damaligen Herausgeber Rudolf Augstein, der selbst Erfahrungen als Wehrmachtssoldat hatte. Augstein kann somit als wichtigster Repräsentant und Meinungsführer des Massenmediums Spiegel gelten und gleichzeitig als Experte zum Thema. Da sich der Spiegel mit seinem aufklärerischen Anspruch seit jeher in geschichtspolitische Debatten einschaltet, ist das publizierende Engagement ihrer Gründungsfigur zu diesem Thema ein weiteres Symptom größter Relevanzsetzung.

a) Erste Metafunktion *(representational/ideational function):* Was und wer ist dargestellt? Auf welche Themen, Begriffe und Konzepte wird Bezug genommen?

Die erste semiotische Metafunktion richtet die Aufmerksamkeit auf das im Titel angesprochene Hauptthema: „Die Verbrechen der Wehrmacht“ . Diese schriftlich verfaßte Information läßt auch den Bildinhalt hypothetisch entschlüsseln. Man sieht das Bild eines Soldaten, gemäß der Helmform als Wehrmachtssoldaten zu erkennen, mit einer Pistole, die auf eine auf dem Boden liegende und in Zivil gekleidete Person gerichtet ist. Hinter dem Soldaten ist anhand der Mütze ein Offizier bestimmbar. Im Hintergrund läßt sich eine Gruppe weiterer Soldaten erkennen, die der Szenerie beobachtend zugewandt ist. Das Bild selbst zeigt eine Hinrichtungsszene von vermeintlichen Partisanen durch die Wehrmacht in Pancevo am 22.4.1941 (Hamburger Institut für Sozialforschung 2002: 668). Es dient mit Bezug auf den Titel als Veranschaulichung und Beleg für ein Wehrmachtsverbrechen, wird in Korrespondenz zudem mit dem sprachlich im Plural realisierten Titel zu einem synekdochen Symbolbild, das als Einzelbeispiel alle ‚Verbrechen der Wehrmacht' zu repräsentieren scheint.

b) Zweite Metafunktion *(interactional/interpersonal function):* Welche Beziehung ist zwischen Kommunikationsgegenstand mittels stilistischer Mittel (Kameraperspektive, Bildausschnitt etc.) gestiftet?

Die zweite Metafunktion richtet den Fokus auf die Gestaltung des Diskursfragments und die damit nahegelegte Beziehungsstiftung zwischen Betrachter und Kommunikat: Das Bild ist im aufstrebend wirkenden Hochformat gehalten. Die Kameraperspektive zeigt eine Halbtotale auf die Szenerie, die in natürlicher Augenhöhe aufgenommen wurde. Damit ist dem Betrachter mittels subjektiver Kameraperspektive eine Zeugenschaft der Tat nahegelegt. Er ist nicht distanzierter Betrachter, wie es eine Aufnahme aus der Vogelperspektive suggerieren würde. Vielmehr befindet man sich durch den Bildausschnitt ungefähr im gleichen Abstand zum Mittelgrund, in dem das Ereignis stattfindet, wie die im Hintergrund ebenfalls beobachtende Soldatengruppe. Ein Augenkontakt mit den ‚Tätern' besteht nicht. Sie sind dem Betrachter abgewandt, so daß man nicht dem Täterkollektiv konfrontativ gegenüber oder inkludierend an deren Seite gestellt wird.

c) Dritte Metafunktion *(compositional/textual function):* Welche Beziehungen, Formungen, narrative Dynamiken etc. sind durch das Arrangement der Bildelemente und Bildstrukturen (Vektoren) etc. angelegt, welche bedeutungsstiftenden Korrespondenzen lassen sich anhand der verwendeten Zeichenmodalitäten erschließen?

Die dritte Metafunktion perspektiviert die multimodale Gestaltung und Komposition des Diskursfragmentes, um stilistische Prägnanzsetzungen und Beziehungsorganisationen in Korrespondenz zu kommunikativen Handlungen zu analysieren. Ein gestalterisches *framing* ist zum ersten durch den stärkeren roten und dünneren weißen Rand des Titelblattes erreicht. Corporate-Design-bedingt grenzt er ebenfalls den in wiedererkennbarer Typo gehaltenen Magazintitel Spiegel vom Inhaltsteil ab. Ein im Blatt zu findendes weiteres Thema „Schlaue Schuhe – sprechende Toaster“ ist durch gelbe Unterlegung, blaue und schwarze Typo sowie schrägen Verlauf ebenfalls vom Hauptthema abgetrennt. Durch die kleinere Schrift kommt ihm weniger Relevanz zu als dem Titelthema. Die vermeintlich vollzogene Tötungsszene ist im Bildzentrum positioniert und damit als Hauptelement markiert *(salience)*. Die Soldatengruppe im Hintergrund sowie die halb beschnittenen weiteren Mitglieder der Opfergruppe im Vordergrund bieten beigeordnete Informationen über Zeugenschaft größerer Wehrmachtsgruppen an massenhaften Tötungen an Zivilisten. Das Bild selbst enthält zwei Hauptvektoren bzw. Strukturlinien, zum einen die Diagonale von unten rechts nach oben links, die von der Straße gebildet wird. Zum anderen eine Linie, die durch die Blickrichtung der Täter initiiert ist, über die Pistole fortgeführt wird und bei den quer auf der Straße liegenden zu den Tätern ausgerichteten Leichen endet. Beide Linien kreuzen sich ungefähr an deren Köpfen, was ihnen ebenfalls eine hervorgehobene Bedeutung zuschreiben läßt. Die erste Vektorlinie stellt eine Verbindung zu Tätern und Opfern her und markiert durch ihre abfallende Richtung gleichzeitig das zwischen diesen Gruppen bestehende Machtgefälle. Diese Zuschreibung begründet sich zum einen aus der hier unterstellten Kulturpraxis des Unterwerfens als Herrschaftspraxis, die vorliegend ihre bildliche Ausdrucksform findet. Zum zweiten werden die unter a) mit Hilfe des Kontextes ermittelten Rollen der dargestellten Akteure als Interpretations-Indices hinzugenommen. Die genannte Bilddiagonale verbindet die Beobachterposition des Photographierenden bzw. Bildbetrachters mit der Täter- und Opfergruppe im Mittelgrund und der soldatischen Beobachtergruppe im Hintergrund, was die gemeinschaftliche Zeugenschaft unterstreicht. Die Positionierung des sprachlichen Anteils „Rudolf Augstein über Verbrechen der Wehrmacht“ am unteren Rand des Titelbildes weist dem Text ebenfalls seine Zugehörigkeit zum Bild zu. Während der Autor Rudolf Augstein in einer recht kleinen, weißen und für Seriosität stehenden Serifenschrift angekündigt ist, wird der Titel seiner Geschichte groß, rot und fett ‚herausgeschrien‘. Es scheint den Schock und die Empörung zu markieren, die der Betrachter angesichts der im Photo festgehaltenen Situation zu empfinden nahegelegt bekommt. Die Schwarzweißphotographie ist stellenweise zwar coloriert, sie vermittelt jedoch durch ihre dominante Monochromität noch die Wirkung einer historischen Photographie und somit eine gesteigerte Authentizität. Rudolf Augstein schreibt „über“ die Verbrechen. Typographisch klein und klar angekündigt, scheint er der nüchterne Betrachter zu bleiben: ein Diskursakteur, der das empörende Verbrechen selbst miterlebt hat, dies jedoch nun zurückhaltend journalistisch zu analysieren verspricht.

Diese unvollständige Kurzanalyse soll einen Eindruck vermitteln, inwiefern stilistische Gestaltung auf visueller und sprachlicher Ebene bedeutungsstiftend in Korrespondenz treten kann. Nachfolgend wird kurz auf die Multimodalität weiterer Diskursfragmente hingewiesen, die ebenfalls das gleiche Bild kommunikativ als variierende Übernahme bedeutungsmodifizierend eingebunden haben. Es läßt sich ferner ein multimodales Muster feststellen, das sich in der vergleichenden Zusammenschau der Fragmente andeutet und als Teilergebnis einer transtextuell ausgerichteten Diskursanalyse zu verstehen ist.

Abb. 2: Buchumschlag, Donat/ Strohmeyer (1997)

Abb. 3: Flugblatt, München 1997

Abb. 4: Abendzeitung, 15/16.2.1997

(Alle Abbildungen aus Meier 2008: 154)

In Abbildung 2 befindet sich das Bild mit der Hinrichtungsszene in Kombination mit dem Bremer Rathaus. Es wird hier als Gestaltungselement für ein Buch-Cover genutzt, das die Debatte um die Ausstellung in Bremen dokumentiert. In dieser Verwendung wird in bildlicher Modalität mittels Verknüpfung zweier Bilder eine neue Bildaussage hergestellt. Da mit der sprachlichen Betitelung des Buches „Befreiung der Wehrmacht?“ keine nähere inhaltliche Spezifizierung realisiert ist, müssen weitere Informationen aus dem Buch generiert werden, um die kommunikative Handlung entschlüsseln zu können. Hierdurch wird deutlich, daß die Bremer Debatte primär um den genauen Ort der Ausstellung in der Stadt geführt wurde. Befürworter der Ausstellung favorisierten hierfür das repräsentative Rathaus. Das Buch-Cover bringt somit den genauen Ausstellungsort in Bremen und einen Inhalt der Ausstellung zur Anschauung. Durch die entsprechende gestalterische Kombination der Bilder erscheint die Hinrichtungsszene sogar auf den Bremer Rathausplatz versetzt. Daß dies jedoch nicht dokumentarisch, sondern metaphorisch gemeint ist, ist mit der unterschiedlichen Farbgebung nahegelegt. Denn das farbige Rathaus wurde so in aktueller Bildlichkeit verfaßt, während die Schwarzweißfärbung des Hinrichtungsbildes dieses als historisch ausweist. Wie auf dem Spiegeltitel erlangt das Bild aus der Ausstellung auch in dieser Verwendung eine die Gesamtausstellung repräsentierende Funktion als ‚Pars pro toto‘.

Ähnliches gilt für die dritte Abbildung. Hier ist das gleiche Photo in ein Flugblatt zur Mobilisierung einer Gegendemonstration gegen rechte Aufmärsche anläßlich der Wehrmachtsausstellung in München gesetzt. Das Bild dient in Kombination mit dem Sprachtext „Die Verbrechen der Wehrmacht können nicht geleugnet werden“ einerseits als Beleg für die Richtigkeit der Aussage. Denn die photographische Vorführung einer rechtswidrigen Hinrichtungsszene wird hier zur Inszenierung einer Quasi-Zeugenschaft genutzt. Es wurde andererseits jedoch auch kein anderes Bild der Ausstellung gewählt, um diese Funktion zu erfüllen. Demnach scheint dieses Bild in seiner wiederholten diskursiven Verwendung musterhaft als ein Bild zu gelten, daß die Gesamtausstellung repräsentiert, da es dessen Kernaussage mit konkreten Tätern und Opfern visualisiert und hinsichtlich seiner ikonischen Wahrnehmungsnähe eine massenmedial kompatible Emotionalisierung hervorrufen kann.

Diese Funktion zeigt sich ebenfalls in Abbildung 4, die das Bild abgedruckt in der Münchener Abendzeitung zeigt. Das Bild wird somit in den einzelnen Diskursfragmenten übernommen, durch die layouttechnische, sprachliche und situative Kontextualisierung jedoch subjektiv variiert. In der multimodalen Aktualisierung ist somit die diskursive Praxis verortet, die in der vergleichenden Zusammenschau dem Bild die musterhafte Verwendung als Repräsentation der Gesamtausstellung zuweist. Hierdurch wird deutlich, daß die Diskursanalyse mit multimodaler Perspektive die musterhafte Verwendung verschiedener Zeichenmodalitäten in einem qualitativ erhobenen Analysekorpus ermitteln läßt.

6 Fazit

Der Beitrag sollte deutlich machen, daß die diskursive Praxis nicht nur als sprachlich manifestiert zu betrachten ist. Vielmehr handelt es sich dabei um eine multimodale Praxis, die im Zusammenspiel unterschiedlicher Zeichensysteme oder -modalitäten realisiert wird und die mittels sozialsemiotischer Fragestellungen, Begriffe und Analyseinstrumentarien bearbeitet werden kann. Diskursive Positionen und Akteure werden dabei in Abhängigkeit der semiotischen Möglichkeiten des genutzten Mediums und nach Zielen der Kommunikatoren mittels unterschiedlicher Ressourcen (z. B. Farbe, Form, Fläche, Typo, Geräusche, Bewegungen, Montagen etc.) dargestellt, perspektiviert und kommentiert. Zeichenressourcen sind demnach alle Mittel, die medial bedingt kommunikativ zum Einsatz gebracht werden. Um im Kommunikationsprozeß Verständnis zu stiften, müssen diese innerhalb von Diskursgemeinschaften so weit konventionalisiert sein, daß sie als Zeichenmodalitäten wie Sprache und Bild dienen können. Dies ist auch in kontextbedingten Farb- und Formverwendungen der Fall, wie zum Beispiel bei der Nutzung von national-, partei- oder vereinsspezifischen Farb- und Logo-Verwendungen in Diagrammen, Schaubildern, Plakaten, Websites etc. Diskurse sind somit regulierende und regulierte multimodale Zeichenverwendungen, die zu musterhaften Kommunikationspraktiken führen. Die Diskursanalyse ermittelt musterhafte Kommunikationspraktiken, indem sie diese systematisch erhebt und vergleichend in Beziehung setzt.

Auf die möglichen Erhebungsmethoden wurde hier weniger eingegangen, da auch die multimodale Diskurskursanalyse als ein Verfahren der qualitativen Sozialforschung gilt. Damit sind ebenfalls qualitative Samplingmethoden nahegelegt, die auch in anderen Herangehensweisen wie z. B. der wissenssoziologischen Diskursanalyse verfolgt werden.

Zwar ließen sich die hierfür nötigen Abstrahierungen vom bildlichen Einzelkommunikat zum multimodalen Muster nur beispielhaft andeuten (vgl. ausführlicher dazu Meier 2008), sie eignen sich jedoch auch für die Analyse größerer Datenmengen anderer (Bild-)Diskurse. Adäquate Diskursanalysen werden gemäß ihren Korpora mehrere kommunikative Muster ermitteln lassen. Entscheidend bei der Erstellung dieser Korpora ist die Diskurszugehörigkeit der Kommunikate, die sich über die variierenden Übernahmen der Themenstruktur, der Akteure und der Inhalte erkennen lassen.

Zudem müssen die Analysen layouttechnisch oder multimedial kombinierte weitere Zeichenphänomene hinzunehmen, damit der Multimodalität der Diskurse adäquat Rechnung getragen wird. Dies ist in diesem Beitrag in den empirischen Kurzanalysen angedeutet worden. Bilder treten immer im Zusammenspiel mit Sprache und weiteren Modalitäten wie Typographie, Sound etc. auf. Hierdurch erlangen sie in der Produktion und Rezeption aufgrund von transmodalen Bezugnahmen (vgl. Stöckl 2004) in den Diskursfragmenten exemplifizierende, veranschaulichende, dekorative, kommentierende und/oder andere Funktionen.

Diskursanalytisch arbeitende Sozialwissenschaften sehen sich somit komplex organisierten Zeichenverwendungen gegenübergestellt. Als dominante Zeichensysteme lassen sich dabei Sprache und Bild hervorheben. Während sprachliche Kommunikate bereits durch eine längere transdisziplinäre Forschung relativ weit erschlossen sind, steht die diskursanalytische Betrachtung des Zusammenwirkens von Sprache und Bildern in der deutschsprachigen Diskursanalyse noch am Anfang. Die multimodale Diskursanalyse hat jedoch im Anschluß an die pragmatische Sprachtheorie Hallidays ein differenziertes diskursanalytisches Instrumentarium entwickelt, das in breiten internationalen Forschungszusammenhängen verfolgt wird.[27]

Literatur

Alias, S. (2004): A Semiotic Study of Singapore's Orchard Road and Marriott Hotel. In: O'Halloran (Hrsg.) (2004): 55–82

Assmann, A./Assmann, J.: Das Gestern im Heute. Medien und soziales Gedächtnis, in: Klaus Merten/Siegfried J. Schmidt/Siegfried Weischenberg (Hg.): Die Wirklichkeit der Medien. Eine Einführung in die Kommunikationswissenschaft, Opladen 1994, 114–140

Austin, J. (2002): Zur Theorie der Sprechakte, Stuttgart: Reclam [1972]

Ayaß, R./Bergmann, J. (Hrsg.) (2006): Qualitative Methoden der Medienforschung. Reinbek bei Hamburg: Rowohlt

Barthes, R. (1990): Der entgegenkommende und der stumpfe Sinn. Frankfurt a. M.: Suhrkamp

Bateman, J. (2008): Multimodality and Genre. A Foundation for the Systematic Analysis of Multimodal Documents. Hampshire/New York: Palgrave Macmillan

Bell, P. (2001): Content Analysis of Visual Images. In: van Leeuwen/Jewitt (Hrsg.) (2001): 10–34

Bergmann, J. (1994): Ethnomethodologische Konversationsanalyse. In: Fritz/Hundsnurscher (Hrsg.) (1994): 3–16

[27] Vgl. hierzu das Multimodal Analysis Lab in Singapur: http://multimodal-analysis-lab.org/.

Bickelhaupt, T. (2008): Das imaginäre Museum in der Werbung. Eine Anwendung der Qualitativen Inhaltsanalyse auf die Bilderwelten des kunstgeschichtlichen Zitats in der Werbung. In: Mayring/Gläser-Zikuda (Hrsg.) (2008): 142–154
Blanke, B. (2003): Vom Bild zum Sinn: das ikonische Zeichen zwischen Semiotik und analytischer Philosophie. Wiesbaden: Dt. Univ.-Verl.
Boehm, G. (1995): Was ist ein Bild? In: ders. (1995a): 1–38
Boehm, G. (Hrsg.) (1995a): Was ist ein Bild? München: Wilhelm Fink
Bohnsack, R. (2006): Die dokumentarische Methode der Bildinterpretation in der Forschungspraxis. In: Marotzki/Niesyto (Hrsg.) (2006): 45–76
Bohnsack, R. (2008): Qualitative Bild- und Videointerpretation: Die dokumentarische Methode. München: UTB
Bourdieu, P. (1974): Zur Soziologie der symbolischen Formen. Frankfurt a. M.: Suhrkamp
Bredehöft, S. et al. (1994): Studium der Arbeitslosigkeit. Zur diskursiven Aneignung neuer Lebenssituationen. Opladen: Westdeutscher Verlag
Burke, P. (2003): Augenzeugenschaft. Bilder als historische Quellen. Berlin: Wagenbach
Busse, D. (1987): Historische Semantik. Analyse eines Programms. Stuttgart: Klett-Cotta
Busse, D./Teubert, W. (1994): Ist Diskurs ein sprachwissenschaftliches Objekt? Zur Methodenfrage der historischen Semantik. In: Busse/Hermanns/Teubert (Hrsg.) (1994): 10–28
Busse, D./Hermanns, F./Teubert, W. (Hrsg.) (1994): Begriffsgeschichte und Diskursgeschichte. Methodenfrage und Forschungsergebnisse der historischen Semantik. Opladen: Westdeutscher Verlag
Chouliaraki, L./Fairclough, N. (2004): Discourse in Late Modernity. Rethinking Critical Discourse Analysis. 4. Aufl. Edingburgh: University Press
Cobley, P. (Hrsg.) (1996): The Communication Theory Reader. London: Routledge
Diekmannshenke, H./Klemm, M./Stöckl, H. (Hrsg.) (2011): Bildlinguistik. Berlin
Eco, U. (1972): Einführung in die Semiotik. München: Fink
Eco, U. (1977): Zeichen. Einführung in einen Begriff und seine Geschichte. Frankfurt a. M.: Suhrkamp
Eco, U. (1985): Semiotik und Philosophie der Sprache. München: Fink
Eco, U. (1987): Semiotik: Entwurf einer Theorie der Zeichen. München: Fink
Eco, U. (1992): Die Grenzen der Interpretation. München: Hanser
Eco, U. (2000): Kant und das Schnabeltier. München: Hanser
Eisenberg, P. (1998): Der Duden. Band 4: Grammatik der deutschen Gegenwartssprache, Mannheim: Dudenverlag
Fairclough, N. (1994): Discourse and Social Change. 2. Aufl. Oxford: Blackwell
Fairclough, N. (1995a): Media Discourse. London: Arnold
Fairclough, N. (1995b): Critical Discourse Analysis. New York: Longman
Faulstich, W. (2002): Einführung in die Medienwissenschaft. München: Fink/UTB
Fiebertshäuser, B./von Felden, H./Schäffler, B. (Hrsg.) (2006): Bild und Text: Methoden und Methodologien visueller Sozialforschung in der Erziehungswissenschaft. Opladen: Budrich

Fix, U./Wellmann, H. (Hrsg.) (2000): Bild im Text – Text im Bild. Heidelberg: Universitätsverlag

Fix, U. et al. (2002): Textlinguistik und Stilistik für Einsteiger. Ein Lehr- und Arbeitsbuch. Berlin/New York: Peter Lang

Foucault, M. (1978): Dispositive der Macht. Michel Foucault über Sexualität, Wissen und Wahrheit. Berlin: Merve

Foucault, M. (1994a): Die Ordnung des Diskurses, 2. Aufl. Frankfurt a. M.: Fischer Wissenschaft

Foucault, M. (1994b): Überwachen und Strafen. Die Geburt des Gefängnisses. Frankfurt a. M.: Suhrkamp

Foucault, M. (1995): Die Ordnung der Dinge. Eine Archäologie der Humanwissenschaften. Frankfurt a. M.: Suhrkamp

Foucault, M. (2001): Worte und Bilder. In: Daniel Defert, D./Ewald, F./Lagrange, J. (Hrsg.): Michel Foucault. Schriften in vier Bänden. Bd. 1 1954–1969 (S. 794–797). Frankfurt/M.: Suhrkamp

Fritz, G./Hundsnurscher, F. (Hrsg.) (1994): Handbuch der Dialoganalyse. Tübingen: Niemeyer

Gelhard, A. (2001): Foucault und die Malerei. In: Kleiner, M. S. (Hrsg.): Michel Foucault. Eine Einführung in sein Denken. Frankfurt a. M.: Campus: S. 239–260

Goffman, E. (1981): Geschlecht und Werbung. Frankfurt a. M.: Suhrkamp

Günthner, S./Knoblauch, H. (1994): „Forms are the food of faith." Gattungen als Muster kommunikativen Handelns. In: Kölner Zeitschrift für Soziologie und Sozialpsychologie 46 (4): 693–723

Grisko, M. (Hrsg.) (2010): Texte zur Theorie und Geschichte des Fernsehens. Stuttgart: Reclam

Habscheid, S. (2005): „Das Internet – ein Massenmedium?". In: Siever, Torsten, Peter Schlobinski & Jens Runkehl (Hrsg.): Websprache.net. Sprache und Kommunikation im Internet. Berlin: de Gruyter: S. 46–66

Halliday, M. (1985): An Introduction to Functional Grammar. London: Edward Arnold

Halliday, M. (1996): Language as a Social Semiotic. In: Cobley (Hrsg.) (1996): 359–383

Halliday, M. A. K./Matthiessen, C. M. I. M. (2004): Eine Einleitung in eine Funktionsgrammatik. 3d E-D. London: Arnold

Hamburger Institut für Sozialforschung (Hrsg.) (2002): Verbrechen der Wehrmacht. Dimensionen des Vernichtungskrieges. Hamburg: Hamburger Edition

Hartmann, H. A./Haubl, R.: Bilderflut und Sprachmagie. Fallstudien zur Kultur der Werbung. Opladen: Westdeutscher Verlag

Heller, E. (2000): Wie Farben auf Gefühl und Verstand wirken: Farbpsychologie, Farbsymbolik, Lieblingsfarben, Farbgestaltung. München: Droemer

Hickethier, K. (2003): Einführung in die Medienwissenschaft. Stuttgart/Weimar: Metzler

Hickethier, K. (2010): Dispositiv Fernsehen. Skizze eines Modells. Einleitung. In: Grisko (Hrsg.) (2010): 271–298 [1995]

Hofmann, W./Lesske, F. (Hrsg.) (2005): Politische Identität – visuell. Reihe: Studien zur visuellen Politik. Münster: Lit Verlag

Holert, T. (2005): Kulturwissenschaft/Visual Culture. In: Sachs-Hombach (Hrsg.) (2005): 226–235
Holly, W./Hoppe, A./Schmitz, U. (Hrsg.) (2004): Sprache und Bild I und II. In: Mitteilungen des Deutschen Germanistikverbandes. Göttingen: unipress
Imdahl, M. (1995): Ikonik. Bilder und ihre Anschauung. In: Böhm (Hrsg.) (1995): 300–324
Jarren, O./Sarcinelli, U./Saxer, U. (Hrsg.) (1998): Politische Kommunikation in der demokratischen Gesellschaft. Ein Handbuch. Opladen: Westdeutscher Verlag
Jäger, S. (2001): Diskurs und Wissen. Theoretische und methodische Aspekte einer Kritischen Diskurs- und Dispositivanalyse. In: Keller et al. (Hrsg.) (2001): 81–112
Jäger, S. (2009): Kritische Diskursanalyse. Eine Einführung, 5. Aufl. Duisburg: Edition DISS
Jewitt, C./Oyama, R. (2001): Visual Meaning. A Social-Semiotic Approach. In: van Leeuwen/Jewitt (Hrsg.) (2001): 134–156
Kaemmerling, E. (1987): Ikonographie und Ikonologie: Theorien, Entwicklung, Probleme. Köln: Dumont
Keller, R. (2004): Diskursforschung. Eine Einführung für SozialwissenschaftlerInnen. 2. Aufl. Wiesbaden: VS
Keller, R. (2005): Wissenssoziologische Diskursanalyse. Grundlegung eines Forschungsprogramms. Wiesbaden: VS
Keller, R. et al. (Hrsg.) (2001): Handbuch Sozialwissenschaftliche Diskursanalyse. Bd. I: Theorien und Methoden. Opladen: Budrich
Keppler, A. (2006): Konversations- und Gattungsanalyse. In: Ayaß/Bergmann (Hrsg.) (2006): 293–323
Knieper, T. (2005): Kommunikationswissenschaft. In: Sachs-Hombach, K. (Hrsg.): Bildwissenschaft. Disziplinen, Themen, Methoden. Frankfurt a. M.: Suhrkamp
Knoblauch, H./Schnettler, B. (Hrsg.) (2007): Powerpoint-Präsentationen. Neue Formen der gesellschaftlichen Kommunikation von Wissen. Konstanz: UVK
Kress, G./Leeuwen, T. van (1996): Reading Images. The Grammar of Visual Design. London: Routledge
Kress, G./Leeuwen, T. van (2001): Multimodal Discourse. The Modes and Media of Contemporary Communication. London: Arnold
Leeuwen, T. van (2001): Semiotic and Iconography. In: van Leeuwen/Jewitt (Hrsg.) (2001): Handbook of Visual Analysis. London: Routledge, S. 92–118
Leeuwen, T. van (2005): Introducing Social Semiotics. London: Routledge
Leeuwen, T. van (2008): Discourse and Practice. New Tools for Critical Discourse Analysis. Oxford: University Press
Leeuwen, T. van/Jewitt, C. (Hrsg.) (2001): Handbook of Visual Analysis, London: Sage
Link, J. (1982): Kollektivsymbolik und Mediendiskurse. Zur aktuellen Frage, wie subjektive Aufrüstung funktioniert. In: Link, J./Link-Heer, U. (Hrsg.): kultuRRevolution, Heft 1, S. 6–20
Maasen, S./Mayerhauser, T./Renggli, C. (Hrsg.) (2006): Bilder als Diskurse. Bilddiskurse. Göttingen: Velbrück

Marotzki, W./Niesyto, H. (Hrsg.) (2006): Bildinterpretation und Bildverstehen. Methoden aus sozialwissenschaftlicher, kunst- und medienpädagogischer Perspektive. Wiesbaden: VS

Mayring, P./Gläser-Zikuda, M. (Hrsg.) (2008): Die Praxis der Qualitativen Inhaltsanalyse. 2. Aufl. Weinheim/Basel: Beltz

Meier, S. (2007): „Vom Stil zum style" – Typografie als intermediales Phänomen. In: Ars Semeiotica 29 (1-3): 59–77

Meier, S. (2008): (Bild-)Diskurs im Netz. Konzept und Methode für eine semiotische Diskursanalyse. Köln: Halem

Meng, A. P. K. (2004): Making history in Form Colony to Nation: a multimodal analysis of a museum exhibition in Singapore. In: O'Halloran (Hrsg.) (2004): 28–54

Michel, B. (2006): Bild und Habitus. Sinnbildungsprozesse bei der Rezeption von Fotografien. Wiesbaden: VS

Mirzoeff, N. (Hrsg.) (1998): The visual culture reader. 2. Aufl. London/New York: Routledge

Mitchell, W. J. T. (1994): Picture theory: essays on verbal and visual representation. Chicago: University of Chicago Press

Mitchell, W. J. T. (1998): Showing Seeing: A critique of Visual Culture. In: Mirzoeff (Hrsg.) (1998): 86–101

Moholy-Nagy, L. (2000): Malerei, Fotografie, Film. 3. Aufl. Berlin: Gebr. Mann

Müller, M. G. (2003): Grundlagen der visuellen Kommunikation. Konstanz: UVK

Nöth, W. (2000): Handbuch der Semiotik. 2. überarb. und erweit. Aufl. Stuttgart/Weimar: Metzler

O'Halloran, K. (Hrsg.) (2004): Multimodal Discourse Analysis. Systemic Functional Perspectives. London/New York: Continuum

Panofsky, E. (1987): Ikonographie und Ikonologie. In: Kaemmerling (1987): 207–225

Peez, G. (2006): Fotoanalyse nach Prinzipien der Objektiven Hermeneutik. In: Marotzki/Niesyto (Hrsg.) (2006): 121–142

Raab, J. (2008): Visuelle Wissenssoziologie. Theoretische Konzeption und materiale Analysen. Konstanz: UVK

Reckwitz, A. (2008): Unscharfe Grenzen: Perspektiven der Kultursoziologie. Bielefeld: transcript

Rorty, R. (1967): The linguistic turn. Chicago: University of Chicago Press

Sachs-Hombach, K. (2003): Das Bild als kommunikatives Medium. Elemente einer allgemeinen Bildwissenschaft. Köln: Halem

Sachs-Hombach, K. (Hrsg.) (2005): Bildwissenschaft. Disziplin, Themen, Methoden. Frankfurt a. M.: Suhrkamp

Saxer, U. (1998): System, Systemwandel und politische Kommunikation. In: Jarren/Sarcinelli/Saxer (Hrsg.) (1998): 21–64

Schmitt, R. (Hrsg.) (2007): Koordination. Analysen zur multimodalen Interaktion. Tübingen: Narr

Schmitz, U. (2009): Schrift an Bild im World Wide Web. Artikulierte Pixel und die schweifende Unbestimmtheit des Vorstellens. In: LINSE – Linguistik-Server-Essen,

Online-Dokument: http://www.linse.uni-due.de/linse/publikationen/Aufsatz_Schmitz/Aufsatz_Schmitz2009.pdf, Aufruf 10.08.2010

Scollon, R./Scollon, S. B. K. (2003): Discourses in place: language in the material world. London: Routledge

Scollon, R./Scollon, S. W. (2004): Nexus Analysis. Discourse and the emerging Internet. London: Routledge

Searle, J. R. (1983): Sprechakte. Ein sprachphilosophischer Essay. Frankfurt a. M.: Suhrkamp

Stöckl, H. (2004): Die Sprache im Bild – Das Bild in der Sprache. Zur Verknüpfung von Sprache und Bild im massenmedialen Text. Konzepte, Theorien, Analysemethoden. Berlin/New York: de Gruyter

Stöckl, H. (2011): Sprache-Bild-Texte lesen. Bausteine zur Methodik einer Grundkompetenz. In: Diekmannshenke/Klemm/Stöckl (Hrsg.): Bildlinguistik, Berlin: Erich Schmidt Verlag

Wehde, S. (2000): Typographische Kultur. Eine zeichentheoretische und kulturgeschichtliche Studie zur Typographie und ihrer Entwicklung. Tübingen: Niemeyer

Zirfas, J./Wulf, C. (2005): Ikonologie des Performativen. München: Fink

Zu den AutorInnen

Hannelore Bublitz, Professorin für Soziologie und Sprecherin des interdisziplinären Graduiertenkollegs „Automatismen" an der kulturwissenschaftlichen Fakultät der Universität Paderborn. Arbeitsgebiete: poststrukturalistische Analysen moderner Gesellschaften mit dem Fokus auf Subjektivierungsprozessen, Selbst- und Körpertechnologien sowie Konstruktionsweisen von Geschlecht.

Paolo Donati (†), PhD, Sozialwissenschaftler, arbeitete als selbständiger Berater und führte Forschungen für öffentliche und private Träger durch. Arbeitsgebiete: Einfluß von kulturellen Phänomenen sowie von Massenmedien auf Prozesse kollektiver Mobilisierung, Umweltthemen, die italienische Ökologiebewegung und umweltbezogene Strategien von Industrieverbänden und Unternehmen.

Norman Fairclough, Sprachwissenschaftler, Emeritus Professorial Fellow am Institute for Advanced Research in Management and Social Sciences, bis zur Emeritierung Professor für Language in Social Life an der Universität Lancaster, lehrte linguistische Methodologie, Methoden der Sprachanalyse sowie Kritische Diskursanalyse. Arbeitsgebiete: Sprachgebrauch in Globalisierungsdiskursen, sprachliche Konstitution des neuen globalen Kapitalismus, Perspektiven einer marxistischen Diskursanalyse und Entwicklung der Textanalyse als Bestandteil von Gesellschaftsanalysen.

Sabine Hark, Professorin für Soziologie und Leiterin des Zentrums für Interdisziplinäre Frauen- und Geschlechterforschung (ZIFG) an der Technischen Universität Berlin. Arbeitsgebiete: Geschlechterforschung, Wissenschaftssoziologie und Hochschulforschung, Gender Policies, Feministische Erkenntnistheorie und Politik, Queer Theory.

Andreas Hirseland, Dr. rer. pol., Sozioökonom, stellvertretender Forschungsbereichsleiter am Institut für Arbeitsmarkt- und Berufsforschung in Nürnberg sowie wissenschaftlicher Mitarbeiter an der Universität Augsburg im SFB 536 „Reflexive Modernisierung", Projekt „Gemeinsam leben, getrennt wirtschaften? Grenzen der Individualisierung in Paarbeziehungen". Arbeitsgebiete: Geld und Konsum, Wandel des Sozialstaats, Armutsforschung, Diskursanalyse, Postmoderne/Poststrukturalismus, qualitative Sozialforschung.

Siegfried Jäger, Sprach- und Sozialwissenschaftler, emeritierter Professor für germanistische Sprachwissenschaft an der Universität Duisburg-Essen und Leiter des Duisburger Instituts für Sprach- und Sozialforschung (DISS). Arbeitsgebiete: Sprachtheorie, Soziolinguistik, Diskurstheorie und Diskursanalyse, insbesondere Rechtsextremismus, Rassismus, Militarismus und Biomacht.

Matthias Jung, Dr. phil., Linguist; Geschäftsführer des Instituts für internationale Kommunikation (IIK Düsseldorf). Arbeitsgebiete: Öffentlicher Sprachgebrauch, Experten-Laien-Kommunikation, Internationaler Sprachkontakt und Sprachwandel durch neue Medien.

Reiner Keller, Professor für Allgemeine Soziologie im Fachbereich Kultur- und Sozialwissenschaften der Universität Koblenz-Landau (Campus Landau). Arbeitsgebiete: Soziologische Theorie und Gegenwartsdiagnose, Diskurstheorie und Diskursanalyse, Wissens- und Kultursoziologie, qualitative Sozialforschung.

Hubert Knoblauch, Professor für Allgemeine Soziologie und Theorie moderner Gesellschaften an der TU Berlin. Arbeitsgebiete: Religion in der Gegenwart, Qualitative Methoden in der empirischen Sozialforschung, Phänomenologie, Wissens-, Sprach-, Kultur- und Religionssoziologie, Kommunikation, Organisation und Arbeit.

Jürgen Link, Professor für Literaturwissenschaft (und Diskurstheorie) an der Universität Dortmund. Arbeitsgebiete: struktural-funktionale Interdiskurstheorie, Kollektivsymbolik, Normalismustheorie, literarhistorische Studien zur Lyrik (Hölderlin und die ‚andere' Klassik; Brecht und die klassische Moderne).

Stefan Meier, Dr. phil., Medienwissenschaftler, Assistent an der Professur Medienkommunikation der Technischen Universität Chemnitz; Ko-Leitung des DFG-Projektes „Methodeninstrumentarium zur Bestimmung von Online-Diskursen". Arbeitsgebiete: Visuelle Stile als Mittel der Medienkonvergenz, Online-Forschung, Visual Culture, Mediensemiotik, Popkultur, Methodenentwicklung der qualitativen Medien- und Sozialforschung.

Frank Nullmeier, Professor für Politikwissenschaften am Zentrum für Sozialpolitik, Universität Bremen, Arbeitsgebiete: Sozialstaatstheorie, Policy-Forschung, insbesondere Sozialpolitik, Legitimationsforschung.

Jonathan Potter, Professor für Discourse Analysis und Head des Department of Social Sciences, Laborough University (UK). Arbeitsgebiete: Diskursive Psychologie, Formen des Beratens und der Neutralitätsherstellung, Intersubjektivität als umstrittener Raum.

Martin Reisigl, Dr. phil., Sprachwissenschaftler, seit 2011 Assistenzprofessor für Soziolinguistik am Institut für Germanistik der Universität Bern. Arbeitsgebiete: (Kritische) Diskursanalyse, Pragmatik, Soziolinguistik, Textlinguistik, (politische) Rhetorik (vor allem Sprache und Diskriminierung, Nationalismus, Rassismus und Populismus), Argumentationstheorie, Semiotik, wissenschaftliches Schreiben sowie Sprache und Geschichte.

Philipp Sarasin, Professor für Neuere Allgemeine Geschichte an der Universität Zürich, Forschungsstelle für Sozial- und Wirtschaftsgeschichte. Arbeitsgebiete: Geschichte der Stadt, Kulturgeschichte des Wissens, Geschichte des Körpers und Theorien der Geschichtswissenschaft.

Werner Schneider, Professor für Soziologie/Sozialkunde an der Universität Augsburg. Arbeitsgebiete: Familiensoziologie, Soziologie des Lebensalters, Kultur- und Wissenssoziologie (insbes. Sterben, Tod, Medizin, Technik und Körperlichkeit), Diskurstheorie, qualitative Sozialforschung.

Michael Schwab-Trapp (†), Soziologe, Dr. phil.; arbeitete zuletzt als Fellow am Hamburger Institut für Sozialforschung im Arbeitsbereich „Theorie und Geschichte der Gewalt" am Projekt „Die öffentliche Verarbeitung der Terroranschläge auf das World Trade Center in New York und ihre Bedeutung für die politische Kultur des Krieges"; zuvor wissenschaftlicher Mitarbeiter an der Universität Dortmund im DFG-Projekt „Diskursive Strategien der Legitimation des Krieges und der Wandel der politischen Kultur"; Arbeitsschwerpunkte: Kultur- und Wissenssoziologie, Politische Soziologie, Diskursanalyse.

Willy Viehöver, Dr. (PhD) der Politik- und Gesellschaftswissenschaften, wissenschaftlicher Mitarbeiter am Lehrstuhl für Soziologie an der Universität Augsburg im Rahmen des BMBF-Projektes „Partizipative Governance der Wissenschaft". Arbeitsgebiete: Diskursforschung, Soziologische Theorie, Wissenschaftsforschung, Soziologie des Körpers und Medizinsoziologie, Kultur- und Umweltsoziologie.